Katrin Fischer

Der Hervorgang der Welt aus Gott

Katrin Fischer

Der Hervorgang der Welt aus Gott

Die Rezeption von Avicennas Ontologie bei
Dominicus Gundisalvi, Wilhelm von Auvergne
und Heinrich von Gent

Würzburg
University Press

Dissertation, Julius-Maximilians-Universität Würzburg
Graduiertenschule für die Geisteswissenschaften, 2022
Gutachter: Prof. Dr. Dag Nikolaus Hasse, Prof. Dr. Jörn Müller

Gefördert von der *VolkswagenStiftung*, der *Deutschen Forschungsgemeinschaft (DFG)*
und dem *Frances A. Yates Fellowship* des *Warburg Institute*, London.

Impressum

Julius-Maximilians-Universität Würzburg
Würzburg University Press
Universitätsbibliothek Würzburg
Am Hubland
D-97074 Würzburg
www.wup.uni-wuerzburg.de

© 2024 Würzburg University Press
Print on Demand

Coverdesign: Holger Schilling

ISBN 978-3-95826-244-7 (print)
ISBN 978-3-95826-245-4 (online)
DOI 10.25972/WUP-978-3-95826-245-4
URN urn:nbn:de:bvb:20-opus-351705

Meinen Eltern.

Inhaltsverzeichnis

1 Einleitung

> Deshalb sollten wir uns heutzutage nicht wundern, wenn uns dieses Erkenntnisproblem zu der Theorie des Seins führt, durch die Avicenna einen derart tiefgreifenden Einfluss ausgeübt hat, dass es unter den lateinischen Scholastikern zweifellos keinen einzigen Metaphysiker gibt, der ihm in dieser Hinsicht nicht etwas zu verdanken hat.[1]

Das prägende Element der Ontologie Avicennas, deren enorme philosophiegeschichtliche Bedeutung Amélie-Marie Goichon hier betont, ist die Distinktion von Sein und Wesen. Avicenna hat sie als erster Denker zu einer eigenständigen ontologischen Theorie ausgearbeitet und auf ihrer Basis eine Modalontologie entwickelt.[2] Sie wurde tatsächlich zu einem seiner bekanntesten und einflussreichsten Lehrstücke – nicht nur in der arabischen und hebräischen Tradition, sondern auch in der lateinischen, was Goichon zu ihrer obigen Einschätzung bewogen hat.[3] Für Gelehrte, die von einer monotheistischen Weltanschauung geprägt sind, liegt die hohe Attraktivität der avicennischen Ontologie darin, dass sich aus der Sein-Wesen-Distinktion rein rational die wichtigsten Aspekte der Beziehung ableiten lassen, in der Gott und Welt zueinander stehen, wenn man diese Beziehung im Hinblick auf das Sein betrachtet.[4] Unter ‚Welt‘ verstehe ich hierbei alles außerhalb von Gott Seiende, das einerseits in seiner Gesamtheit verstanden werden kann, die als Einheit im Sinne von Welt als Ganzes aufzufassen ist, andererseits als Summe der einzelnen Entitäten, die in der außergöttlichen Wirklichkeit existieren – seien sie extra- oder intramental, körperlich oder geistig.[5] ‚Kosmos‘ verweist daneben speziell auf die Welt in ihrer geordneten Struktur, insbesondere auf das planetare System und die Hierarchie der Gattungen und Arten des

---

[1] Goichon, *The Philosophy of Avicenna*, S. 92–93: „Therefore, we shall not be surprised to-day [sic] if this problem of knowledge leads us to the theory of being, through which Avicenna exercised such a profound influence that without doubt there is not a single metaphysician among the Latin scholastics who does not owe him something in this respect.“

[2] Vgl. Morewedge, ‚Philosophical Analysis‘, S. 425–426. Morewedge geht hier auch kurz auf die Forschungsdiskussion der These ein, Aristoteles sei der erste Denker gewesen, der eine Sein-Wesen-Distinktion vertreten habe. Zu dieser These siehe bspw. Goichon, *La distinction de l'essence et l'existence*, S. 132, Fn. 1. Siehe außerdem Bertolacci, ‚The Distinction of Essence and Existence‘, S. 268, Fn. 17. Den Einfluss von Aristoteles' Metaphysik auf Avicenna untersucht Bertolacci ausführlich in id., *The Reception of Aristotle's ›Metaphysics‹*.

[3] Vgl. Goichon, *The Philosophy of Avicenna*, S. 93. Einen Überblick zur Rezeption Avicennas bei den islamischen und jüdischen Denkern bieten Wisnovsky, ‚Avicenna's Islamic Reception‘; id., ‚Avicenna and the Avicennian Tradition‘; Freudenthal/Zonta, ‚The Reception of Avicenna in Jewish Cultures‘ sowie die Sammelbände Janssens, *Ibn Sīnā and His Influence on the Arabic and Latin World*; Janssens/De Smet, *Avicenna and His Heritage* und De Smet/Sebti, *Penser avec Avicenne*.

[4] Ich weise hier explizit auf die ontologische Relation zwischen Gott und Welt hin, da beide auch in anderen Beziehungen zueinander stehen können, je nachdem, welche Funktion man Gott attestiert. So wird ihm neben der schöpferischen bspw. auch eine erkenntnistheoretische oder soteriologische Rolle zugeschrieben. Die schöpferische Rolle ist jedoch grundlegend, denn sie bedingt das Sein der Welt, was die Basis dafür ist, dass Gott weitere Funktionen ausüben kann.

[5] Anders als etwa im Text der Beschlüsse des Vierten Laterankonzils (1215) stehen bei mir nicht *mundanum* und *angelicum* gegenüber, sondern *mundanum* und *divinum*. Vgl. Denzinger, *Enchiridion*, Nr. 800.

weltlich Seienden.[6] ‚Kosmogonie' meint dementsprechend den Hervorgang der Welt in ihrer geordneten Struktur, das heißt ihren Eintritt ins Sein. Der Eintritt wird nach monotheistischer Lehre durch Gott als Ursache initiiert, weshalb man davon spricht, dass Gott die Welt hervorbringt und umgekehrt die Welt aus Gott hervorgeht. Wie wir später sehen werden, lässt sich dieser Hervorgang inhaltlich auf sehr unterschiedliche Weise verstehen und beschreiben.

Die Grundkonzeption der Beziehung zwischen Gott und Welt ist allerdings bei den meisten mittelalterlichen Denkern, die einen Prinzipienmonismus vertreten, sehr ähnlich.[7] Sie lässt sich wie folgt skizzieren: Es gibt nur einen einzigen Gott, der das höchste Seiende ist und aus sich selbst heraus existiert. Er ist alleiniger Schöpfer alles übrigen Seienden, das heißt der Welt als Ganzes sowie aller Individuen, die sie umfasst. Neben der Existenz geht auch die Gestaltung der Welt auf Gott zurück, denn er gibt die mundane Ordnung vor, indem er bestimmt, welche Gattungen und Arten überhaupt verwirklicht werden. Auf diese Weise sind die weltlichen Einzeldinge über ihre Naturen an Gottes Plan gebunden, den sie ausführen, indem sie ihre Natur verwirklichen. Alles Seiende ist dabei auf Gott als Ziel ausgerichtet.

Eine solche Konstellation der Wirklichkeit, in der alles Weltliche von einem einzigen Prinzip wirk-, final-, und in gewissem Sinne formalursächlich abhängt, leitet Avicenna in seiner Ontologie her, die er rein rational entfaltet. Ihm zufolge unterliegt alles weltlich Seiende der Distinktion von Sein und Wesen und ist infolgedessen von seinem Wesen her lediglich ein möglich Seiendes. Aus diesem Grund benötigen alle weltlichen Entitäten sowohl für den Eintritt ins Sein als auch während der gesamten Dauer ihrer Existenz einer metaphysisch verstandenen Wirkursache, die ihnen Sein verleiht. Die höchste Wirkursache ist das durch sich notwendig Seiende, in dem Sein und Wesen zusammenfallen. Es ist vollkommen einfach und unveränderlich und kann nur ein einziges sein. Diese grundlegende Struktur der Wirklichkeit mitsamt ihren ontologischen und kausalen Implikationen lässt sich mit der oben skizzierten Struktur der Wirklichkeit vereinbaren, die die christlichen Denker für richtig hielten. Die Vereinbarkeit wundert nicht, denn Avicenna ist seinerseits darauf bedacht, seine Lehre kompatibel mit der des Islam zu halten, die als abrahamitische Religion eine ähnliche Konstellation von Gott und Welt annimmt.[8]

Mit der Übernahme der Ontologie Avicennas vermag man als christlicher Denker das eigene Modell der Wirklichkeit rational-argumentativ zu begründen, ohne in Autoritätsargumenten auf die Offenbarung zurückgreifen zu müssen.[9] Dies kommt dem Modell insofern zugute, als die rationale Fundierung dazu dient, es terminologisch zu erschließen, zu systematisieren und zu stärken. Die inhaltliche Vereinbarkeit der beiden Ansätze bekundet, dass Glaube und Vernunft nicht in Widerspruch zueinander stehen. Vielmehr vermag man

---

[6] Der Kosmos wurde in der aristotelischen Tradition in einen supralunaren, himmlischen und einen sublunaren, irdischen Bereich aufgeteilt. In beiden herrschen unterschiedliche Bedingungen, worauf ich im Avicenna-Kapitel eingehen werde. Die supralunare Welt zeichnet sich v. a. durch Gleichförmigkeit, Vernünftigkeit und Unvergänglichkeit aus, während die sublunare Welt von numerischer Vielheit, Körperlichkeit und einem Kreislauf von Entstehen und Vergehen geprägt ist.

[7] Zu den dualistischen Strömungen siehe Fn. 438.

[8] Vgl. Gilson, ‚Avicenne en Occident', v. a. S. 94 und 118. Zum Verhältnis von Philosophie und Religion bei Avicenna siehe außerdem Janssens, ‚Ibn Sīnā (Avicenne): un projet ›religieux‹ de philosophie?'.

[9] Vgl. Verbeke, ‚Avicenna im Westen', S. 4.

den Glauben mittels der Vernunft besser zu begreifen und zu verteidigen – freilich ohne ihn dadurch zu rechtfertigen! Das Bedürfnis der lateinischen-christlichen Denker danach, die Offenbarung, die man im Glauben bejaht, wissenschaftlich-rational zu erfassen und damit eine neue Art von Einsicht in das Geglaubte (*intellectus fidei*) zu erlangen, entwickelt sich im elften und zwölften Jahrhundert. Es wird bedingt durch diverse gesellschaftlich-kulturelle Entwicklungen und hat letztlich zur Folge, dass die Theologie zu einer Wissenschaft ausgebaut wird. [10]

Vor diesem Hintergrund war es für die lateinisch-christlichen Denker dieser Zeit attraktiv, Avicennas Ontologie in ihre eigene Lehre einzubinden. Setzen sie sich wissenschaftlich mit der ontologischen Struktur der Wirklichkeit auseinander, betreiben sie in Avicennas Augen Metaphysik. Denn seiner Definition zufolge ist Metaphysik nichts anderes als Ontologie. Angesichts der Tatsache, dass Avicennas Ontologie bei den lateinischen Denkern stark rezipiert wurde, stellt sich die zentrale Frage, die ich in dieser Arbeit verfolgen möchte: Wie weit kann man als christlicher Denker mit Avicenna gehen, wenn man zur Erklärung des Verhältnisses von Gott und Welt Avicennas Ontologie heranzieht? Mich interessiert dabei vor allem, an welchen Stellen und aus welchen Motiven ein Denker Modifikationen an der avicennischen Theorie vornimmt, um sie den eigenen Zwecken anzupassen, an welchen Stellen er Avicenna abweichend von anderen Denkern interpretiert oder gänzlich mit Avicennas Theorie bricht. Was bedeuten diese Änderungen der avicennischen Theorie inhaltlich? Und insbesondere: Wie werden sie rational gerechtfertigt? Schlichtweg darauf zu verweisen, die christliche Tradition oder die eigene Interpretation der christlichen Lehre gebe etwas anderes vor, würde vielleicht den eigentlichen Grund für die Modifikationen oder Brüche benennen, wäre jedoch wieder ein Autoritätsargument, das viele Denker im Kontext der oben genannten Bestrebungen nach Rationalisierung vermeiden wollen. Daher müssen sie andere Gründe vorbringen, um Änderungen nachvollziehbar zu machen.

Die Tatsache, dass es überhaupt notwendig ist, sich zu rechtfertigen, liegt darin begründet, dass die Ontologie im gedanklichen System eines Gelehrten nicht für sich alleinsteht. Sie ist kein in sich geschlossenes Modul, das man herausnehmen und beliebig austauschen kann. Vielmehr legt ein Denker in der Ontologie das Fundament für die eigene Sicht auf die Wirklichkeit. Dies hat wiederum Auswirkungen auf andere Bereiche der eigenen Lehre oder auf die Inhalte weiterer Wissenschaften. Denn in der Ontologie klärt man darüber auf, welche Entitäten überhaupt als existent anerkannt werden und welche unterschiedlichen Arten und Modi des Seins sie haben können – substanziell / akzidentell, extra- / intramental, körperlich / geistig, notwendig / möglich, aktuell / potentiell. Zudem stellt man dar, wie diese Entitäten grundlegend strukturiert sind – Materialismus, (universaler) Hylemorphismus, Sein-Wesen-Distinktion. Anhand all dieser Überlegungen lassen sich verschiedene Bereiche der Wirklichkeit auffächern, für die jeweils eigene Bedingungen gelten und deren Elemente in hierarchischem Verhältnis zueinander stehen Die grundlegende ontologische Struktur des Seienden hat außerdem kausale Konsequenzen, denn von ihr hängt ab, ob

---

[10]   Vgl. ibid., S. 4, Hoenen, ›Glaube und Vernunft‹, S. 479–480, und Lutz-Bachmann, ›Von der ›Theologie als Weisheit‹ zur ›Theologie als Wissenschaft‹, S. 219–220. Laut Lutz-Bachmann gab es bereits in den Anfangszeiten der christlichen Kirche das Bestreben eines *intellectus fidei*. Es wurde jedoch auf etwas andere Weise verstanden als im Mittelalter: Gegen vernunftskeptische Positionen verlieh man der Überzeugung Ausdruck, dass die menschliche Vernunft überhaupt die Fähigkeit besitzt, Glaubensdinge rational zu erfassen.

bestimmte Entitäten auf Ursachen angewiesen sind, um zu existieren, oder nicht. Und wenn ja, ist in kausaltheoretischen Überlegungen zu klären, von welcher Art diese Ursachen sein müssen. Wie wir sehen werden, nimmt Avicenna in Folge seiner ontologischen Basistheorie der Sein-Wesen-Distinktion eine Erweiterung innerhalb des von Aristoteles entwickelten Systems der vier Arten von Ursachen vor. Bezüglich der Ursachen gilt zu bedenken, dass sie selbst ein Teil der Wirklichkeit sind und damit ebenfalls bestimmte ontologische Dispositionen aufweisen. Gerade für die Wirkursachen ist dies relevant. Ihr Wirken unterscheidet sich unter anderem in Abhängigkeit davon, ob sie körperlich oder geistig sind, sich wandeln können oder nicht. Je nachdem, welcher Gruppe des Seienden sie angehören, wirken sie autark oder brauchen Mitursachen und werden durch sich selbst oder durch anderes zum Wirken motiviert.

Im Kontext der Überlegungen zu den Ursachen des Seienden stellt sich zudem die Frage nach der ersten Ursache. Ist sie eines oder vieles? Lässt sie sich mit der höchsten Entität in der Ordnung der Wirklichkeit identifizieren und kann man diese wiederum als Gott bestimmen? Falls ja, dann kommen Gott spezielle Dispositionen zu, die man dem höchsten Seienden in der anfänglichen ontologischen Analyse der Wirklichkeit zugesprochen hat, und darüber hinaus bestimmte kausale Rollen, die sich aus der Ursachen-Analyse des Seienden ergeben. Es zeigt sich also, dass die Festlegungen der Ontologie Konsequenzen für die Gotteslehre nach sich ziehen. Die Gotteslehre werde ich im Rahmen meiner Arbeit als Theologie bezeichnen.

Wenn ein christlicher Denker Avicennas Ontologie übernimmt, stellt sich also auch die Frage: Wie weit folgt er ihm in der Theologie? In diesem Bereich gibt der christliche Glaube freilich den doktrinalen Rahmen vor, in den die von Avicenna erworbenen Ansichten eingebettet werden müssen. Der Glaube ist neben der Vernunft eine zweite und im Zweifel die vorrangige Quelle für Wissen. Doch stellt sich die Frage, welche Inhalte genau unter den Glauben fallen. Versteht man unter Glauben das in der Heiligen Schrift geoffenbarte Wort, das im Glauben angenommen wird, wobei die wichtigsten Inhalte in Glaubensartikeln festgehalten werden,[11] dann ist wichtig, zu betonen, dass es sich hier nicht um etwas Statisches handelt, das klar definiert ist und sich nicht mit den Zeiten ändert. Dies liegt unter anderem daran, dass sich die Inhalte des Glaubens oft weit vom Wortlaut der Heiligen Schrift entfernt haben, wie beispielsweise die Trinitätslehre, die im Neuen Testament gar nicht explizit formuliert ist.[12] Außerdem findet eine ständige kirchliche Lehrentwicklung statt, die sich auf verschiedenen Ebenen vollzieht und mit einer Vielzahl von Lehrentscheidungen einhergeht. So wird beispielsweise über bestimmte Inhalte des Glaubens in Konzilen entschieden – hier ist für die vorliegende Arbeit das Vierte Laterankonzil 1215 hervorzuheben –, es werden Beschlüsse in Provinzsynoden getroffen oder der Papst nimmt Lehrerklärungen vor.[13] All diese Lehrentscheidungen dienen dazu, gewisse normative Grundlagen festzuhalten und darüber hinaus ein Verständnis des Glaubens zu ermöglichen. Sie haben aber je nach Fragestellung, Autorschaft und Adressatenkreis unterschiedliche Gewissheit und Verbindlich-

---

[11] Wilhelm von Auvergne zählt in *De fide et legibus* diverse Glaubensartikel auf, vgl. id., *De fide* 3, S. 13aG–15aG. Die Stellenangabe nennt zuerst das Kapitel entsprechend der Zählung in den *Opera omnia*.

[12] Vgl. Dochhorn, ‚Zu den religionsgeschichtlichen Voraussetzungen‘, S. 11.

[13] Vgl. Denzinger, *Enchiridion*, S. 3. Das *Enchiridion* bietet eine Sammlung solcher Dokumente.

keit.[14] Mit den Lehrentscheidungen geht oft auch die Ablehnung oder Verurteilung abweichender Positionen einher. Irrtum oder Falschheit ist in sich aber keine eindeutige Kategorie. Viele mittelalterliche Autoren differenzieren unterschiedliche Grade an Falschheit.[15] Heinrich von Gent verwendet beispielsweise folgende Differenzierung: Er bezeichnet das als häretisch (*haereticus*), was gegen den christlichen Glauben verstößt und explizit als solches erklärt worden ist. Als irrtümlich (*erroneus*) wird hingegen das eingestuft, was nur der Lehre des christlichen Glaubens und der Sitten (*doctrina fidei et morum*) widerspricht, während eine Aussage als falsch (*falsum*) bezeichnet wird, wenn sie zwar nicht korrekt ist, aber der Gegenstand nicht in den Bereich des christlichen Glaubens und der Sitten fällt, beispielsweise, wenn es sich um rein natürliche und philosophische Angelegenheiten (*naturalia et philosophica*) handelt, etwa um mathematische Erkenntnisse.[16] In diesem Zusammenhang ist zu beachten, dass Verurteilungen oder Lehrverbote oft lokal begrenzt sind. So galten etwa die Verbote von 1210 und 1215 nur für Paris. Und selbst unter den christlichen Denkern an einem Ort herrscht keineswegs Einigkeit darüber, welche Positionen der christlichen Lehre entsprechen, denn vieles ist offen für Interpretation. Dies zeigen beispielsweise die Lehrstreitigkeiten, die ab Mitte des 13. Jahrhunderts an der Pariser Universität nicht nur zwischen der Artes-Fakultät und der Theologischen Fakultät stattfanden, sondern auch unter den Theologen. Sie mündeten letztendlich in die Verurteilung der 219 Thesen im März 1277.[17] Diese Vielfalt an Aspekten gilt es zu bedenken, wenn die mittelalterlichen Denker vom christlichen Glauben oder von der christlichen Lehre sprechen, auf die sie sich mit unterschiedlichen Begriffen beziehen.[18] ,Die christliche Lehre' als etwas klar Definiertes gibt es nicht. Vielmehr sind darunter die Positionen zu verstehen, die der jeweilige Denker vor seinem eigenen historischen und intellektuellen Hintergrund für die richtige christliche Lehre hält.

Für die positive Aufnahme der Lehre Avicennas ist sicherlich elementar, dass man das durch sich notwendig Seiende (*necesse esse per se*), welches alleiniges Prinzip der Welt ist, aufgrund der Attribute, die ihm zugeschrieben werden können, mit dem monotheistischen Gott identifizieren kann. Bereits Avicenna nimmt eine solche Identifikation vor. Ziehen die christlichen Denker nach, stoßen sie in der Trinitätslehre auf besondere Herausforderungen. Bestimmt man Gott als durch sich notwendig Seiendes, bei dem einerseits die Einfachheit und Einzigkeit, andererseits die Tatsache, nicht verursacht zu sein, zentral sind, so muss man zu folgenden Fragen Stellung beziehen: 1. Wie kann es bei einem vollkommen einfachen und einzigen Gott drei innergöttliche Personen geben? 2. Wie lässt sich die Forderung, die drei Personen seien jeweils Gott und damit das durch sich notwendig Seiende, das unverursacht ist, mit der Annahme vereinbaren, sie stünden in einem kausalem Verhältnis zueinander? Es ist eine offene Frage, wie die christlichen Denker mit diesen Problemen umgehen und welche Rolle der muslimische Philosoph Avicenna für die Trinitätstheologie

---

[14] Vgl. ibid., S. 10–11. „Je umfassender die Leitungskompetenz ist, desto gewichtiger ist die Lehrentscheidung", ibid., S. 10.

[15] Vgl. ibid., S. 11. Anfänglich hat man nur zwischen recht- und irrgläubig unterschieden. Ab dem Übergang zum 14. Jh. wurden die Qualifikationen detaillierter.

[16] Vgl. Heinrich von Gent, *Quodlibet* X, q. 5, ed. Macken, S. 125, Z. 95–3, und Wielockx, ,Henry of Ghent and the Events of 1277', S. 33–34.

[17] Siehe dazu Van Steenberghen, *Die Philosophie im 13. Jahrhundert*, S. 389–457.

[18] Hierunter fallen bspw. *lex* (*Christianorum*), *fides* (*catholicus*), *doctrina christiana, recta ratio*.

spielt, die er nicht vertreten hat. Dieser Frage möchte ich im Rahmen der vorliegenden Arbeit in den Kapiteln zur Theologie nachgehen.

Neben Gottes Wirken *ad intra* lässt sich auch sein Wirken *ad extra* in den Blick nehmen. Damit gehen wir von der Theologie zur Kosmogonie über. Avicennas Modell des Hervorgangs der Welt aus Gott lässt sich auf den ersten Blick nur schwer mit dem christlichen Schöpfungsverständnis vereinbaren. Bei Avicenna ist auch diese Lehre stark von seiner Ontologie beeinflusst. So leitet er das Wirken Gottes konsequent aus dessen ontologischer Disposition ab. In Gott fallen Sein und Wesen zusammen, weshalb er ein vollkommen einfaches, unveränderliches und in jeder Hinsicht notwendig Seiendes ist, dessen Wirklichkeit eine rein geistige ist. Aus dieser Wirklichkeit heraus resultiert Gottes Wirken nach außen. Die Welt geht von Ewigkeit her aus Gott notwendig hervor, wobei Gott Avicenna zufolge allerdings sowohl wissentlich als auch willentlich wirkt, wie später gezeigt wird. Zudem legt Avicenna auf Basis der Sein-Wesen-Distinktion ein spezielles Verständnis von Schöpfung an den Tag, gemäß dem die Welt trotz ihrer Ewigkeit als geschaffen verstanden werden kann. Da Gott jedoch vollkommen eines ist, geht direkt aus ihm keine Vielheit hervor, sondern nur ein erstes Geschöpf. Diesen Umstand hält Avicenna in seiner berühmt gewordenen Regel *ex uno non nisi unum* (aus dem Einen geht nur eines hervor) fest. Gottes direkte Wirkung bestimmt Avicenna als die erste himmlische Intelligenz. Der Rest der Schöpfung erfolgt sodann vermittelt über diese und neun weitere himmlische Intelligenzen, was mit den Worten des *Liber de causis* als *creatio mediante intelligentia* (*ibdāʾ bi-tawassuṭ al-ʿaql*; ,Schöpfung vermittels der Intelligenz') beschrieben wird.[19] Hierbei vollzieht sich die Emanation der Welt gemäß einem Dreierschema, das seinerseits ontologisch bedingt ist.

Gegen dieses Modell, in dem die Welt gemäß einem neuplatonischen Emanationsschema aus Gott hervorgeht, haben viele christliche Denker Einspruch erhoben, da sie die Freiheit Gottes eingeschränkt sahen. Obwohl manche Denker von den gleichen ontologischen Grundannahmen ausgehen wie Avicenna, inklusive der Bestimmung Gottes als durch sich notwendig Seiendes, beschreiben sie Gottes Wirken nach außen auf andere Weise als er. Doch wie ist das möglich? Welche zusätzlichen oder modifizierenden Annahmen bringen sie in ihr Modell ein und welche Interpretationen der avicennischen Lehre verwenden sie, um ihre Position zu rechtfertigen? Dem möchte ich in dieser Arbeit nachgehen und dabei insbesondere die Regeln in den Blick nehmen, die auf Gottes Wirken angewandt werden.

Auffällig ist, dass die lateinischen Denker die zentrale *ex-uno*-Regel für das Wirken Gottes *ad extra* ablehnen. Sie verknüpfen diese Regel mit mindestens zwei weiteren Regeln, die vornehmlich das Wirken der Natur beschreiben, und halten Avicenna vor, er lasse Gott gemäß der Naturnotwendigkeit wirken. Diese Kritik hält sich in der Philosophiegeschichte bis heute als Vorwurf des Nezessitarismus.[20] Allerdings ist zu fragen: Wie gerechtfertigt ist diese Kritik, wo Avicenna doch explizit darauf hinweist, das Erste wirke nicht gemäß der Natur? Es scheint, als lägen unterschiedliche Definitionen von naturnotwendigem Wirken vor, die es zu klären gilt.

Obwohl Avicennas Emanationsmodell bei vielen christlichen Denkern auf Ablehnung stößt, lässt sich nicht pauschal behaupten, seine Kosmogonie sei im Westen einstimmig

---

[19]   Siehe dazu d'Ancona Costa, ,La doctrine de la création'.
[20]   Siehe dazu Honnefelder, ,Die Kritik des Johannes Duns Scotus am kosmologischen Nezessitarismus'.

zurückgewiesen worden.[21] Ebenso problematisch ist die Einschätzung, dass das avicennische Emanationsmodell im lateinischen Raum keine Rezeption erfahren habe: Es werde höchstens erwähnt, um es zu widerlegen. Tatsächlich aber gibt es Kontexte, in denen die avicennische Emanationstheorie positiv aufgenommen wurde, unter anderem in der Trinitätslehre. So hat man die *ex-uno*-Regel angewandt, um den Hervorgang von Sohn und Heiligem Geist aus dem Vater zu beschreiben. In welcher Weise die avicennische Theorie dabei modifiziert und neu interpretiert wurde, gilt es im Folgenden zu untersuchen. Überhaupt wird die *ex-uno*-Regel auch in anderen Kontexten angewandt und scheint eine gewisse Verselbständigung erfahren zu haben, wie ich aufzeigen möchte.

Die gerade erläuterten Fragen, die sich im Bereich der Theologie und Kosmogonie stellen, wenn man als christlicher Denker Avicennas Ontologie übernimmt, werde ich an die Theorien dreier ausgewählter Denker der lateinisch-christlichen Tradition herantragen: Dominicus Gundisalvi (ca. 1110–nach 1190), Wilhelm von Auvergne (ca. 1180/90–1249) und Heinrich von Gent († 1293). Für jeden Autor werde ich zunächst untersuchen, inwiefern seine Ontologie von Avicennas Lehre beeinflusst ist und in welchem Verhältnis Gott und Welt zueinander stehen. Ausgehend davon werde ich anschließend verfolgen, inwieweit er das in der Ontologie entwickelte Konzept eines durch sich notwendig Seienden für Gott von Avicenna übernimmt und wie er die Spannungen zwischen avicennischer und christlicher Lehre zu lösen versucht. Sodann werde ich darlegen, wie sich die einzelnen Autoren im Unterschied zu Avicenna das Wirken Gottes *ad extra* vorstellen, wie sie ihr eigenes Modell rechtfertigen und damit verbunden Avicenna kritisieren. Umgekehrt werde ich ausgehend von Avicennas Standpunkt die Lehren der christlichen Denker kritisch befragen, sodass davon das Verständnis beider Modelle profitiert. Die Kapitel meiner Arbeit sind dementsprechend parallel zueinander in jeweils einen Abschnitt zur Ontologie, Theologie und Kosmogonie aufgeteilt. Alle drei Themenbereiche werde ich wie erläutert als ein zusammenhängendes System auffassen und nicht als einzelne abgeschlossene Felder behandeln. Fundament dieses Systems bildet die Ontologie, die einen Einfluss auf die anderen beiden Bereiche ausübt. Ziel meiner Analysen ist es, den jeweils eigenen Umgang des Autors mit Avicenna aufzuzeigen und eventuelle Entwicklungslinien von Autor zu Autor herauszuarbeiten. Dabei werde ich mich vornehmlich auf die ontologische Konstitution von Gott und Welt konzentrieren. Weitere Themen wie die Gottesbeweise oder den Determinismus werde ich daher nicht gesondert behandeln.

Die Auswahl der lateinisch-christlichen Autoren orientiert sich neben der Tatsache, dass sie Avicenna stark rezipieren, an den verschiedenen Phasen, die sich für die Rezeption der Metaphysik Avicennas ausmachen lassen. Wie die Avicenna-Forschung herausgearbeitet hat, vollzog sich die Verbreitung der avicennischen Lehre unter den lateinischen Denkern nicht uniform, sondern hat mehrere Phasen durchlaufen, die auf unterschiedliche Weise bestimmt werden können. Nach Ansicht von Amélie-Marie Goichon lässt sich der Einfluss in drei große Phasen gliedern.[22] Während diese Einteilung Avicennas Lehre im

---

21 Vgl. Goichon, *The Philosophy of Avicenna*, S. 93.

22 Vgl. ibid., S. 75. Die früheste Phase beginnt mit den ersten Übersetzungen der Schriften Avicennas und umfasst die daraufhin einsetzende Rezeption bis Wilhelm von Auvergne. 1231 läutet die Erlaubnis der Lektüre der aristotelischen Texte und ihrer Kommentare, wozu man Avicenna zählt, die zweite Phase ein (1210 und 1215 war die Lektüre in Paris noch untersagt worden, siehe dazu die Einleitung zu Kapitel 4). Diese Phase

Allgemeinen betrifft, nimmt Amos Bertolacci die *Metaphysik* Avicennas im Speziellen in den Blick und schlägt bezüglich der Verbreitung dieses Textes eine eigene Einteilung vor, die sich mit der von Goichon partiell überschneidet. Da unter den Werken Avicennas, die ins Lateinische übersetzt wurden, die *Metaphysik* (*al-Ilāhiyyāt*; *Philosophia prima sive scientia divina*) – der vierte Teil seiner philosophischen Summe *Buch der Heilung* (*Kitāb al-Šifāʾ*; *Liber sufficientiae*) – der für die Thematik der Ontologie und Kosmogonie bedeutendste Text ist, ist seine Verbreitung von besonderer Relevanz. Bertolacci zufolge lassen sich drei frühe Phasen der Rezeption der *Metaphysik* Avicennas bei den lateinischen Denkern ausmachen, die vor Albertus Magnus (ca. 1200–1280) zu datieren sind. Zur Bestimmung dieser Phasen verweist er auf ein Bündel von Kriterien. Unter anderem gehen die Phasen mit drei literarischen Genres einher und sind durch die unterschiedlichen Arten des Umgangs mit Avicennas Text gekennzeichnet. Ein wichtiger Faktor, den es nach Bertolacci außerdem zu berücksichtigen gilt, ist die parallel stattfindende Rezeption der aristotelischen *Metaphysik*, denn sie beeinflusst die Sicht der Denker auf Avicenna.[23] Aus den ersten beiden Phasen, die ich im Folgenden skizzieren werde, greife ich für meine Analysen jeweils einen Autor heraus, da sich diese Phasen in der Herangehensweise an Avicenna unterscheiden. Meine Wahl fällt hier auf Dominicus Gundisalvi und Wilhelm von Auvergne. Der dritte Autor, Heinrich von Gent, ist hingegen in die Hochphase der Scholastik nach der Verurteilung von 1277 zu verorten.

Die erste Phase der Verbreitung von Avicennas *Metaphysik* beginnt mit der Übersetzung dieses Werks ins Lateinische durch Dominicus Gundisalvi (vor 1190) und reicht bis zum Beginn des 13. Jahrhunderts. In diesem Zeitraum ist Aristoteles' *Metaphysik* kaum verbreitet, sodass Avicennas neu zugängliche Schrift zu einem der Hauptwerke der Wissenschaft der Metaphysik avanciert, die Avicenna in einer philosophiegeschichtlich bedeutsamen Positionierung klar als Ontologie bestimmt, deren letztliches Ziel allerdings Gott ist.[24] Weitere Werke von metaphysisch-ontologischem Inhalt, die der arabischen Tradition entstammen und neu auf Latein zur Verfügung stehen, sind insbesondere die von einem anonymen arabischen Autor verfasste *Rede über das reine Gute* (*Kalām fī Maḥḍ al-ḫayr*; *Liber de causis*, seltener *Liber de pura bonitate*)[25] und al-Ġazālīs (Algazels) Schrift *Die Ziele der Philosophen* (*Maqāṣid al-falāsifa*; *Summa theoricae philosophiae*). Ġazālī fasst darin allerdings Avicennas Lehre zusammen,[26] weshalb man ihn lange Zeit fälschlicherweise für einen Anhänger Avicennas hielt. Einflussreich ist außerdem die Schrift *Quelle des Lebens* (*Yanbūʿ al-ḥayāt* / *Meqor ḥayyim*; *Fons vitae*) des jüdischen Gelehrten

---

reicht bis Albertus Magnus, um ca. 1260. Jedoch lassen sich die Anfänge einer dritten Phase bereits kurz nach 1250 ausmachen, als Thomas von Aquin Avicennas Ontologie in *De ente et essentia* verarbeitet. Avicenna spielt hier aufgrund seiner Sein-Wesen-Distinktion eine zentrale Rolle, die er Goichon zufolge bis heute nicht verloren hat.

23   Vgl. Bertolacci, ›On the Latin Reception of Avicenna's Metaphysics‹, S. 201–204.

24   Vgl. id., *The Reception of Aristotle's* ›*Metaphysics*‹, S. 111–147.

25   Für eine Kontextualisierung des arabischen Textes, der mehr als nur eine Zusammenstellung von Auszügen aus Proklos' *Elemente der Theologie* ist, siehe Taylor, ›Contextualizing the ›Kalām fī maḥd al-khair‹.

26   Al-Ġazālīs Ausführungen basieren vor allem auf Avicennas persischer Summe *Philosophie für ʿAlāʾ al-Dawla* (*Dānešnāme-ye ʿAlāʾī*). Außerdem verarbeitet er Material aus dem *Buch der Hinweise und Ermahnungen* (*Kitāb al-Išārāt wa-l-tanbīhāt*) und aus der *Šifāʾ*. Das Werk wurde von Gundisalvi zusammen mit einem sog. Magister Johannes übersetzt, vgl. Burnett, ›Arabic into Latin‹, S. 396. Zu den verschiedenen lateinischen Titeln siehe Sileo, ›L'Avicenna Latino‹, S. 155.

Ibn Gabirol (Avicebron).[27] Überdies sind als Repräsentanten der lateinischen Metaphysik-Tradition Augustinus und Boethius zu berücksichtigen.[28]

In dieser Phase des Kennenlernens fallen zunächst die Überschneidungen der Lehre Avicennas mit bereits bekannten Systemen auf oder man entdeckt interessante Anknüpfungspunkte an sie.[29] So finden Avicennas Gedanken in den Diskurs der Gelehrten Einzug, indem Avicenna stillschweigend zitiert oder reproduziert wird und man ihn mit anderen Lehren zu vereinbaren versucht, ohne explizit auf die Punkte einzugehen, denen man kritisch gegenübersteht. Dominicus Gundisalvi, der Avicennas *Metaphysik* unter dem Titel *Liber de philosophia prima sive scientia divina* ins Lateinische übersetzt hat, zeigt sich als ein typischer Vertreter dieser Phase. Inspiriert durch die philosophischen Texte, denen er sich im Rahmen seiner Übersetzertätigkeit in Toledo (1162–1181) intensiv gewidmet hat, verfasst er eigene kurze philosophisch-theologische Schriften.[30] Darin verarbeitet er die von ihm übersetzten Texte zum Teil in stark kompilatorischer Manier. So sind seine Schriften gespickt mit wörtlichen Zitaten, deren Länge von kurzen Phrasen bis hin zu seitenweisen Abschriften reicht. Die Werke Avicennas – neben der *Metaphysik* insbesondere *De anima* – zählen hier zu den wichtigsten Quellen. Was die *Metaphysik* und im Speziellen die darin entwickelte Ontologie angeht, so zieht sie Gundisalvi in seiner Schrift *Über den Hervorgang der Welt* (*De processione mundi*) heran. Sein Bestreben ist dort, ein kohärentes eigenes Modell des Seins sowie des Hervorgangs der Welt aus Gott zu entwerfen. Dabei möchte er vor allem die Einzigkeit Gottes als erstes Prinzip alles Seienden herausstellen und einen universalen Hylemorphismus propagieren, den man nicht bei Avicenna findet. Dennoch greift er für beide Anliegen auf avicennische Theorien zurück und eignet sich damit, als Vertreter der ersten Phase der Rezeption von Avicennas *Metaphysik* in der Analyse berücksichtigt zu werden.

Der Beginn der zweiten Phase der Rezeption von Avicennas *Metaphysik* lässt sich auf den Anfang des 13. Jahrhunderts datieren. Avicennas Schrift verliert nun ihren Status als metaphysisches Hauptwerk an Aristoteles' *Metaphysik*, deren Bekanntheitsgrad stark angestiegen ist. Doch dadurch versinkt Avicennas Werk nicht etwa in Vergessenheit – ganz im Gegenteil! Es erfreut sich immer größerer Akzeptanz und wird als wichtigstes interpretatorisches Werkzeug erachtet, das den lateinischen Denkern Zugang zum Verständnis von Aristoteles' *Metaphysik* ermöglicht. Averroes' *Großer Kommentar* zu Aristoteles' *Metaphysik*, der wohl im ersten Viertel des 13. Jahrhunderts von Michael Scotus († ca. 1235) übersetzt wurde, spielte zu dieser Zeit nur eine sehr beschränkte Rolle.[31] Aufgrund ihrer

---

[27]   Auch dieses Werk hat Gundisalvi übersetzt, wofür er mit Johannes Hispanus zusammenarbeitete. Es wurde 1046 auf Judäo-Arabisch verfasst, doch ist diese Version leider nicht erhalten. Man vermutet, dass der arabische Titel *Yanbūʿ al-ḥayāt* lautete. Neben der lateinischen Übersetzung steht uns allerdings eine spätere, verkürzende hebräische Version des Textes zur Verfügung (*Meqor ḥayyim*), die von Ibn Falaquera angefertigt wurde. Zudem gibt es Fragmente einer judäo-arabischen Version, die als Zitate innerhalb von judäo-arabischen Texten anderer Autoren erhalten sind. Vgl. Pessin, *Ibn Gabirol's Theology of Desire*, S. 11, und Soto Bruna, ‚Rational Discourse Surrounding Creation', S. 141. Zur Version von Ibn Falaquera siehe Dal Bo, ‚The Sephardic Task of the Translator'.

[28]   Vgl. zu dieser Phase Bertolacci, ‚On the Latin Reception of Avicenna's Metaphysics', S. 201–202 und 204–206.

[29]   Vgl. Goichon, *The Philosophy of Avicenna*, S. 77.

[30]   Mehr dazu in der Einleitung zum Gundisalvi-Kapitel dieser Arbeit.

[31]   Der Kommentar wurde zunächst ignoriert oder sogar kritisiert, vgl. Bertolacci, ‚On the Latin Reception of Avicenna's Metaphysics', S. 203.

inhaltlichen Nähe werden die Theorien von Avicenna und Aristoteles oft nicht scharf voneinander getrennt und gelegentlich dem jeweils anderen Denker namentlich zugeschrieben.
Dies geschieht auch in den Texten Wilhelms von Auvergne, den ich als Vertreter dieser
zweiten Phase untersuchen werde. Während in der vorangegangenen Phase ein Herantas-
ten an Avicenna sowie eine erste Aufnahme akzeptabler Theorien stattgefunden hat, ist
diese Phase, die bis ca. 1240 reicht, durch allgemeine Vertrautheit mit Avicennas Lehre
gekennzeichnet und es stellt sich ein realistischer Umgang mit ihr ein: Die Fachwelt, insbesondere die Theologen, setzt sich nun kritischer mit Avicennas Lehre auseinander. Vor
allem in Paris zeigt man sich ihm gegenüber skeptisch, was in Zusammenhang mit der
Wahrnehmung der aristotelischen Lehre steht. Diese enthielt Theorien, die offensichtlich
der kirchlichen Lehre entgegenstanden und die vor allem von Magistern der *Artes*-Fakultät
rezipiert wurden. Um die Verbreitung derartiger Theorien zu unterbinden, sprechen kirchliche Dekrete von 1210 und 1215 das Verbot aus, die naturphilosophischen Werke und die
Metaphysik des Aristoteles für die universitäre Lehre heranzuziehen.[32] Neben der öffentli-
chen wurde 1210 ebenso die private Lektüre dieser Texte explizit untersagt. Die Verbote
schließen zudem die Kommentare (*commenta*) und Summen (*summae*) zu Aristoteles ein.
Darunter fällt nach gegenwärtigem Forschungsstand auch Avicennas *Metaphysik*, die auch
als Kommentar zu Aristoteles' gleichnamigem Werk verstanden wurde.[33] 1231 teilt Papst
Gregor IX. schließlich mit, das Verbot von 1210 bleibe bestehen, jedoch nur so lange, bis
die betroffenen Schriften von dem Verdacht gegen sie befreit seien.[34] Gregor IX. hat wohl
erkannt, dass es besser ist, die problematischen Schriften differenziert zu behandeln, als sie
in Gänze zu verbieten, denn Teile der dort präsentierten Lehren erweisen sich als hilfreich
für die Theologie.

Eine solch differenzierte Einstellung legt Wilhelm von Auvergne an den Tag, der die
Entwicklungen in Paris mitbekommen hat. Er hatte dort studiert, wurde 1223 *magister* der
Theologie und war von 1228 bis zu seinem Tod 1249 Bischof von Paris. Wilhelm sah sich
als Verteidiger der christlichen Lehre, wie aus seinen Werken klar hervorgeht. Zudem war
er selbst in die Verurteilung von zehn Thesen im Jahr 1241 direkt oder indirekt involviert.
So nennt das Dokument, in dem die Verurteilung festgehalten wurde, ihn in seiner
Funktion als Bischof von Paris (*Wilhermus episcopus*). Inwieweit er jedoch aktiv an der Ver-

---

[32]   Vgl. Van Steenberghen, *Die Philosophie im 13. Jahrhundert*, S. 91–94. In Zusammenhang mit dem Verbot von
       1210 warf man speziell Almarich von Bène und David von Dinant vor, häretische Positionen zu vertreten, die
       auf Aristoteles zurückgehen. Aristoteles' *Metaphysik* stand noch nicht in der Übersetzung aus dem Arabischen
       innerhalb des *Großen Kommentars* von Averroes zur Verfügung, sondern in älteren lateinischen Übersetzun-
       gen aus dem Griechischen (*Translatio Iacobi sive Vestustissima* und *Anonyma sive Media*), die unvollständig
       waren, vgl. Bertolacci, ‚On the Latin Reception of Avicenna's Metaphysics', S. 204–206.

[33]   Zu den beiden Verurteilungen vgl. Van Steenberghen, *Die Philosophie im 13. Jahrhundert*, S. 90–97, und
       Bertolacci, ‚On the Latin Reception of Avicenna's Metaphysics', S. 213–217. Bertolacci weist darauf hin, dass
       nach aktuellem Forschungsstand Aristoteles' Metaphysik bereits von der ersten Verurteilung betroffen war,
       obgleich man im Text dieser Verurteilung lediglich einen expliziten Verweis auf die Naturphilosophie (*natu-
       ralis philosophia*) findet.

[34]   Für dieses Unternehmen setzte er kurze Zeit später eine Kommission ein, deren Arbeit allerdings scheiterte.
       Das Verbot wurde 1245 durch Papst Innozenz IV. sogar auf Toulouse erweitert, vgl. Van Steenberghen, *Die
       Philosophie im 13. Jahrhundert*, S. 106–109. Siehe außerdem Grabmann, *I divieti ecclesiastici*, S. 95–114.

urteilung beteiligt war, ist nicht geklärt.[35] Die verurteilten Thesen betreffen vornehmlich die Trinität und Engellehre, Aussagen von Avicenna sind nicht gelistet. Dessen Lehre rezipiert Wilhelm in diversen Werken und übt heftigste Kritik, wenn Avicenna Positionen vertritt, die den Glaubenswahrheiten widersprechen, so etwa die Theorie der Ewigkeit der Welt. Aufgrund der Schärfe seiner Kritik wurde Wilhelm in der Forschung anfänglich als Feind Avicennas wahrgenommen. Dieses Bild wurde inzwischen jedoch revidiert. Wilhelm greift bereitwillig auf avicennische Theorien zurück, die ihm unbedenklich erscheinen und die in seinen Augen sogar dazu dienen können, den Glauben mit der Vernunft zu erschließen und dadurch die christliche Lehre zu stärken. Da Wilhelm – wie übrigens auch Dominicus Gundisalvi und Heinrich von Gent – keinem Orden angehörte, der ein Interesse daran hätte haben können, das Erschließen seiner Lehre voranzutreiben, fand sein Denken lange Zeit relativ wenig Beachtung, verglichen mit der Aufmerksamkeit, die man anderen Theologen des 13. Jahrhunderts geschenkt hat. Vor allem der Forschungsarbeit von Roland J. Teske ist es zu verdanken, dass Wilhelm nun stärker wahrgenommen wird, was sich inhaltlich durch die Qualität seiner Werke rechtfertigt. Bei Wilhelm begegnet man den Anfängen eines kritischen und zugleich offenen Umgangs mit den neuen Lehren, mit denen die lateinischen Denker durch die Übersetzungen der arabischen und griechischen Texte konfrontiert waren. In Wilhelms Ontologie und Trinitätslehre finden sich bereits einige Elemente, die durch spätere Denker ausgebaut wurden. Indem ich Wilhelm als Vertreter der zweiten Phase wähle, möchte ich einen Beitrag zur Erforschung seiner Lehre und der Anfänge eines kritisch abwägenden Umgangs mit Avicenna leisten.

Der Beginn der dritten frühen Phase der Rezeption von Avicennas *Metaphysik* lässt sich um das Jahr 1240 datieren. Averroes' Großer Kommentar zur *Metaphysik* des Aristoteles avanciert nun zur wichtigsten Interpretationshilfe, die den lateinischen Denkern zur Verfügung stand, um die Inhalte des aristotelischen Werks zu erschließen.[36] Zwar ziehen die Gelehrten Avicenna in viel geringerem Ausmaß zur Aristoteles-Exegese heran als Averroes. Dessen Anstieg an Bedeutung sorgt laut Bertolacci aber nicht für einen Niedergang Avicennas, wie bisweilen suggeriert wird. Das bessere Verständnis der aristotelischen Lehre, das man durch Averroes' Kommentare erlangt, und die Kritik, die in den diversen Aristoteles-Kommentaren an Avicenna geäußert wird, haben vielmehr zur Folge, dass man sich der Differenzen zwischen Aristoteles und Avicenna stärker bewusst wird und Letzteren nun als eigenständigen Denker wahrnimmt. So kommt es durchaus vor, dass man ihn gegen Averroes' Angriffe verteidigend in Schutz nimmt.[37]

Avicennas *Metaphysik* wird mehr und mehr als eigenständige Quelle metaphysischer Analysen herangezogen und erlangt in einer weiteren Phase den Höhepunkt ihrer Rezeption, bevor ihr Einfluss wieder abnimmt.[38] Die Zeit der Blüte des avicennischen Einflusses

---

[35] Er wird im Rahmen des ersten Artikels als derjenige genannt, durch dessen Autorität die Vertreter dieser Position exkommuniziert werden: „*Primus* [error], quod divina essentia in se nec ab homine nec ab angelo videbitur. Hunc errorem reprobamus et assertores et defensores auctoritate Wilhermi [sic] episcopi excommunicamus", Denifle/Chatelaine, *Chartularium*, Bd. 1, S. 170, Nr. 128. Siehe dazu auch Masnovo, *Da Guglielmo d'Auvergne*, Bd. 2, S. 72–73.

[36] Vgl. Bertolacci, ,On the Latin Reception of Avicenna's Metaphysics', S. 202–203.

[37] Vgl. id., ,The Reception of Avicenna in Latin Medieval Culture', S. 251.

[38] Für Avicennas *Philosophia prima* sind aus dem 13. Jh. noch 15 Handschriften erhalten, aus dem 14. Jh. sieben und aus dem darauffolgenden Jh. lediglich drei. Vgl. Hasse/Bertolacci, ,Introduction', S. 3.

umfasst die Jahre zwischen Thomas von Aquin (1225–1274) und Johannes Duns Scotus (ca. 1265/66–1308).[39] In dieser Phase entwickelt sich die *Artes*-Fakultät in Paris langsam zu einer philosophischen Fakultät. Zudem gewinnt die Philosophie an Einfluss bei den Theologen.[40] Damit geht eine Vielzahl von Lehrstreitigkeiten einher, die diesen Zeitraum prägen. Die Auseinandersetzungen finden sowohl unter den religiösen Orden statt als auch zwischen der theologischen und *Artes*-Fakultät in Paris. Die Vielfalt an Aristoteles-Auslegungen nimmt zu und die Gelehrten führen hitzige Debatten zu verschiedensten Themen, beispielsweise zur Frage nach der Einheit des Intellekts. In die Debatten werden auch Avicennas Lehren einbezogen. Vor dem Hintergrund dieser Entwicklungen wuchsen die Bedenken, die die Kirche gegenüber den neuen, vor allem aristotelisch geprägten Lehren hegte. Erste Vorbehalte hatte sie bereits in den Verurteilungen zu Anfang des 13. Jahrhundert geäußert. Die Zunahme der Uneinigkeit unter den Gelehrten und des Misstrauens der Kirche kulminierten schließlich in der Verurteilung von 219 Thesen durch den Pariser Bischof Étienne Tempier im Jahr 1277.[41] An der Vorbereitung der Verurteilung war unter anderem Heinrich von Gent beteiligt, obgleich nicht vollkommen klar ist, in welchem Umfang.[42] Heinrich werde ich als dritten Autor für meine Analysen heranziehen.

Heinrich von Gent erlebte diese stürmischen Zeiten hautnah mit, denn er war von 1276 bis 1293 *magister regens* an der theologischen Fakultät in Paris. Lange Zeit verweilte er in der Forschung im Schatten von Duns Scotus, doch steht sein Denken diesem in nichts nach. Obwohl Heinrich aus eigener Sicht vornehmlich Theologe war,[43] erweist er sich stärker als Metaphysiker als die beiden anderen in dieser Arbeit behandelten lateinischen Denker. Daher ist es spannend, ihn zum Vergleich heranzuziehen. Heinrich war zweifellos sehr von Avicenna beeinflusst, den er als Autorität anerkannte.[44] Dennoch scheut er sich nicht davor, entschieden gegen Avicenna vorzugehen, wenn dessen Lehren nicht mit der christlichen vereinbar sind. Inhaltlich ist dabei interessant, dass Heinrichs Denken stark von Augustinus geprägt ist sowie von den metaphysischen Diskussionen seiner Zeit. Beide Faktoren haben Einfluss darauf, wie Heinrich Avicennas Ontologie aufnimmt. Zudem ist er aktiv in die Debatte um die menschliche Freiheit involviert, die in der Mitte des 13. Jahrhunderts besonders intensiv geführt wird. Wie wir sehen werden, hat dies Einfluss auf seine Kritik daran, wie Avicenna das Wirken Gottes *ad extra* beschreibt.

Den Kapiteln zu den drei genannten lateinisch-christlichen Denkern stelle ich ein Kapitel zu Avicenna voran, in dem ich dessen ontologisch-kosmogonisches System erläutern und analysieren werde. Dabei konzentriere ich mich auf die Inhalte seiner Lehre, die für die Rezeption bei den lateinischen Denkern relevant sind. So kann der Leser dieses Kapitel nutzen, um ein Grundverständnis der avicennischen Theorien zu erlangen, die die lateinischen Denker rezipieren und die hier noch in Reinform vorliegen. Dadurch lässt sich der Umgang der Rezipienten mit Avicenna besser verstehen. Während im Avicenna-Kapitel der arabische Text der *Metaphysik* (*al-Ilāhiyyāt*) die Grundlage meiner Übersetzungen bildet, werde

---

[39]   Vgl. ibid., S. 3.
[40]   Vgl. Van Steenberghen, *Die Philosophie im 13. Jahrhundert*, S. 339 und 393.
[41]   Vgl. ibid., S. 389–457.
[42]   Siehe dazu Fn. 967 in der Einleitung zu Kapitel 5.
[43]   Vgl. Pickavé, *Heinrich von Gent über die Metaphysik*, S. 8–10.
[44]   Vgl. Janssens, ‚Henry of Ghent and Avicenna', S. 83.

ich in den übrigen Kapiteln hingegen aus dem lateinischen Text zitieren und übersetzen. Dies halte ich insofern für sinnvoll, als die lateinische Version der *Metaphysik* die Textgrundlage ist, mit der die lateinischen Denker arbeiteten. Sie eignet sich somit besser, wenn man Textpassagen gegenüberstellen oder terminologische Vergleiche vornehmen möchte. Auf Differenzen zum arabischen Text werde ich hinweisen, wo es notwendig ist.

Hinweise:

Eckige Klammern […] in Zitaten kennzeichnen meine eigenen Hinzufügungen. In runden Klammern (…) gebe ich zudem Hinweise auf die ursprünglichen Termini des arabischen und / oder lateinischen Textes, falls es sich bei dem zitierten Text um eine Übersetzung handelt.

Die lateinischen Zitate übernehme ich entsprechend ihrer Schreibung in den modernen Editionen oder Frühdrucken, mit der Ausnahme, dass ich die Schreibung des Buchstabens v statt u vereinheitliche. Die Zeichensetzung bei Frühdrucken folgt dem, was man als deutscher Leser erwarten würde.

Die Transliteration der arabischen Termini folgt den Regeln der Deutschen Morgenländischen Gesellschaft, mit den beiden Ausnahmen, dass ich den arabischen Artikel nicht assimiliere und die Diphtonge *aw* und *ay* anstelle von *au* und *ai* verwende.

2 Avicenna

Der zentralasiatische Gelehrte Avicenna (Abū ʿAlī l-Ḥusayn ibn Sīnā, um 980–1037) ent-deckte bereits in seiner Jugend, die er in Buḫārā (im heutigen Usbekistan) verbrachte, die Liebe zu den Wissenschaften und startete in jungen Jahren das Projekt, sich umfassend zu bilden. Neben dem Koran und der arabischen Literatur beschäftigte er sich beispielsweise schon früh mit indischer Arithmetik und begann im Alter von zehn Jahren, Philosophie zu studieren. Das Curriculum, nach dem er sich richtete, war geprägt – wie damals üblich – von den Curricula im spätantiken Athen und Alexandrien. Es orientierte sich an der Ord-nung der aristotelischen Schriften und begann mit der Logik, sodann folgten Naturphiloso-phie, Mathematik, Astronomie, Metaphysik und praktische Philosophie.[45] Neben der Phi-losophie widmete sich Avicenna dem Studium des islamischen Rechts und der Medizin.[46] Dies ermöglichte ihm, für verschiedene Herrscher als Arzt und Wesir tätig zu sein. Seine Anstellungen bescherten ihm jedoch ein recht unstetes Leben, denn aus politischen Grün-den war er regelmäßig gezwungen, den Ort zu wechseln.[47]

Avicenna hat sich zeitlebens den Wissenschaften gewidmet und hinterließ ein äußerst umfangreiches Œuvre, das meist in arabischer, aber auch in persischer Sprache verfasst ist. Es spiegelt die Breite seiner Bildung wider und deckt verschiedenste Bereiche ab.[48] Nach-dem in der zweiten Hälfte des zwölften Jahrhunderts ein sehr kleiner, aber bedeutender Teil der Werke aus dem Arabischen übersetzt worden war, wurde Avicenna im lateinischen Westen als Philosoph bekannt.[49] Überdies zählte er bis in die Renaissance hinein zu den berühmtesten Medizinern, was er seinem imposanten Werk *Kanon der Medizin* (*Qānūn fī l-Ṭibb*; *Canon medicinae*) zu verdanken hat. Darin trägt Avicenna in einem detaillierten Überblick das zu seiner Zeit vorhandene medizinische Wissen zusammen. Auch unter seine Schriften aus anderen Bereichen der Wissenschaft fallen überblicksartige Werke, soge-nannte Summen, in denen Avicenna das Wissen eines bestimmten Gebiets zusammenstellt. Dazu zählt die philosophische Summe *Buch der Heilung* (*Kitāb al-Šifāʾ*; *Liber sufficientiae*), die zu großen Teilen ins Lateinische übersetzt wurde, unter anderem von Dominicus Gun-disalvi. Ab dem Zeitpunkt ihrer Übersetzung stand sie den lateinisch-christlichen Gelehrten als eine neue Quelle philosophischer Ideen zur Verfügung und forderte ihre Reaktion he-raus.

---

45 Vgl. McGinnis, *Avicenna*, S. 4–9 und 17.
46 Vgl. ibid., S. 18–19.
47 Vgl. Rudolph, *Islamische Philosophie*, S. 44. Siehe dazu auch McGinnis, *Avicenna*, S. 19–26.
48 Siehe die mit hilfreichen Informationen versehene Liste in Gutas, *Avicenna and the Aristotelian Tradition*, S. 389–528.
49 Zu den Übersetzungen siehe die Einleitung von Kapitel 3.

2.1 Ontologie

Avicenna entwickelt vornehmlich in Kapitel I.5 und ergänzend in den Kapiteln V.1 und 2 seiner *Metaphysik* (*al-Ilāhiyyāt; Philosophia prima sive scientia divina*) – dem vierten Teil der philosophischen Summe *Buch der Heilung* – den Grundgedanken seiner Ontologie: die Distinktion von Sein und Wesen. Diese ist bereits Gegenstand zahlreicher Abhandlungen,[50] weshalb ich mich im Folgenden darauf beschränken werde, die für die vorliegende Arbeit relevanten Elemente darzulegen. Dies soll ein Grundverständnis der Ontologie Avicennas vermitteln, auf dessen Basis man einerseits das Verhältnis von Gott und Welt nachvollziehen kann und andererseits die Art und Weise der Rezeption der avicennischen Lehre durch die lateinischen Denker einzuschätzen vermag.

2.1.1 Distinktion von Sein und Wesen

Avicenna entfaltet die Sein-Wesen-Distinktion in *Metaphysik* I.5 ausgehend von einer Gegenüberstellung der ersterkannten Begriffe, die als Grundlage des begrifflichen Erfassens (*taṣawwur; imaginatio*[51]) dienen. Zunächst führt er die vier *prima nota* Seiendes (*mawǧūd; ens*), Ding (*šayʾ; res*), Notwendiges (*ḍarūrī; necesse*) und Eines (*wāḥid; unum*) an,[52] welche bei den lateinischen Denkern in die Transzendentalienlehre aufgenommen wurden.[53] Für seine Analyse greift Avicenna Seiendes und Ding heraus:

ونقول: إن معنى الموجود[54] ومعنى الشيء متصوران فى الأنفس، وهما معنيان. والموجود والمثبت والمحصل أسماء مترادفة على معنى واحد ... والشيء وما يقوم مقامه قد يدل به على معنى آخر فى اللغات كلها، فإن لكل أمر حقيقة هو بها ما هو، فالمثلث حقيقة أنه مثلث، وللبياض حقيقة أنه بياض،	Wir sagen, dass die Bedeutung (*maʿnan; intentio*) des Seienden und die Bedeutung des Dings in den Seelen als zwei Bedeutungen erfasst werden. ‚Seiendes‘, ‚Bestätigtes‘ und ‚Verwirklichtes‘ (*muṯbat wa-muḥaṣṣal; aliquid*) sind Bezeichnungen, die zu einer einzigen Bedeutung synonym sind ...

---

[50] Insbesondere Goichon, *La distinction de l'essence et l'existence*; Bertolacci, ‚The Distinction of Essence and Existence‘; Benevich, ‚The Essence-Existence Distinction‘; Rahman, ‚Essence and Existence‘; Wisnovsky, ‚Essence and Existence‘; id., *Avicenna's Metaphysics in Context*; Lizzini, ‚Wuǧūd–Mawǧūd‘.

[51] *Imaginatio* als lateinische Übersetzung des arabischen Begriffs *taṣawwur* (begriffliches Erfassen) ist in diesem Zusammenhang nicht mit der Vorstellungskraft zu verwechseln. Zwar wird *imaginatio* v. a. in Avicennas *De anima* als lateinischer *terminus technicus* für den inneren Sinn der Vorstellungskraft und für ihren Akt verwendet, die arabischen Entsprechungen sind hier jedoch *ḫayāl* (Vorstellungskraft, Einbildungskraft) bzw. *taḫayyul* (Vorstellung, Einbildung). Zu den arabischen Termini siehe auch, Goichon, *Lexique*, Nr. 238, 239 und 374, sowie Hasse, et al., *Arabic and Latin Glossary*, online unter https://algloss.de.dariah.eu/.

[52] Vgl. Ibn Sīnā, *al-Ilāhiyyāt* I.5, S. 22, Z. 11–S. 23, Z. 10; ed. Van Riet, S. 31, Z. 2–S. 33, Z. 28.

[53] Vgl. Germann, ‚Avicennas Metaphysik‘, S. 255. Zur Thematik der Transzendentalien siehe Aertsen, *Medieval Philosophy and the Transcendentals* und Koutzarova, *Das Transzendentale bei Ibn Sīnā*.

[54] Die Edition von Marmura und die Cairo-Ausgabe lesen الوجود. Korrigiert zu الموجود nach Bertolacci, *The Reception of Aristotle's ›Metaphysics‹*, S. 492. Siehe dazu außerdem den vorläufigen Text der neuen kritischen Edition, die im ERC-Projekt *Avicenn@* unter der Leitung von Amos Bertolacci begonnen wurde. Der Text steht online zur Verfügung unter https://www.avicennaproject.eu/#/edition/ibn-sina-ilahiyyat_02_tr1/text.

وذلك هو الذى ربما سميناه الوجود الخاص، ولم نرد به معنى الوجود الإثباتى. فإن لفظ الوجود يدل به أيضا على معانى كثيرة، منها الحقيقة التى عليها الشىء، فكأنه ما عليه يكون الوجود الخاص للشىء. ونرجع فنقول: إنه من البين أن لكل شىء حقيقة خاصة هى ماهيته.⁵⁵

Mit ‚Ding‘ und dem, was ihm äquivalent ist, wird in allen Sprachen auf eine andere Bedeutung verwiesen. Eine jede Sache nämlich hat eine wahre Natur (ḥaqīqa; certitudo), durch die sie das ist, was sie ist. So hat das Dreieck die wahre Natur, ein Dreieck zu sein, und die Weiße die wahre Natur, Weiße zu sein. Und dies ist das, was wir bisweilen eigentümliches Sein nennen. Wir meinen damit nicht die Bedeutung des affirmativen Seins, denn durch das Wort ‚Seiendes‘ wird darüber hinaus auf viele Bedeutungen verwiesen, darunter die wahre Natur, gemäß der ein Ding ist. So ist das, gemäß dem es ist, wie das eigentümliche Sein des Dings.

Wir kehren also zurück und sagen: Es ist offenkundig, dass ein jedes Ding eine eigentümliche wahre Natur hat, die seine Washeit (māhiyya; quidditas) ist.

Zitat 2-1

Avicenna weist seinen Leser darauf hin, dass ‚Seiendes‘ und ‚Ding‘ nicht deckungsgleich sind. Dies erkennt man daran, dass sie als separate Begriffe erfasst werden – ihre Begriffsinhalte weichen voneinander ab: Bezeichnet man etwas als Seiendes, so verweist dies auf das Faktum der Existenz, also darauf, *dass* das Bezeichnete existiert. Daher könnte man statt von Seiendem auch gleichbedeutend von Bestätigtem oder Verwirklichtem sprechen (*muṯbat wa-muḥaṣṣal; aliquid*⁵⁶). Bezeichnet man demgegenüber eine Entität als Ding oder alternativ als etwas (*amr; aliquid*⁵⁷), welches / was (*mā; quid*) oder solches (*allaḏī; illud*), so

---

[55] Ibn Sīnā, al-Ilāhiyyāt I.5, S. 24, Z. 6–14; ed. Van Riet, S. 34, Z. 50–S. 35, Z. 64: „Dico ergo quod intentio entis et intentio rei imaginantur in animabus duae intentiones; ens vero et aliquid sunt nomina multivoca unius intentionis … Sed res et quicquid aequipollet ei, significat etiam aliquid aliud in omnibus linguis; unaquaeque enim res habet certitudinem qua est id quod est, sicut triangulus habet certitudinem qua est triangulus, et albedo habet certitudinem qua est albedo. Et hoc est quod fortasse appellamus esse proprium, nec intendimus per illud nisi intentionem esse affirmativi, quia verbum *ens* significat etiam multas intentiones, ex quibus est certitudo qua est unaquaeque res, et est sicut esse proprium rei. Redeamus igitur et dicamus quod, de his quae manifesta sunt, est hoc quod unaquaeque res habet certitudinem propriam quae est eius quidditas." Eine Analyse dieser Textstelle findet sich auch in Bertolacci, ‚The Distinction of Essence and Existence‘, S. 266–268. Jens Ole Schmitt hat große Teile der Bücher I bis V ins Deutsche übersetzt, darunter auch die zitierte Passage, siehe Ibn Sīnā, *Grundlagen der Metaphysik*, S. 105–107.

[56] Während Avicenna in Zitat 2-1 und in dessen Kontext im arabischen Text den Terminus *amr* (Ding, Sache) nur synonym zu *šay'* (Ding) verwendet, geht die lateinische Übersetzung mit dem Terminus *aliquid* (etwas), der *amr* entspricht, ungenau um. Sie verwendet ihn sowohl mit Bezug auf *res* (Ding) als auch mit Bezug auf *ens* (Seiendes), was zu Verwirrungen führen kann. So wird *aliquid* bspw. einerseits als Übersetzung für *muṯbat wa-muḥaṣṣal* (Bestätigtes und Verwirklichtes) angegeben (vgl. Ibn Sīnā, al-Ilāhiyyāt I.5, S. 22, Z. 7; ed. Van Riet, S. 34, Z. 52) und andererseits für *iṯbāt* (Bestätigung) (vgl. ibid. I.5, S. 24, Z. 15; ed. Van Riet, S. 35, Z. 65).

[57] Zur Verwendung von *aliquid* in der lateinischen Übersetzung siehe die vorangehende Fn.

verweist dies darauf, dass das Bezeichnete einer bestimmten Art von Seiendem zugehört.[58] Man zielt hier also nicht auf das Dass, sondern das Was oder Wesen der bezeichneten Sache ab. Das Wesen nennt Avicenna in Kapitel I.5 zunächst wahre Natur (*ḥaqīqa; certitudo*). Er definiert sie in Zitat 2-1 wie folgt: „[E]ine jede Sache nämlich hat eine wahre Natur, durch die sie das ist, was sie ist (*huwa bi-hā mā huwa; qua est id quod est*)."[59] Mit dieser Aussage vollzieht Avicenna einen Übergang von der konzeptionellen Analyse zu einer ontologischen: Es wird deutlich, dass die Entität, die man als Ding bezeichnet, keineswegs deckungsgleich mit der wahren Natur ist. Sie ist nicht selbst die wahre Natur, sondern besitzt eine solche, wie Avicenna hier und an diversen anderen Stellen erwähnt.[60] Die Rolle der wahren Natur ist es, zu bestimmen, was für ein Ding etwas ist, das heißt, welcher Art (*naw'; species*) es angehört; sie verleiht ihm damit Identität. Jedes Ding ist eine individuelle Instanziierung seiner Art, sodass sich vom Namen der Art auch eine Bezeichnung des Dings ableitet. Ziehen wir zur Veranschaulichung Avicennas beliebtes Beispiel des Pferdes heran: Ein Ding, dessen wahre Natur Pferdheit ist, fällt unter die natürliche Art des Pferdes – und nicht etwa unter die der Kuh, der Sonnenblume oder des Steins. Aufgrund seiner Artzugehörigkeit kann das besagte Ding in unserer Sprache Pferd genannt werden, auf Arabisch *faras* und im Lateinischen *equus*. An dieser Stelle sei erwähnt, dass dies nicht nur Substanzen wie das Pferd betrifft, sondern ebenso für die Angehörigen der anderen Kategorien gilt. Darauf deutet im obigen Zitat das Beispiel der Weiße hin, die als Farbe dem Akzidens der Qualität zuzuordnen ist.[61]

Am Ende von Zitat 2-1 setzt Avicenna wahre Natur (*ḥaqīqa; certitudo*) und Washeit (*māhiyya; quidditas*) gleich.[62] In der lateinischen Übersetzung der *Metaphysik* tritt der Ter-

---

[58]   Vgl. ibid. I.5, S. 23, Z. 16–S. 24, Z. 1; ed. Van Riet, S. 33, Z. 36–S. 34, Z. 44.

[59]   Ibid. I.5, S. 24, Z. 9–10; ed. Van Riet, S. 34, Z. 55–56: فإن لكل أمرٍ حقيقة هو بها ما هو. „unaquaeque enim res habet certitudinem qua est id quod est."

[60]   Vgl. ibid. I.5, S. 24, Z. 14; ed. Van Riet, S. 35, Z. 63–64: أن لكل شيء حقيقة خاصة هى ماهيته. „quod unaquaeque res habet certitudinem propriam quae est eius quidditas." An den weiteren Stellen finden sich umständlichere Formulierungen oder solche, die synonym zu *šay'* das Wort *amr* verwenden, siehe bspw. die vorangehende Fn. Es wird jedoch an allen Stellen deutlich, dass Ding (*šay' / amr; res*) und wahres Wesen (*ḥaqīqa; certitudo*) nicht deckungsgleich sind, sondern Ersteres über Letzteres hinausgeht.

[61]   Im Grunde können die Instanziierungen beider Gruppen von Kategorien – der Substanzen und der Akzidenzien – als Dinge bezeichnet werden. Neben diesem weiten legt Avicenna zuweilen ein enges Verständnis an den Tag, wonach Dinge Substanzen sind. Dies hängt sicherlich auch mit seiner Auffassung von Sein zusammen, der gemäß Substanzen prioritär Sein zukommt, Akzidenzien hingegen nachgeordnet. Anders als Averroes ihm vorwirft, vertritt Avicenna keine Univozität des Seins, zudem wird ‚Seiendes' Avicenna zufolge nicht äquivok gebraucht. Allerdings lässt sich Avicennas Verständnis auch nicht mit Aristoteles' *pros-hen*-Struktur des Seienden identifizieren, was man auf den ersten Blick vielleicht meinen könnte. Aristoteles zufolge wird Seiendes fokussiert homonym ausgesagt, wobei die Kernbedeutung der Substanz zukommt. Avicenna räumt der Substanz zwar ebenfalls einen Vorrang ein, jedoch ist die Weise der Aussage gemäß der Vor- und Nachordnung (*'alā taqaddum wa-ta'aḥḥur; per prius et posterius*) zu verstehen. Sowohl die *pros-hen*-Struktur als auch die Vor- und Nachordnung sind Unterarten einer modulierten Verwendung von Sein, wie Alexander Treiger herausgearbeitet hat. Vgl. dazu Treiger, ‚Avicenna on the Transcendental Modulation of Being', S. 188–196, und Menn, ‚Avicenna's Metaphysics', S. 162–163. Siehe außerdem Treiger, ‚Avicenna's Notion of Modulation'.

[62]   Außerdem werden sie in folgender Aussage identifiziert, die sich nur im arabischen Text findet und nicht ins Lateinische übersetzt wurde: فإن للإنسان حقيقة هى حده وماهيته من غير شرط وجود خاص أو عام فى الأعيان أو فى النفس بالقوة شىء من ذلك أو بالفعل. „Denn der Mensch hat eine wahre Natur (*ḥaqīqa*), die seine Definition (*ḥadd*) und seine Washeit (*māhiyya*) ist, ungeachtet dessen, ob [sein] Sein eigentümlich [d. h. partikulär] oder allgemein

minus *quidditas* an der entsprechenden Stelle zum ersten Mal auf.[63] Es handelt sich hierbei um einen Neologismus aus dem Interrogativpronomen Neutrum *quid* (was) und dem Suffix *–itas* für abstrakte Substantive. Die Wortbildung erfolgt analog zur arabischen Entsprechung, *māhiyya*, die aus dem Interrogativpronomen *mā* und der Endung *-iyya* zusammengesetzt ist. *Māhiyya* wurde ursprünglich gebildet, um in den arabischen Übersetzungen der logischen Schriften des Aristoteles in Kontexten, in denen es um die Abgrenzung von Definition (*ḥadd*) und eigentümlichen Eigenschaften (*ḫāṣṣa*) geht, den griechischen Ausdruck τὸ τί ἦν εἶναι (das, was es [für eine Sache] heißt, zu sein) wiederzugeben. Auf *māhiyya* griffen die griechisch-arabischen Übersetzer allerdings nur in seltenen Fällen zurück, die gängige Entsprechung war *mā huwa* (was es ist). Al-Fārābī († ca. 950/51) hat schließlich als erster arabischer Philosoph *māhiyya* in seine eigenen Texte aufgenommen.[64] Alternativ zu *māhiyya* (*quidditas*) und *ḥaqīqa* (*certitudo*) verwendet Avicenna in der *Metaphysik* den Terminus *ḏāt* (*essentia*), der üblicherweise mit ‚Wesen' oder ‚Essenz' übersetzt wird. Bisweilen greift er außerdem auf *ṭabīʿa* (*natura*) zurück. Diese Termini können für das Wesen stehen, weisen jedoch Bedeutungsnuancen auf und haben darüber hinausgehend eigene Bedeutungen.[65] Die in dieser Arbeit behandelten lateinischen Denker übernahmen bevorzugt *quid(d)itas*, *essentia* und *natura*. *Certitudo* im Sinne von Wesen zu verwenden, hat sich bei ihnen hingegen nicht durchgesetzt.

Avicenna zufolge verfügt ein jedes Ding nicht nur über sein Wesen, sondern davon verschieden auch über Sein, weshalb es, wie bereits erwähnt, als Seiendes verstanden werden kann. Die Bestimmung als Seiendes haftet einem Ding sogar notwendigerweise ständig an (*lazima dāʾiman; semper comitari*), denn gemäß Avicenna ist nur etwas, das existiert, ein Ding.[66] Absolut Nicht-Seiendem verweigert er hingegen die Zuordnung zur Gruppe der Dinge, wie er vor dem Hintergrund einer heftigen Debatte der islamischen Theologen (*mutakallimūn*)[67] um die Dinglichkeit von Nicht-Seiendem betont.[68] Damit gilt zumindest

---

[d. h. universal] ist, in den Einzeldingen oder in der Seele, sei es etwas von diesen in Möglichkeit oder Wirklichkeit", Ibn Sīnā, *al-Ilāhiyyāt* VI.5, S. 228, Z. 3–5. Eine Übersetzung dieser Stelle findet sich ebenfalls in Bertolacci, ‚The Distinction of Essence and Existence', S. 281; von dort habe ich die Einschübe übernommen.

63   Avicenna verwendet den arabischen Terminus *māhiyya* bereits an fünf früheren Stellen. Schon dort hat er die Bedeutung einer Frage danach, was etwas ist, und wurde dementsprechend interrogativ mit *quid sit / sint / est* ins Lateinische übersetzt. An den drei ersten dieser Stellen wird die Opposition zur Frage nach dem Dass besonders deutlich, da *māhiyya* dort den Begriffen der Bestätigung (*iṯbāt; an sit*) und der Dassheit (*inniyya; quia est*) gegenübergestellt wird. Ibn Sīnā, *al-Ilāhiyyāt* I.2, S. 9, Z. 18–S. 10, Z. 1; ed. Van Riet, S. 12, Z. 32–36; I.3, S. 14, Z. 11–12; ed. Van Riet, S. 20, Z. 69–70, und I.4, S. 21, Z. 12; ed. Van Riet, S. 30, Z. 74.

64   Zu den historischen Hintergründen von *māhiyya* vgl. Wisnovsky, ‚Notes on Avicenna's Concept of Thingness', S. 185–189. Für eine Auflistung der diversen arabischen Ausdrücke für τὸ τί ἦν εἶναι in den Aristoteles-Übersetzungen siehe ibid., S. 187, Fn. 11. Vgl. außerdem Germann, ‚Avicennas Metaphysik', S. 255–258.

65   Für eine Auflistung und Erläuterung der Termini siehe Benevich, *Essentialität und Notwendigkeit*, S. 3–8.

66   Siehe unten, Zitat 2-2.

67   Zur Schwierigkeit der Übersetzung und Bedeutungsbestimmung von *mutakallimūn* siehe Niewöhner, ‚Die Diskussion um den ›Kalām‹ und die ›Mutakallimūn‹'.

68   Vgl. Ibn Sīnā, *al-Ilāhiyyāt* I.5, S. 24, Z. 1–S. 26, Z. 14; ed. Van Riet, S. 34, Z. 45–S. 38, Z. 19. Sobald etwas im Verstand existiert, hat es bereits mentales Sein und ist ein Ding. Von absolut Nicht-Seiendem kann es nach Avicenna kein Wissen geben.

für den vorliegenden Kontext:[69] Seiendes und Ding sind extensional identisch – alle Dinge sind Seiende –, intensional jedoch verschieden, denn Ding verweist auf das Was beziehungsweise Wesen einer Sache, während Seiendes auf das Dass, also das Faktum der Existenz verweist.[70] Aufgrund der Verflechtung von Seiendem und Ding weist Amos Bertolacci darauf hin, dass man, wenn man ihre Distinktion behandelt oder damit zusammenhängend die Distinktion von Sein und Wesen, nicht unerwähnt lassen sollte, wie stark Seiendes und Ding beziehungsweise Sein und Wesen eigentlich miteinander verbunden sind.[71]

Die Sein-Wesen-Distinktion verknüpft Avicenna im zweiten Teil unseres Ausgangszitats mit der von Aristoteles entworfenen Lehre, das Seiende (τὸ ὄν) werde auf vielfache Weise (πολλαχῶς) ausgesagt.[72] Auch Avicenna zufolge hat der Begriff des Seienden, respektive des Seins nicht eine einzige, exklusive Bedeutung, sondern lässt sich auf mehrere Weisen verwenden. So führt Avicenna vor dem Hintergrund der Sein-Wesen-Distinktion folgende Unterscheidung ein: Das Faktum des Seins bestimmt er als bestätigtes beziehungsweise affirmatives Sein (*wuǧūd iṯbātī; esse affirmativum*), während er im Vergleich dazu das Wesen als eigentümliches Sein auffasst (*wuǧūd ḫāṣṣ; esse proprium*). Dementsprechend könnte man beispielsweise das Wesen des Pferdes statt ‚Pferdheit' auch ‚Pferdsein' nennen.[73] In Folge dieser Differenzierung lässt sich festhalten, dass jedes Ding über Sein und Wesen verfügt beziehungsweise über affirmatives und eigentümliches Sein.

2.1.2 Die Weisen des Vorkommens von Wesen

Um zu erschließen, welche Entitäten Avicenna als Dinge auffasst, bietet es sich an, eine Stelle aus *Metaphysik* I.5 heranzuziehen. Diese Passage ist zudem aufschlussreich in Bezug auf die Wesen selbst.

---

[69]   Die Forschung ist sich uneins, inwiefern die Identität von Seiendem und Ding generell ausgesagt werden darf. In anderen Kontexten innerhalb der *Metaphysik* sowie in anderen Werken könnte man Avicennas Aussagen dahingehend interpretieren, dass Ding weiter gefasst ist als Seiendes, da die Bezeichnung dort weniger streng gebraucht wird, sondern u. a. dazu dient, auf irgendetwas Bezug zu nehmen, bspw. auch auf Wesen, die im strengen Sinne keine Dinge sind. Vgl. Bertolacci, ‚The Distinction of Essence and Existence', S. 260, inkl. Fn. 7; Wisnovsky, *Avicenna's Metaphysics in Context*, S. 151–160, und Rahman, ‚Essence and Existence', S. 3–9.

[70]   Vgl. Bertolacci, ‚The Distinction of Essence and Existence', S. 270–277. Siehe außerdem Wisnovsky, ‚Notes on Avicenna's Concept of Thingness'.

[71]   Vgl. Bertolacci, ‚The Distinction of Essence and Existence', S. 263 und 271–273.

[72]   Vgl. Aristoteles, *Metaphysik* Γ.2, 1003a33: Τὸ δὲ ὄν λέγεται μὲν πολλαχῶς. Im Anschluss an diese Aussage entwickelt Aristoteles in Γ.2 die *pros-hen*-Struktur des Seienden. Siehe auch, Bertolacci, *The Reception of Aristotle's ›Metaphysics‹*, S. 378–379; id., ‚The Distinction of Essence and Existence', S. 268, Fn. 17, und Menn, ‚Avicenna's Metaphysics', S. 149–150.

[73]   Die Bezeichnung als *wuǧūd ḫāṣṣ* stammt laut Bertolacci zwar von Avicenna selbst und tritt in unterschiedlichen Formulierungen recht oft in der Metaphysik auf, doch den Gedanken eines Seins des Wesens – wie auch immer es im Konkreten verstanden wird – findet man bereits vor Avicenna in der arabischen Tradition, bspw. bei al-Kindī († ca. 870) oder Yaḥyā ibn ʿAdī († 974). Vgl. Bertolacci, ‚The Distinction of Essence and Existence', S. 268, Fn. 17. Zu den Schwierigkeiten, die bezüglich der Bestimmung des Wesens in I.5 als *esse proprium* auftreten, siehe Rashed, ‚Ibn ʿAdī et Avicenne', S. 110–116. Auf die Position von Ibn ʿAdī komme ich in Kapitel 5.1.1 zu Heinrich von Gent kurz zu sprechen.

وذلك لأنك إذا قلت: حقيقة كذا موجودة إما فى
الأعيان، أو فى الأنفس، أو مطلقا يعمها جميعا، كان
لهذا معنى محصل مفهوم ...
ولا يفارق لزوم معنى الموجود[74] إياه البتة، بل معنى
الموجود يلزمه دائما، لأنه يكون إما موجودا فى
الأعيان، أو موجودا فى الوهم والعقل، فإن لم يكن كذا
لم يكن شيئا.[75]

Dies ist deshalb der Fall, da, wenn du sagst, ›Die wahre Natur eines solchen liegt in den Einzeldingen, in den Seelen oder auf absolute Weise vor (*mawǧūd; est*), wobei es beide umfasst ‹, dies dann eine bestimmte und verständliche Bedeutung hat …

Die notwendige Begleitung (*luzūm; comitantia*) der Bedeutung des Seienden trennt sich überhaupt nicht von ihm. Vielmehr begleitet die Bedeutung des Seienden es [d. h. das Ding] notwendigerweise ständig (*lazima dāʾiman; semper comitari*), denn es existiert entweder in den Einzeldingen oder im Einschätzungsvermögen beziehungsweise im Verstand. Wenn dies nicht so wäre, dann wäre es kein Ding.

Zitat 2-2

Einen ähnlichen Überblick führt Avicenna im einleitenden Teil seiner *Logik* (*al-Manṭiq: al-Madḫal; Logyca: Isagoge*) an, der den lateinischen Denkern in einer Übersetzung vorlag.[76] Gemäß dem angeführten Zitat aus der *Metaphysik* existieren Wesen lediglich auf zwei Weisen in der Wirklichkeit, abhängig davon, welches Sein ihnen zukommt. Dementsprechend gibt es nach Avicenna zwei Gruppen von Dingen. Wesen finden sich entweder als in extramentalen Einzeldingen (*fī l-aʿyān; in singularibus*) oder in innerseelischen beziehungsweise intramentalen Dingen (*fī l-anfus; lat. Sg. in anima*) vorliegend,[77] das heißt in den intelligiblen Formen, wie Avicenna in *Metaphysik* V.1 erklärt. Dort legt er außerdem dar, dass mit den beiden genannten Seinsweisen – dem extra- oder intramentalen Sein – jeweils bestimmte Akzidenzien einhergehen, die den Dingen zukommen, beispielsweise Univer-

---

[74] Die Edition von Marmura und die Cairo-Ausgabe lesen الوجود. Korrigiert zu الموجود nach Bertolacci, *The Reception of Aristotle's ›Metaphysics‹*, S. 492. Zur neuen kritischen Edition siehe Fn. 54.

[75] Ibn Sīnā, *al-Ilāhiyyāt* I.5, S. 24, Z. 16–S. 25, Z. 7; ed. Van Riet, S. 35, Z. 65–S. 36, Z. 83: „quoniam, cum dixeris quod certitudo rei talis est in singularibus, vel in anima, vel absolute ita ut communicet (*ʿamma*) utrisque, erit tunc haec intentio apprehensa et intellecta … nec separabitur a comitantia intelligendi ens cum illa ullo modo, quoniam intellectus de ente semper comitabitur illam, quia illa habet esse vel in singularibus vel in aestimatione vel intellectu. Si autem non esset ita, tunc non esset res."

[76] Vgl. id., *al-Manṭiq: al-Madḫal* I.2, ed. Madkour, S. 15, Z. 1–8; ed. Vincenzo, S. 26, Z. 42–47; ed. Venedig, Fol. 2rb, Z. 29–42. Die Stellenangabe nennt den Teil und das Kapitel. Eine Übersetzung dieser Passage findet man neben Vincenzo bei Rashed, ›Ibn ʿAdī et Avicenne‹, S. 114, Fn. 11, und bei McGinnis, *Avicenna*, S. 31.

[77] In der Einleitung zur Logik spricht Avicenna davon, dass Wesen u. a. im begrifflichen Erfassen (*taṣawwur; intellectus*) vorkommen: وماهيات الأشياء قد تكون فى أعيان الأشياء، وقد تكون فى التصور. „Essentie vero rerum aut sunt in ipsis rebus aut sunt in intellectu", Ibn Sīnā, *al-Manṭiq: al-Madḫal* I.2, ed. Madkour, S. 15, Z. 1; ed. Vincenzo, S. 26, Z. 42; ed. Venedig, Fol. 2rb, Z. 29–30. Siehe hierzu auch Fn. 76. Da das begriffliche Erfassen durch den Verstand vollzogen wird, ist die Behauptung gerechtfertigt, die Wesen existierten im Verstand. Insofern der Verstand ein Vermögen der rationalen Seele ist, kann man den Wesen alternativ auch innerseelisches Sein zusprechen; für eine weitere Stelle dazu siehe Fn. 62.

salität oder Partikularität, Einheit oder Vielheit und zeitliche oder lokale Verortung.[78] Intramental liegt Pferdheit in einer intelligiblen Form vor, wenn ich über den Begriff des Pferdes nachdenke und beispielsweise eine Definition aufstelle. Zwar sind intelligible Formen *qua* ihrer Verortung in einer individuellen Seele partikulär, jedoch kann ein und dieselbe geistige Form auf mehrere extramentale Individuen bezogen werden.[79] So lässt sich die Definition des Pferdes von sämtlichen extramental existierenden Pferden aussagen. In diesem Sinne ist das intelligible Pferd universal, denn Avicenna definiert das Universale (*al-kullī; universale*) als „dasjenige, dessen begriffliches Erfassen selbst nicht daran hindert, dass es von vielen Dingen ausgesagt wird."[80]

In der extramentalen Wirklichkeit tritt das Akzidens der Universalität nicht auf; hier ist alles partikulär. So findet sich Pferdheit in dem individuellen Pferd, das vor mir auf der Koppel steht. Gemäß Kapitel V.1 ist dieses Pferd ein natürliches Ding, das natürliches Sein hat. Über die Partikularität hinaus kommen ihm Akzidenzien zu, die mit seiner Körperlichkeit zusammenhängen, beispielsweise eine bestimmte Größe. Avicenna zieht zur Veranschaulichung seiner Ontologie natürliche körperliche Entitäten heran, die in der sublunaren Welt zu verorten sind. Jedoch unterliegen die supralunaren Substanzen – die Himmelssphären und himmlischen Intelligenzen – ebenfalls der Distinktion von Sein und Wesen. Allerdings findet man im supralunaren Bereich nur einen einzigen Vertreter der jeweiligen Art, beispielsweise nur eine Sonne. Im Gegensatz dazu existieren im sublunaren Bereich numerisch verschiedene Individuen einer Art. Während die Himmelssphären körperliche Substanzen sind, die eine Zusammensetzung aus substanzieller Form – einer rationalen Seele – und Materie aufweisen, sind die himmlischen Intelligenzen geistige Substanzen. Da Avicenna, anders als etwa Dominicus Gundisalvi, keinen universalen Hylemorphismus vertritt, sind die geistigen Substanzen in seinem Modell völlig immateriell und somit keine Komposita aus Form und (geistiger) Materie, sondern reine, von Materie abgetrennte Formen. Dies bedeutet jedoch nicht, dass sie von der Sein-Wesen-Distinktion ausgenommen sind – ganz im Gegenteil! Die Distinktion von Sein und Wesen ist grundlegender als die kompositionelle Distinktion von Materie und Form. Somit gilt sie sogar für die einfachsten Dinge in der Welt, mithin für reine Formen, wie es die himmlischen Intelligenzen sind. Auch in ihnen lassen sich Sein und Wesen unterscheiden. Damit setzen sie sich in ihrer ontologischen Grundstruktur fundamental von Gott ab, der wie sie ebenfalls eine rein geistige Substanz ist. Gott ist jedoch die einzige Entität in der Wirklichkeit, bei der Sein

---

[78] Vgl. id., *al-Ilāhiyyāt* V.1, S. 152, Z. 13–S. 153, Z. 6, und S. 155, Z. 14–19; ed. Van Riet, S. 233, Z. 19–35, und S. 236, Z. 5–S. 237, Z. 13.

[79] Vgl. ibid. V.1, S. 157, Z. 1–2; ed. Van Riet, S. 238, Z. 42–44: وهذه الصورة وإن كانت بالقياس إلى الأشخاص كلية، فهى بالقياس „Haec autem forma, quamvis respectu إلى النفس الجزئية التى انطبعت فيها شخصية، وهى واحدة من الصور التى فى العقل. individuorum sit universalis, tamen, respectu animae singularis in qua imprimitur, est individua, ipsa enim est una ex formis quae sunt in intellectu."

[80] Ibid. V.1, S. 149, Z. 3–4; ed. Van Riet, S. 228, Z. 20–21: أن هذا الكلى هو الذى لا يمنع نفس تصوره عن أن يقال على كثيرين. „quod universale est id quod in intellectu non est impossibile praedicari de multis" und ibid. V.1, S. 148, Z. 12; ed. Van Riet, S. 227, Z. 12–14: ويقال كلى للمعنى الذى لا مانع من تصور[ه] أن يقال على كثيرين. „dicitur etiam universale intentio quam nihil prohibet opinari quin praedicetur de multis."

und Wesen zusammenfallen und nicht unterschieden werden können.[81] Alles andere, Weltliche ist hingegen der Distinktion unterworfen und damit deutlich von ihm abgesetzt. Aufgrund der kausalen Konsequenz, die diese Distinktion mit sich bringt, werden weltliche Entitäten zudem Gott klar subordiniert, wie ich gleich darlegen werde.

Neben den beiden Weisen der Existenz von Wesen in der dinglichen Wirklichkeit nennt Avicenna in Zitat 2-2 einen dritten Fall: das Vorkommen der Wesen für sich, unabhängig von ihrer Existenz in Dingen. Bezüglich der Wesen *qua* Wesen hebt Avicenna in *Metaphysik* V.1 zwei Charakteristika hervor: Wesen legen nicht das affirmative Sein oder Nicht-Sein fest, sondern sind im Hinblick darauf indifferent. Außerdem enthalten sie lediglich die wesentlichen Bestimmungen einer Art, die sich in deren Definition fassen lassen. Daher sind die Wesen nicht nur bezüglich des Seins indifferent, sondern auch bezüglich der mit dem Sein erst einhergehenden Eigenschaften, wie zum Beispiel Partikularität und Universalität. Da diese Eigenschaften wie das Sein nicht zum Wesen gehören, werden sie ebenfalls nicht in der Definition der Art erfasst.[82] Diese Theorie zum Wesen der Dinge akzentuiert Avicenna in seiner berühmt gewordenen Aussage „So ist das Pferdsein (*farasiyya; equinitas*) in sich selbst nur Pferdsein."[83] Mit dieser tautologisch anmutenden Formulierung drückt er die Reinheit des Pferdseins in sich selbst aus. Weder nehmen die Wesen eine Bestimmung bezüglich des affirmativen Seins vor, noch kommt ihnen selbst *qua* Wesen eine der beiden genannten Formen von Existenz zu. Vielmehr liegen sie auf absolute Weise vor (*muṭlaqan; absolute*). In der Forschung wird dieser Fall besonders intensiv diskutiert, da Avicennas Äußerungen dazu leider nicht eindeutig sind, sondern Spielraum für Interpretationen offenlassen.[84] Wer jedoch vermutet, den Wesen *qua* Wesen komme eine besondere Seinsweise neben dem dinglichen intra- oder extramentalen Sein zu, beispielsweise eine separate Existenz als eigenständige Entitäten, ähnlich den platonischen Ideen, der wird enttäuscht. Ein urbildliches Sein (*wuǧūd miṯālī; esse exemplare*) spricht Avicenna den Wesen in Kapitel VII.2 explizit ab. Hier wie auch in Kapitel V.1 positioniert sich Avicenna klar gegen die platonische Ideenlehre, im Speziellen wohl gegen die Lehre, die der jakobitisch-christliche Denker Yaḥyā ibn ʿAdī († 974) vertritt, den Avicenna nicht namentlich erwähnt. Dieser bestimmt die Wesen für sich selbst als etwas Seiendes, das er im göttlichen Bereich ansiedelt.[85]

---

[81]   Da Gott als *necesse esse per se* kein vom Sein verschiedenes Wesen hat, gilt er strenggenommen weder als Ding noch als Substanz, wenn man diese beiden so versteht, dass bei ihnen ein vom Sein verschiedenes Wesen durch das Sein, das von außen hinzutritt, in der Wirklichkeit instanziiert wird. Zur Frage, ob man Gott ein Wesen zusprechen kann, Acar, *Talking about God*, S. 81–85.

[82]   Freilich haben die Eigenschaften, die Akzidenzien sind, die in verschiedene Kategorien fallen, eigene Definitionen. Sein hingegen ist, wie Avicenna betont, keine Gattung, sondern allen Kategorien vorgelagert. Es fällt unter die *prima nota* und kann somit nicht definiert werden.

[83]   Ibn Sīnā, *al-Ilāhiyyāt* V.1, S. 149, Z. 17; ed. Van Riet, S. 229, Z. 42: فالفرسية فى نفسها فرسية فقط „Equinitas ergo in se est equinitas tantum." Siehe auch ibid. S. 149, Z. 11–12; ed. Van Riet, S. 228, Z. 32–33: فإنه فى نفسه ليس شيء من الأشياء البتة إلا الفرسية. „Unde ipsa equinitas non est aliud nisi equinitas tantum."

[84]   Damien Janos widmet sich in seiner kürzlich erschienenen Monographie *Avicenna on the Ontology of Pure Quiddity* ausführlich der Frage nach dem ontologischen Status der Wesen. Ein Überblick über die Forschungsdiskussion findet sich darin auf S. 32–50. Siehe außerdem Benevich in ‚Die ›göttliche Existenz‹.

[85]   Vgl. Rashed, ‚Ibn ʿAdī et Avicenne', S. 119–122 und 167. Ab S. 160 stellt Rashed seine französische Übersetzung eines in zwei Handschriften erhaltenen Traktats von Ibn ʿAdī *Über die Weise der Existenz allgemeiner Dinge* (*Fī Tabyīn wuǧūd al-umūr al-ʿāmmiyya*) zur Verfügung. Auf S. 167 findet sich folgende Passage zur göttlichen oder metaphysischen Existenz: „En outre, l'existence est un nom homonyme qui signifie des

Wesen, die als etwas Separates (*mufāriq; separatum*) eigenständig in der extramentalen Wirklichkeit existieren und als Urbilder der Dinge in der Welt fungieren, finden in Avicennas System allerdings keinen Platz. In der extramentalen Wirklichkeit existieren Wesen ausschließlich als in supra- und sublunaren Einzeldingen vorliegend. Meines Erachtens kann man Wesen für sich auch nicht im göttlichen Verstand ansiedeln. Zugegebenermaßen beschreibt Avicenna, dass Gott sich in einem einfachen Akt der Selbsterkenntnis als Prinzip der guten Ordnung erfasst und damit auch diese Ordnung erkennt,[86] was dahingehend zu interpretieren ist, dass er auf eine ihm eigentümliche Art die Wesen der Dinge kennt. Dies legitimiert meiner Ansicht nach jedoch nicht, den Wesen hierbei eine besondere Seinsweise zuzugestehen. Vielmehr findet sich in Avicennas Darstellung ein Hinweis auf ihr intramentales Sein: Laut Avicenna erkennt Gott die Dinge auf universale Weise, und Universalität ist, wie gerade gesehen, eine klare Eigenschaft intramental existierender Dinge.[87]

Obwohl Wesen *qua* Wesen laut Avicenna keine eigene Seinsweise haben, gibt es sie, und sie sind den beiden Existenzweisen gemeinsam (*ʿamma; communicare*), wie aus Zitat 2-2 hervorgeht. Das bedeutet, die intra- und extramentalen Dinge ein und derselben Art, beispielsweise der des Pferdes, sind Instanziierungen ein und desselben Wesens *qua* Wesen, hier des Pferdseins. Wie dies genau zu verstehen ist, bleibt jedoch unklar.[88] Laut Avicenna ist das Wesen *qua* Wesen für alle Dinge einer Art identisch. Die Identität garantiert, dass man die Individuen der Art in Relation zueinander setzen kann, und zudem, dass ein Bezug zwischen der extra- und intramentalen Ebene vorhanden ist. Auf diese Weise hat das, was wir mit unserem Verstand von der Ordnung der Wirklichkeit erkennen, auch eine Entsprechung im extramentalen Bereich. Dafür brauchen die Dinge auf beiden Ebenen der Wirklichkeit – intra- wie extramental – einen gemeinsamen Referenzpunkt, der neutral ist. Käme den Wesen *qua* Wesen eine der beiden Seinsweisen zu, ergäben sich absurde Folgen, denn mit dem Sein geht Partikularität oder Universalität einher. Dies bedeutet: Wären die Wesen *qua* Wesen partikulär, könnten sie jeweils in nur in einem einzigen Individuum instanziiert werden; wären sie demgegenüber universal, könnte es keine individuellen Vertreter geben.[89] Insgesamt erinnert die Problematik um die Wesen *qua* Wesen stark an die οὐσία-Problematik bei Aristoteles, und lässt sich wohl genauso wenig lösen. Im Rahmen dieser Arbeit muss nicht weiter darauf eingegangen werden. Im Hinblick auf die Rezeption der Lehre

---

notions multiples: l'une est l'existence naturelle, qui est l'existence des notions dans une matière et avec des accidents; l'autre est l'existence logique, qui est l'existence des notions sur le mode de la représentation dans l'âme; la troisième est l'existence essentielle, qu'on dénomme divine, et qui est l'existence des notions, selon ce que désignent leurs définitions." Eine ähnliche Ansicht vertritt er in *Über die vier wissenschaftlichen Fragen zu den drei Arten des Seins* (*Fī l-Buḥūṯ al-ʿilmiyya al-arbaʿa ʿan aṣnāf al-wuǧūd al-ṯalāṯa*), vgl. Janos, *Avicenna on the Ontology of Pure Quiddity*, S. 359–366. Siehe auch Menn, ‚Avicenna's Metaphysics', S. 154–159.

86 Vgl. Ibn Sīnā, *al-Ilāhiyyāt* VIII.7, S. 291, Z. 6–20; ed. Van Riet, S. 423, Z. 81–S. 424, Z. 3. Die Erkenntnis bewirkt keine Vielheit im ersten Prinzip, denn das Erkannte ist dort gleich dem Erkennenden völlig einfach.

87 Vgl. ibid. VIII.6, S. 287, Z. 3–S. 288, Z. 4; ed. Van Riet, S. 417, Z. 61–S. 419, Z. 94. Mit meiner Haltung schließe ich mich Benevich, ‚Die ›göttliche Existenz‹', S. 115, an, der ähnlich urteilt. Siehe dazu außerdem Adamson, ‚On Knowledge of Particulars', S. 258 und 268–270.

88 Vgl. Ibn Sīnā, *al-Ilāhiyyāt* V.1, S. 150, Z. 17–S. 151, Z. 13; ed. Van Riet, S. 230, Z. 71–S. 232, Z. 94. Hier beschreibt Avicenna, dass für ʿAmr und Zayd (bzw. Sokrates und Platon) das Menschsein *qua* ‚dieser Mensch sein' unterschiedlich und individuell ist, während das Menschsein *qua* Menschsein beider identisch ist.

89 Vgl. McGinnis, *Avicenna*, S. 30–35. Zur Diskussion über die Wesen siehe auch Benevich, ‚The Essence-Existence Distinction'.

Avicennas ist an dieser Stelle jedoch wichtig, noch einmal darauf hinzuweisen, dass die Wesen *qua* Wesen gemäß Avicenna weder hypostasiert sind wie platonische Ideen, noch im Verstand Gottes vorliegen.

2.1.3 Modale Ontologie und kausale Implikationen

In Kapitel I.6 seiner *Metaphysik* unterzieht Avicenna die Sein-Wesen-Distinktion einer modalontologischen Analyse.[90] Dadurch wird das eigentliche Ausmaß sichtbar, das die Distinktion für die von ihr betroffenen Dinge hat; hier tritt außerdem die Differenz der weltlichen Dinge zu Gott deutlich zutage. Avicenna unternimmt in dem Kapitel eine rationale, apriorische Analyse der Dinge, die unter das Sein fallen, wie er es nennt (*al-umūr allatī taḏḫulu fī l-wuǧūd; ea quae cadunt sub esse*). Gegenstand seiner Untersuchung ist somit all das, was prinzipiell in der extra- oder intramentalen Wirklichkeit in Aktualität vorliegen kann. Dies beinhaltet sowohl weltliche Entitäten als auch das Göttliche. Nach Avicenna lassen sich diese Dinge durch den Verstand grundlegend in zwei Gruppen einteilen, je nachdem, was man bezüglich ihres affirmativen Seins feststellt, wenn man sie ausschließlich in sich selbst betrachtet (*i ʿtabara bi-ḏātihī; considerare per se*).[91] Wie sich herausstellt, ist diese Methode, die Dinge in sich selbst zu betrachten, für Avicenna hier gleichbedeutend damit, das Wesen der Dinge in den Blick zu nehmen – wir haben ja gesehen, dass Ding *qua* Ding auf das Wesen verweist.[92] Betrachtet man also beispielsweise das Pferd in sich selbst, so nimmt man nur sein Wesen, das Pferdsein in den Blick. Befragt man nun die Wesen all dessen, was ins Sein tritt, danach, in welchem Verhältnis sie jeweils zum Sein stehen, lassen sich insgesamt zwei Arten von Wesen ausmachen: zum einen Wesen, die Sein beinhalten, zum anderen solche, die kein Sein beinhalten. Von letzterer Art sind die Wesen aller Entitäten, die der Sein-Wesen-Distinktion unterliegen. Das Verhältnis, das die beiden Arten von Wesen zum Sein haben, lässt sich Avicenna zufolge modal fassen: Wesen, die Sein beinhalten, haben ein notwendiges Verhältnis zum Sein. Bei ihnen kann es sich nicht anders verhalten, als dass sie existieren. Wesen, die kein Sein beinhalten, haben hingegen von sich her lediglich ein mögliches Verhältnis zum Sein – sie können existieren oder auch nicht,

---

[90] Zu den arabischen Quellen für Avicennas Verständnis von Notwendigkeit und Möglichkeit siehe insbesondere Wisnovsky, *Avicenna's Metaphysics in Context*, S. 197–243. Für die Entwicklung dieser Begriffe in Avicennas eigenen Texten siehe ibid., S. 245–263.

[91] Vgl. Ibn Sīnā, *al-Ilāhiyyāt* I.6, S. 30, Z. 1–4; ed. Van Riet, S. 43, Z. 8–13: فنقول: إن الأمور التى تدخل فى الوجود تحتمل فى العقل الانقسام إلى قسمين، فيكون منها ما إذا اعتبر بذاته لم يجب وجوده، وظاهر أنه لا يمتنع أيضا وجوده، وإلا لم يدخل فى الوجود، وهذا هو فى حيّز الإمكان، ويكون منها ما إذا اعتبر بذاته وجب وجوده. الشىء „Dicemus igitur quod ea quae cadunt sub esse possunt in intellectu dividi in duo. Quorum unum est quod, cum consideratum fuerit per se, eius esse non est necessarium; et palam est etiam quod eius esse non est impossibile, alioquin non cadet sub esse, et hoc est in termino possibilitatis. Alterum est quod, cum consideratum fuerit per se, eius esse erit necesse." Im arabischen und lateinischen Text findet sich jeweils die passive Formulierung: *u ʿtubira bi-ḏātihī; considerari per se*.

[92] Dass Avicenna die Betrachtung des Wesens einbindet, zeigt sich v. a. an folgender Stelle: Ibid. I.5, S. 31, Z. 6–10; ed. Van Riet, S. 45, Z. 47–55. Hier weist er darauf hin, dass ein Wesen (*māhiyya; id quod est*) entweder dazu ausreicht (*takfī; est sufficiens*), dass das Ding, dem es inhäriert, existiert (oder nicht existiert), oder dass es nicht dazu ausreicht. Vgl. Wisnovsky, *Avicenna's Metaphysics in Context*, S. 256–258.

tragen in sich aber keine der beiden Bestimmungen.[93] Analog zu dieser Einteilung lassen sich die Dinge, denen die beiden Arten von Wesen zukommen, modalontologisch ebenfalls in zwei Gruppen gliedern: einerseits die Gruppe der Dinge, die durch sich, das heißt von ihrem Wesen her notwendig existieren, andererseits die Gruppe der Dinge, die durch sich, das heißt von ihrem Wesen her lediglich von möglicher Existenz sind. Die Angehörigen der ersten Gruppe bezeichnet Avicenna sonach als durch sich (selbst) notwendig Seiendes (*al-wāǧib al-wuǧūd bi-ḏātihī*; *necesse esse per se*), die Angehörigen der zweiten Gruppe als durch sich (selbst) möglich Seiendes (*al-mumkin al-wuǧūd bi-ḏātihī*; *possibile esse per se*).[94] Gemäß dieser modalontologischen Bestimmung muss alles in der Wirklichkeit Vorkommende in eine der gerade genannten Gruppen von Seiendem fallen. Zwar hat Avicennas Analyse in Kapitel I.6 noch apriorischen Charakter und thematisiert somit nicht, ob Vertreter beider Gruppen von Seiendem tatsächlich existieren, im weiteren Verlauf der *Metaphysik* stellt sich jedoch heraus, dass dies der Fall ist. So finden sich in der Wirklichkeit grundlegend zwei Arten von Seiendem: durch sich notwendig Seiendes und durch sich möglich Seiendes. Beides soll im Folgenden näher betrachtet und eingeordnet werden.

2.1.3.1 Durch sich notwendig Seiendes

Die Besonderheit des durch sich notwendig Seienden ist, dass sein Wesen Sein beinhaltet, genauer gesagt, beide fallen zusammen, sodass sein Wesen sein Sein ist. Demnach existiert das durch sich notwendig Seiende unabdingbar aus sich selbst heraus und kann niemals nicht sein.[95] Daher bedarf es keiner externen Existenzursache, sondern hat von Ewigkeit her durch sich Bestand. Unter Existenzursache ist in diesem Zusammenhang primär die Wirkursache zu verstehen, die Sein verleiht.[96] In *Metaphysik* IX.4 schließt Avicenna zudem eine Verursachung durch eine der übrigen Arten von Ursachen aus.[97] Für ihn ist das durch sich notwendig Seiende auf jegliche Weise notwendig seiend.[98] Diesen Status würde es verlieren, wenn es in irgendeiner Hinsicht verursacht wäre.

Die Tatsache, zu sein, bestimmt Avicenna in *Metaphysik* VIII.7 explizit als primäres Attribut (*ṣifa ūlā*; *prima proprietas*) des durch sich notwendig Seienden:

تكون الصفة الأولى لواجب الوجود أنه إنٌ وموجود. ثم الصفات الأخرى يكون بعضها فيها هذا الوجود مع إضافة، وبعضها هذا الوجود مع سلب،

[D]as primäre Attribut des notwendig Seienden ist die Tatsache, dass es ein Dass ist und ein Seiendes (*annahū innun wa-mawǧūdun*; *quia est et quia est ens*). Sodann liegt in

---

93 Freilich sind beide Wesen zudem auch logisch möglich, das heißt, sie weisen keinen inneren Widerspruch auf. Bei in sich Widersprüchlichem wäre von vornherein extramentales Sein ausgeschlossen.

94 Vgl. Ibn Sīnā, *al-Ilāhiyyāt* I.6, S. 30, Z. 1–4; ed. Van Riet, S. 43, Z. 8–13. Siehe auch Fn. 91. Vom arabischen Ausdruck her, müsste man ‚durch sich selbst' (*bi-ḏātihī*) übersetzen. Da die lateinischen Autoren jedoch nur ‚per se' verwenden, anstatt ‚per se ipsum', werde ich aus Gründen der Lesbarkeit und Einheitlichkeit in der Regel im Deutschen auch nur ‚durch sich' anstatt ‚durch sich selbst' verwenden.

95 Vgl. Adamson, ‚From the Necessary Existent to God', S. 170.

96 Zu Avicennas Verständnis der Wirkursache siehe Kapitel 2.1.4.

97 Vgl. Ibn Sīnā, *al-Ilāhiyyāt* IX.4, S. 326, Z. 8–11; ed. Van Riet, S. 476, Z. 40–45.

98 Vgl. ibid. I.6, S. 30, Z. 5; ed. Van Riet, S. 43, Z. 15–16.

وليس ولا واحد منها موجبًا فى ذاته كثرة البتة ولا
مغايرة.[99]

manchen der anderen Attribute die Bedeutung dieses Seins zusammen mit einer Relation vor, in anderen hingegen dieses Sein
zusammen mit einer Negation, wobei nicht
eines von ihnen in irgendeiner Weise in ihm
selbst eine Vielheit noch eine Verschiedenheit notwendig macht.

Zitat 2-3

Aus dem Zitat geht die Vorrangstellung der aktuellen Existenz deutlich hervor. Alle weiteren Attribute, die man dem durch sich notwendig Seienden zuschreiben kann, sind sekundär, mithin nachgeordnet. Sie kommen ihm nicht wesenhaft zu, sondern lediglich von
außen her, und zwar einerseits durch Relation zu dem von ihm Verursachten, andererseits
durch Negation von Eigenschaften.[100] Da diese Attribute – beispielsweise die Einzigkeit,
Einfachheit und Gutheit sowie die Tatsache, Ursache für alles andere zu sein – den traditionellen göttlichen Attributen entsprechen,[101] lässt sich auf ihrer Basis das durch sich notwendig Seiende mit Gott identifizieren, wie Peter Adamson im Detail herausgearbeitet hat.[102]
Der Umstand, durch sich notwendig zu existieren, genügt für diese Identifikation alleine
nicht. So würden beispielsweise auch die platonischen Ideen, wenn es sie denn gäbe, durch
sich notwendig existieren, jedoch würde man sie nicht als Gott im eigentlichen Sinne einstufen.[103] Die göttlichen Attribute des durch sich notwendig Seienden, die für den Hervorgang der Welt relevant sind, werde ich im Theologie-Kapitel kurz beleuchten.

2.1.3.2 Durch sich möglich Seiendes

Aus sich selbst heraus notwendig zu existieren, weil Sein und Wesen zusammenfallen, ist
die Ausnahme in der Wirklichkeit. Sie trifft allein auf Gott zu. Alle übrigen Entitäten fallen
in die zweite Gruppe von Seiendem, deren Mitglieder dadurch gekennzeichnet sind, dass
sie der Sein-Wesen-Distinktion unterliegen. Dies trifft auf die Welt als Ganzes wie auch auf
alle Individuen darin zu. Sie erfahren von Seiten ihres Wesens keine Bestimmung bezüglich
des affirmativen Seins – weder in positiver noch in negativer Richtung. Vielmehr ist es

---

[99]   Ibid. VIII.7, S. 296, Z. 2–5; ed. Van Riet, S. 429, Z. 21–S. 430, Z. 25: „prima proprietas de necesse esse est quia
est et quia est ens, scies deinde quod de aliis proprietatibus quaedam sunt in quibus intentio est esse cum
relatione et quaedam sunt hoc esse cum negatione; nulla autem harum duarum facit in sua essentia debere
esse multitudinem ullo modo nec variationem." Zum Sein als primäres Attribut vgl. Adamson, ‚From the
Necessary Existent to God', S. 175. Gottes das Dass (inn) und Was (mā) sind identisch. Laut Acar verwendet
Avicenna inniyya (Dassheit, Realität) im Sinne des reinen Seins nur in Bezug auf Gottes Sein, bei dem sie mit
der māhiyya (Washeit) zusammenfällt, vgl. id., Talking about God, S. 38, v. a. Fn. 9. Zu den Termini inniyya
bzw. anniyya, die den Neoplatonica arabica entstammen, siehe Adamson, The Arabic Plotinus, S. 124–128.

[100] Die Relationen lassen sich aus seiner extrinsischen Rolle als Ursache ableiten, die Negationen dagegen aus
seiner intrinsischen Notwendigkeit, vgl. Adamson, ‚From the Necessary Existent to God', S. 172–174.

[101] Auf die Attribute des durch sich notwendig Seienden, die für den Hervorgang der Welt von besonderer Relevanz sind, werde ich im Theologie-Kapitel eingehen.

[102] Siehe Fn. 100.

[103] Vgl. ibid., S. 170–171. Damit gilt auch für den Nachweis der Existenz des durch sich notwendig Seienden, dass
dieser allein strenggenommen noch kein Gottesbeweis ist.

ihnen nur möglich, zu sein oder nicht zu sein. Dies zieht die kausale Konsequenz nach sich, dass sowohl ihr Sein als auch ihr Nicht-Sein durch eine Ursache außerhalb ihrer bedingt werden muss.[104] Da das Nicht-Sein keine eigene Realität ist, sondern lediglich die Privation des Seins, bestimmt Avicenna die Ursache dafür ebenfalls nicht positiv,[105] sondern versteht sie schlichtweg als Fehlen der Seinsursache. Dies bedeutet, dass im Ursachenkomplex nicht sämtliche Bedingungen erfüllt sind, die es bräuchte, um eine Sache zu verwirklichen.[106] Erst dann, wenn alle Bedingungen gegeben sind, wirkt die Ursache in Aktualität und verleiht Sein. In *Metaphysik* I.7 weist Avicenna auf die modalontologischen Konsequenzen hin, die sich hierbei für die Dinge ergeben:

وأما الممكن الوجود، فقد تبين من ذلك خاصيته وهو أنه يحتاج ضرورة إلى شيء آخر يجعله بالفعل موجودا. وكل ما هو ممكن الوجود فهو دائما، باعتبار ذاته، ممكن الوجود، لكنه ربما عرض أن يجب وجوده بغيره، وذلك إما أن يعرض له دائما، وإما أن يكون وجوب وجوده عن غيره ليس دائما، بل فى وقتٍ دون وقت.[107]

Daraus wurde bereits die Eigentümlichkeit des möglich Seienden offenkundig, nämlich dass es notwendigerweise eines anderen Dings bedarf, das es in Aktualität seiend macht. Alles, was ein möglich Seiendes ist, ist im Hinblick auf es selbst (*bi-'tibār ḏātihī; respectu sui*) dauerhaft ein möglich Seiendes. Bisweilen kommt ihm jedoch zu, dass sein Sein durch ein anderes notwendig wird. Dies kommt ihm jedoch entweder dauerhaft zu, oder die Notwendigkeit seiner Existenz von einem anderen her ist nicht dauerhaft, sondern [nur] zu einer Zeit, nicht aber zu einer anderen.

Zitat 2-4

Durch sich möglich Seiendes existiert nur dann aktuell (*bi-l-fiʿl; in effectu*), wenn und solange ihm eine externe Ursache Sein verleiht. Dabei behält es dauerhaft sein wesentliches Charakteristikum als durch sich möglich Seiendes bei, denn sein Wesen bleibt durch das von außen her erfolgende Verleihen des Seins in sich unverändert. Mithin können die

---

[104] Vgl. Ibn Sīnā, *al-Ilāhiyyāt* VIII.4, S. 276, Z. 13–15; ed. Van Riet, S. 402, Z. 44–47: وسائر الأشياء فكل ذى ماهية معلول. غير الواجب الوجود فلها ماهيات؛ وتلك الماهيات هى التى بأنفسها ممكنة الوجود، وإنما يعرض لها وجود من خارج. „Igitur omne habens quidditatem causatum est; et cetera alia, excepto necesse esse, habent quidditates quae sunt per se possibiles esse, quibus non accidit esse nisi extrinsecus" und ibid. I.6, S. 31, Z. 10–12; ed. Van Riet, S. 45, Z. 55–58: وبالجملة فإنما يصير أحد الأمرين واجبا له، لا لذاته، بل لعلة. أما المعنى الوجودى فبعلة، هى علة وجودية. وأما المعنى العدمى فبعلة، هى عدم العلة للمعنى الوجودى. „et omnino non habebit aliquod duorum acquisitorum per seipsum, sed per causam: intentio enim essendi est ex causa quae est causa essendi, et intentio non essendi est ex causa quae est privatio causae intentionis essendi."

[105] Nach Avicenna ließe sich gar keine eigene Art von Ursache definieren, die für die Privation von Sein zuständig ist, denn seiner Ansicht nach können in der Regel nur positive Attribute eine Speziesdifferenz bewirken. Siehe dazu McGinnis, ‚Logic and Science', S. 178–181.

[106] Die hier im Zitat angesprochene Seinsursache kann eng verstanden werden als direkte Wirkursache oder weit als Komplex aus sämtlichen Bedingungen, die gegeben sein müssen, damit etwas ins Sein tritt, d. h., damit die eigentliche Wirkursache wirkt. Fehlt eine dieser Bedingungen, liegt eine Privation der Seinsursache vor.

[107] Ibn Sīnā, *al-Ilāhiyyāt* I.7, S. 38, Z. 4–7; ed. Van Riet, S. 54, Z. 44–48: „Eius autem quod est possibile esse, iam manifesta est ex hoc proprietas, scilicet quia ipsum necessario eget alio quod faciat illud esse in effectu; quicquid enim est possibile esse, respectu sui, semper est possibile esse, sed fortassis accidet ei necessario esse per aliud a se. Istud autem vel accidet ei semper, vel aliquando."

Wesen beziehungsweise die Dinge, denen sie angehören, niemals zu etwas durch sich notwendig Seiendem werden; sie sind stets in sich möglich seiend.[108] Aus diesem Grund sind sie nicht nur für ihren Eintritt ins Sein auf eine externe Ursache angewiesen, sondern hängen zudem ihre gesamte Existenz hindurch von dieser Ursache ab. Allerdings kommt ihnen für die Dauer ihrer Existenz zusätzlich der modalontologische Status eines *durch anderes notwendig Seienden* zu (*mumkin al-wuǧūd bi-ġayrihī; necesse esse per aliud*), nämlich durch die Ursache, die ihnen Sein verleiht. Dies kann von Ewigkeit her geschehen, wie im Falle der supralunaren Substanzen, oder zeitweise, wie im Falle der sublunaren Entitäten, die entstehen und wieder vergehen. Für beide Gruppen des weltlichen Seienden gilt: In dem Moment, in dem eine Sein verleihende Ursache aktiv ist, verschafft sie einem in sich neutralen Wesen einen Überhang zum Sein, wodurch das jeweilige Ding, dem Sein und Wesen angehören, als Ganzes in aktuelles Sein tritt. Darin, dass Dinge im Moment des ungehinderten Wirkens ihrer Ursache nicht nicht sein können, liegt der gerade angesprochene Aspekt der Seinsnotwendigkeit, den Avicenna bezüglich der Existenz der Geschöpfe einführt. Die Notwendigkeit des Seins bedeutet in ihrem weitesten Sinne für ihn schlicht die Zusicherung des Seins (*ta'akkud al-wuǧūd; impossibilitas non essendi / vehementia essendi*), die etwas in dem Moment hat, in dem es aktuell existiert.[109] Weltliche Dinge haben diese Notwendigkeit von Seiten ihrer Ursache; dem durch sich notwendig Seienden kommt sie hingegen wesenhaft zu. Diesen Gegensatz akzentuiert Avicenna in seinem Kommentar zu Aristoteles' *Metaphysik* Λ, der nach heutigem Kenntnisstand allerdings nicht ins Lateinische übersetzt wurde. Dort bestimmt Avicenna das durch sich notwendig Seiende als wahrhaft Notwendiges (*al-ḍarūrī ḥaqqan*), alles andere indessen als relativ Notwendiges (*al-ḍarūrī šarṭan*).[110] Es ist zu beachten, dass trotz des engen Bezugs der weltlichen Dinge zu ihrer Ursache, die ihnen Sein verleiht und damit ihre Notwendigkeit des Seins bewirkt, diese Notwendigkeit den Dingen zukommt, insofern sie sich auf deren aktuelles Sein bezieht.[111] Die Bestimmung eines Dings

---

[108] Vgl. ibid. I.6, S. 30, Z. 11–19; ed. Van Riet, S. 44, Z. 24–37.

[109] Vgl. ibid. I.7, S. 36, Z. 6–7; ed. Van Riet, S. 51, Z. 92–S. 52, Z. 95: ‏لا الوجود تأكد نفس إلا الوجود وجوب حقيقة ليس أنه‎ ‏عليها داخل أو لها، لازم والوجود الوجود، تأكد معنى هى التى الحيوانية كحقيقة‎ „quod certitudo necessitatis essendi non est nisi impossibilitas non essendi, non sicut certitudo animalitatis quae est intentio praeter necessitatem essendi, et est esse comitans illam et superveniens illi." Ähnlich ibid. I.5, S. 28, Z. 16–17; ed. Van Riet, S. 41, Z. 80: ‏وذلك‎ ‏الوجود تأكد على يدل الواجب لأن‎ „quoniam necesse significat vehementiam essendi." Vgl. McGinnis, ‚Making Something out of Nothing', S. 561.

[110] Vgl. Ibn Sīnā, *Šarḥ ›maqālat al-lām‹*, S. 53, Z. 106–S. 55, Z. 124. Janssens gibt der Edition eine französische Übersetzung bei. Hier meine deutsche Übersetzung: „Wenn wir ein jedes Ding in sich (*bi-ḏātihī*) betrachten, nicht bezogen auf den Aspekt, dass es eine Einwirkung von Seiten des Ersten Wahren erfährt, so ist es nicht ein notwendig Seiendes (*ḍarūrī l-wuǧūd*), sondern ein möglich Seiendes (*imkānī l-wuǧūd*). Und wenn es geschähe, dass die enge Bindung [zum Ersten Wahren] durchtrennt würde, dann würde [ein jedes Ding] vernichtet werden und zu sein aufhören. So ist ein jedes Ding in sich selbst betrachtet falsch und vergänglich (*bāṭil hālik*), außer seinem – des Ersten Wahren – Angesicht. Er ist das durch sich Wahre und derjenige, der die anderen Dinge mit der Wahrheit ihres Seins einkleidet ... Manche aber meinen, diese Notwendigkeit (*ḍarūra*) sei aus sich selbst heraus notwendig (*wāǧiba min nafsihā*), und unterscheiden nicht zwischen dem bedingt Notwendigen (*al-ḍarūrī šarṭan*) und dem wahrhaftig Notwendigen (*al-ḍarūrī ḥaqqan*) ... [K]ein Ding hat Notwendigkeit aus sich heraus (*min ḏātihī*) ... Er ist der Erste, er ist der Wahre und er ist das Prinzip des Wesens einer jeden Substanz; durch ihn ist ein jedes Ding außer ihm notwendig (*yaǧibu*), wobei ihm [d. h. einem jedem Ding] Notwendigkeit durch die Verbindung (*'inda l-nisba*) zukommt, die zwischen ihm [d. h. dem Ding] und ihm [d. h. dem Ersten] bestehen muss (*yaǧibu an yaqaʻa*)."

[111] Siehe dazu McGinnis, ‚What Underlies the Change from Potentiality to Possibility?'.

als ein durch anderes notwendig Seiendes legt Avicenna also nicht in eins mit einer in der Ursache vorliegenden Notwendigkeit, zu wirken. Eine solche Notwendigkeit – und damit die Frage nach kausaler Determination – wäre separat zu untersuchen.[112]

Was die Seinsmodi weltlicher Dinge anbelangt, so ist auf eine Differenz hinzuweisen: Die Bestimmung eines Dings als durch sich möglich Seiendes erfolgt allein mit Blick auf sein Wesen und erfasst dessen intrinsische Neutralität gegenüber affirmativem Sein und Nicht-Sein. Bestimmt man ein Ding indessen als durch anderes notwendig Seiendes, erfasst man damit, dass es aufgrund des Wirkens einer Sein verleihenden Ursache affirmatives Sein besitzt. Da beide modalen Bestimmungen auf verschiedene Aspekte verweisen, können sie ohne Widerspruch zugleich ein und demselben Ding attestiert werden: Etwas kann zugleich durch sich möglich und durch anderes notwendig sein. Daraus erhellt jedoch, dass sich diese beiden modalen Bestimmungen nicht im Sinne von Potentialität (*potentia*) und Aktualität (*actus*) verstehen und reziprok aufeinander beziehen lassen – zumindest nicht, wenn man impliziert, dass Potentialität durch eine ihr gegenüberstehende Aktualität aufgehoben wird. Der Zustand, durch anderes notwendig zu sein, der tatsächlich mit Aktualität verknüpft werden kann, annulliert ja nicht die wesenhafte Disposition eines Dings als durch sich möglich Seiendes. Vor diesem Hintergrund macht Avicenna in *Metaphysik* IV.2 hinsichtlich der Dinge, die in der Zeit entstehen, auf eine zweite Art von Möglichkeit aufmerksam, die beim Entstehen aufgehoben bzw. in Aktualität überführt wird.[113] Neben der beschriebenen intrinsischen, wesenhaften Möglichkeit der Dinge, zu sein oder nicht zu sein, lässt sich in der Analyse ihres Entstehungsprozesses eine extrinsische, relative Möglichkeit ausmachen.[114] Sie ist als Möglichkeit zu begreifen, eine Einwirkung von Seiten einer Sein verleihenden Ursache zu erfahren und dadurch in aktuelles Sein überzugehen. Diese Möglichkeit kann Avicenna zufolge als Sein des Dings in Potentialität verstanden werden,[115] welches durch das Wirken der Ursache zum Sein in Aktualität übergeht. Das Ding liegt dann als etwas durch anderes notwendig Seiendes vor. Im Unterschied zur extrinsischen bleibt dabei die intrinsische Seinsmöglichkeit bestehen. Somit ist es auch dann, wenn es aktuell existiert, immer noch etwas in sich möglich Seiendes. Avicenna weist darauf hin, dass beide genannten Arten von Möglichkeit unterschiedliche Aspekte betreffen, weshalb man sie zu differenzieren hat, obgleich sie in ein und demselben Subjekt zu verorten sind. Die intrinsische Seinsmöglichkeit ist dabei der extrinsischen, relativen vorgeordnet, denn nur dann, wenn etwas in sich möglich ist, zu sein, kann es überhaupt die Möglichkeit haben,

---

[112] Siehe dazu Belo, *Chance and Determinism* und Ivry, ‚Destiny Revisited‘.

[113] Vgl. Ibn Sīnā, *al-Ilāhiyyāt* IV.2, S. 139, Z. 11–S. 140, Z. 19; ed. Van Riet, S. 208, Z. 50–S. 210, Z. 96. Ewige Substanzen sind hingegen immer in Aktualität; ihnen ging nie zeitlich Sein in Potentialität voraus. Dennoch sind sie durch sich möglich seiend und durch anderes notwendig seiend. Siehe dazu auch ibid. I.7, S. 38, Z. 4–11; ed. Van Riet, S. 54, Z. 44–S. 55, Z. 55.

[114] Vgl. außerdem McGinnis, ‚What Underlies the Change from Potentiality to Possibility?‘, S. 274–276; id., *Avicenna*, S. 186–188, und Shihadeh, *Doubts on Avicenna*, S. 109–120. Goichon, *La distinction de l'essence et l'existence*, S. 158–159, verwendet folgende Bezeichnungen: „il y a possibilité intrinsèque de l'essence et il y a ou non possibilité conditionnelle de réalisation. En termes de scolastique latine: possibilité interne et possibilité externe."

[115] Dieser Zustand bedeutet Nicht-Sein in Aktualität, weil die Ursache gerade nicht aktiv ist, was wiederum als Grund für die Nicht-Existenz verstanden wird. Demgegenüber ist die intrinsische Möglichkeit nicht mit konkretem Nicht-Sein verbunden, sondern bedeutet nur die prinzipielle Offenheit für Sein und Nicht-Sein. Vgl. dazu Lizzini, *Fluxus*, S. 127, und Goichon, *La distinction de l'essence et l'existence*, S. 157–159.

durch eine Ursache bewirkt zu werden und in aktuelles Sein zu treten.[116] Diese Differenzierung ist zugegebenermaßen bei Avicenna nicht immer offensichtlich[117] und wird in der Avicenna-Rezeption zuweilen vernachlässigt, beispielsweise bei Dominicus Gundisalvi.[118] Daher sei an dieser Stelle noch einmal explizit auf sie verwiesen.

Bezüglich der Ursachen, die Sein verleihen, ist zudem anzumerken, dass sie selbst wiederum in sich möglich und durch anderes notwendig sein können. Eine Kette derartiger Ursachen darf jedoch nicht ins Unendliche laufen. Vielmehr muss sie im durch sich notwendig Seienden enden, das selbst keiner Ursache mehr bedarf, sondern als erstes Prinzip des Seins aller übrigen Entitäten fungiert. Wie wir gesehen haben, lässt sich ausgehend von der seinsneutralen wesentlichen Disposition des durch sich möglich Seienden auf eine Ursache schließen, die Sein verleiht. Von dort aus gelangt man über eine Ursachenkette letztlich zur Existenz eines durch sich notwendig Seienden.[119] Dieser Argumentationsgang, den Avicenna apriorisch vornimmt und der über verschiedene Kapitel seiner *Metaphysik* verteilt ist, wird in der Regel als Gottesbeweis verstanden, obwohl man, wie wir oben gesehen haben, strenggenommen erst unter Einbeziehen der Attribute des durch sich notwendig Seienden von Gott sprechen kann.[120] Die Identifikation Gottes mit dem durch sich notwendig Seienden sowie der Aufweis seiner Existenz sollte zu den einflussreichsten Lehrstücken Avicennas werden.

Zum Verhältnis von Gott und Welt lässt sich an dieser Stelle folgendes Fazit ziehen: Dadurch, dass bei Gott Sein und Wesen zusammenfallen, setzt er sich fundamental von allen anderen, weltlichen Entitäten ab, bei denen Sein und Wesen distinkt sind. Er ist somit das einzige durch sich notwendig Seiende,[121] während alles andere durch sich nur möglich seiend ist. Die beiden grundlegend voneinander verschiedenen essenziellen Dispositionen Gottes und der Welt bringen kausale Implikationen mit sich, die bewirken, dass alles Weltliche Gott subordiniert ist und im Sein komplett von ihm als letzter Ursache abhängt. Dieses Abhängigkeitsverhältnis betrifft nicht nur den Eintritt weltlicher Dinge ins Sein, sondern liegt während der gesamten Dauer ihrer Existenz vor – unabhängig davon, ob sie ewig sind

---

[116] Vgl. Ibn Sīnā, *al-Ilāhiyyāt* IV.2, S. 140, Z. 3–6; ed. Van Riet, S. 209, Z. 69–75: فبين واضح أن معنى كون الشيء ممكنًا
فى نفسه هو غير معنى كونه مقدورًا عليه وإن كانا بالموضوع واحدا، وكونه ممكنا فى نفسه، وكونه ممكنا فى نفسه هو
باعتبار ذاته وكونه مقدورا عليه هو باعتبار إضافته إلى موجده. „Aperte igitur manifestum est quod intentio essendi rem in
se possibilem (*maʿnā kawn al-šayʾ mumkinan fī nafsihī*) non est intentio ipsam essendi sic ut sit posse super
eam (*maʿnā kawnihī maqdūran ʿalayhi*), quamvis quantum ad subiectum sint unum. Ipsam enim esse sic ut
sit posse super eam, comitans est ad ipsam esse possibilem in se, quia ipsam esse possibilem in se est respectu
sui ipsius, et ipsam esse sic ut sit posse super eam est respectu suae relationis ad datorem essendi (*mūǧid*)."
Avicenna betont in diesem Kontext außerdem, dass die extrinsische Seinsmöglichkeit von Dingen, die entstehen, nicht anstelle der Materie in die Ursache – Gott – verlegt werden kann, in der Absicht, auf diese Weise
die Entstehung der Welt an einem bestimmten Punkt zu rechtfertigen. Vgl. ibid. IV.2, S. 139, Z. 13–S. 140,
Z. 3; ed. Van Riet, S. 208, Z. 54–S. 209, Z. 69. Darauf komme ich in Kapitel 3.3.3 noch einmal zu sprechen.

[117] Vgl. Goichon, *La distinction de l'essence et l'existence*, S. 156–165, und Lizzini, *Fluxus*, S. 125–138. Rahman
unterscheidet die beiden Arten der Möglichkeit ebenfalls: Die innere, permanente Möglichkeit nennt er Kontingenz (*contingency*). Diese grenzt er von der Potentialität (*potentiality*) ab, die durch aktuelle Existenz aufgehoben wird. Vgl. Rahman, ‚Ibn Sina's Theory of the God-World Relationship', S. 40–41.

[118] Siehe Kapitel 3.1.3.1.

[119] Allein bei der ersten himmlischen Intelligenz liegt keine Ursachenkette vor; sie wird direkt vom durch sich
notwendig Seienden verursacht.

[120] Zum Gottesbeweis siehe Marmura, ‚Avicenna's Proof from Contingency'.

[121] Zum Attribut der Einzigkeit siehe Kapitel 2.2.1.

oder lediglich zeitweise Bestand haben. Die durch sich nur möglich seienden Dinge sind letztlich durch Gott notwendig seiend, das heißt aktuell existent. Daran, dass Avicenna allem Weltlichen Notwendigkeit zubilligt, während es existiert, erkennt man deutlich, dass er kein temporales Verständnis der Modi hat und notwendiges Sein weder grundsätzlich an Ewigkeit bindet noch an die Tatsache, unverursacht zu sein. Allein das durch sich notwendig Seiende hat keine Ursache, alles andere hingegen bedarf einer Sein verleihenden Ursache. Doch wo genau ist diese unter den diversen Arten von Ursachen einzuordnen? Dies soll im Folgenden kurz geklärt werden.

2.1.4 Folgen für das Konzept der Wirkursache

Grundsätzlich orientiert sich Avicennas Ursachenlehre, die er in den Kapiteln VI.1 und 2 seiner *Metaphysik* entwirft, an Aristoteles' Lehre der vier Arten von Ursachen. So merkt er an: „Wie du weißt, sind die Ursachen Form (*ṣūra; forma*), Materie (*'unṣur; materia*), Wirkendes (*fā'il; agens*) und Ziel (*ġāya; finis*)."[122] Mit der Erfordernis, die Sein verleihende Ursache in dieses System einzuordnen, zieht die Lehre der Sein-Wesen-Distinktion eine ursachentheoretische Modifikation nach sich. Davon betroffen ist das Verständnis der Wirkursache. Avicenna sieht sich gezwungen, hier eine Binnendifferenz einzuführen, und weicht damit von Aristoteles ab, den er dafür kritisiert, das Konzept der Wirkursache zu eng gefasst zu haben. Aristoteles definiert die Wirkursache in *Metaphysik* Δ.2 folgendermaßen: „Ferner heißt Ursache dasjenige, von dem aus die Veränderung (μεταβολή) oder Ruhe ihren ersten Anfang nimmt."[123] Laut Avicenna liegt hier lediglich ein naturphilosophisches Verständnis von Wirkursache vor. Sie wird als Prinzip der Bewegung beziehungsweise Veränderung (*mabdaʾ al-taḥrīk; principium motionis*) aufgefasst, das heißt als Ursache, die eine Veränderung anstößt, sei diese qualitativ, quantitativ, lokal[124] oder substanziell. Bei diesen Veränderungen findet in der Zeit auf einen Schlag ein Übergang von Potentialität zu Aktualität statt, dadurch, dass das Zugrundeliegende, die Materie, eine Form empfängt, die ihr zuvor fehlte.[125] Auch die substanzielle Veränderung wird auf diese Weise naturphilosophisch verstanden und damit ebenso die Wirkursache. Das Verleihen von Sein wird indes nicht gesondert berücksichtigt. Aus diesem Grund bedarf das aristotelische Konzept der Wirkursache Avicenna zufolge einer Erweiterung:

---

[122] Ibn Sīnā, *al-Ilāhiyyāt* VI.1, S. 194, Z. 9; ed. Van Riet, S. 291, Z. 8–9: والعلل كما سمعت، صورة وعنصر وفاعل وغاية.
„Causae autem, sicut iam nosti, sunt forma et materia et agens et finis."

[123] Aristoteles, *Metaphysik* Δ.2, 1013a29–30: ἔτι ὅθεν ἡ ἀρχὴ τῆς μεταβολῆς ἡ πρώτη ἢ τῆς ἠρεμήσεως. Hier und im Folgenden zitiere ich den deutschen Text nach der Übersetzung von Bonitz.

[124] Bei Avicenna findet sich neben der echten lokalen Bewegung noch die Bewegung der Position der Körperteile, bei der die Substanz jedoch an demselben Ort verbleibt, vgl. Ibn Sīnā, *Kitāb al-Nafs* II.3, S. 68, Z. 10–12; ed. Van Riet, Bd. 1, S. 132, Z. 11–S. 133, Z. 14. Die Stellenangabe nennt das Buch und Kapitel. Für den arabischen Text verwende ich hier und im Folgenden die Edition von Rahman.

[125] Bei geistigen Veränderungen wäre die Seele das Zugrundeliegende für den Erwerb von sinnlichen oder intelligiblen Formen. Aber auch die Seelenlehre fällt in den Bereich der Naturphilosophie. Zur substanziellen Veränderung und zur Frage, ob diese graduell oder auf einen Schlag erfolgt, siehe McGinnis, ‚On the Moment of Substantial Change'.

... لأن الفلاسفة الإلهيين ليسوا يعنون بالفاعل مبدأ التحريك فقط، كما يعنيه الطبيعيون، بل مبدأ الوجود ومفيده، مثل البارئ للعالم؛ وأما العلة الفاعلية الطبيعية فلا تفيد وجودا غير التحريك بأحد أنحاء التحريكات؛ فيكون مفيد الوجود فى الطبيعيات مبدأ حركة. [126]

... da die Metaphysiker [wörtlich: die göttlichen Philosophen] unter dem Wirkenden nicht lediglich das Prinzip der Bewegung verstehen, wie es die Naturphilosophen tun, sondern das Prinzip des Seins und das Sein Verleihende, wie beispielsweise den Schöpfer im Hinblick auf die Welt. Was aber die natürliche Wirkursache angeht, so verleiht sie kein anderes Sein als die Bewegung nach einer der Arten von Bewegungen. Daher ist in der Naturphilosophie das Sein Verleihende ein Prinzip der Bewegung.

Zitat 2-5

Avicenna ergänzt das aus seiner Sicht aristotelisch-naturphilosophische Verständnis von Wirkursache um ein metaphysisches Verständnis, das er sogar als primär ansieht. Hiernach ist die Wirkursache als Sein verleihende Ursache aufzufassen. Dementsprechend bezeichnet er sie als Prinzip des Seins oder als etwas Sein Verleihendes (*mabdaʾ al-wuǧūd wa-mufīduhū; principium essendi et dator eius*) und definiert sie wie folgt: „Das Wirkende verleiht an ein anderes Ding Sein, welches das andere nicht von sich selbst her hat (*ʿan ḏātihī; per seipse*)“.[127] Das, was Sein empfängt, ist dabei substanziell verschieden von dem, was Sein verleiht, wie Avicenna betont.[128]

Aristoteles berücksichtigt das Verleihen von Sein nicht gesondert, da seine Ontologie im Gegensatz zu der Avicennas nicht von einer Sein-Wesen-Distinktion geprägt ist. Avicenna interpretiert Aristoteles' System allerdings anachronistisch im Lichte der von ihm selbst entworfenen Distinktion und kritisiert Aristoteles dafür, den Aspekt des Verleihens von Sein nicht gesondert herausgearbeitet zu haben. Nach Aristoteles sorgen die Wirkursachen zwar unter anderem dafür, dass bei einer substanziellen Veränderung neue Substanzen entstehen, so zeugt ein Vater beispielsweise einen Sohn. Danach können die

---

[126] Ibn Sīnā, *al-Ilāhiyyāt* VI.1, S. 195, Z. 1–4; ed. Van Riet, S. 292, Z. 19–24: „quoniam divini philosophi non intelligunt per agentem principium motionis tantum, sicut intelligunt naturales, sed principium essendi et datorem eius, sicut creator mundi; causa vero agens naturalis non acquirit (*tufīdu*) esse rei nisi motionem aliquam ex modis motionum; igitur acquirens esse naturalibus est principium motus.“

[127] Ibid. VI.1, S. 196, Z. 14; ed. Van Riet, S. 294, Z. 69: والفاعل يفيد شيئا آخر وجودا ليس للآخر عن ذاته. „Agens vero acquirit alii rei esse quod non habebat illa res in seipsa.“

[128] Vgl. ibid. VI.1, S. 196, Z. 14–17; ed. Van Riet, S. 294, Z. 70–74: يكون صدور ذلك الوجود عن هذا الذى هو فاعل، من حيث لا تكون ذات هذا الفاعل قابلة لصورة ذلك الوجود، ولا مقارنة له مقارنة داخلة فيه، بل يكون كل واحد من الذاتين خارجا عن الآخر، ولا يكون فى أحدهما قوة أن يقبل الآخر. „adventus cuius esse est ab hoc qui est agens inquantum essentia huius agentis non est recipiens formam illius esse nec est adiunctum illi, ita ut sit intra illud, sed unaquaeque duarum essentiarum est extra alteram et neutri eorum est virtus recipiendi alterum in se.“ Außerdem ibid., S. 194, Z. 12–13; ed. Van Riet, S. 291, Z. 14–S. 292, Z. 16: وبالفاعل، العلة التى تفيد وجودا مباينا لذاتها، أى لا تكون ذاتها بالقصد الأول محلا لما يستفيد منها: وجود شىء يتصور بها. „Agens vero est causa quae acquirit rei esse discretum a seipso, scilicet ut essentia agentis secundum primam intentionem non sit subiectum illius esse quod acquiritur ab eo nec informetur per illud.“ Bei den natürlichen Wirkursachen können Ursache und Wirkung akzidentell in derselben Substanz vereint sein, bspw. wenn der Arzt sich selbst heilt.

neuen Substanzen aber unabhängig von ihrer Ursache existieren: Der Sohn vermag ohne den Vater zu leben. Die Wirkursachen müssen bei Aristotles also nicht zugleich mit dem Ergebnis der durch sie bewirkten Veränderung bestehen.[129] Sie gehen dessen Existenz eigentlich voraus, wie Aristoteles in *Metaphysik* Λ.3 sogar explizit erwähnt.[130] In Avicennas Augen sind sie damit keine wahren Ursachen (*ʿilal ḥaqīqiyya*; *verae causae*) der Dinge, denn derartige Ursachen kennzeichnet, dass sie zugleich mit ihren Wirkungen existieren.[131] Naturphilosophische Wirkursachen lassen sich somit allenfalls als Entstehungsursachen (*ʿilal al-ḥudūṯ*; *causae fiendi*) der Dinge auffassen, da sie die substanzielle Veränderung in Gang setzen.[132] Avicenna billigt ihnen daher eine helfende (*muʿīn*; *adiutrix*) oder vorbereitende (*muʿidd*; *praeparatrix*) Rolle zu, die lediglich akzidentell ist (*bi-l-ʿaraḍ*; *per accidens*).[133] Sie sorgen für zufällige Eigenschaften der Dinge, beispielsweise dafür, zu einem bestimmten Zeitpunkt ins Sein zu treten oder eine bestimmte Gestalt zu haben. Zudem wirken sie auf horizontaler Ebene, das heißt, sie finden sich in der Ordnung des Seins auf derselben Stufe wie die entstehenden Dinge, nämlich im sublunaren Bereich. Da die Welt nach Avicenna ewig ist, lassen sich für die akzidentellen Veränderungen unendliche Ursachenketten ausmachen, beispielsweise bei der Fortpflanzung. Derartige Ursachenketten liefern Avicenna zufolge keine wirkliche Erklärung dafür, warum die Dinge in der Welt existieren. Diese Frage lässt sich nur über die eigentlichen, metaphysisch verstandenen Wirkursachen beantworten, die Sein verleihen. Im Gegensatz zu den akzidentellen Ursachen schätzt Avicenna sie als wahre und essenzielle Ursachen der Dinge ein (*ʿilal ḏātiyya*; *causae essentiales*),[134] denn sie sind dafür verantwortlich, dass die weltlichen Dinge überhaupt Sein haben, das heißt, dass ihrem Wesen Sein zukommt. Dies betrifft nicht nur die entstehenden Dinge in der sublunaren Welt, sondern gleichermaßen auch die ewigen Substanzen in der supralunaren Welt. Die wahren Ursachen dieser Substanzen existieren zugleich mit ihnen, sodass sie ihnen während der gesamten Dauer der Existenz Sein verleihen.[135] Ein einmaliges Ins-Sein-Setzen der Dinge von Seiten einer Ursache, die sich danach zurückzieht, genügt nicht. Denn als durch sich mögliche Seiendes sind die Dinge niemals dazu ausreichend (*mustaġnī*; *sufficiens*), unabhängig von der Ursache zu bestehen, die ihnen Sein verleiht. Die Kette dieser metaphysischen Wirkursachen verläuft vertikal, was Avicenna aus der neuplatonischen Tradition übernommen hat. Jede Sein verleihende Ursache steht dabei in der Ordnung der

---

129   Allerdings bestehen solche helfenden Ursachen gleichzeitig mit dem von ihnen eigentümlich Bewirkten; dies ist der Moment der Veränderung oder der Initiation eines Prozesses. Dafür sind sie wahre Ursachen.

130   Vgl. Aristoteles, *Metaphysik* Λ.3, 1070a21–22: τὰ μὲν οὖν κινοῦντα αἴτια ὡς προγεγενημένα ὄντα, τὰ δ᾽ ὡς ὁ λόγος ἅμα.

131   Vgl. Ibn Sīnā, *al-Ilāhiyyāt* VI.2, S. 202, Z. 1–5; ed. Van Riet, S. 301, Z. 17–S. 302, Z. 26. Form und Materie müssten dementsprechend auch wahre Ursachen der Dinge sein, denn sie existieren zugleich in dem Kompositum, das sie bewirken.

132   Vgl. ibid. VI.1, S. 198, Z. 8–S. 200, Z. 2; ed. Van Riet, S. 296, Z. 14–S. 299, Z. 65, und ibid. VI.2, S. 201, Z. 5–8; ed. Van Riet, S. 300, Z. 95–99.

133   Vgl. ibid. VI.2, S. 202, Z. 1–2 und 7; ed. Van Riet, S. 301, Z. 19, und S. 302, Z. 28–29.

134   Vgl. ibid. VI.2, S. 203, Z. 5–8; ed. Van Riet, S. 303, Z. 57–62. Die akzidentellen Ursachen bezeichnet Avicenna in dieser Passage als nicht-wesentliche bzw. nicht-nahe Ursachen (*ʿilal ġayr ḏātiyya aw ġayr qarība*; *causae non essentiales vel non propinquae*).

135   Vgl. ibid. VI.1, S. 200, Z. 14–18; ed. Van Riet, S. 299, Z. 84–S. 300, Z. 91.

Wirklichkeit höher als ihre Wirkung.[136] Von höchstem Rang ist hiernach das durch sich notwendig Seiende, mit dem die Kette endet, wenn man sie von unten nach oben zurückverfolgt. Die metaphysischen Wirkursachen, die ihm subordiniert sind, sind die himmlischen Intelligenzen, welche geistige Substanzen und somit reine Formen sind. Nach unten endet die Kette mit der zehnten himmlischen Intelligenz, die für die sublunare Welt verantwortlich ist.[137] In Aristoteles' System sind dagegen keine metaphysisch verstandenen Wirkursachen nötig und so findet man bei ihm auch keine vertikale Kette von Wirkursachen. Die unbewegten Beweger, die den himmlischen Intelligenzen bei Avicenna entsprechen, stehen nicht in einem wirkursächlichen Verhältnis zueinander. So wie sie brauchen auch die übrigen Dinge keine Sein verleihende Ursache, die zugleich mit ihnen besteht, da sie aus ihrer Form heraus Sein haben, wobei Form und Aktualität (ἐνέργεια) eng aneinander geknüpft sind: Eine Form trägt *per se* Aktualität in sich. Naturphilosophische Wirkursachen sind lediglich dafür zuständig, die Veränderung zu bewirken, an deren Ende sich die Form in der Materie einstellt.

Bei Avicenna sind die Dinge ebenfalls durch ihre substanzielle Form aktuell, denn zusammen mit der Form beziehungsweise durch die Form wird das Sein gegeben. Geistige Dinge sind reine Formen, körperliche Dinge sind Komposita aus Materie und Form, wobei die Form Aktualität an ein Kompositum insgesamt verleiht (nicht direkt an die Materie). Zwar ist bei Avicenna eine Form als Form ebenfalls mit Aktualität verknüpft, die der Potentialität der Materie gegenübersteht, anders als bei Aristoteles haben die Formen aber aus sich heraus kein Sein, da auch sie der Sein-Wesen-Distinktion unterliegen. Hätten sie Sein aus sich selbst, wären sie ein durch sich notwendig Seiendes, was für Avicenna ausgeschlossen ist. Somit muss hinter ihnen eine Ursache stehen, die ihnen und damit dem Ding insgesamt Sein verleiht. Im Grunde wirft Avicenna den aristotelischen Naturphilosophen vor, auf der ontologischen Ebene von Materie und Form stehenzubleiben, da sie nicht die Frage nach der Herkunft der dauerhaften Aktualität der Formen klären. Innerhalb der Naturphilosophie ist diese Haltung durchaus legitim. So konzentriert sich Avicenna in der *Physik* der *Šifāʾ* (*al-Ṭabīʿiyyāt: al-Samāʿ al-ṭabīʿī*) ebenfalls auf das Form-Materie-Paar und nicht auf die ontologisch vorgelagerte Sein-Wesen-Distinktion. Im Gegensatz zu Aristoteles verweist er jedoch auf hinter den Formen liegende Seinsursachen, die nicht unter das Gesuchte (*maṭlūb; quaesitum*) der Naturphilosophie fallen, sondern in der Metaphysik behandelt werden.[138] Die direkte Seinsursache sublunarer Substanzen, auf die Avicenna hier anspielt, ist die zehnte himmlische Intelligenz, die aufgrund ihrer Funktion als Geber der Formen (*wāhib al-suwar; dator formarum*) bezeichnet wird. Sie verleiht die individuelle substanzielle Form eines Dings, sobald sublunare Materie durch die akzidentellen Ursachen für den Empfang der Form bereit ist. Damit sorgt die Intelligenz dafür, dass das gesamte Ding – sei es ein lebendiges oder lebloses – existiert, dass also Form und Materie in Kombination miteinander subsistieren. Durch die Form erfolgt übrigens auch die Wesensbestimmung, denn

---

[136] Vgl. ibid. VI.3, S. 215, Z. 4–9; ed. Van Riet, S. 319, Z. 11–20, und IX.2, S. 313, Z. 7–9; ed. Van Riet, S. 456, Z. 40–43. Allerdings gibt es nach Avicenna keine Abstufungen im Sinne von Grade des Seins, ibid. VI.3, S. 313, Z. 14–16; ed. Van Riet, S. 317, Z. 69–S. 318, Z. 73.

[137] Mehr dazu in Kapitel 2.3.1.

[138] Vgl. Ibn Sīnā, *De causis et principiis naturalium* I.10, S. 48, Z. 14–S. 49, Z. 12; ed. Van Riet, S. 86, Z. 16–S. 88, Z. 50. Die Stellenangabe nennt das Buch und Kapitel; Seite und Zeile beziehen sich auf den arabischen Text der Kairo-Edition von Zāyid.

die Form sorgt als intrinsische Ursache dafür, dass etwas in Aktualität das ist, was es ist. Vor dem Hintergrund dieser Theorie erklärt Avicenna in *Metaphysik* VI.2 für das aristotelische Beispiel der Zeugung des Sohns: „Die Ursache des Sohns ist die Verbindung (*iğtimāʿ; coniunctio*) seiner Form mit seiner Materie durch die Ursache, welche die Formen verleiht."[139]

Neben der Abgrenzung von naturphilosophischen und metaphysischen Wirkursachen ist für die Rezeption der avicennischen Lehre eine weitere Distinktion wichtig, welche die Wirkursachen betrifft: Avicenna unterscheidet Wirkursachen, die von ihrem Wesen her (*li-ḏātihī; secundum / per essentiam*) vollständige und damit aktuelle Ursache für etwas anderes sind, und solche, die von sich her zunächst nur potentielle Ursachen sind. Letztere werden erst in einer bestimmten Relation (*ʿalā nisba; per comparationem*), die durch Veränderung (*ḥaraka; motus*) herbeigeführt wird, zu einer Ursache in Wirklichkeit, beispielsweise wenn sich der Wille oder die äußeren Umstände ändern. Derartige Ursachen sind in einen Ursachenkomplex eingebunden und beginnen erst dann zu wirken, wenn sämtliche Bedingungen erfüllt sind.[140] Die wesenhaften Ursachen hingegen sind ständig als Ursache tätig, solange sie selbst existieren.[141] Dasjenige, für das sie wahre Ursachen sind, existiert genauso lange wie sie selbst, da nach Avicenna Wirkungen zugleich mit ihrer wahren Ursache bestehen. Ein Beispiel hierfür ist das Feuer, das von seinem Entzünden bis zu seinem Erlöschen ständig Hitze abgibt.[142] Neben dem Feuer, das vergänglich ist, gibt es laut Avicenna auch ewige essenzielle Ursachen. Ihre wahre Wirkung ist ebenfalls ewig. Derartige Ursachen sind die ersten neun himmlischen Intelligenzen und allen voran das durch sich notwendig Seiende.[143] Letzteres existiert von Ewigkeit her und bringt genauso lange die Welt als seine wahre Wirkung ins Sein.[144] Die Tatsache, dass es von seinem Wesen her als Ursache der Welt fungiert, ist für Avicenna jedoch nicht gleichbedeutend damit, dass es aus Naturnotwendigkeit wirkt, wie wir in Kapitel 2.3.1.1 noch sehen werden. Im Folgenden sollen zunächst die Attribute des durch sich notwendig Seienden beleuchtet werden, die im Hinblick auf seine Rolle als erstes Prinzip der Welt wichtig sind. Sodann werde ich mich seiner Tätigkeit als Wirkursache zuwenden.

---

[139] Id., *al-Ilāhiyyāt* VI.2, S. 202, Z. 4–5; ed. Van Riet, S. 302, Z. 23–25: وعلة الولد اجتماع صورته مع مادته بالسبب المفيد للصور. وعلة النار السبب المفيد للصور. „Causa quoque filii est coniunctio suae formae cum sua materia ab occasione attributae formae. Causa vero ignis est occasio donatrix formarum."

[140] Vgl. ibid. VI.2, S. 202, Z. 17–S. 203, Z. 5; ed. Van Riet, S. 303, Z. 45–56.

[141] Vgl. ibid. VI.2, S. 203, Z. 9–11; ed. Van Riet, S. 303, Z. 63–S. 304, Z. 66.

[142] Was die Hitze ihrerseits in den Objekten bewirkt, auf die sie trifft, kann sich unterscheiden und hängt von den Umständen ab. Diese Folgen sind nicht die wesenhaften, primären Wirkungen des Feuers, sondern sekundär.

[143] Die zehnte himmlische Intelligenz, der Geber der Formen, ist ein Sonderfall, wie ich in Kapitel 2.3.1.3 erklären werde. Sie fungiert als Ursache auf etwas andere Weise als die übrigen himmlischen Intelligenzen.

[144] Vgl. ibid. IX.1, S. 300, Z. 5–6; ed. Van Riet, S. 435, Z. 27–28: فإن دامت أوجبت المعلول دائما. „quae, si fuerit semper, faciat causatum necessarie esse semper" und ibid. IX.4, S. 327, Z. 16–17; ed. Van Riet, S. 479, Z. 85–87: ما يوجد عنه على سبيل لزوم لوجوده وتبع لوجوده، لا إن وجوده لأجل وجود شيء آخر غيره. „Esse autem quod est ab eo est secundum viam consequendi et comitandi eius esse, non quod eius esse sit propter esse aliquid aliud a se."

2.2 Theologie

An die Spitze der Wirklichkeit setzt Avicenna das durch sich notwendig Seiende, das der
Welt als deren erstes Prinzip voransteht und über seine Attribute mit Gott identifiziert werden kann.[145] Im Hinblick auf den Hervorgang der Welt ist seine Einheit (*waḥda*; *unitas*) das
zentrale Attribut. Unter der Einheit des durch sich notwendig Seienden versteht Avicenna
zweierlei, worauf er an diversen Stellen seines Œuvres hinweist:

<table>
<tr>
<td dir="rtl">وإذا قال له: واحد، لم يعن إلا هذا الوجود نفسه مسلوبًا
عنه القسمة بالكم أو القول، أو مسلوبًا عنه الشريك.[146]</td>
<td>Wenn er von ihm [d. h. dem Ersten] sagt, er
sei einer, meint er nichts als dieses Sein
selbst, wobei ihm eine Teilung der Quantität
oder der Rede nach abgesprochen wird oder
ihm ein Begleiter abgesprochen wird.</td>
</tr>
</table>

Zitat 2-6

Avicenna differenziert hier zwischen Einheit im Sinne von Einfachheit und Einheit im
Sinne von Einzigkeit.[147] Beide Aspekte spielen nicht nur innerhalb des kosmogonischen
Modells eine entscheidende Rolle, sondern auch für die Übernahme des Konzepts des durch
sich notwendig Seienden für Gott in der lateinischen Tradition.

2.2.1 Einzigkeit

Im obigen Zitat verweist die Aussage, das Erste habe keinen Begleiter (*šarīk*; *comes*), auf
dessen Einzigkeit. Darunter versteht Avicenna, dass es nichts dem Ersten Gleichkommen-
des beziehungsweise Gleichrangiges (*mukāfiʾ* / *mutakāfiʾ*; *compar* / *coaequaevum* / *coaequale* / *comitans*) gibt oder geben kann,[148] das zusammen mit ihm bestünde. Zuweilen
spricht Avicenna stattdessen auch von etwas Ähnlichem (*nidd* / *šabīh*; *aequale* / *simile*).[149]

---

[145]   Siehe Fn. 100.

[146]   Ibid. VIII.7, S. 296, Z. 7–8; ed. Van Riet, S. 430, Z. 27–29: „Cum vero dicitur unus (*wāḥid*), non intelligitur nisi
ipsum esse (*hāḏā l-wuǧūd nafsahū*), negata ab eo divisione per quantitatem vel per dictionem (*bi-l-kam wa-l-
qawl*) et negato ab eo comite (*šarīk*).“ Siehe außerdem Adamson, ,From the Necessary Existent to God', S. 180.

[147]   Zur Einfachheit und Einzigkeit sowie zu ihrer Gruppierung unter die Einheit siehe ibid., S. 177–181.

[148]   Siehe bspw. Ibn Sīnā, *al-Ilāhiyyāt* I.6, S. 30, Z. 5–7; ed. Van Riet, S. 43, Z. 15–18: وإن الواجب الوجود بذاته واجب
الوجود من جميع جهاته، وإن الواجب الوجود لا يمكن أن يكون وجوده مكافئا لوجود آخر، فيكمون كل واحد منهما مساويا للآخر في وجوب
الوجود ويتلازمان. „et quod necesse esse per se est necesse omnibus suis modis et quod impossibile est ut esse eius
quod est necesse esse sit coaequale (*mukāfiʾ*) ad esse alterius, ita ut unumquodque eorum sit aequale alteri in
necessitate essendi vel comitetur“; ibid. I.6, S. 32, Z. 4–6; ed. Van Riet, S. 46, Z. 72–75: ونقول: ولا يجوز أن يكون
واجب الوجود مكافئا لواجب وجود آخر، حتى يكون هذا موجودًا مع ذلك، وذلك موجودًا مع هذا، وليس أحدهما علة للآخر، بل هما متكافئان فى
أمر لزوم الوجود. „Dicemus etiam esse impossibile ut ei quod est necesse esse sit compar aliud necesse esse, ita ut
hoc simul habeat esse cum illo, et illud simul habeat esse cum isto, nec unum eorum sit causa alterius, sed sint
coaequalia (*mutakāfiʾān*) in comitantia essendi“ und ibid. VIII.1, S. 257, Z. 7–8; ed. Van Riet, S. 376, Z. 6:
هل هو موجود، وهل هو واحد لا شريك له فى مرتبته ولا ندّ له. „inquirentes an sit et an sit unum nec habens compar (*šarīk*)
nec simile (*nidd*).“

[149]   Siehe die vorangehende Fn. und ibid. X.3, S. 366, Z. 12; ed. Van Riet, S. 535, Z. 50: أنه لا نظير له ولا شريك له ولا
شبيه له. „quod non est sibi aliquid aliud compar vel simile (*šabīh lahū*).“ Siehe außerdem Fn. 148.

Das Attribut der Einzigkeit des ersten Prinzips steht einer Dualität oder Pluralität von Prinzipien gegenüber und garantiert den Prinzipienmonismus, sodass sich Avicennas Modell als ein monotheistischer Ansatz präsentiert. Indem er die Einzigkeit Gottes herausstellt, bestätigt er den Glauben an die absolute Einheit und Einzigkeit Gottes (*tawḥīd*), was der wichtigste islamische Glaubensgrundsatz ist.[150]

Nach Avicenna lässt sich die Einzigkeit aus dem Konzept des durch sich notwendig Seienden selbst ableiten. So beweist er in Kapitel I.6 der *Metaphysik* ausführlich, dass die Annahme zweier durch sich notwendig Seiender in Widersprüchen münden würde. Die Szenarien, die Avicenna durchspielt, laufen darauf hinaus, dass letztlich keines der beiden mehr den Status eines durch sich notwendig Seienden hätte, sobald es zwei gäbe. Daraus schließt Avicenna, dass das durch sich notwendig Seiende niemals zu einem *universale* werden kann, denn es ist logisch unmöglich, dass es von mehreren Dingen ausgesagt wird. Hierin unterscheidet es sich von allen anderen Dingen, die faktisch ebenfalls nur einmal in der Wirklichkeit vorkommen. Dies sind die Himmelskörper, die himmlischen Intelligenzen und die Welt insgesamt. Sie alle fallen unter die dritte Art von Universalien, die Avicenna in Kapitel V.1 der *Metaphysik* anführt. Obwohl sie die einzigen Vertreter ihrer jeweiligen Art sind, ist es von ihrer Wesensbestimmung her nicht ausgeschlossen, dass es mehrere von ihnen zugleich geben könnte. Damit ist es beim begrifflichen Erfassen im Verstand nicht unmöglich, dass sie von vielen Dingen ausgesagt werden.[151] Dies gilt ebenso für die Welt als Ganzes, wie Avicenna gegen Ende von *De caelo* ausführt. Dort weist er darauf hin, dass nicht das Konzept der Welt selbst, sondern äußere Gründe verhindern, dass es zwei Welten gibt, beispielsweise die Tatsache, dass keine Materie vorhanden ist, die für eine weitere Welt zur Verfügung stünde. Der Grund für die singuläre Instanziierung derartiger Dinge findet sich also nicht in ihrem Wesen, sondern außerhalb.[152] Anders verhält es sich beim durch sich notwendig Seienden. Hier widerspricht dem Wesen, dass es etwas anderes derartiges geben kann. ‚Durch sich notwendig Seiendes‘ ist somit als Eigenname aufzufassen, der in keiner Weise übertragbar ist, sondern nur für das erste Prinzip verwendet werden kann.[153]

2.2.2 Einfachheit

Neben der Einzigkeit umfasst die Einheit Gottes auch dessen Einfachheit. Dieses Attribut spricht Avicenna zu Beginn von Zitat 2-6 an, wenn er darauf hinweist, dass Gott keine Teilung (*qisma; divisio*) erfährt. Teilung kann einerseits der Quantität nach (*bi-l-kam; per quantitatem*) erfolgen, andererseits der Rede nach (*bi-l-qawl; per dictionem*). Beides ist für Gott unmöglich. Wäre er der Quantität nach teilbar, besäße er körperliche Teile, aus denen

---

[150] Siehe dazu Gimaret, ‚Tawḥīd‘.
[151] Vgl. Ibn Sīnā, *al-Ilāhiyyāt* V.1, S. 149, Z. 3–4; ed. Van Riet, S. 228, Z. 20–21: أن هذا الكلى هو الذى لا يمنع نفس تصوره عن أن يقال على كثيرين. „quod universale est id quod in intellectu non est impossibile praedicari de multis."
[152] Vgl. Renaud, ‚Le ›De celo et mundo‹, S. 127–130.
[153] Avicenna weist in *Metaphysik* VIII.4 darauf hin, dass es eine Differenz zwischen absolutem (*muṭlaq*) und reinem (*muǧarrad*) Sein gibt (beides lateinisch *exspoliatus*). Das absolute Sein kann von allem Seienden ausgesagt werden, es ist neutral und lässt weitere Bestimmungen zu, wohingegen reines Seiendes allein das Individuum des *necesse esse per se* ist, vgl. Ibn Sīnā, *al-Ilāhiyyāt* VIII.4, S. 276, Z. 16–S. 277, Z. 3; ed. Van Riet, S. 402, Z. 48–60, und Menn, ‚Avicenna's Metaphysics', S. 153.

er zusammengesetzt wäre oder die man der Lage nach an ihm unterscheiden könnte. Da Teile logisch und kausal früher sind als das aus ihnen Zusammengesetzte, wäre Gott zum einen nicht mehr das erste Seiende, zum anderen durch die Zusammensetzung verursacht und damit nicht mehr durch sich notwendig seiend. Aufgrund dieser absurden Folgen ist materielle Teilbarkeit für das erste Prinzip ausgeschlossen. Darüber hinaus ist es frei von Teilbarkeit der Rede nach, das heißt dem Begriff nach. Dies bedeutet, dass man im Verstand keine Einteilung seiner Wesensbestimmung in Gattung, Art und spezifische Differenz vornehmen kann, die als Teile in einer Definition erfasst werden können. Auch eine solche Aufteilung würde eine Zusammensetzung des Ersten implizieren, was aufgrund der bereits genannten absurden Folgen ausgeschlossen ist.[154] Sein Wesen ist nicht definierbar, es ist reines Sein ohne jegliche Potentialität. Dies beinhaltet, dass es unveränderlich ist.

Zu Beginn von Kapitel IX.1 der *Metaphysik* fasst Avicenna die Charakteristika des ersten Prinzips zusammen.[155] Zusätzlich zum Ähnlichen und Gleichkommenden schließt er hier etwas dem Ersten Entgegengesetztes (*ḍidd; contrarium*) aus.[156] Dies wird in der lateinischen Rezeption als Ausschluss eines weiteren, gleichrangigen Prinzips interpretiert, das dem Ersten entgegensteht. Damit wird insbesondere ein Prinzipiendualismus abgewehrt, in dem sich ein gutes und schlechtes Prinzip gegenüberstehen.[157] Avicenna hingegen könnte an dieser Stelle zusätzlich zum Ausdruck bringen, dass es keinen Zustand gibt, zu dem hin sich das erste Prinzip verändern könnte. Das bedeutet, es kann nicht in sein Gegenteil, ins Nicht-Sein fallen. Dieser mögliche Aspekt geht aus einer Bemerkung in Kapitel VIII.5 hervor.[158] Er dient zur Betonung der Unveränderlichkeit und Unvergänglichkeit.

Wie ich im Laufe dieser Arbeit zeigen werde, übernehmen die lateinischen Denker von Avicenna die wichtigsten Kennzeichen des durch sich notwendig Seienden, das sie ebenfalls mit Gott identifizieren. Allerdings ergänzen sie die Liste um ein für sie unabdingbares Kennzeichen: den Ausschluss eines Gleichewigen (*coaevum / coaequaevum / coaeternum*). Ein solcher Ausschluss fehlt bei Avicenna, da er die Welt in seinem Modell als gleichewig zu Gott konstruiert. Dies bedeutet für ihn jedoch keineswegs, dass die Welt nicht von Gott verursacht ist.

---

[154] Vgl. Ibn Sīnā, *al-Ilāhiyyāt* I.7, S. 35, Z. 18–S. 37, Z. 13; ed. Van Riet, S. 51, Z. 80–S. 52, Z. 2, und VIII.5, S. 282, Z. 11–S. 283, Z. 4; ed. Van Riet, S. 410, Z. 25–S. 411, Z. 48. Vgl. außerdem Adamson, ‚From the Necessary Existent to God‛, S. 179–182, und Acar, *Talking about God*, S. 35. Aus demselben Grund hat das Erste auch keine Akzidenzien, die ihm von außen zukommen.

[155] Vgl. Ibn Sīnā, *al-Ilāhiyyāt* IX.1, S. 299, Z. 7–13; ed. Van Riet, S. 434, Z. 3–14.

[156] Vgl. ibid. IX.1, S. 299, Z. 8–9; ed. Van Riet, S. 434, Z. 6–7.

[157] Beispielsweise bei Wilhelm von Auvergne, siehe Zitat 4-6.

[158] Vgl. ibid. VIII.5, S. 282, Z. 17–20; ed. Van Riet, S. 411, Z. 35–41: وإذ هو بريء عن كل مادة وعلائقها وعن الفساد، وكلاهما شرط مع ما يقع تحت التضاد، فالأول لا ضد له. „postquam autem liberum est a materia et ab eius appenditiis et ab omni corruptione, sed utraque haec sunt condicio eius quod cadit sub contrarietate, tunc primus non habet contrarium". Diese Stelle erinnert an eine Passage aus Aristoteles' *De caelo*. Dort begründet Aristoteles, dass der Himmel (und damit die Welt) ewig sein muss. Das Argument läuft darüber, dass der erste Körper, also die Materie, aus der der Himmel besteht, kein Gegenteil hat, wie auch der kreisförmigen Bewegung dieses Körpers keine weitere Bewegung entgegengesetzt ist. Daher kann der erste Körper nicht in sein Gegenteil fallen und ist letztlich den Ereignissen des Entstehens und Vergehens enthoben, die sich zwischen Gegensätzen vollziehen. Vgl. Aristoteles, *De caelo* 2, 269b26–270a22.

2.2.3 Ursächlichkeit

Gott, das vollkommen einfache, erste und höchste Seiende, ist in zweifachem Sinne Ursache der Welt und aller Dinge darin: Er dient als erste Wirk- und letzte Finalursache alles Seienden, womit Avicenna klar in neuplatonischer Tradition steht. Zur letzten Finalursache macht das Erste laut Robert Wisnovsky die Tatsache, dass es in keinerlei Hinsicht verursacht ist, da es das durch sich notwendig Seiende ist. Darin ist sein Wesen vollständig verwirklicht und befindet sich im Stadium des Vollkommenen (*tāmm; perfectum*).[159] In diesem Zustand ist es das höchste und reine Gute, das von allen anderen Dingen erstrebt wird, die eine derartige Vervollkommnung ihres Wesens zu erlangen suchen. Die Funktion als Finalursache richtet sich mithin vorrangig auf das Wesen oder eigentümliche Sein der Dinge, denn ihr Gutsein liegt im Verwirklichen ihrer Natur. Die Orientierung der Dinge nach oben hin zum durch sich notwendig Seienden als ihrem transzendenten letzten Ziel kann typisch neuplatonisch als Rückkehr (ἐπιστροφή) verstanden werden. Dem steht der zuvor erfolgte Hervorgang (πρόοδος) aller Dinge aus dem durch sich notwendig Seienden gegenüber, das dabei als Wirkursache fungiert. Als eine solche Ursache ist es für das affirmative Sein der Dinge verantwortlich. Die Wirkursächlichkeit ergibt sich allerdings nicht zwingend aus dem Aspekt heraus, dass das Erste ein durch sich notwendig Seiendes ist. So werden in anderen Modellen auch die platonischen Ideen oder die aristotelischen unbewegten Beweger als durch sich notwendig Seiendes verstanden, sind dort jedoch nicht wirkursächlich tätig. Die Wirkursächlichkeit resultiert Wisnovsky zufolge vielmehr daraus, dass sich das erste Prinzip in seiner Seinsfülle in einem Zustand jenseits der Vollkommenheit (*fawqa l-tamām; plus quam perfectum*) befindet.[160] Dieses Element hat Avicenna aus den *Neoplatonica Arabica* übernommen.[161] Nur das, was jenseits der Vollkommenheit liegt, hat aus sich heraus mehr als das für ihn selbst nötige Sein und kann diesen Überhang als eine Ursache weitergeben, die allein aus sich heraus wirkt. Damit unterscheidet sich übrigens auch das erste Prinzip von allen weiteren Wirkursachen. Letztere sind nur vollkommen (*tāmm; perfectus*), nicht jenseits der Vollkommenheit. Damit haben sie nicht allein aus sich heraus ursächliche Kraft für das Sein der Dinge unter ihnen. Sie wirken hingegen nur deshalb, weil sie vom Ersten her ihr Sein und die Kraft erhalten, zu wirken. Folglich sind sie nur als vermittelnde Ursachen einzustufen. Damit können sie – im Gegensatz zum ersten Prinzip – klarerweise auch nicht selbst als Schöpfer verstanden werden. Trotzdem wird Avicenna der Vorwurf

---

[159] Bspw. Ibn Sīnā, *al-Ilāhiyyāt* VIII.6, S. 283, Z. 10–11; ed. Van Riet, S. 412, Z. 55–56: فواجب الوجود تام الوجود، لأنه ليس شيء من وجوده وكمالات وجوده قاصرًا عنه. „Necesse esse est perfectum esse. Nam nihil deest sibi de suo esse et de perfectionibus sui esse."

[160] Bspw. ibid. VIII.6, S. 283, Z. 13–14; ed. Van Riet, S. 412, Z. 59–61: بل واجب الوجود فوق التمام؛ لأنه ليس إنما له الوجود الذى له فقط، بل كل وجود أيضًا فهو فاضل عن وجوده، وله، وفائض عنه. „Sed necesse esse est plus quam perfectum, quia ipsum esse quod est ei non est ei tantum, immo etiam omne esse est exuberans ab eius esse et est eius et fluit ab illo." Zur Analyse der beiden Zustände des *tāmm* und *fawqa l-tamām* und der damit zusammenhängenden Final- und Wirkursächlichkeit siehe Wisnovsky, *Avicenna's Metaphysics in Context*, S. 181–195. Vgl. außerdem Ibn Sīnā, *al-Ilāhiyyāt* IV.3 und VIII.6.

[161] Zum arabischen Plotin siehe Adamson, *The Arabic Plotinus*; eine Liste der Texte findet sich auf S. 5–9. Für Literaturhinweise zum arabischen Plotin siehe Arnzen, *Platonische Ideen in der arabischen Philosophie*, S. 29, Fn. 74. Zum arabischen Proklos siehe Proclus Arabus, *Zwanzig Abschnitte aus der ›Institutio Theologica‹*; eine Liste der Texte findet sich auf S. 15–30. Siehe außerdem Kapitel 2.3.1.

entgegengebracht, weltlichen Dingen schöpferische Tätigkeit zuzubilligen. Auf Avicennas Schöpfungsverständnis werde ich in Kapitel 2.3.2.2 gesondert eingehen.

2.3 Kosmogonie

Was den Hervorgang der Welt angeht, so vertritt Avicenna einen klaren Prinzipienmonismus: Das durch sich notwendig Seiende ist alleinige erste Wirkursache der Welt und aller Entitäten in ihr. Dass und inwiefern alle weltlichen Dinge ein derartiges Prinzip benötigen, um zu existieren, liegt, wie ich im Ontologie-Kapitel dargelegt habe, in ihrer ontologischen Binnenstruktur begründet: Da sie der Distinktion von Sein und Wesen unterliegen, vermögen sie nicht, aus sich heraus zu existieren, sondern bedürfen einer metaphysisch verstandenen Wirkursache, die ihnen Sein verleiht. Die bereits angesprochene Kette der Wirkursachen führt das durch sich notwendig Seiende an, in dem Sein und Wesen zusammenfallen. Es ist vollkommen einfach und unveränderlich und kann, wie erläutert, aufgrund seiner Attribute mit Gott identifiziert werden. Dem kosmogonischen Modell Avicennas liegt sonach folgende Konstellation von Gott und Welt zugrunde: Gott, die vollkommen einfache erste Wirkursache, steht einer Welt gegenüber, welche durch das Attribut der Vielheit geprägt ist, sodass bereits die am wenigsten komplexen Dinge nicht vollkommen einfach sind, sondern mindestens die Dualität von Sein und Wesen aufweisen. Vor dem Hintergrund einer derartigen Konstellation stellt sich die Frage: Wie lässt sich der Hervorgang der Welt aus dem ersten Prinzip erklären, ohne dabei die Einfachheit und Unveränderlichkeit dieses Prinzips aufzuheben? Damit ist das Grundproblem neuplatonischer Kosmogonien formuliert – es stellt sich jedoch gleichermaßen für alle anderen Modelle, in denen ein Prinzipienmonismus propagiert wird, der die exklusive Einfachheit und Unveränderlichkeit des ersten Prinzips betont. Als Lösung bieten die Neuplatonisten ein Modell an, das als Charakteristikum aufweist, dass sich die Wirkung des ersten Prinzips vermittelt über zwischengeschaltete Instanzen vom Einen zum Vielen entfaltet; der Hervorgang der Welt erfolgt mithin stufenweise. Dieses Modell wird als Emanationsmodell bezeichnet.[162] Auch Avicenna greift darauf zurück und adaptiert es, indem er ein auf seinen ontologischen Grundannahmen basierendes Dreierschema entwirft, wie im Folgenden aufgezeigt werden soll.[163]

2.3.1 Hervorgang der Welt

Avicenna entwickelt sein kosmogonisches Modell in *Metaphysik* IX.4. An der Spitze des Systems steht als erstes Prinzip das durch sich notwendig Seiende. Dessen Attribut der Einfachheit, das mit Unveränderlichkeit gekoppelt ist, ist maßgebend für die Art und Weise

---

[162] Die Benennung ist strenggenommen nicht ganz korrekt, worauf ich in Kapitel 2.3.1 noch eingehen werde.
[163] Zum avicennischen Emanationsschema siehe bspw. Davidson, *Alfarabi, Avicenna, and Averroes, on Intellect*, S. 74–82. Eine detaillierte Analyse, die sich auf verschiedene Werke Avicennas bezieht und seine Quellen berücksichtigt, findet sich in Lizzini, *Fluxus*. Siehe außerdem Hasnawi, ‚Fayḍ'.

seines Wirkens, denn an der Einfachheit setzt die berühmt gewordene *ex-uno*-Regel an. Diese führt Avicenna ein, um zu bestimmen, was aus dem ersten Prinzip unmittelbar hervorgehen kann. Sie lautet:

فقد علمت أن الواحد من حيث هو واحد إنما يوجد عنه واحد.

[N]osti etiam quod ex uno, secundum quod est unum, non est nisi unum.
Denn du weißt: Aus dem Einen, insofern es eines ist, wird nur eines hervorgebracht.[164]

Zitat 2-7

Zwar entstammt diese Regel eindeutig der neuplatonischen Tradition, Avicenna gilt aber als erster Gelehrter, der sie explizit in einem Text formuliert.[165] Wie sich im Laufe dieser Arbeit herausstellen wird, wenden die auf Avicenna folgenden Denker die Regel in verschiedenen Kontexten an und verstehen sie in unterschiedlichen Lesarten, die daraus resultieren, wie die drei Nennungen von ‚eines‘ (*wāḥid; unum*) interpretiert werden. Beziehen die Autoren die Regel auf das erste Prinzip der Welt, verweisen sie mit den beiden ersten Nennungen für gewöhnlich auf dessen absolute Einfachheit, die keinerlei Dualität oder Pluralität in sich birgt. Dies ist auch bei Avicenna der Fall. Daher ließe sich sein Verständnis der Regel folgendermaßen ausdrücken:

> Insofern das erste Prinzip vollkommen einfach ist, geht aus ihm unmittelbar nur eines hervor.

Hiervon ausgehend ergeben sich Variationen des Verständnisses der Regel abhängig davon, wie man die dritte Nennung von ‚eines‘ deutet, die sich auf die Wirkung bezieht, die das erste Prinzip hervorbringt.[166] Avicenna selbst legt ein Verständnis an den Tag, das ich als quantitative Lesart bezeichne. Demgemäß ist die *ex-uno*-Regel wie folgt aufzufassen:

> Insofern das erste Prinzip vollkommen einfach ist, geht aus ihm unmittelbar nur etwas hervor, das quantitativ eines ist.

Die Quantität ist gemäß Avicenna sowohl der Subsistenz (*qiwām; existentia*) als auch der Teilung nach zu verstehen. Mithin kann die erste Wirkung der Zahl nach (*bi-l-ʿadad; numero*) lediglich ein einziges Ding sein, nicht zwei oder mehrere Dinge. Zudem darf die Wirkung kein Kompositum aus zählbaren Teilen sein, allen voran Materie und Form.[167] Andernfalls wäre sie der Teilung nach (*bi-l-inqisām; divisione*) nicht eines, sondern zwei. Dies erhellt unter anderem aus folgender Aussage, die Avicenna der expliziten Formulierung seiner *ex-uno*-Regel voranstellt:

---

[164] Ibn Sīnā, *al-Ilāhiyyāt* IX.4, S. 330, Z. 1–2; ed. Van Riet, S. 481, Z. 50–51.

[165] Vgl. Janssens, ‚Creation and Emanation‘, S. 455–456, und Davidson, *Alfarabi, Avicenna, and Averroes, on Intellect*, S. 75, Fn. 3.

[166] Siehe dazu Zitat 2-6. Natürlich ergeben sich auch dann Variationen, wenn man das erste oder zweite *unum* anders versteht.

[167] Schließt man eine Zusammensetzung aus Materie und Form aus, impliziert dies den Ausschluss sämtlicher körperlicher Entitäten, seien es Einzeldinge oder deren Teile.

فلا يجوز أن يكون أول الموجودات عنه ‐ وهى
المبدعات ‐ كثيرة لا بالعدد ولا بالانقسام إلى مادة
وصورة، لأنه يكون لزوم ما يلزم عنه هو لذاته، لا
لشىء آخر.[168]

Daher ist es für das erste der von ihm [d. h. dem notwendig Seienden] her existierenden Dinge – und das sind die Geschöpfe – unmöglich, vieles zu sein, weder der Zahl nach noch gemäß der Teilbarkeit in Materie und Form. Denn das notwendige Begleiten dessen, was von ihm her notwendig folgt (*lazima; sequi*), geschieht um seines Wesens willen, nicht um irgendetwas anderen willen.

Zitat 2-8

Neben dem gerade erläuterten Verständnis des dritten Auftretens von ‚eines' lässt sich diesem Zitat der eigentliche Grund dafür entnehmen, warum das, was aus dem ersten, einfachen Prinzip hervorgeht, nur eines sein kann: Nach Avicenna wirkt das erste Prinzip allein aus seinem Wesen heraus und dieses ist vollkommen einfach. Aufgrund dessen findet sich darin weder der Sache noch dem Verstand nach etwas Zweites, das als weiterer Ursprung fungieren könnte – und sei es nur ein zweiter Aspekt. Damit ist eine zweite direkte Wirkung, welcher Art auch immer, ausgeschlossen. Bei diesem Schluss setzt Avicenna voraus, dass unterschiedliche Wirkungen auf unterschiedliche Ursachen oder zumindest auf Veränderungen ein und derselben Ursache zurückzuführen sind. Diese Regel werde ich in Kapitel 2.3.2.1 erläutern.[169] Das bedeutet: Zwei Wirkungen resultieren geringstenfalls aus zwei unterschiedlichen Aspekten ein und desselben Wirkenden. Da das durch sich notwendig Seiende vollkommen einfach ist, weist es weder in seinem Wesen noch außerhalb einen zweiten Aspekt auf.[170] Es ist zudem ohne jegliche Potentialität und vollzieht somit keine Veränderung, die eine weitere Wirkung hervorrufen könnte. Darüber hinaus sind externe Mitursachen ausgeschlossen, die unabhängig vom durch sich notwendig Seienden Bestand hätten und eine Variation in der Wirkung herbeiführen könnten. Die Existenz von Mitursachen würde implizieren, dass es neben dem ersten Prinzip etwas Weiteres durch sich notwendig Seiendes gäbe.[171] Dies ist unmöglich, wie ich im Theologie-Kapitel dargelegt habe. Das durch sich notwendig Seiende ist demnach alleiniges Prinzip für alle übrigen Entitäten; diese folgen ihm nach und sind entweder unmittelbar von ihm verursacht oder gehen durch Vermittlung hervor.

---

[168] Ibn Sīnā, *al-Ilāhiyyāt* IX.4, S. 328, Z. 4–5; ed. Van Riet, S. 479, Z. 92–94: „igitur ea quae primo sunt ab eo – et haec sunt creata – non possunt esse multa nec numero nec divisione in materiam et formam, quoniam id quod sequitur ex eo, est ab eius essentia, non ab alio aliquo." Siehe dazu außerdem ibid. X.4, S. 328, Z. 7–9; ed. Van Riet, S. 479, Z. 97‐00: فإن لزم منه شيئان متباينان بالقوام، أو شيئان متباينان يكون منهما شىء واحد، مثل مادة وصورة، لزومها معا، فإنما يلزمان عن جهتين مختلفتين فى ذاته. „Si enim provenirent ab eo duae res discretae per existentiam, vel duae res discretae ex quibus fit unum, sicut materia et forma, comitantia simul, illae non provenirent nisi ex duobus modis diversis in eius essentia."

[169] Die Regel werde ich unten als *idem*-Regel bezeichnen.

[170] Vgl. ibid. IX.4, S. 328, Z. 5–10; ed. Van Riet, S. 479, Z. 94–4.

[171] Nämlich diese Mitursache(n) selbst oder deren Ursache.

Wie eben begründet, ist die direkte Wirkung des ersten Prinzips nur ein einziges Ding, welches kein Kompositum aus Materie und Form sein kann, sondern von einfachem Wesen sein muss. Avicenna bestimmt es daher als geistige, nicht auf Materie bezogene Form (*ṣūra ġayr mādiyya aṣlan; forma non materialis omnino*), das heißt als reine Intelligenz (*ʿaql maḥḍ; intelligentia pura*). Sie ist die höchste der zehn abgetrennten, himmlischen Intelligenzen in Avicennas Kosmos.[172]

2.3.1.1 Art und Weise des Wirkens des ersten Prinzips

Zwar haben wir nun anhand der ontologischen Disposition des ersten Prinzips der Welt erschlossen, was direkt aus ihm hervorgeht, doch bleibt zu klären, auf welche Weise das Prinzip eigentlich als Wirkursache tätig ist. Zu dieser Frage diskutiert Avicenna zu Beginn von Kapitel IX.4 der *Metaphysik* drei mögliche Weisen,[173] wie das All (*al-kull; omnia*) aus dem ersten Prinzip hervorgehen kann. Seine Diskussion lässt Rückschlüsse auf die Beschaffenheit des ersten Prinzips als Ursache zu. Von vornherein ausgeschlossen wird dabei, dass es aus Zwang oder Zufall tätig ist. Die drei Alternativen des Hervorgangs der Welt, zwischen denen Avicenna abwägt, sind:

1. gemäß der Absicht (*ʿalā sabīl al-qaṣd; secundum viam intentionis*),[174]
2. gemäß der Natur (*ʿalā sabīl al-ṭabʿ; secundum viam naturae*)[175] oder
3. gemäß einem notwendigen Folgen und einer Nachfolge seines Seins (*ʿalā sabīl luzūm li-wuǧūdihī wa-tabaʿ li-wuǧūdihī; secundum viam consequendi et comitandi eius esse*).[176]

Die ersten beiden Alternativen schließt Avicenna zugunsten der dritten, eindeutig neuplatonischen Alternative aus. Folgende Erkenntnisse zur Ursächlichkeit des ersten Prinzips lassen sich aus Avicennas Diskussion herausfiltern:

Zu 1.: Wäre der Hervorgang der Welt durch eine Absicht (*qaṣd; intentio*) auf Seiten des ersten Prinzips motiviert, würde dies implizieren, dass jenem ein Finalziel vorgegeben ist, worauf es sein Wirken ausrichtet. Etwas Derartiges ist für das erste Prinzip freilich ausgeschlossen; weder die Existenz der Welt noch etwas anderes außerhalb seiner selbst dienen als Ziel (*ġāya; finis*) seines Wirkens.[177] Dies hat zweierlei Gründe: Zum einen zielt laut Avicenna nichts auf etwas ab, das in der ontologischen Rangordnung unter ihm steht. In der Regel ist das Intendierte von höherem Rang als das Intendierende, insofern Letzteres durch

---

[172] Vgl. ibid. IX.4, S. 328, Z. 11–14; ed. Van Riet, S. 479, Z. 4–S. 480, Z. 10. Die Argumentation dafür, dass es sich weder um eine materiebezogene Form handeln kann noch um Materie selbst, zieht sich bis S. 329, Z. 15; ed Van Riet, S. 481, Z. 42.

[173] Diese Möglichkeiten hat Avicenna bereits in Kapitel IX.1 thematisiert, und zwar in Zusammenhang mit seiner Begründung dafür, dass die Welt keinen zeitlichen Anfang haben kann. Vgl. ibid. IX.1, S. 304, Z. 7–18; ed. Van Riet, S. 442, Z. 57–S. 443, Z. 75.

[174] Vgl. ibid. IX.4, S. 326, Z. 8–16; ed. Van Riet, S. 466, Z. 40–S. 477, Z. 56.

[175] Vgl. ibid. IX.4, S. 327, Z. 1–7; ed. Van Riet, S. 477, Z. 56–S. 478, Z. 69.

[176] Vgl. ibid. IX.4, S. 327, Z. 16–S. 328, Z. 3; ed. Van Riet, S. 479, Z. 85–91.

[177] Vgl. Acar, *Talking about God*, S. 132–133. Außerdem führt Avicenna in *Metaphysik* VIII.7 an, dass das erste Prinzip nichts anderes erstrebt (*ištāqa; concupisci*) und zu erreichen sucht (*ṭalaba; inquiri*), vgl. Ibn Sīnā, *al-Ilāhiyyāt* VIII.7, S. 291, Z. 19–S. 292, Z. 4; ed. Van Riet, S. 424, Z. 2–9.

Ersteres vollendet wird.[178] Da die Welt durch das erste Prinzip verursacht ist, ist sie diesem unterlegen, denn es gilt die neuplatonische Regel, die Avicenna in Kapitel IX.2 nennt, dass die Vollendung (*kamāl*; *perfectio*) des Verursachten von niedrigerem Rang ist als die seiner Wirkursache.[179] Die Welt kann somit nicht der finalursächliche Grund für das Wirken des ersten Prinzips sein. Zum anderen führt Avicenna an, dass das Intendieren diverser Dinge eine Vielheit von Akten im ersten Prinzip bedeuten würde, was ebenso unmöglich ist.[180] Das erste Prinzip lässt die Welt somit nicht aufgrund von Absicht hervorgehen noch, wie Avicenna es andernorts ausdrückt, aus Neigung (*ġaraḍ*; *intentio*)[181] oder veranlasst durch ein bestimmtes Motiv (*dāʿin*)[182], denn hierbei wäre das erste Prinzip auf etwas außerhalb seiner selbst gerichtet. Vielmehr ist es für das erste Prinzip gleichwertig, ob die Welt aus ihm hervorgeht oder nicht, denn es ist in sich selbst bereits höchst vollkommen, weshalb es aus keiner der beiden Optionen einen Nutzen (*manfaʿa*; *utilitas*) zieht, wie Avicenna in Kapitel IX.1 darlegt.[183] Aufgrund dessen kann sein Wirken als ein Akt von Freigiebigkeit (*ǧūd*; *liberalitas*) gewertet werden.[184]

Zu 2.: Der Hervorgang der Welt aus dem ersten Prinzip ist gemäß Avicenna kein Naturprozess. Darauf weist er in Kapitel IX.4 der *Metaphysik* explizit hin:

---

[178]   Vgl. ibid. IX.4; ed. Van Riet, S. 477, Z. 49–50 (nicht im Arabischen vorhanden): „scilicet quod nulla res intendit aliquid quod sit inferius se." Im lateinischen Text – anders als in den bisher edierten Versionen des arabischen Textes – wird die Regel an dieser Stelle zur Erinnerung wiedergegeben. Avicenna verweist hier auf frühere Ausführungen, siehe ibid. IX.3, ab S. 319, Z. 14–17; ed. Van Riet, S. 466, Z. 31–36.

[179]   Vgl. ibid. IX.2, S. 313, Z. 7–9; ed. Van Riet, S. 456, Z. 40–43. Ebenso betont Avicenna in VI.3, dass die Intention selbst niedriger ist als das intendierte Objekt, da sie um dieses Objekts willen existiert und alles, was um eines anderen willen existiert, diesem in der Existenz untergeordnet ist, vgl. ibid. VI.3, S. 215, Z. 4–9; ed. Van Riet, S. 319, Z. 11–20. Siehe dazu bspw. Plotin, *Enneaden* V 1 [6], 6, 36–39. Die Stellenangabe nennt zunächst die Enneade und die Schrift, ergänzt in eckigen Klammern um deren chronologische Position; sodann folgen das Kapitel sowie die Zeile[n] in der Ausgabe von Henry/Schwyzer.

[180]   Für ein Intendieren müssen diverse Akte stattfinden; siehe zu dazu Ruffus/McGinnis, ‚Wilful Understanding', S. 175, und Acar, *Talking about God*, S. 138–139, der dieselbe Stelle diskutiert.

[181]   Vgl. ibid., S. 141. Siehe auch Ibn Sīnā, *al-Ilāhiyyāt* VIII.7, S. 295, Z. 14–S. 296, Z. 2; ed. Van Riet, S. 429, Z. 12–20.

[182]   Acar verweist diesbezüglich auf die *Taʿlīqāt*, vgl. Acar, *Talking about God*. In der Metaphysik wird der Begriff in dem genannten Zusammenhang nicht verwendet, daher fehlt hier die lateinische Entsprechung.

[183]   Vgl. Ibn Sīnā, *al-Ilāhiyyāt* IX.1, S. 304, Z. 16–18; ed. Van Riet, S. 442, Z. 71–S. 443, Z. 75. Dagegen ist dasjenige, dessen Existenz aus Sicht eines anderen seiner Nicht-Existenz vorzuziehen ist, zuträglich (*nāfiʿ*; *utile*) für dieses andere und wird aufgrund dieser Zuträglichkeit von dem anderen hervorgebracht. Dass das erste Prinzip durch den Hervorgang der Welt unaffiziert bleibt, erwähnt Avicenna in Kapitel IX.3 noch einmal. Vgl. ibid. IX.3, S. 322, Z. 4–6; ed. Van Riet, S. 470, Z. 6–10. Höhere Ursachen erfahren durch ihre Wirkung weder essenzielle noch akzidentelle *perfectio*. Zum willentlichen Wirken des durch sich notwendig Seienden und des Menschen bei Avicenna siehe auch Ruffus/McGinnis, ‚Wilful Understanding'.

[184]   Vgl. bspw. Ibn Sīnā, *al-Ilāhiyyāt* VI.5, S. 234, Z. 3–4; ed. Van Riet, S. 345, Z. 66–69. Acar, *Talking about God*, S. 141–142.

وليس كون الكل عنه على سبيل الطبع بأن يكون
وجود الكل عنه لا بمعرفة، ولا لرضى منه.[185]

Das Ins-Sein-Kommen des Universums von ihm [d. h. dem ersten Prinzip] her geschieht nicht gemäß der Natur, sodass das Sein des Universums von ihm her weder durch Kenntnis noch infolge von Zustimmung seinerseits wäre.

Zitat 2-9

Das Wirken der Natur wird in diesem Zitat von einem reflektierten Wirken abgesetzt, das sich dadurch auszeichnet, dass das Wirkende erstens Kenntnis (ma'rifa; cognitio) dessen besitzt, was es bewirkt, ihm zweitens seine Zustimmung (riḍan; beneplacitum) verleiht und drittens in sich kein Hindernis hat. Wie aus einer Stelle wenige Zeilen weiter hervorgeht, ist Kenntnis oder Wissen ('alima; scire) Bedingung für die Zustimmung auf Seiten der Ursache.[186] Ein Naturprozess entbehrt hingegen dieser Merkmale: Weder weiß das natürlich Wirkende um seine Tätigkeit, noch liegt ein Einverständnis vor. Diese Gegenüberstellung ist vereinbar mit Avicennas Ausführungen zum Begriff des Vermögens (quwwa; potentia) in Kapitel IV.2, auf die ich im Rahmen meiner Analysen zu Wilhelm von Auvergne ausführlicher eingehen werde.[187] An dieser Stelle sei lediglich vorweggenommen, dass Avicenna im genannten Kapitel eine Übersicht der diversen Verständnisse von Vermögen präsentiert und in diesem Zusammenhang – zurückgehend auf Aristoteles – zwei Gruppen von Wirkursachen differenziert: Einerseits natürliche Ursachen, deren aktives Vermögen nicht von Rationalität (nuṭq; rationalitas) begleitet ist, weshalb sie nicht zwischen Handlungsalternativen wählen können. Sie müssen auf eine bestimmte Weise wirken, die von Seiten ihrer letztlich von Gott stammenden spezifischen Natur vorgegeben ist, durch die sie Gott wie Diener folgen und damit fremdbestimmt sind. Diesen Ursachen stehen rationale Agenten gegenüber, die imstande sind, alternative Handlungsmöglichkeiten zu erfassen ('alima; scire) und darauf basierend zu bestimmen, ob und auf welche Weise sie wirken.[188] Im Gegensatz zu den naturnotwendig wirkenden Ursachen sind sie willentlich tätig. Eine solche willentliche Ursache ist das erste Prinzip, wie aus diversen Stellen der Metaphysik hervorgeht.[189] Es agiert Avicenna zufolge keineswegs aus Naturnotwendigkeit. Dennoch wird dies

---

[185] Ibn Sīnā, al-Ilāhiyyāt IX.4, S. 327, Z. 1–2; ed. Van Riet, S. 477, Z. 56–58: „Omne enim esse quod est ab eo non est secundum viam naturae ad hoc ut esse omnium sit ab eo non per cognitionem nec per beneplacitum eius." Diese Stelle wird auch von Acar übersetzt und diskutiert, vgl. ibid., S. 131–149. Siehe außerdem Hasnawi, ‚Fayḍ', S. 968a. Bei beiden Autoren konnte ich keinen Hinweis auf die zweifache Aktivität finden.

[186] Vgl. Ibn Sīnā, al-Ilāhiyyāt IX.4, S. 327, Z. 6–7; ed. Van Riet, S. 478, Z. 66–69. Das Gleiche gesteht Avicenna den himmlischen Intelligenzen zu. Auch sie wissen um ihre Wirkung und stimmen ihr zu, agieren aber ebenfalls nicht aus Absicht und um der von ihnen verursachten Dinge willen. Durch das Wissen setzen sich die supralunaren Ursachen von solchen sublunaren Ursachen ab, die ebenfalls aus zweifacher Aktivität heraus wirken. Siehe dazu ibid. IX.3, S. 323, Z. 1–8; ed. Van Riet, S. 471, Z. 32–S. 472, Z. 46. Wie bereits erläutert, liegt der Unterschied Gottes zu den himmlischen Intelligenzen bezüglich der Ursächlichkeit darin, dass Gott über der Vollkommenheit steht und damit gänzlich allein aus sich heraus wirken kann, während die Intelligenzen wie alle anderen Dinge ihre Kraft, zu wirken, zusammen mit ihrem Sein von ihrer Ursache erhalten.

[187] Siehe Kapitel 4.3.1.1.

[188] Vgl. ibid. IV.2, S. 133, Z. 8–12; ed. Van Riet, S. 198, Z. 58–64.

[189] Vgl. Acar, Talking about God, S. 137.

bis heute behauptet.[190] In dieser Angelegenheit ist es dringend geboten, zu erläutern, was man unter Naturnotwendigkeit versteht, denn um Avicennas Verständnis kann es sich offensichtlich nicht handeln, da er naturnotwendiges Wirken für Gott explizit ausschließt. Das Wirken des ersten Prinzips nach außen erfolgt willentlich, wobei Gottes Willentlichkeit von anderer Art ist als die des Menschen, wie Avicenna unter anderem in Kapitel VIII.7 darlegt. Der göttliche Wille ist ewig, unveränderlich und wie gesagt nicht auf ein Ziel gerichtet.[191] Überdies fällt er mit dem Wissen (*'ilm; scientia*), der Wirkungskraft (*qudra; potentia / posse*) und dem Wesen zusammen, denn das erste Prinzip ist vollkommen einfach.[192]

Zu 3.: Dass die Welt Avicenna zufolge gemäß einem notwendigen Begleiten und einer Nachfolge des Seins des durch sich notwendig Seienden hervorgeht, impliziert keinen Ausschluss von Willentlichkeit auf Seiten der Ursache. So weist Jules Janssens darauf hin, dass Avicenna nirgendwo zu verstehen gibt, die Welt emaniere allein aus dem Sein Gottes heraus (*bi-annahū faqaṭ*), wie es beispielsweise in der *Theologie des Aristoteles* (*Uṯūlūǧiyā Arisṭāṭālīs*) der Fall ist.[193] Die These, die Welt gehe aus dem Sein und nicht willentlich aus dem ersten Prinzip hervor, ist für den Neuplatonismus zentral – sowohl in den griechischen Texten als auch in den *Neoplatonica Arabica*.[194] Es scheint mir, als versuche Avicenna stattdessen, eine willentlich einsetzende Schöpfung, wie sie von Seiten der Religion gefordert wird, mit der neuplatonischen Theorie der zweifachen Aktivität (ἐνέργεια) zusammenzubringen, die man an diversen Stellen in Plotins *Enneaden* sowie in den *Neoplatonica Arabica* findet und die Plotin auf Basis der Lehren Platons und Aristoteles' entwickelt hat.[195] Laut

---

[190] Vgl. Thomas von Aquin, *Quaestiones disputatae de potentia*, q. 3, art. 4, resp., und Zedler, 'Another Look at Avicenna', S. 519.

[191] Vgl. Ibn Sīnā, *al-Ilāhiyyāt* VIII.7, S. 294, Z. 14–S. 295, Z. 14; ed. Van Riet, S. 428, Z. 81–S. 429, Z. 11. Darauf weist auch Acar hin, vgl. id., *Talking about God*, S. 132 und 137–138.

[192] Vgl. Ibn Sīnā, *al-Ilāhiyyāt* VIII.7, S. 295, Z. 15–17; ed. Van Riet, S. 429, Z. 12–16, und IX.4, S. 327, Z. 13–14; ed. Van Riet, S. 478, Z. 78–79.

[193] Vgl. Janssens, 'Creation and Emanation', S. 458, und *Uṯūlūǧiyā Arisṭāṭālīs (Theologie des Aristoteles)* X.175, ed. Badawī, S. 160, Z. 11–12. Eine englische Übersetzung dieser Stelle findet sich in Plotin, *Enneaden* IV–V, hrsg. von Henry/Schwyzer, S. 391, und bei Adamson, *The Arabic Plotinus*, S. 132.

[194] Vgl. Taylor, 'Primary Causality and ›ibdāʾ‹', S. 128. Plotin weist ein Wollen für das Eine explizit zurück, vgl. Plotin, *Enneaden* VI 9 [9], 6, 39–40, und V 1 [10], 6, 25–27 und 30–31. Siehe dazu auch Fn. 211. Vgl. außerdem folgende Stellen in den *Neoplatonica Arabica*: *Sprüche des griechischen Weisen* 5, ed. Badawī, S. 184, Z. 11–12 (Übersetzung bei Henry/Schwyzer, S. 275, siehe die vorangehende Fn.); *Risāla fī l-'ilm al-ilāhī (Epistel über die göttliche Wissenschaft)* 105–107, ed. Badawī, S. 174, Z. 20 (Übersetzung bei Henry/Schwyzer, S. 321, und bei Adamson, *The Arabic Plotinus*, S. 132), und *Kalām fī Maḥḍ al-ḫayr (Liber de causis)* XIX.159, ed. Badawī, S. 21, Z. 8–9; ed. Pattin, S. 178, Z. 25–28. Die Stellenangabe zum *Liber de causis* verweist auf den Abschnitt (*bāb*) und nennt zusätzlich den Paragraphen in der lateinischen Edition. Für Informationen zum arabischen Plotin und Proklos siehe Fn. 161.

[195] Vgl. Emilsson, *Plotinus*, S. 48–57. Zur zweifachen Aktivität siehe bspw. Plotin, *Enneaden* V 1 [10], 3; V 1, [10], 6; V 4 [7], 2, und *Risāla fī l-'ilm al-ilāhī (Epistel über die göttliche Wissenschaft)* 173–178, ed. Badawī S. 179, Z. 14–23 (Übersetzung bei Henry/Schwyzer, S. 337). Wisnovsky stellt die Wirk- und Finalursächlichkeit des ersten Prinzips und der himmlischen Intelligenzen in den Kontext der neuplatonischen Emanationstheorie und konzentriert sich dabei vor allem auf die Zustände *tāmm* (vollkommen) und *fawqa l-tamām* (über der Vollkommenheit), vgl. Wisnovsky, *Avicenna's Metaphysics in Context*, S. 181–195. Siehe außerdem d'Ancona Costa, 'Avicenna and the ›Liber de causis‹. Zu den Einflüssen auf Avicennas Theorie der Emanation siehe Lizzini, *Fluxus*, S. 27–73. Für eine Liste von Literatur zur Begrifflichkeit des Überfließens (*fayḍ* etc.; *fluxus*) bei Avicenna vgl. ibid., S. 8, Fn. 6. Siehe außerdem

Plotin zeugt alles, was in den Zustand der Vollkommenheit gelangt. Ist etwas von Ewigkeit her vollkommen, so zeugt es ewig.[196] Dieser Schluss erinnert an Avicennas Überlegung zu den Dingen, die wesenhafte Ursachen sind, das heißt, allein aus sich heraus als aktuelle Ursachen vorliegen. Laut Avicenna bringen sie ihre Wirkung hervor, solange sie existieren. So gibt beispielsweise das Feuer während seiner zeitlich begrenzten Existenz stets Wärme nach außen ab. Existiert eine solche Ursache hingegen ewig, bringt sie von Ewigkeit her ihre Wirkung hervor, wie beispielsweise das durch sich notwendig Seiende. Diese Theorie scheint stark von Plotins Theorie der zweifachen Aktivität beeinflusst zu sein.[197] Plotin zufolge weisen Dinge im Zustand der Vollkommenheit zwei Aktivitäten oder Wirklichkeiten auf: Einerseits eine eigentümliche, interne Aktivität, die ihnen wesentlich zukommt und ihre Natur vollendet. Sie ist die vollendete Wirklichkeit dieser Dinge. Beim Feuer besteht sie darin, heiß zu sein. Der inneren Aktivität folgt laut Plotin notwendigerweise (ἕπομαι ἐξ ἀνάγκης; *huwa tabaʿ idṭirāran*) eine Wirkung nach außen,[198] die sich als zweite Aktivität des Dings auffassen lässt. Sie ist als äußerer Aspekt der inneren Aktivität zu verstehen[199] und ist ihr nachgeordnet, da sie kausal von ihr abhängt, wenngleich beide simultan existieren. Da die innere Aktivität die äußere bedingt, muss sich das Ding für die äußere Wirkung weder verändern, noch sich auf etwas anderes richten, noch etwas beabsichtigen. Neben der inneren Wirklichkeit bedarf es keines weiteren Faktors, der die äußere Wirkung initiiert. Zudem ist das Ding in seinem Seinsstatus von der Existenz der äußeren Wirkung völlig unbetroffen und wäre auch ohne die Wirkung in sich vollendet und sich selbst genügend. Die Wirkung ist folglich eher als ein Nebenprodukt seines Seins aufzufassen.[200] Beim Feuer liegt sie darin, nach außen hin Wärme hervorzubringen, was weitere, sekundäre Wirkungen nach sich ziehen kann, die von den Objekten abhängen, auf die die Wärme trifft. Eis wird durch Wärme beispielsweise zum Schmelzen gebracht.[201]

Die genannten Kennzeichen der Verursachung einer äußeren Wirkung machen es für Plotin einfach, diese Theorie in seinem Modell der Welt auf das Wirken des ersten Prinzips, des Einen, anzuwenden. Darin liegt sicherlich einer der vornehmlichen Gründe, warum er diese Theorie überhaupt in seinen Ansatz aufnimmt. Avicenna zieht sie ebenfalls für das Wirken seines ersten Prinzips heran, wenn auch mit Modifikationen: Während bei Avicenna das erste Prinzip das durch sich notwendig Seiende ist, welches zwar unter das Seiende fällt, aber insofern heraussticht, als es allein durch sich selbst existiert, siedelt Plotin das Eine jenseits des Seins an.[202] Beide Denker bestimmen ihr erstes Prinzip jedoch als über der Vollkommenheit befindlich, unverursacht und selbstgenügend, vollkommen einfach, unver-

---

insbesondere Hasnawi, ‚Fayḍ' und Janssens, ‚Creation and Emanation'. Janssens behandelt den Terminus *fayḍ* auf S. 457–460.

[196] Vgl. Plotin, *Enneaden* V 1 [10], 6. Vgl. außerdem Wisnovsky, *Avicenna's Metaphysics in Context*, S. 181–195 (siehe dazu auch die vorangehende Fn.), und Hyman, ‚From What is One and Simple', S. 113–116.

[197] Es wird in der Forschung freilich regelmäßig auf die Bezüge von Avicennas zu Plotins Emanationstheorie verwiesen. Seltener erfolgt hingegen ein expliziter Verweis auf das Motiv der zweifachen Aktivität. Goichon erwähnt es in einer Fußnote, vgl. Goichon, *La distinction de l'essence et l'existence*, S. 220, Fn. 1.

[198] Vgl. Plotin, *Enneaden* V 4 [7], 2, 29–30, und *Risāla fī l-ʿilm al-ilāhī (Epistel über die göttliche Wissenschaft)* 175, ed. Badawī, S. 179, Z. 16–17 (Übersetzung bei Henry/Schwyzer, S. 337).

[199] Vgl. Wildberg, ‚Neoplatonism'.

[200] Vgl. Emilsson, *Plotinus*, S. 51.

[201] Ausführlicher bei Plotin an folgenden Stellen: *Enneaden* V 1 [10], 6, und V 4 [7], 2.

[202] Vgl. ibid. VI 9 [9], 3.

änderlich und der Zahl nach eines. Der Vorteil der beschriebenen Theorie der zweifachen Aktivität ist, dass sich mit ihr die nach außen hin gerichtete Kausalität eines derart charakterisierten ersten Prinzips erklären lässt, von dem angenommen wird, dass es vollkommen ruhig in seiner absoluten Einfachheit verweilt. So ist Plotin darauf bedacht, zu unterstreichen, dass es nicht die innere Wirklichkeit des Einen ist, die nach außen strömt – diese bleibt ganz für sich. Vielmehr wird etwas anderes nach außen hin erzeugt, das zudem ontologisch niedriger steht als seine Ursache. Dergleichen betont Avicenna. Bei ihm findet man in der *Metaphysik* im Gegensatz zu Plotin allerdings keinen Verweis darauf, dass das andere in gewissem, obgleich sehr entferntem Sinne ein Abbild der Ursache ist.[203]

Obwohl Plotin das Für-sich-Bleiben der Ursache und die Trennung von der Wirkung hervorhebt, zieht er zur Veranschaulichung seiner Theorie die Metaphorik des Herausfließens heran, indem er beispielsweise einen Vergleich mit Wasser anbringt, das aus einer Quelle strömt. Anders als beim Wasser kann man jedoch nicht von Emanation im eigentlichen Sinne sprechen. Denn im Inneren der Ursache entspringt nicht etwas, das sich zunächst dort findet und sodann nach außen herausfließt. Vielmehr ist Emanation im übertragenen Sinne zu verstehen, was schon bei Plotin deutlich wird. Mit dem Bild der Emanation betont man, dass etwas aus einem Ursprung hervorgeht, der selbst davon unberührt bleibt und unvermindert in seiner ihm eigentümlichen Tätigkeit verweilt, ohne den Hervorgang in irgendeiner Weise zu beabsichtigen. Dennoch lässt sich der Ursprung als Ursache bestimmen, da seine innere Wirklichkeit die äußere Wirkung kausal bedingt.[204]

Auf ähnliche Weise fasst Avicenna das Wirken der ersten, aber auch anderer Ursachen auf, wie aus einer Passage in Kapitel IX.3 der *Metaphysik* hervorgeht. Im Kontext dieser Passage möchte Avicenna begründen, dass die Bewegung der Himmelssphären nicht um der sublunaren Welt willen erfolgt. In diesem Zusammenhang weist er zunächst darauf hin, dass der Hervorgang der Welt keinen Einfluss auf die Vervollkommnung (*takmīl; perfectio*) des ersten Prinzips hat – im Gegenteil! Der Hervorgang findet gerade aufgrund der höchsten Vollkommenheit statt, die dem ersten Prinzip zu eigen ist, und geschieht ganz ohne Absicht seinerseits (*lā ṭalaban wa-qaṣdan; non inquirendo nec intendendo*).[205] Diese Bestimmung überträgt Avicenna etwas später auf Wirkursachen im Allgemeinen. So betont er, dass Ursachen nicht durch ihre Wirkung vervollkommnet werden (*ustukmila; perfici*) und nicht um ihrer Wirkung willen agieren, indem sie diese beabsichtigen (*qaṣada; intendere*). Vielmehr haben sie in sich eine Wirklichkeit, die ihnen von ihrem Wesen her zukommt (und die bei den sublunaren Dingen beispielsweise dem Erhalt der Art dient). Dadurch bedingt haben sie nach außen eine Wirkung auf anderes. Diese Wirkung ist jedoch nicht als solche intendiert, sondern folgt der Ursache notwendig (*lazima; consequi*)[206] und

---

203   Zu Plotin vgl. bspw. ibid. V 1 [10] und V 4 [7], 2.

204   Vgl. bspw. Tornaus Anmerkung zu Enneade VI 9 [9], 9, in Plotin, *Ausgewählte Schriften*, S. 344, En. 50; Emilsson, *Plotinus*, S. 49, und Halfwassen, *Plotin und der Neuplatonismus*, S. 90. Siehe außerdem Plotin, *Enneaden* III 8 [30], 10; V 1 [10], 3; V 1 [10], 6, und V 4 [7], 1.

205   Vgl. Ibn Sīnā, *al-Ilāhiyyāt* IX.3, S. 322, Z. 4–7; ed. Van Riet, S. 470, Z. 6–12.

206   *Lazima* (Wurzel l-z-m) könnte in diesem Kontext auf das bei Plotin verwendete ἕπομαι ἐξ ἀνάγκης zurückgehen, denn laut dem *Glossarium Graeco-Arabicum* ist eine Form von l-z-m eine mögliche Entsprechung für ἐξ ἀνάγκης wie auch für ἕπομαι. In den *Taʿlīqāt*, S. 180, Z. 11, definiert Avicenna etwas notwendig Folgendes (*lāzim*) als etwas, das einem Ding A um dessentwillen folgt (*li-annahū huwa*), was A ist, ohne A wiederum subsistent zu machen (*qawwama*). Acar führt diese Definition ebenfalls an, vgl. id., *Talking about God*, S. 144.

ist irrelevant für die Vollkommenheit beziehungsweise Vollendung des Wesens der Ursache.[207] Als Beispiel zieht Avicenna unter anderem wieder das Feuer heran. Sodann weist er darauf hin, dass dies nicht nur für sublunare Ursachen gelte, sondern ähnlich auch für die ihnen vorgeordneten supralunaren Ursachen, das heißt für die Himmelssphären, die eine rationale Seele haben, und die himmlischen Intelligenzen. Allerdings unterscheiden sie sich von den sublunaren Ursachen darin, dass sie um das wissen, was sie bewirken, und erkennen, in welcher Ordnung des Guten es hervorgeht. In diesem Zusammenhang verwendet Avicenna wie für das erste Prinzip die Begrifflichkeit des Zustimmens (*raḍiya; complacere*) und Wissens (*ʿalima; scire*).[208] Damit wird das Wirken dieser Ursachen wie das des durch sich notwendig Seienden ebenfalls vom Wirken der Natur abgesetzt und dennoch im Sinne der zweifachen Aktivität verstanden. Diese Theorie bietet eine Erklärung, wie etwas rein Geistiges überhaupt nach außen wirken kann, ohne dass es über bewegende Kräfte oder körperliche Qualitäten verfügt.[209] In Avicennas Ausführungen ist die Nähe zu Plotins Theorie offensichtlich. Die von Avicenna hier vorgenommene Betonung der Differenz rationaler und irrationaler Ursachen findet sich allerdings nicht in den Passagen zur zweifachen Aktivität bei Plotin.[210] Avicenna muss diese Differenz einbauen, um das erste Prinzip klar von den natürlichen Ursachen abzusetzen, und vor allem, um die Willentlichkeit einflechten zu können. Plotin hingegen schließt nicht nur explizit aus, dass sich das Eine der Wirkung zuneigt (προσνεύω), sondern auch, dass es sie will (βούλομαι).[211]

In seinem Werk *Taʿlīqāt* (*Anmerkungen*) führt Avicenna die Distinktion der rationalen und natürlichen Ursachen ein, indem er zwei Weisen differenziert, wie etwas notwendig aus anderem folgt:

اللزوم على وجهين: أحدهما أن يكون الشيء لازمًا عن الشيء لطبيعته وجوهره، كلزوم الضوء عن المضيء والإسخان عن الجار، والآخر أن يكون لازمًا عنه وهو أن يكون تابعًا لعلمه بذاته وأنه يعلم أنه يصدر عنه ذلك اللازم، وهو اللزوم الذى يلزم عن البارئ فإنه فى ذاته كامل معشوق تام عالم لذاته، ...	Das notwendige Folgen (*luzūm*) geschieht auf zweierlei Weisen: Eine der beiden ist, dass ein Ding von einem [anderen] Ding her notwendig folgt, [und zwar] um dessen Natur (*ṭabīʿa*) und Substanz (*ǧawhar*) willen, wie das notwendige Folgen des Lichts von der Lichtquelle her und [das notwendige

---

[207] Dies gilt nicht für die Vollendung der Ursache als Ursache, denn dazu muss sie als Ursache aktuell sein, d. h. eine Wirkung hervorbringen.

[208] Vgl. Ibn Sīnā, *al-Ilāhiyyāt* IX.3, S. 323, Z. 1–8; ed. Van Riet, S. 471, Z. 32–S. 472, Z. 46. Hier wird u. a. das Feuer als Beispiel herangezogen. Von den sublunaren Ursachen setzen sich die Intelligenzen dadurch ab, dass sie wie die erste Ursache wissen, was sie bewirken, und dem zustimmen. Vom ersten Prinzip setzen sie sich hingegen dadurch ab, dass sie nicht über der Vollkommenheit sind und damit nicht aus sich allein ursprünglich ihre Wirkungskraft haben.

[209] Zur Übersetzung und Interpretation der Passage in *al-Ḥikma al-ʿaršiyya* siehe Frank, *Creation and the Cosmic System*, S. 78–80.

[210] In Enneade V 4 [7], 2 erläutert Plotin die Theorie der zweifachen Aktivität, wozu er als Beispiel das Feuer heranzieht. Er weist darauf hin, dass es sich in der intelligiblen Welt ebenso verhält und noch viel mehr beim Einen, das von höchster Kraft ist. Damit vermag er das Wirken des Einen nach außen zu erklären, obgleich das Eine vollkommen in sich ruht und auf nichts gerichtet ist.

[211] Vgl. Plotin, *Enneaden* V 1 [10], 6, 25–27: Δεῖ οὖν ἀκινήτου ὄντος, εἴ τι δεύτερον μετʼ αὐτό, οὐ προσνεύσαντος οὐδὲ βουληθέντος οὐδὲ ὅλως κινηθέντος ὑποστῆναι αὐτό. *Sprüche des griechischen Weisen* 5, ed. Badawī, S. 184, Z. 11–12: وينبغى للفاعل الأول أن يكون ساكنًا غير متحرك، إذا كان واجبًا أن يكون شىء ما ثانيًا بعده؛ وأن يكون فعله من غير رؤية ولا جركة ولا إرادة مائلة إلى المفعول. (Übersetzung bei Henry/Schwyzer, S. 275).

وإن هذه الموجودات عنه لازمة عن علمه بذاته ...
وعن خيريته، لا أن الخيرية شيء غير ذاته.²¹²

Folgen] des Erhitzens von etwas Heißem her. Die andere [Weise] ist, dass es von ihm [d. h. dem anderen Ding] her notwendig folgt, wobei es dessen Wissen seiner selbst folgt sowie der Tatsache, dass es [d. h. das andere Ding] weiß, dass jenes notwendig Folgende aus ihm hervorgeht (ṣadara). Und das ist das notwendige Folgen, das vom Schöpfer her geschieht, denn er ist in seinem Wesen vollkommen (kāmil), vollendet (tāmm), geliebt (maʿšūq) und sich selbst wissend ... Und in der Tat folgen diese von ihm her existierenden Dinge notwendig vom Wissen seiner selbst ... und von seiner Gutheit her, wobei die Gutheit nicht etwas anderes ist als sein Wesen.

Zitat 2-10

Im Zitat setzt Avicenna Gott, den Schöpfer, von den natürlichen Ursachen ab. Bei Gott ist der Akt der Selbsterkenntnis ursächlich für die Wirkung nach außen. Gott kommt dieser Akt wesenhaft zu, da Gott vollkommen einfach ist und bei ihm daher Wissen, Sein und Wesen in eins fallen. Somit geht die Wirkung im Grunde genommen wie bei den anderen Ursachen aus seiner Natur hervor.²¹³ Der Unterschied ist aber, dass seine Natur eine rationale ist – damit sind grundsätzlich andere Ausgangsbedingungen gegeben. Hier wird deutlich: Dem Sein Gottes notwendig zu folgen, was die Art ist, gemäß der laut *Metaphysik* IX.4 die Welt aus Gott hervorgeht, bedeutet, aus der Selbsterkenntnis Gottes heraus zu folgen, welche die innere Aktivität, das Sein Gottes ist. Reiner Verstand zu sein, ist ein wesenhaftes Attribut des durch sich notwendig Seienden, welches sich aus dessen Immaterialität ableiten lässt.²¹⁴ Wie sich Avicenna diese Selbsterkenntnis vorstellt, klingt bereits im obigen Zitat an und wird in der *Metaphysik* an mehreren Stellen erläutert.²¹⁵ Im Anschluss an Zitat 2-9 erklärt Avicenna beispielsweise, dass Gottes Wissen um sich selbst ein Wissen um die Welt impliziert: Gott erkennt sich selbst in seinem vollkommen einfachen wesenhaften Seinsakt als Prinzip der Ordnung des Guten, die notwendig aus ihm folgt, und erkennt darin zugleich die Ordnung.²¹⁶ Diese Erkenntnis ist nicht rezeptiv, das heißt, sie wird nicht von außen her erworben, sondern stammt ursächlich vom durch sich notwendig Seienden selbst her und wird in der Regel als kausativ aufgefasst. So betont Avicenna in der *Metaphysik* tatsächlich, dass die Erkenntnis des durch sich notwendig Seienden direkt ursächlich für seine äußere Wirkung ist. Sich selbst und damit auch die Ordnung der Welt zu erkennen, ist demnach

---

²¹² Ibn Sīnā, *Taʿlīqāt*, S. 103, Z. 11–16. Acar diskutiert diese Stelle ebenfalls, verbindet Avicennas Theorie jedoch nicht mit der Theorie der zweifachen Aktivität, vgl. id. *Talking about God*, S. 144–145.

²¹³ Gottes Wesen oder Natur ist nicht etwas vom Sein Verschiedenes und damit nicht Wesen oder Natur im eigentlichen Sinne. Siehe dazu auch Fn. 81.

²¹⁴ Vgl. Ibn Sīnā, *al-Ilāhiyyāt* IX.4, S. 327, Z. 8–9; ed. Van Riet, S. 478, Z. 69–71. Zum Intellekt-Sein als Attribut siehe Adamson, ‚From the Necessary Existent to God‘, S. 183–185.

²¹⁵ Siehe Ibn Sīnā, *al-Ilāhiyyāt* VIII.6; VIII.7 und IX.4.

²¹⁶ Siehe bspw. Ibid. IX.4, S. 327, Z. 8–9; ed. Van Riet, S. 478, Z. 70–71: أنه يعقل ذاته التى هى لذاتها مبدأ لنظام الخير فى الوجود. „Ipse enim intelligit suam essentiam et quod sua essentia est principium ordinis bonitatis in esse.“

der eigentliche innere Akt, dem die Welt gemäß der erkannten Ordnung notwendig nach außen folgt. Diesbezüglich spricht Avicenna beispielsweise in Kapitel IX.6 von Vorsehung (ʿināya; cura).[217] Obwohl er bei der Beschreibung dieser Konstellation zwar meist die Willentlichkeit einbindet, betont er sie aber bei Weitem nicht so stark wie die Erkenntnis, sondern deutet sie durch den Akt der Zustimmung an, den er dem ersten Prinzip zubilligt, oder verweist darauf, dass in Gott Wissen, Macht und Wille zusammenfallen.[218]

Da Avicenna die Differenz zu den natürlichen Hervorgängen bereits deutlich gemacht hat, indem er dem durch sich notwendig Seienden das Attribut, reiner Verstand zu sein, zugeschrieben hat, wäre der Schritt dahin, den Willen stärker einzubinden, nur noch ein kleiner. Avicenna muss den Willen (mašīʾa) lediglich ebenso als ein wesentliches Attribut des durch sich notwendig Seienden etablieren, was er beispielsweise in al-Ḥikma al-ʿaršiyya (Thron-Weisheit) tatsächlich zu unternehmen scheint, falls er der Autor dieser Schrift sein sollte.[219] Sie wurde zwar nicht ins Lateinische übersetzt, ist jedoch aufgrund der Parallelen erwähnenswert, die sie zur Metaphysik aufweist. Avicenna legt hier den göttlichen Willen mit dem göttlichen Verstand zusammen, der die Ordnung des Guten erkennt.[220] Das Vereinen von Verstand und Willen ist in Avicennas System nur konsequent, denn eine Distinktion der beiden Vermögen würde seiner Ansicht nach eine Dualität im ersten Prinzip bedeuten, was unmöglich ist. Gottes Wesen ist gleichermaßen als Wille und als Verstand aufzufassen. Zudem weist Avicenna darauf hin, dass nicht nur der Wille an sich, sondern auch der Akt des Wollens (irāda) ewig sein muss, da das erste Prinzip unveränderlich ist. Wille und Willensakt fallen wie Wille und Verstand zusammen. Überdies streicht Avicenna heraus, dass aus dem Willensakt von Ewigkeit her die Welt als Wirkung hervorgeht, was sich meiner Ansicht nach wieder im Sinne der zweifachen Aktivität interpretieren lässt.[221]

Dass Avicenna den Willen stark macht, hat zweierlei Gründe: Zum einen möchte er die Ewigkeit der Welt gegen die islamischen Theologen (mutakallimūn) verteidigen, die über die Willentlichkeit Gottes einen Anfang der Welt konstruieren. Um dagegen anzugehen, muss Avicenna den Willen und Willensakt in eins legen, sie als ewig sichern und sie mit einer zugleich existierenden äußeren Wirkung koppeln. Dies unternimmt er auf die eben erläuterte Weise.[222] Zum anderen ist ihm wichtig, Gott als den Mächtigen (al-Qādir) zu sichern; al-Qādir ist einer der Gottesnamen. Mächtigkeit ist hier im Sinne von Selbstbestimmung zu verstehen, und zwar in Bezug auf die eigenen Akte. So ist etwas dann mächtig (qādir), wenn es willentlich agiert, also in Übereinstimmung mit dem Willen Wirkungen hervorbringt. Hier bewegt sich Avicenna in Richtung des kompatibilistischen Verständnisses von Handlungsfreiheit als gewolltes Handeln. Laut Avicenna ist ein qādir tätig, wenn er

---

[217] Vgl. ibid. IX.6, S. 339, Z. 4–12; ed. Van Riet, S. 495, Z. 33–S. 496, Z. 50.
[218] Siehe bspw. ibid. IX.4, S. 327, Z. 13–15; ed. Van Riet, S. 478, Z. 78–82.
[219] Zur problematischen Identifikation und Autorschaft dieser Schrift siehe Gutas, Avicenna and the Aristotelian Tradition, S. 484–485. Griffel argumentiert in einer neuen Veröffentlichung dafür, dass die ursprünglich von Avicenna verfasste Schrift al-Ḥikma al-ʿaršiyya verloren gegangen ist und die uns überlieferte Version, der Thron-Brief (al-Risāla al-ʿaršiyya), nicht von Avicenna stammt, sondern von einem seiner Nachfolger im 12. Jh. verfasst wurde. Es handelt sich dabei jedoch um eine getreue Darstellung der Ansichten Avicennas. Vgl. Griffel, ‚On the Authenticity of the ›Throne Epistle‹.
[220] Vgl. Frank, Creation and the Cosmic System, S. 76–80.
[221] Vgl. ibid., S. 78–79.
[222] Zur Argumentation gegen die mutakallimūn siehe ibid., S. 79–80.

will, und nicht tätig, wenn er nicht will. Die gleiche Überlegung findet sich in *Metaphysik* IV.2. In diesem Kapitel erläutert er die verschiedenen Bedeutungen von ‚Vermögen' (*quwwa; potentia*)[223] und geht im Rahmen dessen auf die Macht oder Kraft (*qudra; fortitudo*) ein. Er definiert sie in Übereinstimmung mit *al-Ḥikma al-ʿaršiyya* als Fähigkeit, willentliche Akte zu vollziehen. Diesbezüglich diskutiert er einen möglichen Einwand, dem gemäß Macht nicht vorliegt, wenn etwas ständig tätig ist. Diesen Einwand wehrt Avicenna ab, indem er feststellt, dass Macht auch dann vorliegt, wenn etwas von Ewigkeit her durch Willen (*bi-irāda*) und Wahl (*bi-ḫtiyār*) wirkt und sie keinem Wandel unterliegen. Genau das wäre beim ersten Prinzip der Fall, was Avicenna an dieser Stelle allerdings nicht explizit erwähnt. Stattdessen betont er, es genüge, wenn der Grundsatz erfüllt sei, dass ein Agent tätig ist, wenn er es will, und nicht tätig ist, wenn er es nicht will. Hierbei sei es durchaus möglich, dass es nie einen Zeitpunkt gibt, zu dem der Agent nicht will und somit nicht tätig ist. Sein ewiges Tätigsein wäre dennoch gewollt.[224]

Den vorangegangenen Überlegungen Avicennas lässt sich folgende Erkenntnis entnehmen: Was das Wirken rationaler wesenhafter Ursachen angeht, wie es Gott und die himmlischen Intelligenzen sind, so liegt Avicennas Interesse offenkundig darin, ein selbstbestimmtes Handeln für diese Ursachen zu etablieren, worunter er schlicht eine durch Willen bedingte Aktivität (oder Ruhe) versteht. Aufgrund dieser Form der Selbstbestimmung setzen sich die rationalen von den natürlichen wesenhaften Ursachen ab.[225] Letztere sind also nicht *qādir*. Das Innenverhältnis von Verstand und Willen zu klären, ist demgegenüber für Avicenna von geringem Interesse – wie damit zusammenhängend auch das Thema der Willensfreiheit. Avicenna äußert sich in der *Metaphysik* nicht wirklich dazu, wie der Wille zu seinem Entschluss gelangt. Immerhin lässt sich eindeutig das primäre Objekt eruieren: Es ist das göttliche Wesen selbst, das mit dem Willen identisch ist und sich selbst erkennt und liebt.[226]

Analog zur vollkommen einfachen Selbsterkenntnis impliziert auch der vollkommen einfache Selbstwille das Wollen der guten Ordnung, ohne dass diese Ordnung als Ziel fungiert. Die Tatsache, dass die Welt bedingt durch diesen inneren Willensakt nach außen notwendig folgt, zeigt, dass Notwendigkeit und Willentlichkeit einander nicht ausschließen, denn der Wille kann durchaus Bedingung für den notwendigen Hervorgang sein und der Hervorgang erfolgt notwendig, weil der Willensakt die Vollendung der Wirklichkeit des Ersten ist. Emanation steht also nicht generell einer willentlichen Schöpfung entgegen.[227] Wie frei das durch sich notwendig Seiende dieses Objekt wählt, ist allerdings nicht klar. Avicenna macht die Identifikation von göttlichem Willen und Verstand stark, daher scheint es, als tendiere er zu einer intellektualistischen Auffassung der Willensfreiheit. Ihr gemäß wählt der Wille das, was vom Verstand als die beste und damit zu wählende Option vorgegeben wird. Für Gott ist das er selbst.

---

[223] Siehe die Liste der Bedeutungen von *quwwa* (*potentia*) in Fn. 803 im Kapitel zu Wilhelm von Auvergne.

[224] Vgl. Ibn Sīnā, *al-Ilāhiyyāt* IV.2, S. 132, Z. 11–18; ed. Van Riet, S. 196, Z. 34–S. 197, Z. 44, und Frank, *Creation and the Cosmic System*, S. 78–79.

[225] Gleiches gilt für die nicht-wesenhaften Ursachen.

[226] Vgl. Ibn Sīnā, *al-Ilāhiyyāt* IX.4, S. 327, Z. 2–5; ed. Van Riet, S. 477, Z. 60–S. 478, Z. 65.

[227] Diesen gegenseitigen Ausschluss negiert auch Acar, *Talking about God*, S. 133.

2.3.1.2 Hervorgang der supralunaren Welt

Da der innere Erkenntnis- beziehungsweise Willensakt des durch sich notwendig Seienden mit dessen Wesen zusammenfällt und vollkommen einfach ist, folgt daraus direkt nur eine einfache Wirkung, die erste himmlische Intelligenz. Zwar ist sie die einfachste der weltlichen Substanzen, da sie rein geistig ist, sie unterscheidet sich aber von ihrer Ursache, dem durch sich notwendig Seienden, das ebenfalls ein rein geistiges Wesen ist, dadurch, dass sie keine vollkommene Einfachheit aufweist. Insofern sie verursacht ist, unterliegt sie der Dualität von Sein und Wesen. Nimmt man hingegen an, sie sei wie ihre Ursache absolut einfach, stieße dies innerhalb des ontologischen Systems von Avicenna gleich auf mehrere Widersprüche: Zum Ersten wäre die Intelligenz aufgrund ihrer absoluten Einfachheit zwar ein durch sich notwendig Seiendes, insofern sie hingegen verursacht wäre, wäre sie aber ein durch anderes notwendig Seiendes. Beides zugleich anzunehmen, ist absurd, denn die beiden modalen Bestimmungen schließen einander aus. Zum Zweiten kann es nach Avicenna nur ein einziges durch sich notwendig Seiendes geben. Würde man den Hervorgang der ersten Intelligenz daher als nach innen gerichtet (*ad intra*) verstehen, das heißt, ihn als ein Geschehen auffassen, das innerhalb des ersten Prinzips stattfindet – ähnlich dem Hervorgang der trinitarischen Personen – würde auch dies diverse Widersprüche nach sich ziehen. So würde eine Emanation *ad intra* eine Vielheit im Ersten erzeugen, die nach Avicenna ausgeschlossen ist, denn das Erste ist in jeglicher Hinsicht einfach. Zudem würde in der ersten Stufe der Emanation nichts Weltliches hervorgehen, da die Welt nicht innerhalb ihres Prinzips anzusiedeln ist, sondern außerhalb. Darüber hinaus fungiert das erste Prinzip beim Hervorgang der ersten Intelligenz als Wirkursache, die ihrer Definition zufolge Sein an etwas von ihr Verschiedenes verleiht. Die Emanation findet gemäß Avicenna also nach außen hin (*ad extra*) statt, worauf er explizit hinweist.[228]

Avicenna ist innerhalb seines Systems konsequent, wenn er annimmt, das erste Emanierende sei der Substanz nach verschieden von seiner Quelle, der vollkommen einfachen Ursache. Dennoch sieht er sich mit der kritischen Nachfrage der Gegner seines Modells konfrontiert, woher denn die Differenz zwischen dem Ersten und seiner direkten Wirkung rühre, wenn die Wirkung allein aus dem Wesen des durch sich notwendig Seienden hervorgehe.[229] Gemäß Avicenna weist die erste Intelligenz schon allein durch die Tatsache, verursacht zu sein, einen Unterschied zum durch sich notwendig Seienden auf. Es ist klar, dass sie als Verursachtes zwangsläufig der Sein-Wesen-Distinktion unterliegt – andernfalls bräuchte sie keine Ursache, um Sein zu erlangen, sondern hätte es aus sich heraus. Dass die grundlegende Dualität gegeben sein muss, ist für Avicenna selbstverständlich. Das Hervorgehende ist *etwas* Seiendes und weist als solches ein Wesen auf, dem das Faktum des Seins, der Seinsakt, zugesprochen wird. Im Grunde wird bei der Verursachung schlicht ein Wesen in der äußeren Wirklichkeit realisiert, was man dahingehend verstehen kann, dass ihm Sein verliehen wird. Damit erweist sich der Hervorgang ontologisch als Verwirklichen eines

---

[228]　Vgl. Ibn Sīnā, *al-Ilāhiyyāt* IX.4, S. 327, Z. 17–S. 328, Z. 1; ed. Van Riet, S. 479, Z. 87–88: وهو فاعل الكل بمعنى أنه
الموجود الذى يفيض عنه كل وجود فيضانا مباينا لذاته. „quoniam ipse est agens omne quod est hac intentione quia ipse est ens a quo fluit quicquid est, fluxu discreto ab eius essentia." Zur Definition der Wirkursache siehe außerdem Kapitel 2.1.4.

[229]　Dies ist z. B. bei Wilhelm von Auvergne der Fall, siehe Kapitel 4.2.2.1.3.

Dings, nämlich der ersten himmlischen Intelligenz, die in der Wirklichkeit als rein geistige Form vorliegt. In ihr lässt sich durch rationale Analyse einerseits ein Wesen ausmachen, nämlich das Höchste-himmlische-Intelligenz-Sein, andererseits affirmatives Sein, das sie nicht aus sich heraus besitzt, sondern in der Verwirklichung von Seiten der ersten Ursache erhält. Das gemeinsame Vorliegen von Sein und Wesen versteht Avicenna in gewissem Sinne als eine erste Zusammensetzung.[230] Sie ist jedoch eindeutig von anderer Art als die Zusammensetzung aus Materie und Form. Materie und Form erachtet Avicenna als zwei verschiedene Dinge (*šay'ān mubāyinān; duae res discretae*).[231] Daher können beide nur aus zwei verschiedenen Aspekten ihrer Ursache hervorgehen.[232] Dies ist der Grund, warum die erste Wirkung kein Kompositum aus Materie und Form sein kann, denn das erste Prinzip weist aufgrund seiner Einfachheit nicht zwei Aspekte auf, die ursächlich für die beiden Komponenten sein könnten. Anders verhält es sich bezüglich Sein und Wesen. Diese beiden metaphysischen Komponenten lassen sich rational in der Wirkung ausmachen, obwohl ihre Ursache vollkommen einfach ist und die *ex-uno*-Regel greift. Sie unterscheiden sich folglich nicht so stark, dass sie aus verschiedenen Aspekten dieser Ursache hervorgehen müssten. Die Distinktion weist also keine reale Dualität auf und ist schwächer als die von Form und Materie, der sie in gewisser Weise vorgelagert ist oder die sie transzendiert, da sie auf einer anderen Ebene anzusiedeln ist. Im Gegensatz zu Materie und Form sind Sein und Wesen offensichtlich also nicht zwei verschiedene Dinge. Hierin liegt meiner Ansicht nach ein gutes Argument dagegen, dass bei Avicenna eine Realdistinktion von Sein und Wesen vorliegt, eine These, bezüglich derer bis heute Uneinigkeit in der Forschung herrscht.[233] Die Art von Dualität, die Sein und Wesen aufweisen, genügt für Avicenna, um die erste Intelligenz grundlegend vom durch sich notwendig Seienden abzusetzen.

Die Rolle der Distinktion von Sein und Wesen auf dieser ersten weltlichen Ebene ist enorm wichtig, denn in gewisser Weise ist sie Grundlage für Pluralität in der Welt; zunächst im intramentalen, sodann im extramentalen Bereich. Aufgrund der Distinktion ist die erste Intelligenz wie alles andere Weltliche ein durch sich möglich Seiendes. Von ihrer Ursache her ist sie zudem ein durch anderes notwendig Seiendes. Diese beiden modalontologischen Dispositionen ihrer selbst vermag die erste Intelligenz in voneinander verschiedenen intuitiven – nicht diskursiven – Erkenntnisakten zu erfassen. Zudem erkennt sie ihre Ursache. Diese drei Erkenntnisakte sind ewig und für sich jeweils vollkommen einfach. Avicenna betont, dass sie in ihren Realitäten voneinander verschieden sein müssen.[234] Sie sind also drei unterschiedliche wesenhafte innere Aktivitäten. Nur so ist es möglich, dass aus der

---

[230]   Vgl. ibid. VIII.4, S. 274, Z. 17–S. 275, Z. 2; ed. Van Riet, S. 399, Z. 100–S. 400, Z. 6.

[231]   ‚Ding' ist hier schwächer zu verstehen als das aus Sein und Wesen zusammengesetzte Ding, denn Materie an sich ist kein solches Ding.

[232]   Siehe dazu Fn. 168.

[233]   Zu dieser Diskussion siehe Janos, *Avicenna on the Ontology of Pure Quiddity*, S. 375–388. Für eine Übersicht über verschiedene Positionen in der lateinischen Tradition siehe Wippel, ‚Essence and Existence'. Für eine Übersicht über verschiedene Positionen in der post-avicennischen arabischen Tradition siehe Benevich, ‚The Essence-Existence Distinction'.

[234]   Vgl. Ibn Sīnā, *al-Ilāhiyyāt* IX.4, S. 333, Z. 10–14; ed. Van Riet, S. 486, Z. 64–S. 487, Z. 72, in Zusammenhang mit ibid. IX.4, S. 331, Z. 10–11; ed. Van Riet, S. 484, Z. 1–3.

ersten Intelligenz drei Wirkungen nach außen hervorgehen, die sich der Art nach unter-scheiden.[235] In dieser Dreiheit lässt sich nach Avicenna die erste echte weltliche Pluralität ausmachen, wenngleich sie zunächst nur im Bereich des intramentalen Seins vorliegt.[236] Freilich ist er darauf bedacht, zu betonen, dass diese Vielfalt nicht vom ersten Prinzip her-stammt. Dieses Prinzip ist Ursache für die Verwirklichung der Intelligenz, bewirkt also de-ren notwendiges Sein als Intelligenz. Das Attribut der Pluralität folgt der Intelligenz, die zu (Selbst)Reflexion fähig ist, notwendig nach. Die drei Erkenntnisakte sind hierarchisch ge-ordnet – vom niedrigsten zum höchsten: Die Intelligenz erkennt einerseits ihre durch sie selbst nur mögliche Existenz, andererseits ihre notwendige Existenz, die durch das erste Prinzip bedingt ist. Dieses Prinzip vermag sie ebenfalls zu erkennen und erfasst seine durch sich selbst notwendige Existenz in einem dritten, höchsten Denkakt.[237] Die genannten Akte vollzieht sie als reine Intelligenz wesenhaft von Ewigkeit her. Damit verwirklicht sie nach innen ihre Natur und ist in diesem Sinne vollkommen (tāmm; perfecta). Als etwas Vollkom-menes vermag sie gemäß der neuplatonischen Theorie der zweifachen Aktivität nach außen hin zu wirken. So sind alle drei Denkakte der ersten Intelligenz produktiv, aus jedem geht ein weiteres Seiendes hervor. Das Sein, das die Intelligenz weitergibt, und die Kraft, andere Entitäten hervorgehen zu lassen, stammen allerdings nicht ursprünglich von ihr selbst her. Vielmehr erhält sie diese mit ihrem Sein von ihrer Ursache, dem durch sich notwendig Sei-enden, das sich als einziges Seiendes in einem Zustand über der Vollkommenheit befindet (fawqa l-tamām; plus quam perfectum). Dadurch ist das durch sich notwendig Seiende in der Lage, allein aus eigener Kraft heraus anderes ins Sein bringen zu können. Wie bereits erwähnt, gilt es aus diesem Grund als alleiniger wahrer Schöpfer. Allerdings vollzieht es seine Schöpfung vermittelt über die himmlischen Intelligenzen, die ihm hierbei als Diener zur Seite stehen, was mit den Worten des *Liber de causis* als *creatio mediante intelligentia* (ibdā' bi-tawassuṭ al-ʿaql; ,Schöpfung vermittels einer Intelligenz') beschrieben wird.[238]

Die Dinge, denen die erste Intelligenz als vermittelnde Ursache Sein verleiht, sind analog zu den Denkakten, denen sie nach außen folgen, hierarchisch geordnet und unterscheiden sich der Art nach.[239] Dadurch, dass diese Dinge ins Sein treten, findet sich eine erste extra-mentale Vielfalt in der Welt. Die Priorität dieser Vielheit wie auch der ihr vorausgehenden intramentalen Vielheit ist der Ordnung nach zu verstehen, nicht der Zeit nach, denn der gesamte Hervorgang der Welt vollzieht sich von Ewigkeit her simultan. Die erste, niedrigste Erkenntnis bedingt den Hervorgang der Materie der äußersten Himmelssphäre, die nächst-

---

[235] Würden die drei Erkenntnisse in demselben einfachen Akt zusammenfallen, könnten sie keine Pluralität in der Wirkung erzeugen. So erkennt das erste Prinzip zwar die gesamte Ordnung in einem einfachen Akt, dies stellt aber keine Vervielfältigung in ihm dar und bedingt demzufolge auch nicht verschiedene Wirkungen, die direkt aus ihm hervorgehen.

[236] Vgl. Davidson, *Alfarabi, Avicenna, and Averroes, on Intellect*, S. 75, nennt ebenfalls die Gedanken der himm-lischen Intelligenzen als Ursache für die Pluralität und erwähnt, dass die Sein-Wesen-Distinktion ermöglicht, dass eine Intelligenz drei Akte hat.

[237] Hier kommt das plotinische Motiv der Rückwendung des Geistes auf das Eine hinein.

[238] Siehe dazu d'Ancona Costa, ,La doctrine de la création'.

[239] Vgl. Ibn Sīnā, *al-Ilāhiyyāt* IX.4, S. 331, Z. 11–13, und S. 333, Z. 8–10; ed. Van Riet, S. 484, Z. 3–6, und S. 486, Z. 61–64.

höhere Erkenntnis den einer rationalen Seele, welche die substanzielle Form dieser Sphäre ist. Diese beiden verursachten Komponenten bilden zusammen die der Ordnung nach erste körperliche Substanz, die äußerste, stern- und planetenlose Himmelssphäre. Die dritte Wirkung resultiert aus der höchsten Erkenntnis und ist damit von höchster Art. Es handelt sich um die nächstniedrigere himmlische Intelligenz, die wie die erste Intelligenz eine nicht auf Materie bezogene, separate Form ist. Sie weist die gleiche ontologische und epistemologische Beschaffenheit auf wie ihre Ursache: Sie ist etwas in sich mögliches und durch ihre Ursache notwendig Seiendes und vollzieht analoge Denkakte, die Wirkungen nach außen haben.[240] Auf diese Weise setzt sich die triadisch strukturierte Emanationskaskade nach unten fort bis zum Hervorgang der zehnten himmlischen Intelligenz, dem Geber der Formen, der für die die sublunare Welt verantwortlich ist, selbst aber noch der supralunaren Welt angehört.[241] Wie im Ontologie-Kapitel bereits beschrieben, bilden die himmlischen Intelligenzen in diesem System eine vertikale Kette von Wirkursachen, die kausal voneinander abhängen. Jede von ihnen wird permanent von der nächsthöheren Intelligenz verursacht und verleiht selbst wiederum ständig unmittelbar an drei weitere Dinge Sein. Das durch sich notwendig Seiende, das nicht wieder verursacht ist, sondern aus sich allein heraus existiert, steht dieser Kette als erstes Prinzip voran und lässt vermittelt über sie von Ewigkeit her die Welt hervorgehen. Dabei gilt, dass die anderen Wirkursachen umso weniger ursächliche Kraft besitzen, je weiter sie vom durch sich notwendig Seienden entfernt sind.[242] Auf diese Weise versucht Avicenna, innerhalb seines Systems zu rechtfertigen, dass bei der zehnten himmlischen Intelligenz das Dreierschema der Verursachung nur noch im übertragenen Sinne beibehalten wird, was ich im folgenden Kapitel erklären werde.[243]

Die Grobstruktur des Emanationssystems orientiert sich an dem, was durch die Struktur des Kosmos und die gängigen astronomischen Modelle vorgegeben ist, insbesondere durch das Modell des Ptolemäus.[244] Avicenna kannte dessen *Almagest* sowie die *Hypothesen über die Planeten* und übernahm das Modell einer geozentrischen Welt, in der die statische Erde von neun primären, konzentrischen Himmelssphären umgeben ist.[245] Diese entsprechen den Haupt-Sphären, die man auch bei Aristoteles findet, mit der Ausnahme, dass nun nicht

---

[240] Eigentlich müsste sie im höchsten Erkenntnisakt ihre Ursache als eine Ursachenkette erkennen: zunächst ihre unmittelbare Ursache, die erste himmlische Intelligenz, sodann deren Ursache, das durch sich notwendig Seiende. Zu dieser Erkenntnis äußert sich Avicenna hier jedoch leider nicht näher. Klar ist nur, dass die Intelligenzen sich nicht auf Niedrigeres richten und nicht diskursiv erkennen.

[241] Die himmlischen Intelligenzen sind aufgrund ihrer Immaterialität und Abgetrenntheit nicht lokal zu verorten, die zehnte Intelligenz ist also nicht innerhalb oder unter der Mondsphäre anzusiedeln. Nur im Rang steht sie unter der neunten Intelligenz. In Kapitel X.1 listet Avicenna die Ordnung der Wirklichkeit auf. Hier rangiert die Gruppe der himmlischen Intelligenzen insgesamt vor der Gruppe der himmlischen Seelen und diese wiederum vor der Gruppe der Himmelskörper. Danach folgen die Angehörigen der sublunaren Welt. Vgl. ibid. X.1, S. 358, Z. 7–10; ed. Van Riet, S. 522, Z. 7–13.

[242] Siehe Fn. 239 und Janssens, ‚Creation and Emanation‘, S. 455.

[243] Davidson weist jedoch darauf hin, dass Avicenna sich bemüßigt sieht, darauf aufmerksam zu machen, dass der Prozess nicht ins Unendliche weiterläuft, da die Kraft der Intelligenzen abnimmt, vgl. id., *Alfarabi, Avicenna, and Averroes, on Intellect*, S. 76.

[244] Die Reihenfolge der neun Himmelssphären ist von außen nach innen: äußerste, sternlose Sphäre; Sphäre der Fixsterne; sodann die Sphären folgender sieben Planeten: Saturn, Jupiter, Mars, Sonne, Venus, Merkur, Mond, vgl. Janos, ‚Moving the Orbs‘, S. 168.

[245] Vgl. ibid., S. 167–168.

die Fixsternsphäre den Abschluss des Kosmos nach außen hin bildet, sondern eine weitere Sphäre, die keinen Himmelskörper trägt (*kura ġayr mukawkiba; sphaera non stella*). Sie ist für die tägliche Rotation der Welt zuständig. In der *Metaphysik* schreibt Avicenna die Entdeckung dieser Sphäre explizit Ptolemäus zu.[246] Es ist darauf hinzuweisen, dass die Angabe von neun Sphären eine starke Vereinfachung darstellt. Eigentlich übernimmt Avicenna von Ptolemäus das gesamte System bewegender Komponenten, unter die beispielsweise auch exzentrische Sphären und Epizykel fallen, die Avicenna tatsächlich als konkrete körperliche Entitäten ansieht.[247] Erst durch das Zusammenspiel all dieser Faktoren lassen sich die am Himmel beobachtbaren Bewegungen und Phänomene erklären. Genau genommen müsste man also eine Vielzahl von Kugelschalen, Seelen und Intelligenzen berücksichtigen, wodurch das kosmogonische Modell überaus komplex werden würde. Deshalb bietet es sich für Avicenna aus Gründen der Übersichtlichkeit an, die verschiedenen Komponenten zu neun primären Sphären zu bündeln. Avicenna arbeitet mit dieser feststehenden Anzahl von Sphären und nimmt dementsprechend viele Intelligenzen an. Die Zahl ergibt sich folglich nicht aus dem Emanationssystem selbst heraus. Trotz der These, die Kraft nehme ab, könnte man das System beliebig weiterlaufen lassen oder kürzen, je nach Bedarf. Um die Symmetrie im Ablauf einzuhalten, wird eine zehnte Intelligenz gesetzt, die für die sublunare Region verantwortlich ist.

Zudem fällt auf, dass auch das Dreierschema der Emanation von außen bedingt ist, da sich Avicenna den Denkern anschloss, die eine supralunare Welt als bestehend aus himmlischen Intelligenzen und beseelten Himmelssphären annahmen. Letztere sind Komposita aus Materie und Form, wobei die Form eine vernünftige Seele ist.[248] Avicenna verknüpft die Dreizahl auf elegante Weise mit seiner Ontologie: Die auf die Sein-Wesen-Distinktion zurückgehenden modalen Bestimmungen der weltlichen Dinge als durch sich möglich und durch anderes notwendig Seiendes, denen das durch sich notwendig Seiende gegenübersteht, dienen nun als Basis für die dreifache Erkenntnis der Intelligenzen. Damit sind sie Grundlage der Dreiheit der inneren Aktivität, aus der schließlich die extramentale Dreiheit resultiert. Vor Avicenna hat al-Fārābī ein ähnliches Emanationssystem entworfen. Da er jedoch keine Sein-Wesen-Distinktion ausgearbeitet hat, präsentiert er ein dyadisches Schema: Die Intelligenzen haben lediglich zwei Denkakte, in denen sie sich und ihre Ursache erkennen. Daraus resultiert die nächstniedrigere himmlische Intelligenz und die jeweilige Himmelssphäre, wobei unklar ist, inwiefern al-Fārābī den Sphären überhaupt Materie

---

[246] Vgl. Ibn Sīnā, *al-Ilāhiyyāt* IX.2, S. 317, Z. 5–7; ed. Van Riet, S. 462, Z. 56–60.

[247] Vgl. Janos, ‚Moving the Orbs', S. 173–174. Auch Aristoteles weist in *Metaphysik* Λ.8 darauf hin, dass man eigentlich 55 oder 47 unbewegte Beweger annehmen müsste.

[248] Die Annahme von Intelligenzen geht letztlich auf Aristoteles zurück, bei dem man in *Metaphysik* Λ die unbewegten Beweger findet, die jedoch nur als Finalursachen, nicht als Wirkursachen beschrieben werden. Erst im Neuplatonismus, insbesondere im *Liber de causis*, wird ihnen wir Rolle von Wirkursachen zugeschrieben. Die Beseelung der Himmelssphären ist wohl eher platonisch, denn Aristoteles nahm zumindest in *De caelo* keine Beseelung der Himmelssphären an. Es ist seit der Antike Thema kosmologischer Debatten, ob die Bewegung der Himmelssphären durch Seelen bedingt wird oder als natürliche Bewegung eines fünften Elements verstanden werden muss. Zu den kosmologischen Fragestellungen siehe Grant, ‚Cosmology'.

zuschreibt.[249] Avicenna lässt in seinem Dreierschema hingegen auf jeder Ebene Materie her-vorgehen.[250]

An dieser Stelle sei bezüglich der ersten neun himmlischen Intelligenzen angemerkt, dass ihnen neben ihrer Funktion als Wirkursache auch eine Rolle als Finalursache für die Bewegung der jeweiligen Himmelssphären zukommt. Die Seele einer Sphäre strebt nach dem vollkommenen Sein der Intelligenz, woraus die individuelle Bewegung der Sphäre resultiert. Darüber hinaus streben die Seelen nach der Vollkommenheit des ersten Prinzips, was den Aspekt der Kreisbewegung verursacht, der allen Sphären gemeinsam ist.[251]

2.3.1.3 Hervorgang der sublunaren Welt

Die zehnte himmlische Intelligenz ist die schwächste der himmlischen Intelligenzen, da sie am weitesten vom ersten Prinzip entfernt ist. Nichtsdestoweniger gibt auch sie die Wirkung des ersten Prinzips weiter und ist eine besondere Instanz der Schöpfungsvermittlung: Sie fungiert als direkte Wirkursache für das Sein der sublunaren Welt – dies gilt sowohl für die extramentalen als auch für die intramentalen irdischen Dinge. Allerdings geht mit ihrem Wirken ein gewisser Bruch im Emanationsschema einher, obgleich sich die Symmetrie des triadischen Hervorgangs insofern noch ausmachen lässt, als die zehnte Intelligenz ebenfalls Materie, Formen und geistige Substanzen hervorbringt.[252] Der Grund für den Bruch liegt

---

[249] Vgl. Davidson, *Alfarabi, Avicenna, and Averroes, on Intellect*, S. 44–48. Zum Problem der Materie siehe Janos, *Method, Structure, and Development*, S. 206–222. Falls man den Himmelskörpern Materie zuschreiben könnte, dann wäre sie in al-Fārābīs System gänzlich anders als die sublunare, erste Materie zu verstehen. Sub-lunare Materie wird hier übrigens nicht durch eine der himmlischen Intelligenzen bewirkt, sondern durch die Bewegung der Himmelskörper, vgl. ibid., S. 232.

[250] Avicenna spricht explizit an, dass die Himmelssphären aus Materie und Form (= Seele) bestehen, vgl. Ibn Sīnā, *al-Ilāhiyyāt* IX.4, S. 330, Z. 18–19, und S. 331, Z. 15–16; ed. Van Riet, S. 483, Z. 81–82, und S. 484, Z. 9–10. Diesbezüglich stellt sich für mich folgende systematische Frage: Offensichtlich nimmt Avicenna die Materie im Sinne einer ersten Materie für alles Körperliche im Kosmos als gleich an (auch wenn erste Materie nur ein gedankliches Konstrukt ist). Das hieße, dass aus den gleichen Erkenntnisakten, in denen sich die Intelligenzen als in sich nur möglich Seiendes erkennen, jeweils die gleiche erste Materie hervorgeht, die freilich nie allein vorliegt, sondern von Ewigkeit her durch die zugleich hervorgehende Seele der jeweiligen Himmelssphäre beformt wird. Wie ist diese Gleichheit beim Hervorgang der Materie zu rechtfertigen, wenn sie demgegenüber nicht für das gilt, was aus den beiden anderen Erkenntnisakten der himmlischen Intelligenzen hervorgeht? Diese Akte gleichen sich in analoger Weise, während die Wirkungen, die daraus resultieren, der Art nach verschieden sein sollen (unterschiedliche Arten von himmlischen Intelligenzen und unterschiedliche Arten von Seelen).

[251] Die Verursachung der Bewegung der Himmelssphären beschreibt Avicenna ausführlich in Kapitel IX.2 der *Metaphysik*.

[252] Zur Symmetrie des aktiven Intellekts vgl. Davidson, *Alfarabi, Avicenna, and Averroes, on Intellect*, S. 76. Avi-cenna erläutert sie nicht explizit. Davidson sieht sie in der Materie, den Formen und dem aktuellen Denken, d. h. dem Aktualisieren des menschlichen Verstandes. Ich würde sie hingegen darin verorten, dass Materie, Formen (materielle wie auch intelligible, die nach der *praeparatio* die Materie oder den Verstand beformen) und menschliche Seelen hervorgehen. Die menschliche Seele versteht Avicenna nämlich als rationale Sub-stanz, die nicht in Materie eingeprägt wird. So stellt er sie in IX.4 in eine Linie mit den himmlischen Intelli-genzen: فإذن يجب أن يحدث عن كل عقل عقل تحته، ويقف حيث يمكن أن تحدث الجواهر العقلية منقسمة متكثرة بالعدد، لتكثر الأسباب. فهناك ينتهى. „Oportet igitur ut, ex unaquaque intelligentia, fiat intelligentia inferior ea et esset tunc quousque possint fieri substantiae intelligibiles divisibiles multae numero propter multitudinem causarum, et usque huc perveniunt", vgl. Ibn Sīnā, *al-Ilāhiyyāt* IX.4, S. 334, Z. 2–4; ed. Van Riet, S. 487, Z. 86–89.

darin, dass Avicenna mit seiner Erklärung auf die kosmischen Gegebenheiten reagieren muss: Innerhalb der Mondsphäre findet sich keine weitere Planetensphäre mehr, sondern der kugelförmige Innenraum, der sich an die Mondsphäre anschließt. Dies ist die sublunare Welt, in deren Zentrum, welches zugleich Zentrum des Kosmos ist, die kugelförmige Erde liegt.[253] Die Erde selbst sowie der Raum von der Erdoberfläche bis zur Mondsphäre bestehen aus Mischungen der vier Grundelemente Feuer, Wasser, Erde und Luft. Wie der supralunare ist der sublunare Raum vollständig von beformter Materie ausgefüllt, ein Vakuum gibt es nicht.[254] Zudem ist er hylemorph strukturiert – die Einzeldinge sind Komposita aus Form und Materie. Sie sind dem Entstehen und Vergehen (*kawn wa-fasād; generatio et corruptio*) unterworfen, während die sublunare Welt als Ganzes wie der Rest des planetaren Systems ewig ist. Dieser Bereich des Kosmos setzt sich von der supralunaren Ebene einer Himmelssphäre dadurch ab, dass es in ihm sowohl eine Vielzahl von Arten gibt als auch numerisch verschiedene Individuen innerhalb ein und derselben Art. Eine weitere Differenz besteht darin, dass die Individuen zu unterschiedlichen Zeitpunkten entstehen und nicht von Ewigkeit her hervorgebracht werden, wobei sich der Kreislauf des Entstehens und Vergehens freilich von Ewigkeit her vollzieht. Die genannten Besonderheiten machen den Rückschluss zwingend, dass der Hervorgang der sublunaren Substanzen aus dem aktiven Intellekt auf andere Weise erfolgt als die Hervorgänge im supralunaren Bereich.

Wie in Kapitel 2.1.4 beschrieben, unterscheidet Avicenna zwischen Ursachen, die wesenhaft allein aus sich heraus wirken, solange sie existieren, und solchen, die in einen Ursachenkomplex eingebunden sind, in dem erst bestimmte Bedingungen gegeben sein müssen, damit sie als Ursache aktuell werden und Wirkungen hervorrufen. In diesem Zusammenhang weist Avicenna darauf hin, dass ewige wesenhafte Wirkursachen ewige Wirkungen hervorbringen, was ich oben anhand der Theorie der zweifachen Aktivität interpretiert habe. Diese wesenhafte Ursächlichkeit trifft in Avicennas Modell unbestreitbar auf das durch sich notwendig Seiende zu und ebenso auf die ersten neun himmlischen Intelligenzen. Sie vollziehen von Ewigkeit her die innere Tätigkeit, die ihre Natur vollendet, was nach außen hin die geschilderten Wirkungen zur Folge hat. Diese Wirkungen sind absolut, das heißt, sie werden allein von der Ursache bedingt und hängen nicht von Dispositionen eines Rezipienten ab.[255] Der zehnten himmlischen Intelligenz, die ebenfalls reiner Verstand ist, kann eine zu den anderen Intelligenzen analoge dreifache innere Aktivität zugesprochen werden, die ihr Wesen vervollkommnet. Dennoch weichen die Wirkungen dieser Intelligenz offensichtlich von denen der anderen Intelligenzen ab. Daher stellt sich die Frage nach dem Status der zehnten Intelligenz als Ursache.

---

[253] Die Frage, ob sich die Erde am Platz dreht oder stillsteht, ist eine Streitfrage unter den Vertretern des geozentrischen Weltbildes.

[254] Daher muss auch der Hervorgang des gesamten Systems von Ewigkeit her geschehen, denn wenn er sich nach und nach von außen nach innen vollzöge, gäbe es so lange ein Vakuum, bis der Innenraum ausgefüllt ist; ein derartiges Szenario ist nach Avicenna unmöglich.

[255] Feuer bringt als direkte Wirkung Wärme hervor, welche in zweiter Linie auf Objekte wirkt (auch weil Wärme ein Akzidens ist). Erst diese indirekte Wirkung hängt von den Umständen ab. Je nachdem, wie weit ein Objekt vom Feuer entfernt ist, hat die ausgestrahlte Wärme unterschiedliche Wirkungen. Sie kann bspw. zu Rötungen, Bräunungen oder zum Brennen führen. Diese akzidentellen Veränderungen können sogar zu substanziellen Veränderungen veranlassen. Bei der Entstehung einer neuen Substanz ist das Feuer bzw. dessen Wärme lediglich eine helfende, akzidentelle Ursache, wie im Ontologie-Kapitel beschrieben.

Wäre sie in demselben Maße wie die anderen himmlischen Intelligenzen eine wesenhafte Ursache, würde sie erstens alleine durch sich selbst ihre Wirkungen ins Sein setzen, zweitens sowohl der Zahl als auch der Art nach nur drei verschiedene absolute Wirkungen hervorbringen (Materie, Form, Intelligenz),[256] die drittens nicht variieren könnten und viertens genauso ewig wie ihre Ursache wären. Keine der vier Kennzeichen sind voll erfüllt. So geht die Materie des sublunaren Bereichs nicht aus der zehnten Intelligenz allein hervor, sondern durch ihr Zusammenwirken mit den Bewegungen der Himmelssphären.[257] Weder aus der zehnten Intelligenz als für sich stehende Ursache noch allein aus dem Konsortium der Himmelssphären könnte das einheitliche materielle Substrat hervorgehen. In Bezug auf die Himmelssphären liegt dies darin begründet, dass sie der Zahl nach mehrere sind. Avicenna zufolge können viele zusammenkommende Ursachen nicht etwas Gleichförmiges – das heißt etwas Einheitliches wie die erste Materie – hervorbringen, auch wenn sie gemeinsam einheitlich wirken.[258] Daher brauchen die Himmelssphären die zehnte himmlische Intelligenz, die in ihrer Substanz eines ist, als vereinheitlichenden Faktor und als direkte Wirkursache der sublunaren Materie. Hieraus erhellt, dass bei Avicenna nicht nur verschiedene Wirkungen auf verschiedene Ursachen oder Aspekte in der Ursache zurückgehen, sondern dass auch umgekehrt substanziell verschiedene Ursachen trotz Zusammenwirken nicht eine in sich einheitliche Wirkung direkt hervorbringen können.[259] Wie Herbert A. Davidson anmerkt, ist die genaue Mitwirkung der Himmelssphären beim Hervorgang der Materie unklar, da sich Avicenna dazu nicht explizit äußert. Es muss jedoch angenommen werden, dass die zehnte himmlische Intelligenz gewissermaßen als Filter der Wirkung agiert und letztlich dasjenige ist, aus dem direkt die Materie hervorgeht, die rezeptiv für sämtliche sublunaren Formen ist.[260]

Da Materie nicht ohne Form existieren kann,[261] sorgt die zehnte Intelligenz in ihrer Rolle als Geber der Formen (*wāhib al-ṣuwar; dator formarum*) zusätzlich zwar dafür, dass die gesamte sublunare Materie von Ewigkeit her ohne Unterlass beformt wird. Anders als bei den höheren Intelligenzen geht aus der zehnten aber nicht nur eine einzige Form hervor,

---

[256]   Diese Analogie erwähnt auch Davidson, *Alfarabi, Avicenna, and Averroes, on Intellect*, S. 82, Fn. 37.

[257]   Siehe dazu auch ibid., S. 75–77.

[258]   Vgl. Ibn Sīnā, *al-Ilāhiyyāt* IX.5, S. 334, Z. 16–S. 335, Z. 13; ed. Van Riet, S. 488, Z. 4–S. 489, Z. 28. Vielleicht richtet sich Avicenna mit diesem Hinweis speziell gegen al-Fārābī, bei dem die Bewegungen der Himmelskörper für den Hervorgang der sublunaren Materie verantwortlich sind, vgl. Janos, *Method, Structure, and Development*, S. 232.

[259]   Vgl. Ibn Sīnā, *al-Ilāhiyyāt* IX.5, S. 335, Z. 4–6; ed. Van Riet, S. 489, Z. 12–16: لكن الأمور الكثيرة المشتركة فى النوع
والجنس لا تكون وحدها بلا مشاركة من واحد معين، علة لذات هى فى نفسها متفقة واحدة، وإنما يقيمها واحد غيرها؛ فلا يوجد إذن هذا الواحد عنها
إلا بارتباط بواحد يردها إلى أمر واحد. „Ea autem quae sunt multa convenientia in specie et genere non sunt sola, absque consortio alterius adiuvantis, quod est causa essentiae, quod in seipsa est conveniens unum (*muttafiq wāḥiḍ*), nec facit diversa, nisi quod est aliud ab ipsa. Hoc igitur unum non est ab ea, nisi propter ligationem alterius unius quod reducit eam ad unum aliquid." Man könnte dies wie folgt als Regel formulieren: aus vielen, wenn auch zusammenwirkenden Dingen kann nicht ein einzelnes, einförmiges Ding hervorgehen (*ex multa convenientia non aliquid conveniens unum*). Vgl. auch Davidson, *Alfarabi, Avicenna, and Averroes, on Intellect*, S. 77.

[260]   Vgl. ibid., S. 77.

[261]   Vgl. Ibn Sīnā, *al-Ilāhiyyāt* II.3, S. 62, Z. 18–S. 63, Z. 2; ed. Van Riet, S. 92, Z. 22–25: فإذن المادة الجسمية لا توجد
„Materia مفارقة للصورة. فالمادة إذن إنما تتقوم بالفعل بالصورة، فإذن المادة إذا جردت فى التوهم، فقد فعل بها ما لا يثبت معه بها فى الوجود.
enim corporea non habet esse separata a forma. Igitur materia non constituitur in effectu nisi per formam; igitur materia, cum spoliatur in intellectu, iam accipitur sic prout nullo modo habet esse sic."

die dann zusammen mit der Materie eine einzige körperliche Substanz bildet, wie dies im supralunaren Bereich der Fall ist, wo sich auf jeder Ebene eine Himmelssphäre findet.[262] Vielmehr wird die sublunare Materie zugleich durch viele Formen ausdifferenziert, die zum einen von unterschiedlicher Art und zum anderen pro Art der Zahl nach verschieden sind, sodass alle individuellen Vertreter einer Art jeweils eigene Formen haben. Die Zahl wandelt sich zudem über die Zeit hinweg, da Dinge entstehen und vergehen.[263] Zu dieser mannigfaltigen Ausdifferenzierung äußert sich Avicenna wie folgt:

ثم تفيض منه الصور فيها بالتخصيص لا بانفراد ذاته، فإن الواحد يفعل فى الواحد ـ كما علمت ـ واحدًا، بل بمشاركة الأجسام السماوية ... ومخصصات المادة معداتها.[264]	Die Formen emanieren dann aus ihr [d. h. der letzten Intelligenz] in sie [d. h. die Materie] mit einer Spezifizierung, die nicht allein durch sie selbst [d. h. die Intelligenz] erfolgt, denn das Eine bewirkt im Einen – wie du weißt – [nur] eines, sondern durch die Beteiligung der Himmelskörper ... Die Dinge, die die Materie spezifizieren, sind die Dinge, die sie vorbereiten.

Zitat 2-11

Aufgrund der Vielzahl sublunarer Formen ist Avicenna zufolge evident, dass der Geber der Formen sie nicht in Eigenregie allein aus seinem Wesen heraus (*lā bi-nfirād ḏātihī; non per seipse solummodo*) bewirkt. In ihm sucht man vergebens die vielen Aspekte, die es dazu bräuchte, denn er vollzieht lediglich die üblichen drei Denkakte der Intelligenzen, und jeder dieser Denkakte ist einfach. Um darauf zu verweisen, welche Wirkung die zehnte Intelligenz hätte, wenn sie fähig wäre, als alleinige Ursache zu wirken, zieht Avicenna eine Variation der *ex-uno*-Regel heran. Da die Intelligenz von ihrem Wesen her als rein geistige Form ontologisch einfach und unveränderlich ist, ginge aus den drei Erkenntnissen, die einfach und unveränderlich sind, jeweils nur eine einfache Wirkung hervor. Pro Wirkung kann es keine weitere Ausdifferenzierung oder Variation geben.[265] Die Lesart der Regel ist somit abermals quantitativ: Da der für die Formen ursächliche Denkakt ein einfacher ist, der sich nicht wandelt, weil die himmlischen Intelligenzen als einfache Substanzen unveränderlich sind, würde nur eine einzige substanzielle Form in die sublunare Materie hervorgehen, die in ihrer Gesamtheit als einziges, einheitliches Substrat aufzufassen ist, das beformt wird. Aus diesem Szenario wird ersichtlich, dass zur Begründung der Vielfältigkeit – sowohl der Art als auch der Zahl nach – sowie der individuellen Zeitlichkeit des Entstehens sublunarer

---

[262]   Siehe dazu Davidson, *Alfarabi, Avicenna, and Averroes, on Intellect*, S. 78–79.

[263]   Dass die substanziellen Formen der sublunaren Sphäre individuell sind, erläutert Avicenna in *De anima* vor allem für die menschlichen Seelen. Siehe dazu Kapitel 2.3.2.3.

[264]   Ibn Sīnā, *al-Ilāhiyyāt* IX.5, S. 335, Z. 9–16; ed. Van Riet, S. 489, Z. 21–32: „a qua postea fluunt formae in hoc appropriantes ea, non per seipsas solummodo. Unum enim unum agit in unum, sicut nosti, sed propter consortium corporum caelestium … Appropriatores vero materiae sunt eius praeparatores."

[265]   Dies ist der Akt, in dem sich die Intelligenz als ein durch anderes notwendig Seiendes erkennt. Davidson bezieht es hingegen auf die Einförmigkeit. Ich denke, das ist nicht möglich, denn dann dürfte die Wirkung insgesamt nur eine sein, aber wie wir gerade gesehen haben, geht ja auch Materie hervor. Und Davidson meint selbst, dass für die zehnte himmlische Intelligenz in gewissem Sinne das Dreierschema beibehalten wird, vgl. Davidson, *Alfarabi, Avicenna, and Averroes, on Intellect*, S. 76–78, und siehe Fn. 252. Die Einheit kann sich also nur auf die Einheit bzw. Einförmigkeit des ursächlichen Denkakts beziehen.

Dinge neben dem Geber der Formen Mitursachen angenommen werden müssen, die durch ihre Diversität und Wandelbarkeit die Verschiedenheit in der Beformung der Materie bedingen.[266] Die Materie selbst ist im Sinne der ersten Materie offen für sämtliche sublunare Formen und würde von sich aus keinen Überhang zu einer speziellen Form auslösen. Dieser Überhang muss von den Mitursachen herbeigeführt werden. Diese sind einerseits die supralunaren Himmelssphären, die auf die sublunare Sphäre Einfluss nehmen, andererseits die sublunaren Dinge und Kräfte, die als akzidentelle Ursachen fungieren. Sie sorgen dafür, dass die Materie auf verschiedene Weise vorbereitet und sodann durch verschiedene Formen ausdifferenziert wird, wobei die einfachste Art der Ausdifferenzierung die Elemente sind.[267] Da die erste Materie lediglich ein Denkkonstrukt ist und als Potentialität verstanden wird, liegt sie nie für sich vor, sondern ist in der konkreten Wirklichkeit immer schon beformt. Das impliziert, dass die Einwirkungen nicht direkt auf eine formlose erste Materie erfolgen, sondern auf die in den körperlichen Dingen vorliegende Materie. In diesen Komposita findet sich die Materie zusammen mit einer substanziellen Form und diversen akzidentellen Formen. Die Einwirkungen verändern die akzidentellen Formen und spezifizieren die Materie, das heißt, sie machen sie eigentümlich oder bestimmt (ḫaṣṣaṣa; appropriare) bis zu dem Punkt, an dem sie eine vollständige Eignung (munāsaba kamāla; praeparatio / comparatio perfecta) dazu erlangt, in einem bestimmten anderen Ding vorzuliegen. Nun tritt ein Überhang zum Sein des anderen Dings ein, denn in diesem Moment hat die Materie vollständige Bereitschaft (istiʿdād kamāl; aptitudo perfecta), eine andere substanzielle Form zu empfangen, was als Auslöser dafür dient, dass diese eigentümliche Form (ṣūra ḫāṣṣa; forma propria) aus dem aktiven Intellekt hervorfließt (fāḍa; fluere) und in die Materie eingeprägt wird (irtasama; describi), welche zugleich die alte substanzielle Form verliert.[268] Zusammen mit der substanziellen Form verleiht der Geber der Formen dem neuen Ding insgesamt Sein, sodass die Materie nun in diesem Ding in Wirklichkeit vorliegt. Mit der Form erlangt das Ding jedoch nicht nur affirmatives Sein, sondern auch seine Wesensbestimmung, das eigentümliche Sein (wuǧūd ḫāṣṣ; esse proprium).[269]

Das gerade umrissene Szenario schildert das Entstehen von Dingen im extramentalen Bereich der sublunaren Welt. Wie ich im Ontologie-Kapitel beschrieben habe, gibt es nach Avicenna zwei Weisen, zu sein: entweder in der extramentalen Wirklichkeit oder in der intramentalen. Beide Seinsweisen finden sich sowohl in der supra- als auch in der sublunaren Welt. Die Verursachung sublunarer intramental existierender Dinge läuft nach Avicenna ontologisch fast parallel zu der der extramentalen Dinge. In beiden Fällen bedingt die

---

[266] Darauf verweist Avicenna zu Beginn von Kapitel IX.5 als Fazit seiner vorangegangenen Analysen, vgl. *al-Ilāhiyyāt* IX.5, S. 334, Z. 12–15; ed. Van Riet, S. 488, Z. 98–3.

[267] Vgl. ibid. IX.5, S. 334, Z. 16–S. 335, Z. 3, und S. 335, Z. 14–18; ed. Van Riet, S. 488, Z. 4–S. 489, Z. 11, und S. 489, Z. 29–S. 490, Z. 35, und Davidson, *Alfarabi, Avicenna, and Averroes, on Intellect*, S. 78.

[268] Die menschliche Seele ist eine Ausnahme. Sie wird zwar ebenfalls ins Sein gebracht, wenn die Materie bereit ist, jedoch wird sie nicht in die Materie eingeprägt, siehe dazu Kapitel 2.3.2.3. Außerdem ist bei Avicenna insgesamt nicht ganz klar, welche Formen neben den substanziellen sonst noch vom Geber der Formen an die Materie verliehen werden, siehe dazu ibid., S. 79.

[269] Vgl. Ibn Sīnā, *al-Ilāhiyyāt* IX. 5, S. 335, Z. 11–13, und S. 335, Z. 19–S. 336, Z. 7; ed. Van Riet, S. 489, Z. 24–28, und S. 490, Z. 35–48. Die Wirkungen erscheinen eher wie die sekundären Wirkungen des Feuers, die entstehen, wenn dessen eigentliche Wirkung, die Hitze, auf Objekte tritt (siehe Fn. 255). Was wäre dann aber als eigentliche Wirkung des zehnten Intellekts anzusehen? Form an sich?

Vorbereitung eines Substrats, dass Dinge zu einem bestimmten Zeitpunkt entstehen, indem Formen verliehen werden, die aus der zehnten himmlischen Intelligenz emanieren, sobald das Substrat für ihren Empfang vollständig bereit ist.[270] Während dort das Substrat die Materie ist, ist es hier die rationale Seele. Wie Avicenna in *De anima* V.6 beschreibt, erwirbt diese durch Lernen (*taʿallum; discere*) eine vollständige Bereitschaft (*istiʿdād tāmm; aptitudo perfecta*) zum Kontakt mit dem aktiven Intellekt, woraus resultiert, dass bestimmte abstrakte intelligible Formen in die Seele emanieren.[271] Obgleich man intramentale Existenz auch aus epistemologischer Sicht analysieren kann – es liegt das Stadium des erworbenen Intellekts (*ʿaql mustafād; intellectus accommodatus*) vor – sind intramental existierende Dinge ontologisch gesehen intelligible Formen, die in der menschlichen Seele vorliegen, welche als Substrat fungiert.[272] Anders als die materiellen Formen, die zusammen mit dem Substrat, dem sie eingeprägt werden, ein Einzelding bilden, finden sich die intelligiblen Formen ohne Materie in ihrem Subjekt, der Seele (so wie sie separat im aktiven Intellekt vorliegen).[273] In diesen Formen findet sich wie in allen anderen Dingen Sein und Wesen. Auch für den intramentalen Bereich ist die zehnte himmlische Intelligenz, die in ihrer erkenntnistheoretischen Funktion als aktiver Intellekt (*al-ʿaql al-faʿʿāl; intelligentia agens*) bezeichnet wird, die direkte Ursache. Sie ist aber ebenfalls nicht in Eigenregie tätig, da auch hier Pluralität und Zeitlichkeit in der Wirkung vorliegen. In beiden Fällen – extra- wie intramental – lässt die zehnte himmlische Intelligenz also nicht aus sich allein heraus absolute Wirkungen hervorgehen. Vielmehr erfährt die Wirkung (*taʾṯīr; actio*), die von Seiten der Intelligenz ewig und unveränderlich bewirkt wird, Vervielfältigung und Zeitlichkeit von Seiten der Disposition der Rezipienten.[274]

2.3.2 Zentrale Begriffe

Für einen Vergleich mit den kosmogonischen Theorien der lateinischen Denker ist es wichtig, die Begriffe zu klären, die Avicenna verwendet, um die verschiedenen Weisen zu erfassen, wie weltliche Dinge ins Sein gelangen. Dies betrifft insbesondere die Begriffe der Entstehung (*ḥudūṯ; inceptio*), Zeugung (*takwīn; generatio*) und Schöpfung (*ibdāʿ; creatio*). Diese sollen im Folgenden erläutert werden.

---

[270] Zur Forschungsdiskussion darum, ob die menschliche Seele die intelligiblen Formen durch Abstraktion oder Emanation erwirbt, vgl. Hasse, ‚Avicenna's Epistemological Optimism'. Der Konflikt lässt sich Hasse zufolge lösen, indem man die Emanation ontologisch versteht, die Abstraktion hingegen epistemologisch, sodass sich beide Ansätze zugleich annehmen lassen.

[271] Vgl. Ibn Sīnā, *Kitāb al-Nafs* V.6, S. 247, Z. 2–15; ed. Van Riet, Bd. 2, S. 148, Z. 40–S. 149, Z. 56.

[272] Vgl. ibid. I.5, S. 50, Z. 2–12; ed Van Riet, Bd. 1, S. 98, Z. 65–S. 99, Z. 78. Avicenna spricht auch hier von Dingen. Außerdem macht er in *Metaphysik* V.1 deutlich, dass intelligible Dinge als Formen im Geist partikulär sind und Universalität nur durch den Aspekt ihrer Übertragbarkeit auf vieles haben. Für das Zitat siehe Fn. 79. Vgl. außerdem Hasse, ‚Avicenna's Epistemological Optimism', S. 113.

[273] Zum analogen Vorliegen der Formen im aktiven Intellekt und in der menschlichen Seele siehe ibid., S. 113.

[274] Das erwähnt Avicenna bspw. für den Hervorgang der menschlichen Seelen, vgl. dazu Ibn Sīnā, *al-Ilāhiyyāt* IX.4, S. 333, Z. 15–S. 334, Z. 4; ed. Van Riet, S. 487, Z. 73–88.

2.3.2.1 Entstehung (ḥudūṯ; inceptio)

In Bezug auf das Ins-Sein-Treten der weltlichen Dinge ist bei Avicenna der Begriff der Entstehung (ḥudūṯ; inceptio) zentral. Entstanden zu sein, bedeutet für Avicenna grundlegend, Sein (aysa; esse) nach Nicht-Sein (laysa; non esse) zu haben. Versteht man die Nachordnung zeitlich, so findet Entstehung nur in der sublunaren Welt statt. Dort erlangen die Dinge in der Zeit Sein. Ihrer Existenz geht somit eine Zeitspanne voraus, in der sie kein aktuelles Sein besitzen, sondern lediglich in Potentialität vorliegen. Wie im Ontologie-Kapitel bereits erläutert, ist die Potentialität in der Materie zu verorten, weshalb nach Avicenna gilt, dass „alles, was entsteht, ein materielles Prinzip hat"[275]. Mit dieser Aussage bezieht er sich nur auf extramentale Dinge. Die Potentialität intramentaler Dinge ist hingegen in der Seele zu verorten, die diese Dinge zu einem bestimmten Zeitpunkt empfangen kann. Entstanden zu sein, impliziert nach Avicenna allerdings nicht in allen Fällen, einen zeitlichen Anfang zu haben. So führt er neben dem gerade vorgestellten engen Verständnis von Entstehung noch ein weites Verständnis an:

فإن أطلق اسم المحدَث على كل ما له «أيس» بعد «ليس» وإن لم تكن بعَدية بالزمان كان كل معلول محدثا. [276]	Denn wenn die Bezeichnung ‚entstanden' auf alles übertragen wird, was Sein nach Nicht-Sein hat, obgleich es sich nicht um eine zeitliche Nachordnung handelte, dann wäre alles Verursachte entstanden.

Zitat 2-12

Nimmt man das Konzept der Entstehung ohne eine zeitliche Komponente an, gelten Avicenna zufolge sämtliche Dinge als entstanden, die verursacht sind und somit Sein nach Nicht-Sein haben. Die Nachordnung des Seins nach dem Nicht-Sein ist dabei nicht temporal, sondern essenziell zu verstehen. Diesbezüglich rekurriert Avicenna wieder auf die von ihm getroffene Distinktion von Sein und Wesen:

فإن للمعلول فى نفسه أن يكون « لَيْس » ويكون له عن علته أن يكون «أيْس». والذى يكون للشىء فى نفسه أقدم عند الذهن بالذات لا فى الزمان من الذى يكون عن غيره. فيكون كل معلول «أيْسا» بعد «لَيْس» بعدية بالذات. [277]	Denn etwas Verursachtem kommt in sich selbst zu, ein Nicht-Sein zu sein (an yakūna ‚laysa'; ut sit non), von seiner Ursache her kommt ihm jedoch zu, ein Sein zu sein (an yakūna ‚aysa'; ut sit). Das, was einem Ding in sich selbst zukommt, ist für den Verstand dem Wesen nach – nicht bezüglich der Zeit – früher als das, was ihm von einem an-

---

[275] Ibid. VIII.2, S. 139, Z. 11; ed. Van Riet, S. 208, Z. 50–51: أن لكل حادث مبدأ ماديّا. „omne quod incipit habet principium materiale."

[276] Ibid. VI.2, S. 203, Z. 16–17; ed. Van Riet, S. 304, Z. 75–77: „Si autem laxaverint nomen inceptionis circa omne quod habet esse post non esse, quamvis non sit haec posterioritas tempore, tunc omne causatum erit incipiens."

[277] Ibid. VI.2, S. 203, Z. 13–15; ed. Van Riet, S. 304, Z. 70–74: „Causat[o] enim quantum est in se, est ut sit *non* (*laysa*), quantum vero ad causam suam est ei ut *sit* (*aysa*). Quod autem est rei ex seipsa apud intellectum prius est per essentiam, non tempore, eo quod est ei ex alio a se; igitur omne causatum est ens post non ens, posterioritate essentiae."

deren her zukommt. Daher ist alles Verursachte ein Sein (*aysa; ens*) nach einem
Nicht-Sein (*laysa; non ens*) entsprechend einer Nachordnung dem Wesen nach.

Zitat 2-13

Analysiert man Dinge in sich selbst, nimmt man nach Avicenna ihr Wesen in den Blick,
denn darin liegt ihr eigentümliches Sein. So zielt denn auch die Bezeichnung als Ding laut
Avicenna auf das Wesen, während die Bezeichnung als Seiendes auf die Existenz verweist,
wie in Kapitel 2.1.1 erläutert. Das Wesen ist einem Ding als solchem demnach eigentümlicher als sein affirmatives Sein, das ihm von seiner Wirkursache verliehen wird. Eigenschaften, die man einem Ding *in sich* selbst zugesteht, werden ihm also mit Blick auf sein Wesen
zugesprochen, die Prädikation betrifft jedoch das Ding als Ganzes. Konstatiert Avicenna
nun, dass allen verursachten Dingen in sich selbst Nicht-Sein zukommt, möchte er damit
nicht implizieren, die Wesen selbst seien etwas Nicht-Seiendes; wir haben ja gesehen, dass
sie das Sein weder affirmieren noch negieren. Vielmehr ist Avicennas Feststellung streng in
Bezug auf die Dinge als Ganzes zu verstehen: Lässt man den Bezug auf ihre jeweilige Wirkursache unberücksichtigt und nimmt nur das Wesen in den Blick, kann man Dingen kein
Sein zusprechen, denn das Wesen bringt lediglich die wesenhaften Bestimmungen mit sich.
Dieses Nicht-Sein geht in der rationalen Analyse dem Sein voraus, das keinem Ding eigentümlich ist, sondern stets von außen her durch eine Ursache verliehen wird. Aufgrund
dieser ontologischen Verhältnisse und der darin angelegten Nachordnung des Seins nach
dem Nicht-Sein lassen sich für Avicenna alle Dinge als entstanden auffassen. Diesen
Gedanken nimmt er in Kapitel VIII.6 der *Metaphysik* noch einmal auf. Dort weist er ausdrücklich darauf hin, dass in diesem Sinne alles außer dem ersten Prinzip – dem einzigen
durch sich notwendig Seienden – in seinem Sein verursacht und folglich entstanden ist.[278]
Dies zielt vor allem darauf ab, klarzustellen, dass auch alle ewigen Dinge verursacht und
entstanden sind und damit in ihrem Sein von Gott abhängen. Keineswegs sind sie etwas
durch sich notwendig Seiendes, obgleich sie von Ewigkeit her Bestand haben.

Die beiden dargestellten Auffassungen der Entstehung (*ḥudūṯ; inceptio*) bilden für Avicenna die Basis der beiden Konzepte der Zeugung (*takwīn; generatio*) und Schöpfung (*ibdāʿ;
creatio*). Außerdem bedienen sich die drei in dieser Arbeit behandelten lateinischen Autoren sowohl des weiten wie auch des engen Verständnisses und setzen es für ihre Zwecke ein,
sei es mit Avicenna oder gegen ihn.

---

[278] Vgl. ibid. VIII.6, S. 272, Z. 12–S. 273, Z. 2; ed. Van Riet, S. 396, Z. 39–S. 397, Z. 52: وكل شيء حادث عن ذلك الواحد،
وذلك الواحد محدث له إذ المحدث هو الذى كان بعد ما لم يكن ... فيكون الإحداث عن الليس المطلق، وهو الابداع، باطلا لا معنى له. بل البعد
الذى ههنا هو البعد الذى بالذات. فإن الأمر الذى للشيء من تلقاء نفسه هو من غيره. وإذا كان له من غيره الوجود والوجوب فله من
نفسه العدم والامكان، وكان عدمه قبل وجوده، ووجوده بعد عدمه قبلية وبعدية بالذات. فكل شيء غير الأول الواحد، فوجوده بعد ما لم يكن
باستحقاق نفسه. „Omne enim quod coepit ab illo uno est, et illud unum est dans ei inceptionem, eo quod id quod
incipit est id quod est post non esse ... Igitur *post* quod est hic est *post* quod est per essentiam, quia id quod
est rei ex seipsa prius est eo quod est ei ex alio a se; postquam autem est ei ex alio esse et debitum essendi, tunc
habet ex se privationem et possibilitatem, et fuit eius privatio ante esse eius <et esse eius> post privationem
eius prioritate et posterioritate per essentiam. Igitur omnis res, excepto primo, est postquam non fuit ens,
quantum in se est.“

2.3.2.2 Schöpfung (*ibdā ʿ; creatio*) und Zeugung (*takwīn; generatio*)

Avicenna wendet das weite Verständnis der Entstehung auf die ewigen Dinge nicht nur an, um zu unterstreichen, dass sie nicht aus sich heraus existieren, sondern auch mit dem Ziel, sogar den Schöpfungsbegriff auf sie zu übertragen. Vermittelte Verursachung explizit als Schöpfung (*ibdā ʿ; creatio*) zu verstehen, fand erst mit dem *Liber de causis* (*Kalām fī Maḥḍ al-ḫayr*) Einzug in die neuplatonische Tradition. Die dortige Darstellung des Hervorgangs der Welt wurde in der lateinischen Tradition als Schöpfungsmodell verstanden, obgleich das darin entwickelte Konzept der Schöpfung von dem der abrahamitischen Religionen abweicht. Interessanterweise wird Emanation jedoch nicht einfach durch Schöpfung ersetzt, sondern Schöpfung wird mit dem Emanationsvokabular verknüpft.[279] Auf ähnliche Weise möchte Avicenna das Konzept der Schöpfung in sein Modell der ewigen Emanation einbinden, da auch er das Modell als mit dem Glauben vereinbar versteht. Die Definition von Schöpfung, die er in Kapitel VI.2 der *Metaphysik* anführt, übernimmt er aus der Tradition:

فهذا هو المعنى الذى يسمى إبداعا عند الحكماء وهو
تأييس الشيء بعد ليس مطلق.[280]

Dies ist dann die Bedeutung, die bei den Weisen Schöpfung (*ibdā ʿ; creatio*) genannt wird, nämlich das Ins-Sein-Bringen (*taʾyīs; dare esse*) eines Dings nach absolutem Nicht-Sein (*laysa muṭlaq; non esse absolute*).

Zitat 2-14

Das absolute Nicht-Sein ist im Gegensatz zum relativen Nicht-Sein zu verstehen, das als Privation in der Materie vorliegt und in der Zeit dem Sein vorausgeht.[281] Gelangt etwas aus relativem Nicht-Sein ins Sein, findet also die zeitlich verstandene Entstehung statt, die mit Veränderung verbunden ist. Sie ist nicht als Schöpfung aufzufassen. Der Schöpfung geht keine Zeitspanne voraus, denn Welt und Zeit beginnen gemeinsam. Nun ist die Lage jedoch so, dass es bei Avicenna keinen derartigen Anfangspunkt von Welt und Zeit gibt. Die Welt wird vielmehr von Ewigkeit her verursacht. Somit sind alle Dinge entweder in der Zeit entstanden oder ewig, ohne einen zeitlichen Anfang zu haben. Doch wie lässt sich in einem solchen Modell sinnvoll von Schöpfung sprechen? Avicennas Lösung ist, das Verständnis von Schöpfung von seinem temporalen Aspekt zu lösen. Dazu kann er seine Überlegungen zum weiten Verständnis von Entstehung heranziehen. Die Nachordnung des Seins nach

---

[279] Vgl. Taylor, ,Primary Causality and ›ibdāʾ‹, S. 116–119.

[280] Ibn Sīnā, *al-Ilāhiyyāt* VI.2, S. 203, Z. 12–13; ed. Van Riet, S. 304, Z. 68–69: „et haec est intentio quae apud sapientes vocatur creatio, quod est dare rei esse post non esse absolute." Der lateinische Text verwendet mit *absolute* (schlechthin) ein Adverb, im Arabischen hingegen steht mit *muṭlaq* (uneingeschränkt, absolut) ein Partizip Perfekt. Zudem ist *taʾyīs* Verbalsubstantiv des zweiten Stamms der Wurzelgruppe a-y-s. Diese Form findet man nur selten. Gundisalvi hat es mit *dare esse* übertragen, womit die Definition von Schöpfung Nähe zur christlichen Definition aufweist. Siehe den Eintrag im *Arabic and Latin Glossary* und vgl. Janos, *Method, Structure, and Development*, S. 270.

[281] Vgl. Ibn Sīnā, *al-Ilāhiyyāt* VI.2, S. 204, Z. 3–5; ed. Van Riet, S. 305, Z. 85–88: ثم المحدث بالمعنى الذى لا يستوجب الزمان لا يخلو إما أن يكون وجوده بعد «ليس» مطلق، أو يكون وجوده بعد «ليس» غير مطلق بل بعد عدم مقابل خاص فى مادة موجودة على ما عرفته. „Item incipiens secundum intentionem qua non praecedit tempus, necessario vel esse eius est post *non* absolute, vel esse eius est post *non* non absolute, sed secundum privationem privationis oppositae propriae in materia essente, sicut iam nosti."

dem Nicht-Sein wird hier nicht zeitlich, sondern essenziell verstanden. Dies lässt sich auf das Konzept der Schöpfung anwenden. Bei der Schöpfung wird Sein nach absolutem Nicht-Sein verliehen, sodass das Geschaffene aus nichts entsteht. Fasst man die Entstehung hierbei essenziell auf, muss der Schöpfung kein temporales Nicht-Sein vorangehen, sondern nur essenzielles. Auf diese Weise können auch ewige Dinge als entstanden und darüber hinaus sogar als geschaffen angesehen werden:

فإن كان وجوده بعد «ليس» مطلق كان صدوره عن العلة، ذلك الصدور إبداعا، ويكون أفضل أنحاء إعطاء الوجود، لأن العدم يكون قد منع البتة، وسُلّط عليه الوجود، ولو مُكِّن العدم تمكينا يسبق الوجود كان تكوينه ممتنعا إلا عن مادة، وكان سلطان الإيجاد، أعني وجود الشيء من الشيء ضعيفا قصيرا مستأنفا.²⁸²

Denn wenn sein Sein [d. h. das Sein des Ent-standenen] nach absolutem Nicht-Sein ist, dann erfolgt sein Hervorgehen [allein] von der Ursache her; ein solches Hervorgehen ist Schöpfung (*ibdāʿ; creatio*) und es ist die vor-züglichste Art des Verleihens von Sein, denn die Privation (*ʿadam; privatio*) wird gänzlich verhindert, während dem Sein Herrschaft über es [d. h. das Entstandene] gegeben wird. Wenn man der Privation aber eine ge-wisse Stärke zugesteht, sodass sie dem Sein vorausgeht, dann ist seine Zeugung nur von der Materie her möglich und die Herrschaft des Hervorbringens, das heißt das Sein des [einen] Dings aus dem [anderen] Ding, wäre kurz, schwach und immer neu einsetzend (*ḍaʿīf qaṣīr mustaʾnif; breve et debile et futurum*).

Zitat 2-15

Unter den Arten, Sein zu verleihen, misst Avicenna im Zitat der Schöpfung den höchs-ten Rang bei. Durch Schöpfung gelangen die ewigen Dinge ins Sein. Diese sind der Privation von Sein gänzlich enthoben, da sie des Seins zu keinem Zeitpunkt ermangeln, an dem sie dann nur potentielles Sein hätten. Vielmehr erhalten sie unablässig in jedem Moment ihrer Existenz Sein, da sie wegen der Sein-Wesen-Distinktion aus sich heraus niemals Sein hätten und ins Nicht-Sein fielen, sobald die Ursachen, die Sein verleihen, zu wirken aufhörten. In diesem Sinne entstehen die Dinge ununterbrochen und das kontinuierliche Verleihen von Sein könnte man als beständige Schöpfung (*creatio continua*) bezeichnen.

Den Akt der Schöpfung stellt Avicenna dem der Zeugung (*takwīn; generatio*) gegenüber. Durch die Zeugung wird Privation von Sein in der Zeit nicht gänzlich beseitigt. Vielmehr liegt sie sowohl vor als auch nach dem zeitlich begrenzten Sein der sublunaren Dinge in der Materie vor. Die Materie dient als Zugrundeliegendes für den Zeugungsakt, der durch die Bewegungen der allgemeinen Natur (*natura generalis*) veranlasst wird. Dabei bereiten hel-fende, akzidentelle Ursachen die Materie vor, bis sie die passende Disposition hat, um

---

²⁸² Ibid. VI.2, S. 204, Z. 5–8; ed. Van Riet, S. 305, Z. 88–94: „Si autem fuerit esse eius post *non* absolute, tunc adventus eius a causa erit creatio, et hic est dignior omnibus modis dandi esse, quia privatio iam remota est omnino et inducitur esse. Sed si ponatur privatio taliter quod esse praecedat eam, tunc generatio causati erit impossibilis nisi ex materia, et inductio esse, scilicet esse rei ex re quod est, breve et debile et futurum.“

die Form aufzunehmen, die vom aktiven Intellekt herabfließt und mit der zusammen sie das entstehende Ding bildet. Dieses Ding ist jedoch vergänglich, weshalb Avicenna seine Existenz als kurz und schwach bezeichnet.

Über das Zitat hinausgehend ist der Begriff der *creatio* noch etwas komplexer. Dies thematisiert Avicenna ebenfalls in Kapitel VI.2 der *Metaphysik*. Seiner Ansicht nach lässt sich das Konzept der Schöpfung noch etwas mehr differenzieren. Man kann gerne all das, was nicht aus vorausgehender Materie entstanden ist, als geschaffen erachten, wie es die Zitate 2-14 und 2-15 insinuieren. Zu den Geschöpfen in diesem weiten Sinn zählen mithin alle ewigen Dinge: die himmlischen Intelligenzen, die Himmelssphären, der sublunare Bereich als solcher und darüber hinaus die Welt insgesamt. Sie alle haben gemeinsam, dass sie direkt und in Gänze aus den ihnen übergeordneten Ursachen hervorgehen, wobei ihnen zeitlich nichts vorausgeht. Unter diesen Geschöpfen findet sich allerdings eines von exponiertem Rang. Avicenna würdigt es als das vorzüglichste (*afḍal; nobilius*) der Geschöpfe, insofern es dasjenige ist, das ohne jegliche Vermittlung von der ersten Ursache her Sein hat (*mā lam yakun bi-wāsiṭatin ʿan ʿillatihī l-ūlā; quod est ex sua prima causa, nulla mediante*). Dies ist die erste himmlische Intelligenz, die im engen Sinne geschaffen wird, nämlich direkt von Gott.

Die Binnendifferenz der Geschöpfe, die Avicenna in Kapitel VI.2 entwirft, entspricht dem, was er in seinem Kommentar zur *Theologie des Aristoteles* erläutert: Anders als in der *Metaphysik* unterscheidet er hier explizit zwischen Geschöpf im Allgemeinen (*mubdaʿ ʿalā l-iṭlāq*) und spezifischen Sinn (*mubdaʿ ʿalā waǧh li-maḥṣūṣ*). Ersteres bestimmt er als dasjenige, welches selbst kein Sein hat, sondern Sein von einem anderen erhält, ohne dass Materie als Vorausgehendes zugrunde liegt. Dies trifft auf alle ewigen weltlichen Substanzen zu. Von diesem weiten Verständnis setzt Avicenna ein enges Verständnis ab, wonach der Status als Geschöpf nur demjenigen zukommt, das direkt, ohne jegliche Vermittlung aus dem notwendig Seienden hervorgeht. Dies ist allein für die erste himmlische Intelligenz der Fall.[283] Die beiden angeführten Verständnisse stimmen also mit den Ausführungen in der *Metaphysik* überein.

2.3.2.3 Spezialfall: menschliche Seele

Unter den Entitäten im sublunaren Bereich kommt der menschlichen Seele ein Sonderstatus zu: Sie ist unvergänglich. Dieser Sonderstatus lässt sich jedoch nicht daraus ableiten, dass sie eine besondere Ursache hat, wie dies in anderen kosmogonischen Modellen der Fall ist.[284] Sie wird nämlich nicht etwa unmittelbar durch Gott, das erste Prinzip geschaffen, sondern geht aus diesem regulär über Vermittlung hervor. Ihre direkte Ursache ist der Geber der Formen, was freilich für problematisch erachtet werden kann, umso mehr als Avicenna auch hier das Motiv der Vorbereitung der Materie beibehält. Dies geht beispielsweise aus Kapitel V.2 seines *Buchs über die Seele* (*Kitāb al-Nafs; De anima*) hervor, das dem

---

[283] Zur Übersetzung der Stelle aus der *Theologie des Aristoteles* siehe d'Ancona Costa, ,*Ex uno non fit nisi unum*', S. 49–50.

[284] Im *Timaios* bspw. setzt der Demiurg direkt die menschlichen Seelen ins Sein, sodass diese vor den Köpern präexistieren und unsterblich sind, vgl. Platon, *Timaios* 41a–e. Bei Avicenna gibt es keine Präexistenz der menschlichen Seelen, vgl. Ibn Sīnā, *Kitāb al-Nafs* V.3.

naturphilosophischen Teil der *Šifāʾ* zugehört. Weist ein Körper durch Vorbereitung von Seiten der akzidentellen Ursachen die passende Disposition auf, wird die ihm zugeordnete individuelle menschliche Seele ins Sein gesetzt. Wie alles andere, das in der Zeit zu sein beginnt, bedarf also auch sie der Materie.[285] Im Unterschied zu den übrigen substanziellen Formen wird sie dem Körper allerdings nicht eingeprägt (*munṭabaʿ; impressus*), sodass sie gemeinsam mit ihm ein Kompositum bilden würde, in dem beide Sein hätten und mit dem zusammen auch beide vergehen würden.[286] Vielmehr ist ihre Verbindung mit dem Körper nur akzidentell, das heißt, die menschliche Seele ist lediglich vorübergehend mit dem Körper zusammen, in ihrer Existenz jedoch eigentlich unabhängig von ihm.[287]

Die Besonderheit der menschlichen Seele thematisiert Avicenna ebenfalls in *Metaphysik* IV.2. Dort bestimmt er Substanzen als eigenständige Dinge, die in ihrem Bestand nicht von einem Zugrundeliegenden abhängen. Substanzen, die in der Zeit entstehen, bedürfen jedoch eines gewissen Bezugs zu etwas Materiellem, das ihr Entstehen bedingt und in dem die Möglichkeit ihrer Existenz liegt. Dieses Materielle kann ein Subjekt sein, aus dem heraus (*min; ex*) sie existieren, oder etwas, mit dem zugleich (*maʿa; cum*) sie ins Sein treten. So hat ein Körper aus seinen beiden Komponenten Materie und Form heraus Sein, während die rationale Seele zugleich mit der Entstehung (*ḥudūṯ; generatio / factura*) eines menschlichen Körpers entsteht (*ḥadaṯa; provenit / fit*), der von seiner Disposition her bereit dafür ist, ihr als Instrument zu dienen und durch sie spezifiziert zu werden (*iḫtiṣāṣ; appropriari*). Damit hat auch sie, die eigentlich eine rein geistige Substanz ist, einen Bezug zu Materie, denn die Möglichkeit ihrer Existenz, die vor dem Eintritt der Seele ins Sein vorliegen muss, lässt sich im Körper verorten. Damit ist zeitliche Entstehung (*ḥudūṯ; nova inceptio*) für die menschliche Seele möglich.[288]

Eine Präexistenz der menschlichen Seelen kann es nach Avicenna nicht geben. Denn da sie rein rationale Substanzen sind, gäbe es vor ihrer Zuordnung zu einem Körper kein Unterscheidungsmerkmal, sodass sie identisch wären. Sie kommen daher erst mit dem zu ihnen passenden Körper ins Sein. Allerdings darf dieser Körper nicht als *principium individuationis* verstanden werden. Die Seelen sind vielmehr für sich durch ihre Entstehung individuell, da sie dabei diverse Akzidenzien erlangen, beispielsweise den Zeitpunkt der Entstehung. Diese Individualität bleibt auch dann erhalten, wenn die Körper vergehen und die Seelen als individuelle, rein geistige Substanzen bestehen bleiben.[289]

---

[285]　Siehe auch Ibn Sīnā, *al-Ilāhiyyāt* IV.2, S. 139, Z. 11–13; ed. Van Riet, S. 208, Z. 51–53: فنقول بالجملة: إن كل حادث بعد ما لم يكن فله لا محالة مادة، لأن كل كائن يحتاج إلى أن يكون ـ قبل كونه ـ ممكن الوجود فى نفسه. „Et dico omnino quia omne quod incipit esse post non esse sine dubio habet materiam. Omne enim quod incipit esse, antequam sit, necesse est ut sit possibile in se."

[286]　Vgl. id., *Kitāb al-Nafs* V.2, S. 200, Z. 14–15; ed. Van Riet, Bd. 2, S. 65, Z. 41–42: وذلك لأن النفس الإنسانية سنبيّن أنها غير منطبعة فى المادة التى لها لكنها متصرفة الهمة إليها. „Quod fit propter hoc quod anima humana, sicut postea ostendemus, non est impressa in materia sua, sed est providens ei." Dies zeigt Avicenna in Kapitel V.2.

[287]　Vgl. dazu Hasse, *Avicenna's ›De anima‹ in the Latin West*, S. 80–87.

[288]　Vgl. Ibn Sīnā, *al-Ilāhiyyāt* IV.2, S. 137, Z. 1–15; ed. Van Riet, S. 204, Z. 70–S. 205, Z. 93, außerdem ibid. IX.4, S. 333, Z. 4–5; ed. Van Riet, S. 486, Z. 56–58, und Ibn Sīnā, *Kitāb al-Nafs* V.4, Bd. 2, S. 228, Z. 20–S. 229, Z. 12; ed. Van Riet, Bd. 2, S. 115, Z. 80–S. 117, Z. 97. Zum Verhältnis von Körper und Seele beim Menschen siehe auch die Kapitel V.2 und V.3.

[289]　Vgl. ibid. V.3, S. 225, Z. 10–S. 226, Z. 2; ed. Van Riet, Bd. 2, S. 109, Z. 91–S. 110, Z. 6.

Es fragt sich, ob die menschlichen Seelen für sich als geschaffen bezeichnet werden können. Sie bedürfen zwar eines Bezugs zum Körper, dem sie zugeordnet sind, entstehen aber nicht aus dem Körper heraus (*min; ex*), sondern mit ihm zusammen (*maʿa; cum*). Damit liegt ihnen nicht im eigentlichen Sinne Materie zugrunde, weil sie dieser nicht eingeprägt werden. Allerdings weist Avicenna in Kapitel IV.2 darauf hin, dass die Möglichkeit des Seins der Seele trotzdem in gewisser Weise im Körper vorliegt.[290] Folglich ginge der Existenz der Seele relatives Nicht-Sein in Materie voran, weshalb keine eigentliche *creatio* stattfindet, da dieser kein relatives, sondern absolutes Nicht-Sein vorgeordnet sein muss. Dennoch verwendet der Übersetzer Gundisalvi für den lateinischen Text von *De anima* auffällig oft die Termini *creari* oder *creatio*, während im Arabischen die neutraleren Termini *ḥadaṯa* oder *ḥudūṯ* stehen. Sie haben die Grundbedeutung von Entstehung und werden in Avicennas *De anima* regelmäßig in diesem Sinne übersetzt. Dies ist auch in der *Metaphysik* der Fall. Dort übersetzt Dominicus Gundisalvi *ḥadaṯa* in der Regel mit *fieri, incipere, provenire* oder Ähnlichem, jedoch kein einziges Mal mit einer Form von *creare*.[291] *Creatio* entspricht dort den arabischen Termini *ibdāʿ* und *ḫalq; creator* gibt *bāriʾ* oder *ḫalīq* wieder.[292] Die Kombination von *creari / creatio* und *ḥadaṯa / ḥudūṯ* findet sich auffälligerweise ausschließlich im zweiten Band der Edition von *De anima*, und zwar vor allem im Kontext der Entstehung der menschlichen Seele. Meiner Vermutung nach hatte Avicenna auch hier die eigentlich neutralere Bedeutung von Entstehung im Sinn, da er die himmlischen Intelligenzen – und somit auch den Geber der Formen – nur als Vermittler auffasst und nicht als Schöpfer. Dass Gundisalvi als lateinischer Übersetzer dennoch *creatio* gewählt hat, könnte durch seinen religiösen Hintergrund bedingt worden sein. Bei den Christen – wie auch bei den Muslimen – gilt die menschliche Seele als direkt von Gott geschaffen. Gundisalvis Übersetzung hat jedenfalls dazu beigetragen, dass der Geber der Formen in der Rezeption als schöpferisch tätig wahrgenommen wurde, was den ungerechtfertigten Vorwurf nach sich gezogen hat, Avicenna nehme neben Gott weitere Schöpfer an.

2.3.3 Abgrenzung der *ex-uno*-Regel zur *idem*- und *simile*-Regel

Nachdem nun das Verhältnis von Gott und Welt geklärt ist und zudem dargelegt wurde, auf welche Weise die Welt gemäß Avicenna aus Gott hervorgeht, ist mit Blick auf die Rezeption dieser Lehre auf eine Klärung bezüglich der *ex-uno*-Regel hinzuweisen. Diese ist nötig, um die Argumente der lateinischen Denker verstehen und richtig einordnen zu können.

Zum Vorwurf, das durch sich notwendig Seiende wirke mit natürlicher Notwendigkeit, trägt bei, dass die *ex-uno*-Regel wiederkehrend als ein partikulärer Fall der Regel ‚Gleiches aus Gleichem‘ verstanden wird, die bei natürlicher Verursachung gilt.[293] Bei genauerem

---

[290] Siehe Fn. 288.

[291] Vgl. Ibn Sīnā, *Philosophia prima – Lexiques*, S. 24–25. Siehe dazu auch die Einträge des *Arabic and Latin Glossary* zu *ḥadaṯa* und *ḥudūṯ*.

[292] Vgl. ibid., S. 193–194.

[293] Die *ex-uno*-Regel ist Gegenstand folgender Aufsätze: D'Ancona Costa, ‚*Ex uno non fit nisi unum*‘; de Libera, ‚*Ex uno non fit nisi unum*‘; Fischer, ‚Avicenna's ›ex-uno‹-Principle‘; Hankey, ‚*Ab uno simplici non est nisi*

Hinsehen stellt man jedoch fest, dass die *ex-uno*-Regel in der lateinischen Tradition sogar mit zwei verschiedenen Regeln verbunden wird, die vor allem auf Aristoteles zurückgehen. Aufgrund der Formulierung dieser Regeln in den lateinischen Texten werde ich sie im Folgenden als *idem*- und *simile*-Regel bezeichnen. Es ist allerdings anzumerken, dass die Regeln in den Texten oft nicht genau voneinander unterschieden werden oder die eine Regel im Sinne der anderen interpretiert oder auf ähnliche Weise formuliert wird, was ihre Abgrenzung auf den ersten Blick schwierig macht. Um für etwas mehr Klarheit zu sorgen, möchte ich im Folgenden eine Unterscheidung der Regeln vornehmen, die wichtig für die Analyse der Rezeption der *ex-uno*-Regel bei den lateinischen Denkern ist.

2.3.3.1 *Idem*-Regel

Die pauschale Formulierung der *idem*-Regel, die sich in der lateinischen Tradition herausgebildet hat, lautet: ‚aus demselben, insofern es dasselbe ist, geht nur dasselbe hervor‘ (*ab eodem in quantum idem non nisi idem*). Sie besagt, dass eine Ursache, die sich nicht verändert, bei gleichbleibenden Bedingungen eine gleichbleibende Wirkung erzeugt (und nicht etwas anderes oder Neues). Der Fokus dieser Regel liegt also auf dem jeweiligen Gleich-*Bleiben* von Ursache und Wirkung, d.h. auf einer Ursache-Wirkungs-Kontinuität. Dabei wird angenommen, dass eine Veränderung auf Seiten der Wirkung bei sonst gleichen Bedingungen nur dann stattfindet, wenn auf Seiten der Ursache eine Veränderung erfolgt.[294] Das relationale Pronomen ‚dasselbe‘ (*idem*), welches in der angeführten Formulierung der Regel dreimal auftritt, ist diesem Verständnis der Regel entsprechend in allen drei Fällen selbstbezüglich zu lesen. Es wird also keine Aussage über die Ähnlichkeit zwischen unterschiedlichen Relata getroffen.[295] Das Relatum ist jeweils nur ein einziges: Das der ersten beiden Vorkommnisse von *idem* ist die Ursache, das des letztgenannten *idem* hingegen die Wirkung. Es geht hier somit nicht um ein Gleich-*Sein* von Ursache und Wirkung zueinander, also nicht um eine Identität (*identitas*) oder Ähnlichkeit (*similitas*) zwischen Ursache und Wirkung. Vielmehr geht es um ein Gleich-*Bleiben* von Ursache und Wirkung jeweils zu sich selbst, wobei das Gleichbleiben der Wirkung durch das Gleichbleiben der Ursache bedingt wird.

Die *idem*-Regel geht auf mindestens zwei Stellen bei Aristoteles zurück: zum einen auf *De generatione et corruptione* II.10, zum anderen auf *Physik* VIII.6. In *De generatione* erklärt Aristoteles, dass die ewigen gleichförmigen Bewegungen der Himmelssphären dafür verantwortlich sind, dass in der sublunaren Welt ein ewiger Kreislauf von Veränderungen stattfindet, und zwar in Form eines ständigen Entstehens und Vergehens. Da Entstehen und Vergehen einander entgegengesetzte Prozesse sind, müssen sie, so schließt Aristoteles, auf verschiedene Ursachen zurückgehen. Es muss somit mindestens zwei unterschiedliche und

---

unum‘; Hyman, ‚From What is One and Simple‘ und Teske, ‚William of Auvergne's Use of Avicenna's Principle‘. Bezüglich einer Gegenüberstellung der Regeln siehe auch Kaluza, *Les querelles*, S. 54–56.

[294] Fasst man als Ursache all das auf, was beim Erzeugen der Wirkung eine Rolle spielt, mithin auch die Umstände und Bedingungen, so schließt die Veränderung der Ursache auch die Möglichkeit mit ein, dass sich die Umstände und Bedingungen ändern.

[295] Identität hat der Sache nach ohnehin nur ein Relatum. Dennoch könnte es zwei oder mehr Relata geben, die zumindest im Verstand unterschiedlich sind.

in gewisser Hinsicht sogar entgegengesetzte himmlische Bewegungen geben, die die beiden Phänomene bewirken. Die Regel, die Aristoteles für diesen Schluss heranzieht und explizit anführt, ist die *idem*-Regel. Sie lautet beispielsweise in der lateinischen Übersetzung von Michael Scotus:

> Idem enim et similiter se habens semper idem natum est facere.[296]
> Dasselbe und sich gleichartig Verhaltende ist nämlich auf natürliche Weise dazu bestimmt, stets dasselbe zu tun.

Aufgrund dieser Regel lässt sich schließen, dass zwei unterschiedliche Phänomene zwei Ursachen oder eine sich ändernde Ursache besitzen müssen.[297] Da die himmlischen Bewegungen jedoch auf ewig gleichförmig ablaufen, ohne dass Variation stattfindet, kann jede Bewegungseinheit immer nur dieselbe eine Wirkung hervorrufen. Unterschiedliche Wirkungen bedürfen demnach unterschiedlicher himmlischer Bewegungen als ihre Ursache.

In *Physik* VIII.6 setzt Aristoteles seine Regel ein, um zu begründen, dass etwas unbewegt Bewegendes lediglich eine einzige Art von Bewegung verursachen kann, nämlich die ewige gleichförmige Kreisbewegung der jeweiligen Himmelssphäre.[298] Damit erfolgt die Erklärung, warum sich die gerade angesprochenen himmlischen Bewegungen gleichförmig vollziehen und sich nicht ändern, was in *De generatione* als Prämisse vorausgesetzt wird. Die Beweger sind hier Finalursachen, die *idem*-Regel wird in der Rezeption aber auch in Bezug auf die Wirkursächlichkeit herangezogen.

Wie bereits erwähnt, bringt die Regel im Umkehrschluss mit sich, dass man, wenn man eine Veränderung der Wirkung annimmt, eine Veränderung der Ursache annehmen muss (bei sonst gleichen Bedingungen). Damit lässt sich die Regel beispielsweise für die Verteidigung der Ewigkeit der Welt verwenden. Und genau dafür setzt Avicenna sie stillschweigend in *Metaphysik* IX.1 ein. Seine Überlegungen lassen sich wie folgt zusammenfassen: Das durch sich notwendig Seiende ist von seinem Wesen her alleinige Ursache für die Existenz der Welt, es ist ewig und in jeglicher Hinsicht notwendig und damit unveränderlich. In ihm gibt es also keinen Zustand, der jemals anders ist als er schon immer war. Daher ist seine Wirkung von Ewigkeit her dieselbe. Nimmt man hingegen an, die Wirkung habe an einem bestimmten Punkt erst eingesetzt, würde dies bezüglich des durch sich notwendig Seienden eine wie auch immer geartete Veränderung implizieren, die einen Überhang zum Wirken herbeigeführt hätte.[299] Dies ist unmöglich. Da das durch sich notwendig Seiende unver-

---

[296] Aristoteles, *De generatione et corruptione* II.4.2, ed. Giunta 1562, Bd. 5, Fol. 385bE. Das Zitat entspricht der griechischen Stelle II.10, 336a27–28: τὸ γὰρ αὐτὸ καὶ ὡσαύτως ἔχον ἀεὶ τὸ αὐτὸ πέφυκε ποιεῖν.

[297] Vgl. ibid., II.10, 336a15–34, und de Libera, ‚*Ex uno non fit nisi unum*‘, v.a. S. 548–556.

[298] Vgl. Aristoteles, *Physik* VIII.6, 260a3–5: „das Unbewegte wird doch *immer nur auf die gleiche Weise eine einzige Form von Bewegung* anstoßen (κινήσει), da es ja selbst keinerlei Wandel zeigt im Hinblick auf das in Bewegung Gesetzte." Zitiert nach der Übersetzung von Zekl. Die von Aristoteles formulierte Regel wird zuweilen auch als Prinzip der Uniformität von Ursachen (*principle of causal uniformity*) verstanden, die besagt, dass Ursachen, die der gleichen Art angehören, sich gleich verhalten. Ein solches Verständnis liegt in den Kontexten, die in dieser Arbeit behandelt werden, nicht vor.

[299] Vgl. Ibn Sīnā, *al-Ilāhiyyāt* IX.1, S. 302, Z. 18–S. 304, Z. 6, v. a. S. 303, Z. 5–9; ed. Van Riet, S. 439, Z. 13–S. 442, Z. 56, v. a. S. 440, Z. 23–29: والعقل الصريح الذى لم يكدر يشهد أن الذات الواحدة إذا كانت من جميع جهاتها كما كانت، وكان لا يوجد عنها فيما قبل شىء، وهى الآن كذلك، فالآن أيضا لا يوجد عنها شىء. فإذا صار الآن يوجد عنها شىء، فقد حدث فى الذات قصد وإرادة، أو طبع، أو قدرة وتمكن، أو شىء مما يشبه هذا لم يكن. ومن أنكر هذا، فقد فارق مقتضى عقله لسانا. „Intellectus autem purus et verus testatur quod essentia una si, sicut erat ante cum non erat ab ea aliquid, modo etiam esset sic ex omnibus suis

änderlich ist, hat es gemäß der *idem*-Regel also immer dieselbe Wirkung hervorgebracht, solange es existiert. Diese Wirkung ist ganz offensichtlich, der Welt Sein zu verleihen, und da das durch sich notwendig Seiende ewig ist, muss die Welt als dessen Wirkung nach außen ebenfalls ewig sein.[300]

Obwohl bei Avicenna für das Wirken des durch sich notwendig Seienden die *idem*-Regel greift und sie zudem aufgrund dessen greift, dass das notwendig Seiende völlig einfach ist und daher unveränderlich, sind *idem*- und *ex-uno*-Regel zu differenzieren und werden auch von Avicenna getrennt behandelt. Sie zielen auf verschiedene Aspekte des ersten Prinzips, obgleich diese Aspekte ontologisch miteinander zusammenhängen. Daher lässt sich die *ex-uno*-Regel in Kapitel IX.4 der *Metaphysik* meiner Ansicht nach nicht als Form der *idem*-Regel verstehen. Die *ex-uno*-Regel setzt nämlich an der Tatsache an, dass das erste Prinzip der Welt so vollkommen einfach ist, dass es keinerlei interne Diversität aufweist, die eine Diversität in der Wirkung bedingen könnte, weswegen grundsätzlich zu schließen ist, dass nicht zwei Wirkungen zugleich unmittelbar aus dem ersten Prinzip hervorgehen können. Dass es primär um die innere Einheit dieses Prinzips geht, ist aus dem Kontext evident. Natürlich impliziert die Einfachheit, dass sich das erste Prinzip nicht ändert, und wenn Avicenna die *ex-uno*-Regel anwendet, nimmt er stillschweigend auch die *idem*-Regel an. Aber der Aspekt der Unveränderlichkeit ist in der *ex-uno*-Regel erst einmal nicht zentral. Vielmehr geht es primär darum, was für eine Wirkung direkt und zugleich aus dem durch sich notwendig Seienden hervorgehen kann.[301] Die *idem*-Regel zielt hingegen auf einen anderen Aspekt ab, nämlich auf die Unveränderlichkeit durch die Zeit / Ewigkeit hindurch.

2.3.3.2 *Simile*-Regel

Die *idem*-Regel ist nicht zu verwechseln mit der ebenfalls auf Aristoteles zurückgehenden Regel, die ich *simile*-Regel nennen möchte. Die pauschale Formulierung dieser Regel lautet: ‚jedes Wirkende bewirkt etwas ihm Ähnliches' (*omne agens agit sibi simile*). Daher wird sie auch als Regel der kausalen Ähnlichkeit (*law of causal similarity*) bezeichnet.[302] Im Gegensatz zur *idem*-Regel ist nun von einem Gleich-*Sein* von Ursache und Wirkung *zueinander* die Rede. Das hier in substantivierter Form verwendete Adjektiv ‚ähnlich / gleich' (*simile*), das wie *idem* ebenfalls relational ist, hat also zwei voneinander verschiedene Relata: Ursache und Wirkung. Hinter dieser Regel steht die Überzeugung, dass Ursachen nur das weiter-

---

partibus, profecto modo etiam non esset ab eo aliquid. Si autem modo factum est ut fiat ab ea aliquid, tunc iam contigit in essentia illa intentio vel voluntas vel natura vel posse vel aptitudo vel aliquid aliud his simile quod non erat. Qui autem negaverit hoc, iam discessit a vero intellectu lingua."

[300] Vgl. ibid. IX.1, S. 300, Z. 3–6; ed. Van Riet, S. 435, Z. 24–28: وقد بان لك بعد ذلك أن واجب الوجود بذاته واجب الوجود من جميع جهاته، وأنه لا يجوز أن تستأنف له حالة لم تكن، مع أنه قد بان لك أن العلة لذاتها تكون موجبة المعلول. فإن دامت أوجبت المعلول دائما. „Et post hoc claruit tibi quod necesse esse per hoc est necesse esse omnibus suis modis, quod non potest esse ei aliqua dispositio futura quae non erat. Et adhuc etiam patuit tibi quod causa, quantum in se est, facit necessario esse causatum; quae, si fuerit semper, facit causatum necessario esse semper."

[301] Daher diskutiert Avicenna im Kontext den hypothetischen Fall des Hervorgangs von Form und Materie als erste Wirkung, schließt ein solches Szenario aufgrund der *ex-uno*-Regel jedoch in der Wirklichkeit aus. Vgl. ibid. IX.4, S. 328, Z. 4–S. 329, Z. 15; ed. Van Riet, S. 479, Z. 92–S. 481, Z. 42.

[302] Vgl. Rosemann, ›*Omne agens agit sibi simile*‹, S. 19 und 22–23. Rosemann widmet sich in seinem Buch ausführlich der Herkunft und Bedeutung dieses Prinzips.

geben, was sie in irgendeiner Weise selbst haben, weshalb Wirkungen den Ursachen hinsichtlich irgendeines Aspekts gleichen.[303] Die Ähnlichkeit liegt beispielsweise bezüglich der Art (*species*) vor, wie es bei der Zeugung (*generatio*) der Fall ist. Hier ist die Ursache, das Zeugende, von derselben Art wie die Wirkung, das Gezeugte. Daher gilt beispielsweise bei Aristoteles, der die Quelle dieser Regel zu sein scheint: „der Mensch zeugt einen Menschen".[304] Das Schlagwort ‚Gleiches aus Gleichem' ist die typische Formel, um Naturprozesse zu kennzeichnen, im Speziellen die Zeugung.

Die *ex-uno*-Regel ist in der Form, in der Avicenna sie auf das erste Prinzip anwendet, nicht als *simile*-Regel zu verstehen. Wenn Avicenna anhand der *ex-uno*-Regel den Schluss zieht, dass nur etwas Einfaches aus dem durch sich notwendig Seienden direkt hervorgehen kann, geht es ihm nicht um Art-Gleichheit oder Ähnliches. Hinter Avicennas Schluss stehen vielmehr numerische Überlegungen, die mit Naturkausalität erst einmal nichts zu tun haben: Weil das durch sich notwendig Seiende nur einen einzigen ursächlichen Aspekt hat, kann nur ein einziges, einfaches Ding aus ihm hervorgehen. Versteht man das *simile* schwächer und fasst es nicht als Art-Gleichheit, auf dann lässt sich die *ex-uno*-Regel in gewisser Weise als *simile*-Regel verstehen: Ursache und Wirkung haben etwas gemeinsam, nämlich eines zu sein. Das Eins-Sein der beiden unterscheidet sich jedoch inhaltlich. Die Tatsache, dass beide auf bestimmte Weise eines sind, impliziert aber noch lange keine Naturkausalität im Wirken des durch sich notwendig Seienden.

Die *simile*-Regel gilt im Speziellen für die horizontale wirkursächliche Verursachung, insbesondere für die Zeugung. Wie bereits erwähnt, findet man bei Aristoteles keine metaphysisch verstandene Wirkursächlichkeit, die vertikal verläuft, das heißt keine Kette des Verleihens von Sein. Seine Regel ist deshalb nicht auf eine vertikale Verursachung im Sinne der Emanation anzuwenden. In der Emanationskaskade ist das Herausfließende eben gerade nicht von derselben Art, sondern eine Ebene weiter unten anzusiedeln als die Quelle. So wird betont, dass die Sein verleihenden Ursachen höher in der Ordnung des Seins stehen als das Verursachte. Daher können die Intelligenzen in Avicennas Modell nicht als numerisch verschiedene Vertreter einer Art angesehen werden, denn sie befinden sich auf verschiedenen Stufen der Ordnung des Seins. Zudem können aus den Intelligenzen die Himmelssphären ausfließen, die ganz klar von anderer Art sind. Dies macht noch offensichtlicher, dass hier keine Arterhaltung vorliegt und das Ganze kein Naturprozess ist. Was bei der vertikalen Verursachung stattfindet, ist vielmehr ein Verleihen von Sein.

Vor dem Hintergrund dieser Erkenntnisse zu Avicennas Modell der Wirklichkeit möchte ich nun zu meiner Analyse der Aufnahme seines Modells durch die lateinischen Denker übergehen.

---

[303] Es kann sich aber auch lediglich um eine Ähnlichkeit in Bezug auf eine Eigenschaft handeln, bspw., wenn das Feuer, das selbst heiß ist, anderes erhitzt, siehe ibid., S. 19, und den Überblick auf S. 22–32.

[304] Aristoteles, *Metaphysik* Λ.3, 1070a28: ἄνθρωπος γὰρ ἄνθρωπον γεννᾷ.

3 Dominicus Gundisalvi

Dominicus Gundisalvi (ca. 1110–nach 1190), über dessen Leben uns nur wenig bekannt ist, leistete Pionierarbeit, was die Übermittlung der Lehre Avicennas an die lateinischen Denker betrifft.[305] Wie historische Dokumente belegen, war er zwischen 1148 und 1161/62 Archidiakon von Cuéllar nahe Segovia (*Dominicus archidiaconus Collarensis*). Ab 1162 lebte er fast zwei Jahrzehnte lang als Kanoniker in Toledo – damals kulturelle Hauptstadt der iberischen Halbinsel und eines der bedeutendsten Zentren der arabisch-lateinischen Übersetzungsbewegung.[306] In Toledo hatte Avendauth, bei dem es sich höchstwahrscheinlich um Abraham ibn Daud (ca. 1110–1180) handelt,[307] das Projekt initiiert, Avicennas philosophische Summe *Buch der Heilung* (*Kitāb al-Šifāʾ; Liber sufficientiae*) zum ersten Mal ins Lateinische zu übersetzen. Zur Finanzierung dieses Projekts konnte er den Erzbischof von Toledo, Johannes II (Jean de Castelmoron-sur-Lot, im Amt 1152–1166), gewinnen. Da dieser zuvor Bischof von Segovia gewesen war und Gundisalvi aus jener Zeit kannte, liegt die Vermutung nahe, er sei derjenige, der Gundisalvi zum Zwecke der Avicenna-Übersetzung nach Toledo gebeten hat.[308] Nach aktuellem Stand der Forschung hat Gundisalvi folgende vier Teile des *Kitāb al-Šifāʾ* übersetzt:[309]

- den Großteil der Einleitung zur *Logik* (*al-Manṭiq: al-Madḫal; Logyca: Isagoge*)[310]
- den Anfang der *Physik* (*al-Samāʿ al-ṭabīʿī; Physica / Liber primus naturalium*), die den naturphilosophischen Teil (*al-Ṭabīʿiyyāt*) des *Kitāb al-Šifāʾ* einleitet[311]

[305] Ein Versuch, Gundisalvis Namensgebung, Lebensdaten und Werdegang anhand des aktuellen Stands der Forschung zu rekonstruieren, findet sich in Polloni, *The Twelfth-Century Renewal*, S. 9–19. Da die Namensgebung nicht eindeutig ist, listet Polloni auf, welche Versionen des Namens in den historischen Dokumenten überliefert sind. Die Form ‚Gundissalinus‘, die sich in keiner der kirchlichen Urkunden nachweisen lässt, sondern lediglich in der späteren Handschriftentradition, wird in der Forschungsliteratur zwar regelmäßig als Bezeichnung herangezogen, jedoch scheint die Form ‚Gundisalvi‘, die sich ebenfalls in den Handschriften findet, das korrekte Patronym zu sein. Aus diesem Grund verwende ich in meiner Arbeit den Namen ‚Dominicus Gundisalvi‘. Zur Entsprechung der volkssprachlichen und lateinischen Namensformen vgl. Fidora, ‚Dominicus Gundissalinus und die arabische Wissenschaftstheorie‘, S. 470–472.

[306] Vgl. Polloni, *The Twelfth-Century Renewal*, S. 9–11. Zur Übersetzungsbewegung siehe Burnett, ‚Arabic into Latin‘. Die Rolle Toledos spricht Burnett auf S. 373 an. Siehe außerdem Beale-Rivaya/Busic, *A Companion to Medieval Toledo*.

[307] Die Frage nach einer möglichen Identifikation von Avendauth mit dem zeitgleich in Toledo wohnenden jüdischen Philosophen Abraham ibn Daud hat eine rege Forschungsdiskussion ausgelöst; diese skizziert Freudenthal in ‚Abraham Ibn Daud, Avendauth‘. Freudenthal argumentiert für eine Identifikation.

[308] Vgl. Hasse, ‚Three Philosopher-Translators‘.

[309] Vgl. Alonso Alonso, ‚Coincidencias verbales típicas‘ und Hasse/Büttner, ‚Notes on Anonymous Twelfth-Century Translations‘. Hasse und Büttner identifizieren Gundisalvi als Übersetzer der Einleitung zur *Logik* sowie des Anfangs der *Physik*, indem sie eine philologische Analyse vornehmen, die von computerbasierter Stilometrie gestützt wird. Mit ihrem Ergebnis bestätigen sie Alonsos Zuordnung.

[310] Genauer: die Kapitel I.2 bis II.4 der Einleitung zur *Logik*. Vgl. die vom DFG-Projekt *Arabic and Latin Corpus* online zur Verfügung gestellte und regelmäßig erweiterte Liste von Texten, die zwischen dem zehnten und 14. Jh. aus dem Arabischen ins Lateinische übersetzt wurden: https://www.arabic-latin-corpus.philosophie.uni-wuerzburg.de/textlist/all_by-a.xhtml. Die Liste nennt auch die Übersetzer, sofern diese identifiziert werden können.

[311] Genauer: die Kapitel I.1 bis III.1 der *Physik*. Vgl. Hasse et al., *Arabic and Latin Corpus*, siehe Fn. 310.

- das Buch *Über die Seele* (*al-Nafs; De anima seu sextus de naturalibus*)
- sowie die *Metaphysik* (*al-Ilāhiyyāt; Liber de philosophia prima sive scientia divina*)

Als Übersetzer dieser Werke war Gundisalvi einer der ersten lateinischen Denker, die mit Avicennas Lehre in Berührung kamen. Er widmete sich allerdings nicht nur den Schriften Avicennas, sondern übersetzte auch Texte anderer Autoren aus dem Arabischen ins Lateinische. Dabei kooperierte er hin und wieder mit weiteren Kollegen, unter anderem mit Avendauth.[312]

Die Arbeit mit den vorwiegend philosophischen Texten inspirierte Gundisalvi dazu, eigene kurze philosophische Traktate zu verfassen.[313] Nach derzeitigem Forschungsstand lassen sich ihm folgende Titel sicher zuschreiben: *Über die Einheit und das Eine* (*De unitate et uno*), *Über die Seele* (*De anima*), *Über die Einteilung der Philosophie* (*De divisione philosophiae*) und *Über den Hervorgang der Welt* (*De processione mundi*).[314] In diesen Schriften, die einen vergleichsweise geringen Umfang haben, erkennt man deutlich die Einflüsse der von Gundisalvi übersetzten Texte, was insbesondere für *De processione mundi* gilt. Dieses Werk kommt zwar einer Kompilation gleich, Gundisalvi gelingt es aber, durch eine Synthese der unterschiedlichen Lehren seiner Quellen eine interessante eigene Position zum Verhältnis von Gott und Welt einzunehmen. Zu den primären Quellen zählen neben Hermann von Carinthias Abhandlung *Über die Essenzen* (*De essentiis*, 1143) auch zwei Werke, die nicht der christlichen Tradition entstammen: zum einen die Schrift *Quelle des Lebens* (*Yanbūʿ al-ḥayāt / Meqor ḥayyim; Fons vitae*),[315] die der jüdisch-andalusische Gelehrte Ibn Gabirol (Avicebron) verfasst hat, zum anderen Avicennas *Metaphysik*. Beide Texte hat Gundisalvi ins Lateinische übersetzt und traf bei dieser Tätigkeit auf neuartige Lehren, die sein Interesse weckten. Große Teile der Ontologie und Theologie beider Autoren eignen sich seiner Ansicht nach dazu, das christliche Modell von Gott und Welt rein rational zu erklären. Da er Teile der beiden Ansätze überdies für miteinander kompatibel hält, vereint er sie in *De processione mundi* zu einem gemeinsamen System. Vereinzelt greift er dabei auch auf das erste Buch von Avicennas *Physik* zurück, das unter anderem das Ver-

---

[312]   Gemeinsam mit Avendauth übersetzte er bspw. Avicennas *Kitāb al-Nafs*, während er die Übersetzung von al-Ġazālīs *Maqāṣid al-falāsifa* in Zusammenarbeit mit einem sog. Magister Johannes anfertigte. Vgl. Burnett, ,Arabic into Latin', S. 395–396; Polloni, *The Twelfth-Century Renewal*, S. 15–17, und Hasse, et al., *Arabic and Latin Corpus*.

[313]   Vgl. Soto Bruna, ,Estudio filosófico', S. 24.

[314]   Siehe Polloni, *The Twelfth-Century Renewal*, S. 20–29, für eine Liste der Werke, die Gundisalvi sicher zugeschrieben werden können, sowie für einen Überblick über die Diskussionen zu den Schriften, deren Autorenschaft unsicher ist. In der Vergangenheit wurden Gundisalvi u. a. die beiden Werke *De immortalitate animae* und *De scientiis* attribuiert. Diese beiden Werke werde ich jedoch nicht für meine Analyse heranziehen. Bei *De immortalitate animae* spricht zu viel dafür, dass es von Wilhelm von Auvergne verfasst wurde, obgleich die Angelegenheit noch nicht abschließend geklärt werden konnte. Siehe dazu Teskes Einleitung zu Wilhelm von Auvergne, *The Immortality of the Soul*, S. 1–4, und Polloni, *The Twelfth-Century Renewal*, S. 21–24. Bei *De scientiis* handelt es sich um eine verkürzte lateinische Version von al-Fārābīs *Einteilung der Wissenschaften* (*Iḥṣāʾ al-ʿulūm*). Trotz der im Vergleich zum arabischen Original vorgenommenen Kürzungen und Umstellungen ist diese Version nicht eigenständig genug, um sie als ein Werk Gundisalvis anzuerkennen. Für einen Vergleich dieses Textes mit der alternativen Übersetzung durch Gerhard von Cremona siehe Hasse, ,Three Double Translations'.

[315]   Zu den Titeln und zur Überlieferung dieses Textes siehe Fn. 27.

hältnis von Form und Materie behandelt. Dies stößt insofern auf Gundisalvis Interesse, als er zurückgreifend auf Ibn Gabirol eine Theorie des universalen Hylemorphismus entwickelt, weswegen seine Ontologie von einer Materie-Form-Dualität geprägt ist.

Da es Gundisalvi in *De processione mundi* vor allem darum geht, eine eigene, ontologisch konsistente Theorie der Welt und ihres Hervorgangs aus Gott zu präsentieren, hält er sich nicht lange damit auf, die Lehren anderer Denker zu diskutieren. Im Gegensatz zu Wilhelm von Auvergne und Heinrich von Gent greift er nur selten fremde Positionen heraus, die von seiner eigenen oder der christlichen Lehre abweichen, um sie ausführlich zu analysieren und zu widerlegen.[316] In Bezug auf Avicenna ist dies bedauerlich, denn die Lehren der beiden Denker divergieren an interessanten Punkten. Anders als Avicenna vertritt Gundisalvi, wie gerade erwähnt, einen universalen Hylemorphismus. Aus diesem Grund wendet er für den Hervorgang der Welt aus Gott, dem vollkommen einfachen ersten Prinzip, gerade nicht die *ex-uno*-Regel an, sondern bestimmt das erste Geschöpf als eine Zweiheit. Daher wäre Gundisalvis direkte Reaktion auf Avicennas Theorie sicherlich aufschlussreich und würde noch ein wenig mehr über seine Motive im Allgemeinen und seine Sicht auf Avicenna im Besonderen verraten. Anstatt alternative Ansätze zu diskutieren, greift Gundisalvi jedoch gezielt aus seinen Quellen nur das heraus, was der Darstellung seiner eigenen Position zum Vorteil gereicht, und führt es zu einer Synthese zusammen. Avicenna zieht er in *De processione mundi* zwar weniger oft heran als Ibn Gabirol (1021/22– ca. 1057/58) oder Hermann von Carinthia (ca. 1100–1157), dafür aber an inhaltlich bedeutsamen Stellen.[317]

Um der Frage nachzugehen, welche Rolle Avicennas Ontologie für Gundisalvis Lehre des Hervorgangs der Welt spielt, wird sich meine Analyse vornehmlich auf das kosmogonische Werk *De processione mundi* konzentrieren. Die übrigen Schriften aus Gundisalvis Œuvre werde ich ergänzend heranziehen, um Entwicklungen einzelner Theorien aufzuzeigen oder Gundisalvis Lehre insgesamt einzuschätzen. In den vergangenen Jahren widmeten sich diverse Studien der Erforschung des Einflusses, den Gundisalvis Quellen, darunter auch Avicenna, auf sein Denken nehmen.[318] Mein Beitrag zu dieser Forschungsdiskussion soll darin bestehen, herauszuarbeiten, wie weit Gundisalvi Avicenna folgt, aus dessen Ontologie er wichtige Elemente in sein Modell eingliedert, an welchen Stellen er Modifikationen vornimmt oder sich von Avicenna abwendet, und welche Motive dabei eine Rolle spielen. Zudem soll Gundisalvis Modell mit Avicenna kritisch beleuchtet werden, um zu

---

[316] Explizit diskutiert er bspw. die Lehre zum materiellen Chaos, vgl. Gundisalvi, *De processione mundi*, S. 36, Z. 9–S. 38, Z. 21; ed. Soto Bruna/Alonso del Real, S. 186, Z. 9–S. 192, Z. 3. Hier wie im Folgenden bezieht sich die Stellenangabe für *De processione mundi* auf die kritische Edition von Bülow und ergänzend dazu auf die neue Edition von Soto Bruna/Alonso del Real. Dort wird das Oxforder Manuskript des Textes (Oxford, Oriel College, 7) berücksichtigt, das Bülow aufgrund des Ersten Weltkriegs nicht persönlich einsehen konnte. Ihm lag lediglich eine unvollständige Kollation vor, vgl. *De processione mundi*, S. XII, Fn. 2. Eine sehr ähnliche Diskussion zum materiellen Chaos findet sich bei Wilhelm von Conches, siehe dazu Polloni, ,Thierry of Chartres and Gundissalinus', S. 36. Zur Diskussion bei Gundisalvi siehe Kapitel 3.3.2.

[317] Zu den Arten von Zitaten siehe Polloni, ,Gundissalinus on Necessary Being', S. 137–139.

[318] Siehe vor allem Alonso Alonso, *Temas filosoficos medievales*; id., ,Notas, textos y comentarios'; Burnett, ,The Blend of Latin and Arabic Sources'; Fidora, *Die Wissenschaftstheorie des Dominicus Gundissalinus*; id., ,Domingo Gundisalvo y la Sagrada Escritura'; Hasse, *Avicenna's ›De anima‹ in the Latin West*; Jolivet, ,The Arabic Inheritance'; Polloni, ,Gundissalinus and Avicenna'; id., ,Gundissalinus on the Angelic Creation' und id., *The Twelfth-Century Renewal*.

erschließen, ob seine Synthese der Lehren verschiedener Denker konsistent ist und argumentativ überzeugen kann.

Dem Thema dieser Arbeit entsprechend werde ich nicht auf die gesamte Kosmogonie Gundisalvis im Detail eingehen, sondern lediglich das herausgreifen, was für die Frage nach den Bezügen zu oder Brüchen mit Avicenna relevant ist. Damit jedoch für die folgenden Kapitel ein Grundverständnis vorausgesetzt werden kann, möchte ich vorab Gundisalvis ontologisch-kosmogonisches Modell umreißen, da es recht ungewöhnlich ist. Einzelne Aspekte dieses Modells werde ich im Verlauf meiner Analyse näher beleuchten.

Gundisalvi bringt in seinem Modell die christliche Schöpfungslehre mit einer neuplatonischen Emanationslehre in Einklang.[319] Dies verwundert nicht, denn zwei der wichtigsten Quellen, Avicenna und Ibn Gabirol, sind Vertreter der neuplatonischen Tradition. An die Spitze der Ordnung alles Seienden stellt Gundisalvi ein erstes Prinzip, das aus sich heraus Sein besitzt. Mit Avicenna bestimmt er es modalontologisch als durch sich notwendig Seiendes (*necesse esse per se*), dem alles andere Seiende gegenübersteht, das in sich betrachtet nur möglich Seiendes ist (*possibile esse per se*). Das durch sich notwendig Seiende identifiziert Gundisalvi mit dem christlichen Gott, der als alleiniger Schöpfer der Welt gilt. Wie Avicenna hebt Gundisalvi dessen Ewigkeit, Einzigkeit, vollkommene Einfachheit und Unveränderlichkeit hervor – nicht nur in *De processione mundi*, sondern insbesondere auch in *De unitate et uno*. Doch während man gemäß Avicenna konsequenterweise auf die *ex-uno*-Regel zurückzugreifen muss, um zu erklären, wie die Welt aus einem derart charakterisierten ersten Prinzip hervorgeht, weist Gundisalvi diese Regel zurück. Obgleich er Avicenna nicht offen kritisiert, lassen seine Ausführungen keinen Zweifel an seiner ablehnenden Haltung ihr gegenüber. Mit Blick auf den universalen Hylemorphismus betont er nachdrücklich, dass das aus dem einfachen ersten Prinzip direkt Hervorgehende zwei sein muss: die erste Materie und erste Form. Form und Materie sind die beiden Grundkomponenten alles geschöpflich Seienden; sie sind immanente Prinzipien, die in Aktualität ausschließlich in Verbindung miteinander existieren können. Geistige Geschöpfe, die reine, von Materie abgetrennte Formen sind, finden in diesem Modell keinen Platz. Formen treten in der extramentalen Wirklichkeit ausnahmslos zusammen mit Materie auf. Nur wenn beide Prinzipien miteinander vereint sind, kommt ihnen wie auch dem Kompositum, das aus ihnen gebildet ist, Sein in Wirklichkeit zu. Dementsprechend lässt sich der Akt der Schöpfung Gundisalvi zufolge einerseits auf die Komposita, andererseits auf deren immanente Prinzipien als solche beziehen. Lediglich bei Letzteren findet in seinen Augen eine Schöpfung aus nichts (*creatio ex nihilo*) statt. Die Schöpfung der ersten Dinge hingegen nimmt Gott zwar ebenfalls direkt vor, jedoch ist sie strenggenommen als Akt der Zusammensetzung (*compositio*) aufzufassen.[320] Beide Akte – Schöpfung und Zusammensetzung – geschehen zugleich und willentlich und lassen sich nur rational voneinander unterscheiden. Durch die erste Zusammensetzung geht das von Gundisalvi so benannte ‚beständige Geschöpf‘ (*constans genitura*), das die Grundstruktur der Welt bildet, in die Wirklichkeit hervor. Es umfasst die Engel, Himmelssphären und sublunaren Elemente. Sie haben zwar einen Anfang im Sein, da sie zusammen mit der Zeit entstehen, sind jedoch unvergänglich (*perpetua*). Alle

---

[319] Vgl. Soto Bruna, ‚Estudio filosófico‘, S. 29. Siehe dazu außerdem ead., ‚La ›causalidad del uno‹‘.

[320] Wie ich in Kapitel 3.3.2 zeigen werde, ist die Zusammensetzung dennoch als Schöpfung zu verstehen, obgleich sich Schöpfung im engen und eigentlichen Sinne auf die erste Form und erste Materie bezieht.

weiteren Dinge – auch die menschlichen Seelen – gehen nicht unmittelbar aus Gott hervor, sondern gelangen über zweite oder diesen nachgeordnete Ursachen ins Sein. Sie entstehen in der Zeit durch Zusammensetzung, Zeugung (*generatio*), Umwandlung (*conversio*) oder Mischung (*commixtio*). Dies fasst Gundisalvi als vermittelte Schöpfung auf. Die geschöpflichen Ursachen, die dabei zum Einsatz kommen, agieren freilich nicht autonom, sondern auf Befehl (*nutus*) Gottes hin, dem sie als Diener (*ministri*) Folge leisten. Damit ist Gottes Status als alleiniger Schöpfer aller Dinge gesichert, wenngleich die Schöpfung aller weltlichen Dinge, die der *constans genitura* nachgeordnet sind, über Vermittlung erfolgt.

Verbunden mit dem Programm, das Gundisalvi in *De processione mundi* verfolgt, nämlich zu zeigen, dass und wie die Welt aus Gott hervorgeht, hat er meines Erachtens zwei besondere Anliegen, die seiner Schrift apologetische Züge verleihen. Zum einen möchte er gegen ein dualistisches Weltbild den Prinzipienmonismus sichern, zum anderen einen universalen Hylemorphismus verteidigen. Das erste dieser Anliegen verfolgt er im ersten Drittel seiner Schrift. Dort begründet er, dass es eine Ursache für die Existenz der Welt geben muss, und insbesondere, dass diese Ursache nur eine einzige sein kann. Zu diesem Zweck übernimmt er die modale Ontologie Avicennas und zieht ihn als Autorität heran. Das zweite Anliegen, die Rechtfertigung einer universal hylemorph strukturierten Welt, prägt den Rest der Schrift und bedingt eine grundlegende Divergenz zwischen der Lehre Gundisalvis und der Avicennas. Interessanterweise orientiert sich Gundisalvi dennoch an Avicenna, um seine eigene Theorie zu stärken. So zieht er dessen ontologische Methode heran, die darin besteht, Dinge in sich selbst zu betrachten, um die ihnen eigentümliche Kontingenz auszumachen und ihre Abhängigkeit von etwas anderem im Sein zu begründen. Gundisalvi deutet dies jedoch nicht im Sinne der Sein-Wesen-Distinktion, sondern interpretiert es hylemorphistisch um, wie im Folgenden aufgezeigt werden soll. Auch in diesem Kapitel werde ich die angekündigte Grundstruktur einhalten und mich zunächst der Ontologie Gundisalvis widmen, um auf der Basis meiner Erkenntnisse sodann zur Theologie und Kosmogonie überzugehen.

3.1 Ontologie

Seinen ontologischen Analysen schickt Gundisalvi zu Beginn von *De processione mundi* eine kurze wissenschaftstheoretische Erklärung vorweg, die insofern erwähnenswert ist, als sie hilft, seine anschließenden Ausführungen einzuordnen. In Übereinstimmung mit *Röm* 1,20 und *Weish* 13,5 legt Gundisalvi dar, dass der menschliche Geist zu einem Verständnis der unsichtbaren Eigenschaften Gottes (*invisibilia dei*) aufsteigen kann, worunter die göttliche Macht (*potentia*), Weisheit (*sapientia*) und Gutheit (*bonitas*) fallen.[321] Um dorthin zu gelangen, muss der Mensch Gottes Werke, in denen sich dessen Vortrefflichkeit manifestiert, ausgehend von den Sinnen mit Hilfe des Verstandes analysieren.[322] Die Struktur des Erkenntnisaufstiegs korrespondiert mit der Einteilung der theoretischen Wissen-

---

[321]   Der Text der *Vulgata* lautet wie folgt: *Rm* 1,20: „invisibilia enim ipsius a creatura mundi per ea quae facta sunt intellecta conspiciuntur sempiterna quoque eius virtus et divinitas ut sint inexcusabiles"; *Sap* 13,5: „a magnitudine enim speciei et creaturae cognoscibiliter poterit horum creator videri."

[322]   Vgl. Gundisalvi, *De processione mundi*, S. 1, Z. 3–S. 2, Z. 3; ed. Soto Bruna / Alonso del Real, S. 120, Z. 3–16.

schaften in Naturphilosophie, Mathematik und göttliche Wissenschaft. Jeder dieser drei Bereiche hat seinem Gegenstand entsprechend eine eigentümliche Methode des Erkenntnis-
gewinns, die sich immer mehr von der Ebene des Sinnlichen löst.[323] Mit dieser epistemologischen Skizze, die er in Anlehnung an Hermann von Carinthia und Boethius vornimmt,[324]
begnügt sich Gundisalvi hier. Ausführlich widmet er sich der Wissenschaftstheorie hingegen in *De divisione philosophiae*, seinem philosophiegeschichtlich einflussreichsten Werk.
Dort gliedert er im Prolog die ehrbare Wissenschaft (*honesta scientia*) grundlegend in die
menschliche (*humana*) und göttliche (*divina*), was einer Einteilung in Philosophie und Theologie gleichkommt. Während die Erkenntnisse menschlicher Wissenschaft auf Vernunft-
gründen (*rationes*) basieren, nimmt die göttliche Wissenschaft die Offenbarung zum Ausgang. Sie befasst sich vornehmlich mit der Aufgabe, die Heilige Schrift auszulegen und
Glaubensmysterien zu erklären.[325] Über diese Bestimmung hinausgehend präsentiert Gundisalvi in einem späteren Kapitel ein zweites Verständnis von göttlicher Wissenschaft.[326]
Hier ist sie erste Philosophie (*prima philosophia*), die er als Metaphysik bezeichnet. Dazu
zieht er als erster Gelehrter den lateinischen Terminus *metaphysica* als Namen für eine Wissenschaft heran.[327] Metaphysik versteht Gundisalvi wie Avicenna im Sinne von Ontologie.
Um dies zu erläutern, greift er stillschweigend auf die wissenschaftstheoretische Erörterung
zurück, die Avicenna in den ersten drei Kapiteln seiner *Metaphysik* präsentiert. Obgleich
das Seiende (*ens*)[328] und nicht Gott Gegenstand (*materia*) der Metaphysik ist,[329] darf man
sie Gundisalvi zufolge dennoch als göttliche Wissenschaft oder Theologie (*theologia*)

---

[323] Vgl. ibid., S. 2, Z. 4–S. 3, Z. 10; ed. Soto Bruna/Alonso del Real, S. 120, Z. 17–S. 122, Z. 17. Die drei Vollzüge
     sind *ratio*, *demonstratio* und *intelligentia*.

[324] Vgl. Hermann von Carinthia, *De essentiis* II, Fol. 72rG–vD, und Boethius, *De trinitate* 2, S. 168, Z. 64–S. 169,
     Z. 83. Hier und im Folgenden verwende ich die Edition von Moreschini. Siehe außerdem Fidora, ‚Die Rezep-
     tion der boethianischen Wissenschaftseinteilung'.

[325] Vgl. Gundisalvi, *De divisione philosophiae*, S. 5, Z. 4–11. Vgl. dazu außerdem Fidora, ‚Zum Verhältnis von
     Metaphysik und Theologie', S. 69–70, und id., Einleitung zu Gundisalvi, *De divisione philosophiae*, S. 13–24.

[326] Vgl. Gundisalvi, *De divisione philosophiae*, S. 35, Z. 9–S. 43, Z. 3. Eine deutsche Übersetzung des gesamten
     Textes findet sich in der Edition von Fidora/Werner.

[327] Vgl. ibid., S. 38, Z. 12–13: „Dicitur eciam ‚m e t a p h y s i c a' i. e. post physicam, quia ipsa est de eo quod est post
     naturam." Das parallel zu den Bezeichnungen *physica* und *mathematica* gebildete feminine Substantiv *meta-
     physica* geht auf den griechischen Ausdruck τὰ μετὰ τὰ φυσικά zurück, der in arabischen Texten als *mā ba ʿda
     l-ṭabīʿa* wiedergegeben wird. Dies bedeutet wörtlich ‚das, was nach der Natur kommt', und benennt eine
     Gruppe von Texten, die wir heute als Aristoteles' *Metaphysik* kennen. Vgl. Fidora, Einleitung zu Gundisalvi,
     De divisione philosophiae, S. 36. Zu den Bezeichnungen der Metaphysik bei Avicenna, siehe Bertolacci,
     The Reception of Aristotle's ›Metaphysics‹, S. 593–605.

[328] Gundisalvi spricht nur von *ens* und übernimmt damit nicht Avicennas genauere Bestimmung *ens, inquantum
     est ens* (*al-mawǧūd bi-mā huwa mawǧūd*). Vgl. Gundisalvi, *De divisione philosophiae*, S. 37, Z. 5–8: „ideo
     necessario materia huius sciencie est id quod communius et evidentius omnibus est, scilicet ens, quod
     siquidem non oportet queri an sit, vel quid sit, quasi in alia sciencia post hanc debeat hoc certificari."
     Vgl. außerdem Ibn Sīnā, *al-Ilāhiyyāt* I.2, S. 9, Z. 17–19; ed. Van Riet, S. 12, Z. 30–S. 13, Z. 33: „Igitur ostensum
     est tibi ex his omnibus quod ens, inquantum est ens, est commune omnibus his et quod ipsum debet poni
     subiectum huius magisterii, et quia non eget inquiri an sit et quid sit, quasi alia scientia praeter hanc debeat
     assignare dispositionem eius."

[329] Als Grund dafür, dass Gott nicht Subjekt der Metaphysik sein kann, führt Gundisalvi parallel zu Avicenna an,
     dass Gottes Existenz in dieser Wissenschaft bewiesen wird, gemäß Aristoteles jedoch keine Wissenschaft
     ihren eigenen Gegenstand beweist. Vgl. Gundisalvi, *De divisione philosophiae*, S. 36, Z. 21–S. 37, Z. 2, und
     Aristoteles, *Zweite Analytiken* I.10, 76b3–4.

bezeichnen, da sie sich in ihrem würdigeren (*dignior*) Teil Gott als dem edelsten Objekt zuwendet, der die erste Ursache alles Seienden ist und dessen Existenz sie beweist.[330] Im Anschluss an seine wissenschaftstheoretischen Überlegungen zu Beginn von *De processione mundi* geht Gundisalvi zu einer rationalen Analyse des Seienden über, die darauf verzichtet, ihren Ausgang von Glaubensartikeln zu nehmen, und deren Grundlage nicht die Heilige Schrift ist. Damit betreibt er nach eigener Definition Metaphysik.[331] Zunächst nimmt er eine Einteilung des Seienden insgesamt vor, beweist darauf aufbauend die Existenz eines einzigen ersten Prinzips, von dem alles andere abhängt, und beschreibt anschließend, auf welche Weise die Welt aus diesem Prinzip hervorgeht und wie sie strukturiert ist. Damit verfolgt er ein Programm, das dem der Metaphysik bei Avicenna gleicht. Trotz des metaphysischen Unternehmens erinnern Gundisalvis Ausführungen in *De processione mundi* in weiten Teilen an naturphilosophische Analysen.[332] Dies liegt darin begründet, dass sich Gundisalvi in seiner Ontologie der Idee des universalen Hylemorphismus verschreibt. Überlegungen zum Sein und Seinserwerb werden bei ihm daher streng in Begrifflichkeiten der Form-Materie-Relation ausgedrückt. In diesem Zusammenhang versteht er das Erlangen von aktueller Existenz als Bewegung im Sinne von Veränderung. Bei Avicenna und anderen Denkern, deren Kosmos keine durchgängig hylemorphe Struktur aufweist, begegnet man ähnlichen Überlegungen vornehmlich in Erklärungen zur sublunaren Welt. Dort finden sich auch in diesen Modellen ausschließlich materielle Einzeldinge, die der Veränderung unterliegen.[333] Veränderung als solche zu analysieren, ist jedoch Aufgabe der Naturphilosophie. Mithin überrascht es nicht, dass man in *De processione mundi* auch Zitaten aus Avicennas *Physik* begegnet und Gundisalvis grundlegende metaphysisch-ontologische Beschreibungen zuweilen inhaltlich sehr nahe an Passagen bei Avicenna heranreichen. Während Avicennas Ausführungen zu Form-Materie-Komposita nur körperliche Entitäten betreffen, beziehen sich Gundisalvis Ausführungen auf sämtliche Geschöpfe, da in seiner Welt alles aus Form und Materie zusammengesetzt ist.

---

[330] Vgl. Gundisalvi, *De divisione philosophiae*, S. 38, Z. 7–9. Die Bezeichnung als Theologie findet sich auf S. 42, Z. 4. Außerdem fügt Gundisalvi hinzu, dass eines der höchsten Ziele dieser Wissenschaft ist, die Herrschaft (*gubernatio*) Gottes zu erkennen, vgl. ibid., S. 39, Z. 6–10. Auch bei Avicenna fällt die Erkenntnis Gottes unter die Ziele der Metaphysik, siehe dazu Bertolacci, *The Reception of Aristotle's ›Metaphysics‹*, S. 111–131. Zu Gundisalvis wissenschaftstheoretischen Überlegungen bezüglich göttlicher und menschlicher Wissenschaft vgl. Fidora, ‚Zum Verhältnis von Metaphysik und Theologie‘.

[331] Laut Soto Bruna, ‚Estudio filosófico‘, S. 24, betreibt Gundisalvi christliche Metaphysik.

[332] Naturphilosophie definiert Gundisalvi mit Avicenna als Wissenschaft, die als Gegenstand den sinnlich wahrnehmbaren Körper hat, insofern dieser Veränderung und Ruhe unterworfen ist: „Materia vero naturalis sciencie est corpus, non secundum quod est ens, nec secundum quod est substancia, nec secundum quod est compositum ex duobus principiis, que sunt materia et forma, set secundum quod subiectum est motui et quieti et permutacioni", Gundisalvi, *De divisione philosophiae*, S. 20, Z. 3–7. Vgl. Ibn Sīnā, *De causis et principiis naturalium* I.1, S. 7, Z. 7–8; ed. Van Riet, S. 5, Z. 8–10: „Et eius [sc. scientiae naturalis] subiectum … est corpus sensibile secundum hoc quod subiacet permutationi."

[333] Die menschlichen Seelen, die als eigenständige geistige Substanzen aufgefasst werden können, kommen zwar auch in der sublunaren Welt vor, aber immer nur zusammen mit dem Körper, dem sie zugeordnet sind.

3.1.1 Modalontologische Bestimmung des Seienden

Bevor Gundisalvi in *De processione mundi* alles geschöpflich Seiende als hylemorph charakterisiert, nimmt er eine modalontologische Einteilung des Seienden insgesamt vor: Er unterscheidet durch sich notwendig Seiendes und durch sich möglich Seiendes. Diese Einteilung entwickelt er nicht auf eigene Weise, sondern setzt in seinen Text die entsprechende Passage aus Kapitel I.6 der *Metaphysik* von Avicenna ein. Der Grund, weshalb Gundisalvi Avicennas modale Ontologie übernimmt, liegt meines Erachtens darin, dass er auf ihrer Basis zwei wichtige Aspekte des Verhältnisses von Gott und Welt sehr gut argumentativ stützen kann: zum einen den Aspekt, dass alles Geschöpfliche auf eine Seinsursache angewiesen ist, die letztlich Gott ist, zum anderen den Aspekt, dass Gott nur ein einziger ist. Dazu geht Gundisalvi folgendermaßen vor: Zurückgreifend auf diverse Quellen, darunter Avicenna, führt er zunächst eine Reihe von Argumenten an, die begründen sollen, dass alles, was entsteht (*incipere*), einer Ursache bedarf.[334] Dies trifft in seinem Modell auf die Welt als Ganzes zu wie auch auf jedes einzelne Seiende darin. Das letzte der genannten Argumente begründet mit Hilfe des Verbots von infiniten Ursachenketten die Existenz einer ersten Ursache. Dieser Schluss verleiht der Reihe von Argumenten den Charakter von Gottesbeweisen, obgleich Gundisalvi die erste Ursache an dieser Stelle noch nicht mit Gott identifiziert. Er charakterisiert sie lediglich als etwas, das selbst nicht entsteht, sondern von Ewigkeit her existiert. Entstehung (*inceptio*) fasst Gundisalvi hier als ein Anfangen des Seins mit oder in der Zeit auf, das verursacht sein muss. Ewig (*aeternum*) zu sein, impliziert für ihn hingegen, keine Ursache zu haben. Ein weiteres, essenzielles Verständnis von Entstehung, wie es Avicenna einführt, der auch ewigen Dingen Entstehung zuspricht, findet sich an dieser Stelle nicht.[335] Die erwähnten Argumente ergänzt Gundisalvi anschließend um Avicennas modalontologische Überlegungen, die er in aller Länge zitiert, was von ihrer Wichtigkeit zeugt.[336] Anfangs dienen Avicennas Ausführungen Gundisalvi nach eigenen Angaben dazu, zu beweisen, dass die erste Ursache selbst nicht verursacht ist. Hier bietet es sich für ihn an, auf die modalontologische Einteilung des Seienden inklusive der kausalen Implikationen zurückzugreifen, die Avicenna beschreibt. Gundisalvi vermag damit die erste Ursache als durch sich notwendig Seiendes zu bestimmen, für das die Annahme, verursacht zu sein, in einen Widerspruch münden würde. Interessanterweise übernimmt er jedoch die modale Ontologie von Avicenna, ohne sie wie dieser auf das Fundament der Distinktion von Sein und Wesen zu stellen, auf das sie eigentlich baut.[337] Tatsächlich erwähnt er diese grundlegende Distinktion in keinem seiner Werke explizit.[338] Anstatt wie Avicenna zunächst die ontologischen Hintergründe darzulegen, um den Leser auf die Einteilung des Seienden in

---

[334] Vgl. Gundisalvi, *De processione mundi*, S. 3, Z. 11–S. 5, Z. 14; ed. Soto Bruna/Alonso del Real, S. 122, Z. 18–S. 126, Z. 16.

[335] Vgl. ibid., S. 5, Z. 8–14; ed. Soto Bruna/Alonso del Real, S. 126, Z. 11–16. Zu Avicennas essenziellem Verständnis von Entstehung, gemäß dem auch ewige Dinge als entstanden gelten können, siehe Kapitel 2.3.2.1.

[336] Für eine Übersicht über die zitierten Passagen aus Avicennas *Metaphysik* I.5 und I.6 siehe Polloni, ‚Gundissalinus on Necessary Being', S. 149–160.

[337] Ähnlich id., *The Twelfth-Century Renewal*, S. 236. Zu Avicenna siehe meine Ausführungen in Kapitel 2.1.3.

[338] Darauf macht Polloni ebenfalls aufmerksam, vgl. ibid., S. 236. Auch die mit der Distinktion von Sein und Wesen in Zusammenhang stehenden Ausdrücke *esse proprium* und *esse affirmativum* verwendet Gundisalvi nirgendwo.

durch sich notwendig und durch sich möglich Seiendes hinzuleiten, führt Gundisalvi die beiden Bestimmungen unvermittelt ein, als seien sie selbstverständlich – und vermutlich sind sie das für ihn sogar. Ausgehend vom gerade angesprochenen Beweis der Existenz einer ersten Ursache leitet er wie folgt zu Avicenna über:

Prima vero causa non habet causam. Alioquin iam non esset prima. Quod sic probatur: Omne, quod est, aut possibile est esse, aut necesse est esse.[339]	Die erste Ursache aber hat keine Ursache. Andernfalls wäre sie nicht länger die erste. Dies wird folgendermaßen bewiesen: Alles, was ist, ist entweder ein möglich Seiendes oder ein notwendig Seiendes.

Zitat 3-1

Diese Aussage leitet eine lange Abfolge von Argumenten zum Status des durch sich notwendig Seienden ein, die Gundisalvi von Avicenna übernimmt.[340] Nachdem er gezeigt hat, dass es unverursacht sein muss,[341] zieht er weitere Passagen aus Avicennas *Metaphysik* I.6 und I.7 heran, um ausführlich zu begründen, dass das notwendig Seiende – und damit die erste Ursache – nur ein einziges sein kann.[342] Der Grund dafür, warum Gundisalvi die modalontologische Bestimmung des Seienden überhaupt in *De processione mundi* aufnimmt, liegt offensichtlich darin, dass er die Stärke der avicennischen Argumente schätzt, die von dieser Bestimmung ihren Ausgang nehmen. Dafür spricht die schiere Ausführlichkeit, in der Gundisalvi Avicennas Text fast *verbatim* zitiert. Die Passagen ziehen sich über circa elf Seiten, was ein Fünftel der Länge des gesamten Textes ausmacht. Die kurze zahlentheoretische Überlegung Hermanns von Carinthia zur Einzigkeit Gottes, die Gundisalvi direkt im Anschluss an Avicennas Ausführungen anbringt, erscheint demgegenüber recht schwach und wirkt an dieser Stelle wie ein Nachtrag.[343] Zwar ist Hermann nach Ibn Gabirol die zweitwichtigste Quelle für *De processione mundi*, bei den Themen Unverursachtsein und Einzigkeit Gottes setzt sich Avicenna aber als argumentative Autorität gegen die beiden anderen Denker durch. Auf diesem Weg findet die modalontologische Bestimmung des Seienden Einzug in Gundisalvis Schrift. Gundisalvi hält diese Lehre für vereinbar mit Ibn Gabirols Ansatz, in dem der universale Hylemorphismus mit einer Dualität von Vermögen (*potentia*) und Wirklichkeit (*actus*) verknüpft wird. Dies ist prägend für den Rest von *De processione mundi*, worauf ich in Kapitel 3.1.3 eingehen werde.

Während Gundisalvi im weiteren Verlauf des Textes die Absicht verfolgt, die Theorie des universalen Hylemorphismus zu verteidigen, geht es ihm im Kontext des obigen Zitats zunächst darum, Gott als alleinige Ursache der Welt und aller Dinge darin zu sichern und

---

[339] Gundisalvi, *De processione mundi*, S. 5, Z. 15–17; ed. Soto Bruna/Alonso del Real, S. 126, Z. 17–19. Bereits in einer früheren Passage auf der vorangehenden Seite erwähnt Gundisalvi das *possibile esse*. Hier ist der Kontext jedoch ein anderer: Gundisalvi stellt das *possibile esse* dem *impossibile esse* gegenüber, um darauf aufmerksam zu machen, dass alles, was zu sein beginnt, vorher möglich sein muss. Vgl. ibid., S. 4, Z. 19–22; ed. Soto Bruna/Alonso del Real, S. 124, Z. 23–25. Diesen Gedanken hat er ebenfalls von Avicenna übernommen.

[340] Eine tabellarische Gegenüberstellung der Textpassagen dieser Argumente bei Gundisalvi und Avicenna findet man in Polloni, *The Twelfth-Century Renewal*, S. 149–160.

[341] Vgl. Gundisalvi, *De processione mundi*, S. 5, Z. 19–S. 8, Z. 4; ed. Soto Bruna/Alonso del Real, S. 126, Z. 20–S. 130, Z. 19.

[342] Vgl. ibid., S. 8, Z. 5–S. 16, Z. 8; ed. Soto Bruna/Alonso del Real, S. 132, Z. 1–S. 146, Z. 15.

[343] Vgl. ibid., S. 17, Z. 1–10; ed. Soto Bruna/Alonso del Real, S. 148, Z. 12–20, und Hermann von Carinthia, *De essentiis* I, Fol. 58vG–59rA.

diese Entitäten in ihrem Sein von Gott abhängig zu machen. Daher bestimmt Gundisalvi alles weltlich Seiende mit Avicenna als durch sich möglich Seiendes, dessen Sein wie auch Nicht-Sein an eine Ursache geknüpft ist. Somit ist bei Gundisalvi wie bei Avicenna alles Weltliche kontingent.[344] Interessanterweise übernimmt Gundisalvi von Avicenna sogar den Aspekt der Notwendigkeit, die verursachtem Seienden zukommt: Möglich Seiendes lässt sich mit Blick auf seine Wirkursache als durch anderes – nämlich durch die Ursache – notwendig Seiendes verstehen.[345] Im Gegensatz zu Wilhelm von Auvergne und Heinrich von Gent hat Gundisalvi also noch kein Problem damit, auch in Bezug auf das Sein der Geschöpfe von einer gewissen Form der Seinsnotwendigkeit zu sprechen, wenngleich dies nur innerhalb der Avicenna-Zitate geschieht.[346] Überhaupt fällt auf, dass Gundisalvi zwar für den Rest von De processione mundi die modale Bestimmung des geschöpflich Seienden beibehält – er bezieht sie dann auf Form und Materie –, im Gegensatz dazu aber die Bestimmung Gottes als durch sich notwendig Seiendes ausschließlich innerhalb der Avicenna-Zitate im ersten Drittel seiner Schrift verwendet. Zudem setzt er die Bezeichnungen als *necesse esse*, *necessarium (esse) per se* und *possibile esse per se* in keinem seiner anderen Werke als Bezeichnungen für Gott oder die Geschöpfe ein.[347] Allerdings gilt diesbezüglich zu bedenken, dass De processione mundi Gundisalvis letzte eigene Schrift sein könnte.[348] Vermutlich kannte er Avicennas *Metaphysik* noch nicht, als er seine frühen Traktate *De unitate et uno* und *De anima* verfasst hat. Zwar ist für *De anima* Avicennas gleichnamige Schrift die dominierende Quelle,[349] doch verzichtet Avicenna in seiner Psychologie selbst auf die modalontologischen Bezeichnungen, da es sich um eine naturphilosophische Schrift handelt.[350] Was das wissenschaftstheoretische Werk *De divisione philosophiae* anbelangt, so ist zumindest gesichert, dass Gundisalvi zum Zeitpunkt der Abfassung die ersten Kapitel von Avicennas *Metaphysik* kannte. Diese enthalten Avicennas wissenschaftstheoretische Analysen, auf die Gundisalvi zurückgreift.[351] Dass er weder dort noch in den letzten beiden

---

[344]   Vgl. Gundisalvi, *De processione mundi*, S. 6, Z. 16–19; ed. Soto Bruna/Alonso del Real, S. 128, Z. 15–18: „Intellectus enim essendi est ex eo, quod est causa essendi, et intellectus non essendi est ex causa privante essendi rem. Dicimus ergo de intentione essendi possibiliter, quia esse, quod habet, ex causa sua habet et respectu eius."

[345]   Vgl. ibid., S. 16, Z. 12–14; ed. Soto Bruna/Alonso del Real, S. 146, Z. 18–21: „Omne autem, quod possibile est esse, cum consideratur per se ipsum, semper est possibile esse. Contingit autem aliquando ipsum necessarium esse per aliud." Vgl. Ibn Sīnā, al-Ilāhiyyāt I.7, S. 38, Z. 5–6; ed. Van Riet, S. 54, Z. 46–47: „quicquid enim est possibile esse, respectu sui, semper est possibile esse, sed fortassis accidet ei necesse esse per aliud a se."

[346]   Vgl. Gundisalvi, *De processione mundi*, S. 7, Z. 14–15; S. 14, Z. 3, und S. 16, Z. 14; ed. Soto Bruna/Alonso del Real, S. 130, Z. 14–15; S. 142, Z. 21, und S. 146, Z. 20–21.

[347]   In *De anima* findet sich einmal *possibile* im Sinne eines möglich Seienden, allerdings ist die Thematik dort der Übergang von *potentia* zu *actus*. Vgl. id., *De anima* 1, S. 33, Z. 20–21; ed. Alonso del Real/Soto Bruna, S. 72, Z. 11–12: „Nullum autem possibile de potentia venit ad actum nisi per aliud quod sit in actu." Hier und im Folgenden verwende ich für *De anima* die Edition von Muckle und ergänzend dazu die neue Edition von Alonso del Real und Soto Bruna.

[348]   Vgl. Polloni, *The Twelfth-Century Renewal*, S. 29.

[349]   Vgl. id., ‚Gundissalinus and the Application', S. 71. Siehe dazu auch Hasse, *Avicenna's ›De anima‹ in the Latin West*, S. 13–18.

[350]   In der Naturphilosophie interessiert vor allem die Ebene von Form und Materie, auf der sich die Veränderungen der körperlichen Dinge vollziehen. In der Metaphysik als Ontologie muss hingegen auf die Ebene von Sein und Wesen eingegangen werden.

[351]   Vgl. dazu Fidora, *Die Wissenschaftstheorie des Dominicus Gundissalinus*.

Dritteln von *De processione mundi* Gott als *necesse esse per se* bezeichnet, verwundert zunächst, da diese Bestimmung für ihn zu Beginn des Werks offensichtlich sehr attraktiv ist. Man muss sich jedoch bewusst machen, dass Gundisalvi generell dazu tendiert, sich nicht nur inhaltlich, sondern auch terminologisch nahe am jeweiligen Text zu orientieren, den er gerade als Vorlage für seine eigenen Ausführungen verwendet.[352] Da in *De processione mundi* im Anschluss an die langen Avicenna-Passagen vornehmlich Ibn Gabirols *Fons vitae* und die Schrift *De essentiis* Hermanns von Carinthia als inhaltliche Quellen dienen, wechselt Gundisalvi dann auch zu deren Terminologie über. Die modale Bestimmung Gottes rückt in den Hintergrund und da es nun thematisch hauptsächlich um den Schöpfungsakt geht, wird Gott meist als Schöpfer (*creator*) bezeichnet. Von Vorteil für den Eindruck einer gewissen Einheit des kompilatorischen Werks ist dabei die Tatsache, dass Gundisalvi die von ihm zitierten ursprünglich arabischen Texte selbst übersetzt hat. Dadurch ist seine Schrift von einem mehr oder weniger homogenen Vokabular durchzogen. Andernfalls würde der kompilatorische Charakter von *De processione mundi* möglicherweise noch verstärkt werden.

3.1.2 Schweigen über die Distinktion von Sein und Wesen

Wie bereits angesprochen, geht Gundisalvi nicht gesondert auf die Lehre der Sein-Wesen-Distinktion ein, die bei Avicenna systemimmanent überaus wichtig ist und philosophiegeschichtlich zu seinen einflussreichsten Theorien zählt. Da Gundisalvi jedoch die auf der Distinktion basierende modale Ontologie übernimmt, stellt sich die Frage, ob er die Distinktion zumindest stillschweigend voraussetzt.[353] Einen Hinweis darauf könnte der Terminus des Wesens (*essentia*) liefern. Die Lehre der Sein-Wesen-Distinktion bringt es nämlich mit sich, den Status der Wesen in sich klären zu müssen. Wenn Gundisalvi schon nicht explizit auf die Distinktion eingeht, so wäre es immerhin denkbar, dass er sich zumindest zum Begriff des Wesens äußert, was einen Rückschluss auf seine Haltung zur Sein-Wesen-Distinktion zuließe. Doch leider thematisiert er das Wesen nicht gesondert. Zwar verwendet er in seinen Texten regelmäßig den Terminus *essentia*, allerdings in verschiedensten Bedeutungen, ohne Bemühen um eine Begriffsklärung oder -einheitlichkeit. Dies ist sicherlich dem kompilatorischen Charakter seiner Werke geschuldet. *Essentia* verwendet Gundisalvi üblicherweise so, wie es der jeweilige Autor einsetzt, den er gerade heranzieht.[354] So finden sich Stellen, an denen er das Wesen eindeutig als Natur versteht, die festlegt, was etwas ist, und in einer Definition erfasst werden kann. Die Wesensbestimmung einer Sache erfolgt über deren substanzielle Form. Zusätzlich kommen einer Substanz aufgrund ihrer konkreten materiellen Existenz noch diverse akzidentelle Bestimmungen zu. In Passagen, in denen

---

[352] Ab und zu nimmt Gundisalvi jedoch kleine Änderungen vor, die unter Umständen interessant sein können, siehe dazu Polloni, ‚Gundissalinus on Necessary Being‘, S. 136–147.

[353] Dass Gundisalvi die Sein-Wesen-Distinktion für derart selbstverständlich hält, dass sie nicht erwähnt zu werden braucht, ist unwahrscheinlich.

[354] Mal hat *essentia* die Bedeutung von Form, mal von spezieller Natur. Darüber hinaus wird der Terminus im Sinne von Substanz, Seiendes oder Ding gebraucht. Vgl. hierzu auch Fidoras Anmerkung in Gundisalvi, *De divisione philosophiae*, S. 104, Fn. 72.

Gundisalvi derartige Zusammenhänge erklärt, würde man bei Avicenna die Sein-Wesen-Distinktion als Hintergrund mitdenken. Bei Gundisalvi fehlt allerdings ein Hinweis darauf. Er stellt lediglich akzidentelle und wesenhafte Eigenschaften gegenüber, ohne das Sein als weiteren Faktor gesondert einzubinden.[355]

Sollte die Sein-Wesen-Distinktion tatsächlich nicht den Hintergrund der Modalontologie bilden, müsste man sich fragen, wie Gundisalvi im ersten Drittel von *De processione mundi* die Bestimmung der Geschöpfe als durch sich möglich Seiendes versteht. Aus Avicennas Blickwinkel heraus scheint es, als könne man nur dann sinnvoll von durch sich möglich Seiendem sprechen, wenn man die Distinktion voraussetzt. In der modalen Bestimmung bewertet man in einer rationalen Analyse eine Beziehung, die zwischen zwei Begriffen besteht, hier zwischen dem des Seins und dem des Wesens. Die Bewertung hat aber eine ontologische Dimension, indem sie alles Seiende in zwei Arten gliedert.[356] Es stellt sich also die Frage: Könnte Gundisalvi die modale Bestimmung der Dinge übernehmen, sie aber nicht auf Basis der Relation zwischen Sein und Wesen verstehen, sondern ein anderes Relatum als das Wesen neben dem Sein annehmen?[357] Denkbar wäre, dass er schlichtweg die Dinge als Ganzes in Relation zum Sein setzt und nicht auf die Metaebene geht. Denn anders als Avicenna und später vor allem Heinrich von Gent vertritt Gundisalvi keine distinkte *res*-Theorie, wie es bei Avicenna der Fall ist, bei dem das Konzept des Dings (*šay'*; *res*) eng mit der Sein-Wesen-Distinktion zusammenhängt. Zieht man die Dinge als Relatum heran, so würde Avicenna einwenden, müsste man dennoch erklären, warum sie einem möglichen Verhältnis zum Sein stehen. Damit würde man jedoch wieder zum Wesen gelangen, denn die Antwort lautet: Weil die Wesen der Dinge kein Sein umfassen. Eine explizite Erklärung anzuführen, hält Gundisalvi allerdings nicht für nötig.

Die Tatsache, dass er das Thema der Sein-Wesen-Distinktion in seiner ontologischen Analyse ausspart, die daran anknüpfenden modalontologischen Bestimmungen aber in aller Ausführlichkeit übernimmt, lässt also zunächst verwundern. Offensichtlich hält Gundisalvi die Argumente ohne die ontologischen Implikationen, die sie auf Seiten der Geschöpfe haben müssten, für stark. An dieser Stelle sollten wir uns zum einen ins Gedächtnis rufen, dass es ihm zu Beginn von *De processione mundi* ja hauptsächlich darum geht, Gottes Stand in der Wirklichkeit und seine Rolle in Bezug auf die Welt zu sichern. Die interne ontologische Struktur der weltlichen Dinge interessiert Gundisalvi hier noch nicht gesondert, obwohl sie die Argumentation freilich noch stärken würde, da sie den explanatorischen Hintergrund liefert. Zum anderen könnte Gundisalvi das Einbinden der Distinktion unter Umständen sogar als hinderlich für das zweite besondere Anliegen erachten, das er mit seiner Schrift verfolgt, nämlich für eine durchgängig hylemorph strukturierte Welt zu werben. Diesem Vorhaben widmet er sich ab dem zweiten Drittel von *De processione mundi* und wir werden gleich sehen, dass er im Zuge dessen die modale Bestimmung der Geschöpfe auf ganz eigene Weise interpretiert. Hierbei rückt die kausale Implikation der

---

[355] Vgl. id., *De anima* 10, S. 89, Z. 27–S. 90, Z. 35; ed. Alonso del Real/Soto Bruna, S. 268, Z. 6–S. 272, Z. 3, und id., *De divisione philosophiae*, S. 30, Z. 6–S. 31, Z. 6.

[356] Vgl. Bäck, ‚Avicenna's Conception of the Modalities', S. 239–246, und Koutzarova, *Das Transzendentale bei Ibn Sīnā*, S. 362–382.

[357] Das Sein ist als Relatum gesetzt durch die Bezeichnung als möglich Seiendes. Die Frage ist nur, was steht in einer möglichen Beziehung zum Sein?

modalen Ontologie in den Vordergrund. Während das durch sich notwendig Seiende auf nichts anderes angewiesen ist, um zu existieren, wird das aktuelle Sein (und ebenso das Nicht-Sein) eines durch sich möglich Seienden durch etwas anderes bedingt. Über diesen Aspekt versucht Gundisalvi zu begründen, dass Form und Materie ausnahmslos wechselseitig aufeinander angewiesen sind.

3.1.3 Universaler Hylemorphismus als Basisontologie der Welt

Sei es, dass Gundisalvi keine grundlegendere Struktur der Wirklichkeit annimmt oder aus bestimmten Gründen bei seiner Untersuchung der Welt nicht noch einen Schritt weiter auf die Metaebene geht, um auf die Distinktion von Sein und Wesen aufmerksam zu machen, fest steht: Der Hylemorphismus bildet die Basisontologie für Gundisalvis Modell der Welt, das er ab dem zweiten Drittel von *De processione mundi* vorstellt. Obgleich Gundisalvi damit stark von Avicenna abweicht, findet er in dessen Ansatz Elemente, die ihm helfen, seine eigene Theorie zu fundieren, wie im Folgenden aufgezeigt werden soll. Zudem möchte ich der Frage nachgehen, was Gundisalvis Motive dafür sein könnten, neben der so favorisierten modalen Ontologie überhaupt noch einen universalen Hylemorphismus einzuführen, anstatt die Sein-Wesen-Distinktion von Avicenna zu übernehmen.[358]

3.1.3.1 Gundisalvis universaler Hylemorphismus

Während die Distinktion von Sein und Wesen für Avicenna die primäre ontologische Maßgabe ist, an der die Struktur und Prozesse der Welt ausgerichtet werden müssen, um ein kohärentes System zu entwerfen, übernimmt diese Rolle bei Gundisalvi die Distinktion von Materie und Form. Diese Distinktion, die eigentlich in der Naturphilosophie zentral ist, dominiert die ontologischen Analysen. So kommt es vor, dass an Stellen, an denen man mit Avicenna einen Verweis auf das Sein oder Wesen erwartet sowie auf eine mit ihrer Distinktion verbundene Konsequenz, Gundisalvi stattdessen einen Hinweis auf Materie und Form und ihr Verhältnis zueinander liefert. Ein Beispiel dafür ist folgende Aussage Avicennas, die man in Gundisalvis Text findet:

> Alles, was ein möglich Seiendes ist, wenn es in sich selbst betrachtet wird, ist immer ein möglich Seiendes.[359]

Zitat 3-2

---

[358] Im Grunde schließen sich beide nicht gegenseitig aus, aber es scheint so, als verzichte Gundisalvi auf die Sein-Wesen-Distinktion, um die modale Ontologie hylemorph interpretieren zu können.

[359] Gundisalvi, *De processione mundi*, S. 16, Z. 12–13; ed. Soto Bruna/Alonso del Real, S. 146, Z. 18–20: „Omne autem, quod possibile est esse, cum consideratur per se ipsum, semper est possibile esse." Vgl. dazu Ibn Sīnā, *al-Ilāhiyyāt* I.7, S. 38, Z. 5–6; ed. Van Riet, S. 54, Z. 46–47: „quicquid enim est possibile esse, respectu sui, semper est possibile esse." Siehe Fn. 91 für Avicennas Formulierung der Methode mit einer Form von *considerare*.

Diese Aussage lässt sich nur dann wirklich verstehen, wenn man weiß, was es bedeutet, etwas in sich selbst zu betrachten (*considerare per se ipsum*). Doch die Interpretation dieser Betrachtungsweise fällt bei beiden Gelehrten unterschiedlich aus und in diesem Unterschied offenbart sich die Grunddifferenz ihrer Ontologie. Etwas in sich zu betrachten, heißt bei Avicenna, allein das Wesen eines Dings in den Blick zu nehmen, ohne Berücksichtigung der Wirkursache und damit ohne die Seinskomponente. Man stellt bei dieser Art der Betrachtung fest, dass das Wesen weltlicher Dinge kein Sein umfasst, weshalb Avicenna die Dinge als in sich nur möglich seiend charakterisiert. Wie gerade erläutert, bleibt das genaue Verständnis der modalontologischen Bestimmung des geschöpflich Seienden im ersten Drittel von *De processione mundi* hingegen offen und folglich ebenso die Bedeutung der Aussage, etwas in sich zu betrachten, die an mehreren Stellen auftritt.[360] Dies ändert sich, nachdem Gundisalvi die hylemorphe Struktur des geschöpflich Seienden in seine Schrift eingeführt hat. Auch dann noch, mithin außerhalb der Avicenna-Passagen, erwähnt er die Methode, etwas in sich zu betrachten – einmal in avicennischer Terminologie, zweimal als Form von *intelligere per se*.[361] Es stellt sich jedoch heraus, dass Gundisalvi dies hylemorph uminterpretiert. Sein Ziel ist dabei, die wechselseitige Bindung von Form und Materie aneinander für unabdingbar zu erklären. Aus diesem Grund wendet er – anders als Avicenna – die Methode, etwas in sich zu betrachten, nicht allgemein auf Einzeldinge an, sondern behält sich diese Methode für die Analyse der beiden Seinskomponenten Form und Materie vor. Die beiden Komponenten treten zwar in Wirklichkeit nur zusammen auf,[362] sie lassen sich jedoch separat voneinander betrachten. Zurückgehend auf Avicenna ordnet Gundisalvi Form und Materie, die geschöpfliche Entitäten sind, in sich betrachtet Möglichkeit zu. Das stellt sich als besonders wichtig für die Form heraus. Während Materie traditionellerweise mit Möglichkeit (*possibilitas*) und Vermögen (*potentia*) gekoppelt wird, verknüpft man Form üblicherweise mit Akt und Wirklichkeit (*actus / effectus*). Diese Verknüpfung muss Gundisalvi durchtrennen, denn sie stellt eine Gefahr für den von ihm propagierten universalen Hylemorphismus dar. Form als Akt ließe nämlich letztlich die Folgerung zu, es könne auch Formen geben, die allein, das heißt ohne Materie existieren, da sie für sich bereits Wirklichkeit besäßen und in manchen Fällen nicht auf Materie bezogen wären. Die Materie wäre für die Existenz derartiger Formen unnötig, sodass sie als immaterielle Substanzen Bestand hätten, beispielsweise als himmlische Intelligenzen oder Engel. Dies lehnt Gundisalvi in seiner Welt jedoch strikt ab. Mit Hilfe von Avicennas Methode, Dinge in sich zu betrachten, und unter Rückgriff auf die Modalontologie vermag Gundisalvi, der Form das

---

[360]   Dabei findet man die Konstruktion mit ,*in se*‘ und ,*per se*‘, vgl. Gundisalvi, *De processione mundi*, S. 5, Z. 19–20; S. 7, Z. 7–10; S. 8, Z. 8–10 und 18–20; S. 16, Z. 12–13; ed. Soto Bruna/Alonso del Real, S. 126, Z. 20–21; S. 130, Z. 7–10; S. 132, Z. 4–6 und 14–16; S. 146, Z. 18–19.

[361]   Siehe ibid., S. 27, Z. 20–21; ed. Soto Bruna/Alonso del Real, S. 170, Z. 13–14: „Materia vero, cum intelligitur per se sine forma, habet esse in potentia.“ Hier handelt es sich um ein Zitat aus Ibn Gabirols *Fons vitae*. Dort fehlt jedoch der Aspekt des *intelligi per se*. Vgl. Ibn Gabirol, *Fons vitae* V.10, S. 274, Z. 19–21: „similiter etiam materia non est privata absolute, quia habet esse in se in potentia.“ Die Stellenangabe nennt den *tractatus* und Abschnitt. Vgl. außerdem Gundisalvi, *De processione mundi*, S. 29, Z. 7–10; ed. Soto Bruna/Alonso del Real, S. 172, Z. 15–17: „Quia igitur nec est unum, nec multa, quapropter materia per se intellecta sine forma et forma sine materia intellecta una dici non potest“ und ibid., S. 33, Z. 19; ed. Soto Bruna/Alonso del Real, S. 180, Z. 14–15: „Sed materia per se considerata sine forma fuit in sola potentia.“

[362]   Ähnlich treten Wesen bei Avicenna in der Wirklichkeit nur mit der Wirkursache und folglich mit Sein auf.

Prädikat der Aktualität zu entreißen und Aktualität stattdessen an die Verknüpfung von Form und Materie zu binden. Etwas in sich zu betrachten, hat für Gundisalvi dann nicht mehr die Bedeutung, allein das Wesen eines Dings in den Blick zu nehmen und dabei das Sein, das heißt den Bezug auf die Wirkursache außer Acht zu lassen. Vielmehr bedeutet es, Form und Materie separat voneinander zu betrachten, ohne Bezug auf das jeweils andere, also Materie ohne Form und Form ohne Materie. Diese Analyse betrifft eine andere ontologische Ebene, als es bei Avicenna der Fall ist. Das Ergebnis ist allerdings ähnlich: Bezüglich des in sich Betrachteten ist festzustellen, dass es für sich allein nicht über aktuelles Sein verfügt. So konstatiert Gundisalvi:

> Aber die Materie war in sich betrachtet (*considerata per se*), ohne die Form, in reinem Vermögen.[363]

Zitat 3-3

Gleiches gilt bei Gundisalvi für die Form. Auch sie ist in sich nur möglich beziehungsweise potentiell seiend.[364] An dieser Stelle ist anzumerken, dass bei Avicenna Formen ebenfalls in sich betrachtet nur möglich Seiendes sind. Er versteht darunter jedoch etwas anderes als Gundisalvi. Auch für die Formen ließen sich in einer metaphysischen Analyse Sein und Wesen unterscheiden. Andernfalls wären Formen etwas durch sich notwendig Seiendes. Eine Form in sich zu betrachten, meint nach Avicenna, ihr Wesen in den Blick zu nehmen. Daneben lässt sich eine Form auch unter der Perspektive betrachten, dass sie in ein Netz von wirkursächlichen Kausalrelationen eingebettet ist, wodurch ihr Sein zukommt. Avicenna würde demnach konstatieren, dass eine Form in sich betrachtet zwar kein Sein hat, aber in Bezug auf ihre Wirkursache aktuell als Form existiert. Dies wird besonders deutlich bei immateriellen Substanzen wie den himmlischen Intelligenzen, die reine Formen sind. Sie können für sich allein bestehen, jedoch nicht aus sich heraus, sondern nur dann, wenn ihnen eine metaphysisch verstandene Wirkursache Sein verleiht. Vergleichbares gilt für materielle, das heißt auf Materie bezogene Formen:[365] Auch sie sind in sich nur möglich und bedürfen einer Ursache, die ihnen Sein verleiht und sie aktuell zu dem macht, was sie sind. Als Form haben sie dann Sein.[366] Der Unterschied zu den himmlischen Intelligenzen liegt aber darin, dass materielle Formen trotz des Seins, das ihnen von der Wirkursache mitgegeben wird, nicht als eigenes Ding für sich existieren können, sondern nur in Verbindung mit Materie. Sie werden in die Materie eingeprägt und sorgen auf diese Weise für das aktuelle Sein des gesamten Kompositums, das heißt des konkreten Dings, das sie mit der Materie zusammen bilden. Die Potentialität der Materie wird durch die Form im Kompositum aktualisiert. In diesem Sinne ist die Form der Materie vorgeordnet und kann als deren Ursache verstanden werden, jedoch nur als Mitursache des aktuellen Seins der Materie im

---

[363] Ibid., S. 33, Z. 19; ed. Soto Bruna/Alonso del Real, S. 180, Z. 14–15: „Sed materia per se considerata sine forma fuit in sola potentia." Der Einheitlichkeit wegen übersetze ich ‚per se' mit ‚in sich', möglich wäre auch ‚für sich'.

[364] Gundisalvi versteht Möglichkeit und Potentialität parallel. Zur Form siehe Fn. 368 sowie Zitat 3-4 und Zitat 3-5.

[365] Die Tatsache, dass sie nur in Verbindung mit Materie in einem Kompositum existieren, ist für diese metaphysische Analyse nebensächlich.

[366] Vgl. Ibn Sīnā, *al-Ilāhiyyāt* II.4, S. 70, Z. 3–5; ed. Van Riet, S. 101, Z. 10–12: „Non potest autem hoc concedi quod forma per seipsam habeat esse in potentia, sed fit in effectu per materiam, quia substantia formae est effectus. Natura vero eius quod est esse in potentia est proprietas materiae."

Kompositum, nicht als Ursache der Materie als solche.[367] Gundisalvi nimmt hingegen für sämtliche Formen eine Bezogenheit auf Materie an und lehnt es generell ab, den Formen als Formen Sein zuzusprechen. Damit schließt er von vornherein die Möglichkeit von immateriellen Substanzen aus. Im Gegensatz zu Avicennas Ontologie geht in Gundisalvis Ontologie die Feststellung, Formen seien für sich betrachtet nur möglich oder potentiell seiend, mit der Betonung der Tatsache einher, dass sie erst und ausschließlich zusammen mit Materie aktuell existieren. Ohne Verbindung miteinander haben Materie und Form nur Sein in Potentialität. Aktuelles Sein erlangen beide erst durch ihre Verbindung, die Gott in der Zusammensetzung bewirkt.[368] Der Zustand des potentiellen Seins kann lediglich in einer rationalen Analyse ausfindig gemacht werden, und zwar, wenn man Materie und Form wie beschrieben in sich selbst betrachtet.[369] Den ontologischen Zusammenhang von Form und Materie führt Gundisalvi in folgender Aussage ein:

Unde sciendum est, quod esse duobus modis dicitur: est enim esse in potentia, quod est proprium essentiae uniuscuiusque materiae per se et uniuscuiusque formae per se, et est esse in actu, quod est proprium materiae et formae simul coniunctarum. Impossibile est enim, quod materia vel forma per se sic dicatur esse, sicut dicitur esse, cum una coniungitur alii. Cum enim intelliguntur coniunctim, convenit eis illud esse, quod est proprium coniunctarum.[370]	Daher muss man wissen, dass das Sein auf zweierlei Weisen ausgesagt wird: Es gibt nämlich Sein in Potentialität, das dem Wesen jeder Materie durch sich und jeder Form durch sich eigentümlich ist, und es gibt Sein in Aktualität, das der miteinander verbundenen Materie und Form zugleich eigentümlich ist. Es ist nämlich unmöglich, dass die Materie oder die Form für sich so zu sein genannt wird, wie sie zu sein genannt wird, wenn die eine mit der anderen verbunden ist. Wenn sie nämlich verbunden verstanden werden, kommt ihnen jenes Sein zu, das ihnen als miteinander Verbundene eigentümlich ist.

Zitat 3-4

Dieses Zitat stammt wortwörtlich aus Ibn Gabirols *Fons vitae*[371], erinnert jedoch stark an Avicenna und liest sich wie eine hylemorphistische Adaption seiner Einteilung des Seins in *Metaphysik* I.5.[372] Dort stellt Avicenna das eigentümliche Sein (*esse proprium*) im Sinne

---

[367] Vgl. ibid. VI.1, S. 196, Z. 4–13; ed. Van Riet, S. 293, Z. 53–S. 294, Z. 68. Vgl. außerdem ibid. die Kapitel II.3 und II.4 zum Verhältnis von Materie und Form.

[368] Siehe Gundisalvi, *De processione mundi*, S. 23, Z. 12–15; ed. Soto Bruna/Alonso del Real, S. 162, Z. 4–8: „Esse enim uniuscuiusque istarum [sc. materiae et formae] per se est esse in potentia; esse vero illarum simul coniunctarum est esse in actu. Unde ante coniunctionem utraque habet esse in potentia. Sed cum altera alteri coniungitur, utraque de potentia producitur ad effectum."

[369] Vgl. dazu insbesondere ibid., S. 50, Z. 3–16; ed. Soto Bruna/Alonso del Real, S. 210, Z. 14–S. 212, Z. 6.

[370] Ibid., S. 22, Z. 25–S. 23, Z. 7; ed. Soto Bruna/Alonso del Real, S. 160, Z. 13–19.

[371] Siehe Ibn Gabirol, *Fons vitae* V.9, S. 273, Z. 13–18: „Scire debes quod esse duobus modis est: esse in potentia, quod est proprium essentiae uniuscuiusque, scilicet materiae et formae per se; et iam de hoc diximus; et esse in actu quod est proprium materiae et formae, cum uniuntur et componuntur. [E]t impossibile est ut materia sic describatur per se, sicut describitur coniuncta formae."

[372] Ibn Gabirols Text weist an einigen Stellen in *Fons vitae* eine erstaunliche Nähe zu Avicenna auf (siehe bspw. Fn. 497), sodass ich mich frage, ob er Avicennas Schriften gekannt haben könnte, oder ob zumindest Avicennas Gedanken unter den Gelehrten bereits in Umlauf waren. Möglich wäre auch, dass beide ein drittes Werk

des Wesens dem affirmativen Sein (*esse affirmativum*) im Sinne des aktuellen Seins gegen-über.[373] Dies geht der gerade erwähnten Analyse in Kapitel I.6 voraus, in der Avicenna die Geschöpfe als *possibile esse per se* bestimmt. Obwohl man die Konzepte des *possibile esse per se* und *necesse esse per se* nicht eins zu eins auf Gundisalvis *esse in potentia* und *esse in actu* übertragen kann, wie ich zeigen werde, erscheint das obige Zitat wie eine Verbindung der Überlegungen Avicennas mit einem hylemorphistischen Grundkonzept. Interessant ist aber, dass sich hier schon die strenge Bezogenheit von Form und Materie aufeinander an-deutet, die im weiteren Verlauf von *De processione mundi* noch expliziter wird. Isoliert von-einander betrachtet haben Materie und Form folgende ontologische Bestimmung:

Esse enim materiale, quod est esse in potentia, diversum est ab esse formali, quod est esse in actu. Sed esse materiale utraque habet per se sine altera, sicut esse formale habet utraque, si coniuncta est cum altera.[374]	Materielles Sein nämlich, das Sein in Poten-tialität ist, ist verschieden von formalem Sein, das Sein in Aktualität ist. Materielles Sein aber hat jede von beiden [d. h. Materie und Form] für sich ohne die andere, wie jede von beiden formales Sein hat, wenn sie mit der anderen verbunden ist.

Zitat 3-5

Die verschiedenen Seinszustände der Grundkomponenten Materie und Form werden hier ausschließlich in der Relation dieser beiden Komponenten zueinander ausgedrückt. Das Sein als eigener Faktor spielt keine Rolle. Darüber hinaus drückt Gundisalvi sogar die Seinszustände in hylemorphistischer Terminologie aus. Dazu übernimmt er von Ibn Gabi-rol die Differenz von materiellem Sein (*esse materiale*) und formalem Sein (*esse formale*).[375] In der philosophischen Tradition wird Materie, insbesondere die erste Materie, aufgrund ihrer eigenen Unbestimmtheit und gleichzeitigen Aufnahmefähigkeit für Formen mit Po-tentialität verknüpft. Diese Konnotation übernimmt Gundisalvi und setzt das *esse materiale* im Zitat mit dem *esse in potentia* gleich. Es ist aber nicht auf die Materie beschränkt, son-dern kommt ebenso der Form in sich zu. Dem *esse materiale* beider Grundkomponenten steht deren *esse formale* gegenüber, das ihrem Sein in Wirklichkeit entspricht. Form wird traditionellerweise mit Aktualität verbunden, denn aufgrund der substanziellen Form be-sitzt ein Ding aktuelles Sein als etwas Bestimmtes, das heißt als Vertreter einer Art. So gibt auch in Gundisalvis Modell die Form vor, was das Kompositum ist. Sie differenziert das unbestimmte Sein der Materie aus. Hinsichtlich des Aspekts der Aktualität ist Gundisalvi jedoch zurückhaltender und betont stets, dass auch die Form allein – ohne Materie – keine Aktualität besitzt, sondern beide gleichermaßen erst in Verbindung miteinander Aktualität erlangen. Dennoch identifiziert er im Zitat das Sein in Wirklichkeit terminologisch mit dem *esse formale*. Die Tatsache, dass er von Ibn Gabirol übernimmt, die Zustände des aktuellen und potentiellen Seins durch Ausdrücke zu kennzeichnen, die die Termini Form und Ma-terie enthalten, zeugt abermals von Gundisalvis außerordentlicher Präferenz für den Hyle-morphismus. Die Verlagerung des ontologischen Interesses auf die Trias Form / Materie /

---

als gemeinsame Quelle haben. Nach der mir bekannten Literatur wird noch kein Einfluss von Avicenna angenommen.

[373] Siehe dazu Kapitel 2.1.1.

[374] Gundisalvi, *De processione mundi*, S. 28, Z. 11–14; ed. Soto Bruna/Alonso del Real, S. 172, Z. 2–5.

[375] Ibn Gabirol führt dies in *Fons vitae* V.10–12 ein.

Kompositum anstelle der avicennischen Trias Sein(sursache) / Wesen / Ding tritt darüber hinaus in den Attributen zutage, die Gundisalvi dem Seienden zuschreibt:

Et quia creator in se sufficiens[376] est, nihilo indigens, profecto creatum, quod ab eo diversum est, debuit esse insufficiens[377] et indigens. Et ideo necessario, quia duo erant, profecto talia esse debuerunt, ut alterum altero indigeret vicissim et neutrum perficeretur, nisi ex altero. Quapropter unum debuit esse materia et alterum forma.[378]	Und weil der Schöpfer in sich genügend und keiner Sache bedürftig ist, muss das Geschaffene, das von ihm verschieden ist, in der Tat ungenügend und bedürftig sein. Und deshalb, weil es zwei waren, mussten sie notwendigerweise tatsächlich dergestalt sein, dass wechselseitig das eine des anderen bedurfte und keines von beiden vervollkommnet wurde, außer vom [jeweils] anderen her. Daher musste das eine Materie sein und das andere Form.

Zitat 3-6

Gundisalvi orientiert sich hier erneut an Ibn Gabirols *Fons vitae*;[379] die Terminologie ist allerdings neuplatonisch. Man findet sie beispielsweise im *Liber de causis*[380] und bei Avicenna, der wie Ibn Gabirol in neuplatonischer Tradition steht. Avicenna stellt Gott und Geschöpfe auf ähnliche Weise gegenüber. Während bei allen drei Denkern der Schöpfer aus sich heraus zu existieren vermag und somit sich selbst genügt (*in se sufficiens*), können die Geschöpfe nicht aus sich heraus existieren und werden hinsichtlich des Seins als nicht genügend (*insufficiens*) und bedürftig (*indigens*) charakterisiert. Was jedoch die Interpretation dieser Charakterisierung angeht, so weicht Gundisalvi mit Ibn Gabirol von Avicenna ab. Vor dem Hintergrund der avicennischen Ontologie würde man den Hinweis erwarten, dass die Geschöpfe aufgrund ihrer mangelhaften existenziellen Disposition den Schöpfer als Seinsursache brauchen. Gundisalvi kommt jedoch zu einem anderen Schluss. Bezugspunkt ist hier nicht der Schöpfer, sondern das jeweils andere Geschaffene. Bedürftig zu sein, bezieht Gundisalvi auf Form und Materie, die in wechselseitiger Abhängigkeit zueinander

---

[376] Im Obertext beider kritischer Editionen steht ,*sustinens*‘, im Apparat ,*sufficiens*‘. Letzteres passt jedoch inhaltlich besser, denn auch in der Quelle, Ibn Gabirols *Fons vitae*, findet sich ,*sufficiens*‘. Dort wird im Satz zuvor für den Schöpfer ausgeschlossen, *sustinens* oder *sustentatum* zu sein. Ein *sustinens* braucht ein *sustentatum* und umgekehrt, da beide aufeinander bezogen sind. Dies ist für Form und Materie der Fall. Gott hingegen benötigt nichts anderes. Vgl. ibid. V.25, S. 303, Z. 15–25. Laumakis liest für seine Übersetzung der Stelle bei Gundisalvi ebenfalls ,*sufficiens*‘, vgl. Gundisalvi, *The Procession of the World*, S. 49, Fn. 49.

[377] An dieser Stelle passt ,*insufficiens*‘ ebenfalls inhaltlich besser als ,*insustinens*‘ und findet sich in den kritischen Editionen von Bülow wie auch von Soto Bruna/Alonso del Real abermals im Apparat. Siehe dazu außerdem die vorangehende Fußnote.

[378] Gundisalvi, *De processione mundi*, S. 22, Z. 4–9; ed. Soto Bruna/Alonso del Real, S. 158, Z. 13–18.

[379] Siehe Fn. 376.

[380] Vgl. *Kalām fī Maḥḍ al-ḫayr (Liber de causis)* XIV.128: „Et non significo per reditionem substantiae ad essentiam suam, nisi quia est stans, fixa per se, non indigens (*lā yaḥtāǧu*) in sui fixione et sui essentia re alia rigente ipsam, quoniam est substantia simplex, sufficiens per seipsam (*muktafin bi-nafsihī*)" und ibid. XXVII.197: „Quare est universitas eius non sufficiens per seipsam, cum indigeat partibus suis ex quibus componitur. Et hoc quidem non est de natura rei simplicis, immo de natura substantiarum compositarum." Der *Liber de causis* ist der aktuellen Forschungsmeinung nach im 9. Jh. in Bagdad entstanden und wurde im 12. Jh. von Gerhard von Cremona ins Lateinische übersetzt. Gerhard war zeitgleich mit Gundisalvi in Toledo. Vgl. (auch für weitere Literatur) Schäfer, ,Der arabische ›Liber de causis‹', S. 186–187.

stehen und einander gegenseitig brauchen, sodass jedes von ihnen nur zusammen mit und durch das jeweils andere aktuelles Sein erhält und in diesem Sinne vervollkommnet wird (*perfici*). Eine Wirkursache, die außerhalb der beiden anzusiedeln ist und als eigentlicher Seinsgeber fungiert, spielt in dieser Gegenüberstellung eine untergeordnete Rolle.[381] Stattdessen konzentriert sich Gundisalvi auf die Beziehung von Form und Materie. Wenn Gottes Funktion doch einmal thematisiert wird, dann als derjenige, der Form und Materie zusammensetzt. Auf seine Funktion als Ursache für den Hervorgang der Welt in *De processione mundi* werde ich am Ende des Kapitels zur Kosmogonie noch einmal gesondert eingehen.

Avicenna würde in Zitat 3-6 andere Schlüsse ziehen als Gundisalvi. In seiner Ontologie steht der Bezug zur eigentlichen Wirkursache im Vordergrund. Die weltlichen Dinge – seien es reine Formen oder Komposita aus Form und Materie – als bedürftig und nicht genügend zu charakterisieren, verweist bei Avicenna auf eine außerhalb ihrer liegende Ursache und letztlich auf Gott, der das durch sich notwendig Seiende ist. Dieser ist die erste Ursache für das Sein und die Vollendung alles anderen und ist in sich weder bedürftig noch ungenügend.[382] Die Bezogenheit der Dinge auf eine externe Wirkursache und damit schließlich auf Gott herauszustellen, ist Ziel der ontologischen Analyse des weltlich Seienden bei Avicenna. Gundisalvi verfolgt dieses Ziel hingegen nur zu Beginn von *De processione mundi*, wenn er die Modalontologie einführt. In der detaillierten Analyse des weltlichen Seienden, die er danach unternimmt, wird Gott als erste Ursache zwar vorausgesetzt, die unabdingbare Bindung von Form und Materie aneinander streicht Gundisalvi jedoch um ein Vielfaches nachdrücklicher heraus als das Angewiesensein des Kompositums auf eine außerhalb seiner liegende Ursache. Zuweilen gerät diese Ursache vollkommen in den Hintergrund, sodass Gundisalvi das Verleihen von Sein (*dare esse*) als Akt diskutiert, der von der Form oder der Materie ausgeht.[383] Dies verstärkt den apologetischen Charakter der Schrift. Gundisalvi verwendet besonders viel Energie dafür, Positionen zu stärken, die zu seiner Zeit gegnerischen Angriffen ausgeliefert waren. Statt jedoch die gegnerische Position zu diskutieren und direkt anzugreifen, versucht er, die zu verteidigende Position möglichst überzeugend darzustellen. Dies gilt insbesondere für die beiden Postulate, Gott sei alleiniger Schöpfer und alles Geschöpfliche sei aus Materie und Form zusammengesetzt. Im ersten Fall schreibt Gundisalvi mit Avicenna gegen die sich damals ausbreitenden dualistischen Strömungen an. Im zweiten Fall schreibt er wohl unter anderem gegen die avicennische Ontologie an, die vor allem von Seiten seines Übersetzerkollegen Abraham ibn Daud (Avendauth) verteidigt wurde, der wiederum ein scharfer Gegner von Ibn Gabirol war, von

---

[381] Nach dem Zitat erwähnt Gundisalvi im Anschluss an Hermann von Carinthia zwar, dass es neben Form (dem *ex quo*) und Materie (dem *in quo*) als drittes Prinzip der geschaffenen Dinge eine Wirkursache gibt, lässt diese Ursache aber unkommentiert stehen. Vielmehr behandelt er Hermanns Einteilung als Bestätigung für den wechselseitigen Bezug von Form und Materie zueinander. Siehe Gundisalvi, *De processione mundi*, S. 22, Z. 9–11; ed. Soto Bruna/Alonso del Real, S. 158, Z. 18–20: „Tria enim sunt principia omnis geniturae: primum scilicet causa efficiens, secundum id, ex quo, tertium id, in quo."

[382] Vgl. Ibn Sīnā, *al-Ilāhiyyāt* VI.3, S. 213, Z. 17–18; ed. Van Riet, S. 318, Z. 74–76: „De indigenti (*hāǧa*) autem et non indigenti (*istiǧnāʾ*), iam nosti quod causa ad esse non indiget causato, quia habet esse per se vel per aliam causam" und ibid. IX.4, S. 329, Z. 12–14; ed. Van Riet, S. 480, Z. 36–39: „Similiter etiam supradiximus quod ad suum esse materiae non sufficit forma tantum, sed forma est ut partialis causa. Postquam autem ita est, tunc sola forma non potest poni causa materiae omnino sufficiens per se."

[383] Vgl. insbesondere Gundisalvi, *De processione mundi*, S. 22, Z. 1–S. 26, Z. 6; ed. Soto Bruna/Alonso del Real, S. 158, Z. 11–S. 168, Z. 3.

dem Gundisalvi den universalen Hylemorphismus übernimmt.[384] Um diese Lehre zu verteidigen, flicht er, wie wir gesehen haben, auf geschickte Weise Elemente ein, die er aus Avicennas Ontologie entlehnt und hylemorphistisch uminterpretiert. Dies funktioniert für Gundisalvi auch deshalb, weil sich in seinen Augen Avicennas Modalontologie gut mit Ibn Gabirols Lehre eines universalen Hylemorphismus verbinden lässt, die das auf Aristoteles zurückgehende ontologische Gegensatzpaar von Aktualität (ἐνέργεια; *actus / effectus*) und Potentialität (δύναμις; *potentia*) einbindet, das Gundisalvi parallel zum Möglich-Sein und Notwendig-Sein versteht. Dabei ist für ihn Möglichkeit (*possibilitas*) offensichtlich parallel zu Potentialität (*potentia*). Bezieht man die modalontologischen Ausführungen zu Beginn von *De processione mundi* mit ein, ist man versucht, das *possibile esse* dem *esse in potentia* zuzuordnen und umgekehrt das *necesse esse per aliud* dem *esse in actu / effectu*.[385] Gundisalvi berücksichtigt nicht ausreichend, dass sich bei Avicenna zwei verschiedene Arten der *possibilitas essendi* ausmachen lassen: eine intrinsische, wesenhafte und eine extrinsische.[386] In der Regel beschreibt er das *esse in potentia* wie das intrinsische *possibile esse per se*. In seiner Darstellung scheint es jedoch so, also würde dieses Sein durch das aktuelle Sein (*esse in actu / in effectu*) aufgehoben werden, insbesondere wenn das Erlangen von Sein als Bewegung oder Veränderung beschrieben wird. Damit handelt es sich aber nicht mehr um die intrinsische Möglichkeit, die immer bestehen bleibt, sondern um die extrinsische. Gundisalvi scheint diese beiden Aspekte nicht so genau zu trennen.

Nachdem sich Gundisalvi im ersten Drittel von *De processione mundi* stark an Avicenna orientiert, dessen modale Ontologie seine Ausführungen dominiert, stellt sich die Frage, warum er danach überhaupt noch zu einem universalen Hylemorphismus übergeht. Warum übernimmt er für das geschöpflich Seiende nicht einfach Avicennas Ontologie in Gänze samt der Sein-Wesen-Distinktion?

3.1.3.2 Gründe für einen universalen Hylemorphismus

Gundisalvi hat bezüglich seiner Lehre des universalen Hylemorphismus eine Entwicklung durchlaufen. Während er sich in *De unitate* und *De anima* noch stark an Ibn Gabirols recht spezieller Theorie orientiert, wird seine Lehre in *De processione mundi* etwas gemäßigter.[387] Ibn Gabirol entwirft in seiner Schrift *Fons vitae* ein komplexes Modell der Ausformung des Seienden, ausgehend von der göttlichen, ersten Wesenheit.[388] Das Modell weist sowohl Elemente einer Schöpfungstheorie als auch der neuplatonischen Emanationstheorie auf.[389] So betont Ibn Gabirol den göttlichen Willen sehr stark, den er regelmäßig als Mittleres zwischen den beiden Extremen im Sein darstellt: dem göttlichen Wesen auf der einen Seite

---

[384]   Vgl. Polloni, ‚Toledan Ontologies', S. 37–45. Siehe außerdem Hasse, ‚Three Philosopher-Translators'.

[385]   Diese Gegenüberstellung fasst Polloni in einer Tabelle zusammen, siehe *The Twelfth-Century Renewal*, S. 240.

[386]   Zu Avicenna siehe Kapitel 2.1.3.2. Wie Gundisalvi selbst geht auch die aktuelle Gundisalvi-Forschung bei der Gegenüberstellung der Seinszustände nicht darauf ein, siehe bspw. ibid., S. 237–244.

[387]   Vgl. Polloni, ‚Toledan Ontologies', S. 32.

[388]   Zu einer Erläuterung dieser ungewöhnlichen Theorie siehe Pessin, *Ibn Gabirol's Theology of Desire*, S. 66–90; ead., ‚Chains, Trees, and Ibn Gabirol's Spirit-to-Body Boundary' und Laumakis, ‚Avicebron on Creation'. Zu Gundisalvis Verarbeitung der Theorie von Ibn Gabirol siehe Polloni, *The Twelfth-Century Renewal*, S. 144–209, und Soto Bruna, ‚Rational Discourse Surrounding Creation'.

[389]   Vgl. ibid., S. 147.

sowie und Form und Materie auf der anderen.[390] Die Betonung des Willens spielt für Gundisalvi keine große Rolle, stößt jedoch auf das besondere Interesse Wilhelms von Auvergne, der diesbezüglich lobend auf Ibn Gabirol verweist.[391] Allerdings ist anzumerken, dass die Schöpfung in Ibn Gabirols Modell zwar willentlich geschieht, Gott aber direkt aus Nichts (*ex nihilo*) lediglich die universale Form und universale Materie schafft, die er zu einer ersten Hypostase zusammensetzt, der universalen Intelligenz. Über sie geht alles Weitere ebenfalls in Hypostasen stufenweise hervor; die Entitäten der höheren Ebene verursachen die der niedrigeren.[392] Dieser Ablauf erinnert stark an eine Emanationskaskade, wenngleich Ibn Gabirol betont, der göttliche Wille durchziehe alles.[393] In einem logischen Baum-Schema – angelehnt an den Baum des Porphyrios (*arbor porphyriana*) – entsprechen die Intelligenz und die übrigen Hypostasen verschiedenen Arten von Substanzen. Ibn Gabirol nimmt nach der Intelligenz folgende sechs Hypostasen an: rationale, sinnliche und vegetative Seele; Natur; Substanz, die der Körperlichkeit unterliegt, und Körper (Weltkörper als Ganzer, aber auch die einzelnen supra- und sublunaren Körper).[394] Die verschiedenen Stufen des Seins versteht er als verschiedene Ebenen von Materie und Form, die miteinander zu einer Kette des Seienden verwoben sind, die immer feingliedriger wird. Im Sein höher stehende Ursachen werden dabei jeweils als Materie für die vertikal unter ihnen liegenden Wirkungen verstanden, die durch Formen ausdifferenziert werden.[395] Die Extreme sind hier einerseits die universale Materie, die alles Weitere enthält, und andererseits die partikuläre körperliche Form, die nur noch enthalten wird.[396]

Während sich Gundisalvi in *De unitate et uno* noch sehr stark an Ibn Gabirols ontologischem Schema orientiert und beispielsweise Hypostasen erwähnt,[397] verändert er bereits in *De anima* seine Sichtweise ein wenig. Anstelle ihrer hypostasierten Vertreter nimmt er hier sowohl individuelle Seelen an als auch individuelle Intelligenzen, die Engel. Dies behält er in *De processione mundi* bei. In diesem Werk wird seine Lehre noch gemäßigter, sodass die Gruppen von Substanzen und die Verteilung von Materie und Form in den verschiedenen Stufen des Kosmos sehr an die Struktur der Welt bei Avicenna erinnert – abgesehen freilich von den materiell verstandenen Seelen und Intelligenzen. Nicola Polloni äußert die plausible Vermutung, Abraham ibn Daud, der in Toledo mit Gundisalvi zusammen Avicennas *De anima* übersetzt hat,[398] könne mäßigend auf seinen Kollegen eingewirkt haben, sodass sich dieser in *De processione mundi* etwas von Ibn Gabirols eigenwilliger Theorie

---

[390] Vgl. bspw. Ibn Gabirol, *Fons vitae* I.7, S. 9, Z. 27–30: „D: Quare sunt tres partes scientiae totius? M: Quia in esse non sunt nisi haec tria: materia videlicet et forma, et essentia prima, et voluntas quae est media extremorum." Ähnliche Aussagen finden sich an den Stellen I.7, S. 10, Z. 2–3, und IV.19, S. 253, Z. 1–3. Vgl. auch Caster, ‚William of Auvergne's Adaption', S. 31.

[391] Vgl. ibid., S. 35–39. Siehe außerdem die Einleitung zu Kapitel 4.3.2.

[392] Vgl. Laumakis, ‚Solomon Ibn Gabirol and William of Auvergne', S. 147–148, und id., ‚Avicebron on Creation'.

[393] Vgl. Ibn Gabirol, *Fons vitae* V.39, S. 327, Z. 13–S. 328, Z. 6.

[394] Vgl. Pessin, ‚Chains, Trees, and Ibn Gabirol's Spirit-to-Body Boundary', v. a. S. 110–112.

[395] Vgl. ibid., S. 104: „‚matter' is a good way to refer to a higher emanating cause in relation to its emanated effect – itself called ‚form'." Vgl. dazu Ibn Gabirol, *Fons vitae* II.1, S. 24, Z. 1–14.

[396] Vgl. Pessin, ‚Chains, Trees, and Ibn Gabirol's Spirit-to-Body Boundary', v. a. ab S. 105.

[397] Vgl. Gundisalvi, *De unitate et uno*, S. 8, Z. 1–4; ed. Soto Bruna/Alonso del Real, S. 128, Z. 1–4, und Polloni, ‚Nature, Souls, and Numbers', S. 77.

[398] Zur Identifikation von Avendauth und Ibn Daud siehe oben, Fn. 307.

gelöst hat.[399] Ibn Daud orientiert sich unter anderem an Avicennas Lehre und übt, wie bereits erwähnt, scharfe Kritik an Ibn Gabirol. Dies hat Gundisalvi allerdings nicht dazu bewogen, sich ganz von der Theorie eines universalen Hylemorphismus abzuwenden. Welche Gründe könnte er also dafür gehabt haben, an dieser Theorie festzuhalten?

3.1.3.2.1 Ontologischer Status der Engel

Ein erster Grund dafür, den universalen Hylemorphismus zu favorisieren, ist sicherlich der ontologische Status der Engel beziehungsweise der himmlischen Intelligenzen. Diese sind die edelsten Geschöpfe und damit Gott am nächsten. Sie werden als geistige Substanzen aufgefasst, was sie mit Gott gemeinsam haben. Da sie jedoch auf keinen Fall göttlich sein sollen, müssen sie sich in einer anderen Hinsicht ontologisch deutlich von ihm abgrenzen. Bei Avicenna setzen sich die himmlischen Intelligenzen wie alle Geschöpfe bereits durch die Sein-Wesen-Distinktion und deren kausale Folgen eindeutig von dem vollkommen einfachen Gott ab. Daher ist es für Avicenna unbedenklich, sie als reine, ewige Formen zu verstehen.[400] Gundisalvi genügt dies offenbar nicht.[401] Geschöpfliche Substanzen anzunehmen, die reine Formen sind, kann in zweierlei Hinsicht als problematisch erachtet werden: Zum einen könnte man bemängeln, dass die Differenz zu Gott nicht groß genug sei, wenn beide immaterielle Substanzen sind. Damit ließe sich die Forderung nach einer stärkeren Dualität auf Seiten der Engel rechtfertigen, die durch eine Zusammensetzung aus geistiger Materie und Form erlangt würde. Zum anderen könnte man einwenden, die Annahme immaterieller Geschöpfe ginge mit einer Einschränkung der Macht Gottes einher. Hintergrund dieses Einwands ist, dass die Immaterialität der geistigen Substanzen von einigen Denkern als höchst problematisch eingestuft wird, insofern sie impliziert, dass Gott nicht numerisch verschiedene geistige Substanzen derselben Art (*species*) zu erschaffen vermag. Dies kann als Negation der göttlichen Omnipotenz gewertet werden. Eine derartige Überlegung, die speziell auf die himmlischen Intelligenzen abzielt, wurde später mit Artikel 81 in die Verurteilung von 1277 aufgenommen.[402] Die allgemeine Annahme, Gott könne ohne Materie keine Individuen innerhalb einer Art schaffen, findet sich hingegen in Artikel 96.[403] Derartige Bedenken sind laut Giorgio Pini jedoch nicht zwingend. Denn auch in anderen Fällen, in denen man feststellt, dass Gott etwas logisch Widersprüchliches nicht bewirken kann, befürchtet man keine Einschränkung seiner Macht. Immaterialität und numerisch viel-

---

[399]   Vgl. Polloni, ‚Toledan Ontologies', S. 44–45.

[400]   Siehe dazu Kapitel 2.3.1.

[401]   Auch bei Thierry von Chartres, von dem Gundisalvi beeinflusst sein könnte, braucht es einen Aspekt der Dualität. Daher spricht er den geistigen Substanzen eine quasi-hylemorphe Zusammensetzung zu, was Gundisalvi jedoch nicht weit genug geht. In seinem Ansatz fällt die geschöpfliche Dualität stärker aus als bei Thierry, vgl. Polloni, ‚Thierry of Chartres and Gundissalinus'.

[402]   Vgl. Pini, ‚The Individuation of Angels', S. 94–99. Für den Wortlaut des Artikels 81 der Verurteilung von 1277 siehe Flasch, *Aufklärung*, Nr. 81 (Hissette, *Enquête*, Nr. 43): „Quod, quia intelligentie non habent materiam, Deus non posset facere plures ejusdem speciei."

[403]   Siehe Flasch, *Aufklärung*, Nr. 96 (Hissette, *Enquête*, Nr. 42): „Quod Deus non potest multiplicare individua sub una specie sine materia." Außerdem weist Artikel 191 (Hissette, *Enquête*, Nr. 110) allgemein zurück, dass substanzielle Formen generell nur durch Materie individuiert werden: „Quod forme non recipiunt divisionem, nisi per materiam. – Error, nisi intelligatur de formis eductis de potentia materie."

fältige Instanziierung sind solche miteinander inkompatiblen Zustände.[404] Zu dieser Problematik äußert sich Gundisalvi nicht. Er unterlässt es generell, die Macht und Freiheit Gottes zu diskutieren. Für ihn scheint der erste Einwand gegen die Annahme immaterieller geschöpflicher Substanzen der ausschlaggebende Grund dafür zu sein, am universalen Hylemorphismus festzuhalten. Diese Vermutung lässt sich dadurch stützen, dass Gundisalvi regelmäßig auf die Dualität der Geschöpfe verweist, die der absoluten Einfachheit Gottes gegenübersteht. Diese Dualität soll für geistige Substanzen mit der geistigen Materie gesichert werden, die keine Körperlichkeit bewirkt, sondern als *ex quo* für ihre geistige Existenz dient. Von der Materie abgesehen entsprechen diese Substanzen dem traditionellen Bild der Engel als geistige Substanzen, jedoch wirkt es etwas bemüht, wenn Gundisalvi einerseits betont, dass sie Komposita sind und eine Dualität aufweisen, andererseits ihre Einfachheit hervorhebt. Die Einfachheit ist lediglich relativ zu den körperlichen Substanzen zu verstehen.

In der Tat war unter den lateinischen Denkern die hylemorphe Zusammensetzung der Engel Mitte des 13. Jahrhunderts, also kurz nach Gundisalvi, eine weit verbreitete Theorie, und zwar aus dem genannten Grund, die Differenz zu Gott stark zu machen.[405] Der damit einhergehende universale Hylemorphismus wird zwar dem Augustinismus des 13. Jahrhunderts zugerechnet, James A. Weisheipl wertet aber Ibn Gabirol und Dominicus Gundisalvi als die eigentlichen Quellen.[406] Die Gegner des universalen Hylemorphismus zogen zunächst die Distinktion von *quo est* (oder *esse*; wodurch etwas ist) und *quod est* (das, was es ist) heran, die Boethius in seiner *Hebdomadenschrift* (*De Hebdomadibus*) eingeführt hatte.[407] Boethius selbst war der Ansicht, nur Gott sei einfach (*simplex*), während alles andere – inklusive der geistigen Substanzen – aus Materie und Form zusammengesetzt sei. Die Vertreter der Gegenseite meinten allerdings, die Distinktion von *quo est* und *quod est* genüge, um die geistigen Geschöpfe von dem völlig einfachen Gott abzusetzen. Hierzu interpretierte man die Distinktion auf unterschiedliche Weise, zum Beispiel als Unterscheidung der konkreten Substanz von ihrer Form, die sie zu dem macht, was sie ist, oder im Sinne einer Gegenüberstellung von Aktualität und Potentialität.[408] Darauf werde ich in

---

[404] Vgl. Pini, ‚The Individuation of Angels', S. 94–99.

[405] Vgl. Wippel, ‚Metaphysical Composition of Angels', S. 45. Wippel stellt in einem Aufsatz am Beispiel von Bonaventura, Thomas von Aquin und Gottfried von Fontaines unterschiedliche Wege vor, die geistigen Substanzen von der absoluten Einfachheit Gottes abzusetzen. Bonaventura vertritt einen universalen Hylemorphismus, den Thomas von Aquin kritisiert. Thomas genügt – u. a. zurückgreifend auf Avicenna – die Zusammensetzung der Geschöpfe aus Sein und Wesen, welche er als real verschieden versteht. Vgl. ibid., S. 45–65. Zu weiteren mittelalterlichen Vertretern des universalen Hylemorphismus samt Textauszügen siehe Lottin, ‚La composition hylémorphique'. Lottin bezieht sich wiederum auf Kleineidam, *Das Problem der hylomorphen Zusammensetzung*. Siehe außerdem Weisheipl, ‚Albertus Magnus and Universal Hylomorphism'. Weisheipl bezieht auf S. 253 zu Lottin Stellung.

[406] Vgl. ibid., S. 242–246 und 260. Laut Weisheipl könnte es durchaus sein, dass einige Denker Ibn Gabirols Theorie nur über die Werke Gundisalvis kennengelernt haben, da dessen Schriften weiter verbreitet waren.

[407] Für genauere Informationen zur *Hebdomadenschrift* und zu dieser Theorie siehe Kapitel 4.1.1.

[408] Vgl. ibid., S. 252–254. Zu Boethius' Distinktion und ihren unterschiedlichen Interpretationen siehe Kapitel 4.1.1. Weisheipl macht außerdem darauf aufmerksam, dass die Befürworter des universalen Hylemorphismus spätestens ab Odo Rigaldus (1245–1248 Magister in Paris), frühestens jedoch um 1220 mit Alexander von Hales (1185–1245) die Distinktion von *quo est* und *quod est* als eine Distinktion von Form und Materie aufgefasst haben. Vgl. ibid., S. 252–253 und 260.

Kapitel 4.1.1 noch einmal genauer zu sprechen kommen. Dort werden wir auch sehen, dass Wilhelm von Auvergne, der zu den ersten lateinischen Denkern zählt, die sich für die Immaterialität geistiger Substanzen ausgesprochen haben, Boethius' Unterscheidung mit Avicennas Distinktion von Sein und Wesen verbindet. Wilhelm kennt außerdem Ibn Gabirols Theorie des universalen Hylemorphismus, die er ablehnt. Jedoch verzichtet er darauf, ihn explizit dafür zu kritisieren, anders als Thomas von Aquin und Albertus Magnus verfahren, die Avicennas Ontologie bevorzugen und sich ausdrücklich gegen Ibn Gabirol wenden.[409]

Kommen wir zu Gundisalvi und Avicenna zurück: Es fällt auf, dass in ihren beiden Modellen in der Differenz der Geschöpfe zu Gott zugleich der Grund dafür liegt, dass sie letztendlich auf Gott angewiesen sind, um in Wirklichkeit zu existieren. So sind die Geschöpfe bei Avicenna dadurch gekennzeichnet und von Gott abgesetzt, dass ihr Wesen nicht ihr Sein umfasst, weshalb sie Gott als letzte Sein verleihende Ursache benötigen. Bei Gundisalvi hingegen liegt die Eigentümlichkeit der Geschöpfe darin, dass sie im Gegensatz zu Gott Komposita aus den beiden Prinzipien Form und Materie sind, weshalb sie Gottes als letzter zusammensetzender Ursache bedürfen.

3.1.3.2.2 Status der Materie

Neben dem ontologischen Status der Engel könnte die Rolle der Materie ein weiterer Grund dafür sein, dass Gundisalvi die Theorie des universalen Hylemorphismus favorisiert. Während Avicenna in seinem Modell die Materie nach neuplatonischem Vorbild über Vermittlung aus dem ersten Prinzip der Welt hervorgehen lässt, betont Gundisalvi in *De processione mundi* sehr stark, die Materie werde direkt durch Gott geschaffen. Dies ist bei Ibn Gabirol ebenso der Fall.[410] Dass Gundisalvi daran festhält, könnte unter anderem dadurch motiviert sein, dass er es für notwendig erachtet, sich von einem kosmologischen Modell abzusetzen, wie es Platon im *Timaios* präsentiert. Dieser Text, der den lateinischen Denkern vor allem in einer Teil-Übersetzung samt Kommentar von Calcidius (4. Jh.) zugänglich war, zählte neben dem biblischen Schöpfungsbericht zu den wichtigsten kosmogonischen Schriften, denen gegenüber man Stellung zu beziehen hatte, wenn man sich mit dem Verhältnis von Gott und Welt auseinandersetzte. Calcidius' Version diente auch Hermann von Carinthia als Quelle für *De essentiis*. Hermann wird dem Kreis der mittelalterlichen Gelehrten zugerechnet, die man unter den Begriff der ‚Schule‘ von Chartres fasst.[411] Sie zeichnen sich unter anderem durch ihr starkes Interesse an Kosmogonie und Naturphilosophie aus. So schenken sie der Rolle der Natur als einer Gott nachgeordneten, zweiten Ursache für den Kosmos besondere Aufmerksamkeit. In diesem Zusammenhang gilt Platons *Timaios* als wichtiges Werk, das sie naturphilosophisch interpretieren (*lectio physica*), ebenso wie die *Genesis*.[412] In Gundisalvis Werken gibt es mehrere Hinweise darauf, dass er von den französischen

---

[409] Vgl. ibid., S. 248–251 und 254–260.

[410] Vgl. Laumakis, ‚Avicebron on Creation‘.

[411] Die Kathedralschule von Chartres wurde lange Zeit als wichtiges Zentrum naturwissenschaftlicher und philosophischer Studien eingeschätzt. Dieses Bild wurde in den 1970er Jahren auf Initiative von Richard Southern angefochten, der in seiner Kritik jedoch zu weit ging. Zur Diskussion siehe Wetherbee, ‚The School of Chartres‘, S. 36–37, und Jeauneau, *Rethinking the School of Chartres*, S. 17–27.

[412] Vgl. Burnetts Einleitung zu Hermann von Carinthia, *De essentiis*, S. 20–21; Speer, ‚The Discovery of Nature‘ und Wetherbee, ‚The School of Chartres‘.

Schulen beeinflusst war, doch herrscht Uneinigkeit darüber, ob er tatsächlich an einer dieser Schulen studiert hat. Die Einschätzung hängt davon ab, wie stark man die Hinweise wertet.[413] Zweifellos war Gundisalvi mit einem Teil der in Frankreich diskutierten Theorien vertraut und hatte ein offensichtliches kosmologisch-kosmogonisches Interesse. Auch dürfte er mit ziemlicher Sicherheit Calcidius' Version des *Timaios* gekannt haben.[414] Er zitiert diesen Text in *De processione mundi* jedoch nicht wörtlich.[415] Allerdings dient Hermanns Werk *De essentiis*, das wie gesagt vom *Timaios* beeinflusst ist, als eine der Hauptquellen für *De processione mundi*. Für Hermann war es wichtig, sich gegenüber dem im *Timaios* dargebotenen kosmogonischen Modell zu positionieren und eine Lehre zu präsentieren, die mit der christlichen vereinbar ist; Gleiches gilt vermutlich für Gundisalvi. In diesem Zusammenhang muss man den Status der Materie klären. Im *Timaios* präsentiert Platon im zweiten Ansatz zur Erklärung der Ordnung des Kosmos[416] die Materie im Sinne der χώρα (Raum / Raumgebendes) als ein drittes Prinzip neben dem Demiurgen und den Ideen. Zu diesen beiden Prinzipien ist sie koätern; sie ist ebenfalls unverursacht und existiert eigenständig.[417] Aus heutiger Sicht würde man vermuten, ein derartiges Konzept von Materie sei für einen monotheistisch geprägten Denker in jedem Fall zurückzuweisen. Jedoch wurden die Präexistenz der Materie vor dem Kosmos und ihre Gleichewigkeit zu Gott weder im hellenistischen Judentum, beispielsweise bei Philon von Alexandrien (ca. 20 v. Chr.–ca. 45 n. Chr.), noch im frühen Christentum, etwa bei Justin dem Märtyrer (100–165), als grundsätzlich problematisch eingeschätzt. Unter der Bedingung, dass die Materie kein aktives, sondern ein rein passives, eigenschaftsloses Prinzip der Welt ist, das lediglich dem Wirken Gottes zugrunde liegt, erachtete man sie als weit von Gott abgesetzt und sah in ihr weder eine Gefahr für Gottes exponierte Stellung noch für seine Allmacht, denn in einer derartigen Konstellation bleibt Gott als einzige aktive Ursache des Kosmos gesichert.[418] Erst um die Mitte des zweiten Jahrhunderts herum beginnt sich die Einstellung zur Materie zu wandeln: Es werden vermehrt Argumente gegen eine Präexistenz der Materie vorgebracht; zugleich werden Modelle favorisiert, in denen Gott die Materie überhaupt erst erschafft.[419] In einem derartigen Modell gibt es neben Gott keine weitere Voraussetzung für die Existenz

---

[413] Vgl. die Übersicht zu den von diversen Forschern zusammengetragenen Hinweisen darauf, dass französische Schulen Gundisalvi beeinflusst haben, in Polloni, ‚Thierry of Chartres and Gundissalinus', S. 35–36. Hasse hält es aufgrund der geringen Spuren für unwahrscheinlich, dass Gundisalvi an einer französischen Schule studiert hat, vgl. Hasse, ‚Three Philosopher-Translators'.

[414] Vgl. Polloni, *The Twelfth-Century Renewal*, S. 92. Zu Gundisalvi und Calcidius siehe ibid., S. 88–100.

[415] Vgl. Burnett, ‚The Blend of Latin and Arabic Sources', S. 45–46, und Hasse, ‚Three Philosopher-Translators'.

[416] Platon präsentiert im *Timaios* drei Ansätze der Ordnung des Kosmos und des Menschen: Der erste Ansatz (*Tim.* 29d–47e) beschreibt „die durch Vernunft hergestellten Entitäten" (τὰ διὰ νοῦ δεδημιουργημένα, *Tim.* 47e), der zweite Ansatz (*Tim.* 49d–69a) widmet sich „den Dingen, die durch Notwendigkeit entstanden sind" (τὰ δι' ἀνάγκης γιγνόμενα, *Tim.* 47e), während der dritte Ansatz (*Tim.* 69a–92c) das Zusammenwirken von Vernunft und Notwendigkeit aufzeigt. Vgl. Cornford, *Plato's Cosmology*, S. 32–33.

[417] Vgl. Platon, *Timaios* 48e–53c. Wie wörtlich die Ausführungen im *Timaios* zu verstehen sind, hängt freilich von der jeweiligen Interpretation ab. Zu dieser Problematik siehe Erler, ‚Praesens divinum'.

[418] Vgl. Tornau, ‚Materie', Sp. 368–374 und 379–380, und May, *Schöpfung aus dem Nichts*, S. 9–12 und 15. Es ist allerdings darauf hinzuweisen, dass zu der Frage, ob man in Philons Werk überhaupt eine Theorie der *creatio ex nihilo* findet, eine anhaltende Forschungsdebatte geführt wird, vgl. dazu id., *Creatio ex nihilo*, S. viii–ix. May listet hier Vertreter für beide Seiten auf.

[419] Vgl. Tornau, ‚Materie', Sp. 373–374 und 381–390.

der Welt; er ist deren alleiniges Prinzip. Auf den Aspekt, dass die Schöpfung auf weltlicher Seite absolut voraussetzungsfrei ist, zielt das Konzept der *creatio ex nihilo* ab. Da die Schilderung des Hexaemerons so gelesen wird, dass Gott eine quasi unbeformte Materie nach und nach ordnet, greift man schließlich auf ein Zwei-Phasen-Modell zurück, demgemäß Gott am ersten Schöpfungstag die Materie aus nichts schafft und sie an den weiteren Tagen entsprechend dem Schöpfungsbericht der Genesis formt.[420] Zwar sind im *Timaios* neben der Materie auch die Ideen koätern zum Demiurgen, der üblicherweise als göttliche Wirkursache verstanden wird, sie stellen im Gegensatz zur Materie aber keine Gefahr für den Prinzipienmonismus dar. Der Grund dafür ist, dass sie sich leicht in den Geist Gottes verlegen und als dessen Denkinhalte verstehen lassen, wie es bereits die Mittelplatonisten unternommen haben, die versuchten das Dreiprinzipienschema des *Timaios* aufzulösen.[421] Dementsprechend lässt sich Platons Aussage, der Demiurg blicke auf die Ideen und forme nach deren Vorbild die diesseitigen Dinge,[422] dahingehend interpretieren, dass Gott den Kosmos so ordnet, wie er ihn in seiner Weisheit entworfen hat. Anders als die Ideen muss die Materie außerhalb Gottes angesiedelt werden, da man sonst einen Pantheismus konstruieren würde. Ab dem zweiten Jahrhundert hat man sie daher, wie gerade erwähnt, zu einem Geschöpf Gottes degradiert. Doch ist es nötig, sie wie Gundisalvi erstens direkt durch Gott hervorbringen zu lassen und zweitens zu einem internen Prinzip für *alle* Geschöpfe zu machen? Für Avicenna ist keine der beiden Optionen zwingend, für Gundisalvi sind es hingegen beide. Wie ich im vorangegangenen Kapitel bereits erläutert habe, verstärkt eine kompositionelle Dualität die Differenz der Geschöpfe zu Gott.

Meiner Einschätzung nach ist der entscheidende Vorteil davon, die Materie direkt von Gott erschaffen zu lassen und dies mit einer universal hylemorphen Struktur der Welt zu verbinden, dass Gott in einem solchen Modell über den Weg der Materie direkte Ursache zumindest eines Teils der Subsistenz eines jeden Geschöpfs ist. Tatsächlich findet sich in *De anima* eine Stelle, die darauf hindeutet, dass dieser Aspekt für Gundisalvi eine Rolle gespielt haben könnte:

Qui vivit in aeternum creavit omnia simul … ut ergo omnia simul creasse dicatur necesse est ut unam materiam omnium, tam corporeorum quam spiritualium, semel creasse concedatur.[423]	‚Der, der in Ewigkeit lebt, hat alle Dinge zugleich geschaffen' … [D]amit man also sagen kann, er habe alle Dinge zugleich geschaffen, ist es notwendig, zuzugestehen, dass er die eine Materie aller Dinge – der körperlichen wie der geistigen – auf einmal geschaffen hat.

Zitat 3-7

Mit dieser Aussage möchte Gundisalvi gegen die Lehre angehen, dass die Seelen der Menschen aus nichts heraus geschaffen werden und reine Formen seien. Ihm zufolge müssen sie wie alle anderen Geschöpfe einen materiellen Anteil in sich tragen. Nur wenn auch ihnen letztendlich die erste Materie zugrunde liegt, die direkt durch Gott geschaffen wurde, sieht Gundisalvi die Aussage *Sir* 18,1 erfüllt, Gott habe *alle* Dinge geschaffen, und zwar

---

[420]   Vgl. ibid., Sp. 373–374 und 400.
[421]   Vgl. May, *Schöpfung aus dem Nichts*, S. 3–4 und 18.
[422]   Vgl. Platon, *Timaios* 29a.
[423]   Gundisalvi, *De anima* 7, S. 58, Z. 18–25; ed. Alonso del Real/Soto Bruna, S. 160, Z. 3–11.

zugleich.[424] Man vermag dann nämlich zu argumentieren, Gott habe mit der ersten Materie, die allen Geschöpfen inhäriert, im Grunde alles unmittelbar hervorgebracht. Diese Feststellung lässt sich für Avicennas Modell nicht treffen. Dort gibt es keinen Aspekt, hinsichtlich dessen man aussagen könnte, das durch sich notwendig Seiende sei direkte Seinsursache aller Dinge.

3.2 Theologie

Zu Beginn von *De processione mundi* übernimmt Gundisalvi Avicennas modalontologische Einteilung des Seienden und bestimmt das erste Prinzip der Welt zunächst als durch sich notwendig Seiendes. Dies ermöglicht ihm, mit den Argumenten aus Avicennas *Metaphysik* I.6 und I.7 das Unverursachtsein, die Einzigkeit und Einfachheit des ersten Prinzips zu beweisen. Erst im Anschluss an diese Beweise identifiziert Gundisalvi das notwendig Seiende mit Gott:

Constat ergo, quod necesse esse neque est relativum, neque est mutabile, nec multiplex, sed solitarium, cum nihil aliud participat in suo esse, quod est ei proprium; et hoc non est nisi solus deus, qui est prima causa et primum principium omnium, quod unum tantum necesse est intelligi, non duo vel plura.[425]	Es steht also fest, dass das notwendig Seiende weder relativ noch veränderlich noch vielfältig ist, sondern ein einzelnes, da nichts anderes an seinem Sein, das ihm eigentümlich ist, teilhat; und dies ist nur Gott allein, der die erste Ursache und das erste Prinzip aller Dinge ist, der notwendigerweise nur als eines verstanden werden kann, nicht als zwei oder mehrere.

Zitat 3-8

Diese Charakterisierung des notwendig Seienden entspricht fast wörtlich einer Passage, in der Avicenna in *Metaphysik* I.6 die wichtigsten Attribute des durch sich notwendig Seienden zusammenfasst:

…, sequetur quod necesse esse non est relativum nec mutabile nec multiplex nec communicat (*mušārik*) ei aliquid aliud in suo esse quod est ei proprium.[426]	…, so wird folgen, dass das notwendig Seiende weder relativ noch veränderlich noch vielfältig ist, und in seinem Sein, das ihm eigentümlich ist, kommt ihm nichts anderes gleich.

Zitat 3-9

Wie bei Avicenna zählt auch bei Gundisalvi zu den wichtigsten Attributen des ersten Prinzips, dass es gänzlich unabhängig von anderem aus sich heraus existiert und in sich völlig einfach und damit unveränderlich ist. Zudem kommt ihm darin, dass es ein durch sich notwendig Seiendes ist, nichts anderes gleich. Diesen Aspekt hebt Gundisalvi dadurch

---

[424] Vgl. *Ecl* 18,1: „qui vivit in aeternum creavit omnia simul."

[425] Gundisalvi, *De processione mundi*, S. 16, Z. 23–S. 17, Z. 1; ed. Soto Bruna/Alonso del Real, S. 148, Z. 8–12.

[426] Ibn Sīnā, *al-Ilāhiyyāt* I.6, S. 30, Z. 8–10; ed. Van Riet, S. 43, Z. 21–23. Wie angekündigt, ziehe ich in den Kapiteln, die den lateinischen Denkern gewidmet sind, nicht den arabischen, sondern den lateinischen Text der *Metaphysik* Avicennas als Vergleichsgrundlage heran, da ihnen diese Version vorlag.

hervor, dass er Avicennas Beschreibung um den expliziten Hinweis auf die Einzigkeit des notwendig Seienden ergänzt.

Im Anschluss an seine Aufzählung der Attribute des notwendig Seienden identifiziert Gundisalvi es in Zitat 3-8 ausdrücklich mit Gott. Wie bereits erwähnt, findet man die Bezeichnung Gottes als *necesse esse* nach den langen Passagen, die von Avicenna übernommen sind, nicht weiter in Gundisalvis Text. Der Grund dafür ist, dass sich Gundisalvi inhaltlich von Avicenna entfernt, wenn er dazu übergeht, den Hervorgang der Welt aus Gott zu beschreiben. Zum Thema der Schöpfung gibt er Avicenna als Hauptautorität auf und ersetzt ihn durch Hermann von Carinthia und Ibn Gabirol, deren Terminologie er dann wie üblich ebenfalls übernimmt. So nennt er beispielsweise Gott neben Schöpfer (*creator*) auch Gründer (*conditor*).[427] Im Gegensatz zu *creator* sucht man *conditor* vergebens in den lateinischen Avicenna-Übersetzungen, die von Gundisalvi angefertigt wurden. Dies gilt ebenso für Ibn Gabirols *Fons vitae*.[428] Die Bezeichnung Gottes als *conditor* hat Gundisalvi aus Hermanns *De essentiis* übernommen, wo sie mehrmals auftritt.[429]

Mit Avicenna teilt Gundisalvi die Überzeugung, die erste Ursache der Welt könne nur eine einzige sein. Da sie mit Gott identifiziert werden kann, wird dessen Einzigkeit gesichert wie auch sein Status als alleiniger Schöpfer der gesamten Welt. Wie wichtig dies für Gundisalvis kosmogonisch-kosmologisches Modell ist, erkennt man daran, dass er in mehreren Beweisen den singulären Status der ersten Ursache aufzeigt. Die Beweise ziehen sich über etwa ein Fünftel des gesamten Umfangs von *De processione mundi*.[430] Dabei bedient sich Gundisalvi fast ausschließlich der Argumente aus Avicennas *Metaphysik* I.6 und I.7.[431] Die Tatsache, dass er diesem Thema vergleichsweise viel Aufmerksamkeit schenkt, wirft die Frage nach dem Grund dafür auf. In *De unitate et uno* beschäftigt Gundisalvi die Einzigkeit nicht sonderlich. Dort geht es ihm vor allem darum, die innere Einheit der ersten Ursache im Sinne der Einfachheit (*simplicitas*) heraus- und der Vielheit der Geschöpfe gegenüberzustellen, was sicherlich neuplatonisch inspiriert ist. In einem kosmogonischen Text wie *De processione mundi* muss Gundisalvi jedoch die Frage nach der Anzahl der ersten Prinzipien klären, die der Welt voranstehen. Man hat darüber hinaus den Eindruck, als wolle sich Gundisalvi mit den Beweisen zur Einzigkeit des *necesse esse per se* deutlich von dualistischen Modellen distanzieren. Immerhin vertritt er einen universalen Hylemorphismus, in dem

---

[427]   Vgl. Gundisalvi, *De processione mundi*, S. 17, Z. 19–20; ed. Soto Bruna/Alonso del Real, S. 150, Z. 8–9: „Et haec causa universitatis deus conditor est" und ibid., S. 55, Z. 6–7; ed. Soto Bruna/Alonso del Real, S. 222, Z. 6–7: „Omnia enim secundum rationem numerorum sapientissimus conditor instituere voluit."

[428]   Vgl. die Volltextsuche des *Arabic and Latin Corpus*. Das Textkorpus umfasst sowohl Avicennas *Metaphysik* als auch Ibn Gabirols *Fons vitae*. Online unter https://alc.philosophie.uni-wuerzburg.de/corpus/search.xhtml.

[429]   Vgl. bspw. Hermann von Carinthia, *De essentiis* I, Fol. 59vE–F: „Conditor etenim, siquidem eternus ideoque a seipso est" und ibid. II, Fol. 69vC: „Nam preter ipsum nichil extra hec, cum id quidem omnium quecumque facta sunt in animo conditoris principale habitum exemplar."

[430]   Vgl. Gundisalvi, *De processione mundi*, S. 8, Z. 5–S. 16, Z. 8; ed. Soto Bruna/Alonso del Real, S. 132, Z. 1– S. 146, Z. 15.

[431]   Vgl. Ibn Sīnā, *al-Ilāhiyyāt* I.6–7, S. 30, Z. 11–S. 38, Z. 11; ed. Van Riet, S. 44, Z. 24–S. 55, Z. 55. Bei Avicenna lassen sich die Beweise strenggenommen einteilen in Beweise zur Einfachheit und zur Einzigkeit. Gundisalvi lässt jedoch nicht erkennen, dass er diesen inhaltlichen Unterschied erfasst. Er scheint sie alle als Beweise zur Einzigkeit zu verstehen.

das erste Geschöpf als eine Zweiheit von erster Form und erster Materie bestimmt wird.[432] Form ist traditionell positiv konnotiert, da sie mit Aktualität und Vollkommenheit einhergeht. Materie wird demgegenüber mit Potentialität, Seinsmangel und Übel verknüpft. Aufgrund dieser Gegensätzlichkeit wäre es durchaus plausibel, anzunehmen, die beiden Komponenten entstünden aus zwei einander entgegengesetzten Prinzipien: einem guten für die Form, einem schlechten für die Materie. Doch nicht nur zwei gegensätzliche erste Prinzipien wären denkbar, sondern auch zwei sich gleichende. Gegen derartige Szenarien verteidigt Gundisalvi mit Hilfe der starken Argumente Avicennas einen klaren Prinzipienmonismus, gemäß dem Gott, das einzige durch sich notwendig Seiende, die alleinige erste Ursache der gesamten Welt ist. Avicenna, dessen Beweise den Text eindeutig dominieren, erkennt Gundisalvi diesbezüglich klar als Autorität an.

Die gerade geäußerte Vermutung zu Gundisalvis Motiv lässt sich durch folgende Tatsache stützen: Die Argumente, die er von Avicenna übernimmt, ergänzt er um eine kurze zahlentheoretische Überlegung, die Hermann von Carinthia in *De essentiis* anführt. Hermann zufolge muss es ein einziges erstes Prinzip für alle Dinge geben, die entstehen, so wie es unter den Zahlen die Eins vor den folgenden Zahlen geben muss, da diese aus ihr abgeleitet werden, insofern sie alle Additionen der Eins sind.[433] Analog zu den Zahlen fordert Hermann die Existenz eines einzigen Ersten auch im Kosmos. Dementsprechend schließt er die Existenz zweier erster Prinzipien aus. Da sie einander nicht verursachen, wäre keines von beiden dem anderen vorgeordnet und somit keines das erste Prinzip *aller* übrigen Dinge. Etwas, das Prinzip für alles sein soll, müsste den beiden angenommenen Prinzipien noch vorgeordnet werden, wie die Eins der Zwei vorgeordnet ist.[434] Hermanns Argument ist meines Erachtens nicht sehr überzeugend, denn die logische Vorordnung der Eins vor der Zwei begründet nicht die Notwendigkeit einer ontologischen Vorordnung. Dass also unter den Zahlen die Eins als Prinzip fungiert, aus dem alle anderen Zahlen abgeleitet werden können, heißt nicht, dass es unter den zählbaren Dingen im Sein ebenfalls ein einziges erstes geben muss, das allen vorgeordnet ist. Es ist durchaus ein Kosmos vorstellbar, dem zwei Prinzipien voranstehen, die ihre jeweiligen Wirkungen ausüben. Dies wäre ein dualistisches Modell der Welt. Möglicherweise schätzt auch Gundisalvi Hermanns Argument als nicht schlagkräftig genug ein, weshalb er ihm zusätzlich die stärkeren Argumente Avicennas beigibt. Die Tatsache, dass Gundisalvi Hermanns Beweis überhaupt anführt, könnte jedoch helfen, die Frage zu beantworten, warum er den Argumenten zur Einzigkeit insgesamt so viel Raum gibt: Vielleicht treibt Gundisalvi ein ähnliches Motiv an wie Hermann, als dieser seinen Beweis formulierte. Über Hermanns Motiv klärt Charles Burnett in seinem Kommentar zu *De essentiis* auf. Hermann beabsichtigt, die Gunst der christlichen Leserschaft für sein Projekt einer neuen physikalischen Wissenschaft (*naturalis speculatio*) zu gewinnen. Diese Wissenschaft berücksichtigt die Bewegungen der Himmelskörper und den

---

[432] Als Geschöpfe sieht Gundisalvi sowohl die konkreten Einzeldinge an als auch deren Komponenten Materie und Form, siehe dazu Kapitel 3.3.2.

[433] Das könnte auf Ps.-Dionysius zurückgehen. So findet sich bei Heinrich von Gent folgende Stelle: „dicente DIONYSIO, 4° cap.° D e d i v i n i s n o m i n i b u s: «*Omnis dyas non* est *principium, monas autem totius dyadis principium*». «Etenim», ut dicit in cap.° 5°: «*In monade omnis numerus ante subsistit, quantum autem a monade provenit, tantum discernitur et multiplicatur*»", Heinrich von Gent, *Summa*, art. 54, q. 4, ed. Wilson, S. 224, Z. 67–71.

[434] Vgl. Hermann von Carinthia, *De essentiis* I, Fol. 58vG–59rA.

Einfluss dieser Bewegungen auf die sublunare Welt, die insbesondere in den astronomi-schen und astrologischen Schriften von Ptolemäus († um 170), Abū Maʿšar (Albumasar, † 886) und al-Battānī (Albategnius, † 929) behandelt werden. Um mögliche Vorbehalte ge-gen sein Bestreben abzumildern, stellt Hermann gewisse Inhalte seiner Lehre heraus, die davon zeugen, dass er trotz allem an der christlichen Lehre festhält. So betont er beispiels-weise, kein Dualist zu sein, sondern für den Kosmos lediglich ein einziges erstes Prinzip anzunehmen, den christlichen Gott.[435] Zu diesem Zweck führt Hermann sein zahlentheo-retisches Argument an. Da er zu den wichtigsten Quellen Gundisalvis zählt, liegt die Ver-mutung nahe, Gundisalvi beabsichtige ebenfalls, sich gegen ein prinzipiendualistisches Weltbild zu positionieren, wenn er Hermanns Argument übernimmt. Allerdings unter-scheiden sich die konkreten Positionen, gegen die sich die beiden Denker damit jeweils wenden: Hermann geht es vorrangig darum, die Materie als ein eigenständiges Prinzip für die Welt neben Gott auszuschließen – eine Rolle, die man ihr gemäß dem *Timaios* zuspre-chen könnte.[436] Gegen diese Rolle betont Hermann im Anschluss an sein Argument explizit, der Materie komme keine Präexistenz zu, da Gott das alleinige Prinzip aller Dinge sei.[437] Gundisalvi zielt mit der von ihm angeführten Reihe an Argumenten – darunter das von Hermann – wohl auf eine andere Lehre ab, gegen die er primär vorgehen möchte. Die Tat-sache, dass er hauptsächlich die Argumente Avicennas heranzieht, in denen es primär da-rum geht, ein zweites Prinzip auszuschließen, das dem *necesse esse per se* gleichrangig ist, weist darauf hin, dass sich Gundisalvi bereits gegen die dualistische Lehre religiöser Grup-pen, die als Katharer bezeichnet werden, positionieren wollte, was später auch Wilhelm von Auvergne als besonders dringend empfand.[438] Wegen dieses Anliegens unterstreicht Gun-

---

[435] Vgl. Burnetts Anmerkung zu Fol. 58vG–60rC in Hermann von Carinthia, *De essentiis*, S. 243–244, und
       Burnetts Erläuterungen in der Einleitung, ibid., S. 8–10.
[436] Zum *Timaios* siehe Kapitel 3.1.3.2.2.
[437] Vgl. Hermann von Carinthia, *De essentiis* I, Fol. 59vH–60rA: „Nec enim preerat materia de qua fierent
       [sc. res], cum solus [sc. deus] omnium sit principium."
[438] Ab der ersten Hälfte des 12. Jhs. häuften sich die Berichte der Kirche über häretische Gruppen. Im Mittelalter
       verstand man unter Häresie „im Anschluss an Augustin … eine aus eigener Entscheidung erfolgende behar-
       liche Ablehnung orthodoxer Lehre – d.h. des kirchlichen Dogmas in Glaubenssachen – unter Verweigerung
       angebotener Berichtigung", Mudroch, ‚Heterodoxe religiöse Bewegungen‘, S. 76. Die Bezeichnung als Katha-
       rer wurde für häretische Bewegungen verwendet, die sich Mitte des 12. Jhs. ausgehend von England, Nord-
       frankreich und Flandern vor allem nach Südfrankreich und Norditalien ausbreiteten. Die Katharer Südfrank-
       reichs nennt man auch Albigenser (nach der Stadt Albi). In der Forschung ist umstritten, inwiefern es sich bei
       den Katharern um ein einheitliches Phänomen handelt, das schon vor dem frühen 13. Jh. existierte. Einige
       Forscher vermuten, es sei vor allem ein Konstrukt der mittelalterlichen Inquisition und der Historiker. Um-
       stritten ist außerdem, wie stark die Katharer von den Bogomilen beeinflusst wurden, die sich vom Balkan aus
       nach Westen orientierten. Vgl. ibid., S. 76–79, und Sennis, ‚Questions about the Cathars‘, S. 1–3. Zur aktuellen
       Forschungsdiskussion siehe die Beiträge im Sammelband *Cathars in Question*, der von Sennis herausgegeben
       wurde. Die Quellenlage zur Lehre sowie zu den religiösen Riten der Katharer ist äußerst spärlich. Da uns kaum
       eigene Schriften ihrer überliefert sind, stammen die meisten Informationen aus zweiter Hand und sind oft
       ideologisch gefärbt (z. B. Inquisitionsberichte). Es lässt sich rekonstruieren, dass die Katharer zunächst einen
       moderaten Dualismus vertraten, dem zufolge Gott als alleiniger Schöpfer gilt. Von ihm stammt Satan ab, der
       aus den von Gott geschaffenen vier Elementen die materielle Welt herstellte. Im Hinblick auf Gundisalvi und
       Wilhelm von Auvergne ist interessant, dass die französischen Katharer in der zweiten Hälfte des 12. Jhs. zu
       einem absoluten Dualismus übergingen, der zwei gleichrangige erste Prinzipien annimmt, ein gutes und ein
       schlechtes. Beide schaffen von Ewigkeit her die gute, geistige Welt bzw. die schlechte, materielle. Zudem ver-
       traten die Katharer wohl eine Subordination des Sohns und Heiligen Geistes unter den Vater und erachteten

disalvi in der von Avicenna übernommenen Charakterisierung des durch sich notwendig Seienden in Zitat 3-8 dessen Einzigkeit noch einmal. Doch wie stellt sich Gundisalvi den Hervorgang der Welt aus diesem einzigen, einfachen und vollkommen notwendig seienden Prinzip vor?

3.3 Kosmogonie

Wie gerade dargelegt, vertritt Gundisalvi hinsichtlich der Verursachung der Welt einen klaren Prinzipienmonismus: Gott, den er mit Avicenna als einziges durch sich notwendig Seiendes charakterisiert, ist die alleinige erste Ursache für alles weitere Seiende. Um zu erschließen, auf welche Art und Weise dieses Prinzip wirkt, ist sein Attribut der Einheit (*unitas*) im Sinne einer vollkommenen Einfachheit (*simplicitas*) ausschlaggebend. Die Einfachheit Gottes steht in Gundisalvis wie in Avicennas Modell der grundlegenden ontologischen Dualität aller Geschöpfe gegenüber: bei Avicenna der Dualität aus Sein und Wesen, bei Gundisalvi der aus Materie und Form. Mit dem durch sich notwendig seienden, völlig einfachen und unveränderlichen ersten Prinzip, das als erste Wirkursache der Welt tätig ist, haben Avicenna und Gundisalvi in ihren Modellen des Hervorgangs der Welt also einen gemeinsamen Ausgangspunkt. Zudem ist die Einheit im Sinne der Einfachheit des ersten Prinzips bei beiden Denkern ausschlaggebend dafür, was überhaupt direkt aus diesem Prinzip hervorgehen kann. Trotz dieser Gemeinsamkeiten entwickeln beide Denker unterschiedliche Modelle. Dies liegt vor allem darin begründet, dass bei Avicenna die Sein-Wesen-Distinktion die ontologische Basistheorie ist, an der alles Übrige ausgerichtet wird, wohingegen bei Gundisalvi der universale Hylemorphismus den ontologischen Hintergrund bildet, vor dem er seinen Entwurf des Hervorgangs der Welt zeichnet. Aufgrund dieser Differenz fällt Avicenna nicht unter die Hauptquellen für Gundisalvis Kosmogonie. Gundisalvi bedient sich stattdessen großzügig bei Hermann von Carinthia und Ibn Gabirol. Dennoch lässt sich sein Ansatz in Bezug zu Avicenna stellen, wie im Folgenden aufgezeigt werden soll.

3.3.1 *Ex uno non nisi unum* oder *ab uno non nisi duo*?

Versteht man das erste Prinzip der Welt als Wirkursache und betont zudem dessen vollkommene Einfachheit und Unveränderlichkeit, sieht man sich – wie im Kapitel zu Avicenna bereits erläutert – mit der Problematik konfrontiert, den Hervorgang der Welt, die durch Vielheit gekennzeichnet ist, aus dem Prinzip so zu beschreiben, dass diese Attribute nicht gefährdet werden. Die neuplatonischen Modelle eint, dass sie davon ausgehen, dass das erste Prinzip nicht unmittelbar alle weltlichen Dinge verursacht, sondern sein Wirken über

---

sie nicht als wesensgleich zu Gott. Vgl. Hamilton, ‚The Albigensian Crusade and Heresy', S. 3–6 und 9, sowie Mudroch, ‚Heterodoxe religiöse Bewegungen', S. 79–81.

vermittelnde Instanzen entfaltet.[439] Darin stimmen auch Avicenna und Gundisalvi überein. Doch bereits mit ihrer Antwort auf die Frage danach, was das erste, einfache Prinzip unmittelbar bewirkt, beginnt die Differenz ihrer Modelle: Um die genannte Frage zu beantworten, formulieren beide für das Wirken des ersten Prinzips eine Regel, die auf dessen Attribut der Einheit (*unitas*) im Sinne der Einfachheit (*simplicitas*) gründet. Da sie das Attribut jedoch aus verschiedenen Blickwinkeln wahrnehmen, unterscheiden sich die von ihnen aufgestellten Regeln. Avicenna konzentriert sich auf die Einfachheit des ersten Prinzips, die er nur in Bezug auf dieses Prinzip selbst betrachtet, und zieht aus dieser Perspektive heraus seine Schlüsse. Die Frage danach, was aus dem einen, vollkommen einfachen und unveränderlichen Prinzip überhaupt hervorgeht, beantwortet er dementsprechend mit seiner *ex-uno*-Regel in ihrer quantitativen Lesart. Sie besagt: „[A]us dem Einen, insofern es eines ist, wird nur eines hervorgebracht."[440] Wie in Kapitel 2.3.1.2 bereits erklärt, ist die Wirkung freilich nicht von derselben Einfachheit wie ihre Ursache, sondern unterliegt der Dualität von Sein und Wesen. Sie ist in ihrem Sein jedoch frei von quantitativer Vielheit,[441] weshalb Avicenna sie als reine Intelligenz bestimmt. Quantitative Vielheit gelangt erst durch die Denkakte in die Welt, die dem Sein der ersten Intelligenz nachgeordnet sind.[442] Gundisalvi setzt sich insofern von Avicenna ab, als er die Einfachheit des ersten Prinzips nicht in sich selbst, sondern von vornherein in ihrer Differenz zur Vielheit in den Blick nimmt, die die Geschöpfe kennzeichnet. Dabei berücksichtigt er eine von Ibn Gabirol übernommene Regel,[443] die ich Differenzregel nenne und die Gundisalvi sowohl in *De processione mundi* als auch in *De anima* und *De unitate et uno* anführt. Sie lautet:

> [J]edes Geschaffene muss vom Schaffenden verschieden sein.[444]

Zitat 3-10

Unter Berücksichtigung dieser Regel beantwortet Gundisalvi in *De processione mundi* die obige Frage danach, was aus dem einen, vollkommen einfachen und unveränderlichen Prinzip hervorgeht, wie folgt:

---

[439] Für das direkte Wirken Gottes verwendet Gundisalvi regelmäßig den Ausdruck *nullo mediante*, vgl. Gundisalvi, *De processione mundi*, S. 54, Z. 19–24; ed. Soto Bruna/Alonso del Real, S. 220, Z. 14–19; id., *De divisione philosophiae*, S. 8, Z. 1–5 und 19–25, und id., *De anima* 5, S. 50, Z. 24–28; ed. Alonso del Real/Soto Bruna, S. 132, Z. 14–18.

[440] Ibn Sīnā, *al-Ilāhiyyāt* IX.4, S. 330, Z. 1–2; ed. Van Riet, S. 481, Z. 50–51: „ex uno, secundum quod est unum, non est nisi unum."

[441] Das heißt, sie ist weder der Zahl noch der Teilung nach vieles.

[442] Die Dreiheit der Erkenntnisakte ist eine intramentale Vielheit, die jedoch die extramentale Vielheit bedingt, da aus jedem Erkenntnisakt eine eigene Wirkung nach außen erfolgt.

[443] Siehe Ibn Gabirol, *Fons vitae* IV.6, S. 222, Z. 24–28: „Iterum manifestabitur tibi hoc alio modo, hoc est, quia creator omnium debet esse unus tantum, et creatum debet esse diversum ab eo."

[444] Gundisalvi, *De processione mundi*, S. 20, Z. 16–17; ed. Soto Bruna/Alonso del Real, S. 156, Z. 7: „omne creatum a creante debet esse diversum." In *De anima* lautet sie: „sed creatum a creatore omnino diversum est"; id., *De anima* 7, S. 58, Z. 30–31; ed. Alonso del Real/Soto Bruna S. 160, Z. 16. Siehe außerdem ibid., S. 57, Z. 14; ed. Alonso del Real/Soto Bruna, S. 156, Z. 4: „factura a factore penitus diversa est." Auch in *De unitate et uno*, S. 5, Z. 16–19; ed. Soto Bruna/Alonso del Real, S. 116, Z. 2–4, findet sich die Regel: „Sed quia omne creatum omnino diversum est ab eo, a quo creatum est, profecto creata unitas a creante unitate omnino diversa esse debuit et quasi opposita." Hier zitiere ich die Edition von Correns und nenne dazu ergänzend die Stelle in der neuen Edition von Soto Bruna. Dort weicht der Obertext leicht ab: Es fehlt ‚*ab eo*'. Polloni, *The Twelfth-Century Renewal*, S. 175, nennt die Regel ebenfalls.

Cum igitur creator vere unus sit, profecto creatum non debuit esse unum … Primum enim, quod est diversum ab uno, hoc est duo. Cum igitur creator vere sit unus, profecto creatura, quae post ipsum est, debuit esse duo.[445]	Da der Schöpfer also wahrhaft einer ist, durfte das Geschaffene tatsächlich nicht eines sein … Das erste nämlich, was vom Einen verschieden ist, ist zwei. Da der Schöpfer also wahrhaft einer ist, musste das Geschöpf, das nach ihm ist, tatsächlich zwei sein.

Zitat 3-11

Gundisalvi gelangt hier, wie auch in den anderen Schriften, zu einem Schluss, der dem konträr gegenübersteht, was Avicenna aus der Einheit des ersten Prinzips ableitet: Gerade weil das erste Prinzip wahrhaft eines ist, was bedeutet, dass es vollkommen einfach ist, muss das erste Geschöpf laut Gundisalvi zwei sein. Grund dafür ist die eben erwähnte Differenzregel, die Gundisalvi direkt vor der hier zitierten Passage anführt. Da sich das erste Geschöpf von Gott unterscheiden muss, der sich wiederum dadurch auszeichnet, einer, das heißt einfach zu sein, darf es nicht ebenso eines sein. Dieses Verbot betont Gundisalvi im ersten Satz von Zitat 3-11, der im Gegensatz zum Rest der Passage nicht von Ibn Gabirol übernommen wurde, sondern von Gundisalvi selbst zu stammen scheint. Als Leser fragt man sich, ob Gundisalvi mit seiner Aussage an Avicenna denkt, dessen Ausführungen zum ersten Prinzip er nur ein paar Seiten zuvor ausgiebig zitiert hat. Man hat den Eindruck, als wolle er sich nun, da es die Wirkungen dieses Prinzips zu beschreiben gilt, deutlich von Avicennas Modell distanzieren. Gundisalvi übt jedoch keine explizite Kritik am alternativen Ansatz, sondern betont Punkte, die implizit die Divergenz der beiden Positionen deutlich machen.[446] Der besagte Satz weist jedenfalls auf den grundlegenden Unterschied zu Avicenna hin und macht den Weg frei für den universalen Hylemorphismus. Das, was laut Gundisalvi direkt aus dem ersten Prinzip hervorgeht, ist nämlich zwei: erste Materie und erste Form. Damit ist die kleinstmögliche, aber fundamentale Differenz der ersten Wirkung zum ersten Prinzip gegeben.[447] Während Avicenna quantitative Vielheit für das erste Geschöpf ausschließt, wird hier quantitative Vielheit gefordert. Eine bloße Dualität von Sein und Wesen reicht Gundisalvi nicht aus. Jedoch ist die erste Dualität ihm zufolge nicht der Zahl, sondern der Teilung nach zu verstehen. Das heißt, es handelt sich nicht um zwei verschiedene Einzeldinge, sondern um deren interne Prinzipien (*principia*). Sie sind Grundkomponenten sowohl für jede einzelne weltliche Substanz als auch für die Welt insgesamt. Damit verweist die Zweiheit von Materie und Form gleichzeitig und vornehmlich auf die innere, kompositionelle Zweiheit eines jeden Geschöpfs, die der inneren Einheit Gottes gegenüber-

---

[445] Gundisalvi, *De processione mundi*, S. 20, Z. 17–22; ed. Soto Bruna/Alonso del Real, S. 156, Z. 7–12. Siehe überdies ibid., S. 21, Z. 2–3; ed. Soto Bruna/Alonso del Real, S. 156, Z. 16–18: „Quapropter duo simplicia ab uno simplici primum creari debuerunt, ex quibus omnia constituenda erant."

[446] Zu den Phasen der Rezeption siehe die Einleitung dieser Arbeit.

[447] Dass sie zwei und nicht von höherer Zahl sind, begründet Gundisalvi mit einem Analogieschluss: So wie keine Zahl zwischen die Eins und Zwei geschaltet ist, findet sich auch zwischen Gott und dem ersten Geschöpf nichts Mittleres. Wenn Gott einer ist, muss das erste Geschöpf also zwei sein. Vgl. ibid., S. 20, Z. 18–22; ed. Soto Bruna/Alonso del Real, S. 156, Z. 7–12.

steht. Dies geht sehr schön aus einer Stelle in *De anima* hervor, in der Gundisalvi die Zusammensetzung aus Materie und Form auch für geistige Substanzen fordert, damit sie sich von Gottes Einfachheit absetzen:

Item factura a factore penitus diversa est; sed factor est unus tantum simpliciter; nulla igitur factura est per se una tantum simpliciter; anima igitur vel intelligentia nec est una tantum materia nec una tantum forma, sed composita ex utraque.[448]	Ebenso ist das Geschöpf (*factura*) vom Schöpfer (*factor*) gänzlich verschieden; der Schöpfer aber ist schlechthin nur einer, also ist kein Geschöpf durch sich schlechthin eines. Eine Seele oder Intelligenz ist also weder nur eine [einzige] Materie noch nur eine [einzige] Form, sondern zusammengesetzt aus beiden.

Zitat 3-12

Geschöpf (*creatura*, hier *factura*) verwendet Gundisalvi an dieser Stelle und auch sonst in der Regel mit Bezug auf alle Substanzen, die aus Materie und Form bestehen, selten mit Bezug auf Materie und Form selbst, obwohl er den Begriff der Schöpfung (*creatio*) im eigentlichen Sinne in *De processione mundi* für Form und Materie reserviert, wie ich in Kapitel 3.3.2 herausarbeiten werde. Avicenna würde dem Schluss im ersten Satz des Zitats noch beipflichten, nicht aber der Konsequenz, die Gundisalvi daraus für geistige Substanzen zieht. Diese Substanzen müssen nach Avicenna nämlich nicht aus Materie und Form zusammengesetzt sein, um sich von der vollkommenen Einfachheit des *necesse esse per se* abzusetzen; die Sein-Wesen-Distinktion genügt dazu.

Obgleich Avicenna die Differenzregel nicht explizit nennt, wenn er die *ex-uno*-Regel aufstellt, nimmt er ebenso an, dass sich Gott ontologisch grundlegend vom ersten Geschöpf absetzt. Die Verschiedenheit zu Gott sieht er allerdings durch die Distinktion von Sein und Wesen erfüllt. Daher kann die direkte Wirkung problemlos quantitativ eines sein, sowohl bezüglich der Anzahl als auch im Hinblick auf die innere Komposition. Mit der *ex-uno*-Regel ist für Avicenna ausgeschlossen, dass die erste Wirkung eine zählbare innere Dualität aus Materie und Form aufweist. Zudem akzeptiert er als erstes Geschöpf keine Form, die auf Materie bezogen ist, denn für eine derartige Form bedürfte es als Mittleres der Materie, ohne die die Form nicht bestehen könnte. Was Avicenna ablehnt, ist genau das, was Gundisalvi als zwingend erachtet. Gegen Gundisalvis Folgerung einer kompositionellen Dualität würde Avicenna einwenden, aus welcher Disposition auf Seiten des ersten Prinzips diese denn ableitbar sei. Um die Existenz von zwei ersten Dingen zu rechtfertigen – seien es Einzeldinge oder deren Komponenten –, bedürfte es Avicennas Überzeugung nach im ersten Prinzip zweier verschiedener Aspekte, aus denen die beiden Dinge als Wirkungen kausal ableitbar wären. Dies würde jedoch Vielheit im ersten Prinzip implizieren, was im Widerspruch zur postulierten vollkommenen Einfachheit und Notwendigkeit steht.

Gundisalvi zufolge impliziert die gleichzeitige Schöpfung (*creatio*) von Materie und Form keine Vielheit in Gott, auf dessen vollkommene Einfachheit er wiederholt verweist. Er argumentiert, dass Gott, der vollkommen sei, ein ebenfalls vollkommenes Werk wolle, das eben nicht nur aus einem Teil der aufeinander bezogenen Komponenten Materie und

---

[448] Gundisalvi, *De anima* 7, S. 57, Z. 14–17; ed. Alonso del Real/Soto Bruna, S. 156, Z. 4–7.

Form bestehe, sondern aus beiden.[449] Diese Aussage ist nicht wirklich überzeugend, denn sie wirkt wie eine *petitio principii*: Der universale Hylemorphismus, für den geworben wird, ist bereits vorausgesetzt, wenn Gundisalvi Form ausschließlich als eine auf Materie bezogene Form versteht und dementsprechend damit argumentiert, Substanzen, die nur aus Form bestünden, wären unvollständig. Formen, die ohne Materie als immaterielle Substanzen existieren können, zieht er von vornherein nicht in Betracht.[450] Da Gundisalvi Avicennas *Metaphysik* als deren Übersetzer gut kennt, wäre zu erwarten, dass er die Problematik der Ableitung einer Zweiheit aus einer Einheit thematisiert. Diese Gefahrenzone versucht er jedoch stillschweigend zu umschiffen, indem er den göttlichen Willen einführt, auf den er in seinen Schriften jedoch nicht näher eingeht. In *De anima* bezeichnet er ihn immerhin als erste Wirkursache (*prima causa agens*), was ihm eine gewisse Vorrangstellung einräumt.[451] Vermutlich ist für Gundisalvi wie für die späteren Autoren selbstverständlich, dass Gottes Wille von besonderer Art ist. Damit könnte Gundisalvi argumentieren, der Wille bestünde von Ewigkeit her, sei vollkommen einfach und so frei, dass Gott eine Zweiheit wollen und bewirken könne, ohne dass dies für ihn Vielheit zur Folge hätte. Leider schweigt sich Gundisalvi zu diesem Thema aus. Im Unterschied zu Wilhelm von Auvergne und Heinrich von Gent geht er in seinen Werken weder näher auf den göttlichen Willen oder auf dessen Verhältnis zur göttlichen Weisheit ein noch auf die Freiheit Gottes. Dies sind jedoch Themen, die aus Sicht der beiden anderen Denker in Zusammenhang mit der Schöpfung unbedingt diskutiert werden müssen.

In den kosmogonischen Modellen von Avicenna und Gundisalvi muss für das erste Geschöpf eine Verschiedenheit von Gott im Sinne einer Dualität angenommen werden, damit der Rest der Welt überhaupt denkbar wird. Nach Avicenna bedingt die Distinktion von Sein und Wesen, die im ersten Geschöpf vorliegt, zunächst eine Vielheit in Form von drei inhaltlich verschiedenen Erkenntnisakten, in denen es seine eigene (modal-)ontologische Beschaffenheit und seine Ursache erkennt. Jeder dieser Erkenntnisakte bringt nach außen eine Wirkung hervor, was extramentale Vielheit bedeutet. Der niedrigste Erkenntnisakt verursacht den Körper der äußersten Himmelssphäre. Auf diese Weise wird gesichert, dass die geschöpfliche Welt nicht nur aus einer Folge von geistigen Wesen besteht.[452] So macht Avicenna darauf aufmerksam:

---

[449]   Siehe dazu Kapitel 2.3.1.2 dieser Arbeit.

[450]   Vgl. Gundisalvi, *De processione mundi*, S. 22, Z. 1–4; ed. Soto Bruna/Alonso del Real, S. 158, Z. 11–13: „Item, quia creator perfectus est, primum opus perfectum creare voluit. Perfectius autem est creare, in quo aliud et quod in alio subsistat, scilicet sustinens et sustentatum, quam alterum tantum." Im Obertext der Edition von Bülow steht ‚noluit' statt ‚voluit'. Die Variante ‚voluit' findet sich gemäß dem Apparat jedoch in mehreren Quellen und macht inhaltlich mehr Sinn. Soto Bruna/Alonso del Real haben sich in ihrer Edition ebenfalls für ‚voluit' entschieden.

[451]   Vgl. id., *De anima* 7, S. 54, Z. 22–24; ed. Alonso del Real/Soto Bruna, S. 146, Z. 15–17: „Sed quia divina voluntas est prima causa agens, idcirco forma omnium est in eius essentia, ad modum quo forma omnis causati est in sua causa." Hier referiert Gundisalvi zwar nach eigenen Angaben Platons Lehre und zitiert dabei eine Passage von Ibn Gabirol, der seinerseits auf Platon verweist, jedoch entspricht diese Darstellung der, die Gundisalvi als eigene Lehre in *De processione mundi* beschreibt.

[452]   Zudem bedingt Materie die Möglichkeit individueller Vertreter, die unter ein und dieselbe Art fallen. Damit ist quantitative Vielheit innerhalb einer Art möglich. Siehe dazu auch Kapitel 2.3.1.2.

Si enim non esset haec multitudo, profecto non esset possibile esse ab eo nisi unum, nec esset possibile esse ab eo corpus, et omnino non esset ibi possibilitas multitudinis nisi hoc modo tantum.[453]

Wenn es nämlich diese Vielheit nicht gäbe, wäre es in der Tat nur möglich, dass eines aus ihm hervorgeht, und es wäre nicht möglich, dass ein Körper aus ihm hervorgeht. Und überhaupt gäbe es dort keine Möglichkeit von Vielheit, außer auf diese Weise.

Zitat 3-13

Gundisalvi äußert ähnliche Gedanken in Zusammenhang mit der Begründung dafür, dass das erste Geschöpf zwei sein muss. Ihm gemäß bedarf es der ersten Zweiheit, damit es überhaupt eine geschöpfliche Welt gibt und nicht nur etwas Göttliches:

Si igitur primum creatum unum esset, tunc nulla esset diversitas; si vero nulla esset diversitas, nulla esset, quae futura esset, creaturarum universitas. Quapropter duo simplicia ab uno simplici primum creari debuerunt, ex quibus omnia constituenda erant.[454]

Wenn das erste Geschaffene eines wäre, dann gäbe es keine Verschiedenheit. Wenn es aber keine Verschiedenheit gäbe, gäbe es die Gesamtheit der Geschöpfe nicht, die in der Zukunft existierte. Deshalb mussten zuerst zwei Einfache vom einen Einfachen geschaffen werden, aus denen alle Dinge gebildet werden sollten.

Zitat 3-14

Wäre das erste aus Gott Hervorgehende nur eines (im Sinne von einfach[455]), würde es in den Bereich des Göttlichen fallen. Folglich würde mit ihm nicht die geschöpfliche Welt beginnen. Vielmehr, so könnte man weiterdenken, würde der Hervorgang nach innen erfolgen und in den trinitarischen Personen resultieren.[456] Im Unterschied zu Wilhelm von Auvergne und Heinrich von Gent erwähnt Gundisalvi die Trinität in seinen Werken jedoch nur selten.[457]

An den Divergenzen zwischen Gundisalvi und Avicenna lässt sich erkennen, dass man von gemeinsamen Bedingungen für den Hervorgang der Welt ausgehen kann und trotzdem

---

[453] Ibn Sīnā, al-Ilāhiyyāt IX.4, S. 330, Z. 15–16; ed. Van Riet, S. 482, Z. 73–76.

[454] Gundisalvi, De processione mundi, S. 20, Z. 24–S. 21, Z. 3; ed. Soto Bruna/Alonso del Real, S. 156, Z. 14–18.

[455] Geschöpfe sind ebenfalls eines, denn Einheit und Sein sind wechselseitig verbunden. Sie sind jedoch nicht vollkommen eines, mithin nicht einfach.

[456] Einen solches Szenario beschreibt Gundisalvi tatsächlich in ibid., S. 35, Z. 6–8; ed. Soto Bruna/Alonso del Real S. 184, Z. 5–8: „Quod autem de ipso est, nihil aliud ab ipso est, sed idem cum ipso, ideoque nec factum, nec creatum, sed generatum vel procedens. Haec autem aliud sunt ab ipso, quare non de ipso, sed de nihilo creata sunt, cum nihil esset, de quo creari potuerunt." Gundisalvi grenzt hier den Hervorgang der trinitarischen Personen von der Schöpfung ab. Ersteres erfolgt von Gott her (de deo) durch Zeugung (generatio) bzw. Hervorgang (processio). Letzteres hingegen wird von Gott als Akt vollzogen (a deo), erfolgt aber von nichts her (de nihilo). Wilhelm von Auvergne trifft eine ähnliche Unterscheidung, siehe dazu S. 183 dieser Arbeit.

[457] Vgl. ibid., S. 48, Z. 7–11; ed. Soto Bruna/Alonso del Real, S. 208, Z. 2–6: „Quamvis autem indivisibilia sint opera trinitatis, tamen creatio materiae, ex qua omnia, potentiae, creatio vero formae, per quam omnia, sapientiae, coniunctio vero utriusque connexionis congrue attribuitur, ut etiam in primis suis operibus signaculum trinitatis inveniatur." Für eine implizite Erwähnung der Trinität siehe Zitat 3-16. Hier spricht Gundisalvi von Gottes Weisheit (sapientia) und Wille (voluntas), die für den Sohn und Heiligen Geist stehen können. Für eine weitere Stelle siehe die vorangehende Fn.

zu unterschiedlichen Modellen des Hervorgangs gelangt, je nachdem, welche Ontologie man zugrunde legt und welche Regeln man damit verbunden für das Wirken des ersten Prinzips ansetzt.

3.3.2 Gundisalvis doppeltes Verständnis von Schöpfung (*creatio*)

Möchte man Avicennas Konzept von Schöpfung (*creatio*) mit dem Gundisalvis vergleichen, sieht man sich mit dem Problem konfrontiert, dass in *De processione mundi* kein einheitliches Verständnis von Schöpfung vorliegt. Gundisalvis Ausführungen mangelt es mitunter an Struktur und Klarheit und sie weisen vereinzelt Inkonsistenzen auf. Dies resultiert unter anderem daraus, dass er als Kompilator die Aussagen, die Hermann von Carinthia und Ibn Gabirol zur Schöpfung treffen, miteinander verwebt, obgleich deren Theorien im Einzelnen voneinander abweichen. Nimmt man Gundisalvis Versuch einer Synthese jedoch ernst, lässt sich anhand seiner Ausführungen ein eigenes System herausfiltern, das sich sinnvoll nach der Relation zu Avicenna befragen lässt. Im Folgenden werde ich darauf verzichten, *en détail* aufzuzeigen, welche engen Bezüge zwischen *De processione mundi* und Hermann von Carinthias *De essentiis* sowie Ibn Gabirols *Fons vitae* bestehen. Eine ausführliche Darstellung der ontologischen und kosmologisch-kosmogonischen Theorien dieser beiden Denker sowie eine Analyse der Übernahme ihrer Lehren durch Gundisalvi finden sich in Nicola Pollonis kürzlich erschienenen Studie *The Twelfth-Century Renewal of Latin Metaphysics*.[458] Dieser Analyse soll hier lediglich der Versuch hinzugefügt werden, den zusammengestückelten Text von *De processione mundi* als eine neue Einheit aufzufassen und Gundisalvis Theorie der Schöpfung bezüglich ihrer Motive und Implikationen zu untersuchen, um Avicennas Einfluss aufzuspüren und sie mit Avicenna kritisch zu beleuchten.

Bei genauerem Hinsehen lässt sich ein recht spezielles, enges Verständnis von Schöpfung (= Sch1) von einem eher allgemeinen, weiten Verständnis (= Sch2) abgrenzen.[459] In beiden Fällen wird der Schöpfungsakt unmittelbar durch Gott vollzogen. Darüber hinaus schafft Gott freilich auch auf indirekte Weise, insofern er die Geschöpfe als Vermittler einsetzt, die in der Zeugung (*generatio*) und weiteren Akten auf seinen Befehl (*nutus*) hin agieren.[460] Gemäß dem ersten, engen Verständnis (Sch1) fasst Gundisalvi Schöpfung formal ähnlich auf, wie es in der Definition von Schöpfung geschieht, die Avicenna der Tradition entnimmt. Schöpfung wird hier als Verleihen von Sein nach absolutem Nicht-Sein

---

458   Zu Gundisalvi und Hermann von Carinthia siehe Polloni, *The Twelfth-Century Renewal*, S. 128–143. Zu Gundisalvi und Ibn Gabirol siehe ibid., S. 144–209.

459   Nach Polloni liegt nur das enge Verständnis (Sch1) vor, was ich aufgrund der textuellen Basis anders sehe, wie aus den folgenden Analysen hervorgeht. Vgl. ibid., S. 177–178 und 184. Jolivet führt zwar beide Arten von Schöpfung an, legt aber die *compositio* und die Schöpfung der Dinge nicht in eins. Vgl. Jolivet, ‚The Arabic Inheritance‘, S. 139.

460   Siehe dazu meinen Überblick in der Einleitung zum Gundisalvi-Kapitel.

charakterisiert.[461] Inhaltlich lässt sich diese Bestimmung Gundisalvi zufolge strenggenommen nur auf die beiden Prinzipien Form und Materie anwenden:

Per creationem ergo initium habent prima principia rerum, quae de nihilo creata sunt; quae sunt principium materiale et principium formale.[462]	Durch die Schöpfung haben also die ersten Prinzipien der Dinge einen Anfang, die von nichts her geschaffen wurden; dies sind das materielle Prinzip und das formale Prinzip.

Zitat 3-15

Wie wir noch sehen werden, handelt es sich hierbei um eine recht eigenwillige Auslegung von Schöpfung, die Gundisalvi aus Gründen der Verteidigung des universalen Hylemorphismus verfolgt. Das aus Nichts Geschaffene sind seiner Auffassung nach die erste Materie und erste Form. Doch obgleich Gundisalvi betont, diese beiden Elemente seien das Einzige, was durch (direkte) Schöpfung ins Sein gelangt,[463] lässt sich neben dieser Schöpfung der Prinzipien in *De processione mundi* noch eine zweite, nachrangige Verwendungsweise von Schöpfung ausmachen. Diese ist weiter gefasst und steht dem alltäglichen Verständnis näher, insofern sie sich auf konkrete Dinge bezieht, deren Verursachung durch Gott erfasst wird. Die Schöpfung der Dinge (Sch2) beschreibt Gundisalvi wie folgt:

Creatio namque rerum a creatore non est nisi exitus formae ab eius sapientia et voluntate et impressio eius in imaginem in materiam ad similitudinem aquae exitus emanantis a sua origine et effluxio eius.[464]	Die Schöpfung der Dinge durch den Schöpfer ist nämlich nichts weiter als der Hervorgang einer Form aus seiner Weisheit und seinem Willen und deren Einprägen (*impressio*) in ein Bild in die Materie, in Ähnlichkeit zum Ausgang und Herausfließen des Wassers, das aus seiner Quelle emaniert.

Zitat 3-16

Wenn Gott Einzeldinge ins Sein setzt, müssen Form und Materie zusammenkommen, da alle weltlichen Dinge Komposita aus diesen beiden Prinzipien sind. Gundisalvi spricht zwar in der Regel von Form im Singular, beschreibt sie aber als eine Pluralität, in der die Formen der Substanzialität und Einheit grundlegend sind.[465] Sie kommen allen weltlichen Substanzen zu und bilden die Basis für weitere Formen, die die Substanzen zu bestimmten

---

[461] Vgl. Ibn Sīnā, *al-Ilāhiyyāt* VI.2, S. 203, Z. 12–13; ed. Van Riet, S. 304, Z. 68–69. Avicenna führt hier die Definition der Schöpfung gemäß den Weisen ein: „et haec est intentio quae apud sapientes (*ḥukamāʾ*) vocatur creatio, quod est dare rei esse post non esse absolute (*taʾyīs al-šayʾ baʿda laysa muṭlaq*)." Siehe dazu Kapitel 2.3.2.2.

[462] Gundisalvi, *De processione mundi*, S. 20, Z. 13–15; ed. Soto Bruna/Alonso del Real, S. 156, Z. 4–6.

[463] Vgl. ibid., S. 36, Z. 4–6; ed. Soto Bruna/Alonso del Real, S. 186, Z. 4–6: „Haec igitur duo, scilicet materia prima et forma prima, priora sunt omnibus habentibus initium eo, quod haec sola esse habent per creationem."

[464] Ibid., S. 40, Z. 16–19; ed. Soto Bruna/Alonso del Real, S. 194, Z. 17–20. Außerdem kommt das gängige Verständnis bspw. in folgender Aussage zum Ausdruck: „Creatio igitur angelorum non praevenit tempore creationem caelorum vel elementorum vel e contrario", ibid., S. 50, Z. 17–18; ed. Soto Bruna/Alonso del Real, S. 212, Z. 7–8.

[465] Vgl. ibid., S. 41, Z. 10–S. 42, Z. 7; ed. Soto Bruna/Alonso del Real, S. 196, Z. 8–S. 198, Z. 4.

körperlichen oder geistigen Dingen machen.[466] Die Formen lassen sich in auflösender Weise (*in resolvendo*) ermitteln, wenn man die *arbor porphyriana* durchgeht und sich dabei ausgehend von den speziellsten Arten nach oben zu den allgemeineren Gattungen bewegt.[467] Laut Nicola Polloni können die diversen Formen, die sich dabei ausmachen lassen, als Funktionen der substanziellen Form einer Sache angesehen werden.[468] Bei Avicenna finden sich naturphilosophische Überlegungen, die man auf ähnliche Weise im Sinne einer Pluralität von Formen interpretieren kann. Hier geht es um die Frage, ob allen körperlichen Substanzen grundlegend eine körperliche Form gemeinsam ist, während ihnen zusätzlich eine spezielle Form zukommt, die sie zu Vertretern einer bestimmten Art von körperlichen Substanzen macht. Die Forschung ist sich jedoch nicht einig, ob Avicenna tatsächlich eine Pluralität von Formen annimmt.[469]

Wichtig ist, zu beachten, dass Materie und Form in Zusammenhang mit der Schöpfung bei Gundisalvi tatsächlich als Komponenten verstanden werden.[470] Was aus dem obigen Zitat nicht hervorgeht, ist, dass die Materie, in die hinein die Formen bei der Schöpfung eingeprägt werden, laut Gundisalvi nicht vorab bereits als Zugrundeliegendes präexistiert, sondern erst zusammen mit der Form ins Sein gelangt. Das Herausfließen und Einprägen der Form in die Materie erfolgt simultan und bedeutet den Eintritt des Kompositums in aktuelles Sein. Gundisalvi bringt im obigen Zitat diverse Traditionen zusammen. Das Einprägen (*impressio*) einer Form in Materie stammt aus der aristotelischen Tradition, man findet es beispielsweise in Avicennas *Physik* im Rahmen der Definition der Wirkursache.[471] Gundisalvi vergleicht den Ausgang der Form jedoch biblisch-neuplatonisch mit dem Herausfließen (*effluxio*) aus einer Quelle – hier verwendet er eindeutig Emanationsvokabular.[472]

---

[466]   Zu den weiteren Formen siehe ibid., S. 42, Z. 8–S. 43, Z. 21; ed. Soto Bruna/Alonso del Real, S. 198, Z. 5–S. 200, Z. 18. Zu den unterschiedlichen Arten weltlicher Substanzen, siehe ibid., S. 43, Z. 22–45, Z. 6; ed. Soto Bruna/Alonso del Real, S. 200, Z. 19–S. 204, Z. 3.

[467]   Dazu passt die bereits angesprochene Passage zum Erkenntnisaufstieg zu Beginn von *De processione mundi*. Gundisalvi erwähnt in diesem Zusammenhang, die Vernunft gehe zusammensetzend (*componendo*) und auflösend (*resolvendo*) vor: „Ratio inquirit componendo et resolvendo; resolvendo ascendit, componendo descendit. In resolvendo enim ab ultimis incipit, in componendo a primis incipit. Unde per ea, quae facta sunt, invisibilia dei intellecta creatura mundi conspicit, cum ratio ad compositionem ascendit hoc modo", ibid., S. 3, Z. 6–10; ed. Soto Bruna/Alonso del Real, S. 122, Z. 13–17. Polloni sieht hier Bezüge zu Calcidius, der in seinem Kommentar zum *Timaios* eine ähnliche Vorgehensweise beschreibt, vgl. id., *The Twelfth-Century Renewal*, S. 95–99. Für eine schematische Übersicht über die substanziellen Formen, die man im Rahmen des auflösenden Verfahrens findet siehe ibid., S. 75.

[468]   Vgl. ibid., S. 74–75 und 137–139. Zu weiterführender Literatur zum Thema Pluralität der Formen siehe ibid., S. 74, Fn. 193. Zu Avicenna siehe Lammer, *Elements of Avicenna's Physics*, S. 154.

[469]   Für eine genauere Darstellung der Problematik der körperlichen Form sowie für eine Übersicht über die Forschungsdisksussion siehe ibid., S. 165–179.

[470]   In anderen Schilderungen, bspw. in *De anima* oder *De divisione philosophiae*, ist ihr Verhältnis zudem in analytischer Lesart aufzufassen. Materie und Form stehen dann für *genus*, *species* und *differentia*. Dies hängt mit dem bereits beschriebenen komplexen Verständnis der hylemorphen Struktur der Welt zusammen, das Gundisalvi von Ibn Gabirol übernimmt und an dem er sich in den anderen Werken stärker orientiert als in *De processione mundi*. Vgl. *The Twelfth-Century Renewal*, S. 185–189; Gundisalvi, *De anima* 7, S. 144, Z. 14–20, und id., *De divisione philosophiae*, S. 6, Z. 5–17.

[471]   Vgl. Ibn Sīnā, *De causis et principiis naturalium* I.2, S. 16, Z. 1–3; ed. Van Riet, S. 22, Z. 74–77.

[472]   Zu den Bibelstellen siehe Fn. 725.

Die Tatsache, dass Formen dasjenige sind, was herausfließt, weckt wiederum Assoziationen zu Avicennas Geber der Formen (*wāhib al-ṣuwar; dator formarum*), der zehnten himmlischen Intelligenz. Im Unterschied dazu betont Gundisalvi als Vertreter der christlichen Tradition jedoch, die Quelle der Formen seien die Weisheit und der Wille Gottes.[473] Dies ist einer der seltenen Fälle, in denen Gundisalvi die Trinität einbindet, denn Weisheit und Wille können für die göttlichen Personen des Sohns und des Heiligen Geistes stehen.[474] Gundisalvis Bemerkung deutet auf einen willentlichen Schöpfungsakt hin, den er nicht näher beschreibt. Obwohl sich Gundisalvi, anders als Wilhelm von Auvergne und Heinrich von Gent, weder zum Innenverhältnis von Verstand beziehungsweise Weisheit und Willen äußert noch zu ihrem Zusammenspiel bei der Verursachung der Welt *ad extra*, darf angenommen werden, dass der göttliche Wille das eigentliche Wirkungsprinzip ist. Darauf lässt eine Stelle in *De processione mundi* schließen,[475] die durch die bereits erwähnte Aussage in *De anima* bestätigt wird, in der Gundisalvi den Willen sogar als erste Wirkursache (*prima causa agens*) bezeichnet.[476] Veranlasst durch den göttlichen Willen tritt die Welt nach außen ins Sein, indem Form in Materie eingeprägt wird. Dieser Schöpfungsakt (Sch2) vollzieht sich nicht von Ewigkeit her, sondern setzt zu einem bestimmten Punkt ein.[477] Wie aus dem Kontext des Zitats hervorgeht, möchte Gundisalvi durch den Vergleich mit dem Herausfließen von Wasser aus einer Quelle den Aspekt der Unbetroffenheit der Ursache betonen, die ruhig in sich verweilt, selbst also keinerlei Veränderung unterliegt und nie versiegt. Diese Aspekte werden im Neuplatonismus betont, der in dem Einen, das als Quelle der Emanation fungiert, den unbewegten Beweger bei Aristoteles mit Platons Demiurgen vereint, der als Wirkursache verstanden wird. Dass die Quelle jenseits der Zeit in der göttlichen Ewigkeit angesiedelt ist, drückt zudem aus, dass es sich bei der direkten Schöpfung nicht um ein Ereignis handelt, das im Fluss der Zeit eintritt.[478] Welt und Zeit entstehen zugleich. Schließlich finden sich im obigen Zitat mit der Einbindung des Motivs des Bildes (*imago*) und mit dem Anlegen der Formen in der Weisheit Gottes meines Erachtens Hinweise auf eine plotinisch-augustinische Urbild-Abbild-Theorie, der gemäß die Ideen in den göttlichen Geist gelegt werden und als Urbilder der Geschöpfe dienen. Trägt man ergänzend aus den anderen Werken Gundisalvis die wenigen Stellen zusammen, in denen er sich zur Weisheit Gottes äußert, lassen sie gemeinsam den Schluss zu, dass Gundisalvi eine

---

[473] Die im Rahmen der Erkenntnistheorie vorgenommene Identifikation des aktiven Intellekts – bei Avicenna die zehnte himmlische Intelligenz – mit Gott fällt unter das Schlagwort des *Augustinisme avicennisant*. Für Literatur dazu siehe Fn. 912.

[474] Für weitere Stellen zur Trinität in *De processione mundi* siehe Fn. 456 und Fn. 457.

[475] Vgl. Gundisalvi, *De processione mundi*, S. 41, Z. 4–6; ed. Soto Bruna/Alonso del Real, S. 196, Z. 2–4: „et materia sic recipit formam a divina voluntate, sicut speculum recipit formam ab inspectore.“

[476] Siehe oben, Fn. 451.

[477] Vgl. ibid., S. 46, Z. 6–7; ed. Soto Bruna/Alonso del Real, S. 204, Z. 13–14: „Aeternus enim aeterna creare non potuit, quia, si creatura est, iam non est aeterna.“ Außerdem ibid., S. 46, Z. 14–15; ed. Soto Bruna/Alonso del Real, S. 206, Z. 2: „ut semper opus uno termino [plus] habeat suo auctore.“ Vom Kontext her muss im Zitat eindeutig ‚plus‘ statt ‚minus‘ stehen, in keiner der beiden Editionen findet es sich jedoch im Apparat. Laumakis sieht das ebenso, vgl. Gundisalvi, *The Procession of the World*, S. 70, Fn. 111.

[478] Vgl. Gundisalvi, *De processione mundi*, S. 41, Z. 1–2; S. 48, Z. 15–S. 49, Z. 2, und S. 50, Z. 17–S. 51, Z. 3; ed. Soto Bruna/Alonso del Real, S. 194, Z. 20–S. 196, Z. 1; S. 208, Z. 9–12, und S. 212, Z. 7–14.

Urbild-Abbild-Lehre vertreten hat, jedoch von eigener Art. Darauf werde ich gleich noch einmal eingehen.[479]

Die Auffassung von Schöpfung, bei der Gott willentlich durch Einprägen von Formen in Materie Einzeldinge *ad extra* verursacht (Sch2), kommt in *De processione mundi* nur gelegentlich zum Vorschein.[480] Schöpfung im engen und eigentlichen Sinne bezieht sich in diesem Werk hingegen auf die bereits genannte Schöpfung der beiden Prinzipien (Sch1). Nur hier findet sich der Aspekt des ‚aus nichts‘ (*ex nihilo*) und diese Schöpfung ist Voraussetzung dafür, dass die Schöpfung der Dinge (Sch2) überhaupt erst erfolgen kann. Die Schöpfung der Dinge ist Gundisalvi zufolge keine *creatio ex nihilo*, obwohl sich in der extramentalen Wirklichkeit gar nichts Zugrundeliegendes findet, das dem Sein der Geschöpfe zeitlich vorangeht. Weder Form noch Materie sind präexistent; beide kommen erst zusammen mit dem geschöpflichen Kompositum ins Sein. Die Voraussetzungslosigkeit auf geschöpflicher Seite wird üblicherweise als *ex nihilo* verstanden. *Ex nihilo* bedeutet freilich nicht, dass die Schöpfung vollkommen voraussetzungslos ist, denn immerhin geht Gott als Ursache der Welt voran. Außerhalb seiner gibt es jedoch nichts Weiteres. Damit ist der Prinzipienmonismus gesichert. Gundisalvi bezieht in seine Überlegungen zum *ex nihilo* allerdings den gerade angesprochenen Aspekt mit ein, dass Materie und Form zugleich mit dem Kompositum, das sie bilden, ins Sein gelangen. Dadurch lässt sich die These, die Schöpfung der Dinge (Sch2) geschehe nicht *ex nihilo*, wie folgt begründen: Die Teile, aus denen ein Kompositum zusammengesetzt ist und in die es sich auflösen lässt (*resolvi*), sind diesem Kompositum vorgeordnet, und zwar der Natur nach, das heißt in logischer Hinsicht, und kausal. Als Teile sind sie Bedingungen für das Sein des Kompositums. Dies gilt ebenso für Materie und Form als grundlegende Teile der weltlichen Dinge.[481] Materie und Form sind hingegen einfach (*simplex*), also nicht wieder aus etwas anderem zusammengesetzt.[482] Im Moment ihrer Verbindung, in dem das weltliche Ding als Kompositum Sein in Wirklichkeit erhält, erlangen auch sie aktuelles Sein, und zwar zeitgleich (*simul*) mit dem Kompositum.[483] Im Erlangen dieses logisch vorgeordneten Seins liegt die Schöpfung der Prinzipien (Sch1) aus nichts. Keine der beiden Arten von Schöpfung – weder die der Prinzipien (Sch1) noch die der Dinge (Sch2) – findet sich bei Avicenna. Beide ergeben sich aus Gundisalvis Theorie des universalen Hylemorphismus, die Avicenna nicht vertritt. Direkte Schöpfung aus Gott geschieht bei Avicenna keinesfalls als ein gemeinsames Heraus- und Zusammentreten von Form und Materie – dagegen argumentiert er explizit in Kapitel IX.4 seiner *Metaphysik*. Dennoch lassen sich in Gundisalvis Darstellung Spuren von Avicenna ausmachen und sein Modell lässt sich mit Avicenna kritisch befragen. Dazu muss vorab noch ein näherer Blick auf die Schöpfung der Prinzipien geworfen werden.

---

479 Wenn ich es richtig verstanden habe, äußert Polloni die Vermutung, Gundisalvi nehme keine archetypische Welt im göttlichen Geist an, vgl. *The Twelfth-Century Renewal*, S. 83. Das sehe ich anders, siehe Kapitel 3.3.2 zum Schöpfungsverständnis.

480 Siehe Zitat 3-16 und Fn. 464.

481 Vgl. Gundisalvi, *De processione mundi*, S. 20, Z. 1–5; ed. Soto Bruna/Alonso del Real, S. 154, Z. 16–19: „Creatio autem et compositio ita se habere videntur, ut, licet creatio natura et causa prior videatur, numquam tamen et ordine, vel tempore, vel loco prior intelligenda est."

482 Vgl. ibid., S. 21, Z. 2–3; S. 31, Z. 12; S. 35, Z. 11–14, und S. 38, Z. 9–21; ed. Soto Bruna/Alonso del Real, S. 156, Z. 16–18; S. 176, Z. 8–10, und S. 190, Z. 13–S. 192, Z. 3.

483 Vgl. ibid., S. 34, Z. 25; ed. Soto Bruna/Alonso del Real, S. 182, Z. 22: „sibi coniungi fuit eas de nihilo creari."

Wie wir gesehen haben, siedelt Gundisalvi die *creatio ex nihilo* nicht auf der Ebene der Dinge an, sondern dringt eine ontologische Ebene tiefer vor, indem er sie auf Materie und Form bezieht. Angesichts der Ausführlichkeit, mit der er sich diesem Verständnis von Schöpfung widmet, und der Häufigkeit, mit der er darauf Bezug nimmt, ist es in seinem Text zweifellos das dominierende. Der Grund dafür, dass Gundisalvi diese spezielle Form der Schöpfung vertritt, liegt abermals in seiner Absicht, den universalen Hylemorphismus zu verteidigen. So führt er sein spezielles Verständnis in den langen Passagen ein, in denen er den Hylemorphismus als ontologische Basistheorie entfaltet. In diesen Passagen verfolgt er meines Erachtens eine zweifache Absicht: Einerseits möchte er zeigen, *wie* Form und Materie durch ihre Verbindung miteinander in aktuelles Sein gelangen,[484] andererseits möchte er dies so schildern, dass seine hylemorphistische Schöpfungstheorie mit dem Schöpfungsbericht der Genesis in Einklang gebracht werden kann. Um seine eigenwillige Theorie einzuführen, differenziert Gundisalvi in Anlehnung an Hermann von Carinthia folgende Akte Gottes:

Motus igitur primae causae, quo scilicet prima causa movet, alius dicitur creatio, alius compositio … Et creatio quidem est a primordio primorum principiorum ex nihilo. Compositio vero est primarum rerum ex ipsis principiis.[485]	Die Bewegung der ersten Ursache also, wodurch nämlich die erste Ursache bewegt, wird zum einen Schöpfung (*creatio*) genannt, zum anderen Zusammensetzung (*compositio*) … Und Schöpfung ist freilich die der ersten Prinzipien vom Ursprung her aus nichts heraus (*ex nihilo*). Zusammensetzung aber ist die der ersten Dinge aus ebendiesen Prinzipien.

Zitat 3-17

In einer rationalen Analyse grenzt Gundisalvi die Schöpfung (*creatio*) von der Zusammensetzung (*compositio*) ab, die er mit Hermann von Carinthia als Bewegungen (*motus*) Gottes bezeichnet.[486] Hier liegt freilich ein *genitivus subiectivus* vor: Gott selbst ist, wie bereits erwähnt, stets unbewegt, da er völlig einfach und damit ein vollkommen notwendig Seiendes ist. Die genannten Bewegungen im Sinne von Veränderungen sind ausschließlich auf Seiten seines Werks zu verorten, werden jedoch von Gott veranlasst.[487] Die im Zitat eingeführte Unterscheidung von Schöpfung und Zusammensetzung nimmt Gundisalvi in *De*

---

[484] Vgl. Polloni, *The Twelfth-Century Renewal*, S. 192: „His main interest, though, appears to lie much more in addressing how matter and form are originated *in actu* through their existential correlation, rather than expounding their divine origin." Das sehe ich genauso, möchte aber betonen, dass hinter Gundisalvis Absicht ein apologetisches Motiv steht. Daher muss Gundisalvi Gottes Rolle als Geber des Seins, die zu Beginn von *De processione mundi* impliziert wird, in den Hintergrund rücken und demgegenüber die Abhängigkeit von Materie und Form zueinander stark machen, um herauszustellen, dass beide Sein nur in Verbindung miteinander erlangen können. Hier wird Gottes Rolle als *compositor* wichtig.

[485] Gundisalvi, *De processione mundi*, S. 19, Z. 14–22; ed. Soto Bruna/Alonso del Real, S. 154, Z. 5–12.

[486] Vgl. Hermann von Carinthia, *De essentiis* I, Fol. 59vH: „Duo sunt igitur cause primordialis omnium motuum genera: creatio et generatio … Creatio quidem, a primordio principiorum ex nichilo; generatio autem rerum, ex antedatis principiis usque nunc."

[487] Zu Gott als Bewegungs- und Seinsursache siehe Kapitel 3.3.4 dieser Arbeit.

processione mundi wiederholt auf.[488] Dies zeigt, wie wichtig ihm diese Theorie ist, deren Gültigkeit sich offensichtlich nicht nur auf die hier ausgewählte Stelle beschränkt. Jedoch äußert sich Gundisalvi nur punktuell zur Schöpfung der Prinzipien. Im Folgenden möchte ich den Versuch unternehmen, die diversen Stellen in einer Zusammenschau zu einem gemeinsamen Bild zu vereinen, und dabei Bezüge zu Avicenna aufzeigen.

Wie bereits erwähnt, geht die Schöpfung der Zusammensetzung nicht temporal voran, sodass Form und Materie separat in der extramentalen Wirklichkeit präexistieren würden, bevor sie zusammengesetzt werden.[489] Die Vorordnung ist nur kausal und der Natur nach zu verstehen und lässt sich in einer rationalen Analyse getrennt betrachten. Für Gundisalvi steht fest: Form und Materie haben einen Anfang (*initium*) im aktuellen Sein (*esse in effectu / esse formale*). Diesbezüglich sind für ihn Avicennas Überlegungen zur Entstehung (*ḥudūṯ; inceptio*) aus *Metaphysik* IV.2 relevant. Gemäß Avicenna muss alles, was entsteht, zuvor möglich sein. Die Möglichkeit (*imkān; possibilitas*) zeitlich entstehender Dinge liegt als Privation in der Materie vor, die als Zugrundeliegendes vorausgeht. Avicenna bezeichnet eine solche Möglichkeit als Potentialität (*quwwa; potentia*).[490] Das bedeutet, in der Materie eines bereits vorhandenen Dings[491] findet sich das Sein eines anderen Dings in Potentialität, insofern die Materie zwar momentan noch nicht dessen substanzielle Form in sich trägt, diese aber aufnehmen kann. So kann die Materie eines Klumpens Ton die Form einer Schale annehmen, mit der zusammen sie dann eine Tonschale bilden würde. Bei der Entstehung des anderen Dings nimmt die Materie die andere Form auf, wodurch ein Übergang vom Sein in Potentialität (*esse in potentia*) zum Sein in Aktualität (*esse in actu*) stattfindet, was als Veränderung einzustufen ist. Ein neues Ding entsteht also nicht aus absolutem Nicht-Sein, sondern aus relativem Nicht-Sein.[492] Diese Überlegungen Avicennas gehen freilich auf Aristoteles zurück, der auf ähnliche Weise drei Prinzipien von Veränderung annimmt: das Zugrundeliegende beziehungsweise Substrat, eine Privation und die Form, die sich einstellt.[493] Gundisalvi wendet Avicennas Überlegungen in *De processione mundi*[494] auf die Entstehung der Materie an. Da er im Gegensatz zu Avicenna keine ewige Welt annimmt und zudem eine Präexistenz der Materie ablehnt,[495] haben bei ihm sowohl die Welt als

---

[488]   In den anderen Werken findet man sie nicht. In *De divisione philosophiae* werden Schöpfung und erste Zusammensetzung (*prima compositio*) einmal in demselben Kontext erwähnt, doch präsentiert Gundisalvi hier eine abweichende Ordnung des Hervorgangs aus Gott. Die *prima compositio* versteht er als ein Zusammensetzen von Elementen (*elementa*) zu den Dingen, die aus ihnen bestehen (*elementata*). Das Zusammentreten von Form und Materie wird in dieser Ordnung nicht gesondert berücksichtigt. Vgl. Gundisalvi, *De divisione philosophiae*, S. 10, Z. 5–S. 11, Z. 6. Zum Terminus *elementatum* siehe Silverstein, ‚Elementatum‘.

[489]   Vgl. z. B. Gundisalvi, *De processione mundi*, S. 20, Z. 2–5; S. 34, Z. 19–22; S. 50, Z. 3–13, und S. 54, Z. 5–8; ed. Soto Bruna/Alonso del Real, S. 154, Z. 16–19; S. 182, Z. 17–19; S. 210, Z. 14–S. 212, Z. 3, und S. 220, Z. 1–4.

[490]   Vgl. Ibn Sīnā, *al-Ilāhiyyāt* IV.2, S. 139, Z. 11–S. 140, Z. 19; ed. Van Riet, S. 208, Z. 50–S. 210, Z. 96, und id., *De causis et principiis naturalium* I.2, S. 21, Z. 6–9; ed. Van Riet, S. 29, Z. 3–8. Vgl. außerdem Shihadeh, *Doubts on Avicenna*, S. 109–110.

[491]   Materie ist immer Materie eines bestimmten Dings, also *materia designata*. Zugleich hat sie die Möglichkeit, andere Formen aufzunehmen und mit diesen zusammen ein anderes Ding zu bilden.

[492]   Vgl. bspw. Ibn Sīnā, *al-Ilāhiyyāt* IV.2, S. 141, Z. 1–S. 143, Z. 10; ed. Van Riet, S. 210, Z. 97–S. 213, Z. 69, und id., *De causis et principiis naturalium* I.2, S. 18, Z. 10–S. 21, Z. 17; ed. Van Riet, S. 25, Z. 26–S. 29, Z. 10.

[493]   Vgl. Shihadeh, *Doubts on Avicenna*, S. 109. Siehe dazu Aristoteles, *Metaphysik* Θ, und id., *Physik* I.7 und I.9.

[494]   Vgl. Gundisalvi, *De processione mundi*, S. 27, Z. 11–20, und S. 35, Z. 1–S. 36, Z. 8; ed. Soto Bruna/Alonso del Real, S. 170, Z. 5–20, und S. 182, Z. 25–S. 186, Z. 8.

[495]   Siehe dazu Kapitel 3.1.3.2.2.

Ganzes als auch die Materie einen Anfang im Sein. Folglich sieht er sich gezwungen, zu erklären, auf welche Weise die Materie entsteht. Grundsätzlich gilt: Dem aktuellen Sein der Materie muss Möglichkeit (*possibilitas*) und potentielles Sein vorausgehen. Nach Avicenna hieße dies, der Materie müsste wiederum Materie als Zugrundeliegendes vorangehen. Dies würde entweder in einen infiniten Regress von einander vorangeschalteten Materien münden oder – als Ausweg aus einem solchen Szenario – in die Ewigkeit der Materie in der externen Wirklichkeit. Beides möchte Gundisalvi jedoch vermeiden. Alternativ anzunehmen, dass vor der Entstehung keine Möglichkeit vorhanden ist, ist sowohl bei Gundisalvi als auch bei Avicenna ausgeschlossen, denn dies würde bedeuten, dass stattdessen Unmöglichkeit vorliegt. Unmöglichkeit kann jedoch nicht als Basis für Entstehung dienen, denn nichts Unmögliches kann zum Sein übergehen. Für Gundisalvi stellt sich also folgendes Problem: Wo kann man die der Materie vorangehende Möglichkeit verorten, wenn es auf Seiten der Welt keine Entität gibt, in der ein mögliches Sein angesiedelt werden kann? Gundisalvi äußert sich zu diesem Problem wie folgt: „Eine Privation (*privatio*) schlechthin (*absolute*) kann nicht zum Sein übergehen, über das kein Wissen vorausgeht."[496] In dem Zitat dient Ibn Gabirol als direkte Quelle, doch dessen Äußerungen weisen wieder einmal starke Ähnlichkeiten zu Avicenna auf, der sich im ersten Buch der *Physik* ebenfalls zur Privation äußert.[497] Während bei Avicenna das Thema jedoch die Entstehung körperlicher Dinge auf Materiebasis ist, bildet bei den beiden anderen Denkern die Entstehung der Materie selbst den Mittelpunkt der Betrachtung. Bei allen drei Denkern geht einer Entstehung keine absolute Privation voraus, sondern potentielles Sein. Mit Blick auf das genannte Problem, wo dieses potentielle Sein zu verorten ist, verweist Gundisalvi im Zitat auf den Zwischenschritt des Wissens. Dieser Verweis deutet den Lösungsweg an, den er mit Ibn Gabirol einschlägt: Das potentielle Sein der Materie (und auch der Form) wird in die Weisheit (oder den Willen) Gottes gelegt, der allein der ersten Form und Materie vorangeht.[498] Auf diese Weise sind die Materie und alles andere nach außen hin inexistent, wodurch die Bedingung für eine *creatio ex nihilo* erfüllt ist.[499] Die Materie hat somit zwar außerhalb von Gott noch kein aktuelles Sein, was nach Gundisalvi das Sein ist, das im alltäglichen Verständnis von den

---

[496] Ibid., S. 27, Z. 18–20; ed. Soto Bruna/Alonso del Real, S. 170, Z. 12–13: „Privatio enim absolute non potest exire ad esse, de qua nulla praecedit scientia."

[497] Vgl. Ibn Sīnā, *De causis et principiis naturalium* I.2, S. 18, Z. 15–16; ed. Van Riet, S. 29, Z. 4–6: „cum non habuerit [sc. materia] esse nisi in potentia ad recipiendum illam [sc. formam]. Et haec privatio non est privatio absolute, sed privatio habens aliquem modum essendi"; Ibn Gabirol, *Fons vitae* V.10, S. 274, Z. 12–18: „Etsi materia dicatur privata, non tamen debet dici quod non habet et in se ipsa esse aliquod, praeter esse quod habet cum adiungitur formae, id est esse in potentia; et propter hoc dicitur quod materia non habet esse in actu absolute, quia habet esse in se in potentia [scilicet illud] et esse in actu non est, nisi quando materia adiungitur formae."

[498] Vgl. Gundisalvi, *De processione mundi*, S. 27, Z. 20–22; ed. Soto Bruna/Alonso del Real, S. 170, Z. 13–15: „Materia vero, cum intelligitur per se sine forma, habet esse in potentia, scilicet illud esse, quod habet in creatoris sapientia." Vgl. dazu ibid., S. 38, Z. 22–S. 39, Z. 1; ed. Soto Bruna/Alonso del Real, S. 192, Z. 4–5: „Convenientius ergo dicuntur materia prima et forma prima eae, quibus nihil prius esse videtur, nisi creator earum."

[499] Siehe dazu bspw. folgende Aussage: „Et propter hoc esse, scilicet esse in potentia, quod nunc nihil est, dicitur materia desiderare et moveri ad formam", ibid., S. 28, Z. 1–3; ed. Soto Bruna/Alonso del Real, S. 170, Z. 17–19. Gundisalvi betont zuvor, dass etwas, wenn es in Gottes Weisheit ist, dennoch nicht in der Welt ist. Er vergleicht dies mit dem Denken zweier Menschen: Wenn einer von beiden etwas denkt, ist das Gedachte nicht im anderen präsent, vgl. ibid., S. 27, Z. 22–S. 28, Z. 1; ed. Soto Bruna/Alonso del Real, S. 170, Z. 15–17.

Menschen als einziges Sein anerkannt wird. Sie hat aber in Gott Sein als von ihm Gewusstes. Gewusst zu werden, ist bei Gundisalvi wie bei Avicenna vom absoluten Nicht-Sein verschieden.[500] Damit geht der Materie keine vollkommene Privation voran, die absolutes Nicht-Sein wäre, sondern Sein dem Vermögen nach. An dieser Stelle ist Folgendes anzumerken: Bei der Entstehung konkreter Dinge in der Zeit fungiert die Materie, in der das potentielle Sein des neuen Dings liegt, auch als Zugrundeliegendes für den Empfang der neuen Form. Im Gegensatz dazu wird bei der Entstehung der Materie selbst das potentielle Sein zwar in Gott angesiedelt, jedoch ist Gott natürlich nicht Zugrundeliegendes für das aktuelle Sein der Materie, das sie zusammen mit der Form erlangt. Potentielles Sein wird in diesem Fall folgendermaßen ausgelegt: Als von Gott Gewusstes liegt die Materie noch unverbunden mit der Form vor, jedoch als etwas, das nach außen hin verwirklicht werden kann, wenn es mit der Form zusammentritt. Diesen Ausblick der Materie auf mögliches aktuelles Sein außerhalb von Gott versteht Gundisalvi als ihr Sein in Potentialität (*esse in potentia*). Auf dieser Basis kann die Materie zu Beginn der Welt von Potentialität zu Aktualität übergehen; es finden eine echte Veränderung und Entstehung statt. In Gottes Weisheit hingegen beginnt die Materie nicht zu sein, vielmehr ist sie ewig und ist somit ewig in Potentialität. Aufgrund der Ewigkeit benötigt sie nichts, das ihr vorausgeht. Dadurch wird ein Regress vermieden.[501] Analog verhält es sich für die Form. Bei der Lektüre von Gundisalvis Text, der in seiner Darstellung nicht geradlinig voranschreitet, stellt sich dem Leser bisweilen die Frage, ob nicht die Erkenntnis der Materie und Form in Gott ebenfalls als Schöpfung verstanden werden kann, doch spricht das Gros der Aussagen Gundisalvis klar dagegen. Bei Gundisalvi ist wie bei Avicenna Schöpfung an Entstehung gebunden, die er – anders als Avicenna – ausschließlich als ein Einsetzen des aktuellen Seins in oder mit der Zeit versteht.

Beide Prinzipien – Materie und Form – vor ihrer Schöpfung in der göttlichen Weisheit anzusiedeln, verweist darauf, dass die Schöpfung der Prinzipien *ad extra* willentlich und damit auch wissentlich geschieht. Gottes Wissen von den Prinzipien geht ihrer Schöpfung kausal (*causa*) sowie der Ewigkeit nach (*aeternitate*) voraus.[502] Zu ihrem Sein in Gott äußert sich Gundisalvi wie folgt:

Item praedictum est, quod materiam esse in potentia est eam esse in sapientia creatoris. Sed nihil incipit esse in sapientia creatoris; tunc enim aliquid novi sibi accideret, quod est impossibile. Igitur materia non coepit esse in potentia; sine initio igitur fuit in potentia, quia sine initio fuit in creatoris sapientia. M a t e r i a igitur secundum esse

Ebenso wurde zuvor gesagt, dass in Potentialität zu sein, für die Materie bedeutet, in der Weisheit des Schöpfers zu sein. Aber in der Weisheit des Schöpfers beginnt nichts, zu sein; dann würde ihm nämlich etwas Neues widerfahren, was unmöglich ist. Also beginnt die Materie nicht, in Potentialität zu sein; sie war also ohne Anfang in

---

[500] Von absolut Nicht-Seiendem kann es nach Avicenna kein Wissen geben, denn sobald etwas im Verstand existiert, hat es bereits mentales Sein und ist ein Ding. Vgl. Ibn Sīnā, *al-Ilāhiyyāt* I.5, S. 28, Z. 8–19; ed. Van Riet, S. 36, Z. 84–S. 37, Z. 1.

[501] Vgl. Gundisalvi, *De processione mundi*, S. 33, Z. 14–S. 34, Z. 13; ed. Soto Bruna/Alonso del Real, S. 180, Z. 10–S. 182, Z. 11.

[502] Vgl. ibid., S. 25, Z. 2; ed. Soto Bruna/Alonso del Real, S. 164, Z. 15.

materiale, quod est esse in potentia, non coepit esse; similiter et forma.[503]

Potentialität, da sie ohne Anfang in der Weisheit des Schöpfers war. Gemäß ihrem materiellen Sein, welches das Sein in Potentialität ist, beginnt die Materie daher nicht, zu sein; auf gleiche Weise auch die Form.

Zitat 3-18

Gundisalvi verlässt hier die rein logische Ebene der rationalen Seinsanalyse, bei der man Form und Materie, die in der extramentalen Wirklichkeit nur in Verbindung miteinander auftreten, für sich betrachtet, ohne das jeweils andere, um festzustellen, dass ihnen in sich nur potentielles Sein zukommt und sie zum aktuellen Sein immer das jeweils andere brauchen. Dem potentiellen Sein weist er nun explizit einen Ort zu, nämlich in Gott. Dieses Sein in Gott ist die Bedingung dafür, dass Materie und Form überhaupt in aktuelles Sein treten können. Gottes Weisheit und Wille erkennen Materie und Form und bewirken ihre Zusammensetzung und damit die Verwirklichung nach außen.

Während die Schöpfung willentlich geschieht, erlangen Form und Materie ihr Sein als Erkanntes in Gottes Weisheit offensichtlich nicht durch einen willentlich verursachten Akt. Da Gott als unveränderlich gilt, kann die Erkenntnis von Form und Materie nicht plötzlich einsetzen, sondern geschieht von Ewigkeit her. Den Zustand der beiden Seinsprinzipien in Gottes Weisheit thematisiert Gundisalvi in *De processione mundi* nicht. In *De anima* findet sich hingegen eine Stelle, an der er ebenfalls die Präsenz von Form und Materie in Gott anspricht, genauer gesagt im göttlichen Willen.[504] Hier erläutert Gundisalvi zwar nach eigenen Angaben die Ansicht Platons, dass die Form verschiedene Zustände haben könne, je nachdem, ob sie mit Materie verbunden sei oder nicht, zitiert aber eigentlich Ibn Gabirols Ausführungen dazu. Diese entsprechen in weiten Teilen Gundisalvis eigener Lehre aus *De processione mundi*. So weist die Passage in *De anima* deutliche Übereinstimmungen zu Formulierungen auf, die Gundisalvi in *De processione mundi* verwendet. In *De anima* betrachtet er vornehmlich die Form. Diese charakterisiert er als etwas Intelligibles (*intelligibile*), was in *De processione mundi* nicht der Fall ist. Es bestätigt sich in *De anima* jedoch, dass die Formen in einem Akt der Erkenntnis vorliegen. Parallel zu *De processione mundi* ist ebenso die Gegenüberstellung der beiden Zustände ‚in Möglichkeit' (*in potentia*) – noch nicht mit Materie verbunden – und ‚in Wirklichkeit' (*in actu*) – in Verbindung (*coniunctio*) mit Materie. Bezüglich der Disposition der Form im göttlichen Geist oder Willen (*in mente / voluntate divina*) merkt Gundisalvi an, dass dort die Form eigentlich nur dem Namen nach (*appellatione*) und noch nicht wirklich Form genannt werden kann, denn das ist sie erst dann, wenn sie nach dem Herausfließen (*fluxus / defluxus*) mit der Materie zusammenkommt, die sie beformt. Zudem fällt ihr Sein in Gott mit dessen Sein zusammen, denn, so Gundisalvi, Verursachtes ist in seiner Ursache gemäß dem Sein dieser Ursache. Gott erfährt durch sein Wissen also keinerlei Vervielfältigung. Man darf annehmen, dass auch bei Gundisalvi Sein, Wissen und Willen Gottes übereinstimmen, da Gott als vollkommen einfach angenommen wird. Dementsprechend ist die Form in Gottes Wissen freilich von anderer

---

[503] Ibid., S. 34, Z. 9–15; ed. Soto Bruna/Alonso del Real, S. 182, Z. 7–13.
[504] Vgl. Gundisalvi, *De anima* 7, S. 54, Z. 9–S. 55, Z. 2; ed. Alonso del Real/Soto Bruna, S. 146, Z. 1–S. 148, Z. 5.

Art als die Form, die nach außen in die Dinge hervorgeht.[505] Dies erwähnt Gundisalvi auch in *De processione mundi*.[506] Analog verhält es sich für die Materie. Interessant ist zudem, dass Gundisalvi in der betreffenden Passage in *De anima* die platonisch-augustinische Urbild-Abbild-Theorie einbindet:[507] Form und Materie liegen in Gott wie ein Urbild (*exemplar*) vor. Erste Materie und erste Form sind dabei als universale (*universalis*) zu verstehen, die alle speziellen (*specialis*) Arten von Materie und Form unter sich fassen.[508] So lässt sich schließen, dass Gott die Urbilder aller Dinge über die Materie und Form erfasst, die sich entsprechend der *arbor porphyriana* gliedern lassen.

Gundisalvi merkt in *De anima* an, dass die *exemplar*-Theorie die Stelle *Joh* 1,3–4 auslegt: „[A]lles, was geschaffen wurde, war in ihm Leben."[509] Das heißt für Gundisalvi: Was in Gott vorliegt, ist so wie er, der reines Leben, reines Sein und reine Einheit ist. Dieselbe Stelle, die einen Einklang von Vernunfterkenntnis und Glaube zeigen soll, zitiert Gundisalvi in Zusammenhang mit dem potentiellen Sein von Materie und Form in *De processione mundi*.[510] Man darf daher annehmen, dass er auch hier die *exemplar*-Theorie vertritt und im Geist Gottes die urbildliche Welt anlegt, welche die Ordnung des Seins in Gattungen und Arten vorgibt. Beschreibungen zur Ordnung finden sich in *De anima* und *De divisione philosophiae*.[511] Die Ordnung an sich ist ewig, da sie auf Ewigkeit von Gott erkannt wird. Sie wird

---

[505] Vgl. ibid. 7, S. 54, Z. 16–24; ed. Alonso del Real/Soto Bruna, S. 146, Z. 8–17: „Ibi enim forma est non secundum veritatem, quoniam non sustinetur in aliquo, et quia eius essentia est praeter essentiam formae existentis in materia. Unde oportet ut accipiatur per se et innuatur appellatione formae. Quoniam forma intelligibilis quae est in essentia divinae voluntatis, impossibile est ut sit talis ante fluxum suum ab essentia voluntatis, et ante applicationem sui ad materiam, qualis est post defluxum et coniunctionem sui cum materia. Sed quia divina voluntas est prima causa agens, idcirco forma omnium est in eius essentia, ad modum quo forma omnis causati est in sua causa." Das ist übrigens das Gegenteil dessen, was Boethius in *De trinitate* zu den Formen und Bildern sagt: „Forma vero quae est sine materia non poterit esse subiectum nec vero inesse materiae: neque enim esset forma sed imago. Ex his enim formis quae praeter materiam sunt, istae formae venerunt quae sunt in materia et corpus efficiunt. Nam ceteras quae in corporibus sunt abutimur formas vocantes, dum imagines sint: adsimulantur enim formis his quae non sunt in materia constitutae", Boethius, *De trinitate* 2, S. 170, Z. 110–S. 171, Z. 117. Während hier für Boethius die Bezeichnung als Form im eigentlichen Sinne den von Materie abgetrennten Formen zukommt, d. h. den Urbildern, ist für Gundisalvi Form im eigentlichen Sinne die materielle Form, die der Materie eingeprägt ist.

[506] Vgl. Gundisalvi, *De processione mundi*, S. 41, Z. 4–7; ed. Soto Bruna/Alonso del Real, S. 196, Z. 2–6: „et materia sic recipit formam a divina voluntate, sicut speculum recipit formam ab inspectore; et tamen materia non recipit essentiam eius, a quo recipit formam, sicut nec sensus recipit materiam sensati, cuius recipit formam."

[507] Vgl. id., *De anima* 7, S. 54, Z. 24–30; ed. Alonso del Real/Soto Bruna, S. 146, Z. 17–24: „Omne enim causatum est in sua causa, et exemplatum in suo exemplari, secundum formam quam habet, scilicet in causa rei est, ut res sit huius modi vel huius formae. Huic consonat divina auctoritas quae dicit: *Omne quod factum est in ipso vita erat*. Nam quia omne exemplatum prout in exemplari est, ab exemplari nullo modo diversum est, in Deo autem nihil est nisi quod ipse est, ipse autem vera vita est; sed omne quod factum est eius exemplatum est; tunc omne quod factum est in ipso vita est."

[508] Vgl. ibid. 7, S. 54, Z. 30–S. 55, Z. 2; ed. Alonso del Real/Soto Bruna, S. 146, Z. 24–S. 148, Z. 5.

[509] Ibid. 7, S. 54, Z. 27; ed. Alonso del Real/Soto Bruna, S. 146, Z. 20: „Omne quod factum est in ipso vita erat." Vgl. dazu die Passage der *Vulgata*, *Io* 1,3–4: „omnia per ipsum facta sunt et sine ipso factum est nihil quod factum est in ipso vita erat."

[510] Siehe Gundisalvi, *De processione mundi*, S. 34, Z. 16; ed. Soto Bruna/Alonso del Real, S. 182, Z. 13–14.

[511] Vgl. id., *De anima* 7, S. 53, Z. 12–S. 54, Z. 8, und S. 55, Z. 10–20; ed. Alonso del Real/Soto Bruna, S. 142, Z. 13–S. 144, Z. 20, und S. 148, Z. 14–S. 150, Z. 3. Siehe außerdem Fn. 508. Vgl. id., *De divisione philosophiae*, S. 8, Z. 15–S. 9, Z. 13. Zum Teil sind Materie und Form analytisch zu verstehen, auch dabei wird die Ordnung des Seins erfasst. In *De anima* spricht Gundisalvi von *participatio*. Dies bezieht sich jedoch nicht auf das

durch Zusammensetzung in die extramentale Wirklichkeit übertragen, wobei Formen und Materie als Abbilder der urbildlichen Formen und Materie aus Gott herausfließen. Gundisalvis Darstellungen sind noch nicht sehr ausgereift, erinnern jedoch in Teilen an die Darstellungen Wilhelms von Auvergne und Heinrichs von Gent zum göttlichen Wissen von der Ordnung der Welt. Offen bleibt bei Gundisalvi zudem, ob die Erkenntnis (der Ordnung) von Form und Materie aus einer wie auch immer gearteten Selbsterkenntnis Gottes heraus resultiert. Dies ist sowohl bei den beiden anderen lateinischen Autoren als auch bei Avicenna der Fall. Gundisalvi müsste das ähnlich sehen. Gott richtet sich nur auf das höchste Objekt, das er selbst ist. Hätte er ein anderes Objekt, wäre ihm dieses vorgeordnet, was unmöglich ist, denn dann wäre er nicht mehr das höchste Seiende.

Einen Teil der kosmischen Ordnung verwirklicht Gott direkt, indem er *ad extra* die in Zitat 3-17 erwähnte erste Zusammensetzung (*prima compositio*) von Form und Materie vornimmt. Dadurch gelangen zugleich mit diesen beiden Komponenten die ersten aus ihnen zusammengesetzten Dinge ins Sein, die Gundisalvi als Angehörige des beständigen Geschöpfs (*constans genitura*) bezeichnet:[512] die Engel beziehungsweise himmlischen Intelligenzen und alle Himmelssphären – beides in unveränderlicher Anzahl – sowie die sublunaren Elemente und damit die gesamte körperliche Basis der sublunaren Sphäre.[513] Mit der *constans genitura* setzt Gott also die Grundstruktur der Welt direkt Gott ins Sein.[514] Form,

---

Urbild-Abbild-Verhältnis, sondern darauf, dass spätere Arten und Gattungen die Bestimmungen von über ihnen liegenden, früheren Gattungen mit umfassen und diese folglich gemeinsam haben.

[512] Vgl. Gundisalvi, *De processione mundi*, S. 45, Z. 8–10, und S. 48, Z. 6–7; ed. Soto Bruna/Alonso del Real, S. 204, Z. 4–7, und S. 208, Z. 1–2. Obwohl diese Dinge bei Gundisavi durch *compositio* und nicht wie bei Hermann von Carinthia durch *generatio* entstehen, übernimmt er von Hermann ihre Bezeichnung als *genitura*. Bezüglich der von Gundisalvi hier verwendeten Terminologie ist Folgendes anzumerken: In *De essentiis* I, Fol. 62vF–G, von wo Gundisalvi das obige Zitat entnommen hat, bezeichnet Hermann die zweite Bewegung als vornehme Zeugung (*generatio primaria*). Gundisalvi verwendet stattdessen den Begriff der Zusammensetzung (*compositio*). Auf diesen Wechsel der Bezeichnung weist auch Polloni hin, vgl. *The Twelfth-Century Renewal*, S. 141. Die Umbenennung könnte meiner Ansicht nach dreifach motiviert sein: Einerseits ist sie innerhalb des Modells von Gundisalvi passender, da sie genau das erfasst, was sich Gundisavi inhaltlich unter der zweiten Bewegung vorstellt, die Gott bewirkt: die Zusammensetzung von Materie und Form. Zweitens vermag Gundisalvi durch die Umbenennung von *generatio* in *compositio* die *generatio* als Akt der Natur zu sichern, deren Wirkungsbereich wie bei Avicenna auf die sublunare Welt beschränkt ist, in der die Substanzen dem Entstehen und Vergehen unterworfen sind. Der Akt der Zusammensetzung dagegen bleibt den supranaturalen Ursachen vorbehalten: Gott nimmt als erste Ursache die erste Zusammensetzung vor, während die Engel als zweite Ursachen die zweite Zusammensetzung bewirken. Durch diese zweite Zusammensetzung entstehen die Seelen der verschiedenen Arten von Lebewesen und die sog. *elementata*, d. h. die aus Elementen bestehenden Körper (siehe auch Fn. 488). Die Seelen sind in diesem Modell ebenfalls hylemorphe Komposita. Als dritter möglicher Grund für die Umbenennung ist vorstellbar, dass Gundisalvi das Bild der Zeugung (*generatio*) mit Bezug auf Gott nur im innergöttlichen Bereich anwenden möchte, und zwar für die Zeugung des Sohns, den Gott bzw. der Vater ewig *de se* hervorbringt. Siehe dazu Fn. 456.

[513] Vgl. Gundisalvi, *De processione mundi*, S. 54, Z. 19–21; ed. Soto Bruna/Alonso del Real, S. 220, Z. 14–16: „Quia igitur ex prima materiae et formae copula trina suboles progenita est, scilicet intelligentia et caelestia corpora et quattuor elementa, ita prima causa omnia movet, sed diverso modo." Vgl. außerdem ibid., S. 43, Z. 22–S. 46, Z. 1; ed. Soto Bruna/Alonso del Real, S. 200, Z. 19–S. 204, Z. 8. Siehe auch die Aufzählung in Alonso Alonso, ,Notas, textos y comentarios', S. 212–213, und die Übersicht bei Polloni, *The Twelfth-Century Renewal*, S. 140.

[514] Es kommt keine neue körperliche Materie hinzu, sondern die vorhandene wird danach nur noch verändert, vermischt etc. Die Körperlichkeit der sublunaren Welt ist damit an sich auch als solche beständig (*perpetuum*). Alle sublunaren Dinge sind im Hinblick auf ihre Körperlichkeit gleich; nur die darüber hinausgehenden Bestimmungen variieren und können sich ändern.

Materie und die genannten Substanzen haben zwar einen Anfang in ihrer Existenz, sind aber unvergänglich (*perpetua*).[515] Aus Gundisalvis Ausführungen lässt sich folgern, dass die Zusammensetzung der Dinge, die der *constans genitura* angehören, mit der oben erläuterten Schöpfung der Dinge (Sch2) gleichzusetzen ist. Die Schöpfung wurde in Zitat 3-16 als ein Erschaffen von Einzeldingen durch das Einprägen (*impressio*) von Form in Materie beschrieben. Das Einprägen der Form in Materie wiederum ist nichts anderes als das Zusammensetzen beider, was aus einer Aussage Gundisalvis explizit hervorgeht.[516] Daher ist die Schöpfung der ersten Dinge (Sch2) die erste Zusammensetzung von Form und Materie.

Welchen Vorteil verschafft sich Gundisalvi mit diesem doppelten Schöpfungsverständnis? Der größte Vorteil einer Trennung der beiden Akte der Schöpfung und Zusammensetzung und eines damit einhergehenden speziellen Verständnisses von Schöpfung (Sch1) ist, dass sich hierdurch der universale Hylemorphismus mit dem Schöpfungsbericht der Genesis vereinbaren lässt. Dies ist wohl der eigentliche Grund dafür, warum Gundisalvi sein spezielles Schöpfungsverständnis einführt. Dazu wendet er sich gegen die übliche Auslegung des Hexaemerons bei den Theologen (*theologi*).[517] Wie Manuel Alonso Alonso gezeigt hat, dient eine Passage aus *De sacramentis christianae fidei* Hugos von St. Viktor († 1141) als textuelle Grundlage für die Passage, in der Gundisalvi die Interpretation der Theologen zur Genesis wiedergibt.[518] Dies ist einer der seltenen Fälle, in denen sich Gundisalvi in *De processione mundi* explizit gegen eine bestimmte Position richtet.[519] Ich denke, er unternimmt dies, da er den Eindruck hat, als müsse er an diesem Punkt seine eigene, auf den ersten Blick schwer mit dem Schöpfungsbericht zu vereinbarende Lehre verteidigen.

Laut den Theologen schafft Gott in der ersten Schöpfung des Zwei-Phasen-Modells zunächst aus nichts (*ex nihilo*) ein materielles, elementares Chaos, das als erste, quasi unbeformte Materie verstanden wird. Diese ordnet Gott anschließend gemäß dem Schöpfungsbericht, das heißt, er beformt sie zu den konkreten Dingen der Welt. Das Problem dieser Beschreibung liegt für Gundisalvi darin, dass das materielle Chaos als etwas Körperliches aufgefasst wird, da hier schon Elemente angenommen werden müssen, die in einer Unordnung umherschwirren.[520] Eine körperliche Materie kann aber in einem universal

---

[515] Vgl. Gundisalvi, *De processione mundi*, S. 46, Z. 20–22; ed. Soto Bruna/Alonso del Real, S. 206, Z. 7–8: „Media vero, quia per creationem vel per primam compositionem initium habent, fine carent."

[516] Vgl. ibid., S. 50, Z. 3–5; ed. Soto Bruna/Alonso del Real, S. 210, Z. 14–16: „Inter materiam ergo de nihilo creari et formis advenientibus in substantiam corpoream et incorpoream eam informari, quae est compositio, non fuit tempus et ordo."

[517] Vgl. ibid., S. 36, Z. 9–S. 37, Z. 17; ed. Soto Bruna/Alonso del Real, S. 186, Z. 9–S. 190, Z. 2.

[518] Vgl. Alonso Alonso, ,Notas, textos y comentarios'. Fidora zufolge ist Gundisalvis Kritik, die er im Namen der Philosophen an Hugo von St. Viktor äußert, durch Wilhelm von Conches († 1154) inspiriert. Vgl. Fidora, ,Le débat sur la création', S. 276–285. Zum Begriff *theologi* vgl. id., ,Zum Verhältnis von Metaphysik und Theologie', S. 76–80. Fidora weist hier auf die Konsonanz der Ergebnisse hin, die aus den unterschiedlichen Ansätzen der Philosophie und Theologie resultieren. Siehe überdies Polloni, *The Twelfth-Century Renewal*, S. 119-128. Laut Polloni verweist *theologi* neben Hugo von St. Viktor auch auf Petrus Lombardus († 1160). Als Vertreter der Dichter (*poeta*) ist Ovid zu nennen, den Gundisalvi wörtlich zitiert, siehe id., *De processione mundi*, S. 37, Z. 15–18; ed. Soto Bruna/Alonso del Real, S. 188, Z. 17–S. 190, Z. 2.

[519] Vgl. ibid., S. 36, Z. 9–S. 37, Z. 14; ed. Soto Bruna/Alonso del Real, S. 186, Z. 9–S. 188, Z. 17.

[520] Zum Verständnis der *confusio rerum* bei den Theologen siehe Polloni, *The Twelfth-Century Renewal*, S. 110-119. Für einen kurzen Überblick über die Entwicklung der Interpretationen des vorkosmischen Chaos bis Ende des 12. Jhs. siehe id., ,Medieval Universes in Disorder', S. 49-57.

hylemorphistischen Modell der Welt nicht als erste Materie dienen, denn sie könnte nicht Grundlage für rein geistige Wesen sein, denen keine körperliche, sondern geistige Materie zugesprochen wird. Ebenso kann elementare erste Materie nicht Grundlage für die Himmelssphären sein, die nicht aus den sublunaren Elementen bestehen, sondern aus Äther, dem fünften Element. Eine wirklich erste Materie ist universal und liegt sämtlichen Dingen zugrunde. Sie kann nicht schon in irgendeiner Weise beformt sein, auch wenn sie nur als Unordnung von Dingen (*confusio rerum*) vorliegt. Die erste Materie muss Gundisalvi zufolge noch davor gelagert sein, um eine echte Grundlage für alles zu bilden. Dies zu konstruieren, ist durch das Konzept der Schöpfung der Prinzipien (Sch1) möglich. Hier wird die Materie sogar aus nichts geschaffen und erlangt kausal vor dem Kompositum Aktualität.[521] Sie ist in dieser Hinsicht noch unbeformt und kann so als universales Zugrundeliegendes für alles Weltliche verstanden werden.[522] Die im Schöpfungsbericht beschriebene zweite Phase der Schöpfung, bei der das Chaos geordnet wird, wodurch die ersten Geschöpfe entstehen, lässt sich mit der ersten Zusammensetzung (*compositio*) vereinbaren, durch die die *constans genitura* ins Sein gelangt. Damit schafft es Gundisalvi in seinen Augen, sein Modell in Einklang mit dem Schöpfungsbericht zu bringen und zugleich einen universalen Hylemorphismus zu verteidigen wie auch der Gefahr eines Prinzipiendualismus zu entgehen.

Wie eingangs erwähnt, entstehen alle weiteren weltlichen Substanzen in der Zeit durch vermittelte Schöpfung, die sich in Form von zweiter Zusammensetzung, Zeugung (*generatio*), Umwandlung (*conversio*) oder Mischung (*commixtio*) vollzieht. Als mittlere (*mediae*) Ursachen fungieren dabei zunächst die supralunaren Substanzen der *constans genitura*, sodann ihnen Nachgeordnetes.[523] Sie dienen als Gottes Werkzeuge und führen als Diener (*ministri*) den Befehl (*nutus*) Gottes aus.[524] Damit sichert Gundisalvi Gottes Status als eigentlicher Schöpfer aller Dinge. Erwähnenswert ist, dass nach Gundisalvi die menschlichen Seelen wie bei Avicenna in der Zeit entstehen, aber unvergänglich sind.[525] Sie können nicht direkt aus Gott hervorgehen, da sie sonst Teil der *constans genitura* wären, deren Angehörige ab dem Beginn der Welt aktuelles Sein haben. In diesem Falle würden sie vor den ihnen zugeordneten Körpern präexistieren und hätten noch keine individuierenden Eigenschaften. Sie wären daher alle miteinander identisch, weswegen es nur eine Seele gäbe, wie Gundisalvi mit Bezug auf Avicenna in *De anima* anführt.[526] Gegen eine solche Theorie weist Gundisalvi sowohl in *De processione mundi* als auch in *De anima* darauf hin, dass laut den Philosophen die Engel als Dienst (*ministerium*) die menschlichen Seelen schaffen, die wiederum aus geistiger Materie und Form bestehen. Mit dem Verweis auf den Dienst schließt er aus, dass die Engel eigene Schöpfungskraft besitzen. Ihr Wirken erfolgt allein auf Gottes

---

[521] Wie bereits dargelegt ist die Materie nicht außerhalb von Gott der Sache nach präexistent, sondern gelangt zeitlich erst zusammen mit der Form in dem aus ihnen gebildeten Kompositum in aktuelles Sein.

[522] Vgl. auch Alonso Alonso, ‚Notas, textos y comentarios‘, v. a. S. 211–213.

[523] Vgl. Gundisalvi, *De processione mundi*, S. 19, Z. 4–12, und S. 51, Z. 4–16; ed. Soto Bruna/Alonso del Real, S. 152, Z. 17–S. 154, Z. 2, und S. 212, Z. 15–S. 214, Z. 4.

[524] Vgl. ibid., S. 51, Z. 17–23, und S. 53, Z. 15–24; ed. Soto Bruna/Alonso del Real, S. 214, Z. 5–11, und S. 218, Z. 8–16.

[525] Zum Thema Schöpfung der menschlichen Seelen bei Gundisalvi siehe Polloni, ‚Gundissalinus on the Angelic Creation‘.

[526] Vgl. Gundisalvi, *De anima* 5, S. 48, Z. 8–20; ed. Alonso del Real/Soto Bruna, S. 124, Z. 10–S. 126, Z. 3.

Ermächtigung hin (*auctoritate*), sodass Gott als eigentlicher Schöpfer der menschlichen Seelen gilt, obgleich er die Schöpfung nicht direkt vollzieht, sondern über Vermittlung ausführen lässt.[527] Bei Avicenna stammen die menschlichen Seelen ebenfalls von einer supralunaren geistigen Substanz, der zehnten himmlischen Intelligenz, die als Geber der Formen (*wāhib al-ṣuwar; dator formarum*) fungiert. Auch dieser hat keine eigene Schöpfungskraft. Allerdings hat Gundisalvi speziell in diesem Kontext in Avicennas *De anima* das arabische Verb *ḥadaṯa* (entstehen, auftreten) und das dazugehörige Verbalsubstantiv *ḥudūṯ* mit *creari* oder *creatio* übersetzt, was sonst nicht bei ihm üblich ist, worauf ich in Kapitel 2.3.2.3 bereits verwiesen habe. Diese Übersetzung hatte sicherlich Einfluss auf die lateinische Rezeption von *De anima*, sodass sich Avicenna mit dem Vorwurf konfrontiert sieht, er nehme neben Gott weitere Schöpfer an.

Gundisalvi lässt die Engel außerdem auf die Einfachheit Gottes blicken, was ein typisch neuplatonisches Motiv ist: Die rein geistigen Wesen wenden sich in ihrer Erkenntnis zurück zum Einen. Bei Avicenna trifft dies auf die himmlischen Intelligenzen zu, die das durch sich notwendig Seiende erkennen, was der höchste ihrer drei Erkenntnisakte ist.[528] Nach Gundisalvi gehen aus den Engeln die Seelen der sublunaren Substanzen hervor – ähnlich wie bei Avicenna aus dem *dator formarum*. Die Engel dienen zudem als Beweger der Himmelssphären. Dies ist auch in Avicennas Modell der Fall, in dem die rationalen Seelen der Himmelssphären einerseits die der jeweiligen Ebene zugeordnete himmlische Intelligenz, andererseits das durch sich notwendig Seiende als Finalziel anstreben, was die individuellen Kreisbewegungen der Himmelssphären zur Folge hat. Wie bei Avicenna haben die Himmelssphären über ihre Bewegung Einfluss auf den sublunaren Bereich und bewirken dort die Veränderungen der Elemente.[529]

3.3.3 Mögliche Kritik aus avicennischer Sicht

Ausgehend von Avicennas Ontologie, die in *De processione mundi* eine wichtige Rolle spielt, könnte man zu Gundisalvis Entwurf des Hervorgangs der Welt zweierlei kritisch bemerken:

Erstens würde Avicenna Gundisalvis Idee ablehnen, das mögliche, im Sinne von potentielle Sein der Materie (und Form) vor ihrer Entstehung in Gott hinein zu verlegen. Gundisalvi möchte dadurch die Entstehung von Materie und Form und somit die Entstehung der Welt zu einem Anfangspunkt rechtfertigen. Einer Entstehung muss potentielles Sein vorausgehen, was der Fall wäre, wenn man dieses Sein in Gott hineinlegt. Eine ähnliche Idee hatten auch islamische spekulative Theologen zu Avicennas Zeit, die Vertreter des Okkasionalismus waren, dem gemäß Gott allein Wirkursächlichkeit zukommt. Sie identifizierten die Möglichkeit (hier *istiṭāʿa*) der Dinge mit Gottes Macht (*qudra*), diese Dinge zu bewirken. Die Potentialität weltlicher Entitäten in der Macht, der Weisheit oder dem Willen

---

[527] Vgl. id., *De processione mundi*, S. 51, Z. 24–25; ed. Soto Bruna/Alonso del Real, S. 214, Z. 12–13: „Ministerio enim angelorum dicunt philosophi ex materia et forma novas cotidie creari animas" und id., *De anima* 5, S. 51, Z. 10–26; ed. Alonso del Real/Soto Bruna, S. 134, Z. 19–S. 136, Z. 14.

[528] Vgl. Gundisalvi, *De processione mundi*, S. 44, Z. 9–10; ed. Soto Bruna/Alonso del Real, S. 202, Z. 9–10: „Rationalis [sc. incorporea substantia] autem alia est divinae simplicitatis contemplativa, ut angeli."

[529] Vgl. ibid., S. 54, Z. 25–S. 55, Z. 5; ed. Soto Bruna/Alonso del Real, S. 222, Z. 1–5.

Gottes anzusiedeln, erachtet Avicenna als ein Ausweichmanöver, das dazu dient, die Lehre von der Ewigkeit der Welt zu umgehen. Er thematisiert die problematische Interpretation der Potentialität in *Metaphysik* IV.2 und anderen Werken.[530] Avicenna zufolge muss die Potentialität zeitlich entstehender Dinge in einem bereits existierenden Substrat vorliegen – dies gilt auch für den Fall, dass sie nicht *in*, sondern *mit* der Zeit entstehen. Es muss also ein präexistentes weltliches Substrat geben, in dem die Möglichkeit existent ist.[531] Gundisalvi stellt zwar Gott wie ein Zugrundeliegendes dar, doch auch dies würde Avicenna nicht überzeugen. Das Zugrundeliegende zeitlich entstehender Dinge ist letztlich das, worin oder mit dem zusammen die Dinge dann auch aktuelles Sein haben. Gott kann schon rein logisch nicht Zugrundeliegendes für etwas sein, dessen aktuelles Sein verschieden von ihm ist, was bei der Materie der Fall wäre. Wäre Gott doch irgendwie Zugrundeliegendes, würde dies außerdem Vielheit in ihm verursachen: Er wäre dann einerseits ein völlig einfaches notwendig Seiendes, andererseits Substrat für möglich Seiendes, oder er wäre ein notwendig Seiendes im Sinne des Substrats und zugleich das, was aktuell in ihm als Substrat existiert, was ebenso ausgeschlossen ist.[532]

Zudem gibt Avicenna zu bedenken, dass sich das Vermögen einer Ursache, etwas anderes zu bewirken, auf die Möglichkeit, zu sein, bezieht, die das andere *in sich* hat. Verlegt man diese Seinsmöglichkeit eines Dings in die Ursache, mündet dies Avicenna zufolge in einer Tautologie: Man würde dann bezüglich der Ursache aussagen, dass sie das Vermögen hat, bewirken zu können, was sie bewirken kann. Dies ist eine leere Aussage, wie Avicenna in Kapitel IV.2 der *Metaphysik* anmerkt. Die Möglichkeit von Dingen muss daher unabhängig von der Ursache bestehen. Sie kann nicht in den Geist Gottes verlegt werden. Somit lässt sich ein zeitlicher Beginn der Welt nicht rechtfertigen.[533]

Zweitens würde Avicenna sicherlich eine Erklärungslücke in Gundisalvis Modell aufzeigen. Sie findet sich an dem Punkt, an dem Gundisalvi den Übergang der Form und Materie von Potentialität zu Aktualität beschreibt. Avicenna würde wohl darauf aufmerksam machen, dass Gundisalvi klarstellen müsste, wie genau aktuelles Sein bei diesem Übergang in das Geschehen hineingelangt. Gundisalvi betont wiederholt, dass Form und Materie durch Gottes willentlichen Akt der Zusammensetzung (*compositio*) vereint werden und erst dadurch aktuelles Sein haben. Da jedoch keine der beiden Komponenten Aktualität mit sich bringt, müsste man an dieser Stelle auf den Aspekt des wie auch immer gearteten Verleihens von Sein verweisen, der die Zusammensetzung der Komposita begleitet. Gundisalvi übergeht dies jedoch. Gott wird in diesem Kontext als Zusammensetzer (*compositor*) beschrieben, nicht als Geber des Seins (*dator essendi*), wie ich in der Erläuterung zu Zitat 3-6 angemerkt habe. Lediglich zu Beginn von *De processione mundi* findet sich das Motiv des Gebens von Sein mit Bezug auf die erste Ursache, deren Existenz und Einzigkeit damit gerechtfertigt

---

[530] Vgl. Ibn Sīnā, *al-Ilāhiyyāt* IV.2, S. 139, Z. 11–S. 140, Z. 6; ed. Van Riet, S. 208, Z. 50–S. 209, Z. 75. Vgl. außerdem McGinnis, ‚What Underlies the Change from Potentiality to Possibility?‘, S. 274–276; id., *Avicenna*, S. 186–188, und Shihadeh, *Doubts on Avicenna*, S. 115.

[531] Vgl. dazu ibid., S. 109–120; McGinnis, ‚What Underlies the Change from Potentiality to Possibility?‘; id., ‚Making Something out of Nothing‘ und id., ‚The Eternity of the World‘.

[532] Vgl. McGinnis, *Avicenna*, S. 188.

[533] Vgl. Ibn Sīnā, *al-Ilāhiyyāt* IV.2, S. 139, Z. 11–S. 140, Z. 6; ed. Van Riet, S. 208, Z. 50–S. 209, Z. 75, und McGinnis, ‚What Underlies the Change from Potentiality to Possibility?‘, S. 275–276.

werden soll.[534] Nachdem Gundisalvi den universalen Hylemorphismus in seine Schrift eingeführt hat, ist davon in Bezug auf Gott keine Rede mehr; die Theorien bleiben nebeneinander stehen.

Gundisalvi ist außerdem sehr darauf bedacht, keinem der beiden Seinsprinzipien, Form und Materie, einen ontologischen oder kausalen Vorrang einzuräumen– weder im potentiellen noch im aktuellen Sein.[535] Zugleich gibt er zu, dass man in der Regel sage, die Form verleihe der Materie Sein. Doch dies, so merkt er an, gehe eher darauf zurück, dass Formen abwechselnd zur Materie hinzu- und wieder abtreten.[536] Trotz dieses Zugeständnisses verweist Gundisalvi immer wieder darauf, dass Form und Materie für sich nur potentielles Sein haben und ausschließlich miteinander und voneinander her Sein und Vollendung erhalten. Mitunter scheint es, als seien sie gegenseitig Seinsursachen oder als würde aus oder in ihrer Vereinigung wie von selbst Einheit und damit Sein entstehen.[537] Das Problem ist aber, so könnte man mit Avicenna einwenden, dass dies logisch nicht funktioniert. Aus der Zusammensetzung zweier potentieller Dinge allein resultiert nichts Aktuelles, wenn keine Beigabe von Sein impliziert wird. Gundisalvi merkt selbst zu Beginn seiner Schrift an, dass etwas, das nicht existiert, kein aktuelles Sein verleihen kann.[538] Doch die ontologischen Prämissen, die er am Anfang der Schrift nennt, geraten in dem Teil in den Hintergrund, in dem er den Hylemorphismus begründet. Seine Theorie lässt sich mit dem Mischen von Farben vergleichen.[539] Aus zwei Farben, beispielsweise Gelb und Blau, resultiert bei ihrer Mischung etwas Neues, Grün. Ähnlich entsteht bei Gundisalvi aus der Zusammensetzung von Form und Materie etwas Neues, nämlich je nach Interpretation Sein in Aktualität oder die Form der Einheit, die Sein bedeutet, da Einheit und Sein einander implizieren.[540] Sein ist jedoch nicht dasselbe wie Einheit. Daher ist hierzu Folgendes einzuwenden: Wenn ein Maler zwei potentielle Farben mischt, die er sich vorstellt und die damit in Bezug auf die äußere Wirklichkeit nur potentielles Sein haben, resultiert daraus zwar eine dritte Farbe, doch diese hat ebenfalls nur potentielles Sein. Vorgestelltes Blau und Gelb ergeben noch kein wirkliches Grün außerhalb der Vorstellungskraft. Während keine der beiden Ausgangsfarben ohne die andere grün sein kann, ergibt sich durch die Mischung etwas Drittes, nämlich das Grün.

---

[534] Vgl. Gundisalvi, *De processione mundi*, S. 4, Z. 23–S. 5, Z. 14, und S. 9, Z. 20–22; ed. Soto Bruna/Alonso del Real, S. 126, Z. 1–16, und S. 134, Z. 19–20.

[535] Vgl. ibid., S. 25, Z. 2–4: „Licet ergo neutra praecedat aliam tempore, vel causa, nec in esse in effectu, nec in esse in potentia; dicitur tamen forma dare esse materiae."

[536] Vgl. ibid., S. 25, Z. 3–S. 26, Z. 6. Siehe auch die vorangehende Fn.

[537] Vgl. vor allem ibid., S. 22, Z. 25–S. 23, Z. 15; ed. Soto Bruna/Alonso del Real, S. 160, Z. 13–S. 162, Z. 8. In einer anderen Passage präsentiert er das Argument, dass Form nicht ohne Materie sein kann, denn wenn sie Sein ohne Materie hätte, bräuchte sie selbst wieder eine Form, da alles Sein aus einer Form heraus ist. Dies würde *ad infinitum* laufen. Vgl. ibid., S. 24, Z. 4–10; ed. Soto Bruna/Alonso del Real, S. 162, Z. 19–S. 164, Z. 2. Damit bestätigt Gundisalvi aber im Grunde das, was er nicht bestätigen möchte: Sein erhält das Kompositum – und damit auch die Materie – durch die Form. Die Form ist der Materie damit ontologisch vorgeordnet, obwohl sie auf sie bezogen ist und faktisch nur zugleich mit ihr existiert.

[538] Vgl. ibid., S. 5, Z. 2–3; ed. Soto Bruna/Alonso del Real, S. 126, Z. 6–7: „Quod enim non est, nec sibi, nec alii rei dare esse potest."

[539] Den Vergleich der *compositio* von Materie und Form mit dem Mischen von Farben führt Polloni an, vgl. id, *The Twelfth-Century Renewal*, S. 154 und 194.

[540] Vgl. Gundisalvi, *De processione mundi*, S. 23, Z. 8–10; ed. Soto Bruna/Alonso del Real, S. 162, Z. 1–3: „Ex coniunctione enim quorumlibet diversorum provenit forma, quae non prius erat in aliquo duorum." Siehe dazu Polloni, *The Twelfth-Century Renewal*, S. 195–209.

Doch ist dieses noch lange nicht in Aktualität oder aktuelles Sein selbst, obgleich der Mischer seinerseits in Aktualität existiert. Erst dann, wenn er die Farben zusammen miteinander ins Sein setzt – falls das möglich wäre – oder die Mischung mit bereits extramental existierenden Farben vornimmt, erlangen sie Aktualität als Grün. Diese Überlegung lässt sich auf das Zusammensetzen von Form und Materie übertragen: Kommen beide zusammen, bildet sich etwas Drittes, das Kompositum. Es existiert, so würde Avicenna kommentieren, nur dann in der äußeren Wirklichkeit, wenn aktuelles Sein beim Zusammensetzen von außen beigegeben wird. Bei Avicenna geschieht dies über die Form, die vom Geber der Formen Sein erhält und dieses an die Materie oder genauer an das Kompositum übermittelt, das sie zusammen mit der Materie bildet. Die Form ist hier eindeutig kausal und ontologisch vorgeordnet. Gundisalvi möchte hingegen keinem der beiden Prinzipien einen solchen Vorrang einräumen. Daher müsste man schließen, dass Gott bei der Zusammensetzung an das Kompositum insgesamt Sein verleiht und damit zugleich an Form und Materie.[541]

Jedoch macht es den Eindruck, als widerspreche sich Gundisalvi selbst, wenn er auf der einen Seite den ontologischen Vorrang der Form abstreitet, auf der anderen Seite an den traditionellen Rollen von Form und Materie festhält, für die er sich bei Avicenna bedient. Form stellt er als aktiv und bestimmend dar, Materie demgegenüber als passiv und empfangend. Um die diversen Bedeutungen von Materie zu präsentieren, führt Gundisalvi Avicennas Liste aus der *Physik* an.[542] Er geht sogar so weit, zu beschreiben, dass die Materie für die Form passend (*apta*) ist und die Form aufnehmen (*recipiere*) kann. Hier findet sich Avicennas Motiv der Vorbereitung (*praeparatio*) der Materie wieder, obwohl nach Gundisalvi die Materie bei der ersten Zusammensetzung durch Gott freilich nicht erst passend gemacht werden muss. Obgleich Gundisalvi hier Ibn Gabirol zitiert, weist die Formulierung der Passage eine Ähnlichkeit zur entsprechenden Stelle bei Avicenna auf.[543] Gundisalvi rechtfertigt seine Darstellung zwar, indem er anführt, dass der scheinbare Vorrang, welcher der Form im Sein zukommt und der Grund dafür ist, dass ihr üblicherweise zugeschrieben wird, der Materie Sein zu geben (*dare esse*), nur darauf zu beziehen ist, dass die Form als das Empfangene zur Materie hinzutritt und beide dann Sein in Aktualität erlangen. Die Materie ist dabei rezeptiv und wird von der Form ausdifferenziert. Jedoch ließe sich hier einwenden, dass die Form eben nur dann ausdifferenzieren kann, wenn sie aktuelles Sein hat, und die Materie erst in der Ausdifferenzierung Sein im Kompositum erlangt.[544]

---

[541]   Gundisalvi zählt Funktionen der Form auf, unter denen die grundlegendste die Einheit ist, ohne die nichts aktuell existieren kann, vgl. Gundisalvi, *De processione mundi*, S. 41, Z. 10–S. 42, Z. 7; ed. Soto Bruna/Alonso del Real, S. 196, Z. 8–S. 198, Z. 4.

[542]   Vgl. ibid., S. 31, Z. 5–16; ed. Soto Bruna/Alonso del Real, S. 176, Z. 2–12. Vgl. dazu Ibn Sīnā, *De causis et principiis naturalium* I.2, S. 15, Z. 8–12; ed. Van Riet, S. 21, Z. 60–S. 22, Z. 67.

[543]   Vgl. Gundisalvi, *De processione mundi*, S. 39, Z. 7–11; ed. Soto Bruna/Alonso del Real, S. 192, Z. 11–14: „Forma enim agit in materiam, quoniam ipsa tantum perficit illam et dat ei esse in actu. Sed materia non habet actionem, quoniam ipsa in se non est, nisi tantum receptibilis; hoc est, apta ad recipiendum tantum formae actionem." Siehe dazu Ibn Gabirol, *Fons vitae* V.31, S. 314, Z. 12–15, und Ibn Sīnā, *al-Ilāhiyyāt* IX.5, S. 335, Z. 4–S. 336, Z. 7; ed. Van Riet, S. 498, Z. 12–S. 490, Z. 48, und id., *al-Samāʿ al-ṭabīʿī* I.10, S. 66, Z. 10; ed. Van Riet, S. 89, Z. 65–66.

[544]   Zu Gundisalvis Rechtfertigung vgl. Gundisalvi, *De processione mundi*, S. 25, Z. 3–S. 26, Z. 6; ed. Soto Bruna/Alonso del Real, S. 164, Z. 16–S. 168, Z. 3.

Insgesamt erinnert Gundisalvis Beschreibung der Schöpfung der Dinge mit dem Herausfließen von Formen aus Gottes Weisheit und dem Einprägen der Formen in die Materie sehr an Avicenna, wie ich bereits angemerkt habe. Gundisalvi hätte den Hervorgang der Welt beziehungsweise der *constans genitura* daher ähnlich auffassen können, wie Avicenna den Hervorgang der sublunaren Welt versteht. In diesem Bereich der Welt ist der Bezug von Form zu Materie vergleichbar eng, denn die substanziellen Formen der sublunaren Dinge können auch bei Avicenna nicht ohne Materie aktuell existieren. Die Form fließt zudem aus dem Geber der Formen heraus und wird der Materie eingeprägt, sobald diese durch die akzidentellen Ursachen dafür bereit gemacht worden ist.[545] Der Geber der Formen ließe sich mit Gundisalvis Gott vereinen.[546] Avicenna wie auch Gundisalvi betonen, dass die Form die Materie zwar vollendet, aber nicht Ursache der Materie als solche ist – das ist Gott beziehungsweise der Geber –, sondern Ursache des aktuellen Seins der Materie in einem Kompositum.[547] Bei der Erklärung, woher die Form das Sein hat, das das Kompositum aktuell macht, weicht Gundisalvi jedoch von Avicenna ab. In Avicennas Modell ist der Geber der Formen eindeutig auch Geber des Seins (als vermittelnde Wirkursache), denn über die Form wird Sein verliehen und die Form als Form hat das Sein, das sie dem Kompositum mitbringt.[548] Dies ist bei Gundisalvi gerade nicht der Fall.[549] Form hat als Form kein Sein, obwohl sie die Rolle hat, die Materie zu determinieren.

Dass Gundisalvi die Sein verleihende Rolle Gottes in Zusammenhang mit dem universalen Hylemorphismus aus dem Blick rückt und stattdessen den für das Sein benötigten Bezug von Form und Materie zueinander betont, liegt wahrscheinlich darin begründet, dass er befürchtet, man könne mit der expliziten Einbindung eines externen Seinsgebers leicht bei einem Modell wie dem Avicennas landen. Dort sind die Komponenten Materie und Form nicht ontologisch gleichrangig, obwohl sie im sublunaren Bereich ebenfalls aufeinander bezogen sind. Die materielle Form bringt vom Geber der Formen her das Sein mit, das dem Kompositum verliehen wird. Von dieser Erklärung aus wäre es nur ein kleiner Schritt, zu schließen, dass Formen auch für sich allein Sein erhalten und damit als selbständige, immaterielle Substanzen existieren könnten. Diesen Schluss möchte Gundisalvi um jeden Preis vermeiden, denn er würde den universalen Hylemorphismus in Gefahr bringen.

---

[545] Zu Avicennas Theorie siehe Kapitel 2.3.1.3. Im Falle der menschlichen Seele findet kein Einprägen in die Materie statt. Siehe dazu Kapitel 2.3.2.3.

[546] Zur Rezeption des *dator formarum* bei den lateinischen Denkern siehe Hasse, ‚Avicenna's ›Giver of Forms‹‘. Die zehnte himmlische Intelligenz übernimmt bei Avicenna zwei Rollen: eine ontologische als *dator formarum* (siehe oben, Kapitel 2.3.1.3) und eine erkenntnistheoretische als aktiver Intellekt, aus dem die Abstraktionen emanieren (siehe *De anima* V.5). Beide Rollen fanden unterschiedliche Rezeption bei den lateinischen Denkern. Während einige mittelalterliche Theologen den aktiven Intellekt aus Avicennas Modell mit Gott identifizierten, der gemäß Augustinus für die *illuminatio* verantwortlich ist (*Augustinisme avicennisant*), war die Theorie des *dator formarum* wenig erfolgreich, vgl. ibid., S. 227. Für Literatur zum *Augustinisme avicennisant* siehe Fn. 911.

[547] Zum Verhältnis zwischen Form und Materie bei Avicenna siehe Lizzini, ‚The Relation Between Form and Matter‘.

[548] Siehe oben, Fn. 366.

[549] Vgl. bspw. *De processione mundi*, S. 28, Z. 6–9; ed. Soto Bruna/Alonso del Real, S. 170, Z. 22–S. 172, Z. 1: „Materia igitur habet aliquod esse sine forma, scilicet esse in potentia. Si enim nullo modo esset, non diceretur moveri ad habendam formam. Similiter et forma sine materia habet esse in potentia."

3.3.4 Gott als erste Seins- und Bewegungsursache

In Gundisalvis Modell der Wirklichkeit steht Gott an der Spitze der Ordnung des Seienden. Er ist über die Form und Materie Schöpfer der Welt, zudem ihr letztes Ziel und meiner oben geäußerten Vermutung nach auch so etwas wie ihre urbildliche Ursache. Zudem wird er als durch sich notwendig Seiendes charakterisiert. Als Schöpfer kommt ihm die Rolle einer Wirkursache zu. Angesichts der Tatsache, dass Avicenna bezüglich der Wirkursachen ein metaphysisch-ontologisches von einem naturphilosophischen Verständnis abgrenzt, stellt sich die Frage, wie sich Gundisalvi diesbezüglich positioniert. Die Antwort dazu lautet: Gundisalvi scheint beide Verständnisse miteinander zu verknüpfen, was jedoch nicht leicht aus seinem Text herauszufiltern ist, denn er geht diese Frage nicht systematisch an.

In *De divisione philosophiae* zählt Gundisalvi die vier auf Aristoteles zurückgehenden Arten von Ursachen auf, die er für sich übernimmt: die Material-, Formal-, Wirk- und Finalursache.[550] Weder dort noch in *De processione mundi* unterscheidet er bezüglich der Wirkursache ein naturphilosophisches Verständnis, wonach die Wirkursache eine Bewegungsursache ist (*principium motus*), die Veränderungen bewirkt, von einem metaphysisch-ontologischen Verständnis, wonach die Wirkursache eine Sein verleihende Ursache ist (*principium efficiens* im engen Sinne). Diese beiden Verständnisse voneinander abzugrenzen, hat sich bei Avicenna in *Metaphysik* VI.1 als kausaltheoretische Folge der Sein-Wesen-Distinktion ergeben.[551]

Zum Thema der Verknüpfung von Seins- und Bewegungsursache lässt sich für Avicenna Folgendes konstatieren: Die Kette der metaphysischen Wirkursachen beginnt in seinem Modell beim durch sich notwendig Seienden, dem ersten Prinzip. Avicenna würde dieses Prinzip in seiner Sein verleihenden Funktion nicht als Bewegungsursache bezeichnen.[552] Anders verhält es sich bei der niedrigsten Sein verleihenden Wirkursache, der zehnten himmlischen Intelligenz, die in ihrer Funktion als Geber der Formen (*dator formarum*) Sein an die sublunaren Dinge übermittelt. Den Geber der Formen nennt Avicenna in *Physik* I.10 auch *principium motus*, was folgenden Hintergrund hat: Während Avicenna in der *Metaphysik* die Bewegungs- und die Seinsursache streng voneinander unterscheidet, spricht er in der *Physik* mit Bezug auf beide Arten von Wirkursachen von *causa efficiens* (*'illa fā'ila*) und *principium motus* (*mabdaʾ al-ḥaraka*). Der Kontext ist die substanzielle Veränderung sublunarer körperlicher Dinge. Hinsichtlich der Veränderung unterscheidet Avicenna ein vorbereitendes und ein vollendendes Bewegungsprinzip. Das vorbereitende entspricht der naturphilosophisch verstandenen Wirkursache aus der *Metaphysik*, das vollendende hingegen ist das Prinzip, das die Form gibt (*aʿṭā; tribuere*), wodurch es ein Ding abschließend aus der Potentialität in die Aktualität überführt. Dieses Prinzip ist der Geber der Formen. Seine eigentlich metaphysische Funktion hat insofern einen naturphilosophischen Aspekt, als mit dem Geben der Form die substanzielle Veränderung abgeschlossen wird. Veränderung (*ḥaraka; motus*) definiert Avicenna nämlich als „jeden Ausgang vom Vermögen

---

[550] Vgl. id., *De divisione philosophiae*, S. 6, Z. 5–7: „percepcio autem veritatis rerum est percepcio ipsarum ex causis earum naturalibus quattuor, que sunt: causa materialis, formalis, efficiens et finalis.“

[551] Siehe Kapitel 2.1.4.

[552] Das erste Prinzip ist zwar auch Ursache für die Kreisbewegung, die allen Himmelssphären gleichermaßen zukommt, doch übernimmt es dabei die Rolle einer Finalursache.

zur Wirklichkeit durch eine Form in einer Materie"[553]. Unter diesem Aspekt ist die Bezeichnung des Gebers der Formen als *prinicpium motus* passend. Avicenna wendet die Bezeichnung jedoch nur auf die direkte Sein verleihende Ursache an und nicht auf die ihr vorangeschalteten, höher stehenden Wirkursachen, die indirekt beteiligt sind. Außerdem weist Avicenna in der *Physik* auch in diesem Kontext auf das metaphysische Verständnis der Wirkursache als Seinsursache hin, das allgemein gilt und nicht speziell für den Bereich der natürlichen Dinge. [554] Das Verleihen von Sein im supralunaren Bereich würde Avicenna hingegen nicht als Bewegung verstehen, da hier keine Materie präexistiert, in die hinein eine Form gegeben wird. [555]

Anders als Avicenna sieht Gundisalvi keine Notwendigkeit, das Konzept der Wirkursache zu diskutieren. Dabei könnte er die beiden Verständnisse allein aus der modalen Ontologie ableiten, ohne explizit auf die Sein-Wesen-Differenz zurückgreifen zu müssen, die er nicht in sein Modell der Wirklichkeit aufnimmt. Dennoch lassen sich in Gundisalvis Text beide Verständnisse ausmachen, wie ich im Folgenden zeigen möchte. Er bezeichnet Gott als *causa efficiens* wie auch als höchste *causa movens*,[556] wofür Avicenna und Hermann von Carinthia die vornehmlichen Quellen sind.

Im ersten Drittel von *De processione mundi* nennt Gundisalvi die Wirkursache *causa efficiens*. Sie hat dort auf den ersten Blick den Charakter einer metaphysisch-ontologisch verstandenen Wirkursache, die der Welt Sein verleiht. Dieser Gebrauch liegt beispielsweise bei einem der Argumente vor, die Gundisalvi anführt, um die Existenz einer ersten Ursache zu beweisen.[557] Dort bedient er sich unter anderem der Prämisse, dass nichts als Wirkursache (*causa efficiens*) seiner selbst fungieren und sich selbst Sein verleihen (*dare esse*) kann. Das Argument weist Einflüsse von Avicenna auf und der Ausdruck *dare esse* ist typisch für den lateinischen Avicenna, findet sich allerdings unabhängig davon auch früher schon in der christlichen Tradition. Die Wirkursache ist in diesem Zusammenhang eindeutig eine Sein verleihende Ursache. Auf diese Weise wird sie auch in Zusammenhang mit dem Beweis der Einzigkeit des notwendig Seienden verstanden. Nachdem Gundisalvi die bereits erwähnten Argumente von Avicenna und Hermann von Carinthia angeführt hat, merkt er an: „Eines also ist das Prinzip, eine die Wirkursache (*causa efficiens*) aller Dinge."[558] Da die Beweise hauptsächlich von Avicenna übernommen sind, ist das metaphysische Verständnis von *causa efficiens* in dieser Aussage naheliegend.

---

[553] Ibn Sīnā, *De causis et principiis naturalium* I.10, S. 64, Z. 10–11; ed. Van Riet, S. 86, Z. 17–18: „Sed intelligitur motus hic omnis exitus de potentia ad effectum per formam in materia."

[554] Vgl. ibid. I.10, S. 64, Z. 9–S. 65, Z. 14; ed. Van Riet, S. 86, Z. 16–S. 88, Z. 50.

[555] Die himmlischen Intelligenzen sind wie das durch sich notwendig Seiende Finalursachen für die Bewegungen der Himmelssphären. Sie sind für die individuellen Komponenten dieser Bewegungen zuständig, bspw. die Richtung oder Schnelligkeit.

[556] Während Gundisalvi in der lateinischen Übersetzung der *Metaphysik* Avicennas die arabischen Termini *fāʿil* und *fāʿilī* bevorzugt mit *agens* wiedergibt und relativ selten *efficiens* dafür einsetzt (siehe dazu Ibn Sīnā, *Philosophia prima – Lexiques*, S. 96), favorisiert er zu Beginn der *Physik* hingegen *efficiens*. Dort erläutert Avicenna die verschiedenen Arten von Ursachen. Insgesamt macht es den Eindruck, als seien Gundisalvis Überlegungen bezüglich der hylemorphen Verursachung näher an Avicennas *Physik*, die er ebenfalls in Teilen übersetzt hat, als an dessen *Metaphysik*.

[557] Vgl. Gundisalvi, *De processione mundi*, S. 4, Z. 23–S. 5, Z. 14; ed. Soto Bruna/Alonso del Real, S. 126, Z. 1–16.

[558] Ibid., S. 17, Z. 9–10; ed. Soto Bruna/Alonso del Real, S. 148, Z. 19–20: „Unum igitur est principium, una est causa efficiens omnium."

Allerdings lässt sich darüber hinaus Folgendes feststellen: Am Übergang zu dem gerade erwähnten Argument, das die Existenz einer ersten Sein verleihenden Ursache begründen soll, führt Gundisalvi den Begriff des Entstehens (*incipere*) ein. Mit Avicenna konstatiert er, dass alles, was zu sein beginnt, zuvor möglich sein muss, während Unmögliches nie sein wird. Den Erwerb des Seins beschreibt er anschließend als Übergang von der Möglichkeit (*possibilitas*) zur Wirklichkeit (*actus*) beziehungsweise von der Potentialität (*potentia*) zur Aktualität (*effectus*) und fasst ihn aristotelisch als Bewegung (*motus*) auf, was aus folgender Aussage hervorgeht: „Der Ausgang vom Vermögen zur Wirklichkeit ist Bewegung."[559] Diese Definition entspricht fast wörtlich der bereits genannten Definition von Veränderung in Avicennas *Physik*.[560] Dort ist der Kontext naturphilosophisch. Gundisalvi hingegen verwebt im Kontext seines Zitats eine naturphilosophische mit einer metaphysischen Analyse: Direkt nach der Definition der Bewegung geht er dazu über, das Entstehen mit dem Motiv des Gebens von Sein (*dare esse*) zu verknüpfen, und befindet sich ab diesem Punkt klar auf Seiten der metaphysischen Wirkursächlichkeit. Der Übergang zwischen den beiden Verständnissen von Wirkursache erfolgt bei Gundisalvi also fließend. Für ihn ist die metaphysisch-ontologische Wirkursache zugleich eine naturphilosophisch verstandene. Das Verleihen von Sein sieht Gundisalvi als Bewegung an, bei der ein Übergang von Potentialität zu Aktualität geschieht. Denn in Gundisalvis hylemorphistisch geprägter Welt vollzieht sich jedes Verleihen von Sein als ein Zusammentreten von Form und Materie und ist damit ein Ausgang von Potentialität hin zu Aktualität. Sein zu verleihen (*dare esse*) ist für Gundisalvi, wie im Laufe seiner Schrift immer deutlicher wird, anders als für Avicenna, nicht als eigene Größe zu verstehen, sondern als die Vereinigung von Materie und Form.[561] Auf die Problematik, die eigentliche Ursache für das Sein auszumachen, habe ich bereits in Kapitel 3.3.3 hingewiesen.

Während sich dieses verschränkte Verständnis beider Arten von Wirkursachen zu Beginn von *De processione mundi* bereits abzeichnet, tritt es deutlicher zu Tage, wenn Gundisalvi dazu übergeht, den Hervorgang der Welt aus dem ersten Prinzip zu beschreiben. Von hier an verwendet er die Termini *causa movens* und *causa efficiens* nebeneinander, worin ihm Hermann von Carinthia als Vorbild dient. Dieser bestimmt in *De essentiis* mit Boethius die erste Ursache als Wirkursache (*causa efficiens*) und beschreibt sie naturphilosophisch als Ursache von Bewegung (*motus*).[562] Neben der aristotelischen bindet Hermann in sein Modell allerdings auch die platonische Tradition ein, der gemäß die erste Ursache des Kosmos als eine schöpferische beziehungsweise gestalterisch-ordnende Wirkursache gilt und damit eher in Richtung des ontologisch-metaphysischen Verständnisses zu verorten ist. Da Gundisalvi das Verleihen von Sein bei der Schöpfung der Dinge als Zusammensetzen von Form und Materie begreift, versteht er diese Akte als Bewegung. Dabei ist Gottes Rolle als *principium motus* ähnlich der, die dem *dator formarum* in Avicennas *Physik*

---

[559] Ibid., S. 4, Z. 24–25; ed. Soto Bruna/Alonso del Real, S. 126, Z. 2: „Exitus autem de potentia ad effectum motus est."

[560] Siehe oben, Fn. 553.

[561] Für die gerade unternommene Analyse vgl. ibid., S. 4, Z. 19–S. 5, Z. 14; ed. Soto Bruna/Alonso del Real, S. 124, Z. 22–S. 126, Z. 16.

[562] Vgl. Hermann von Carinthia, *De essentiis* I, Fol. 69rD. Siehe dazu insbesondere Gundisalvi, *De processione mundi*, S. 17, Z. 11–21; ed. Soto-Bruna/Alonso del Real, S. 150, Z. 1–11.

zukommt, worauf ich schon verwiesen habe.[563] Gott sorgt dafür, dass Materie und Form zusammenkommen und dass damit ein Kompositum, das der *constans genitura* angehört, aktuelles Sein erlangt.

3.4 Fazit

Wenngleich sich also ein paar wenige problematische Punkte in Gundisalvis Modell ausmachen lassen, ist sein Bemühen darum, eine rationale Erklärung der ontologischen Beziehung zwischen Gott und Welt komprimiert darzubieten, originell und die Kombination teils stark voneinander abweichender Modelle zu einer Einheit lässt geistige Flexibilität erkennen. Gundisalvis eigene Schriften zeugen von einer Offenheit für die neuen Lehren, denen er beim Übersetzen arabischer Texte begegnet. Diesen Lehren steht er aufgeschlossen gegenüber, obwohl die Denker, die sie entwickelt haben, nicht dem eigenen Kulturkreis entstammen und einen anderen religiösen Hintergrund haben. Eine solche Aufgeschlossenheit kennt Gundisalvi von Hermann von Carinthia, dessen Werk *De essentiis* eine wichtige Quelle für *De processione mundi* ist. Hermann war einer der bedeutendsten Übersetzer astronomisch-astrologischer Texte aus dem Arabischen und zeigt sich ebenfalls offen für die Gedanken der von ihm übersetzten Werke. So verwendet er in *De essentiis* neben Boethius' Schriften und Platons *Timaios* auch die Lehre des Bagdader Astrologen Abū Maʿšar, der seinerseits von Aristoteles beeinflusst ist. Hermann zieht Abū Maʿšar gleich im ersten Teil von *De essentiis* heran, der einer kurzen metaphysischen Abhandlung gleicht, in der Hermann seine Ontologie darlegt und auf die Natur des ersten Prinzips eingeht.[564] Wie Hermann zögert auch Gundisalvi nicht, für seine eigenen Werke auf die Inhalte der von ihm übersetzten Schriften zurückzugreifen, vor allem auf die Lehren von Avicenna und Ibn Gabirol. Was diese Texte vereint, ist, dass ihre Verfasser darin philosophisch-rational argumentieren, wodurch die Inhalte eine gewisse Neutralität aufweisen, also wenig religiös gefärbt sind. Dies macht es möglich, die Inhalte der Texte sowohl miteinander als auch mit den Lehren lateinisch-christlicher Autoritäten wie Augustinus und Boethius zu vereinbaren und alle in Konsonanz zueinander zu bringen. Wie wir gesehen haben, geht Gundisalvi mit einem gewissen Optimismus an dieses Unternehmen heran und sieht sich dabei klar als Philosoph, der metaphysische Analysen unternimmt. Er scheut sich hierbei nicht davor, Lehren zu präsentieren, die er für systematisch überzeugend hält, die jedoch auf den ersten Blick nicht so leicht mit der christlichen Lehre zu vereinbaren sind. Hier ist beispielsweise seine Auslegung des Beginns der Schöpfung zu nennen sowie die Theorie, dass die menschlichen Seelen nicht direkt von Gott verursacht werden. Allerdings gibt auch bei Gundisalvi letztlich der christliche Glaube den Rahmen vor, in den er sein System einpassen muss. So unter-

---

[563] In beiden Fällen werden Form und Materie zusammengebracht, wobei die direkte Ursache der Form auch die direkte Ursache der Materie ist. Bei Gundisalvi ist es Gott, bei Avicenna ist es die zehnte himmlische Intelligenz. Aus dieser geht nämlich neben den Formen auch die sublunare Materie hervor. Dabei spielen jedoch weitere Mit-Ursachen eine Rolle (siehe Kapitel 2.3.1.3). Zudem wird die Materie in der Zeit von akzidentellen, helfenden Ursachen für den Empfang der jeweiligen Form vorbereitet. Dies ist bei Gundisalvi nicht der Fall, wenn es um die Schöpfung von Materie und Form und um deren erste Zusammensetzung zur *constans genitura* geht. Hier wirkt Gott unmittelbar und allein.

[564] Vgl. Burnett, ‚The Blend of Latin and Arabic Sources', S. 43–48, und id., ‚Arabic into Latin', S. 378–379.

nimmt er in seinen Werken den Versuch, eine säkularisierte christliche Weisheit zu präsentieren.[565] Letztes Ziel wissenschaftlicher Bemühungen ist die Erkenntnis Gottes, wie Gundisalvi zu Beginn von *De processione mundi* unmissverständlich erklärt.

Die Verknüpfung unterschiedlicher Theorien zu einem eigenen System, die Gundisalvi in *De processione mundi* vornimmt, ist zweifellos spannend, jedoch möchte ich anmerken, dass Gundisalvi seine Lehre, wie wir gesehen haben, an manchen Stellen doch etwas systematischer und begrifflich genauer präsentieren könnte. Zu seiner Verteidigung ist aber darauf hinzuweisen, dass er nicht beabsichtigt, eine eigene Abhandlung zur Wissenschaft der Naturphilosophie oder Metaphysik als solche zu präsentieren, wie es beispielsweise Avicenna in der *Šifā'* unternimmt. Vielmehr geht es Gundisalvi darum, komprimiert ein mehr oder weniger eigenes, kohärentes ontologisch-kosmogonisches Modell darzubieten, in dem das Verhältnis von Gott und Welt zueinander deutlich wird. Vor dem Hintergrund dieses Motivs sind seine Darstellungen wie auch sein Umgang mit den Quellen zu bewerten – und folglich ebenso der Umgang mit Avicenna. Um sein Vorhaben zu verwirklichen, geht Gundisalvi selektiv-synthetisierend vor. Das bedeutet, er greift sich nur die Teile der Lehre Avicennas heraus, die er für eine vernünftige Erklärung des Zusammenhangs von Gott und Welt benötigt, und verknüpft sie mit den Lehren anderer Denker, mit denen er ähnlich verfährt, allen voran Ibn Gabirol und Hermann von Carinthia. Weder Avicenna noch die beiden anderen Quellen werden dabei namentlich erwähnt.[566] Sie erfahren somit eine gewisse Gleichbehandlung, denn Gundisalvi hebt keine Quelle dadurch hervor, dass er deren Verfasser explizit nennt. Er scheint sie gleichberechtigt als Fundus für Theorien zu erachten und entscheidet von Fall zu Fall, welche Quelle wert ist, herangezogen zu werden, um den jeweiligen Punkt zu erklären.

Dabei deutet Gundisalvis Vorgehen klar auf einen gewissen Vernunftoptimismus hin. Was mit der Vernunft nachvollziehbar ist und in Konsonanz zum Glauben steht, ist legitim. Dass Gundisalvi auf diese selektiv-synthetisierende Weise verfährt und sich auch bei Avicenna nur auf die Theorieteile konzentriert, mit denen er einverstanden ist, ohne explizite Kritik an den Punkten der Lehre Avicennas zu äußern, die er ablehnt, liegt in dem genannten Vorhaben Gundisalvis begründet, das er mit *De processione mundi* verfolgt. Daher denke ich, man sollte die These, dass am Anfang der Avicenna-Rezeption zunächst die Überschneidungen der avicennischen Lehre mit den eigenen Lehren der Denker auffielen,[567] für Gundisalvi nicht zu stark machen. Denn als Übersetzer der Werke Avicennas kannte er diese Lehren sehr gut und war sicherlich nicht mit allem einverstanden, was er las. Doch ist es der Art und Intention seines eigenen Textes geschuldet, dass er Avicenna nur positiv aufnimmt und keine explizite Kritik übt. Hierbei verhält er sich gegenüber Avicenna nicht anders als gegenüber den weiteren Quellen, die er heranzieht. Er kritisiert generell selten andere Autoren. Die besprochene Stelle zum Chaos am Schöpfungsbeginn bildet hier eine Ausnahme. Jedoch geht Gundisalvi meines Erachtens nur deshalb explizit

---

[565]   Vgl. Jolivet, ‚The Arabic Inheritance‘, S. 148, und Fidora, ‚Zum Verhältnis von Metaphysik und Theologie‘, S. 79–80. Fidora spricht hier von einer Konsonanz der Ergebnisse, die aus den verschiedenen Ansätzen der Philosophie und Theologie resultieren.

[566]   Auch auf die anderen primären Quellen, Hermann von Carinthia, Ibn Gabirol und Boethius, nimmt Gundisalvi stillschweigend Bezug. Namentlich erwähnt er nur jeweils einmal Augustinus, Apuleius und Platon. Zusätzlich verweist er auf die Gruppe der *theologi, philosophi* und *poeta*. Siehe dazu auch Fn. 518.

[567]   Vgl. Goichon, *The Philosophy of Avicenna*, S. 77.

gegen die Theologen vor, da seine eigene Lehre an diesem Punkt Gefahr läuft, als nicht vereinbar mit dem biblischen Schöpfungsbericht eingestuft zu werden. Die Auseinandersetzung bietet ihm die Chance, seine eigene Ansicht vorab gegen mögliche Einwände zu verteidigen.

Wie lässt sich nun Gundisalvis Umgang mit Avicennas Lehren resümieren?

Da Gundisalvi Avicennas *Metaphysik* übersetzt hat, kennt er dessen Ontologie sehr gut.
Daher überrascht es im ersten Moment, dass er die Sein-Wesen-Distinktion, die Avicennas
Ontologie prägt, nicht explizit in seine eigenen Werke aufnimmt, zumal diese Lehre von
den beiden anderen Denkern, die ich in meiner Arbeit behandle, als eines der wichtigsten
Elemente eingeschätzt wird, Gott von den Geschöpfen abzusetzen und sie zugleich von ihm
abhängig zu machen. Gundisalvi bevorzugt jedoch den universalen Hylemporphismus als
alternative Theorie, um das Verhältnis und die Differenz von Gott und Welt zu erklären,
und etabliert diese Theorie als Basisontologie seines Modells. In einer Welt, die durchgängig
hylemorph strukturiert ist, sind die einfachsten Geschöpfe aufgrund ihrer Materialität stärker von Gott unterschieden als in Avicennas Modell, in dem die Dualität von Sein und Wesen genügt, um die Geschöpfe von Gott abzusetzen, der vollkommen einfach ist, weil in ihm
Sein und Wesen zusammenfallen. Zudem schafft Gott bei Gundisalvi direkt die Materie, die
sämtlichen Geschöpfen als Prinzip zugrunde liegt.[568] Somit sind sie alle bezüglich eines Teils
ihrer Subsistenz direkt von Gott verursacht, was bei Avicenna nicht der Fall ist.

Obwohl Gundisalvi darauf verzichtet, die Sein-Wesen-Distinktion zu übernehmen,
greift er auf die bei Avicenna mit der Distinktion verbundene modalontologische Einteilung
des Seienden in durch sich möglich Seiendes und durch sich notwendig Seiendes zurück.
Dies geschieht einerseits, um Gott als erstes, selbst unverursachtes Prinzip der Welt zu sichern, andererseits aufgrund der beiden Hauptanliegen, die Gundisalvi in seinem Werk
vornehmlich verfolgt: Zum einen möchte er gegen ein dualistisches Weltbild vorgehen, zum
anderen für einen universalen Hylemorphismus werben.[569] Im Hinblick auf sein erstes Anliegen setzt er Avicenna für apologetische Zwecke ein: Um gegen einen Dualismus den
christlichen Prinzipienmonismus zu verteidigen, bestimmt er Gott zunächst als durch sich
notwendig Seiendes, um anschließend auf die Argumente zugreifen zu können, mit denen
Avicenna die Einzigkeit des durch sich notwendig Seienden beweist. Dass er diese Argumente fast wortwörtlich in voller Länge heranzieht, zeugt von der Stärke, die er ihnen
zuerkennt. Avicenna ist in diesem Kontext eindeutig die Hauptautorität. Diesen Status verliert er an Ibn Gabirol und Hermann von Carinthia, wenn Gundisalvi als zweites Anliegen
verfolgt, den universalen Hylemorphismus, den Avicenna selbst nicht vertreten hat, als
Basisontologie für die Welt zu etablieren. Dennoch zieht Gundisalvi Avicenna auch für dieses Bestreben heran und hält weiterhin an dessen Modalontologie fest. Allerdings nimmt er
eine hylemorphistische Modifikation vor: Er wendet die modale Bestimmung als durch sich

---

[568] Sie kommt aber erst mit den Komposita ins Sein und ist nicht präexistent.

[569] Für Gundisalvis Ontologie siehe Kap. 3.1. Eigentlich schließen sich Sein-Wesen-Distinktion und universaler
Hylemorphismus jedoch ablehnt, könnte man argumentieren, dass es nicht unbedingt noch eines universalen
abzusetzen. Aus Sicht eines Denkers, der die Sein-Wesen-Distinktion favorisiert, den universalen Hylemorphismus jedoch ablehnt, könnte man argumentieren, dass es nicht unbedingt noch eines universalen
Hylemorphismus bedarf, denn Gott unterscheidet sich allein dadurch ausreichend von den Geschöpfen, dass
bei ihm diese Distinktion aufgehoben ist. Einem universalen Hylemorphisten dagegen geht die Sein-Wesen-
Distinktion nicht weit genug.

möglich Seiendes speziell auf die beiden Seinskomponenten Materie und Form an und verbindet die Modalitäten mit der Dualität von Aktualität und Potentialität, die in Ibn Gabirols Theorie des Hylemorphismus im Vordergrund steht. Form und Materie haben in sich nur Sein in Potentialität. Gundisalvi betont stärker als Ibn Gabirol, dass den beiden Komponenten diese Seinsweise deswegen zukommt, weil sie in sich selbst betrachtet kein Sein haben. Avicennas Methode, etwas in sich zu betrachten, bedeutet vor dem Hintergrund der Sein-Wesen-Distinktion, das Wesen einer Sache ohne deren Bezug zur Seinsursache zu betrachten. Gundisalvi interpretiert dies hylemorphistisch um: Form und Materie in sich zu betrachten, bedeutet bei ihm, beide Seinsprinzipien jeweils für sich allein, ohne Bezug zum anderen zu betrachten. Dabei stellt sich heraus: Ohne den anderen sind Form und Materie nur möglich beziehungsweise potentiell seiend. Damit interpretiert Gundisalvi die Begründung für die Zuschreibung der modalontologischen Bestimmung streng hylemorph. Aus der modalontologischen Bestimmung von Materie und Form leitet er ab, dass beide gegenseitig aufeinander angewiesen sind, um Sein zu erlangen. Diesen Punkt zu sichern, ist insbesondere in Bezug auf die Form wichtig. Deren traditionelle Assoziation mit Aktualität muss Gundisalvi für einen universalen Hylemorphismus auflösen, um dafür argumentieren zu können, dass Form ausschließlich in Verbindung mit Materie Sein in Wirklichkeit erlangen kann. Form als Form in sich Aktualität abzusprechen, ist Gundisalvi durch Avicennas modalontologische Betrachtungen möglich. Und vielleicht liegt hierin auch der Grund dafür, dass er ganz auf die Sein-Wesen-Distinktion verzichtet, die eigentlich mit einem universalen Hylemorphismus vereinbar wäre. Doch durch Verzicht auf diese Theorie vermag Gundisalvi die Methode, etwas in sich zu betrachten, streng hylemorph zu interpretieren.

In Gundisalvis durchgehend hylemorph strukturierter Welt kann es keine immateriellen Dinge geben, die reine Formen sind. Alle weltlichen Dinge sind vielmehr Komposita aus Materie und Form. Gott kommt in Bezug auf die konkreten Einzeldinge vor allem die Rolle der zusammensetzenden Ursache zu. Schöpfung geht gemäß Gundisalvis speziellem Verständnis (Sch1) der Zusammensetzung als interne Bedingung voraus. Zwar hat Avicenna einen anderen Schöpfungsbegriff, aber auch bei ihm zielt Schöpfung auf die internen Dispositionen der Dinge ab. Das Geben von Sein ist in seinem Modell ein eigenes, wichtiges Element und primäre Aufgabe Gottes im Hinblick auf die Welt. Wenn Gundisalvi die Theorie des universalen Hylemorphismus entwickelt, tritt das Geben von Sein als eigenes Element in den Hintergrund. Es wird durch das Element des Zusammensetzens von Form und Materie abgelöst. Das Verleihen von Sein interpretiert Gundisalvi als Bewegung im Sinne eines Zusammentritts von Materie und Form, was naturphilosophische Züge trägt. Daher greift er mitunter auf Avicennas *Physik* zurück, beispielsweise, um auf die diversen Bezeichnungen von Materie hinzuweisen oder Veränderung zu definieren.

Den Hylemorphismus als Basisontologie der Welt zu etablieren, wirkt sich auch darauf aus, wie Gundisalvi beschreibt, was direkt aus Gott hervorgeht, den er mit Avicenna als durch sich notwendig Seiendes bestimmt, das vollkommen einfach und unveränderlich ist. Wie Avicenna begründet Gundisalvi über die Einfachheit Gottes, was als direktes Geschöpf aus diesem hervorgeht. Allerdings kommt er zu einem anderen Schluss als Avicenna. Statt mit der *ex-uno*-Regel auf ein erstes Geschöpf zu schließen, das quantitativ – der Zahl und Teilung nach – eines ist, schließt Gundisalvi darauf, dass das erste Geschöpf eine Zweiheit sein muss: erste Materie und erste Form. Diesen Schluss, der freilich durch den universalen

Hylemorphismus vorgegeben ist, rechtfertigt er durch einen Hinweis auf die Differenzregel. Dieser Regel zufolge muss sich das erste Geschöpf deutlich von seiner einfachen Ursache unterscheiden. Es darf mithin nicht eines sein, sondern muss zwei sein. Gundisalvi betont dies sehr stark, ohne dabei Avicennas *ex-uno*-Regel explizit anzugreifen. Diese Stelle hätte sich besonders gut geeignet, um Avicennas System zu kritisieren, denn hier werden die grundlegenden Differenzen der Ontologie beider Denker deutlich. Doch dies ist Gundisalvi nicht wichtig, da er sich darauf konzentriert, sein eigenes System zu präsentieren. Es genügt ihm, Avicenna gezielt für seine Zwecke einzusetzen und mit ihm die Existenz Gottes als durch sich notwendig Seiendes zu sichern und dessen Einfachheit und Einzigkeit mit starken Argumenten zu verteidigen. Zudem verhilft Avicenna ihm dabei, die Welt, genauer gesagt alle Seinskomponenten als in sich möglich Seiendes zu bestimmen, woraus er seinen universalen Hylemorphismus begründet, zu dessen Entfaltung er auf andere Quellen zurückgreift, die sein Vorhaben besser unterstützen. Avicenna dient Gundisalvi also als Ideenfundus neben weiteren Quellen, aus denen er sein System synthetisiert, ohne diese Quellen als Ausgangspunkt dazu zu verwenden, ein eigenes Gedankengebäude aufzubauen.

4 Wilhelm von Auvergne

Wilhelm von Auvergne (ca. 1180/90–1249), der von 1228 bis zu seinem Tod das Amt des Bischofs von Paris innehatte, war einer der ersten Denker, denen Avicennas *Metaphysik* und *De anima* in ihrer lateinischen Übersetzung durch Dominicus Gundisalvi vorlagen.[570] Wilhelm diskutiert Avicennas Lehre vor allem in seinen Werken *Über die Dreifaltigkeit* (*De trinitate*, 1223), *Über die Welt* (*De universo*, 1231–36) und *Über die Seele* (*De anima*, um 1240). Es fällt auf, dass er in *De trinitate*, dem frühesten dieser Werke, zwar mehr als 40-mal auf Avicenna Bezug nimmt, ihn aber an keiner Stelle namentlich erwähnt – anders als später in *De universo* und *De anima*. Sicherlich hängt dies mit den Verboten von Paris 1210 und 1215 zusammen, die noch in den 20er Jahren des 13. Jahrhunderts wirksam waren.[571] Beide Verbote richteten sich gegen das öffentliche Lesen, das heißt das Unterrichten der naturphilosophischen Schriften und der *Metaphysik* von Aristoteles im universitären Lehrbetrieb. 1210 wurde gleichermaßen die private Lektüre dieser Texte untersagt. Die Verbote schlossen ebenso die Kommentare (*commenta*) und Summen (*summae*) zu diesen Werken ein. Darunter fällt auch Avicennas *Metaphysik*, da diese als Kommentarschrift zu Aristoteles' gleichnamigem Werk aufgefasst wurde.[572] Trotz der Verbote hat Wilhelm zweifelsfrei Avicennas Schrift gelesen und dessen Lehre rezipiert,[573] jedoch explizite Verweise auf Avicenna vermieden. 1231 entspannte sich die Lage insofern etwas, als Papst Gregor IX. verkündete, das Verbot von 1210 bleibe zwar bestehen, jedoch nur so lange, bis die betroffenen Schriften von dem Verdacht gegen sie befreit seien.[574] Ab diesem Zeitpunkt findet man Avicenna bei Wilhelm namentlich erwähnt. Sucht man in *De universo* und *De anima* nach den Spuren Avicennas, sollte man berücksichtigen, dass Wilhelm regelmäßig auf ‚Aristoteles und seine Nachfolger' (*Aristoteles et sequaces eius*) verweist, wenn er sich auf

---

[570] Zum Leben Wilhelms von Auvergne siehe Valois, *Guillaume d'Auvergne*.

[571] Die Universität von Toulouse warb 1229 damit, dass man dort die in Paris verbotenen Bücher unterrichten dürfe. Daraus lässt sich schließen, dass die Verbote zu diesem Zeitpunkt in Paris noch gültig waren. Vgl. Van Steenberghen, *Die Philosophie im 13. Jahrhundert*, S. 94.

[572] Zu den beiden Verboten siehe ibid., S. 90–97, De Vaux, *Notes et textes*, S. 45–52, und Grabmann, *I divieti ecclesiastici*, S. 5–69. Siehe außerdem Bertolacci, ‚On the Latin Reception of Avicenna's Metaphysics', S. 213–217. Nach aktuellem Forschungsstand war Aristoteles' *Metaphysik* bereits vom ersten Verbot betroffen, obgleich man im Text dieses Verbots lediglich einen expliziten Verweis auf die Naturphilosophie (*naturalis philosophia*) findet. Die relevante Passage von 1210 lautet: „Quaternuli magistri David de Dinant infra natale episcopo Parisiensi afferantur et comburantur, nec libri Aristotelis de naturali philosophia nec commenta legantur Parisius publice vel secreto, et hoc sub penae xcommunicationis [sic]", Denifle/Chatelaine, *Chartularium*, Bd. 1, S. 70, Nr. 11. Der entsprechende Text von 1215 ist ausführlicher: „Et quod legant libros Aristotelis de dialectica tam de veteri quam de nova in scolis ordinarie et non ad cursum. Legant etiam in scolis ordinarie duos Priscianos vel alterum ad minus. Non legant in festivis diebus nisi philosophos et rhetoricas, et quadruvialia, et *barbarismum*, et *ethicam*, si placet, et quartum *topichorum*. Non legantur libri Aristotelis de *metafisica* et de *naturali philosophia*, nec *summe* de eisdem, aut de doctrina magistri David de Dinant, aut Amalrici heretici, aut Mauricii hyspani", ibid., Bd. 1, S. 78–79, Nr. 20.

[573] Vgl. Teske, ‚William of Auvergne and the Manichees', S. 82.

[574] Siehe dazu Fn. 34.

Avicennas Lehre bezieht.[575] Diese Gruppe bezeichnet er zuweilen auch als Peripatetiker (*peripatetici*).[576] Aristoteles' *Metaphysik* hat Wilhelm vermutlich nicht selbst gelesen, sondern kannte sie wohl eher indirekt über die Texte anderer Denker.[577]

Meine Analyse wird sich vornehmlich auf die beiden Werke *De trinitate* und *De universo* beziehen. Diese bilden zusammen mit *De anima* das *primum magisterium*, den ersten Teil des sogenannten *Magisterium divinale et sapientale*, das insgesamt sieben Werke umfasst.[578] Während Wilhelm in den übrigen vier Werken des *Magisterium* den christlichen Glauben zum Ausgangspunkt seiner Argumentation nimmt und sich vermehrt auf Autoritäten wie die Heilige Schrift beruft, gelten die Werke des *primum magisterium* gemeinhin als philosophischer, da die darin angeführten Argumente in der Regel rein auf Vernunft gründen.[579] Wilhelm zufolge widersprechen sich Glaube und Vernunft nicht. Vielmehr dient die Vernunft dazu, die Glaubenslehren zu unterstützen und gegen konkurrierende Lehren zu verteidigen.[580] Tatsächlich erachtet Wilhelm das wahre Philosophieren (*vera philosophatio*),[581] worunter er das Erlangen wahrer Erkenntnis allein auf Basis von rational-wissenschaftlicher Argumentation versteht, sogar als höchste Form des menschlichen Gottesdienstes. Allerdings sollte es weder der Grund für den Glauben sein, noch kann es ihn ersetzen. Dass Wilhelm der theoretischen Lebensform einen derart hohen Stellenwert beimisst, hat den Hintergrund, dass der Mensch darin seine Verstandes-Natur ausbildet, die ihm von Gott gegeben wurde. Höchstes Ziel der menschlichen Erkenntnis ist Gott.[582] Damit strebt die menschliche Seele nach einem Zustand der Herrlichkeit (*gloria*), der dem Zustand der natürlichen Glückseligkeit (*naturalis felicitas*), den die Seele beim Aufstieg in die Welt der natürlichen intelligiblen Dinge (*mundus intelligibilium naturalium*) erlangt, übergeordnet ist. Nur dort kommt sie zur Ruhe, da ihr die höchste Form der Erkenntnis zuteilwird, die alles andere transzendiert. Die Seele erkennt Gott und mit ihm alles, was dieser erkennt. Erst hier sieht Wilhelm die menschliche Natur vollendet. Obgleich die Seele letztlich durch Gottes Gnade dorthin erhoben werden muss, ist die Glückseligkeit der Herrlichkeit (*felicitas gloriae*) nicht als übernatürlich einzustufen. Im Gegenteil: Es handelt sich dabei sogar um die Verfassung, in der die ersten Menschen erschaffen wurden. Aufgrund des Sündenfalls

---

[575]   Bezüglich dieses Verweises ist sich Forschung einig, vgl. De Vaux, *Notes et textes*, S. 30–38; Teske, ,William of Auvergne's Use of Avicenna's Principle', S. 102–103, und id., ,William of Auvergne on the Individuation of Human Souls', S. 124–126.

[576]   Siehe bspw. Wilhelm von Auvergne, *De universo* Ia-Iae, 24, S. 618bG: „Philosophi maxime peripatetici, idest sequaces Aristotelis et qui famosiores fuerunt de gente Arabum in disciplinis Aristotelis." Die Stellenangabe nennt zunächst den Teil des Werks, gefolgt vom Kapitel.

[577]   Vgl. Forest, ,Guillaume d'Auvergne, critique d'Aristote', S. 70.

[578]   Die vier übrigen Werke des *Magisterium* sind *Cur Deus homo*, *De fide et legibus*, *De sacramentis* und *De virtutibus et vitiis*. Für eine inhaltliche Übersicht über das *Magisterium* mit Blick auf dessen Charakterisierung als *divinale* und *sapientale* siehe Teske, ,William of Auvergne on Philosophy as ›divinalis‹ and ›sapientialis‹'. Siehe außerdem Kramp, ,Des Wilhelm von Auvergne ›Magisterium divinale‹' und Corti, ,Le sette parte del ›Magisterium‹'.

[579]   Vgl. Corti, ,Le sette parte del ›Magisterium‹', S. 302, und Teske, ,William of Auvergne on the Relation between Reason and Faith', S. 187–193. Teske geht auch auf Corti ein, dem er nicht in allen Details zustimmt.

[580]   Vgl. Davis, ,Creation According to William', S. 52–53.

[581]   Der Begriff fällt in Wilhelm von Auvergne, *De universo* Ia-Iae, 1, S. 594aF. Der Ausdruck *vera philosophia* findet sich in ibid. Ia-Iae, 1, S. 594aE.

[582]   Vgl. Teske, ,William of Auvergne on the Various States of Our Nature', S. 256–259. Siehe dazu auch Corti, ,Le sette parte del ›Magisterium‹', S. 294.

befinden sich die menschlichen Seelen laut Wilhelm aktuell jedoch in einer elenden Verfassung, weshalb sie nicht fähig sind, den Bereich der Herrlichkeit gänzlich aus eigenen Kräften zu erreichen.[583]

Trotz seiner positiven Haltung zur Vernunft macht Wilhelm deutlich, dass wahre Philosophie in seinen Augen nur diejenige ist, deren Erkenntnisse mit den Glaubenswahrheiten in Einklang stehen.[584] Dies habe man als Gelehrter stets zu berücksichtigen, andernfalls täusche man seine eigene Seele und sei in Wilhelms Augen nichts weiter als ein „höchst lächerlicher Affe, der die Philosophen nachahmt" (*philosophorum simia ridiculosissima*).[585]

Bei seiner Lektüre philosophischer Texte im Allgemeinen wie auch der Schriften Avicennas im Besonderen trifft Wilhelm wiederholt auf einzelne Positionen, die mit der christlichen Lehre unvereinbar sind, allen voran die Theorie der Ewigkeit der Welt.[586] Derartige, von ihm als schlimme Irrtümer eingestufte Ansichten, auf die er mit harscher Kritik reagiert, bei der man seine Rage förmlich spüren kann, bewirken jedoch nicht, dass er eine generelle Abneigung gegenüber bestimmten Philosophen entwickelt. Wilhelms Ansicht nach hat man vielmehr eine differenzierte Haltung einzunehmen, worauf er in *De anima* verweist:

Quamquam autem in multis contradicendum sit Aristoteli sicut revera dignum et justum est, et hoc in omnibus sermonibus quibus dicit contraria veritati, sic suscipiendus est, id est sustinendus in eis omnibus in quibus recte sensisse invenitur.[587]	Aber obwohl man Aristoteles bezüglich vieler Dinge widersprechen sollte, wie es in der Tat angemessen und gerechtfertigt ist, und zwar bezüglich aller Äußerungen, durch die er Dinge behauptet, die der Wahrheit entgegengesetzt sind, so muss er doch als wahr akzeptiert werden, das heißt aufrecht erhalten werden bezüglich all derjenigen [Äußerungen], in denen er offensichtlich richtig geurteilt hat.

Zitat 4-1

Wilhelm zufolge ist von Fall zu Fall zu prüfen, ob eine Theorie entweder in Gänze akzeptabel oder pauschal abzulehnen ist, da sie der christlichen Lehre absolut widerspricht, oder ob sie möglicherweise differenziert betrachtet werden muss. So könnte sie unter bestimmten Umständen, das heißt in gewissen Kontexten Gültigkeit besitzen, während sie in anderen Kontexten zurückzuweisen ist. Angesichts dieser abwägenden Einstellung

---

[583] Vgl. Wilhelm von Auvergne, *De anima* V.20, und Teske, ,William of Auvergne on the Various States of Our Nature', S. 256–259.

[584] Vgl. Wilhelm von Auvergne, *De universo* Ia-Iae, 1, S. 594aE–G. Wilhelm führt hier fünf Arten falschen Philosophierens an und fünf konkrete Irrtümer bezüglich des Verhältnisses von Gott und Welt.

[585] Vgl. ibid. Ia-Iae, 1, S. 594aF. Zum Verhältnis von Glaube und Vernunft sowie zur Vollendung der menschlichen Seele bei Wilhelm siehe Teske, ,William of Auvergne on the Relation between Reason and Faith'; id., ,William of Auvergne on Philosophy as ›divinalis‹ and ›sapientialis‹', und id., ,William of Auvergne on the Various States of Our Nature'.

[586] Für eine Liste von elf Irrtümern, die Wilhelm Avicenna vorwirft, siehe De Vaux, *Notes et textes*, S. 37.

[587] Wilhelm von Auvergne, *De anima* II.12, S. 82b. Die Stellenangabe nennt zunächst das Kapitel, sodann den Teil innerhalb des Kapitels. Eine kurze Interpretation dieser Stelle findet sich auch bei Miller, ,William of Auvergne and the Aristotelians', S. 263, und Teske, ,William of Auvergne's Use of Avicenna's Principle', S. 101–102.

Wilhelms verwundert es nicht, dass sich in seinen Schriften neben der bereits angesprochenen heftigen Kritik an einzelnen Positionen Avicennas auch große Parallelen zu ihm ausmachen lassen. Zudem nimmt Wilhelm Theorien, die er für einen Bereich der Wirklichkeit entschieden ablehnt, in anderen Bereichen auf, in denen sie ihm unbedenklich erscheinen oder sogar dazu dienen können, die christliche Lehre zu stärken. Dies gilt beispielsweise für die Theorie der Emanation: Als kosmogonisches Modell weist Wilhelm Emanation vehement zurück, während er sie in der Trinitätslehre an unterschiedlichen Stellen als wichtiges Element einbaut, um problematische Annahmen argumentativ zu stützen.

Wilhelms Umgang mit Avicenna ist insbesondere durch die Arbeiten von Roland J. Teske gut erforscht.[588] In meiner Arbeit möchte ich aufzeigen, wie sehr Wilhelm von Avicennas Ontologie beeinflusst ist, an der er sogar in Bezug auf den innergöttlichen Bereich festhält. Durch eine Kombination der Modalontologie mit speziellen Verwendungsweisen der *ex-uno*-Regel vermag Wilhelm, verschiedene trinitätstheologische Probleme zu erläutern. Dabei wird deutlich, wie sehr er sich um ein rational strukturiertes Gesamtsystem der Wirklichkeit bemüht. Für den Bereich der Kosmogonie werde ich darlegen, welchen Einfluss Avicennas Theorie des Vermögens (*quwwa; potentia*) auf Wilhelms Konzept der Wirkursache nimmt. Zudem werde ich Beispiele dafür anführen, dass Wilhelm die *ex-uno*-Regel in verschiedenen Lesarten heranzieht, um mit ihrer Hilfe das avicennische Emanationsmodell von innen heraus zu kritisieren.

Bevor ich zu meiner Analyse von Wilhelms Umgang mit Avicenna übergehe, sei an dieser Stelle als Hintergrund Wilhelms eigene Position zum Verhältnis von Gott und Welt skizziert: Wilhelm vertritt einen strengen Prinzipienmonismus – Gott ist das einzige erste Prinzip, alleiniger Schöpfer der Welt und deren letztes Ziel. Die Welt besteht nicht von Ewigkeit her, sondern wurde in einem einzigen Moment durch das geistige Wort Gottes geschaffen, das als Urbild für die weltlichen Dinge fungiert. Gott, der durch sich notwendig existiert, verursacht alles geschöpflich Seiende direkt oder über Vermittlung und hält es im Sein. Dabei wirkt er mit absolut freiem Willen, dem jeglicher Aspekt von Notwendigkeit fremd ist. Die Existenz der einzelnen Geschöpfe und der Welt insgesamt ist somit vollkommen kontingent. Sie alle haben an Gottes Sein über die Form teil, die er jedem von ihnen unmittelbar verleiht, weshalb er Wilhelm zufolge als universaler Geber (*dator universalis*) bezeichnet werden kann. Während sämtliche Geschöpfe der Sein-Wesen-Distinktion unterliegen, ist Gott vollkommen einfach, da bei ihm Sein und Wesen zusammenfallen. Zugleich gilt er als dreifaltig, was eine Herausforderung für Wilhelms Ontologie bedeutet, wie wir im Kapitel zur Trinität sehen werden.

---

[588] Für einen allgemeinen Überblick über den Einfluss Avicennas auf Wilhelms Sprache, Stil und Lehre siehe Teske, ‚William of Auvergne's Debt to Avicenna'. Teskes Sammelband *Studies in the Philosophy of William of Auvergne* vereint Aufsätze zu diversen Aspekten der Lehre Wilhelms. Darin wird regelmäßig auf Avicennas Einfluss hingewiesen. Siehe außerdem insbesondere Caster, ‚The Distinction between Being and Essence According to Boethius, Avicenna, and William of Auvergne'; De Vaux, *Notes et textes*, S. 17–52; Gilson, ‚La notion de l'existence'; Masnovo, *Da Guglielmo d'Auvergne*; Hasse, *Avicenna's ›De anima‹ in the Latin West*; Fischer, ‚Avicenna's ›ex-uno‹-Principle' und Fischer, ‚Avicenna's Influence on William of Auvergne's Theory of Efficient Causes'.

4.1 Ontologie

Die dominierenden philosophischen Quellen für Wilhelms Lehre des Seins sind Boethius, den er auch als Philosophen der Lateiner (*philosophus Latinorum*) bezeichnet,[589] und Avicenna.[590] Ihre Lehren lassen sich in Wilhelms Augen gut miteinander vereinbaren. So übernimmt er für seine eigene Ontologie die Distinktion von Sein (*esse*) und Wesen (*essentia*) von Avicenna und verknüpft sie mit Boethius' Distinktion des *esse / quo est* und *quod est*. Eine solche Verknüpfung der beiden Theorien zu einer boethianisch-avicennischen Synthese ist bei den lateinischen Denkern nach Wilhelm ebenfalls nicht unüblich.

4.1.1 Distinktion von Sein und Wesen

Wilhelm leitet seine Version der Sein-Wesen-Distinktion zu Beginn der trinitätstheologischen Schrift *De trinitate* ausführlich her. In den ersten 13 Kapiteln dieses Werks betreibt er Metaphysik im Sinne von Ontologie, insofern er die Grundstrukturen des Seienden analysiert, inklusive der Ursachen. Die Analyse hat zum Ziel, die erste Ursache der Welt zu bestimmen, die letztlich mit Gott identifiziert werden kann. Diese Ursache setzt sich sowohl bezüglich ihrer essenziellen Disposition als auch hinsichtlich der Weise, auf die sie wirkt, von allem übrigen Seienden ab. Zudem beabsichtigt Wilhelm, das Kausalverhältnis herauszuarbeiten, das zwischen erster Ursache und Welt besteht, um es später dem innergöttlichen, trinitarischen Kausalverhältnis gegenüberzustellen, für das besondere Regeln greifen, die außerhalb von Gott keine Gültigkeit aufweisen. In den 13 Kapiteln, die Wilhelm dem ontologischen Unternehmen widmet, finden sich etwa 30 Bezüge auf Avicenna. Ab Kapitel 14, in dem die eigentliche Trinitätstheorie beginnt, nehmen die Bezüge quantitativ zwar stark ab,[591] werden inhaltlich hingegen interessanter, da Wilhelm Elemente der avicennischen Lehre in einem Avicenna fremden Kontext anwendet – der Trinitätslehre. Dies gilt insbesondere für Avicennas Modalontologie und die *ex-uno*-Regel, worauf ich im Theologie-Kapitel näher eingehen werde.

Gleich zu Beginn des ersten Kapitels von *De trinitate* leitet Wilhelm seine ontologische Analyse mit der grundlegenden Bemerkung ein, dass das Seiende (*ens*) und das Sein (*esse*) vielfältige Bedeutungen (*intentiones*) haben und beiden keine Begründung oder Definition zukommt.[592] Mit dieser Feststellung orientiert sich Wilhelm eindeutig am Wortlaut Avicennas.[593] Die Lehre, das Seiende (τὸ ὄν) werde auf vielfache Weise (πολλαχῶς) ausgesagt, geht freilich auf Aristoteles zurück, worauf ich in Kapitel 2.1.1 bereits hingewiesen habe.[594]

---

[589] Wilhelm von Auvergne, *De universo* IIa-IIae, 8, S. 851bD und 852aE.

[590] Zu diesen und weiteren Quellen für Wilhelms Ontologie siehe Schindele, *Beiträge zur Metaphysik*, S. 10–43.

[591] Man findet nur noch ca. zehn Stellen im Rest des Werks.

[592] Vgl. Wilhelm von Auvergne, *De trinitate* 1, S. 16, Z. 40–41: „quod ens et esse multiplices habent intentiones et quod non est eis ratio vel definitio." Die Stellenangabe für *De trinitate* nennt das Kapitel.

[593] Vgl. Ibn Sīnā, *al-Ilāhiyyāt* I.5, S. 24, Z. 11–12; ed. Van Riet, S. 35, Z. 59–60: „quia verbum *ens* significat etiam multas intentiones." Bei Avicenna fällt *ens* unter die *prima nota*, von denen es keine Definition gibt, vgl. ibid. I.5, S. 22, Z. 11–S. 23, Z. 10; ed. Van Riet, S. 31, Z. 2–S. 33, Z. 28.

[594] Vgl. Aristoteles, *Metaphysik* Γ.2, 1003a33: Τὸ δὲ ὄν λέγεται μὲν πολλαχῶς. Im Anschluss an diese Aussage entwickelt Aristoteles in Γ.2 die *pros-hen*-Struktur des Seienden.

Wilhelm zielt mit seiner Aussage auf zwei miteinander zusammenhängende ontologische Analysen ab, die er im Folgenden vornehmen wird: Zunächst wird er zwei grundlegende Gruppen von Seiendem einführen, in die sich die Wirklichkeit aufteilen lässt: wesenhaft Seiendes und Seiendes durch Teilhabe. Mit Blick auf das Seiende durch Teilhabe wird er sodann die beiden Bedeutungen von Sein anführen, die Avicenna in *Metaphysik* I.5 gegenübergestellt: das eigentümliche Sein (*al-wuǧūd al-ḫāṣṣ; esse proprium*) im Sinne des Wesens einer Sache und das affirmative Sein (*al-wuǧūd al-iṯbātī; esse affirmativum*) im Sinne der aktuellen Existenz, das heißt des Seinsakts.[595] Wilhelm übernimmt dieses Begriffspaar zwar nicht explizit, eignet sich aber die darin ausgedrückte Distinktion von Sein und Wesen an. Zu dieser Distinktion führt er seinen Leser jedoch nicht wie Avicenna ausgehend von einer Untersuchung der ersterkannten Begriffe Ding (*šayʾ; res*) und Seiendes (*mawǧūd; ens*),[596] obwohl ‚Seiendes‘ gemäß Wilhelm ebenfalls ein *primum notum* ist.[597] Stattdessen greift er als Ausgangspunkt für seine Analysen auf Boethius’ sogenannte *Hebdomadenschrift* (*De Hebdomadibus*)[598] zurück. In diesem kurzen, dritten Traktat der kleinen theologischen Werke (*opuscula sacra*)[599] präsentiert Boethius eine ontologische Untersuchung, die philosophiegeschichtlich sehr einflussreich ist. Zu Beginn seines Traktats kündigt er an, auf ähnliche Weise wie in den mathematischen Wissenschaften vorzugehen. Das bedeutet, er wird seine Gedanken als Ableitungen basierend auf grundsätzlichen Begriffen (*termini*) und Regeln (*regulae*) entfalten. Boethius stellt neun solcher Regeln auf.[600] Sie sind jedoch weniger als Axiome im strikten Sinne zu verstehen, von denen ausgehend er direkt Schlüsse zieht, sondern bilden eher den metaphysischen Hintergrund für die danach folgenden Überlegungen.[601] Gleich in der zweiten Regel führt Boethius seine ontologische Distinktion ein: „Verschieden ist das Sein (*esse*) und ‚das, was ist‘ (*id quod est*); das Sein selbst nämlich *ist* noch nicht, aber fürwahr, ‚was ist‘, weil es die Form zu-sein empfangen hat, *ist* und besteht.“[602] Die Kürze der Erläuterungen hierzu löste eine große Diskussion aus, denn schon seit dem Mittelalter herrscht Uneinigkeit darüber, wie diese Gegenüberstellung zu verstehen ist. Wie bereits angemerkt, wird Wilhelm sie mit Avicennas Distinktion von Sein und Wesen verbinden. Die Gegenüberstellung, auf die ich später noch einmal genauer zu sprechen kommen werde, greift Boethius in den folgenden Regeln auf und setzt sie in seiner anschließenden Analyse voraus, in der er sich dem eigentlichen Thema der Schrift widmet, nämlich einer Untersuchung darüber, wie genau die unter den Gelehrten allgemein akzeptierte Annahme zu verstehen sei, dass diejenigen Dinge, die sind, gut sind. In diesem Zusammenhang setzt er das Sein der Substanz nach (*substantia*) vom Sein durch Teilhabe

---

[595]   Vgl. Ibn Sīnā, *al-Ilāhiyyāt* I.5, S. 24, Z. 6–18; ed. Van Riet, S. 34, Z. 50–S. 35, Z. 69. Siehe dazu Kapitel 2.2.1.

[596]   Vgl. ibid. I.5, S. 23, Z. 8–S. 24, Z. 18; ed. Van Riet, S. 33, Z. 25–S. 35, Z. 69.

[597]   Vgl. Wilhelm von Auvergne, *De universo* IIa-IIae, 20, S. 864aH, und Schindele, *Beiträge zur Metaphysik*, S. 12.

[598]   Der eigentliche Titel lautet *Quomodo substantiae in eo quod sint bonae sint cum non sint substantialia bona* (Wie die Substanzen in dem, was sie sind, gut sein können, obwohl sie kein substantial Gutes sein können.) Hier und im Folgenden verwende ich die Übersetzung von Elsässer.

[599]   Für einen Überblick über die Inhalte und Argumente der *opuscula sacra* siehe Marenbon, *Boethius*, S. 66–95.

[600]   Vgl. Boethius, *De Hebdomadibus*, S. 186, Z. 1–S. 188, Z. 46. Hier und im Folgenden verwende ich die Edition von Moreschini. Während man üblicherweise neun Regeln zählt, geht bspw. Lazella von sieben aus, vgl. id., ‚Creation, ›Esse‹, and ›Id Quod Est‹‘, S. 46, En. 1.

[601]   Vgl. Marenbon, *Boethius*, S. 88.

[602]   Boethius, *De Hebdomadibus*, S. 187, Z. 26–28 (übersetzt bei Elsässer, S. 37): „Diversum est esse et id quod est; ipsum vero esse nondum est, at vero quod est, accepta essendi forma, est atque consistit.“

(*participatione*) ab. Bezogen auf das Gut-Sein entspricht diese Unterscheidung der Differenz von göttlichem und geschöpflichem Sein. Die Geschöpfe sind nur der Teilhabe nach gut, während Gott der Substanz nach oder wahrhaft gut ist. Gott ist das Sein und in seinem Sein nichts anderes als das Gute, während die Geschöpfe ihrerseits auf Gott angewiesen sind. Sie erhalten von ihm ihr Sein und sind daher gut.[603]

Auf diese Ausführungen des Boethius nimmt Wilhelm in *De trinitate* Bezug und bettet dessen Überlegungen in eine Untersuchung der verschiedenen Arten der Prädikation ein. Wilhelm weist darauf hin, dass das, was auf sprachlicher Ebene in Aussagen den Subjekten als Prädikat zugesprochen wird, auf ontologischer Ebene den in Wirklichkeit existierenden Dingen, auf die die Subjekte der Aussagen verweisen, auf zweierlei Art zukommt: entweder als etwas Wesentliches (*essentiale*) oder als etwas Akzidentelles (*accidentale*).[604] Dementsprechend unterscheidet Wilhelm zwei Arten der Prädikation, die er nicht nur von Boethius her kannte, sondern auch von Avicennas *Einleitung* zur *Logik* der *Šifā'* (*al-Manṭiq: al-Madḫal*):[605] einerseits die wesenhafte Prädikation beziehungsweise Prädikation gemäß der Substanz (*secundum essentiam / substantiam / substantialiter*), andererseits die akzidentelle Prädikation oder Prädikation gemäß der Teilhabe (*secundum accidens / participationem*). Im ersten Fall verweist das Prädikat auf das Wesen (*essentia*) oder einen Teil des Wesens derjenigen Sache, über die eine Aussage getroffen wird. Das durch Wilhelm von Boethius übernommene Paradebeispiel hierfür ist das Gute (*bonum*). Sagt man von Gott aus, er sei gut, so trifft man laut Wilhelm eine Aussage gemäß der Substanz, denn Gott selbst ist das Gut-Sein beziehungsweise die Gutheit (*bonitas*). Sagt man demgegenüber von einem Geschöpf aus, es sei gut, liegt der zweite Fall der Prädikation vor. Hier äußert man sich nicht zur Substanz des Subjekts, sondern lediglich zu dessen akzidenteller Beschaffenheit, denn Geschöpfe sind gut, aber nicht die Gutheit selbst. Im zweiten Fall verweisen Prädikate also auf Eigenschaften, die nicht dem Wesen der Sache angehören, der sie zugesprochen werden. Vielmehr sind sie akzidentell und kommen der Sache nur zu, insofern sie an etwas anderem teilhat, das wesentlich über die Eigenschaft verfügt.[606]

Die vorangegangene Überlegung zu den unterschiedlichen Weisen der Prädikation lässt sich nach Wilhelm auch auf Aussagen über das Seiende (*ens*) beziehungsweise über das Sein (*esse*) von Dingen anwenden: Spricht man einem Subjekt Sein zu, handelt es sich entweder

---

[603]   Vgl. ibid., S. 189, Z. 53–61.

[604]   Vgl. Schindele, *Beiträge zur Metaphysik*, S. 36–37.

[605]   Vgl. Ibn Sīnā, *al-Manṭiq: al-Madḫal* I.5, ed. Madkour, S. 28, Z. 5–8; ed. Vincenzo, S. 56, Z. 54–S. 58, Z. 56; ed. Venedig, Fol. 3vb, Z. 31–36: „Predicatio autem fit duobus modis, quia aut univoce sicut hoc, quod diximus, quod Socrates est homo, homo enim predicatur de Socrate vere et univoce; aut denominative, ut albedo de homine. Dicitur enim homo albus et habens albedinem, nec dicitur esse albedo." Die Unterscheidung der beiden Arten der Prädikation geht freilich auf Aristoteles zurück. Der platonische Gedanke der Teilhabe kommt bereits bei Augustinus hinein. Vgl. Schindele, *Beiträge zur Metaphysik*, S. 36–43. Hier findet sich auch ein Verweis auf Avicenna.

[606]   Vgl. Wilhelm von Auvergne, *De trinitate*, Kapitel 1. Interpretationen dieses Kapitels finden sich u. a. in Davis, ‚Creation According to William', S. 53–55; Caster, ‚The Distinction between Being and Essence According to Boethius, Avicenna, and William of Auvergne'; id., ‚The Real Distinction between Being and Essence According to William of Auvergne'; Lewis/Fischer, ‚William of Auvergne'; Schindele, *Beiträge zur Metaphysik* und in Teskes Einleitung zu Wilhelm von Auvergne, *The Trinity*, S. 8–14. Für eine ausführliche Abhandlung zur Ontologie Wilhelms von Auvergne siehe Schindele, *Beiträge zur Metaphysik* und Rohls, *Wilhelm von Auvergne und der mittelalterliche Aristotelismus*.

um eine wesenhafte oder um eine akzidentelle Prädikation. Eine solche Übertragung ist
möglich, da Wilhelm zufolge allem Seienden entweder wesenhaft oder akzidentell Sein zukommt.[607] Dies klingt bereits in Boethius' Analyse des Gut-Seins an. Als ontologische
Grundlage für seine Übertragung zieht Wilhelm Boethius' Theorie der Distinktion des *esse /
quo est* und *quod est* heran,[608] die er stillschweigend mit Avicennas Distinktion von Sein
und Wesen vereinbart. Während Boethius in seinen kleinen theologischen Schriften das
Begriffs-Paar *esse – (id) quod est* verwendet, nimmt man in der Rezeption bis heute üblicherweise mit dem Gegensatz *quo est – quod est* auf Boethius' Distinktion Bezug. Dies geht
auf Gilbert von Poitiers († 1155) zurück, der Boethius' Schriften kommentierte und im Rahmen dessen das von Boethius verwendete *esse* durch den Ausdruck *quo est* erklärte. *Quo est*
verweist deutlicher auf das, was Gilbert und einige andere Denker inhaltlich unter dem *esse*
verstehen, nämlich das, *wodurch* etwas ist, was es ist.[609] Schon bei Wilhelm zeichnet sich der
Wechsel in der Terminologie ab. In seiner frühen Schrift *De trinitate* verwendet er in der
Passage, in der er explizit auf Boethius' Ausführungen Bezug nimmt, nur den Begriff *esse*.
Im späteren Verlauf der Schrift greift er allerdings schon auf das *quo est* zurück.[610] In *De
universo* setzt er hingegen *esse* und *quo est* parallel, wenn er Boethius' Theorie präsentiert.[611]
Doch was ist unter den Ausdrücken *quo est* und *quod est* zu verstehen? Wie eingangs erwähnt, herrscht Uneinigkeit darüber, was genau hier gegenübergestellt wird. So lassen sich
verschiedene Interpretationslinien ausmachen, von denen ich zur Veranschaulichung drei
herausgreifen möchte.[612] Gemäß der als traditionell bezeichneten Auslegung, die aristotelisch beeinflusst ist, zielte Boethius noch nicht auf eine metaphysische Ebene ab, die jenseits
der Substanzen anzusiedeln ist und über eine Zusammensetzung der Geschöpfe aus Materie
und Form hinausgeht. Diesem Ansatz zufolge, der unter anderem von Étienne Gilson und
Jon Marenbon vertreten wird, entspricht die von Boethius eingeführte Gegenüberstellung
einer Distinktion von Form und Substanz. *Quod est* verweist hierbei auf eine Substanz im
Sinne eines konkret existierendes Einzeldings, wohingegen *quo est* auf die Form verweist,
die diese Substanz zur Substanz macht.[613] Andere Forscher, beispielsweise Pierre Hadot,
sind mit der Auslegung des *quod est* als Substanz zwar einverstanden, identifizieren das
esse / quo est aber als Gott. Sie verstehen Gott im Sinne des neuplatonischen Einen als reinen
Akt, der frei von Form und damit selbst kein Seiendes ist und in dieser Hinsicht ‚noch nicht
ist', wie Boethius in der oben zitierten zweiten Regel erwähnt,[614] Daneben hat sich eine weitere Linie der Interpretation herausgebildet, die die Gegenüberstellung von *quo est* und

---

[607] Vgl. Wilhelm von Auvergne, *De trinitate* 1, S. 17, Z. 51–63.
[608] Zu dieser Theorie in Boethius' *Hebdomadenschrift*, vgl. Hadot, ‚La distinction de l'être et de l'étant'.
[609] Vgl. Duhem, *Le système du monde*, Bd. 5, S. 294. Für eine Übersicht über die Entwicklung der Begriffe siehe
       ibid., Bd. 5, S. 285–316.
[610] Vgl. Lazella, ‚Creation, ›Esse‹, and ›Id Quod Est‹', S. 45 und 47.
[611] Vgl. bspw. Wilhelm von Auvergne, *De universo* IIa-IIae, 8, S. 852aF–G: „dicit enim in praecedentibus, quia
       omne simplex esse suum et id quod est, unum habet. Quod est dicere, quia in vere simplici, de quo ipse
       loquitur, non est aliud, quod est aliquid et quo est, sive esse … Et omne aliud ens est quodammodo
       compositum ex eo, quod est, et ex eo, quo est, sive esse suo, sive entitate sua."
[612] Vgl. Lazella, ‚Creation, ›Esse‹, and ›Id Quod Est‹', S. 35. Lazella führt S. 47, En. 4, eine Liste von Varianten an.
       Für eine ausführliche Diskussion moderner Positionen siehe McInerny, *Boethius and Aquinas*, S. 161–198.
[613] Vgl. Lazella, ‚Creation, ›Esse‹, and ›Id Quod Est‹', S. 35; Gilson, ‚La notion de l'existence', S. 68; Davis, ‚Crea-
       tion According to William', S. 53–54, und Marenbon, *Boethius*, S. 88–90.
[614] Vgl. Hadot, ‚La distinction de l'être et de l'étant'. Für die zweite Regel siehe Fn. 602.

quod est als Distinktion von Sein und Wesen versteht. Das *quo est* wird hierbei zum Sein, durch das etwas existiert, während das *quod est* mit dem Wesen gleichzusetzen ist.[615] Dieses Verständnis legt auch Wilhelm von Auvergne in den von mir behandelten Passagen an den Tag. Er verknüpft Boethius' Ansatz mit dem von Avicenna, ohne explizit darauf hinzuweisen, dass er eine boethianisch-avicennische Fusion präsentiert.

Aus der Verknüpfung der beiden Theorien ergibt sich bei Wilhelm zu Beginn von *De trinitate* folgende Gegenüberstellung der grundlegenden Gruppen von Entitäten, die sich in der Wirklichkeit ausmachen lassen: einerseits solche, bei denen Sein und Wesen zusammenfallen, andererseits solche, bei denen sie distinkt sind. Eine Entität, bei der Sein (*esse*) beziehungsweise *quo est* und Substanzen oder Wesen (*essentia*) beziehungsweise *quod est* zusammenfallen, hat aus ihrem Wesen heraus Sein.[616] Dementsprechend kann sie als substanziell oder wesenhaft Seiendes (*ens substantia / essentiale / per essentiam*) bezeichnet werden. Dies trifft allein auf das höchste Seiende zu (*ens primum*), das Wilhelm erst im vierten Kapitel mit Gott identifiziert.[617] Alles andere hingegen ist der Distinktion von Sein und Wesen beziehungsweise *esse / quo est* und *quod est* unterworfen. Sein kommt derartigen Dingen nicht wesenhaft zu, sondern durch Teilhabe, weshalb sie als Seiendes durch Teilhabe (*ens participatione*) einzustufen sind. Ihr Sein ist an das wesenhaft Seiende zurückgebunden und diesbezüglich lässt sich ein Unterschied zu Avicennas Modell ausmachen, der allerdings nicht immer offensichtlich ist: Während bei Avicenna Gott nicht das Sein schlechthin ist, sondern ein ausgezeichnetes Seiendes, insofern es aus sich selbst heraus existiert, versteht Wilhelm Gott eher im Sinne des Seins (*esse*) schlechthin, ähnlich wie Boethius, bei dem das *quo est* als Sein (*esse*) im Sinne des höchsten, göttlichen Seins (*esse primum*) interpretiert werden kann.[618] Wilhelm schließt dementsprechend, dass die Geschöpfe seiend sind, indem sie am göttlichen Sein teilhaben, woraus sich ihre Bezeichnung als Seiendes durch Teilhabe ableitet. Dieser Gedanke der Teilhabe findet sich so nicht bei Avicenna.[619]

Die folgende Passage zeigt, wie sehr sich Wilhelm dennoch bei der Gegenüberstellung von Sein und Wesen an Avicennas Ausführungen in *Metaphysik* I.5 orientiert:

---

[615] Während das *quo est / esse* im Sinne der Form interpretiert werden kann, durch die etwas ist, was es ist, findet allmählich eine Bedeutungsverschiebung statt. Das *quo est / esse* wird nun als Existenz verstanden, das heißt als das, wodurch etwas überhaupt ist. Demgegenüber beantwortet das *quod est* die Frage danach, was etwas ist. In diesem Sinne ist es als Natur oder Wesen zu verstehen, wie man es von Avicenna kennt. Laut Duhem ist Wilhelm von Auxerre († 1231) der erste Denker, bei dem sich der avicennische Einfluss auf das Verständnis des *quo est* vermuten lässt. Bei Wilhelm von Auvergne ist dieser Einfluss dann deutlich zu sehen. Duhem, *Le système du monde*, Bd. 5, S. 297–300.

[616] Dazu zitiert Wilhelm Boethius namentlich: „De hoc ergo legis in libro *De Hebdomadibus* Boethii, quoniam ‚omne simplex esse suum et id quod est, unum habet'", Wilhelm von Auvergne, *De trinitate* 1, S. 17, Z. 57–58.

[617] Vgl. ibid. 4, S. 32, Z. 72–S. 33, Z. 79.

[618] Vgl. Hadot, ‚La distinction de l'être et de l'étant'. Vgl. außerdem bspw. Wilhelm von Auvergne, *De trinitate* 7, S. 46, Z. 21–32.

[619] Diese Ansicht der Seinsteilhabe war auch bei Wilhelms Zeitgenossen nicht unüblich, siehe dazu Schindele, *Beiträge zur Metaphysik*, S. 38–41. Für Literatur zur Verknüpfung der Theorien von Wilhelm und Avicenna siehe Fn. 606.

Oportet autem te scire, quia esse duas habet intentiones. Et una earum est residuum a circumvestitione et varietate accidentium. Et hoc est proprie, quod nominatur essentia sive substantia, et accipitur in intentione hac cum huiusmodi determinatione intentio, quae est esse omne, vel alia, et significat illud solum, quod definitiva oratione significatur, sive nomine speciei. Hoc igitur est, quod dicitur substantia rei et eius esse et eius quidditas, et hoc est esse, quod definitio significat et explicat, et hoc ipsum dicitur rei essentia.

Secunda autem intentio huius, quod est esse, est illud, quod dicitur per hoc verbum ‚est‘ de unoquoque, et est praeter uniuscuiusque rationem. In nullius namque ratione accipitur esse; quidquid enim imaginati fuerimus, sive hominem, sive asinum, sive aliud, in ratione eius esse non intelligimus, eo solo excepto, de quo esse essentialiter dicitur; eius namque essentia nisi per ipsum esse intelligi non potest, cum ipsa et eius esse omnimodo sint una res.[620]

Du musst aber wissen, dass das Sein zwei Bedeutungen (*intentiones*) hat. Eine von ihnen ist das, was übrig bleibt unter Absehen von der Einkleidung und Mannigfaltigkeit der Akzidenzien. Und dies ist im eigentlichen Sinne das, was Wesen (*essentia*) oder Substanz (*substantia*) genannt wird. In dieser Bedeutung wird mit derlei Bestimmung die Bedeutung erfasst, die das ganze Sein ist, oder eine andere [Bedeutung] und dann zeigt sie nur jenes an, das durch eine definierende Aussage angezeigt wird oder durch den Namen der Art. Dies ist also das, was die Substanz einer Sache, deren Sein und deren Washeit (*quidditas*) genannt wird. Und dies ist das Sein, das eine Definition anzeigt und erklärt, und dasselbe wird Wesen (*essentia*) eines Dings genannt.

Die zweite Bedeutung dessen aber, was das Sein ist, ist dasjenige, was durch das Wort ‚ist‘ über ein jedes ausgesagt wird. Dies geht über den Begriff (*ratio*) eines jeden hinaus, denn im Begriff keiner Sache wird Sein verstanden. Was auch immer wir uns nämlich vorstellen mögen, sei es einen Menschen, einen Esel oder etwas anderes, wir verstehen in dessen Begriff kein Sein, mit der einzigen Ausnahme dessen, von dem Sein wesenhaft ausgesagt wird. Denn sein Wesen kann nur durch das Sein selbst verstanden werden, da es [d. h. das Wesen] und sein Sein gänzlich ein einziges Ding sind.

Zitat 4-2

Parallel zu Avicenna legt Wilhelm zwei Bedeutungen von Sein (*esse*) dar: Sein kann einerseits im Sinne des Wesens (*essentia*) oder Was einer Sache verstanden werden, was Avicenna als eigentümliches Sein bezeichnet. Andererseits kann es im Sinne des Dass, der Existenz, oder des Faktums des Seins verstanden werden, was Avicenna affirmatives Sein nennt. Wilhelms Aussage zufolge ist ein Wesen das, was einem Ding unter all seinen akzidentellen Einkleidungen, in die es gehüllt ist, als Kern zugrunde liegt. Daher kann man in einer rationalen Analyse das Wesen erschließen, wenn man sämtliche akzidentelle Formen eines Dings abzieht. Während Dinge ihre akzidentellen Eigenschaften erst in ihrer konkreten Existenz als Individuum erlangen, bestimmt ihr Wesen, was sie sind, und damit, welche spezifischen Eigenschaften sie besitzen, insofern sie ein Vertreter der jeweiligen Art (*species*)

---

[620] Wilhelm von Auvergne, *De trinitate* 2, S. 20, Z. 48–S. 21, Z. 62. Eine Interpretation dieser Passage findet sich auch bei Caster, ‚The Real Distinction between Being and Essence According to William of Auvergne‘, S. 205–208.

sind. Daher identifiziert Wilhelm Wesen mit Washeit (*quidditas*), was er von Avicenna übernimmt.[621] Der Begriff der wahren Natur (*ḥaqīqa; certitudo*), den Avicenna in diesem Kontext zusätzlich verwendet, spielt in Wilhelms *De trinitate* hingegen keine Rolle,[622] anders als später bei Heinrich von Gent. Stattdessen verwendet Wilhelm regelmäßig Substanz (*substantia*) als alternative Bezeichnung für das Wesen.[623] Hier wird Boethius' Einfluss sichtbar. Die Verwendung von Substanz (*ǧawhar*) im Sinne von ‚Wesen' ist in Avicennas Metaphysik nicht üblich.[624] Aus dem Zitat geht hervor, dass sich das Wesen in einer Definition (hier *definitiva oratio*) sprachlich fassen lässt, wie es auch gemäß Avicenna der Fall ist. Zudem leitet sich bei Wilhelm und Avicenna vom Wesen eines Dings dessen Name, das heißt seine Bezeichnung ab. Es erhält den Namen der Art, welche als Antwort auf die Frage gegeben wird, was etwas ist. Dies gilt nicht nur für Substanzen, sondern auch für Akzidenzien. So bezeichnen wir etwas beispielsweise als Stein, Menschen oder Weiße. Im Zitat verweist Wilhelm außerdem darauf, dass das Wesen im Sinne dessen, was durch akzidentelle Bestimmungen eingehüllt ist, das ganze Sein (*esse omne*) meint. Diese Aussage ist nicht leicht verständlich. Kevin J. Caster vermutet, Wilhelm ziele damit auf wirkliches und mögliches Sein zugleich ab.[625] Ich denke hingegen, Wilhelm könnte mit dem Ausdruck *esse omne* an dieser Stelle schlicht auf die Wesen anspielen, die in extramentalen Einzeldingen vorliegen und diese zu Vertretern einer Art machen.[626] Die Bestimmung durch das Wesen betrifft die einzelnen Substanzen als ganze, denn wie Wilhelm andernorts betont, kommt Sein (*esse*) zu einem in sich schon vollständigen Wesen hinzu; dieses erfährt durch das Sein keinerlei inhaltliche Ergänzung.[627] Im Wesen ist mithin schon die volle substanzielle

---

[621] Den Begriff der *anitas* für das Faktum des Seins übernimmt Wilhelm nicht, vgl. Schindele, *Beiträge zur Metaphysik*, S. 25.

[622] In Kapitel 44 von *De trinitate* findet sich eine Stelle, an der Wilhelm in Zusammenhang mit dem Wesen zwar den Begriff der *certitudo* verwendet, aber nicht im Sinne der wahren Natur: „Approbandum autem videtur, quod esse personam sit esse quem, et essentiam esse sit esse quid; et esse quem est in se maioris distinctionis et certitudinis, quam esse quid", Wilhelm von Auvergne, *De trinitate* 44, S. 246, Z. 8–10. Interessanter ist eine Stelle im zweiten Kapitel, an der Wilhelm den Terminus *veritas* im Sinne der avicennischen *certitudo* verwendet. *Certitudo* entspricht im Arabischen *ḥaqīqa*, was auch ‚Wahrheit' bedeutet, weswegen *veritas* eine passende Übersetzung wäre: „De illo igitur dicitur secundum veritatem, quia secundum essentiam sive substantiam, quae in unaquaque re, veritas eiusdem rei dicitur", ibid. 2, S. 24, Z. 32–34.

[623] Bspw. „Et hoc est proprie, quod nominatur essentia sive substantia … Hoc igitur est, quod dicitur substantia et eius esse et eius quiddItas, et hoc est esse, quod definitio significat et explicat, et hoc ipsum dicitur rei essentia", ibid. 2, S. 20, Z. 49–S. 21, Z. 55.

[624] An folgender Stelle wird *ǧawhar* im Sinne des Wesens verwendet, weshalb es im lateinischen Text mit *essentia* wiedergegeben wird: „angulus est aequalis, minor et maior secundum quod est, quia eius essentia (*ǧawhar*) mensura est", Ibn Sīnā, *al-Ilāhiyyāt* III.4, S. 88, Z. 17; ed. Van Riet, S. 129, Z. 1–2. Siehe außerdem id., *Kitāb al-Nafs* V.7, S. 251, Z. 9–11; ed. Van Riet, S. 155, Z. 50–52: „Qui autem ex his dixerunt quod anima sapiens est per seipsam, conati sunt hoc adstruere dicentes, quod si esset insipiens privata scientiis, aut haberet hoc ex sua essentia (*ǧawhar*), aut ex accidente."

[625] Vgl. Caster, ‚The Real Distinction between Being and Essence According to William of Auvergne', S. 208.

[626] In *De universo* Ia-Iae, 30, S. 625bC, geht Wilhelm mit dem ‚Entkleiden' der Dinge noch einen Schritt weiter. Hier werden auch substanzielle Formen abgezogen, wodurch man zum innersten Sein gelangt, in das man, so Wilhelm, zuerst vom Schöpfer eingekleidet worden ist. Zur Interpretation dieser Stelle siehe Caster, ‚The Real Distinction between Being and Essence According to William of Auvergne', S. 205–208.

[627] Vgl. bspw. Wilhelm von Auvergne, *De universo* Ia-Iae, 3, S. 594bG–H: „Jam ante declaratum est in prima parte primae philosophiae, quia omne hujusmodi causatum est possibile esse per se et est recipiens esse supra se, quod est aliud ab ipso, et propter hoc est in eo potentialiter sive possibiliter, quoniam est ei accidens, hoc est,

Bestimmung einer Sache gegeben. Deshalb kann man diese Wesen auch im eigentlichen Sinne als Wesen oder Substanz bezeichnen, wie Wilhelm in Zitat 4-2 erwähnt. Ihnen stellt er in demselben Zitat als weiteres Verständnis von Wesen die Wesen im intramentalen Bereich gegenüber. Sie liegen in den Art- und Gattungsbegriffen vor, welche die eigentlichen Bezugspunkte für Definitionen sind. Avicenna führt daneben noch ein drittes Vorkommnis von Wesen an, und zwar für sich, unabhängig von ihrer Existenz in Dingen. Es dient als gemeinsamer Referenzpunkt der beiden anderen Vorkommnisse von Wesen. Diese dritte Möglichkeit spricht Wilhelm hier nicht an.[628]

Vom Sein (*esse*) im Sinne des Wesens oder Was einer Sache lässt sich bei Avicenna und Wilhelm das Sein im Sinne der Existenz, des Daseins oder Dass einer Sache unterscheiden. Laut Wilhelm wird Letzteres in Prädikationen in der Regel mit der Kopula ‚*est*' ausgedrückt.[629] Wie bereits erwähnt, ist das Dasein üblicherweise nicht im Wesen einer Sache inbegriffen. Daher wird es in keiner Definition erfasst und verleiht keiner Sache ihren Namen. Davon ausgenommen ist Gott, bei dem Sein und Wesen zusammenfallen, wie Wilhelm am Ende des Zitats betont. Gott erhält daher als Einziger Sein als Namen; dementsprechend hat er sich als ‚Der, der ist' (*qui est*), an Mose geoffenbart.[630] Doch auch bei Gott ist das Sein nicht Teil einer Definition, denn wie nach Avicenna gibt es auch nach Wilhelm für Gott keine Definition im eigentlichen Sinne. Er ist vollkommen einfach und individuell und kann daher nicht definiert werden.[631] Dies ist bei keiner anderen Entität der Fall, da alles andere der Sein-Wesen-Distinktion unterworfen ist. Die Forschung ist sich jedoch uneins, ob Sein und Wesen bei Wilhelm real oder nur konzeptuell distinkt sind.[632] Zwar verweist Wilhelm darauf, dass Sein und Wesen wirklich (*revera*) verschieden sind,[633] und

---

adveniens ei et receptum ab ipso supra totam completam essentiam suam." Außerdem ibid. IIa-IIae, q. 8, S. 852aH: „quoniam esse sive entitas unicuique accidit et advenit praeter completam ejus substantiam et rationem." Vgl. außerdem Caster, ‚The Real Distinction between Being and Essence According to William of Auvergne', S. 217–219.

[628] Ich habe bisher keine Stelle gefunden, an der Wilhelm diese dritte Weise des Vorkommens von Wesen gesondert diskutiert. Für sein Modell scheint die Annahme zu genügen, dass man die Urbilder der geschöpflichen Dinge in Gott, genauer gesagt in Gott-Sohn, findet und zu einer Erkenntnis der Wesen durch Abzug aller akzidentellen Einkleidungen kommen kann.

[629] Vgl. Wilhelm von Auvergne, *De trinitate* 2, S. 20, Z. 48–S. 21, Z. 62. Vgl dazu Ibn Sīnā, *al-Ilāhiyyāt* I.5, S. 24, Z. 1–S. 25, Z. 7; ed. Van Riet, S. 34, Z. 45–S. 36, Z. 83.

[630] Vgl. Wilhelm von Auvergne, *De trinitate* 4, S. 32, Z. 72–78. Siehe auch *Ex* 3,14: „dixit Deus ad Mosen ego sum qui sum ait sic dices filiis Israhel qui est misit me ad vos."

[631] Siehe dazu Kapitel 2.2.2.

[632] Vgl. Wippel, ‚Essence and Existence', S. 625. Einen kurzen Überblick über die wichtigsten Positionen bietet Caster in ‚The Real Distinction between Being and Essence According to William of Auvergne', S. 202–204. Caster analysiert in seinem Aufsatz zentrale Stellen und kommt zu dem Schluss, dass eine reale Distinktion vorliegt, obgleich Wilhelm selbst nicht von Distinktion spricht, sondern die Begrifflichkeiten der Zusammensetzung und Auflösung verwendet. Vgl. ibid., S. 220–223. Gilson spricht sich gegen eine Realdifferenz aus, vgl. Gilson, ‚La notion de l'existence', S. 81–84. Teske kommentiert Gilson, in ‚William of Auvergne and the Manichees', S. 87–88, Fn. 21. Außerdem weist Teske in *William of Auvergne. An Overview*, S. 19, darauf hin, dass Wilhelm die Realdistinktion vorwegnimmt, die Thomas von Aquin entfalten wird.

[633] Vgl. Wilhelm von Auvergne, *De trinitate* 7, S. 43, Z. 66–S. 44, Z. 70: „Quoniam autem ens possibile non est ens per essentiam, tunc ipsum et eius esse, quod non est ei per essentiam, duo sunt revera, et alterum accidit alteri, nec cadit in rationem vel quidditatem ipsius. Ens igitur, secundum hunc modum, compositum est et resolubile in suam possibilitatem sive quidditatem et suum esse."

nennt zuweilen das Sein ein Akzidens,[634] doch möchte er damit wohl wie Avicenna lediglich betonen, dass Sein nicht im Wesen der Geschöpfe enthalten, sondern außerhalb zu verorten ist, weshalb sie nur Seiende durch Teilhabe sind.

Mit der gerade erläuterten Gegenüberstellung zeichnet sich Wilhelm von Auvergne als wahrscheinlich erster Denker der Scholastik aus, der die auf Avicenna zurückgehende Sein-Wesen-Distinktion übernimmt, die eine der einflussreichsten Theorien Avicennas werden sollte. Für Wilhelms Sicht auf die Wirklichkeit ist die in *De trinitate* konzipierte ontologische Distinktion fundamental. Wilhelm setzt sie in den anderen Werken seines *Magisteriums* voraus. So bedient er sich ihrer beispielsweise gleich zu Beginn von *De universo*, ohne sie noch einmal systematisch herzuleiten.[635] Dies trifft ebenso auf zwei Theorien zu, die Avicenna aus der Sein-Wesen-Distinktion ableitet und die Wilhelm ebenfalls von ihm übernimmt: zum einen die modalontologische Bestimmung des Seienden, zum anderen die kausalen Konsequenzen, die sich daraus für das Seiende ergeben. In diesen beiden Theorien liegt die eigentliche Attraktivität, die von Avicennas Ansatz ausgeht, denn mit ihnen bestimmt er die erste Ursache als notwendig Seiendes, das mit Gott identifiziert werden kann, und zeigt anhand einer rationalen Analyse, dass alles andere in seinem Sein von Gott abhängig sein muss.

4.1.2 Modalontologische Bestimmungen des Seienden

In Zusammenhang mit der Lehre der Sein-Wesen-Distinktion macht sich Wilhelm auch Avicennas modalontologische Bestimmung des Seienden zu eigen. So unterscheidet er die beiden Gruppen des durch sich notwendig und durch sich möglich Seienden[636] und orientiert sich an Avicenna, um ihre Merkmale herauszuarbeiten. Dies geht beispielsweise aus folgenden Passagen hervor:

Esse vero possibile, quod quidem in se et per se ipsum consideratum, invenitur non prohibens suum esse; verumtamen in hac consideratione nondum invenitur habere esse, sed tamen invenitur prope, ut habeat	Das möglich Seiende aber, das zwar in sich und für sich selbst betrachtet als etwas aufgefunden wird, das sein Sein nicht verhindert, wird gleichwohl in dieser Betrachtung noch nicht aufgefunden als etwas, das Sein

---

[634] Vgl. id., *De universo* Ia-Iae, 3, S. 594bG–H.

[635] Vgl. ibid. Ia-Iae, 3, S. 594bF–595aD.

[636] Wilhelm verwendet die Bezeichnungen *possibile esse per se, possibile esse in se ipso, possibile esse* respektive *necesse esse per se ipsum, necesse esse per semetipsum, necesse secundum se*. Siehe Wilhelm von Auvergne, *De trinitate* 3, S. 25, Z. 66–67: „Iam igitur incipit nobis elucere ens essentiale esse necesse, aeternum et incorruptibile, non causatum"; ibid. 6, S. 39, Z. 32–33: „Per viam similem esse possibile deducet nos ad esse necesse per se ipsum"; ibid. 6, S. 40, Z. 62–67: „Restat igitur esse aliquid, quod non sit possibile. Hoc autem ex necessitate erit necesse esse per semetipsum, opposita namque sunt affirmatio et negatio, possibile et necesse esse per se; est enim necesse esse quod in se ipso consideratum invenitur habere esse in effectu, et prohibens suum non esse"; ibid. 6, S. 42, Z. 28–30: „Hae igitur propriae sunt intentiones et nominationes primi esse, quibus et est et nominatur verissime esse, essentiale esse, cui idem est esse et id, quod est[,] esse sufficientiae, esse necesse sive necessitatis" und ibid. 14, S. 85, Z. 95–99: „Quod si eius essentia non fuerit necesse esse per se ipsam, sed fuerit possibile esse in se ipsa, tunc prima emanatio in se ipsa nihil habebit omnino necessitatis sive actualitatis. Qualiter autem ex necesse secundum se sit tantum possibile in se, non est videre."

esse; et haec appropinquatio nominatur in eo possibilitas … [E]st enim necesse esse quod in se ipso consideratum invenitur habere esse in effectu, et prohibens suum non esse. Unde et hoc ipsum sonat nomen ipsius, scilicet ut per se ipsum consideratum sit non cessans esse.[637]

hat. Aber dennoch wird es aufgefunden als nahe daran, Sein zu haben. Und diese Nähe wird bei ihm Möglichkeit genannt … [E]in notwendig Seiendes ist nämlich das, was in sich selbst betrachtet aufgefunden wird als etwas, das Sein in Wirklichkeit hat und sein Nicht-Sein verhindert. Daher besagt sein Name auch dieses selbe, nämlich dass es für sich selbst betrachtet etwas ist, das nicht ausbleibt zu sein.

Zitat 4-3

Parallel zu Avicenna muss man nach Wilhelm ebenfalls die Dinge in und für sich selbst betrachten (*in se et per se ipsum consideratum*), das heißt, ihr Wesen in den Blick nehmen, um sie modalontologisch zu bestimmen. Durch sich möglich Seiendes ist dadurch gekennzeichnet, dass es zwar offen für Sein ist – also zu Existenz gelangen kann –, aus sich heraus, das heißt aus seinem Wesen heraus, jedoch kein Sein besitzt, da es der Sein-Wesen-Distinktion unterliegt. Dies trifft auf alles geschöpflich Seiende zu. Nicht nur darin sind sich Wilhelm und Avicenna einig, sondern ebenso, was das durch sich notwendig Seiende anbelangt. Bei diesem fallen Sein und Wesen zusammen, weshalb es aus sich selbst heraus existiert und ihm daher keinesfalls Nicht-Sein widerfährt. Im zweiten Kapitel von *De trinitate* hebt Wilhelm hervor, dass man dem durch sich notwendig Seienden weder der Wirklichkeit nach (*actu*) noch dem Begriff nach (*ratione*) Sein absprechen kann. Es kann auf keine Weise nicht aktuell existieren und noch nicht einmal als nicht-existent oder getrennt von Existenz gedacht werden. Damit ist bei ihm keinerlei Verneinung des Seins (*negatio essendi*) möglich, sondern ausschließlich Bestätigung (*affirmatio*). Demgegenüber ist bei allen anderen Dingen sowohl dem Sein als auch dem Begriff nach Bestätigung und Negation möglich.[638] Für das durch sich notwendig Seiende fügt Wilhelm im obigen Zitat eine etymologische Erklärung an.[639] Ähnlich wie Gundisalvi, der *necessitas* von *incessabilitas* ableitet, verknüpft Wilhelm *necesse* mit *non cessans* (nicht ausbleibend). Dies scheint zunächst auf ein Verständnis von Notwendigkeit gemäß der statistischen beziehungsweise temporalen Auffassung von Modalitäten hinzudeuten. Jedoch entspricht dies nicht Wilhelms Auslegung, denn der Horizont, vor dem er diese Feststellung trifft, ist nicht die äußere Wirklichkeit, sondern das Wesen des durch sich notwendig Seienden. So weist er darauf hin, dass das notwendig Seiende nicht ausbleibt, zu sein, wenn man es *in sich* betrachtet. Das Gegenteil konstatiert er an anderer Stelle für das durch sich möglich Seiende.[640] Somit steht auch bei Wilhelm eindeutig eine rationale Wesensanalyse hinter der modalen Bestimmung des Seienden. Obwohl die beiden modalen Termini des Notwendigen (*necesse*) und Möglichen (*possibile*)

---

[637] Ibid. 6, S. 36, Z. 51–55, und S. 40, Z. 65–68.

[638] Vgl. ibid. 2, S. 24, Z. 33–S. 25, Z. 65.

[639] Eine ähnliche Aussage trifft Wilhelm in *De universo* Ia-Iae, 3, S. 595aB. Dort verweist er außerdem auf die *continuitas essendi*. Dies merkt auch Teske an in ‚William of Auvergne and the Manichees‘, S. 89. Bei Avicenna konnte ich keine entsprechende Verknüpfung mit *cessare* finden.

[640] Bezüglich des durch sich möglich Seienden verwendet Wilhelm ebenfalls *cessare*: „omne autem aliud esse possibile est esse per se et non necesse esse, immo est cessans esse, quantum in ipso est", Wilhelm von Auvergne, *De universo* IIa-Iae, 1, S. 685bB, siehe auch Zitat 4-5.

dem philosophischen Wortschatz zuzuordnen sind, wie Wilhelm in Kapitel 14 von *De trinitate* anmerkt,[641] entwickelt sich die Benennung als *necesse esse* bei ihm zu einer Standardbezeichnung für Gott. In *De trinitate* wie auch in *De universo* greift er regelmäßig darauf zurück. Die Bezeichnung der Geschöpfe als *possibile esse* zieht Wilhelm hingegen meist nur heran, um diese vom *necesse esse* abzusetzen. In *De universo* IIa-IIae, Kapitel 8 findet sich eine Passage, in der Wilhelm die modalontologische Bestimmung Gottes und der Geschöpfe mit Boethius' Ontologie aus der *Hebdomadenschrift* verknüpft. Dort setzt er das einfache Sein (*simplex esse*), bei dem *quo est / esse* und *quod est* zusammenfallen, mit dem *necesse esse per se* gleich. Alle anderen Dinge sind demgegenüber aus *quo est / esse* und *quod est* zusammengesetzt. Sie sind daher nur ‚dies und das' (*hoc et hoc*) und lediglich etwas möglich Seiendes.[642] Dies zeigt abermals, wie eng bei Wilhelm Boethius' und Avicennas Ansätze verwoben sind.

An dieser Stelle ist auf eine Differenz zwischen Wilhelm und Avicenna hinzuweisen, die hinsichtlich der modalen Bestimmung der Geschöpfe vorliegt. Beide Denker stimmen darin überein, dass Geschöpfe niemals durch sich notwendig seiend sind. Neben ihrem unabdingbaren Status als durch sich möglich Seiende erlangen sie Avicenna zufolge zusätzlich und beschränkt auf die Dauer ihrer aktuellen Existenz den Status eines notwendig Seienden. Allerdings sind sie lediglich *durch anderes* notwendig (*wāǧib al-wuǧūd bi-ġayrihī; necesse esse per aliud*), nämlich durch die Ursache, die ihnen Sein verleiht. Wie in Kapitel 2.1.3.2 dargelegt, ist die Notwendigkeit auf Seiten des Dings zu verorten. Etwas als notwendig Seiendes zu bestimmen, drückt nach Avicenna aus, dass es in dem Moment, in dem ein Ding von einer Ursache Sein erhält, nicht anders sein kann, als dass dieses Ding existiert. Die Bestimmung impliziert an sich nicht, dass die Ursache ihrerseits aus Notwendigkeit heraus wirkt. Doch genau diese mögliche Implikation schreckt Wilhelm und später Heinrich von Gent davon ab, Avicennas modalontologische Bestimmung des Seienden in Gänze zu übernehmen. Wilhelm reserviert die modalontologische Bestimmung als notwendig seiend exklusiv für Gott.[643] Zugleich spricht er dem Wirken Gottes *ad extra* jeglichen Aspekt von Notwendigkeit ab, wie ich in Kapitel 4.3.1.3 darlegen werde. Im Gegensatz zu den weltlichen Ursachen, bei denen sich aufgrund der *sufficientia causae* im Moment des aktuellen Wirkens ein Aspekt von Notwendigkeit ausmachen lässt, bleibt bei Gott die Freiheit sogar im Moment seines aktuellen Wirkens noch erhalten. Damit ist das Sein der Geschöpfe absolut kontingent.[644]

---

[641]   Vgl. id., *De trinitate* 14, S. 86, Z. 5: „Quoniam verba ista philosophica sunt, scilicet ‚necesse' et ‚possibile'."

[642]   Vgl. id., *De universo* IIa-IIae, 8, S. 852aF–H. Der Ausdruck *hoc et hoc* stammt aus Boethius' *De trinitate*. Dort stellt Boethius das einfache, göttliche *hoc*, dem Zusammengesetzten, geschöpflichen *hoc atque hoc* gegenüber. Vgl. Boethius, *De trinitate* 2, S. 170, Z. 92–104.

[643]   An einer Stelle, nämlich der gerade genannten Passage aus *De universo* IIa-IIae, erwähnt er allerdings notwendiges Sein mit Bezug auf die Geschöpfe: „Ab omni vero possibili et ab omni eo, quod est necesse esse per aliud, est separabile suum esse, aut actu, aut intellectu sive ratione", Wilhelm von Auvergne, *De universo* IIa-IIae, 8, S. 852aG.

[644]   Zum Willen Gottes und zur radikalen Kontingenz der Geschöpfe siehe Caster, ‚The Distinction between Being and Essence According to Boethius, Avicenna, and William of Auvergne'.

4.1.3 Kausale Konsequenzen der Sein-Wesen-Distinktion

Die essenzielle Beschaffenheit des durch sich möglich Seienden hat nach Avicenna kausale Konsequenzen, die Wilhelm übernimmt. Dies spiegelt sich in seiner Wortwahl wider:

Quoniam autem omne causatum … habet esse acquisitum et de non esse eductum per causam suam in esse, quantum est in ipso (non enim est prohibens a se ipso suum non esse, nec est dans sibi ipsi suum esse, sed est sustinens et recipiens illud), est igitur possibile et susceptibile utriusque, quantum in ipso est.[645]	Da aber jedes Verursachte … Sein besitzt, das erworben und durch seine Ursache vom Nicht-Sein her ins Sein überführt ist, gemäß dem, wie es in sich ist (denn es verhindert von sich selbst her nicht sein Nicht-Sein, noch gibt es sich selbst sein Sein, sondern empfängt jenes und nimmt es auf), ist es also möglich und empfänglich für beides, gemäß dem, wie es in sich ist.

Zitat 4-4

Wie Avicenna weist Wilhelm darauf hin, dass die geschöpflichen Dinge ihrem Wesen nach strenggenommen sowohl offen dafür sind, zu sein, als auch dafür, nicht zu sein. Demnach werden beide Zustände von außen her bedingt und sind somit kontingent.[646] Unter der Ursache für das Nicht-Sein der Dinge versteht Avicenna schlichtweg die Abwesenheit einer aktiven Wirkursache.[647] Wilhelm müsste dies ähnlich sehen, da er den Zusammenhang zwischen Wirkursache und Sein parallel zu Avicenna versteht und einen Wegfall oder ein gedankliches Entfernen der Ursache mit einem Rückfall ins Nicht-Sein verbindet. Die beschriebene essenzielle Disposition bewirkt beiden Autoren zufolge, dass die verursachten Dinge während der gesamten Dauer ihrer aktuellen Existenz auf die Ursache angewiesen sind, die ihnen Sein verleiht. Grund dafür ist, dass die wesentliche Beschaffenheit beim Eintritt ins Sein nicht verloren geht. Auf Basis der avicennischen Sein-Wesen-Distinktion lassen sich die Geschöpfe folglich in doppelter Hinsicht von ihrer Ursache abhängig machen: Sie bedürfen der Ursache nicht nur für den Eintritt in aktuelle Existenz, sondern auch für das Verbleiben darin. Die Ursache muss die Geschöpfe also im Sein halten (*retinere / sustinere / portare*).[648] Aufgrund der Sein-Wesen-Distinktion versteht Wilhelm wie Avicenna die Wirkursache (*causa efficiens*) im metaphysischen Sinne als Ursache, die Sein verleiht (*dare esse*). Eigentliche, erste Wirkursache aller Dinge ist in beiden Modellen das durch sich

---

645 Wilhelm von Auvergne, *De trinitate* 2, S. 24, Z. 45–50. Siehe dazu Ibn Sīnā, *al-Ilāhiyyāt* I.6, S. 31, Z. 1–2; ed. Van Riet, S. 44, Z. 38–40: „Quicquid autem possibile est consideratum in se, eius esse et eius non esse utrumque est per causam. Cum enim habuerit esse, tunc iam acquisitum est sibi esse discretum a non esse."

646 Vgl. ibid. I.6, S. 31, Z. 1–S. 32, Z. 3; ed. Van Riet, S. 44, Z. 38–S. 46, Z. 71. In der Tradition wird das Fehlen von Sein im Wesen oft als Nicht-Sein ausgelegt, und tatsächlich lässt sich dies auch in bestimmten Formulierungen bei Avicenna und Wilhelm finden. Vgl. ibid. VI.2, S. 203, Z. 13–14; ed. Van Riet, S. 304, Z. 70–71: „Causat[o] enim quantum est in se, est ut sit *non* (*laysa*), quantum vero ad causam suam est ei ut *sit* (*aysa*)." Für Wilhelm siehe Zitat 4-5.

647 Vgl. ibid. I.6, S. 31, Z. 8–12; ed. Van Riet, S. 45, Z. 52–58.

648 Vgl. Zitat 4-5 und Wilhelm von Auvergne, *De trinitate* 6, S. 40, Z. 85–S. 41, Z. 90: „Quia igitur stat universum, non stat necessario nisi virtute sustinentis et portantis ipsum; quod enim de non esse sive post non esse venit in esse, recidit in eo unde eductum est, quantum in ipso est. Possibilitas namque ipsius non sufficit tenere eius esse, quin effluat, non enim ex necessitate possibilitatis est coniunctio ipsius et sui esse, sed coniunctio ipsius est possibilis ipsius, cuius sunt ambo, potestas scilicet et ipsum esse."

notwendig Seiende, das selbst keiner Ursache bedarf, da es aus seinem eigenen Wesen heraus existiert. Es ist das höchste Seiende (*ens primum*), dem kein anderes Seiendes vor- beziehungsweise übergeordnet ist,[649] und kann mit dem Schöpfergott identifiziert werden. Dies geht sehr schön aus folgender Passage im ersten Kapitel von *De universo* IIa-Iae hervor:

Solum enim esse creatoris est necesse per se ex omnibus modis suis, omne autem aliud esse possibile est esse per se et non necesse esse, immo est cessans esse, quantum in ipso est, et propter hoc recedit et revertitur in non esse, quantum in ipso est, nisi retineatur per creatorem, quod est dicere per ipsum necesse esse per se.[650]	Denn allein das Sein des Schöpfers ist durch sich notwendig in jeglicher Hinsicht. Alles andere Sein aber ist ein durch sich möglich Seiendes und kein notwendig Seiendes. Vielmehr bleibt es gemäß dem, wie es in sich ist, aus, zu sein, und daher verschwindet es gemäß dem, wie es in sich ist, und kehrt zum Nicht-Sein zurück, wenn es nicht durch den Schöpfer erhalten wird, das heißt durch das durch sich notwendig Seiende selbst.

Zitat 4-5

Wilhelm beschreibt hier das Kausalverhältnis, das zwischen notwendig und möglich Seiendem beziehungsweise Gott und Geschöpfen herrscht. Dabei hebt er die doppelte Abhängigkeit der Geschöpfe von Gott hervor, als deren Grund die Trennung von Sein und Wesen durchscheint. Davon ist nicht nur jedes Individuum betroffen, sondern ebenso die Welt als Ganzes.[651] Somit hat auch in Wilhelms Modell – ähnlich wie bei Gundisalvi – das Merkmal, durch das die Geschöpfe kategorial von Gott abgesetzt werden, hier die Sein-Wesen-Distinktion, zur Folge, dass die Geschöpfe in ihrem Sein auf Gott angewiesen sind und dies sogar in doppelter Hinsicht: einerseits für ihren Eintritt ins Sein, andererseits für ihren Verbleib darin. Gott ist die eigentliche, permanente Ursache, die allem Weltlichen ständig Sein verleiht. Daher bezeichnet Wilhelm Gott in seinen Werken zuweilen als Geber (*dator*) des Seins.[652] Wie wir noch sehen werden, erfolgt das Geben des Seins über die Form, die Gott bei Wilhelm allen Dingen gibt, sodass er auch als Geber der Formen (*dator formarum*) fungiert. Wilhelms Modell ist eines der wenigen Modelle lateinisch-christlicher Denker, in denen die Theorie des *dator formarum* positiv aufgenommen wird. Laut Wilhelm ist der Geber jedoch anders als bei Avicenna keine Intelligenz, sondern Gott allein.[653]

Die Tatsache, dass sich aus Avicennas Ontologie heraus das beschriebene kausale Abhängigkeitsverhältnis zwischen Welt und Gott ableiten lässt, macht diese Lehre kompatibel mit der christlichen Lehre und daher attraktiv für Wilhelm. Mit Avicenna vermag er, die ontologischen Grundstrukturen der Wirklichkeit rational zu erklären und alles Weltliche in seinem Sein von einem einzigen ersten Prinzip abhängig zu machen, dessen Rolle der des

---

[649]   Vgl. ibid. 3, S. 25, Z. 77–78: „hoc est ens primum et esse primum, quo non est prius neque altius.“

[650]   Wilhelm von Auvergne, *De universo* IIa-Iae, 1, S. 685bB. Die Beschreibung des *necesse esse per se* als *necesse omnibus suis modis* stammt auch von Avicenna, siehe dazu Ibn Sīnā, *al-Ilāhiyyāt* I.6, S. 30, Z. 4–5; ed. Van Riet, S. 43, Z. 14–16: „Dicemus igitur quod necesse esse per se non habet causam et quod possibile esse per se habet causam; et quod necesse esse per se est necesse omnibus suis modis.“

[651]   Dies geht in *De trinitate* insbesondere aus den Kapiteln 5–8, 10 und 13 hervor.

[652]   Vgl. bspw. Wilhelm von Auvergne, *De trinitate* 6, S. 39, Z. 39–S. 40, Z. 68, und id., *De universo* Ia-Iae, 30, S. 625bC, und IIa-IIae, 42, S. 885bC.

[653]   Zur Rezeption der Theorie des Gebers der Formen siehe Hasse, ‚Avicenna's ›Giver of Forms‹. Zu Wilhelms Position siehe ibid., S. 233–235.

christlichen Schöpfergotts gleichkommt. Ausgehend von der modalontologischen Bestimmung der Geschöpfe als durch sich möglich Seiende lässt sich sogar rational auf die Existenz eines durch sich notwendig Seienden schließen. Einen solchen Gottesbeweis führt Wilhelm im sechsten Kapitel von *De trinitate* in knapper Form an.[654] In Avicennas *Metaphysik* ist dieser Beweis hingegen auf diverse Kapitel verstreut und muss von dort zu einer Einheit herausgefiltert werden.[655]

4.2 Theologie

In seiner ontologischen Analyse zu Beginn von *De trinitate* bestimmt Wilhelm von Auvergne, wie wir gesehen haben, das höchste Seiende zunächst als substanziell oder wesenhaft Seiendes. Erst im vierten Kapitel identifiziert er es explizit mit dem christlichen Gott. Dazu verweist er zum ersten Mal in diesem Werk auf die Heilige Schrift, indem er äußert, das wesenhaft Seiende sei das, was gemäß *2. Mose* 3,14 seinen Namen als ‚Der, der ist‘ (*qui est*), an Mose geoffenbart habe.[656] Dies findet man auf ähnliche Weise in Augustinus’ *De trinitate*.[657] Wilhelm möchte damit zeigen, dass die vorausgehenden ontologischen Analysen in Einklang mit der Heiligen Schrift stehen.[658] Da sich die Ontologie auf das Konzept von Gott auswirkt,[659] werde ich mich im Folgenden Wilhelms Gotteslehre widmen. Zunächst werde ich einen kurzen Blick auf die göttlichen Attribute werfen, die für das Verhältnis von Gott und Welt wichtig sind. Hinsichtlich der Bestimmung dieser Attribute lässt sich ein Einfluss Avicennas auf Wilhelm ausmachen. Anschließend werde ich Wilhelms Erläuterungen zur Dreifaltigkeit Gottes eingehender analysieren, denn darin führt Wilhelm einen interessanten Dialog mit Avicenna, aus dem hervorgeht, wie bedeutsam die avicennische Seinslehre für das ontologische Gesamtsystem bei Wilhelm ist. Zudem baut Wilhelm Avicennas Theorie der Emanation in seine Trinitätslehre ein, wobei er Modifikationen vornimmt, wie ich aufzeigen werde.

4.2.1 Attribute Gottes als erstes Prinzip der Welt

Im Hinblick darauf, dass Gott das erste Prinzip der Welt ist, zählt auch bei Wilhelm die Einheit im Sinne der Einfachheit und Einzigkeit zu seinen wichtigsten Attributen. Vollkommen einfach zu sein, ist damit verknüpft, durch sich notwendig zu sein, wie wir im Kapitel zu Wilhelms Ontologie gesehen haben. Die Einfachheit betont Wilhelm auch im Rahmen

---

[654] Vgl. Wilhelm von Auvergne, *De trinitate* 6, S. 38, Z. 27–S. 40, Z. 68. Siehe dazu Teske, ‚William of Auvergne's Debt to Avicenna‘, S. 224–225.

[655] Zu Avicennas Gottesbeweis siehe Marmura, ‚Avicenna's Proof from Contingency‘.

[656] Vgl. Wilhelm von Auvergne, *De trinitate* 4, S. 32, Z. 72–S. 33, Z. 79. Siehe auch *Ex* 3,14: „dixit Deus ad Mosen ego sum qui sum ait sic dices filiis Israhel qui est misit me ad vos.“

[657] Vgl. Augustinus, *De trinitate* V, II, 3, CCL 50, S. 207, Z. 1–S. 208, Z. 17.

[658] Vgl. Davis, ‚Creation According to William‘, S. 58.

[659] Siehe dazu die Einleitung dieser Arbeit.

der Argumente, die er in *De universo* Ia-Iae anführt, um zu beweisen, dass es lediglich ein einziges erstes Prinzip der Welt geben kann.[660]

An späterer Stelle, im zehnten Kapitel von *De universo* IIa-IIae, charakterisiert Wilhelm das erste Prinzip wie folgt:

Ipsimet existimaverunt [sc. Aristoteles et omnes sequaces ejus] se declarasse sermonibus primum principium, quod rectissime nominaverunt necesse esse per se, non habere comparem et coaequaevum aliud et ejus esse incommunicabile omni modo et ipsum necesse esse per se nullo modorum praedicabile esse de multitudine. Proprium nomen vero, seu propria nominatio est, quam impossibile est naturaliter praedicari de multitudine, quare necesse esse per se est propria nominatio ipsius.[661]	Gleichfalls meinten sie [d. h. Aristoteles und alle seine Nachfolger], durch gelehrte Reden aufgezeigt zu haben, dass das erste Prinzip, das sie höchst richtig (*rectissime*) als durch sich notwendig Seiendes bezeichnet haben, nichts anderes Gleichrangiges und Gleichewiges hat und sein Sein auf keine Weise mitteilbar ist und dass das durch sich notwendig Seiende selbst auf keine Weise von einer Vielheit aussagbar ist. Sein Eigenname aber oder seine eigentümliche Bezeichnung ist das, was unmöglich auf natürliche Weise von einer Vielheit ausgesagt werden kann, weshalb ,durch sich notwendig Seiendes' seine eigentümliche Bezeichnung ist.

Zitat 4-6

Wilhelm fasst an dieser Stelle zusammen, auf welche Weise Aristoteles und dessen Nachfolger das erste Prinzip bestimmt haben. Er spricht ihnen nebenbei ein Lob dafür aus, das erste Prinzip höchst richtig (*rectissime*) als durch sich notwendig Seiendes bestimmt haben. Mit seinem Verweis auf die Peripatetiker bezieht sich Wilhelm, wie eingangs erwähnt, indirekt auf Avicenna, und die sich an das Lob anschließende Charakterisierung des notwendig Seienden orientiert sich tatsächlich stark an ihm, entspricht zugleich jedoch Wilhelms eigener Position. So finden sich in *De trinitate* ähnliche Beschreibungen in Kontexten, in denen Wilhelm seine eigene Lehre darlegt.[662] Die Attribute, die er anführt, stellen vor allem die Einzigkeit des durch sich notwendig Seienden heraus. Wie Avicenna betont Wilhelm, dass es nichts Gleichrangiges (*compar*) neben sich haben kann und dass sein eigentümliches Sein nicht mitteilbar (*incommunicabilis*) ist, was die absolute Individualität des notwendig Seienden noch einmal hervorhebt. Wilhelm, der die Prädikationslehre bereits herangezogen hat, um seine Ontologie zu entfalten, nimmt sie hier wieder auf, indem er anmerkt, dass es unmöglich ist, von mehreren Dingen auszusagen, sie seien ein durch sich notwendig Seiendes. Dies ist nicht nur faktisch ausgeschlossen, insofern lediglich ein einziges notwendig Seiendes aktuell existiert, sondern erweist sich darüber hinaus als logisch unmöglich. Bei Wilhelm wie bei Avicenna kann das durch sich notwendig Seiende also auf keinerlei Weise ein Universale werden,[663] denn bei beiden Autoren ist es „unmög-

---

[660] Zu den Argumenten und Avicennas Einfluss vgl. Teske, ,William of Auvergne and the Manichees'.
[661] Wilhelm von Auvergne, *De universo* IIa-IIae, 10, S. 853bA.
[662] Vgl. id., *De trinitate* 5, S. 34, Z. 19–21; 13, S. 80, Z. 44–47, und 44, S. 241, Z. 34–50.
[663] Zum Ausschluss des *commune* und *universale* für Gott siehe ibid., Kapitel 4.

lich, dass es [im Verstand] von mehreren Dingen ausgesagt wird"[664]. Wie Wilhelm im obigen Zitat betont, dient die Bezeichnung als *necesse esse per se* ausschließlich als Eigenname für Gott. Dies findet sich ähnlich in Avicennas *Metaphysik* I.7.[665]

Etwas dem notwendig Seienden Gleichewiges (*coaequaevum*) auszuschließen, wie es Wilhelm im obigen Zitat vornimmt, weist hingegen eine gewisse Ambivalenz auf. Diesbezüglich lässt sich eine wichtige Differenz zu Avicenna ausmachen: Auf der einen Seite möchte Wilhelm durch den Ausschluss vornehmlich betonen, dass kein zweites, gleichrangiges und gleichewiges Prinzip der Welt neben Gott existiert. In diesem Punkt stimmt er mit Avicenna überein. Während Avicenna in ähnlichem Kontext meist von *compar / coaequale / comitans* (*šārik / mukāfiʾ / mutakāfiʾ*) spricht,[666] führt Wilhelm in seinen Texten regelmäßig *compar* und *coaevum / coaequaevum / coaequum* in Kombination miteinander an, um sie für das durch sich notwendig Seiende zu negieren.[667] Dies richtet sich insbesondere gegen den Prinzipiendualismus der Katharer, die Wilhelm auch als Manichäer bezeichnet.[668] Ihre Theorie zweier entgegengesetzter erster Prinzipien – eines guten und eines schlechten – weist er mit scharfen Worten zurück. Dabei schließt er in *De trinitate* explizit etwas dem ersten Prinzip Entgegenstehendes (*contrarium*) aus.[669] In *De fide* führt Wilhelm die Einzigkeit (*solitudo seu singularitas nobilitatis*) als zweitwichtigsten Glaubensartikel nach der Existenz Gottes an[670] und geht in *De universo* sogar gleich zu Beginn des Werks gegen einen Prinzipiendualismus vor, was darauf hindeutet, wie dringend ihm dieses Anliegen ist. In den Kapiteln drei bis zehn argumentiert er ausführlich gegen ein zweites Prinzip der Welt, um die Einzigkeit Gottes zu verteidigen. Für die wissenschaftlich-rationalen Beweise (*rationes metaphysicae atque sapientales*), die Wilhelm vom dritten bis zum fünften Kapitel präsentiert und die den alltäglichen Beweisen (*rationes vulgatae*) gegenüberstehen, orientiert er sich unter anderem an Avicennas Beweisen für die Einzigkeit des *necesse esse per se* in *Metaphysik* I.6. Obgleich Wilhelm Avicennas Argumente anders als Gundisalvi

---

[664] Ibn Sīnā, *al-Ilāhiyyāt* V.1, S. 149, Z. 3–4; ed. Van Riet, S. 228, Z. 20–21: „universale est id quod in intellectu non est impossibile praedicari de multis." Ähnlich ibid. V.1, S. 148, Z. 12; ed. Van Riet, S. 227, Z. 12–14: „dicitur etiam universale intentio quam nihil prohibet opinari quin praedicetur de multis."

[665] Vgl. ibid. I.7, S. 38, Z. 1–2; ed. Van Riet, S. 54, Z. 38–41: „Sed quia necesse esse unum est in nomine (*bi-l-kulliyya*, eigentlich: in der Gesamtheit), non sicut species sub genere, et unum est numero, non sicut individua sub specie, sed est intentio quae designat illud tantum suo nomine, in cuius esse nihil aliud sibi communicat."

[666] Siehe dazu Kapitel 2.2.1 dieser Arbeit.

[667] Vgl. vor allem Wilhelm von Auvergne, *De trinitate* 5, S. 35, Z. 19–22; 13, S. 80, Z. 45–46; 44, S. 238, Z. 35–36, und 44, S. 241, Z. 34–35.

[668] Zu den Katharern siehe Fn. 438. Laut Teske führt Wilhelm die Katharer wegen ihres absoluten Dualismus auf die spätantike religiöse Gruppierung der Manichäer zurück, die er von Augustinus her kennt. Über beide Gruppierungen hat Wilhelm nur oberflächliches, teils falsches Wissen. Wichtigstes Kennzeichen der Manichäer ist für ihn der von ihnen vertretene Prinzipiendualimus, den er strikt ablehnt. Vgl. Teske, ,William of Auvergne and the Manichees', S. 82–85. Siehe außerdem Bernstein, ,William of Auvergne and the Cathars'.

[669] Siehe bspw. Wilhelm von Auvergne, *De trinitate* 5, S. 34, Z. 18–21: „Quanta igitur caecitate duo principia proposuerunt erronei et imbecilles, inde iam clarere potest. Iam enim ostendimus, quod eius esse solitarium est per modum omnem, et quoniam non est ei compar aut coaevum aliud, et quoniam non est ei contrarium."

[670] Vgl. id., *De fide* 3, S. 13aG–bH.

nicht eins zu eins wiedergibt, benutzt er in seiner Argumentation ebenfalls die Konzepte des *necesse esse* und *possibile esse*.[671]

Indem sie Gott etwas Gleichewiges absprechen, sichern die lateinischen Denker nicht nur den Prinzipienmonismus, sondern schließen auf der anderen Seite aus, dass es in der extramentalen Wirklichkeit ewige Geschöpfe geben kann. Hier brechen sowohl Gundisalvi als auch Wilhelm und Heinrich von Gent mit Avicenna, dem zufolge es sehr wohl ewige nicht-göttliche Dinge gibt: die Welt als Ganzes in ihrer Grundstruktur, das heißt alle himmlischen Substanzen sowie der supralunare Bereich als solcher. Ihre Ewigkeit impliziert nach Avicenna keineswegs, dass diese Entitäten unverursacht sind. Dennoch erweist sich die Ewigkeit der Welt als einer der größten Streitpunkte zwischen Avicenna und den lateinisch-christlichen Autoren. Auch Wilhelm diskutiert dieses Thema und greift Avicenna an, wie ich in Kapitel 4.3.2 erläutern werde. Für ihn ist es vor allem aus Gründen der göttlichen Freiheit undenkbar, ewige Geschöpfe anzunehmen. Er schätzt Ewigkeit als rein göttliches Prädikat ein und geht sogar so weit, Gott als die Ewigkeit selbst zu bestimmen.[672] Darüber hinaus verknüpft er im elften Kapitel von *De universo* IIa-Iae Ewigkeit explizit damit, durch sich notwendig zu sein:

… quare sicut necessitas per se non invenitur nisi in uno solo, quod est creator benedictus, ita aeternitas sive antiquitas non invenitur nisi in eodem.[673]	… denn wie die Notwendigkeit durch sich ausschließlich in einem Einzigen aufgefunden wird, das der gepriesene Schöpfer ist, so wird die Ewigkeit (*aeternitas sive antiquitas*) ausschließlich in demselben aufgefunden.

Zitat 4-7

Die wechselseitige Implikation von Ewigkeit und Notwendigkeit würde Avicenna wiederum ablehnen, da in seinem Modell Ewiges auch durch anderes notwendig sein kann. An diesem Punkt der Analyse ist auf Folgendes hinzuweisen: Sowohl der Ausschluss eines Gleichewigen als auch die anderen angesprochenen Attribute treffen bei Wilhelm und Avicenna in Hinsicht auf das göttliche Wesen zu. Die göttlichen Personen sind allerdings gesondert zu behandeln, obgleich jede von ihnen Gott ist. Nicht alle Attribute des göttlichen Wesens sind auf sie übertragbar. Dies zeigt sich in einer Gegenüberstellung, die Wilhelm im letzten Kapitel von *De trinitate* vornimmt. Hier charakterisiert er das göttliche Wesen auf ähnliche Weise wie in Zitat 4-6.[674] Danach führt er eine Beschreibung der göttlichen Personen an, bei der er die Termini *compar* und *coaequaevum* ebenfalls verwendet.[675] Dabei tritt zutage, dass der in Bezug auf das göttliche Wesen formulierte Ausschluss eines Gleichrangigen und Gleichewigen auf die drei göttlichen Personen nicht zutrifft. Da sie alle

---

[671] Siehe vor allem id., *De universo* Ia–Iae, Kapitel 3 und 5. Laut Teske zeigen die Argumente gegen die Manichäer gut, wie sehr sich Wilhelm Elemente von Avicenna zu eigen macht, vgl. Teske, ‚William of Auvergne and the Manichees‘, S. 82.

[672] Vgl. Wilhelm von Auvergne, *De universo* IIa-Iae, 1, S. 685bD: „Dico igitur, quia aeternitas non est nisi esse creatoris, aut creator ipse.“

[673] Ibid. IIa-Iae, 11, S. 697aD.

[674] Vgl. Wilhelm von Auvergne, *De trinitate* 44, S. 241, Z. 34–44.

[675] Vgl. ibid. 44, S. 241, Z. 50–53: „Persona vero est, quae necessario habet et compar, et coaequaevum, et simile similitudine prima et summa, et aequalitate prima et summa, quae necessario aut de alia est aut alia de illa.“

gleichermaßen der eine ewige Gott sind, sind sie gleichrangig zueinander [676] und gleichewig. Dies bekräftigt Wilhelm an diversen Stellen des Werks. [677] Zudem weisen alle drei Personen eine Gemeinschaft des einen göttlichen Wesens auf; nicht mitteilbar (*incommunicabilis*) ist lediglich das jeweilige eigentümliche Personsein, wie ich im folgenden Kapitel erklären werde. Auch damit wendet sich Wilhelm unter anderem gegen die Katharer, die den Sohn und Heiligen Geist dem Vater subordinieren. Gegen diese Position wird im Vierten Laterankonzil (1215) festgehalten, dass die drei Personen wesensgleich (*consubstantiales*), gleichartig (*coaequales*), gleich allmächtig (*coomnipotentes*) und gleichewig (*coaeterni*) sind. [678]

An der gerade erläuterten Gegenüberstellung von göttlichem Wesen und göttlichen Personen zeichnet sich eine typische Vorgehensweise Wilhelms ab, die er bei der Rezeption der avicennischen Lehre an den Tag legt und die in den nächsten Kapiteln dieser Arbeit noch deutlicher hervortreten wird: Obwohl Avicenna die Trinität nicht thematisiert, transferiert Wilhelm Avicennas Begrifflichkeiten und Teile seiner Lehre auf diesen Bereich der göttlichen Wirklichkeit. Hierzu lässt sich Folgendes konstatieren: Auf der einen Seite überträgt Wilhelm Theorien zu Gott und Welt, denen er bei Avicenna ablehnend gegenübersteht, auf den trinitarischen Bereich und wendet sie dort aktiv an. Ein Beispiel hierfür ist Avicennas Theorie der ewigen Emanation aus einem ersten, einfachen Prinzip. Auf der anderen Seite sieht sich Wilhelm gezwungen, für den trinitarischen Bereich manche der eigenen Positionen zu relativieren, die er zuvor von Avicenna übernommen hat und in Bezug auf das göttliche Wesen anerkennt. Ein Beispiel für diesen Fall ist der gerade besprochene Ausschluss eines Gleichrangigen, der zwar für das göttliche Wesen gilt, für die göttlichen Personen aber aufgehoben ist. Während Wilhelm im ersten Fall avicennische Theorien im innertrinitarischen Bereich wie selbstverständlich anwendet, gerät er im zweiten Fall in eine gewisse Erklärungsnot, die er aber offensiv angeht, wie sich im Folgenden herausstellen wird.

4.2.2 Trinität

Aus dem bisher Dargestellten geht hervor, dass sich Avicennas Konzept des *necesse esse per se* sehr gut mit dem christlichen Gottesbegriff vereinbaren lässt. Dies kann wie bei Gundisalvi und Heinrich von Gent als einer der Gründe für die Übernahme von Avicennas modaler Ontologie gewertet werden. Wilhelm von Auvergne orientiert sich stark an Avicenna, wenn es darum geht, Gott als durch sich notwendig Seiendes zu bestimmen, von dem alles

---

[676]   Vgl. ibid. 21, S. 114, Z. 21–24: „Quia igitur non minor est primi et altissimi patris benignitas sive bonitas, quam eiusdem fecunditas, necessario non minor erit amor sive gratia et primum donum ab ipso procedens, quam eius partus."

[677]   Vgl. bspw. ibid. 15, S. 96, Z. 97–98: „Quare aeterna est prima generatio et coaeternus aeterno patri primus filius" und *De universo* Ia-Iae, 21, S. 617aA: „verbo autem primo etiam aggregatim et sigillatim … omnia dixit ab aeterno primus locutor."

[678]   Vgl. Denzinger, *Enchiridion*, Nr. 800: „Firmiter credimus et simpliciter confitemur, quod unus solus est verus Deus, … Pater et Filius et Spiritus Sanctus: tres quidem personae, sed una essentia, substantia seu natura simplex omnino: Pater a nullo, Filius a Patre solo, ac Spiritus Sanctus pariter ab utroque: absque initio, semper ac sine fine: Pater generans, Filius nascens, et Spiritus Sanctus procedens: consubstantiales et coaequales et coomnipotentes et coaeterni: unum universorum principium." Laut dem Editor richtet sich diese Deklaration gegen die Albigenser und Katharer.

andere Seiende abhängt. Mit ähnlichem Nachdruck wie Avicenna betont er die Attribute der Einzigkeit (*singularitas*) und Einfachheit (*simplicitas*). Er folgt ihm hier mit voller Überzeugung, muss sich aber, was die Trinität anbelangt, von ihm entfernen. Dies empfindet Wilhelm jedoch nicht wirklich als Bruch mit Avicenna. Vielmehr schätzt er sein Einbinden einer neuen ontologischen Ebene, nämlich der der trinitarischen Personen, als eine systematische Erweiterung der philosophischen Ontologie ein. Diese Möglichkeit der Erweiterung nicht gesehen oder nicht für möglich gehalten zu haben, wirft er den Muslimen (*gens Arabum*) freilich vor und damit Avicenna.[679] Trotzdem hält Wilhelm auch in diesem genuin christlichen Kontext an den ontologischen Grundlagen fest, die er mit Avicenna erworben hat. Hieraus erhellt einerseits, wie ernst er dessen Ansatz nimmt, andererseits, wie sehr er sich um ein rational strukturiertes Gesamtsystem der Wirklichkeit bemüht. Die Erweiterung, die ich im Folgenden ausführlich analysieren werde, ist für Wilhelm unausweichlich, da er in seinem Modell zu einem genuin christlichen Problem Stellung beziehen muss: Wenn man die Einfachheit und Einzigkeit Gottes betont,[680] bleibt man als christlicher Denker eine Erklärung schuldig, wie Gott dennoch dreifaltig sein kann. Dass Gott einer und zugleich drei ist, ist das zentrale Faktum der Trinitätstheologie.[681] Wenn die Gelehrten dies zu erklären versuchen, geht es ihnen allerdings nicht darum, das Glaubensmysterium der Trinität demonstrativ zu beweisen. Vielmehr möchten sie zeigen, dass die Trinität zumindest nicht gegen die Vernunft verstößt und sogar sehr gut rational konstruiert werden kann. Dies aufzuzeigen, stärkt die christliche Position. In den trinitätstheologischen Debatten geht es unter anderem darum, den ontologischen Status der göttlichen Personen zu klären und deren Verhältnis sowohl untereinander als auch zu Gott als solchem zu bestimmen. Hierzu zieht Wilhelm interessanterweise Überlegungen heran, die bei Avicenna nicht die innergöttlichen Strukturen, sondern das Verhältnis von Gott und Welt betreffen, wie im Folgenden gezeigt werden soll. In *De fide* nennt Wilhelm neben dem Sein und der Einzigkeit Gottes die Trinität als dritten grundlegenden Glaubensartikel.[682] Hier verweist er auf die rationalen Argumente, die er in *De trinitate* für einen Glauben an die Trinität angeführt hat. Trinität ist für Wilhelm folglich kein reines Mysterium, sondern zumindest gelehrten Personen bis zu einem gewissen Grade rational zugänglich.[683]

---

[679] Vgl. Wilhelm von Auvergne, *De universo* Ia-Iae, 26, S. 621bA–B: „et hujusmodi generationis revelatione atque notitia sola gens Christianorum gloriatur et vocat hunc intellectum genitum secundum leges suas et alias scripturas suas sapientiam genitam et artem ac verbum Dei. Et haec est altissima profunditas, ad quam nec gens Hebraeorum attigit, nisi forte in paucis sanctis ac sapientibus suis, videlicet Prophetis eorum et si qui alii hoc a Prophetis acceperunt. Gens vero Arabum secundum communitatem suam istum nondum novit, immo juxta errorem, quo seducta est, hoc esse possibile contradicit." Ibn Gabirol (hier: Avicembron) ist von der Kritik ausgenommen, wie Wilhelm direkt im Anschluss an das Zitat erwähnt. Er lobt ihn dafür, ausführlich über das Wort Gottes, das alles bewirkt (*de verbo Dei agente omnia*), geschrieben zu haben, und ist der Meinung, man könne ihn trotz des offensichtlich arabischen Hintergrunds für einen Christen halten. Vgl. ibid. Ia-Iae, 26, S. 621bB.

[680] Das Hauptproblem ist das Attribut der Einfachheit, das einer inneren Vielfalt Gottes entgegensteht. Aber auch die Einzigkeit Gottes verlangt nach Rechtfertigung, wenn man die drei Personen jeweils als Gott versteht.

[681] Vgl. Friedman, ‚Medieval Trinitarian Theology', S. 197.

[682] Vgl. Wilhelm von Auvergne, *De fide* 3, S. 13aG–bH.

[683] Vgl. ibid. 3, S. 13bH: „Et attende diligenter, quia aliquatenus incepimus aperire tibi viam, qua cognoscitur, quae necessitas nos urgeat et arctet de credenda trinitate personarum." Dieser Aussage stellt Wilhelm den allgemeinen Hinweis voran, dass ein gelehrter Mensch (*vir sapiens*) bewusster glaubt als ein intellektuell

Zur Problematik des vollkommen einfachen und zugleich dreifaltigen Gottes bietet Wilhelm von Auvergne folgenden Lösungsansatz an:

Amplius, in eo quod est unum et simplex per omnem modum, in ultimo unum, multitudinem non est reperire, multitudinem dico essentialem, quia est reperire multitudinem aliam, quam verbis sibi congruentibus vocamus personalem, quam et stabiliemus in sequentibus unitione essentiali.[684]	Des Weiteren kann man in demjenigen, das auf jegliche Weise eines und einfach ist, [also] im äußersten Sinne eines, keinesfalls Vielheit finden. Ich meine essenzielle Vielheit, denn eine andere Vielheit kann man [sehr wohl] finden. Mit ihr entsprechenden Worten nennen wir sie personale [Vielheit], die wir im Folgenden auch innerhalb der essenziellen Vereinigung verankern werden.

Zitat 4-8

Mit dieser These führt Wilhelm im vierten Kapitel von *De trinitate* in seinen bis dahin philosophisch-metaphysisch argumentierenden Text die christliche Trinitätslehre ein, die er an dieser Stelle allerdings nicht weiter entfaltet. Im Zitat versucht er, dem genannten Konflikt zwischen Einfachheit und Dreifaltigkeit zu entkommen, indem er zwei ontologische Ebenen in Gott unterscheidet: die personale und die essenzielle. Dieser Ausweg ist recht gängig, was Probleme angeht, die in Zusammenhang mit der Trinitätslehre auftreten.[685] Heinrich von Gent wird ebenfalls darauf zurückgreifen.[686] Obgleich Wilhelm die personale Ebene innerhalb der essenziellen verortet,[687] sind beide separat zu halten. Auf jeder Ebene gelten eigene Regeln, welche die Regeln der jeweils anderen Ebene nicht außer Kraft setzen. Damit sollen beide Ebenen auf eine Weise miteinander vereinbar sein, dass man Gott beide gleichermaßen ohne Konflikt zuordnen kann. Nimmt man Gott, insofern er Gott ist, in den Blick, so betrifft dies nur die essenzielle Ebene. Hier weist Wilhelm Gott genau die Attribute zu, die er als *necesse esse per se* besitzt: Er ist ein einziger und vollkommen einfach, ohne irgendeine denkbare Art von Vielheit in sich zu tragen. Die wesentliche Disposition, vollkommen einfach zu sein, hat nach Wilhelm trotz der Annahme Bestand, dass auf der personalen Ebene Vielheit in Form von Dreiheit erlaubt, ja sogar unbedingt anzunehmen ist. Diese Vielheit konfligiert jedoch nicht mit der Einfachheit Gottes, denn sie betrifft Gott nicht, insofern er Gott ist. Da die Ebenen für sich stehen, ist für Wilhelm personale Vielheit mit essenzieller Einheit vereinbar, ohne das einfache Wesen Gottes zu gefährden. Gegen eventuelle Einwände, die man aus philosophischer Sicht erheben würde, betont Wilhelm vorweg, dass Gott durch die Trinität keine Dreiteilung in dem Sinne erfährt, dass er als Kompositum zu verstehen wäre, das aus den drei Personen zusammengesetzt ist. Auch fällt das eine göttliche Wesen niemals unter etwas Allgemeines (*commune*), sodass die drei Personen als drei Teile einer Definition Gottes zu verstehen wären und als Gattung (*genus*), Art (*species*) und Differenz fungieren würden. Auch ist Gott streng der

---

weniger begabter Mensch (*vir simplex*), vgl. ibid. 2, S. 12bC–D. Vgl. hierzu auch Teskes Einleitung zu Wilhelm von Auvergne, *Selected Spiritual Writings*, S. 16–17.

[684]   Wilhelm von Auvergne, *De trinitate* 4, S. 27, Z. 20–24.

[685]   Im Text des Vierten Laterankonzils klingt dies ebenfalls an: „Haec sancta Trinitas, secundum communem essentiam individua, et secundum personales proprietates discreta", Denzinger, *Enchiridion*, Nr. 800.

[686]   Siehe Kapitel 5.2 dieser Arbeit.

[687]   Jede Person ist gleichermaßen der eine Gott; die Personen teilen sich also das eine göttliche Wesen.

Zahl nach (*unum numero*) einer und es ist völlig ausgeschlossen, dass er als dem Begriff nach eines (*unum ratione*) aufgefasst wird im Sinne einer Gattung, die mehrere Arten unter sich fasst, oder im Sinne einer Art, die in einer Mehrzahl von Individuen instanziiert wird. Somit können die Personen weder als drei substanziell verschiedene Individuen unter der Art Gott verstanden werden, noch als drei Götter oder drei göttliche *species*, die unter das *genus* Gott fallen.[688] Keine der aufgeführten Folgen, die aus inkorrekten Auslegungen der Trinität resultieren würden, sind nach Wilhelm zu befürchten. Die aufgeführten Arten von Vielheit schließt Wilhelm für das göttliche Wesen aus.[689] Allein schon die Tatsache, derartige Bedenken zu äußern, zeugt in Wilhelms Augen von Unverständnis. Seiner Ansicht nach bringt man derlei Einwände nur dann vor, wenn man fälschlicherweise davon ausgeht, die Trinität sei unter eine der üblichen Arten von Vielheit einzuordnen, die in philosophisch-metaphysischen Abhandlungen diskutiert werden: sei es quantitative Vielheit (real-numerische oder kompositorische), Vielheit dem Begriff nach (im Sinne einer Universalie) oder logisch-definitorische Vielheit (Gattung, Art, Differenz). Diese drei Arten der Vielheit lassen sich nicht zugleich mit Gottes Einfachheit und Einzigkeit annehmen; die trinitarische, personale Vielheit Gottes hingegen sehr wohl. Sie ist, so lässt sich aus Wilhelms Ausführungen folgern, eine völlig andersartige Vielheit. Und wie wir in Zitat 4-17 noch sehen werden, empört sich Wilhelm lautstark darüber, dass die Philosophen – und damit auch Avicenna – nicht beachtet hätten, dass es eine besondere Form der Verursachung gibt, die diese spezielle Vielheit bewirkt, die mit dem vollkommen einfachen einen Gott vereinbar ist. In *De trinitate* bindet Wilhelm diese neue Art der Vielheit wie selbstverständlich in seine metaphysische Analyse ein, gleichsam als sei sie ein folgerichtiger Bestandteil der ontologischen Untersuchungen und dürfe unter dem Gesichtspunkt der systematischen Vollständigkeit nicht vernachlässigt werden. Obwohl die Trinität ein Glaubensgegenstand ist,[690] versucht Wilhelm weiterhin, seine Ausführungen metaphysisch-rational zu gestalten und so ein in seinen Augen kohärentes Gesamtsystem der Wirklichkeit zu entwickeln. Im letzten Kapitel von *De trinitate* geht er sogar so weit, Gott *expressis verbis* Vielheit zuzusprechen, kann aber voraussetzen, dass sein Leser nach der Lektüre des Werks diese Zuschreibung richtig zu einzuordnen weiß. Für Avicenna hingegen wäre eine solche Aussage undenkbar.

> Wilhelm von Auvergne: Denn jede Vielheit, die von Gott ausgesagt wird, ist personal und jede Einzigkeit (*singularitas*), die von den drei Personen aussagbar ist, ist essenziell. Auf keine Weise ist Gott nämlich mehrere, außer auf personale Weise, auf keine Weise ist er einer, außer auf essenzielle.[691]

---

[688] Vgl. Wilhelm von Auvergne, *De trinitate*, Kapitel 4.

[689] Vgl. ibid. 44, S. 230, Z. 97–5: „Si enim intelligunt principium per intentionem eius absolutam, necessario intelligunt ipsum purum, spoliatissimum esse simplexin ultimo esse, aut spoliatissimum, simplicissimum, quod dividi quolibet modo impossibile est. Non enim resolubile est in simpliciora et nudiora, cum ipsum sit spoliatum et simplex in ultimo, nec in particularia, cum huiusmodi divisio per adunationem necessario fiat, dividentia enim necessario abundant ab ipso diviso." Zu Avicenna siehe Fn. 665.

[690] Vgl. bspw. ibid. 44, S. 242, Z. 70–73: „quoniam necesse est primum principium et unum esse et primae in se multiplicationis, et primo et aeternaliter multiplicasse se in se per modum, quem fides sacra praescribit, hoc est, per generationem et spirationem."

[691] Ibid. 44, S. 233, Z. 95–98: „Quare omnis pluralitas, quae de Deo praedicatur, personalis est et omnis singularitas de tribus personis praedicabilis essentialis est. Nullo quippe modo Deus est plures, nisi personaliter, nullo modo est unus, nisi essentialiter."

Avicenna: Du weißt aber, dass, obwohl wir gesagt und [sogar] bewiesen haben, dass das notwendig Seiende auf keine Weise vervielfältigt wird und sein Wesen rein eines ist, auf reinste Weise wahr, wir darunter nicht verstehen, dass von ihm alle Dinge, die existieren, entfernt werden sollen und dass er keine Beziehungen hätte zu den Dingen, die existieren.[692]

Zitat 4-9

Wilhelm legt in der zitierten Passage eine differenzierte Sichtweise an den Tag, was das Prädikat der Einzigkeit angeht. Pluralität in Gott lehnt er nicht generell ab, sondern weist darauf hin, dass sie ihm zukommen kann – allerdings ausschließlich mit Bezug auf die trinitarischen Personen. Die Einzigkeit Gottes hat daneben Bestand, freilich nicht auf personaler Ebene,[693] sondern in Bezug auf das Wesen: Es kann nur einen einzigen Gott geben. Auch andere Prädikate hält Wilhelm unter Berücksichtigung der Trinitätstheorie nicht für absolut. Damit bricht er mit Avicenna, an dem er sich bezüglich der Gottesprädikate eigentlich stark orientiert. In dieser Hinsicht ist vor allem Kapitel 28 von *De trinitate* relevant. Dort geht Wilhelm auf die personalen Differenzen ein, die sich im eigentlich vollkommen einfachen göttlichen Wesen finden.

Anders als Wilhelm weist Avicenna Vielheit in Gott absolut zurück: Gottes Wesen ist ein einziges und vollkommen einfach. In ihm lassen sich keine Aspekte oder Ebenen finden, bezüglich derer man ihm Vielheit zusprechen könnte.[694] Eine personale Ebene einzuführen, die Ausnahmen erlaubt, würde er mit Sicherheit als inkonsequent missbilligen. Wilhelm erkennt diese Ebene als eigenen Teil der Wirklichkeit an und weist den Entitäten, die sich dieser Ebene zuordnen lassen, eine eigene Art des Seins zu, die verbunden ist mit einer eigenen Art der Differenz, Vielheit und Verursachung, wie aus den folgenden Ausführungen hervorgehen wird.[695]

Obwohl die Meinungen von Avicenna und Wilhelm zur Möglichkeit von Trinität auseinandergehen, bedient sich Wilhelm bei Avicenna, um den Glaubensartikel der Trinität rational zu untermauern. Er hält dabei an der modalen Ontologie fest und greift interessanterweise auf Avicennas *ex-uno*-Regel zurück, die er andererseits vehement ablehnt, wenn sie als kosmogonische Regel eingesetzt werden soll, um den Hervorgang der Welt aus Gott zu beschreiben.[696] Im Bereich der Trinität dient ihm die Regel jedoch dazu, zwei

---

[692] Vgl. Ibn Sīnā, *al-Ilāhiyyāt* VIII.4, S. 273, Z. 12–14; ed. Van Riet, S. 398, Z. 65–69: „Scias autem quod, cum nos dixerimus et probavimus quod necesse esse nullo modo multiplicatur et quod essentia eius est pure una, purissima vera, non intelligimus per hoc quod ab ipso removeantur omnia quae sunt et quod non habeat relationes ad ea quae sunt."

[693] Außer in der Form, dass es jede der drei Personen nur ein einziges Mal geben kann.

[694] Auch die Tatsache, dass Gott in Relation zu den Dingen steht, die von ihm verursacht werden, bedeutet keine Vielheit in Bezug auf ihn selbst. Denn die Relationen sind Gott vollkommen äußerlich und nachgeordnet, wie Avicenna im Anschluss an das Zitat aus Fn. 692 klarstellt. Vgl. ibid. VIII.4, S. 273, Z. 14–18; ed. Van Riet, S. 398, Z. 69–77. Die lateinischen Denker sehen dies ähnlich.

[695] Die Art der Differenz, die Wilhelm einführt, ist die personale (*personalis*); analog dazu ist die Vielheit, die im innergöttlichen Bereich erlaubt ist, die personale Vielheit. Als neue Art der Verursachung präsentiert Wilhelm die nach innen gerichtete Verursachung (*causatio effectiva intima*).

[696] Ihre Anwendung auf Gottes Wirken *ad extra* unterzieht er in *De universo* einer ausführlichen Kritik, siehe dazu Kapitel 4.3.2 dieser Arbeit.

der wichtigsten Fragen der Trinitätstheologie zu klären,[697] die sich auf personaler Ebene stellen:

1. Wie kann rational verstanden werden, dass den beiden real unterschiedlichen Personen Gott-Vater und Gott-Sohn ein und dasselbe göttliche Wesen zukommt und sie damit gleichermaßen in vollem Umfang der eine, einzige Gott sind? (Wesensgleichheit)

2. Wie kann man rational begründen, dass der Sohn eingeboren beziehungsweise einziggeboren (*unigenitus*)[698] ist und es nicht zwei oder mehrere Söhne in Gott gibt? (Einziggeborensein)

Analoge Fragen stellen sich für die dritte Person, den Heiligen Geist. Im Rahmen dieser Arbeit sind jedoch nur Wilhelms Ausführungen bezüglich des Sohns relevant, da sich hier Bezüge zu Avicenna ausmachen lassen. Obwohl Jean Jolivet zurecht davor warnt, sogleich an Avicenna zu denken, wenn bezüglich der Trinität die Rede davon ist, eines bringe eines hervor,[699] wird sich im Folgenden erweisen, dass bei Wilhelm tatsächlich ein Einfluss von Seiten Avicennas vorliegt.

Um die zweite Frage zu beantworten, wendet Wilhelm in Kapitel 19 von *De trinitate* die *ex-uno*-Regel in ihrer von Avicenna her bekannten quantitativen Lesart an.[700] Im Gegensatz dazu zieht Wilhelm die Regel in Kapitel 14 in der vor mir so benannten essenziellen Lesart heran. Hierbei handelt es sich um eine abgewandelte, ja sogar verschärfte Lesart, die sich nicht bei Avicenna selbst findet. In dieser Lesart vermag Wilhelm eine Antwort auf die erste Frage zu geben, die nach einer Begründung der Wesensgleichheit sucht. Beide Lesarten und ihre Anwendung sollen im Folgenden erklärt werden. Um Wilhelms Gebrauch der Regel nachvollziehen zu können, muss man sein Verständnis von Emanation besprechen, das sich von Avicennas Verständnis absetzt. In diesem Rahmen werde ich aus inhaltlich-argumentativen Gründen bereits auf erste Kritikpunkte eingehen, die Wilhelm gegen Avicennas Emanationsmodell vorbringt, wenngleich das aktuelle Kapitel dem Bereich der Theologie zugeordnet ist und die Kritikpunkte eigentlich die Kosmogonie betreffen.

---

[697] Zur Darstellung der Probleme der Trinitätstheologie im lateinischen Westen siehe Friedman, *Intellectual Traditions*, Bd. 1, v. a. S. 1–43.

[698] Aus Gründen der begrifflichen Klarheit bevorzuge ich es, den lateinischen Terminus *unigenitus* im Deutschen als ‚einziggeboren‘ anstelle von ‚eingeboren‘ wiederzugeben – das Präfix ‚ein-‘ lässt sich nämlich auch als ‚hinein-‘ verstehen. Die Entscheidung für ‚einziggeboren‘ trifft auch Hünermann in seiner deutschen Übersetzung der kirchlichen Texte in Denzinger, *Enchiridion*. Siehe bspw. ibid., Nr. 801.

[699] Vgl. Jolivet, ‚The Arabic Inheritance‘, S. 131.

[700] Diese Lesart zielt darauf ab, dass die Wirkung aus dem Einen der Zahl nach eins ist (*unum numero*), siehe dazu Kapitel 2.3.1. Teske erklärt zwar, dass Wilhelm Avicennas Regel verwendet, um zu zeigen, dass es nur einen einzigen göttlichen Sohn geben kann, verweist aber auf Kapitel 14, nicht 19. Vgl. Teske, ‚William of Auvergne’s Use of Avicenna’s Principle‘, S. 114–119. Das Thema von Kapitel 14 ist jedoch noch nicht die Theorie des einziggeborenen Sohns. Vielmehr beabsichtigt Wilhelm hier, zu zeigen, wie Trinität überhaupt sinnvoll gedacht werden kann. Dazu erläutert er, auf welche Weise die ersten beiden Personen das göttliche Wesen gemeinsam haben, was Teske in der Einleitung zu seiner englischen Übersetzung von *De trinitate* sogar anmerkt, vgl. Wilhelm von Auvergne, *The Trinity*, S. 25. Die beiden großen Themen von Kapitel 14 bis einschließlich 19 fasst Wilhelm zu Beginn von Kapitel 20 wie folgt zusammen: „Et huc usque quidem de primogenitore et primogenito, quod communicant necessario essentiam altissimam, suadere studuimus, et quod ipse primogenitus unigenitus etiam est genitori suo primo et ipsi necessario sunt prima dualitas per modum, quo eis congruit esse duos", id., *De trinitate* 20, S. 111, Z. 20–23.

4.2.2.1 Verwendung der *ex-uno*-Regel zur Begründung der Wesensgemein- schaft zwischen Vater und Sohn (essenzielle Lesart: *unum essentia*)[701]

Die Problematik der Dreieinigkeit Gottes, das heißt, die Frage danach, ob und wenn ja, auf welche Weise sich die drei göttlichen Personen das eine göttliche Wesen teilen, ist eine der schwierigsten Kernfragen der Trinitätsdebatte. Bezüglich Vater und Sohn stellt sich die konkrete Frage: Wie können beide jeweils in vollem Umfang der eine einzige Gott sein, sich zugleich jedoch voneinander unterscheiden, aber dies weder im Hinblick auf ihre Substanz noch lediglich rational?[702] Dieses Problem beschäftigt die Theologen bereits seit dem Auf- kommen der Trinitätslehre im zweiten / dritten Jahrhundert und regte im Laufe der Ge- schichte zu hitzigen Debatten an.[703] Der Streit um die Wesensgleichheit fand beispielsweise am 13. Januar 1241 in Paris in der Verurteilung von zehn Irrtümern Erwähnung, die, so wurde deklariert, der theologischen Wahrheit (*theologica veritas*) entgegenstünden.[704] Als zweiter Irrtum wird die These genannt, dass zwar alle trinitarischen Personen ein Wesen gemeinsam haben, die Form des Heiligen Geistes sich aber von der Form unterscheidet, die sich Vater und Sohn teilen. Die Kommission, bestehend aus dem Pariser Kanzler und den Magistern der theologischen Fakultät, weist diese Position zurück. Stattdessen betont sie, dass sich alle göttlichen Personen ein Wesen (*essentia*) und eine Substanz (*substantia*) teilen und das Wesen dasselbe sei in Bezug auf die Form (*ratione formae*).[705] Das Dokument, in dem die Verurteilung festgehalten wurde, nennt Wilhelm von Auvergne in seiner Funktion als Bischof von Paris (*Wilhermus episcopus*).[706] Inwieweit er aktiv an der Verurteilung be- teiligt war, ist allerdings nicht klar. Jedoch war er sicherlich über die Entscheidungen infor- miert. In seinem Werk *De trinitate*, das er bereits 1223 verfasst hatte, also lange vor der Verurteilung, widmet er sich eingehend dem Thema der Gemeinschaft des Wesens (*essen- tia*) beziehungsweise der Substanz (*substantia*) der trinitarischen Personen. Um den Ein- fluss Avicennas auf Wilhelms Bearbeitung dieser Frage einordnen zu können, bedarf es einer kurzen Erläuterung der Problematik bei Wilhelm.

---

[701] Die folgenden Ausführungen finden sich ähnlich, jedoch in strafferer Form in meinem Artikel ‚Avicenna's ›ex-uno‹-Principle'.

[702] Würden sie sich bezüglich der Substanz unterscheiden, wären sie drei verschiedene Götter. Wären sie hinge- gen nur rational verschieden, wären sie in Wirklichkeit identisch, was Absurditäten zur Folge hätte, insbeson- dere für die Christologie.

[703] Vgl. Friedman, *Intellectual Traditions*, S. 2–3.

[704] Den einzelnen Thesen dieser Verurteilung sowie den Ursachen und Einflüssen widmet sich Deborah Grice ausführlich in ihrer Monographie *Church, Society and University*. Zu Avicenna siehe ibid., S. 70–75.

[705] Vgl. Denifle/Chatelaine, *Chartularium*, Bd. 1, Nr. 128: „*Secundus*, quod licet divina essentia una sit in Patre et Filio et Spiritu Sancto, tamen ut in ratione forme una est in Patre et Filio, sed non una in hiis cum Spiritu Sancto, et tamen forma hec idem sit quod divina essentia. Hunc errorem reprobamus, firmiter enim credimus, quod una est essentia sive substantia in Patre et Filio et Spiritu Sancto et eadem essentia in ratione forme." Siehe dazu auch Grice, *Church, Society and University*, S. 34–35 und 136–140.

[706] Er wird im Rahmen des ersten Artikels als derjenige angeführt, durch dessen Autorität die Vertreter dieser Position exkommuniziert werden: „*Primus* [error], quod divina essentia in se nec ab homine nec ab angelo videbitur. Hunc errorem reprobamus et assertores et defensores auctoritate Wilhermi episcopi excommuni- camus", Denifle/Chatelaine, *Chartularium*, Bd. 1, Nr. 128. Siehe dazu auch Masnovo, *Da Guglielmo d'Au- vergne*, Bd. 2, S. 72.

4.2.2.1.1 Darstellung der Problematik

Wie genau die personale Vielheit zu denken und ontologisch einzuordnen ist, führt Wilhelm von Auvergne in *De trinitate* ab Kapitel 14 aus. Dort stellt er zunächst die These auf, dass sich alle drei Personen ein und dasselbe göttliche Wesen (*essentia*) teilen, und zwar wesenhaft (*essentialiter*), nicht durch Teilhabe (*participatione*). Dadurch sind sie gänzlich eine einzige Substanz.[707] Hier greift Wilhelm die in der ontologischen Abhandlung entworfene Differenz von *essentialiter* und *participatione* wieder auf, mit dem Ziel, den Rang und die besondere Stellung der göttlichen Personen schon zu Beginn der Analyse der innertrinitarischen Verhältnisse zu klären:[708] In der Gemeinschaft des Wesens (*communio essentiae*) der drei Personen liegt deren ontologische Besonderheit. Sie sind wesenhaft Gott beziehungsweise das göttliche Sein, während die Geschöpfe – wie bereits erläutert – lediglich am Sein teilhaben und in ihrer Substanz verschieden von Gott sind. Dies zu klären, ist wichtig, da das Verhältnis, in dem die Personen zueinander stehen, wirkursächlich fundiert ist und man daher die beiden verursachten Personen, den Sohn und den Heiligen Geist, fälschlicherweise als höchste, besondere Geschöpfe einstufen könnte. Sie in die Ordnung des Seins einzupassen, stellt sich als Gratwanderung heraus: Einerseits müssen sie sich von ihrer Ursache, dem Vater, absetzen, dürfen dabei aber nicht subordiniert werden, sodass sie von niedrigerem Rang wären und zu Geschöpfen würden. Alle Personen sollen ja der eine, einzige Gott sein. Andererseits dürfen sie sich nicht lediglich rational unterscheiden, sodass sie in der Extension identisch miteinander und eigentlich nur eine Person wären. Vielmehr sollen sie sich real unterscheiden, aber wiederum nicht so stark, dass jede Person ein eigener Gott ist. Daher fährt Wilhelm fort:

Tria igitur aut tres dicimus communicare primam essentiam, quorum unum habet eam fontaliter et primitive, secundum per generationem ab illo, tertium per processionem, qualiter decet esse primi doni a primo datore.[709]	Wir sagen also, dass die drei (*tria*) oder drei [Personen] (*tres*) das erste Wesen gemeinsam haben; eines von ihnen hat es ursprungsartig und zuerst, das Zweite durch Zeugung (*generatio*) von jenem her, das Dritte durch Hervorgang (*processio*), wie es dem Sein des ersten Geschenks vom ersten Geber her angemessen ist.

Zitat 4-10

---

[707] Vgl. Wilhelm von Auvergne, *De trinitate* 14, S. 82, Z. 89–92: „suadere poterimus, quod ipsam primam essentiam communicant tria quodammodo, licet unum sint ipsa per omnem modum, et quod ipsam communicant et in ea essentialiter, non participatione." Ähnlich ibid. 24, S. 128, Z. 10–12: „Et ex his quidem facile dilucescet, quia beata Trinitas, unus solus et verus Deus, est proprie vita, lumen et gaudium in ultimo uniuscuiusque istorum"; ibid. 26, S. 155, Z. 60–63: „Et iam quidem claruit utcumque unam esse essentiam primogenitoris et primogeniti et primi doni sive primi amoris, quos vitam, lumen et gaudium primae beatitudinis appropriatis vocabulis superius appellavimus" und ibid. 27, S. 158, Z. 55–59: „Quare igitur unum sunt essentialiter, ut diximus, et sunt hoc unum verissime, quod est essentia prima; et ab invicem differunt, ita, ut nullomodo de se invicem praedicentur."

[708] Vor allem die Stellung des Sohns und des Heiligen Geistes.

[709] Ibid. 14, S. 82, Z. 97–1.

Aus dem Zitat und Wilhelms anschließenden Erläuterungen geht hervor, dass das eine und einzige göttliche Wesen jeder der drei göttlichen Personen auf eine individuelle Weise zukommt, die nicht bei den beiden anderen Personen vorliegt. Durch die Art und Weise, in der sie das göttliche Wesen besitzt, ist jede Person also von den jeweils anderen abgesetzt und wird dadurch als individuelle Person konstituiert. Wilhelm nimmt damit eine Position ein, die später die franziskanische Trinitätstheologie kennzeichnet. Bezüglich der Frage, wie die Personen als solche konstituiert werden, das heißt, sich voneinander unterscheiden, kristallisierten sich im Mittelalter zwei grundlegende Strömungen heraus: Die Vertreter der dominikanischen Trinitätstheologie, welche sich in der Nachfolge Thomas' von Aquin als Tradition gefestigt hat, gründen den Unterschied der göttlichen Personen primär auf deren wechselseitige Relationen. Daher wird diese Position nach Russell L. Friedman Relationen-modell (*relation account*) genannt. Im Gegensatz dazu bevorzugen die Vertreter der franziskanischen Tradition, die ihren Ausgang von der Lehre Bonaventuras nimmt, ein Erklärungsmodell, das als Emanationenmodell (*emanation account*) betitelt wird. Diesem Modell zufolge sind es nicht erst die Relationen, die die Personen ausmachen, sondern bereits die Art und Weise, wie die Personen jeweils das eine göttliche Wesen innehaben.[710] Obgleich sich Wilhelm noch nicht so klar positioniert wie spätere Denker, tendiert er eindeutig in Richtung des Emanationenmodells.[711] Gemäß diesem Erklärungsansatz lässt sich die Individualität der göttlichen Personen wie folgt begründen: Der Vater ist eine eigene Person, da er das göttliche Wesen besitzt, ohne es von irgendwoher zu empfangen; er hat es aus sich selbst heraus – ursprungsartig und zuerst (*fontaliter et primi¬tive*), wie Wilhelm es formuliert.[712] Der Sohn hingegen setzt sich als eigene Person von den anderen ab, insofern ihm das göttliche Wesen durch Emanation in Form von Zeugung (*generatio*) zukommt. Der Heilige Geist wiederum wird dadurch als dritte Person konstituiert, dass er über das göttliche Wesen via Emanation nach Art des Hervorgehens (*processio*) einer Gabe beziehungsweise der Hauchung (*spiratio*) verfügt. Um die Aufmerksamkeit vom Aspekt der Relationen abzulenken, ziehen es die Vertreter der franziskanischen Tradition später vor, die Personen mit substantivierten Ordinalzahlen als Ersten, Zweiten und Dritten zu bezeichnen, anstatt sich relationaler Bezeichnungen wie Vater und Sohn zu bedienen. Man findet diese Tendenz bereits bei Wilhelm. Jedoch ist zu beachten, dass trotz der favorisierten Benennung durch Ordinalzahlen und der Tatsache, dass die Emanationen von der ersten oder der ersten und zweiten Person gemeinsam ausgehen, alle göttlichen Personen als gleichrangig gelten. Sie sind nicht subordiniert. Zudem sind sie koätern, denn die Emanationen geschehen

---

[710]   Für eine detaillierte Analyse und einen Vergleich beider trinitarischen Traditionen für den Zeitraum zwischen 1250 und 1350 siehe Friedman, ‚Divergent Traditions'.

[711]   Wilhelms ablehnende Haltung gegenüber der These, die Personen würden primär durch ihr Verhältnis zueinander konstituiert, geht aus De trinitate, Kapitel 28 hervor. Zu seiner Argumentation in diesem Kapitel und zur eigenen Position siehe Friedman, ‚Divergent Traditions', S. 348–349.

[712]   Wilhelm definiert diese beiden Adverbien wie folgt: „quod unus est fontaliter et primitive habens altissimam essentiam; fontaliter autem intelligo: non ab alio ullo modo; et primitive: hoc idem", Wilhelm von Auvergne, De trinitate 14, S. 82, Z. 3–5. Ursprungsartig (*fontaliter*) bedeutet, dass der Vater das göttliche Wesen nicht erworben hat, sondern in ihm selbst der Ursprung liegt. Ursprung impliziert zudem den Aspekt der Weitergabe. So bezeichnet Wilhelm den Vater kurz darauf, in Zeile 7, auch als Quelle (*fons*).

von Ewigkeit her.[713] Bezüglich dieses Aspekts rückt Wilhelm sehr nah an Avicenna heran.[714] Im Emanationenmodell ergibt sich also, dass jede Person eine nicht mitteilbare (*incommunicabilis*) Eigenschaft besitzt, nämlich die Weise, gemäß der ihr das göttliche Wesen zukommt. Dadurch hat sie ihr nicht mitteilbares, eigentümliches Sein (*esse appropriatum*), das individuelle personale Sein (*esse personale*), das ihr allein zukommt. Die Differenzen, die die Personen jeweils zu eigenen Personen machen, sind weder essenziell noch akzidentell, sondern personal. Wie Wilhelm bemängelt, ist dies eine Art von Differenz, die bei den Philosophen unerwähnt (*innominatus*) bleibt.[715] Neben dem eigentümlichen Personsein kommt den Personen auch gemäß Wilhelm relatives Sein zu (*esse ad aliquid*), beispielsweise das Vatersein. Dieses ist dem Person-Sein aber nachgeordnet.[716] Darüber hinaus ist jede einzelne göttliche Person das höchste Wesen, also Gott. Damit teilen sie sich das eine wesenhafte Sein (*esse essentiale*) und haben folglich die göttlichen Attribute gemeinsam.[717]

In seiner Trinitätsanalyse konzentriert sich Wilhelm anfangs auf die ersten beiden Personen. Dabei widmet er sich zunächst der ersten oben erwähnten Kernfrage: Wie kann man erklären, dass Vater und Sohn zwar eigene Personen sind, beide aber in vollem Umfang das eine göttliche Wesen besitzen?[718] Vor dem Hintergrund des zuletzt angeführten Zitats lässt sich die Frage präzisieren: Wie hat man sich die Zeugung des Sohns vorzustellen, sodass dieser durch seinen Hervorgang aus dem Vater das volle göttliche Wesen empfängt? In seiner Antwort auf diese Frage geht Wilhelm in *De trinitate* in den Kapiteln 14 bis 16 drei Modelle durch, die immer spezieller werden. Zunächst diskutiert er ausführlich das allgemeine Modell der Emanation,[719] danach schildert er Emanation als Zeugung eines

---

[713]   Vgl. ibid. 15, S. 96, Z. 97–2: „Quare aeterna est prima generatio et coaeternus aeterno patri primus filius. Potentia namque, quae de se sola et per se solam operatur, nullo egens alio a se, quae in se per omnem modum simplex est et eius actus simplex est et necessario non habet moram in egressu suo in actum suum"; ibid. 18, S. 105, Z. 40–41: „Item, quoniam prima potentia intellectiva semper est in effectu, necessario semper est in locutione interiori"; ibid. 29, S. 168, Z. 17–18: „Nos autem non dubitamus coaeternum patri filium" und ibid. 33, S. 184, Z. 2: „sicut credimus ipsum genuisse ab aeterno." Vgl. außerdem id., *De universo* Ia-Iae, 21, S. 617aA: „verbo autem primo etiam aggregatim et sigillatim ... omnia dixit ab aeterno primus locutor." In *De universo* nennt Wilhelm die Regel dazu: „Quare quicquid operatur per semetipsum, subito illud operatur vel in instanti", ibid. Ia-Iae, 41, S. 636bH. Dies erinnert an Avicennas Darstellung des Wirkens der wesenhaften Ursachen, siehe dazu Kapitel 2.1.4.

[714]   Auch gemäß dem Relationenmodell geht der Sohn durch *generatio* aus dem Vater hervor und der Heilige Geist durch *spiratio / processio* aus Vater und Sohn. Jedoch erlangen sie ihre Personalität durch das Verhältnis, in dem sie zueinander stehen. Dies hat unter anderem zur Folge, dass der Vater nur dann Vater ist, wenn es den Sohn gibt. Im Emanationenmodell hingegen kommt dem Vater das individuelle Personsein zu, da er das göttliche Wesen nicht von einer anderen Person her erhält, sondern aus sich heraus innehat. Damit wäre er immer eine eigene Person – selbst dann, wenn es keinen göttlichen Sohn gäbe. Friedman, *Intellectual Traditions*, Bd. 1, S. 12–27.

[715]   Vgl. Wilhelm von Auvergne, *De trinitate* 28, v. a. S. 158, Z. 61–S. 159, Z. 78. Das Akzidens der Relation reicht allein nicht aus, da es eine umgekehrte Prädikation nicht unterbindet – Väter können zugleich auch Söhne sein – und damit keine Eindeutigkeit schafft.

[716]   Die Nachordnung liegt vor, da die Relationen im Emanationenmodell nicht die Person konstituieren.

[717]   Vgl. ibid. 28, S. 164, Z. 32–S. 165, Z. 48.

[718]   Die doppelte Bestimmung erwähnt Wilhelm auch in *De universo*, bspw. in Ia-Iae, 26, S. 621bC–D: „Verbum enim Dei, sicut alias te docui, nec minus est ullo modorum, inquantum est verbum Dei, nec aliud quam ipse, cuius verbum est; quapropter ex necessitate Deus est."

[719]   Vgl. id., *De trinitate*, Kapitel 14.

Nachkommen (*proles*)[720] und geht schließlich dazu über, die Emanation als innerpsychisches Ereignis zu charakterisieren.[721] Bei diesem Ereignis zeugt der Vater Einsicht (*intellectus*), die Willhelm mit dem inneren Wort (*verbum interius*) identifiziert,[722] was auf Augustinus zurückgeht. Hinsichtlich der Frage nach dem Bezug zu Avicenna werde ich mich auf Wilhelms erste der drei genannten Darstellungen konzentrieren: das Modell der Emanation.

Bereits seit dem Aufkommen der trinitätstheologischen Debatten wird das Verhältnis von Vater und Sohn mit dem Verhältnis verglichen, das zwischen Quelle (*fons*) und Fluss (*flumen*) oder zwischen der Sonne (*sol*) und ihrem Strahl (*radius*) herrscht. Man findet dies schon bei Tertullian († nach 220), dessen Terminologie prägend für die lateinische Tradition war.[723] Die Ursprünge dieser Zuschreibungen liegen in der Heiligen Schrift, in der Gott als Quelle bezeichnet wird. So gibt auch Wilhelm an, das Bild der Quelle und des Emanierens gehe auf das *Buch der Weisheit* zurück.[724] In der Vulgata liest man an der Stelle *Weish* 7,25: „Denn sie [d. h. die Weisheit] ist ein Hauch der Kraft Gottes und sie ist sozusagen ein Ausfluss (*emanatio*) des Glanzes des allmächtigen Gottes."[725] Bestimmt man Gott und mit ihm Gott-Vater als Quelle, lässt sich daraus folgern, dass der Sohn hervorgeht, indem er aus dem Vater herausfließt oder emaniert wie Wasser aus einer Quelle oder dass er aus ihm hervorströmt wie Licht aus der Sonne. In der neuplatonischen Tradition werden die Bilder von Quelle und Sonne ebenfalls bemüht – freilich nicht, um trinitarische Verhältnisse zu klären, denn das neuplatonische erste Prinzip ist vollkommen einfach, ohne jeglichen Aspekt der Vielheit in sich zu tragen. Vielmehr geht es hier darum, den Hervorgang der Welt aus dem einen, vollkommen einfachen ersten Prinzip zu veranschaulichen. Der Aspekt, dass dabei die Einzigkeit und Einfachheit der göttlichen Quelle extrem betont wird, ist für Wilhelm am neuplatonischen Ansatz besonders interessant. Wilhelm hebt diese Eigenschaften ja in ähnlicher Weise für Gott als solchen hervor.[726] Da Gott-Vater aus sich heraus das göttliche Wesen besitzt, kommen ihm die göttlichen Eigenschaften vollumfänglich zu. Das bedeutet, die Attribute der Quelle sind im innertrinitarischen Bereich auf Gott-

---

[720] Vgl. ibid., Kapitel 15 und 29.

[721] Vgl. ibid., ab Kapitel 16.

[722] Vgl. ibid. 16, S. 99, Z. 66–75. Zum Verständnis des göttlichen *intelligere* als Wesen (*essentia*) und als geistige Rede (*sermo spiritualis sive intelligibilis*) siehe Wilhelm von Auvergne, *De universo* Ia-Iae, 26, S. 621bC.

[723] Vgl. Drecoll, ‚Entwicklungen und Positionen‘, S. 87–88, und Tertullian, *Adversus Praxean* VIII, 5–7.

[724] Vgl. Wilhelm von Auvergne, *De trinitate* 14, S. 87, Z. 46–47: „Haec igitur nominatio fontis et emanationis legitur *Sapientiae* septimo et congruenter aptatur primae dualitati."

[725] *Sap* 7,25: „vapor est [sc. sapientia] enim virtutis Dei et emanatio quaedam est claritatis omnipotentis Dei." Die deutsche Übersetzung ist der Ausgabe von Beriger/ Ehlers/Fieger entnommen. Teske macht in seiner englischen Übersetzung von *De trinitate* an der in der vorangehenden Fußnote genannten Stelle darauf aufmerksam, dass in Sap 7,25 nur von Emanation die Rede ist, nicht von Quelle. Seiner Ansicht nach könnte sich Wilhelm von Auvergne eher auf Sir 1,5 oder Pr 18,4 beziehen, denn dort wird Gott mit einer Quelle verglichen. Vgl. hierzu Sir 1,3–5: „sapientiam Dei praecedentem omnia quis investigavit prior omnium creata est sapientia et intellectus prudentiae ab aevo fons sapientiae verbum Dei in excelsis et ingressus illius mandata aeterna" und Pr 18,4: „aqua profunda verba ex ore viri et torrens redundans fons sapientiae."

[726] Die große Differenz zu Plotin ist, dass dieser die Einfachheit sogar so sehr betont, dass er das Eine noch über dem Sein ansiedelt. Vgl. Plotin, *Enneaden* VI 9 [9], 3. Dies wird in späteren neuplatonischen Modellen aufgegeben, so auch bei Avicenna. Ihm zufolge fällt das erste Prinzip in den Bereich des Seins, was ebenso bei Wilhelm der Fall ist.

Vater übertragbar. Daher bezeichnet Wilhelm ihn auch als Quelle (*fons*)[727] und betont gleichfalls seine Einheit und Einfachheit, wie im Folgenden deutlich werden wird. Vor dem gerade skizzierten Hintergrund ist es mithin nicht abwegig, sondern liegt vielmehr nahe, dass sich Wilhelm für die Erklärung der innertrinitarischen Prozesse an einem neuplatonischen Modell orientiert. Da Avicenna ein solches Modell präsentiert, greift Wilhelm auf ihn zurück, obwohl sich Avicenna in den Werken, die ins Lateinische übersetzt wurden, selbst nicht explizit zum Thema Trinität geäußert hat. Avicennas Emanationssystem samt seiner detaillierten Darstellung davon, wie genau das Herausströmen der Welt aus dem ersten Prinzip zu verstehen ist, bietet sich zur Erklärung der innertrinitarischen Vorgänge geradezu an – vor allem aufgrund der Tatsache, dass die *ex-uno*-Regel auf verschiedene Weise einsetzbar ist. So eignet sich Avicennas Modell aus Wilhelms Sicht dafür, die Frage zu lösen, wie rational fundiert beschrieben werden kann, auf welche Weise sich Vater und Sohn das eine göttliche Wesen teilen. Allerdings lässt sich das Modell nur dann heranziehen, wenn man ein spezielles Verständnis von Emanation anwendet, das sich von dem bei Avicenna (und anderen Neuplatonikern) unterscheidet.

4.2.2.1.2 Innergöttliche Emanation

In Kapitel 14 von *De trinitate* schildert Wilhelm detailliert die Emanation des Sohns aus dem Vater. Im Rahmen dessen legt er dar, welche Aspekte des Vaters für den Hervorgang des Sohns von Bedeutung sind und welchen Regeln dieser Hervorgang unterliegt. Vorab stellt Wilhelm maßgeblich fest, dass die erste Person alleiniger Grund für die Emanation der zweiten ist:

Huius fontis prima emanatio necessario est secundum copiositatem ipsius, non secundum capacitatem recipientis; prius enim est unicuique quod secundum se, quam quod secundum aliud. Prior igitur est primo fonti emanatio secundum se, sive secundum copiositatem suam, quam secundum aliud.[728]	Die erste Emanation dieser Quelle geschieht notwendigerweise gemäß ihrer eigenen Fülle, nicht gemäß der Aufnahmefähigkeit des Empfangenden; eine jede Sache hat nämlich das früher, was [ihr] gemäß ihr selbst [zukommt], als das, was [ihr] gemäß einem anderen [zukommt]. Der ersten Quelle kommt also die Emanation gemäß ihr selbst, beziehungsweise gemäß ihrem Überfluss früher zu als gemäß etwas anderem.

Zitat 4-11

In neuplatonischer Manier betont Wilhelm, dass die der Quelle innewohnende Fülle (*copiositas*) ausschließlicher Grund für die Emanation ist. Kein anderer Faktor wird dafür berücksichtigt oder fließt mit ein. Damit hebt Wilhelm wie Avicenna die Autarkie des ersten Prinzips hervor, dessen Vorrangstellung und Singularität. Weder ist dem Ersten etwas übergeordnet, das ihn zum Wirken veranlasst, noch richtet es sich in seinem Wirken nach dem, was ihm untergeordnet ist. Dass etwas Höheres nichts um eines Niedrigeren willen wirkt,

---

[727] Vgl. Wilhelm von Auvergne, *De trinitate* 14, S. 82, Z. 3–6: „quod unus est fontaliter et primitive habens altissimam essentiam … Hic igitur fons est omnibus, quae post ipsum sunt, atque principium."

[728] Ibid. 14, S. 82, Z. 7–11. Danach führt er ähnliche Regeln an, die seine Theorie ebenfalls bestätigen, vgl. ibid. 14, S. 82, Z. 12–S. 83, Z. 17.

ist typisch für die neuplatonische Emanationstheorie; man findet diesen Grundsatz ebenfalls bei Avicenna.[729] Dort ist das göttliche Wesen, das über der Vollkommenheit angesiedelt ist, alleiniger Grund für den Hervorgang der Welt – nichts ist ihm vor- oder beigeord-
net, auch kein Ziel, auf das hin es wirkt. Ähnlich verhält es sich bei Wilhelm in Bezug auf
das Prinzip, aus dem der Sohn hervorgeht, wobei darauf hinzuweisen ist, dass dieses Prinzip
nicht das göttliche Wesen als solches ist, sondern die erste trinitarische Person. Der Hervorgang erfolgt ja auf personaler Ebene, nicht auf der Ebene des Wesens.

Die These, die erste Emanation geschehe allein aus dem Ersten, der Quelle heraus, ohne
sonstige Einflüsse und ohne Hinblick auf anderes, unterlegt Wilhelm im Zitat mit einer ersten Regel:

> [E]ine jede Sache hat nämlich das, was [ihr] gemäß ihr selbst [zukommt] (*secundum
> se*), früher als das, was [ihr] gemäß einem anderen [zukommt].[730]

Zitat 4-12

Diese Regel ist eine Modifikation des folgenden ontologischen Grundsatzes aus Avicennas *Metaphysik* IV.2:

> Das aber, was einem Ding aus ihm selbst heraus zukommt (*ex seipsa*), ist im Verstand
> dem Wesen nach – nicht zeitlich – früher als das, was ihm von einem anderem her
> zukommt (*ex alio a se*).[731]

Zitat 4-13

Avicenna wiederholt dies in Kapitel VIII.3 in einer Aussage, die dem Wortlaut von
Wilhelm noch näher kommt:

> [D]enn das, was einem Ding aus ihm selbst heraus zukommt, ist früher als das, was
> ihm von einem anderen her zukommt.[732]

Zitat 4-14

Avicenna wendet diese Regel in Kapitel IV.2 (und VIII.3) der *Metaphysik* an, um im
kosmologischen Kontext zu rechtfertigen, dass sich das Verständnis von Schöpfung (*creatio*) als Geben von Sein nach Nicht-Sein auch auf Dinge anwenden lässt, die von Ewigkeit
her ins Sein gesetzt werden. Wie ich in Kapitel 2.3.2.1 dargelegt habe, liegt seine Finesse
darin, die Nachordnung des Seins gegenüber dem Nicht-Sein mit Blick auf das Wesen der
Dinge zu verstehen, nicht temporal. Dazu formuliert Avicenna die gerade zitierte Regel, der
sich Wilhelm hier und andernorts bedient. Im vorliegenden Fall zieht Wilhelm die Regel
jedoch nicht in kosmogonischem Kontext heran, das heißt bezogen auf die Geschöpfe. Vielmehr transferiert er sie auf den trinitätstheologischen Kontext und bezieht sie auf die erste
Person, den Vater, um für diesen zu sichern, dass er allein aus sich heraus wirkt. Würde der
Verstand auf andere Weise wirken, so lässt sich anhand der Regel argumentieren, wäre ihm

---

[729]   Vgl. Ibn Sīnā, *al-Ilāhiyyāt* IX.4, S. 326, Z. 8–16, und S. 327, Z. 14–S. 328, Z. 3; ed. Van Riet, S. 476, Z. 40–S. 477,
        Z. 56, und S. 478, Z. 79–91.

[730]   Wilhelm von Auvergne, *De trinitate* 14, S. 82, Z. 8–9: „prius enim est unicuique quod secundum se, quam
        quod secundum aliud."

[731]   Ibn Sīnā, *al-Ilāhiyyāt* VI.2, S. 203, Z. 14–15; ed. Van Riet, S. 304, Z. 71–73: „Quod autem est rei ex seipsa apud
        intellectum prius est per essentiam, non tempore, eo quod est ei ex alio a se."

[732]   Ibid. VIII.5, S. 272, Z. 17–18; ed. Van Riet, S. 397, Z. 47–48: „quia id quod est rei ex seipsa prius est eo quod
        est ei ex alio a se."

etwas anderes vorgeordnet und er verlöre seine Vorrangstellung als erste Ursache.[733] Die Forderung, die Emanation geschehe allein aus dem Vater heraus, ist eine wichtige Prämisse für Wilhelms Begründung der Besonderheit, dass Vater und Sohn ein und dasselbe Wesen gemeinsam haben. Wilhelm identifiziert nämlich anschließend implizit den autonom wirkenden Vater als etwas, das aus sich heraus gibt (*dans secundum se*).[734] Diese Bestimmung erinnert an Avicennas *causa secundum essentiam*, die allein aus ihrem Wesen heraus Ursache für etwas anderes ist und durch ihr Wesen wirkt, solange sie existiert.[735] Bestimmt man Gott-Vater als *dans secundum se*, lässt sich eine weitere Regel anwenden, anhand derer erschlossen werden soll, was genau in der Emanation hervorgeht, das heißt, was weitergegeben wird:

> Ebenso gibt ein jedes, das gemäß sich selbst gibt (*dans secundum se*), notwendigerweise einerseits, was es hat, andererseits, von welcher Beschaffenheit es dies hat.[736]
>
> Zitat 4-15

Richtet sich ein Geber nach etwas anderem, ist ihm dieses vorgeordnet, da es bestimmt, was der Geber gibt. Dies ist beispielsweise der Fall, wenn das Geben auf die Rezeptivität des Empfangenden abgestimmt werden muss. Demgegenüber gilt für einen Geber, der allein

---

[733] Vgl. Wilhelm von Auvergne, *De trinitate* 14, S. 82, Z. 15–S. 83, Z. 22. Die Vorrangstellung liegt nicht darin, dass der Vater die höchste unter den drei Personen ist. Die Personen sind, wie bereits erwähnt, gleichrangig, denn sie sind alle der eine Gott. Es liegt also keine Subordination vor. Vielmehr ist der Vater in dem Sinne die erste oder höchste Person, dass ihm nichts ursächlich vorgeordnet ist und er als Ursache für die weiteren Personen fungiert.

[734] Emanation kann als Geben (*dare*) verstanden werden, die Quelle somit als Gebendes (*dans*). Da die erste Emanation aus der Quelle gemäß dieser Quelle selbst geschieht (*secundum se*), kann die Quelle als etwas charakterisiert werden, das gemäß sich selbst gibt (*dans secundum se*). In Zusammenhang mit der Bestimmung des Hervorgangs des Sohns als Zeugung (*generatio*) bestätigt Wilhelm die Identifikation der ersten Quelle mit dem *dans secundum se* noch einmal: „Maior namque copiositas est posse de se dare, quam non posse dare nisi de alio, et maior largitas dare de se, quam dare de alio, sic et de suo, quam de alieno", ibid. 14, S. 89, Z. 7–10. In demselben Kapitel stellt Wilhelm außerdem klar, dass sich die göttliche Zeugung von der geschöpflichen darin unterscheidet, dass es im göttlichen Bereich nur einen Elternteil gibt und dass dessen ganzes Wesen weitergegeben wird, was durch die Vollkommenheit dieser besonderen Art der Zeugung bedingt ist. Das wäre auch der Fall, wenn statt des Vaters die Mutter ein solches *dans secundum se* wäre. Vgl. ibid. 14, S. 90, Z. 27–S. 91, Z. 49. Bei diesen Überlegungen in Kapitel 14 wird das Geben (*dare*) noch allgemein als Akt der Verursachung verstanden, in Kapitel 15 hingegen hat es eine spezifischere Bedeutung. Hier differenziert Wilhelm die Rollen des Vaters als Geber (*dator*) und Erzeuger (*generator*). Im ersten Fall bringt er den Heiligen Geist hervor, im zweiten Fall den Sohn.

[735] Siehe dazu Kapitel 2.1.4.

[736] Ibid. 14, S. 83, Z. 23–24: „Item omne dans secundum se dat necessario aut quod habet aut quale habet." Ein paar Zeilen zuvor weist Wilhelm darauf hin, dass sich das *agere* auf das *posse* eines Dings zurückführen lässt, für das die Vorgeordnetheit genauso gilt: „Quoniam autem certum est, quod sicut posse ad posse, sic agere ad agere, posse vero per aliud aut cum alio necessario antecedit posse per se, et sic agere per aliud, agere per se ipsum. Prima igitur actio est ex primo agente per se solum. Ad hunc modum primum oportet aliquid emanare ex primo fonte per se, alioquin non erit primum", ibid. 14, S. 83, Z. 17–22. Dies wird später in etwas abgewandelter Terminologie wiederholt: „Item ubi secundum idem est datio et receptio, necessario recipitur idipsum, quod habet dator, non enim subest illi causa diversitatis ulla. Quia igitur primus est emanans primam emanationem secundum se et prima emanatio recipit ab ipso secundum ispum – alioquin non esset necessarium quod non recipit, nisi quod habet ipse – quare recipit quale habet esse et qualiter", ibid. 14, S. 84, Z. 55–60. Hier wird die Regel noch um das Empfangen (*recipere*) erweitert, das ebenfalls nach Maß des Gebenden geschieht.

aus sich heraus gibt, dass er sich ausschließlich nach sich selbst richtet und genau das gibt, was er selbst in seiner übermäßigen Fülle (*copiositas*) hat. Wendet man diese Regel, die ich *dans-secundum-se*-Regel nenne, auf den Vater an, hat das nach Wilhelm folgende Konsequenz:

Primus igitur emanans a primo fonte secundo se necessario recipit esse a primo fonte, quod habet ipse primus fons aut quale habet. Primus recipit igitur a primo fonte esse necesse per se ipsum, quoniam illud solum habet primus fons et solum tale, non enim habet alterius modi.[737]	Der Erste also, der aus der ersten Quelle gemäß ihr selbst emaniert, empfängt notwendigerweise von der ersten Quelle her das Sein, welches die erste Quelle selbst hat, oder von welcher Beschaffenheit sie es hat. Der Erste empfängt also von der ersten Quelle, notwendig durch sich selbst zu sein, denn die erste Quelle hat nur jenes [Sein] und nur ein so beschaffenes, sie hat nämlich keines von anderer Weise.

Zitat 4-16

Wie bereits erläutert, ist die Quelle, der Vater, in vollem Sinne Gott, den Wilhelm mit Avicenna als durch sich notwendig Seiendes (*necesse esse per se*) versteht. An dieser modal-ontologischen Bestimmung hält er auch im trinitarischen Kontext fest; der Vater ist ein durch sich notwendig Seiendes. Was er hat, ist Sein, und die im Zitat erwähnte Beschaffenheit des Seins ist der Seinsmodus. Beides gibt der Vater als *dans secundum se* an den Sohn weiter. Dadurch möchte Wilhelm sichern, dass der Sohn, obgleich er verursacht ist, göttlich ist und nicht ein Geschöpf, das ein *possibile esse per se* wäre. Der Sohn ist also wesenhaft das *necesse esse per se* und unterscheidet sich als Person nur der Art und Weise nach (*ex modo*) vom Vater, und zwar durch die Art und Weise, wie ihm das Sein zukommt.[738] Er hat es eben nicht ursprünglich aus sich heraus, sondern erhält es durch ewige Emanation ursächlich vom Vater her. In der Formulierung dieses Satzes deutet sich bereits an, welche Schwierigkeiten Avicenna mit der gerade geschilderten Art von Emanation und dem ontologischen Status des Sohns hätte. Insofern der Sohn durch den Vater verursacht ist, wäre er seinem Wesen nach laut Avicenna nur möglich seiend und von seiner Ursache her ein *durch anderes* notwendig Seiendes; gemäß der Trinitätslehre gilt er jedoch als *durch sich* notwendig Seiendes. Wilhelm sieht den Zusammenhang zwischen Verursachung und modaler Bestimmung eigentlich ähnlich. Wenn er zu Beginn von *De universo* gegen einen Prinzipiendualismus argumentiert, erklärt er, dass etwas, das in seinem Sein verursacht ist, nur in sich möglich seiend ist und keinesfalls durch sich notwendig. Diese Haltung übernimmt er von Avicenna, der in Kapitel I.6 der *Metaphysik* Ähnliches betont, um dafür zu argumentieren, dass das durch sich notwendig Seiende unverursacht ist. Wäre es verursacht, wäre es durch anderes notwendig. Da sich beide Bestimmungen kontradiktorisch gegenüberstehen, können sie unmöglich zugleich angenommen werden.[739] Unverursacht zu sein, bedeutet, aus seinem eigenen Wesen heraus zu existieren, was impliziert, ein notwendiges Verhältnis zum

---

[737] Ibid. 14, S. 83, Z. 24–28.

[738] Vgl. ibid. 14, S. 84, Z. 61–72. Wilhelm verwendet in seltenen Fällen *ex modo* alleinstehend (also nicht *ex modo aliquo*), um die Differenz von etwas auszudrücken, das der Subsistenz nach eines ist. So auch in Bezug auf Materie und Form, ibid. 25, S. 139, Z. 7–9.

[739] Vgl. Ibn Sīnā, *al-Ilāhiyyāt* I.6, v. a. S. 30, Z. 11–19; ed. Van Riet, S. 44, Z. 24–37.

Sein zu haben. Darauf verweist die modalontologische Bezeichnung als durch sich notwendig Seiendes. Das, was dieses Seiende demnach eigentlich hat und allein aus sich heraus weitergeben kann, ist, zu sein. Der Zusatz ‚durch sich notwendig' beschreibt hingegen nur das Verhältnis, in welchem es von seinem Wesen her zum Sein steht, und welches sich durch eine rationale Analyse erschließen lässt. Dieser Aspekt wird bei der Verursachung nicht weitergegeben. Wilhelm scheint jedoch in Zitat 4-16 und an anderen Stellen das Durch-sich-notwendig-Sein als eine Einheit aufzufassen, sozusagen als eigene Art des Seins. Und diese Einheit lässt sich als Paket weitergeben. Daher kann der Sohn vom Vater erhalten, durch sich notwendig zu sein, was nach Avicenna in sich widersprüchlich ist. Allein die Tatsache, eine Ursache zu haben, schließt aus, dass etwas durch sich notwendig ist, denn ‚durch sich' impliziert ja gerade ‚nicht durch anderes'. Die Emanation eines *durch sich* notwendig Seienden ist in Avicennas Modell also absolut undenkbar. Außerdem weist Avicenna in seiner Ursachenlehre darauf hin, dass Wirkursache und Wirkung von verschiedenem Wesen sind und das Wesen der Ursache nicht als Zugrundeliegendes für das Sein der Wirkung fungiert. Quelle und Emanierendes müssten sich nach Avicenna mithin ihrem Wesen nach unterscheiden, das heißt, zwei verschiedene Substanzen sein.[740] Diese Punkte würde Avicenna sicherlich gegen Wilhelms Ansatz vorbringen und Wilhelm fragen, ob er ihn, Avicenna, überhaupt gründlich gelesen habe. Das hat Wilhelm und ist sich etwaiger Einwände sehr wohl bewusst. Daher nimmt er im zweiten und dritten Kapitel von *De trinitate* schon gleich Avicennas mögliche Erwiderung vorweg:

Et faciemus sciri, quod omne id, de quo dicitur [sc. ‚est'] secundum essentiam, est non causatum (causatione forinseca intellige, quam solam viderunt philosophi, non enim viderunt causationem effectivam intimam, de qua aliquid infra loquemur …) … Iam igitur incipit nobis elucere ens essentiale esse necesse, … non causatum; causatum autem intellige a forinseco causante, forinseco, id est, non communicante cum eo essentiam, et ideo non causante de se et per se solum, cuiusmodi causationem perfectam vocamus.[741]

Und wir werden bewirken, dass gewusst wird, dass all das, von dem es [d. h. ‚es ist'] gemäß dem Wesen ausgesagt wird, unverursacht ist (das heißt durch eine Verursachung, die von außen her erfolgt. Allein diese haben die Philosophen beachtet; sie beachteten nämlich nicht die höchst innerliche wirkursächliche Verursachung, zu der wir unten etwas sagen werden …) … Es beginnt uns also bereits klar zu werden, dass das wesenhaft Seiende notwendig ist … nicht verursacht; das heißt aber, [nicht] durch etwas verursacht, das von außen her verursacht; von außen her, das heißt durch etwas, das nicht mit ihm das Wesen gemeinsam hat, und daher nicht durch etwas, das von sich her (*de se*) und durch sich allein (*per se solum*) verursacht. Eine Verursachung von solcher Art nennen wir vollkommen.

Zitat 4-17

---

[740]   Siehe ibid. VI.1, S. 194, Z. 12–14; ed. Van Riet, S. 291, Z. 14–S. 292, Z. 17: „Agens vero est causa quae acquirit rei esse discretum a seipso, scilicet ut essentia agentis secundum primam intentionem non sit subiectum illius esse quod acquiritur ab eo nec informetur per illud, sed ita ut in seipso sit potentia illius esse non accidentaliter."

[741]   Wilhelm von Auvergne, *De trinitate* 2, S. 23, Z. 14–17, und 3, S. 25, Z. 66–70. Siehe außerdem Fn. 679.

Ähnlich zu seinem Vorgehen bezüglich der Problematik von Einfachheit *versus* Dreifaltigkeit schlägt Wilhelm wieder eine Lösung vor, die er als Erweiterung des Horizonts der Philosophen versteht. Im aktuellen Fall ist das Konzept der Wirkursächlichkeit betroffen: Wilhelm differenziert zwischen einer von außen her erfolgenden Verursachung (*causatio forinseca*) und einer höchst innerlichen Verursachung (*causatio intima*). Letztere beurteilt er als vollkommen und hält den Philosophen vor, sie zu ignorieren und sich stattdessen ausschließlich auf die von außen her erfolgende Verursachung zu konzentrieren.[742] Die Beschreibung dieser äußeren Verursachung deckt sich im Zitat mit Avicennas Theorie: Die Wirkursache setzt etwas ins Sein, das sich von ihr unterscheidet und ihrem eigenen Wesen äußerlich ist. Zudem ist bei Avicenna die Wirkursache im metaphysischen Sinne, das heißt die Sein verleihende Ursache von höherem Rang als das von ihr Verursachte. Dies trifft auch bei Wilhelm auf das Wirken Gottes *ad extra* zu. Das Zeugen des göttlichen Sohns hingegen geschieht *ad intra* und erfolgt daher gemäß der höchst inneren Verursachung, die sich nach Wilhelm dadurch auszeichnet, dass Ursache und Wirkung von demselben Wesen sind. In Kapitel 14 nimmt er den Verweis auf die besondere Art der Verursachung noch einmal auf und betont, dass man den Sohn nicht mit anderem Verursachten vergleichen dürfe, denn die Verursachung des ersten Nachkommen aus dem ersten Zeugenden und des ersten Geschenks aus dem ersten Freigiebigen ist den übrigen Verursachungen aufs Höchste unähnlich (*longe dissimilis*). Demnach ist der erste Nachkomme, obwohl er verursacht ist, dennoch nicht [durch sich] möglich (*possibilis*), wie er auch auf keine Weise geringer ist als seine Ursache.[743] Wie Wilhelm in Zitat 4-17 betont, gibt die Ursache allein von sich her (*de se*). Damit gibt sie ihr eigenes Sein, was für das durch sich notwendig Seiende nichts anderes ist als sein eigenes Wesen. Aufgrund des hohen Grades an Assimilation, der bei dieser Art der Verursachung erreicht wird, schätzt Wilhelm die Zeugung des göttlichen Sohns als höchste Art von Verursachung ein. Sie ist der Schöpfung übergeordnet, welche bei Avicenna den höchsten Rang einnimmt.

In seinen Ausführungen ist Wilhelm von Auvergne darauf bedacht, zu betonen, dass nicht das göttliche Wesen (*essentia*) selbst hervorgeht,[744] vielmehr ist das Wesen das, was sich Ursprung und Hervorgehendes teilen.[745] Um die ontologischen Verhältnisse zu veranschaulichen, bedient sich Wilhelm des Bildes einer natürlichen Quelle, das ihm zufolge den weniger intelligenten Menschen hilft, die Angelegenheit zu verstehen: Die natürliche Quelle enthält dasselbe Wasser wie der Fluss. Ebenso hat der göttliche Vater dasselbe Wesen wie der Sohn. Im Grunde wird dabei das personale Sein (*esse personale*) des Sohns als solches konstituiert, während das wesenhafte Sein nur geteilt wird. Diesbezüglich legt Wilhelm im Sinne der Beschlüsse des Vierten Laterankonzils (1215) außerdem dar, dass das Wesen aus sich selbst heraus (*de se*) nichts emanieren lässt. Seit dem Konzil gilt in Anlehnung an Petrus

---

[742]   Unter die *causatio forinseca* fällt offenbar auch eine akzidentell selbstbezogene Verursachung, bspw. wenn der Arzt sich selbst heilt.

[743]   Vgl. ibid. 14, S. 86, Z. 15–18: „quoniam longe dissimlis est causatio primae prolis ex primo parente et primi doni ex primo largiente ceteris causationibus. Quamquam igitur causata sit prima proles, non tamen possibilis, sicut neque minor ullo modorum, quam causa sua."

[744]   Vgl. ibid. 14, S. 87, Z. 42–45: „non quod ipsa essentia emanet ex fonte quocumque, sed ipsa emanatio ex primo fonte communicat cum ipso in prima essentia, quae est essentia prima altissima."

[745]   Vgl. ibid. 14, S. 87, Z. 46–59.

Lombardus († 1160), dass das göttliche Wesen weder gezeugt wird noch zeugt.[746] Es fungiert bei den innertrinitarischen Vorgängen nicht als eigener Faktor, der eine Vierfaltigkeit in Gott implizieren würde. Vielmehr sind alle Personen das eine göttliche Wesen, dieselbe göttliche Substanz.

Im Gegensatz zu den Philosophen, insbesondere in Widerspruch zu Avicenna, versteht Wilhelm Emanation *de se* als nach innen gerichtete wirkursächliche Verursachung (*causatio effecticva intima*), bei der Ursache und Wirkung ein und dasselbe Wesen gemeinsam haben. Nur auf diese modifizierte Weise ist das Modell der Emanation auf den Hervorgang des Sohns anwendbar und nur auf diese Weise ist Emanation nach Wilhelm überhaupt zu verstehen. Damit wendet er Emanation noch näher am eigentlichen Wortsinn an als es bei den Neuplatonikern der Fall ist, deren Modell des Hervorgangs der Welt gemeinhin als Emanation betitelt wird – eine Bezeichnung, die nach Christian Tornau nicht passend ist, wie in Kapitel 2.3.1.1 erläutert. Das strenge Verständnis einer Emanation *ad extra* hätte eben die ungewollte Folge eines Pantheismus, weil Quelle und Fluss oder erstes Prinzip und Welt beide göttlich wären. Für den Kosmos ist das abzulehnen, aber für den trinitarischen Bereich ist genau dieser kosmologisch problematische Aspekt gewollt.

4.2.2.1.3 Anwendung der *ex-uno*-Regel in essenzieller Lesart (*unum essentia*)

Nachdem Wilhelm die Wesensgemeinschaft von Vater und Sohn daraus abgeleitet hat, dass der Vater ein *dans secundum se* ist, wendet er in seiner Argumentationskette aus *De trinitate*, Kapitel 14 eine weitere Regel an, um seine Theorie argumentativ zu stärken:

---

[746] Vgl. Denzinger, *Enchiridion*, Nr. 804: „Nos autem, sacro approbante Concilio, credimus et confitemur cum Petro Lombardo, quod una quaedam summa res est, incomprehensibilis quidem et ineffabilis, quae veraciter est Pater, et Filius, et Spiritus Sanctus; tres simul personae, ac singillatim quaelibet earundem: et ideo in Deo solummodo T r i n i t a s est, n o n q u a t e r n i t a s ; quia quaelibet trium personarum est illa res, videlicet substantia, essentia seu natura divina: quae sola est universorum principium, praeter quod aliud inveniri non potest: et illa res non est generans, neque genita, nec procedens, sed est Pater, qui generat, et Filius, qui gignitur, et Spiritus Sanctus, qui procedit: ut distinctiones sint in personis, et unitas in natura." Vgl. dazu ausführlicher Wilhelm von Auvergne, *De trinitate* 14, S. 88, Z. 60–80. Anlass für die Stellungnahme des Konzils zur Frage, ob das göttliche Wesen selbst etwas zeugt (*utrum essentia generet*), ist, dass man Joachim von Fiore († 1202) zugeschrieben hat, er kritisiere die Beantwortung dieser Frage in den *Sentenzen* des Petrus Lombardus. Laut den Beschlüssen des Konzils behauptet Joachim, Petrus' Position laufe auf eine Vierfaltigkeit aus Vater, Sohn, Heiligem Geist und göttlichem Wesen (hier *summa res*) hinaus, weshalb man laut Joachim, um die Dreifaltigkeit zu wahren, keine Substanz bzw. kein Wesen neben den Personen annehmen dürfe: „Damnamus ergo et reprobamus libellum seu tractatum, quem Abbas Ioachim edidit contra Magistrum Petrum Lombardum, de unitate seu essentia Trinitatis, appellans ipsum haereticum et insanum pro eo, quod in suis dixit *Sententiis*: »Quoniam quaedam summa res est Pater, et Filius, et Spiritus Sanctus, et illa non est generans, neque genita, neque procedens.« Unde asserit, quod ille non tam Trinitatem, quam quaternitatem astruebat in Deo, videlicet tres personas, et illam communem essentiam quasi quartam; ; manifeste protestans, quod nulla res est, quae sit Pater et Filius et Spiritus Sanctus; nec est essentia, nec substantia, nec natura", Denzinger, *Enchiridion*, Nr. 803. Zudem soll Joachim annehmen, die trinitarischen Personen seien nicht wirklich in einer Substanz vereint, sondern bilden eine Art Kollektiv. „Verum unitatem huiusmodi non veram et propriam, sed quasi collectivam et similitudinariam esse fatetur." Ob Joachim tatsächlich diese Ansichten vertrat, lässt sich nicht mehr nachvollziehen, da der Text, auf den sich das Konzil bezieht, nicht überliefert ist – sofern er überhaupt existiert hat. Vgl. auch Marshall, ,*Utrum Essentia Generet*', v. a. S. 92–93, und Bougerol, ,The Church Fathers and the ›Sentences‹', S. 138.

Ebenso geht aus demselben (*ab eodem*), insofern es dasselbe (*idem*) ist, nicht Verschiedenes hervor und keine Verschiedenheit.[747]

Zitat 4-18

Die Regel liest sich ihrem Wortlaut nach wie die *idem*-Regel, die ich in Kapitel 2.3.3.1 dieser Arbeit erläutert habe.[748] Der *idem*-Regel zufolge bleibt die Wirkung gleich, wenn sich deren Ursache nicht verändert, vorausgesetzt die übrigen Bedingungen sind ebenfalls konstant. Aus den Beispielen, die Wilhelm im Anschluss an das Zitat 4-18 nennt, geht jedoch hervor, dass es sich in diesem Zitat eigentlich um eine negativ formulierte Version der *simile*-Regel handelt,[749] die von der *idem*-Regel abzugrenzen ist. Der *simile*-Regel zufolge können Ursachen nur das weitergeben, was sie in irgendeiner Weise selbst haben, weshalb Wirkungen den Ursachen hinsichtlich irgendeines Aspekts gleichen. Etwas schematischer formuliert könnte man sagen: Aus A geht gemäß ihm selbst nur A hervor. Im obigen Zitat wird dieser Zusammenhang negativ ausgedrückt: Aus A geht gemäß ihm selbst nicht ¬A hervor.[750] In diesem Sinne schließt Wilhelm ein paar Zeilen weiter:

[U]nd aus einem solchen, insofern es solches ist, geht nicht etwas von anderer Art hervor, noch eine Verschiedenheit und gleichsam eine Unähnlichkeit. Und im Allgemeinen geht aus dem einen von [zwei] Gegensätzen (*opposita*), insofern er ein solcher ist, unmöglich der andere hervor.[751]

Zitat 4-19

Die im letzten Satz des Zitats angeführte Regel möchte ich *oppositum*-Regel nennen. Sie besagt, dass aus dem einen von zwei Gegensätzen gemäß ihm selbst nicht der andere hervorgehen kann. In Kapitel 4.2.2.3 werde ich noch einmal auf diese Regel zurückkommen.

Die Zitat 4-18 recht allgemein gehaltene Version dieser Regel lässt sich auf konkrete Fälle anwenden, indem man anstelle des ‚*idem*' diverse Eigenschaften einsetzt, was Wilhelm anhand von wenigen Beispielen durchspielt.[752] Eine dieser konkreten Anwendungen der Regel lautet wie folgt:

[A]us dem Einen, insofern es eines ist (*ab uno, in quantum unum*), [geht] weder vieles noch eine Vielheit [hervor].[753]

Zitat 4-20

---

[747] Wilhelm von Auvergne, *De trinitate* 14, S. 83, Z. 34: „Item ab eodem, in quantum idem, non est diversum nec diversitas."

[748] Die pauschale Formulierung der *idem*-Regel lautet: *ab eodem in quantum idem non nisi idem.*

[749] Die pauschale Formulierung der *simile*-Regel lautet: *omne agens agit sibi simile.*

[750] In anderen Kontexten könnte die Umkehrung hingegen enger gefasst sein, in dem Sinne, dass das konträre Gegenteil, B, einer Sache A als Wirkung ausgeschlossen ist. Das müsste gesondert betrachtet werden, würde hier aber zu weit führen. Zu den Regeln siehe auch Kaluza, *Les querelles*, S. 54–56.

[751] Ibid. 14, S. 83, Z. 36–39: „et a tali, in quantum tale, nec alterius modi neque varietas et velut dissimilitudo; et generaliter ex altero oppositorum, in quantum tale, impossibile est esse alterum."

[752] Vgl. ibid. 14, S. 83, Z. 35–39: „sicut nec ab albo, in quantum album, nec a nigro, in quantum nigrum, similiter ab uno, in quantum unum, neque multa neque multitudo; et a tali, in quantum tale, nec alterius modi neque varietas et velut dissimilitudo; et generaliter ex altero oppositorum, in quantum tale, impossibile est esse alterum."

[753] Ibid. 14, S. 83, Z. 36: „ab uno, in quantum unum, neque multa neque multitudo."

Diese Formulierung ist an Avicennas kosmologische *ex-uno*-Regel angelehnt:[754]

[A]us dem Einen, insofern es eines ist (*ex uno secundum quod est unum*), geht nur eines hervor ... Es [d. h. das erste Verursachte] hat aber keine Vielheit aus dem Ersten heraus.[755]

Zitat 4-21

Anders als Avicenna unterlässt es Wilhelm in Zitat 4-20, positiv anzugeben, was aus dem Einen, insofern es eines ist, hervorgeht, nämlich nur eines (*non nisi unum*). Der Ausschluss des Vielen impliziert diese Folgerung jedoch. Auf den ersten Blick könnte man meinen, Wilhelms Version der *ex-uno*-Regel sei wie bei Avicenna nach quantitativer Lesart zu interpretieren und lege den Fokus darauf, dass das Emanierende nur eines der Zahl und Teilung nach sein kann.[756] Wir müssen uns jedoch in Erinnerung rufen, dass der Kontext, wie eingangs erwähnt, hier nicht die Argumentation dafür ist, dass der Sohn einziggeboren ist, dass es also nur eine einzige erste Emanation in Gott geben kann. Die aktuelle Frage lautet vielmehr: Wie kann man mit dem Modell der Emanation die Gemeinsamkeit des göttlichen Wesens (*communitas / communicatio essentiae*) erklären, die zwischen der ersten und zweiten Person vorliegt? Vor diesem Hintergrund ergibt es durchaus Sinn, die *ex-uno*-Regel anzuwenden, allerdings nur in einer radikalisierten Lesart, die man nicht bei Avicenna findet und die ich im Folgenden als essenzielle Lesart bezeichnen werde. Dieser Lesart entsprechend ist die Regel wie folgt zu verstehen: Aus der Quelle, die von ihrem Wesen her vollkommen eines ist, kann, insofern sie vollkommen eines ist, nur etwas emanieren, das gleichermaßen vollkommen eines ist. Genau das nimmt Wilhelm an, wenn er für die erste Emanation festhält:

[P]rima emanatio ex primo fonte est unum per omnem modum et simplex in ultimo, quia si fuerit in se multa, ut reperiat in ea intellectus ,hoc et hoc', tunc ex uno multitudo per se et ex eodem diversitas, quod nisi somnians intellectus non recipit.[757]	[D]ie erste Emanation aus der ersten Quelle heraus ist auf jede Weise eines und im äußersten Grad einfach, denn wenn sie in sich viele Dinge wäre, sodass man in ihr das Verständnis von ,dies und das' finden würde, dann wäre aus dem einen eine Vielheit durch sich und aus demselben eine Verschiedenheit, was nur ein halluzinierender Intellekt annimmt.

Zitat 4-22

---

[754] Das sieht Teske genauso, vgl. Wilhelm von Auvergne, *The Trinity*, S. 120, Fn. 3.

[755] Ibn Sīnā, *al-Ilāhiyyāt* IX.4, S. 330, Z. 1–2 und 8; ed. Van Riet, S. 481, Z. 50–51, und S. 482, Z. 60: „ex uno, secundum quod est unum, non est nisi unum ... Non est autem ei [sc. primo causato] multitudo ex primo."

[756] Es ist zwar möglich, dass die Regel an der zitierten Stelle tatsächlich numerisch zu lesen und ggf. überhaupt nicht auf die Trinitätslehre bezogen ist, da Wilhelm sie kontextunabhängig in einer Liste von diversen Beispielen anführt. Allerdings betont Wilhelm im Rest des Kapitels die vollkommene Einfachheit des ersten Prinzips, der Quelle, und des ersten Emanierenden, woraus eindeutig hervorgeht, dass er die *ex-uno*-Regel in ihrer strengen Form anwendet.

[757] Wilhelm von Auvergne, *De trinitate* 14, S. 86, Z. 23–26.

Nach Wilhelm kann aus der ersten Quelle keine Vielheit hervorgehen – in welcher Form auch immer. Daher müssen der göttliche Vater und Sohn gänzlich eines sein.[758] Ist dies der Fall, so ist der Sohn durch sich notwendig seiend und somit gleichermaßen Gott. Man erkennt hier eine verstärkte Lesart nicht nur der *ex-uno*-Regel, sondern auch der allgemeinen *simile*-Regel, genauer gesagt ihrer negativ formulierten Version, der *oppositum*-Regel, als deren Konkretisierung Wilhelm die *ex-uno*-Regel offenbar versteht. Ursache und Wirkung sind nicht nur von gleicher Art, sondern in Bezug auf das in ihnen vorliegende Wesen sogar identisch. Sie sind ein und dieselbe göttliche Substanz.[759] Lediglich bezüglich des nicht mitteilbaren (*incommunicabilis*) jeweiligen Personseins unterscheiden sie sich. Dass Wilhelm in diesem Zusammenhang auf die Idee kam, Avicennas *ex-uno*-Regel anzuwenden, liegt sicherlich auch daran, dass die Einheit von Vater und Sohn bereits vor Wilhelm stark betont wurde. So findet man in den *Sentenzen* des Petrus Lombardus beispielsweise eine Stelle, an der er zu dem bereits erwähnten Thema ‚*utrum essentia generet*‘ Hilarius von Poitiers († 367) zitiert. Dieser legt dar, dass Zeugender und Gezeugter dieselbe Natur haben und ein Gott sind, wenngleich der Zeugende nicht der Gezeugte ist.[760]

Die Identität rührt daher, dass die Wirkung, der Sohn, genauso vollkommen eines im Sinne von einfach ist wie seine Ursache. Wäre dies nicht der Fall, wäre er etwas Zusammengesetztes und damit vieles, ein *hoc et hoc*, wie Wilhelm es mit Boethius nennt, und sei es nur aus Sein und Wesen zusammengesetzt, wie es auf das erste Emanierende bei Avicenna zutrifft, das dennoch reiner Intellekt ist. Sobald sich irgendeine Art von Zusammensetzung findet, ist etwas nicht mehr vollkommen einfach und kann damit kein notwendig Seiendes durch sich selbst sein. Wäre der Sohn derart beschaffen, wäre er nur ein Geschöpf.[761] Man erkennt hieran sehr gut, dass für Wilhelm, anders als für Gundisalvi, diese einfachste Art der Zusammensetzung – die Zusammensetzung aus Sein und Wesen – bereits genügt, um einen Unterschied zum Göttlichen zu bewirken und etwas eindeutig zum Geschöpf zu degradieren.[762] Ebenso verhält es sich bei Avicenna.

Käme dem ersten Emanierenden Vielheit zu – in welchem Sinne auch immer – müsste man sich nach Wilhelm fragen, woher sie überhaupt rühren sollte, wenn die Emanation allein von der vollkommen einfachen Quelle ausgeht. Wilhelm zufolge gibt es für Vielheit an dieser Stelle keine rationale Erklärung. Vielheit dennoch einzuführen, hält er daher für

---

[758] Wilhelm behandelt in seiner Analyse das Paar Vater – Sohn als in sich geschlossenes System, obgleich aus dem Vater eigentlich noch etwas Zweites hervorgeht: der Heilige Geist. Dieser Hervorgang vollzieht sich jedoch auf andere Weise. Siehe dazu unten, Fn. 775.

[759] Siehe bspw. ibid. 14, S. 83, Z. 39–43: „Ex primo igitur fonte secundum se impossibile est aut aliud aut alterius modi esse, quoniam in quantum emanans secundum se est, unus et idem et eiusdem modi per omnem modum. Prima igitur emanatio a primo fonte nec aliud nec alterius modi est a primo fonte.“

[760] Petrus Lombardus, *Sententiae*, lib. I, dist. IV, cap. 1, n. 11, ed. Grottaferrata, Bd. 1, S. 84, Z. 32–34: „Naturae ergo Dei Patris veritas in Deo Filio esse docetur, cum in eo Deus intelligitur esse qui Deus est. Est enim unus in uno et unus ab uno.“ An diesem Zitat erkennt man, wie gut Avicennas Formulierung der *ex-uno*-Regel auf bereits bestehende Aussagen zur Trinität passt.

[761] Die Frage nach der Inkarnation des Sohns ist noch einmal ein separates, viel diskutiertes Problem (Stichwort: Zwei-Naturen-Lehre).

[762] Laut Weisheipl weist Wilhelm den universalen Hylemorphismus, den er von Ibn Gabirol kennt, zugunsten von Boethius' Distinktion von *quo est* und *quod est* zurück, vgl. Weisheipl, ‚Albertus Magnus and Universal Hylomorphism‘, S. 254. Ebenso gut ließe sich meiner Ansicht nach sagen, Wilhelm weist den universalen Hylemorphismus zugunsten von Avicennas Sein-Wesen-Distinktion zurück.

absurd und schreibt ein solches Vorgehen einem halluzinierenden Intellekt (*somnians intellectus*) zu. Dieser harte Angriff zielt eindeutig in Avicennas Richtung. Die Frage nach der Herkunft der Vielheit ist das kosmologische Grundproblem, das sich stellt, wenn man ein vollkommen einfaches, alleiniges erstes Prinzip der Welt annimmt. Avicenna zieht als Lösung die *ex-uno*-Regel heran und verlegt den unmittelbaren Grund der Vielheit in das erste Geschöpf selbst. Dieses ist von sich her möglich seiend, durch die Ursache hingegen notwendig seiend. Wilhelm schließt sich Avicennas Lösung nicht an, da er dort die Freiheit Gottes nicht gewahrt sieht. Für ihn kann Emanation *de se* nur im innergöttlichen Bereich als *causatio intima* stattfinden; nach außen wirkt Gott nur *ex se*. Dabei verursacht er das Sein der Geschöpfe allein durch seinen unveränderlichen, zugleich aber absolut freien Willen. Hier liegt eine *causatio forinseca* vor. Die Frage nach dem Grund der Vielheit löst Wilhelm nach außen hin also durch den absolut freien Willen Gottes, der beliebig viele Dinge schaffen kann. Nach innen stellt sich diese Frage für Wilhelm gar nicht, denn aus dem vollkommen einfachen Vater soll überhaupt keine Vielheit hervorgehen. Emanation wird hier nicht als Weg der Vermittlung zwischen Einfachheit und Vielheit verwendet, sondern im Gegenteil für das Bewahren der Einfachheit. Vielheit kann nirgendwo herkommen, wenn der Vater allein aus seinem einfachen Wesen heraus (*de se*) den Sohn emanieren lässt – auch nicht aus dem Sohn selbst, wie man mit Avicenna annehmen könnte. Somit steht für Wilhelm zweifelsfrei fest, dass das Emanierende gänzlich eines und einfach sein muss. Dies impliziert, dass es sein Wesen mit der Quelle teilt, also ebenfalls der eine Gott sein muss, denn nach Wilhelm gilt: „Nichts aber ist eines auf jede Weise, das nicht das höchste Wesen wäre."[763]

Wilhelm und Avicenna haben für ihr jeweiliges Emanationsmodell zwar einen gemeinsamen Ausgangspunkt, konstruieren davon ausgehend letztlich jedoch stark voneinander abweichende Arten des Hervorgangs: Bei beiden geht Emanation allein von einem vollkommen einfachen göttlichen Prinzip aus und beide ziehen dafür die *ex-uno*-Regel heran, sodass bei beiden das erste Emanierende quantitativ nur eines sein kann, bei Wilhelm ein Sohn,[764] bei Avicenna eine himmlische Intelligenz. Wilhelm fügt der quantitativen Lesart jedoch eine weitere Lesart hinzu, die man nicht bei Avicenna findet: die essenzielle Lesart. Diese bewirkt, dass sich Wilhelms Emanationsmodell in einem wesentlichen Punkt von dem Avicennas unterscheidet, und zwar hinsichtlich der substanziellen Differenz von Quelle und Emanierendem. Diese Differenz liegt in den unterschiedlichen Kontexten begründet, in denen das Modell zum Einsatz kommt: Wilhelm nimmt das innergöttliche Wirken in den Blick, Avicenna hingegen Gottes Wirken nach außen. Indem Wilhelm die *ex-uno*-Regel zu seinem Zweck in verstärkter Lesart anwendet, vermag er zu schließen, dass das Emanierende von demselben Wesen sein muss wie sein Ursprung, beide sind der eine Gott. Dies wäre Avicennas Kausaltheorie zufolge unmöglich.[765] Wilhelm wiederum hält Avicennas Modell für absurd. Emanation allein aus der Ursache heraus erzeugt gemäß Wilhelm keine essenzielle Verschiedenheit. Dies betont er noch einmal in Kapitel 26 von *De trinitate*:

---

[763] Wilhelm von Auvergne, *De trinitate* 14, S. 87, Z. 41–42: „Nihil autem est unum per omnem modum, quod non sit essentia altissima."

[764] Siehe dazu das nächste Kapitel.

[765] Vgl. bspw. Ibn Sīnā, *al-Ilāhiyyāt* IX.4, S. 327, Z. 17–S. 328, Z. 1; ed. Van Riet, S. 479, Z. 87–88: „ipse est ens a quo fluit quicquid est, fluxu discreto ab eius essentia."

Non potest autem imago haec aliud esse a genitore suo intellectu, quia alia essentia de illo exire non potuit per se et secundum se, ad hoc enim multas superius radices posuimus. Nova enim essentia ab uno agente in se et secundum se recipi non potest eo, quod essentialis diversitatis nulla causa subsit; tota enim actio ista ab uno est in quantum unum, et in se ipsum.[766]

Dieses Abbild aber kann nicht etwas anderes sein als sein Erzeuger, der Verstand, weil ein anderes Wesen nicht aus jenem durch ihn und gemäß ihm selbst hervorgehen kann. Dafür haben wir oben fürwahr viele Gründe angegeben. Ein neues Wesen kann nämlich von einem in sich und gemäß sich selbst (*secundum se*) Wirkenden deswegen nicht empfangen werden, weil der wesentlichen Verschiedenheit keine Ursache zugrunde liegt. Denn diese gesamte Tätigkeit ist von einem her, insofern es eines ist, und in sich selbst.

Zitat 4-23

Hier wird deutlich, dass der Hervorgang aus einer Ursache, die allein gemäß sich selbst wirkt, nach der *simile*-Regel erfolgt, was Wilhelm bereits in Kapitel 14 betont hat.[767] Diese wird verschärft ausgelegt, denn Ursache und Wirkung sind hier nicht nur von gleichem Wesen, also zwei Individuen derselben Art, sondern sie sind dem Wesen nach identisch, das heißt ein und dasselbe Individuum (nur im personalen Sein verschieden). Dies assoziiert Wilhelm am Ende des Zitats mit einem Gedanken, der wieder an die *ex-uno*-Regel erinnert.

Nicht nur die ersten beiden Personen teilen sich das eine göttliche Wesen, sondern auch der Heilige Geist ist Teil dieser Wesensgemeinschaft.[768] Darauf geht Wilhelm jedoch nicht ausführlich ein, sondern verweist in Kapitel 22 von *De trinitate* auf die Argumente, die er für die Wesensgemeinschaft der ersten beiden Personen angeführt hat. Der Heilige Geist ist im Unterschied zum Sohn nicht etwas Gezeugtes, sondern ein Geschenk (*donum*). Dieses Geschenk gibt die erste Freigiebigkeit (*prima largitas*) von sich her (*secundum se*), weshalb auch hier Wesensgleichheit vorliegt.[769] Neue Bezüge auf Avicenna finden sich in diesem Kapitel nicht.

4.2.2.1.4 Weitere Bezüge zur *ex-uno*-Regel mit essenzieller Lesart

Auch über Kapitel 14 hinaus wendet Wilhelm von Auvergne in *De trinitate* die *ex-uno*-Regel in der von ihm eingeführten essenziellen Lesart an. Bezüglich meines Vorhabens, in dieser Arbeit unter anderem den vielfältigen Einsatz der *ex-uno*-Regel aufzuzeigen, möchte

---

[766] Wilhelm von Auvergne, *De trinitate* 26, S. 151, Z. 57–62.

[767] Vgl. ibid. 14, S. 84, Z. 63–64: „Ex unoquoque enim secundum se non procedit nisi simillimum. Dissimilitudo autem non est ab uno secundum ipsum."

[768] Die Göttlichkeit des Heiligen Geistes wurde erstmals 381 im ersten Konzil von Konstantinopel festgehalten. Dies geschah jedoch indirekt über den Text des heute als Nizäno-Konstantinopolitanum bezeichneten Glaubensbekenntnisses. Vgl. Argárate, ‚Das Konzil von Konstantinopel', S. 102. Siehe dazu die betreffende lateinische Formulierung des Bekenntnisses „Credo … in Spiritum Sanctum, Dominum et vivificantem, qui ex Patre Filioque procedit, qui cum Patre et Filio simul adoratur et conglorificatur", Denzinger, *Enchiridion*, Nr. 150. Wilhelm seinerseits betont bspw. in folgender Aussage, dass alle drei göttlichen Personen gänzlich eines sind: „Vide ergo, quousque te duximus, ut tria quodammodo sint et per omnem modum unum", Wilhelm von Auvergne, *De trinitate* 25, S. 132, Z. 18–19.

[769] Vgl. ibid. 22, S. 119, Z. 59–62. Siehe außerdem Zitat 4-27.

auf eine Stelle in Kapitel 19 hinweisen. Obwohl es Wilhelm dort darum geht, zu beweisen, dass der Sohn der Zahl nach nur einer sein kann (*unigenitus*), weswegen man eher die *ex-uno*-Regel in ihrer quantitativen Lesart erwarten würde, greift Wilhelm zusätzlich auf die essenzielle Lesart zurück. Er setzt sie implizit in einem Argument ein, das begründen soll, warum der Sohn nicht selbst wieder einen Sohn hervorbringt. Dieses Mal wird die Regel nicht auf das Bild der Emanation, sondern auf das der Zeugung angewandt:

Imago igitur prima derivationem generationis in se ipsa sistit et se et intuentes ipsam in generatorem reflectit; et hoc debebatur primae generationi, ut una [sc. imago] esset per omnem modum, hoc est, unius et ex uno per omnem modum. Si autem primogenitus esset generans et genitus, aut hoc esset secundum idem, aut secundum diversa. Secundum idem autem impossibile propter oppositionem generatoris et geniti; secundum diversa similiter non, cum in eo nulla sit omnino diversitas; in se enim ex omnibus modis suis ipsum esse unum necesse est.[770]

Das erste Abbild lässt in sich selbst also das Weiterführen der Zeugung zum Stillstand kommen und wendet sich und diejenigen, die auf es hinsehen, zurück zum Erzeuger. Dies war der ersten Zeugung zu verdanken, sodass es [d. h. das Abbild] eines war auf jede Weise, das heißt von einem und aus einem heraus auf jede Weise. Wenn der Erstgeborene aber zeugend und gezeugt wäre, wäre dies entweder gemäß derselben Hinsicht oder gemäß verschiedenen [Hinsichten]. Unmöglich aber gemäß derselben [Hinsicht] wegen der Gegensätzlichkeit des Erzeugers und des Gezeugten; ebenso nicht gemäß verschiedenen [Hinsichten], da es in ihm überhaupt keine Verschiedenheit gibt. Es ist nämlich notwendig, dass er in sich auf alle seine Weisen einer ist.

Zitat 4-24

Die Argumentation verläuft hier ähnlich, wie es bei der Emanation der Fall ist. Nach Wilhelm gibt der Vater beim Zeugen des Sohns alles weiter, was er wesenhaft hat. Der Fokus liegt auch hier auf der Einheit im Sinne der Einfachheit, die das göttliche Wesen auszeichnet. Die *ex-uno*-Regel besagt wieder, dass aus dem vollkommen Einfachen durch Zeugung nur etwas vollkommen Einfaches hervorgehen kann. Der Sohn ist damit von demselben vollkommen einfachen göttlichen Wesen wie der Vater. Interessanterweise wird hier die Zeugung durch das Anwenden der *ex-uno*-Regel ähnlich verstärkt interpretiert wie die Emanation: Zeugendes und Gezeugtes sind nicht zwei individuelle Substanzen, die sich der Art nach gleichen, vielmehr sind sie in ihrer Substanz identisch: Der Sohn ist der vollkommen einfache Gott. Diese Feststellung verwendet Wilhelm als Prämisse in seinem Argument dafür, dass der Sohn nicht selbst etwas allein aus sich heraus hervorbringen kann, also selbst keinen Sohn zeugen kann.[771] Das Argument verläuft wie folgt: Würde der Sohn etwas aus sich hervorbringen, wäre er zeugend und besäße damit in sich eine Dualität von zwei Aspekten: einerseits gezeugt zu sein, andererseits zeugend. Da der Sohn jedoch von vollkommen einfachem Wesen ist, kann er nicht zwei verschiedene Aspekte in sich tragen. Dies kennen wir von Avicenna, der dasselbe für das durch sich notwendig Seiende betont. Somit

---

[770] Ibid. 19, S. 110, Z. 11–S. 111, Z. 19.

[771] Er bringt zwar zusammen mit dem Vater den Heiligen Geist hervor, dies vermag er aber nicht aus sich selbst heraus, sondern hat vom Vater her die Kraft dazu. Vgl. bspw. ibid. 23, S. 120, Z. 95–S. 121, Z. 10.

kann der Sohn nur gezeugt sein, nicht zusätzlich zeugend. Roland J. Teske weist darauf hin, dass Wilhelm hier über Augustinus hinausgeht, indem er stärkere Beweise dafür liefert, dass es in Gott keine zweite Zeugung geben kann und der Heilige Geist somit nicht als *generatum* gelten kann.[772] Ich würde dem hinzufügen, dass diese stärkeren Beweise unter anderem Avicenna zu verdanken sind, denn Wilhelm nimmt hier eindeutig auf ihn Bezug, obgleich nur implizit. Durch Avicenna verfügt Wilhelm über das philosophisch argumentative Werkzeug, die innere Einfachheit zu verteidigen.

Wilhelms Argument in Zitat 4-24 weist einen weiteren interessanten Aspekt auf: Es impliziert, dass der Vater dem Sohn lediglich weitergibt, durch sich notwendig zu sein. Er gibt ihm allerdings nicht weiter, die Fülle (*copiositas*) des Seins zu sein, die ein Überfließen bedingt. Die Seinsfülle erachtet Wilhelm also nicht als etwas Wesenhaftes, sondern verknüpft sie mit dem Ursprung-Sein des Vaters. Damit ist sie dessen persönliches Merkmal.[773] Bei Avicenna hingegen bedeutet, durch sich zu sein, über der Vollkommenheit zu sein, und damit, eine Seinsfülle zu haben, die überfließt.[774] Dies müsste allen trinitarischen Personen *qua* ihres gemeinsamen Wesens zukommen, denn sie alle sind das durch sich notwendig Seiende. Wilhelm reserviert das Überfließen aufgrund von Seinsfülle aber für die erste trinitarische Person. Mit der Seinsfülle verbindet er einen gewissen Automatismus des Herausfließens – die Emanation des Sohns geschieht notwendigerweise. Dies erwähnt Wilhelm explizit an anderer Stelle, an der er statt der Emanation das Bild der Zeugung verwendet:

…, quia potentia illa gravida de se et fecunda de se necessario est, et necesse sit ipsam [sc. generationem] fuisse necessario. Quod autem necessarium est, est effectu ab aeterno. Quare generatio primi verbi ab aeterno.[775]	…, weil jene von sich her (*de se*) austragende und von sich her fruchtbare Kraft notwendigerweise existiert, ist auch notwendig, dass sie [d. h. die Zeugung] notwendigerweise gewesen ist. Was aber notwendigerweise ist, ist von Ewigkeit her aktuell (*effectu*). Daher [ist] die Zeugung des ersten Worts von Ewigkeit her.

Zitat 4-25

Laut Wilhelm findet die Zeugung des Sohns notwendig und ewig statt, da das Zeugende sowohl ewig als auch allein aus sich heraus zeugend ist. Ähnlich schätzt er die Emanation der Welt bei Avicenna ein: Sie vollzieht sich notwendigerweise von Ewigkeit her, da sie allein vom durch sich notwendig Seienden ausgeht, das von seinem Wesen her Ursache ist (*causa per essentiam*). Wie in Kapitel 2.3.1.1 erläutert, besitzt das *necesse esse* bei Avicenna eine Seinsfülle, die so groß ist, dass es in einem Zustand jenseits der Vollkommenheit weilt.

---

[772] Vgl. Wilhelm von Auvergne, *The Trinity*, S. 143, Fn. 4.
[773] Siehe Fn. 712.
[774] Siehe Kapitel 2.2.3.
[775] Wilhelm von Auvergne, *De trinitate* 18, S. 102, Z. 72–75. Eine weitere Stelle zur Notwendigkeit des Zeugens des Sohns und des Gebens des Heiligen Geistes findet sich in Kapitel 21. Hier werden die verschiedenen Bilder der jeweiligen Vorgänge zusammengebracht. Ibid. 21, S. 117, Z. 96–2: „Sicut enim intellectus ad loquelam interiorem, quae est primogenita proles ipsius, sic necessario benignitas ad gratiam, quae est amor purissimus atque sanctissimus, in hoc scilicet, ut sicut de intellectu primo necessario processit alius primogenitus ipsius, sic oporteat de benignitate fontaliter larga procedere gratiam amoris, etsi per modum alium." In Kapitel 22 verknüpft Wilhelm den Hervorgang des Sohns mit der *copiositas* und *fecunditas* und den des Heiligen Geistes der mit *benignitas* und *liberalitas*.

Nur etwas, das sich in einem solchen Zustand befindet, hat mehr als das für ihn selbst nötige Sein und gibt als Ursache, die allein aus sich heraus wirkt, den Überhang an Sein nach außen weiter. Bei Avicenna geschieht dies notwendigerweise, aber gewusst und gewollt.[776] Wilhelm ist darauf bedacht, die Tatsache, dass etwas durch sich notwendig ist, von der notwendigerweise überfließenden Seinsfülle zu entkoppeln. Letztere nimmt er im innergöttlichen Bereich allein für die Person des Vaters an. Dies macht von Seiten der Konstellation der göttlichen Personen her Sinn. Denn ginge die Seinsfülle an den Sohn und Heiligen Geist über, würden aus ihnen weitere Personen herausfließen und es gäbe mehr als drei göttliche Personen. Im Hinblick auf Gottes Wirken nach außen lässt sich konstatieren: Wilhelm gesteht Gott zwar Seinsfülle zu, weist für ihn aber den Automatismus zwischen Seinsfülle und Überfließen, den er im innertrinitarischen Bereich und bei Avicenna vorliegen sieht, vehement zurück. Spricht er in Bezug auf Gott von Seinsfülle oder einem Überfließen, so betont er zugleich Gottes Freiheit oder Willentlichkeit.[777]

Während Wilhelms Vorstellungen von Gottes Wirken klar von denen Avicennas abweichen, wie ich in Kapitel 4.3.2 darlegen werde, fällt auf, dass die Beschreibung des trinitarischen Hervorgangs – von der Wesensgemeinschaft abgesehen – starke Ähnlichkeiten zu Avicennas Emanationsmodell aufweist. Wilhelm wendet die avicennische Emanationstheorie hier in einem neuen Kontext an und lässt im innertrinitarischen Bereich Theorien zu, die er für die Verursachung der Welt strikt ablehnt und an Avicennas Modell stark kritisiert. Darunter fällt die Ewigkeit des Geschehens, die erforderlich ist, da die trinitarischen Personen der Ewigkeit Gottes gleichkommen müssen, weil sie ihrem Wesen nach Gott sind. Außerdem übernimmt Wilhelm, dass die Emanation notwendigerweise geschieht, da sie allein aus der Seinsfülle der vollkommen einfachen Quelle heraus bedingt wird. Und schließlich kann das unmittelbar aus dem Ursprung Emanierende wie bei Avicenna nur eines der Zahl nach sein, was Gegenstand der nun folgenden Analyse ist.

4.2.2.2 Verwendung der *ex-uno*-Regel zur Begründung des Ein(zig)geboren-seins (*unigenitas*) des Sohns (quantitative Lesart: *unum numero*)

Wie in der Einleitung zum Trinitätskapitel bereits angekündigt, setzt Wilhelm Avicennas *ex-uno*-Regel nicht nur ein, um die *communio essentiae* der beiden ersten trinitarischen Personen argumentativ zu begründen, sondern auch, um zu sichern dass der Sohn einziggeboren (*unigenitus*) ist. Diesem zweiten großen Thema der Trinitätslehre widmet sich Wilhelm gesondert in Kapitel 19 von *De trinitate*.[778] Dazu führt er mehrere, sich steigernde Argumente an und greift im Laufe dessen zweimal auf die *ex-uno*-Regel zurück, die er in anderer Lesart anwendet als im Zuge seiner Begründung der Wesensgemeinschaft: statt sie essenziell zu verstehen, liest er sie nun quantitativ, wie von Avicenna her bekannt.

---

[776] Siehe dazu Kapitel 2.3.1.1.
[777] Vgl. bspw. ibid. 12, S. 78, Z. 12–S. 79, Z. 19.
[778] Siehe dazu auch Teske, ‚William of Auvergne's Use of Avicenna's Principle'.

Für den Hervorgang des Sohns verwendet Wilhelm in seinen *unigenitus*-Argumenten das ab Kapitel 16 entwickelte Bild des Äußern eines inneren Worts:[779] Der Vater spricht als erster Sprecher (*primus locutor*) das erste innere Wort, den Sohn, der ein vollkommenes Bild des Sprechers ist, da sich dieser in dem Wort gemäß seiner selbst in ganzer Fülle ausdrückt.[780] Im ersten Argument dafür, dass es nur ein einziges erstes Wort geben kann, geht Wilhelm folgendermaßen vor: Zunächst stellt er die Hypothese auf, der erste Sprecher äußere zwei erste Worte. Diese Annahme führt er sodann *ad absurdum*, indem er zeigt, dass die beiden Worte inhaltlich völlig identisch wären.[781] Mithin wäre eines von ihnen überflüssig. Etwas Überflüssiges zu äußern, dürfe man Gott nicht unterstellen, weshalb sinnvollerweise nur ein erstes Wort anzunehmen sei.[782] Mit dem zweiten Argument greift Wilhelm direkt die Hypothese zweier der Zahl nach verschiedener erster Worte an. Sein Einwand ist hier, dass man bei einer solchen Annahme eine Unterschiedenheit dort einführe, wo gar keine zu finden sei. Dies zeigt Wilhelm anhand der *idem*-Regel, der zufolge der erste Sprecher, wenn er unverändert bleibt, stets dasselbe eine Wort äußert.[783] Im dritten und stärksten Argument schließt Wilhelm von Vornherein jegliche Pluralität von inneren Worten aus; weder könne es zwei gleichzeitige noch einander nachfolgende noch inhaltlich verschiedene Worte geben. Hierzu äußert er sich wie folgt:

Deinde, quid est unum verbum, nisi unius veritatis expressio, vel unius intentionis vel vox vel imago? Quia igitur una est veritas primi locutoris et una intentio per modum omnem, necessario unum est verbum, sui ipsius expressio; se enim solum dicere intendebat primus locutor. Qualiter autem pluralitas locutionum intelligitur, ubi nec pluries nec pluribus modis locutus est, et ipsorum verborum modis omnibus una essentia? Qualiter duo nomina intelliguntur, quorum una est per omnem modum essentia, unum significatum et significandi modus? Sed et illud attende, quod ex altero oppositorum non est alterum secundum se. Ex uno igitur primo secundum se non est

Sodann, was ist *ein* Wort, wenn nicht der Ausdruck *einer* Wahrheit oder der Ausspruch oder das Bild *einer* Bedeutung? Weil also die Wahrheit des ersten Sprechers eine ist und auf jede Weise eine [einzige] Bedeutung, ist das Wort notwendigerweise eines, der Ausdruck seiner selbst; der erste Sprecher beabsichtigte nämlich, allein sich selbst auszusagen. Wie aber lässt sich eine Vielheit an gesprochenen Äußerungen verstehen, wo er weder mehrfach noch auf vielerlei Weisen gesprochen hat und das Wesen ebendieser Worte auf jegliche Weise eines ist? Auf welche Weise lassen sich zwei Namen verstehen, deren Wesen auf jegliche Weise eines ist, *ein* Bezeichnetes (*significatum*) und *eine*

---

779 Siehe Wilhelm von Auvergne, *De trinitate* 19, S. 107, Z. 19–20: „Quod autem primum verbum, quo se ipsum et omnia locutus est primus locutor, unum esse debeat, inde manifestum fiet.“

780 Es bleibt also nichts übrig, das er sonst noch äußern könnte.

781 Vgl. ibid. 19, S. 107, Z. 24–25: „Erunt igitur idem per omnem modum secundum essentiam, sed et in se, quia eiusdem imago et secundum idem.“ Sie sind sowohl hinsichtlich der *essentia* als auch hinsichtlich der *significatio* identisch.

782 Vgl. ibid. 19, S. 107, Z. 20–S. 108, Z. 34.

783 Vgl. ibid. 19, S. 108, Z. 35–39: „Redeuntes autem ad ea, quae praecesserunt, facile clarescet istud, quia inter verba ipsa una diversitas, quia ab eodem per modum eundem secundum idem non erit nisi idem. Ab eodem igitur locutore per omnem modum secundum idem et eodem modo, nonnisi idem verbum. Quare necessario nonnisi unum verbum primum atque perfectissimum.“ Teske verweist auf das Prinzip der Identität des Ununterscheidbaren (*principium identitatis indiscernibilium*), vgl. Wilhelm von Auvergne, *The Trinity*, S. 140, Fn. 1.

| multitudo neque pluralitas. Unde igitur pluralitas verborum?[784] | Weise der Bezeichnung? Beachte aber auch dies, dass aus dem einen von zwei Gegensätzen gemäß ihm selbst (*secundum se*) nicht der andere hervorgehen kann. Aus dem einen Ersten gemäß ihm selbst geht also weder eine Vielheit (*multitudo*) noch eine Mehrzahl (*pluralitas*) hervor. Woher sollte also eine Mehrzahl an Worten stammen? |

Zitat 4-26

Wilhelm führt am Ende der zitierten Passage die *ex-uno*-Regel an, um das zu bestätigen, worauf die rhetorischen Fragen bereits abzielen, die er zuvor gestellt hat: Es kann nicht sein, dass es mehr als ein innergöttliches Wort gibt. Die Regel ist in diesem Fall eindeutig quantitativ zu lesen: Aus dem einen, einfachen Sprecher kann der Zahl nach nur ein einziges Wort hervorgehen, wenn der Sprecher allein aus sich heraus spricht (*secundum se*). Ähnliches betont Wilhelm in einem anderen *unigenitus*-Argument: „[D]enn die erste Einheit zeugt durch sich keine Vielheit, vor allem da sie nur zeugt, insofern sie eine ist, das heißt, von sich her (*de se*) und gemäß sich selbst (*secundum se*). Sie ist aber auf jede Weise eine für sich selbst.“[785]

Wie bei der Begründung der Wesensgemeinschaft lässt Wilhelm in der vorliegenden Version der *ex-uno*-Regel die positive Angabe dessen weg, was aus dem Einen hervorgeht, nämlich nur eines (*non nisi unum*). Aber auch hier ist es aus dem ableitbar, was explizit ausgeschlossen wird: die Vielheit. Interessanterweise bleibt der Ausdruck ‚*non nisi unum*' erhalten, wenn Wilhelm die Regel in *De universo* zitiert.[786] Als Leser fragt man sich, ob es einen Grund für diese Differenz gibt. Wilhelm könnte für seine Schrift *De trinitate*, die früher entstanden ist, eine andere Vorlage des avicennischen Textes gehabt haben, was unwahrscheinlich klingt. Sinnvoller ist es hingegen, einen inhaltlichen beziehungsweise argumentativen Grund anzunehmen: In *De universo* lässt Wilhelm den Teil der avicennischen Regel, den er in Bezug auf Gott als Schöpfer zurückweist (das ‚*non nisi unum*'), stehen, um besser gegen die Anwendung der Regel argumentieren zu können. In seinen Erklärungen zur Trinität hingegen geht es ihm darum, zu verdeutlichen, dass keine Vielheit aus dem Vater hervorgeht. Dies wird durch die alternative Formulierung der Regel unterstützt.

Obwohl Wilhelm für den Hervorgang des Sohns die *ex-uno*-Regel anwendet und dabei die Einheit des Vaters stark betont, trifft er in Kapitel 22 von *De trinitate* folgende Aussage, um die Existenz des Heiligen Geistes als zweites Verursachtes zu rechtfertigen:

| Declaratio vero stabiliens evidenter primae generationis prolem et primae largitionis donum, hoc est: quoniam ex primo fonte necesse est duas esse redundantias. Cum | Die Erklärung aber, die auf einleuchtende Weise [die Theorie] eines Nachkommens der ersten Zeugung und eines Geschenks der ersten Schenkung festigt, ist folgende: Weil |

---

[784]   Wilhelm von Auvergne, *De trinitate* 19, S. 108, Z. 40–50.

[785]   Ibid. 19, S. 109, Z. 61–64: „quoniam prima unitas non est generativa per se multitudinis, praecipue cum non generet nisi in quantum una est, hoc est de se et secundum se; ipsa vero sibi una est per omnem modum."

[786]   Siehe bspw. Wilhelm von Auvergne, *De universo* Ia-Iae, 24, S. 618bH: „Visum quippe est eis ex uno, secundum quod unum, non posse esse ullo modorum, nisi unum."

enim iam certum sit fontem illum ex omnibus modis suis primum esse et maximum,
necesse est igitur illum esse in ultimo ex
maximo copiositatis et propter hoc in ultimo
et maximo redundantiae. Copiositas vero
aut fecunditas est (et de hac est redundantia
generationis) aut benignitas sive liberalitas
(et de hac est redundantia largitionis) …
Quare generatio prima atque largitio sunt
apud e[u]m in ultimo et maximo et ideo
essentiales.[787]

es notwendigerweise aus der ersten Quelle
zwei Überströme (*redundantiae*) geben
muss. Da nun bereits feststeht, dass jene
Quelle auf alle ihre Weisen das Erste und
Höchste ist, ist es also notwendig, dass sie
sich auf der äußersten und höchsten Stufe
der Fülle (*copiositas*) befindet und daher auf
der äußersten und höchsten Stufe an Überfluss (*redundantia*). Die Fülle aber ist entweder Fruchtbarkeit (und von dieser her erfolgt
das Überfließen im Sinne der Zeugung) oder
Güte beziehungsweise Freigiebigkeit (und
von dieser her erfolgt das Überfließen im
Sinne der Schenkung) … Daher sind die
erste Zeugung und Schenkung bei ihr [d. h.
der ersten Quelle] auf der äußersten und
höchsten Stufe und somit wesentlich.

Zitat 4-27

Wilhelm zufolge muss aus der ersten Quelle, Gott-Vater, gerade wegen ihres vollkommenen Überflusses nicht eines, sondern zweierlei herausströmen. Die bisher stets betonte
vollkommene Einfachheit der Quelle, in welcher der eigentliche Grund für den Überfluss
liegt, erwähnt Wilhelm hier bewusst nicht. Denn damit könnte er die Zweiheit des Heraus-
strömens nicht begründen. Seine eigenen, oben angeführten Argumente würden dagegen-
sprechen. Mit der These, dass zwei Überströme aus der ersten Quelle hervorgehen müssen,
verlässt Wilhelm die neuplatonische Spur. Die These erinnert vielmehr entfernt an Dominicus Gundisalvi, der gegen die Einfachheit des ersten Prinzips eine zweifache Wirkung
betont, mit der Absicht, einen universalen Hylemorphismus zu rechtfertigen. Wilhelms
Motiv ist freilich ein anderes. Er muss den Hervorgang des Heiligen Geistes rechtfertigen,
der ebenfalls aus Gott-Vater heraus erfolgen soll, und zwar in dessen Zusammenwirken mit
dem Sohn (*filioque*). Anders als der Sohn geht der Heilige Geist nicht in einer der
natürlichen Zeugung ähnlichen Emanation hervor, was sich nach Wilhelms bisherigen Ausführungen auch nicht rechtfertigen ließe. Vielmehr nimmt er an, dass der Heilige Geist willentlich hervorgebracht wird, und begründet dies über die zweifache Natur der Seinsfülle.
Auf diese Weise meint Wilhelm, die beiden Hervorgänge getrennt voneinander betrachten
zu können, was ihm ermöglicht, dennoch die *ex-uno*-Regel auf die *unigenitum*-These anzuwenden. Bei der Bestimmung der Einzigkeit des Heiligen Geistes kommt sie dagegen nicht
zum Einsatz. Avicenna würde Heinrichs Vorgehen zweifellos als inkonsequent kritisieren.
Ihm zufolge kann man eine Quelle nicht als völlig einfach bestimmen – was Wilhelm ja in
aller Ausführlichkeit macht – und plötzlich folgern, dass aus ihr zweierlei hervorgeht, wenn
auch auf verschiedene Weise. Die beiden Arten des Hervorgangs müssten für Avicenna
nämlich in zwei verschiedenen Aspekten der einen einfachen Quelle begründet liegen.
Jedoch hält Wilhelm deutlich fest, dass die Quelle keine Zweiheit besitzt.

---

[787]   Id., *De trinitate* 22, S. 118, Z. 14–26.

4.2.2.3 *Ex-uno-* und *oppositum*-Regel

Bezüglich der Frage nach Wilhelms Umgang mit der *ex-uno*-Regel ist interessant, dass er diese Regel in Zitat 4-26 aus Kapitel 19 von *De trinitate* abermals mit einer anderen Regel verknüpft – in diesem Falle nicht mit der *simile*-Regel, sondern mit der von mir so benannten *oppositum*-Regel, die sich wie eine Umkehrung der *simile*-Regel liest.[788] Sie besagt, dass aus dem einen von zwei Gegensätzen gemäß ihm selbst (*secundum se*) nicht der andere hervorgehen kann.[789] Ähnlich wie bei der Verknüpfung mit der *simile*-Regel wird die *ex-uno*-Regel als eine partikuläre Version dieser allgemeineren Regel präsentiert. Eines und vieles werden dabei als Gegensätze angesehen und entsprechend der *oppositum*-Regel gilt: Aus dem Einen kann gemäß diesem selbst, ohne zusätzlich mitwirkende Faktoren nicht das Gegenteil hervorgehen, nämlich vieles. Die *oppositum*-Regel nennt also nur, was ausgeschlossen wird, nämlich vieles, gibt aber nicht positiv an, was hervorgeht, nämlich eines. Hier zeigt sich einmal mehr, dass die Bestimmung dessen, was aus einem vollkommen einfachen Prinzip hervorgehen kann, davon abhängt, welche Regel man für den Hervorgang ansetzt. Während die *oppositum*-Regel sichern soll, dass nicht mehreres aus dem Einen hervorgeht, läuft die Differenzregel, die Gundisalvi stattdessen anwendet, auf das Gegenteil hinaus: Aus dem Einen muss etwas hervorgehen, das gerade nicht eines ist, sondern zwei.[790] Solche Unterschiede, die zwischen den kosmogonischen Modellen herrschen, denen gemeinsam ist, zu schildern, welche Entitäten direkt durch das eine, vollkommen einfache Prinzip ins Sein gelangen, haben diverse Gründe: Sie sind durch den Kontext bedingt, in dem der Hervorgang stattfindet (innergöttlich oder Gott-Welt), darüber hinaus durch die Basisontologie des Kosmos (Sein-Wesen-Distinktion oder universaler Hylemorphismus) und zudem durch den Aspekt, den der jeweilige Autor in seinem Modell hervorheben möchte (Einheit der Ursache oder Differenz der Wirkung zur Ursache).

Die *oppositum*-Regel findet man auch in anderen Werken Wilhelms, beispielsweise in *De universo* und *De anima*. Dort verwendet er den Terminus *contrarium* anstelle von *oppositum*.[791] Im Hinblick auf Avicenna ist bezüglich der *oppositum*-Regel folgende Stelle interessant, da Wilhelms Argument über die Gegensätzlichkeit von durch sich notwendig und durch sich möglich Seiendem verläuft. Wilhelm verteidigt hier eine innere Emanation gegen eine äußere:

---

[788] Siehe oben, Kapitel 4.2.2.1.3.

[789] Vgl. ibid. 19, S. 108, Z. 48–49: „quod ex altero oppositorum non est alterum secundum se."

[790] Vgl. Kapitel 3.3.1 dieser Arbeit.

[791] Siehe bspw. Wilhelm von Auvergne, *De universo* Ia-Iae, 5, S. 596bG: „Manifestum autem, quia ex neutro contrariorum naturaliter ac per se procedit reliquum"; ibid. Ia-Iae, 8, S. 601bB: „ex altero contrariorum non potest esse alterum"; ibid. Ia-Iae, 9, S. 602aG: „Haec autem est … alterum contrariorum esse non posse ex altero. Dico igitur hanc radicem esse falsam, nisi hoc modo eam intelligant, videlicet, quod ex altero contrariorum non potest esse per se alterum." Siehe außerdem Zitat 4-42. Darüber hinaus findet man die Regel in *De anima* V.8, S. 124a: „cum unicuique manifestum sit ex altero contrariorum per se alterum esse non posse." Höchstwahrscheinlich verwendet Wilhelm den Terminus *contrarium*, weil er die Regel hauptsächlich in Zusammenhang mit dem bereits angesprochenen Prinzipiendualismus der Katharer erwähnt. Wenn Wilhelm in *De universo* Ia-Iae dagegen vorgeht, dass es etwas gibt, das Gott entgegengesetzt ist (*non est ei alter contrarius*), führt er die *oppositum*-Regel als Wurzel dieses Irrtums an. Einen Hinweis auf die Manichäer bzw. Katharer gibt auch Teske in ‚William of Auvergne's Use of Avicenna's Principle', S. 112.

Prima igitur emanatio plurimum habet actualitatis et modicum potentialitatis. Quod si eius essentia non fuerit necesse esse per se ipsam, sed fuerit possibile esse in se ipsa, tunc prima emanatio in se ipsa nihil habebit omnino necessitatis sive acutalitatis. Qualiter autem ex necesse secundum se sit tantum possibile in se, non est videre, cum ista duo nec specie nec genere communicent, immo in se opposita quodammodo sint. Quare alterum non causabit alterum secundum se … Certum enim est, quod actus purus effluxione, quae sit de eo et secundum ipsum solum, non emanabit quasi mixtum ex possibili et necesse; hoc autem esset, si poneremus primam prolem et primum donum per se sive secundum se esse possibile, per essentiam vero necesse esse; omne enim quod secundum aliquid est possibile et secundum aliquid est necesse, necessario est quasi mixtum ex possibili et necesse. Unde autem est ista mixtio, cum ipsum emanet ex puro necesse solo et secundum illud?[792]

Die erste Emanation also besitzt am meisten Wirklichkeit (*actualitas*) und am wenigsten Vermögen (*potentialitas*). Aber wenn ihr Wesen nicht durch sich selbst notwendig seiend ist, sondern in sich selbst möglich seiend, dann wird die erste Emanation in sich selbst überhaupt nichts an Notwendigkeit oder Wirklichkeit haben. Auf welche Weise aber aus etwas Notwendigem gemäß ihm selbst etwas in sich Mögliches hervorgehen soll, ist nicht einzusehen, da diese beiden weder der Art noch der Gattung nach übereinstimmen, ja sogar in gewisser Weise Gegensätze zueinander sind. Daher wird das eine gemäß sich selbst das andere nicht hervorbringen … Sicher ist nämlich, dass der reine Akt durch das Herausfließen, das von ihm her und allein gemäß ihm selbst geschieht, nichts gleichsam aus dem Möglichen und Notwendigen Gemischtes emanieren lassen wird. Dies wäre aber der Fall, wenn wir annehmen würden, dass der erste Nachkomme und das erste Geschenk durch sich oder gemäß sich selbst ein Mögliches wären, durch das Wesen aber ein notwendig Seiendes. Alles nämlich, was gemäß etwas ein Mögliches ist und gemäß etwas [anderem] ein Notwendiges, ist notwendigerweise gleichsam etwas aus dem Möglichen und Notwendigen Gemischtes. Woher stammt dann aber diese Mischung, wo sie doch aus dem reinen Notwendigen allein hervorgeht und gemäß jenem?

Zitat 4-28

Auch in dieser Passage erkennt man Wilhelms Festhalten an den modalontologischen Bestimmungen, die er von Avicenna übernommen hat. Er zieht sie aktiv in seinen Argumenten zu trinitätstheologischen Problemen an. Im Zitat weist er darauf hin, dass das erste Emanierende, der Sohn, durch sich notwendig sein muss und damit wesensgleich zum Vater. Die Alternative wäre, dass der Sohn durch sich möglich seiend ist. Diese ontologische Verfasstheit bildet jedoch den Gegensatz dazu, durch sich notwendig zu sein, und da der Vater durch sich notwendig ist und den Sohn allein aus sich hervorbringt, lässt sich mit der *oppositum*-Regel schließen, dass er ihn nicht als etwas hervorbringen kann, das durch sich möglich ist.

---

[792] Wilhelm von Auvergne, *De trinitate* 14, S. 85, Z. 94–S. 86, Z. 14.

Im Anschluss an das Argument geht Wilhelm auf einen möglichen Einwand ein und man hat den Eindruck, als kommuniziere er hier mit Avicenna, der sein imaginärer Gesprächspartner ist. Vor dem Hintergrund von Avicennas Modalontologie könnte man gegen Wilhelms Darstellung der innertrinitarischen Emanation einwenden, dass der Sohn – analog zu den Geschöpfen in Avicennas Modell – aus sich heraus möglich sei, ohne dass ihm dies vom Vater verliehen wird. Vom Vater hätte er dann nur, durch sich notwendig zu sein. Dagegen wendet Wilhelm ein: Selbst wenn der Sohn etwas aus möglich und notwendig Seiendem Gemischtes (*mixtum*) wäre, müsste man sich fragen, worin diese Mischung ihren Grund hätte, da die Ursache ja vollkommen einfach und notwendig ist und nur von sich her wirkt. Wilhelms Aussage am Ende des Zitats ist so allgemein gehalten, dass man sie auch als implizite Kritik an Avicennas Modell auffassen kann. Dort kann die erste himmlische Intelligenz nämlich als Zusammengesetztes aus Möglichkeit und Notwendigkeit verstanden werden, obgleich sie – anders als der göttliche Sohn – nur ein *durch anderes* notwendig Seiendes ist. Wilhelm würde diesen Punkt jedenfalls als systemimmanente Kritik gegen Avicenna vorbringen. Dass das Gemisch gar keine Ursache hat, weil das Möglich-Sein dem Geschöpf aus sich heraus zukommt, lässt er als Annahme nicht zu.

4.3 Kosmogonie

Wie wir gesehen haben, lassen sich bezüglich der Ontologie große Parallelen zwischen Avicenna und Wilhelm von Auvergne ausmachen. Wilhelm findet zudem großes Gefallen daran, Gott als *necesse esse per se* zu charakterisieren, dessen Einzigkeit, vollkommene Einfachheit und Unveränderlichkeit er wie Avicenna betont. Angesichts dessen könnte man meinen, dass Wilhelm die Frage, wie aus einer derartigen Ursache die Welt in ihrer Vielheit hervorgehen soll, ähnlich beantwortet wie Avicenna. Dessen kosmogonisches Emanationsmodell weist Wilhelm jedoch vehement zurück und überträgt es stattdessen auf den innergöttlichen Bereich. Die Kennzeichen der Emanation, die *ad intra* von Vorteil sind, erweisen sich zugleich als Gründe dafür, die Emanation *ad extra* auszuschließen, wie sich im Kapitel zur Trinität bereits abgezeichnet hat: Die Emanation geschieht naturnotwendig, nicht willentlich, aus dem ersten Ursprung heraus, der allein von seinem Wesen her (*de / secundum se*) wirkt. Dadurch findet sich nach Wilhelm kein Aspekt, der eine wesentliche Verschiedenheit zwischen Quelle und Emanation bedingt – Vater und Sohn sind beide Gott, das *necesse esse per se*. Zudem vollzieht sich der innertrinitarische Hervorgang von Ewigkeit her, denn der Ursprung unterliegt als durch sich notwendig Seiendes keinerlei Veränderung – hier wird implizit die *idem*-Regel anerkannt: Da die Ursache von Ewigkeit her unveränderlich existiert, bleibt die Wirkung ebenso auf ewig dieselbe. Mit Ausnahme der Wesensgleichheit zwischen Quelle und Herausfließendem sind die aufgeführten Kennzeichen der innergöttlichen Emanation aus Wilhelms Sicht ebenfalls typisch für Avicennas Modell des Hervorgangs der Welt und machen für Wilhelm offenbar, warum dieses Modell für die Kosmogonie zurückzuweisen ist. Eine ewige Emanation *ad extra* fällt unter die Dinge, die Wilhelm zufolge der christlichen Wahrheit widersprechen. Die Welt ist weder gleichewig zu Gott, noch geht sie aus ihm mit natürlicher Notwendigkeit *secundum se* hervor, sodass sie von derselben Substanz ist wie er. Gott erschafft die Welt nicht von Ewigkeit her, sondern zum Beginn der Zeit aus seinem höchst freien Willen heraus, der in keinem Moment festgelegt ist – weder auf das Dass noch auf das Wie oder das Was der Schöpfung. Damit steht für Wilhelm außer Frage, dass Avicennas kosmogonisches Modell abzulehnen ist.

In *De trinitate* und insbesondere in *De universo* widmet sich Wilhelm intensiv dem Unternehmen, sowohl die Theorie der Ewigkeit der Welt als auch Avicennas Emanationsmodell zu widerlegen.[793] Primärer Grund, warum Wilhelm Avicennas Ansatz ablehnt, ist, dass darin die Freiheit (*libertas*) Gottes beziehungsweise dessen höchst freier Wille (*voluntas liberrima*) und damit zusammenhängend die Allmacht (*omnipotentia*) Gottes aufgegeben werden. Aus Wilhelms Diskussion in *De universo* lässt sich herausarbeiten, dass Gott in Bezug auf die Schöpfung Freiheit in zweierlei Hinsicht besitzt:[794] zum einen faktisch, zum anderen inhaltlich. Gott kann also sowohl über das bloße Stattfinden der Schöpfung frei entscheiden als auch über den Schöpfungsgegenstand, das heißt darüber, was geschaffen wird und auf welche Weise. Dabei vermag er nach Wilhelm, allein aus sich selbst heraus Neues zu bewirken, ohne sich dabei in irgendeiner Weise verändern zu müssen. Er ist der *idem*-Regel somit enthoben, was bei keiner anderen Ursache der Fall ist.

Obwohl Wilhelm Avicenna scharf angreift und letztendlich eine völlig andere Antwort auf die Frage gibt, wie das eine einfache, durch sich notwendig Seiende nach außen hin wirkt, lassen sich auch im Rahmen der Kritik interessante Bezüge und Erweiterungen zu Avicenna ausmachen. Diese zeigen, dass Wilhelm Avicennas Theorien bis zu dem Punkt folgt, ab dem er aufgrund der christlichen Überzeugung mit ihm brechen muss. Wilhelm verwendet Avicennas Konzepte und denkt dessen Theorien in gewissem Sinne weiter, wie wir bereits im Trinitätskapitel gesehen haben. Das Weiterdenken ist freilich dadurch bedingt, dass er bestimmte Lehren mit dem Ansatz vereinbaren muss, den er von Avicenna übernimmt. Die systematischen Erweiterungen, die dabei in Wilhelms Augen entstehen,[795] verwendet er wiederum für seine Kritik an Avicenna und den Philosophen, indem er ihnen vorwirft, diese Punkte nicht gesehen oder nicht beachtet zu haben. Dies findet sich bereits im Hinblick auf die Trinität. Wilhelm übernimmt die bestehenden Konzepte von Verursachung und erkennt, dass sich diese nicht auf die innergöttlichen Gegebenheiten anwenden lassen. Daher erweitert er das System, indem er die *causatio intima* einführt, bei der Ursache und Wirkung von demselben Wesen sind, sodass der Sohn ein *necesse esse per se* sein kann, obwohl er verursacht ist. Dafür legt Wilhelm die *ex-uno*-Regel essenziell aus, wie ich im Trinitätskapitel gezeigt habe, und wendet ein strengeres Verständnis von Emanation an, als es bei Avicenna der Fall ist. Eine vergleichbare Vorgehensweise lässt sich in Bezug auf die Verursachung der Welt beobachten.[796] Wilhelm übernimmt von Avicenna die auf Aristoteles zurückgehende Theorie der Wirkursachen, bei denen sich in Bezug auf das Wirkungsvermögen zwei Gruppen gegenüberstehen: auf der einen Seite die Gruppe der irrationalen Ursachen mit einfachem Wirkungsvermögen, auf der anderen Seite die rationalen

---

[793] Vgl. ibid., Kapitel 10, und Wilhelm von Auvergne, *De universo* Ia-Iae, Kapitel 17–27; IIa-Iae, Kapitel 1–11; Ia-IIae, Kapitel 9 und 25–30. Siehe dazu auch Teske, ‚William of Auvergne on the Eternity of the World‘ und id., ‚William of Auvergne's Arguments for the Newness of the World‘.

[794] Wilhelm stellt dies nicht derart explizit gegenüber, behandelt aber beide Aspekte.

[795] Siehe dazu Fn. 695.

[796] Zu Wilhelms Schöpfungsverständnis und zur Rolle, die Avicenna dabei spielt, siehe auch Davis, ‚Creation According to William‘.

Ursachen, die aufgrund ihrer Vernunft ein zweifaches Wirkungsvermögen besitzen und daher fähig sind, willentliche Akte auszuüben. Für beide Gruppen gilt die *idem*-Regel in dem Sinne, dass die Wirkung gleich bleibt, wenn der Kausalkonnex gleich bleibt, der sämtliche Umstände miteinbezieht. Für eine Veränderung der Wirkung bedarf es im Umkehrschluss eine Veränderung innerhalb des Kausalkonnexes. Laut Wilhelm lässt sich dieser Ursache-Wirkungs-Zusammenhang nicht auf Gott anwenden. Gott bewirkt nicht von Ewigkeit her, sondern zu einem bestimmten Punkt den Eintritt der Welt ins Sein. Gemäß Avicenna müsste sich Gott dazu jedoch verändern, da er als alleinige Ursache dieses Ereignisses angenommen wird und die *idem*-Regel Gültigkeit hat. Eine Veränderung Gottes ist jedoch absurd. Um diesem Problem zu entgehen und Gottes herausragendem Rang unter den Ursachen gerecht zu werden, erweitert Wilhelm das bestehende Kausalsystem, wie im Folgenden gezeigt werden soll.

4.3.1 Avicennas Einfluss auf Wilhelms Konzept der Wirkursache (*causa efficiens*)[797]

Um Gottes herausragenden Rang unter den Ursachen zu verdeutlichen, stellt Wilhelm in einem erwähnenswerten Vergleich verschiedene Arten von Wirkursachen einander gegenüber.[798] Drei Elemente von Wilhelms Theorie zur Wirkursache, die hinter dieser Klassifikation steht, sind von Avicenna beeinflusst: erstens die Theorie des Vermögens (*potentia*), zweitens die Bestimmung von natürlicher Ursächlichkeit und drittens das Konzept der *sufficientia causae*. Avicennas Einfluss auf diese drei Elemente werde ich im Folgenden aufzeigen. Dabei werde ich zunächst Avicennas Diskussion des Begriffs ,Vermögen' (*quwwa*; *potentia*) in *Metaphysik* IV.2 mit Wilhelms Diskussion desselben Begriffs im achten Kapitel von *De trinitate* vergleichen. Die Bestimmung eines aktiven Vermögens und insbesondere die in Zusammenhang damit von beiden Denkern vorgenommene Distinktion von ein- und zweifachen aktiven Vermögen ist grundlegend für Wilhelms Klassifikation der Wirkursachen. Natürliche, irrationale Substanzen besitzen einfache Vermögen, zu wirken, weshalb sie aus Notwendigkeit heraus tätig sind oder auf die Weise eines Dienenden (*per modum servientis*), wie Wilhelm es bevorzugt charakterisiert. Diese Bestimmung der natürlichen Ursächlichkeit, die Wilhelm oft Aristoteles zuschreibt, stammt eigentlich von Avicenna. Im Gegensatz zu irrationalen Substanzen besitzen rationale Substanzen wie Mensch und Gott zweifache Vermögen, zu wirken, und agieren durch freien Willen. Gott setzt sich von den übrigen willentlichen Ursachen jedoch insofern ab, als er höchst frei und unveränderlich ist. Um den Unterschied zwischen ihm und den übrigen willentlichen Ursachen zu verdeutlichen, führt Wilhelm das Konzept der Hinreichendheit der Ursache (*sufficientia causae*) ein. Dieses Konzept, so werde ich am Ende des Kapitels erläutern, ist einerseits zwar von Avicenna inspiriert, wird aber von Wilhelm eingesetzt, um gegen Avicennas Emanationstheorie vorzugehen.

---

[797] Dieses Kapitel habe ich bereits in sehr ähnlicher Form in einem Aufsatz veröffentlicht, siehe Fischer, ,Avicenna's Influence on William of Auvergne's Theory of Efficient Causes'.

[798] Vgl. Wilhelm von Auvergne, *De universo* IIa-Iae, 9, S. 694aF–H.

4.3.1.1 Theorie des Vermögens (*potentia*)

Wie bereits erwähnt, nimmt Wilhelm in *De universo* IIa-Iae, Kapitel neun eine Klassifikation von Wirkursachen vor, die er für seine Widerlegung einer ewigen Emanation der Welt aus Gott heraus benötigt. Diese Klassifikation basiert auf Wilhelms Theorie des Vermögens (*potentia*), die er in *De trinitate* entwickelt. Nachdem er dort seine Ontologie entfaltet hat, geht er im achten Kapitel dazu über, die Begriffe Vermögen (*potentia*) und Möglichkeit (*possibilitas*) zu analysieren, mit dem Ziel, die Allmächtigkeit (*omnipotentia*) Gottes zu bestimmen.[799] Hier wie auch im folgenden Kapitel bedient sich Wilhelm offensichtlich Avicennas Diskussion von Vermögen (*quwwa; potentia*) und Möglichkeit (*imkān; possibilitas*) in *Metaphysik* IV.2, sodass sich Parallelen ausmachen lassen. Beide Denker beginnen ihre Analysen mit einer Aufzählung der diversen Bedeutungen des Begriffs Vermögen (*potentia*) und gehen sodann zum Konzept der Möglichkeit (*possibilitas*) über, das sie mit dem der Materie verknüpfen. Außerdem wurde Wilhelm von Avicenna dazu inspiriert, die Vermögen gemäß der folgenden Paare von Gegensätzen einzuteilen: rational – irrational, vollkommen – unvollkommen und nah – fern. Bei Wilhelm findet sich allerdings eine verkürzte und vereinfachte Version von Avicennas Analyse in *Metaphysik* IV.2.[800] Avicennas Ausführungen sind wiederum stark beeinflusst von Aristoteles' Analyse des Begriffs δύναμις sowie verwandter Termini in *Metaphysik* Δ.12 und Θ.1, 2 und 5. Es finden sich bei Avicenna sogar einige Zitate aus diesen Kapiteln.[801] Daher könnte man vermuten, dass nicht Avicennas, sondern Aristoteles' Analyse Wilhelm als primäre Quelle dient. Vergleicht man jedoch die Aussagen der drei Denker, stellt man fest, dass sich Wilhelm mehr an Avicenna als an Aristoteles orientiert. Dieser Schluss ist sowohl inhaltlich als auch terminologisch gerechtfertigt; und in der Tat zählt Wilhelm zu den Autoren des 13. Jahrhunderts, deren Sicht auf Aristoteles stark von Avicennas *Metaphysik* beeinflusst ist.[802]

Inspiriert durch Avicenna beginnt Wilhelm seine angesprochene Analyse in *De trinitate*, Kapitel 8 damit, drei grundlegende Arten von Vermögen anzuführen. Er unterscheidet aktives, beherrschendes und widerstehendes Vermögen:

Interim igitur dicemus, quod potentia nominatur principium operationum, et est exuberantia vel radius ipsius esse, de qua exeunt operationes; et hoc alio nomine dicitur virtus et nominatur potentia agens sive activa ... Secundo modo potentia dicitur superioritas et velut dominatio, quae tamen non est nisi oboedientia vel consensu alienae voluntatis et dicitur vulgato nomine potestas	Einstweilen sagen wir also, dass das Prinzip von Tätigkeiten (*operationes*) Vermögen (*potentia*) genannt wird, und dass es das Überfließen oder der Strahl des Seins selbst ist, von wo her die Tätigkeiten ausgehen. Und dieses wird mit einer anderen Bezeichnung Kraft (*virtus*) genannt und es wird als wirkendes oder aktives Vermögen bezeichnet ... Auf eine zweite Weise wird die Vor-

---

[799] Ein Überblick über diese Diskussion findet sich in Teskes Einleitung zu Wilhelm von Auvergne, *The Trinity*, S. 15–25, sowie in kurzer Form in Davis, ›Creation According to William‹, S. 60–61.

[800] Das merkt auch Teske an, vgl. id., Wilhelm von Auvergne, *The Trinity*, S. 93, Fn. 6.

[801] Vgl. Bertolacci, *The Reception of Aristotle's ›Metaphysics‹*, S. 309–373.

[802] Vgl. id., ›On the Latin Reception of Avicenna's Metaphysics‹, S. 202–203.

... Tertio, potentiam nominare consuevimus eam qualitatem, qua resistitur passionibus, qualis est duritia in lapide. Ea namque repellit multas ex passionibus aut in parte, aut in toto.[803]

rangstellung und gleichsam Herrschaft (*dominatio*) Vermögen genannt. Diese ist jedoch nur bei Gehorsam oder Einwilligung eines fremden Willens gegeben und wird in der alltäglichen Bezeichnung Macht (*potestas*) genannt ... Drittens sind wir gewohnt, diejenige Eigenschaft Vermögen zu nennen, durch die man Einwirkungen (*passionibus*) widersteht, wie es für die Härte im Stein der Fall ist. Sie weist nämlich viele der Einwirkungen zurück, entweder zum Teil oder im Ganzen.

Zitat 4-29

Wilhelm zufolge kann Vermögen als wirkendes oder aktives Vermögen (*potentia agens sive activa*) beziehungsweise als Kraft (*virtus*) verstanden werden, eine Tätigkeit auszuüben. Daneben führt er Vermögen im Sinne von Herrschaft an, bei der die Untertanen den Anweisungen des Herrschers Folge leisten, sei es freiwillig oder gezwungenermaßen. Diese Art des Vermögens wird für gewöhnlich als Macht (*potestas*) bezeichnet. In *De anima* nennt Wilhelm sie in Bezug auf die menschliche Herrschaft das Vermögen der Jurisdiktion und Herrscherwürde (*potestas iurisdictionis et principatus*). Die Macht ist allerdings an den Gehorsam der Untertanen gebunden, da sie endet, wenn der Gehorsam gekündigt wird. Im Gegensatz dazu ist Gottes Macht über die Geschöpfe absolut, das heißt sie ist allein durch sein Wesen vorhanden und ansonsten völlig bedingungslos. Daher kann Macht (*potestas*) im wahrsten und eigentlichen Sinne des Worts laut Wilhelm nur Gott zugesprochen werden.[804] Dieses Verständnis des Vermögens findet man – anders als die beiden anderen – nicht in Avicennas Liste.[805] Es ist für Wilhelm insofern wichtig, als hier ein Verständnis von absoluter Macht hineinkommt, die Gott über die Geschöpfe hat. Zuletzt greift Wilhelm wieder auf Avicenna zurück und nennt in seiner Liste der Vermögen in *De trinitate* die

---

[803] Wilhelm von Auvergne, *De trinitate* 8, S. 49, Z. 8–S. 50, Z. 25. Avicenna beginnt seine Diskussion in Kapitel VI.2 der *Metaphysik* ebenfalls damit, verschiedene Verwendungsweisen des Wortes ‚Vermögen' (*quwwa*; *potentia*) aufzuzählen; siehe dazu al-Ilāhiyyāt VI.2, S. 130, Z. 9–S. 132, Z. 7; ed. Van Riet, S. 193, Z. 72–S. 196, Z. 29. Ihm zufolge wird das Wort in (1.) nicht-philosophischen, (2.) philosophischen und (3.) geometrischen Kontexten verwendet. Die verschiedenen Verwendungsweisen sind in Kürze: (1.) im nicht-philosophischen Kontext, d. h. im Alltag: Vermögen (1.1) als Fähigkeit, anstrengende Akte in der Kategorie der Bewegung (*ḥaraka; motus*) auszuführen, was einerseits den Gegensatz zu Schwäche (*ḍaʿf; debilitas*) bildet und andererseits eine Intensivierung der Kraft (*qudra; fortitudo*) bedeutet, welche die Fähigkeit ist, willentliche Akte auszuführen; (1.2) als Disposition, nicht oder nur geringfügig etwas zu erleiden (*infaʿala; pati*), während man einen anstrengenden Akt ausführt oder untätig ist; (1.3) als Disposition, überhaupt nichts zu erleiden; (1.4) als Prinzip von Tätigkeit oder Ruhe, und zwar in dem Sinne, dass man Kraft (*qudra; fortitudo*) besitzt (siehe 1.1). (2.) Im philosophischen Kontext wird Vermögen verstanden (2.1) als jede Disposition, die ein Prinzip von Veränderung (*mabdaʾ al-taġayyur; principium variationis*) ist; (2.2) als die Möglichkeit (*imkān; possibilitas*), tätig zu sein oder nicht, (2.3) als das Vermögen, etwas zu erleiden (*quwwa infiʿāliyya; potentia passibilitatis*). (3.) Im geometrischen Kontext sagt man, eine komplexere geometrische Figur sei dem Vermögen nach eine einfachere geometrische Figur, wenn die einfachere Figur ein Teil der komplexeren sein kann. Für die Differenzierung der drei Kontexte, vgl. auch Bertolacci, *The Reception of Aristotle's ›Metaphysics‹*, S. 330.

[804] Vgl. Wilhelm von Auvergne, *De anima* III.6, S. 92b.

[805] Siehe Fn. 803.

Fähigkeit der Resistenz, aufgrund derer man Einwirkungen von außen ganz oder zumindest bis zu einem gewissen Grad widerstehen kann. [806]

Relevant für Wilhelms Theorie der Wirkursächlichkeit ist vor allem das erste Verständnis von Vermögen: das wirkende oder aktive Vermögen (*potentia agens sive activa*), das er ganz allgemein als Tätigkeitsprinzip bestimmt. Man darf schließen, dass jeder Wirkursache ein solches Vermögen als Bedingung dafür innewohnt, wirken zu können, gleichgültig, ob die Akte eigentümliche sind oder nicht. [807] Im Hinblick auf die Terminologie scheint Wilhelms Vermögen als Tätigkeitsprinzip (*principium operationis*) dem Vermögen zu entsprechen, das in Avicennas Liste Wirkungsprinzip (*mabda᾽ al-fiʿl; principium effectus*) genannt wird. [808] Auf inhaltlicher Ebene finden sich jedoch Differenzen. So wird das Wirkungsprinzip gemäß der *common-sense*-Definition, die Avicenna dort zitiert, nur solchen Substanzen zugeschrieben, die aus Verlangen (*mašīʾa; appetitus*) heraus agieren. [809] Dies trifft nicht auf das aktive Vermögen bei Wilhelm zu, der es auch leblosen Dingen attestiert, wie etwa dem Feuer. Damit entspricht es auf der Bedeutungsebene eher dem von Avicenna angeführten philosophischen Verständnis von Vermögen, das weiter gefasst ist als das alltägliche. Denn die Philosophen nennen Vermögen „jede Disposition, die in einer Sache ein Prinzip der Veränderung (*mabda᾽ al-taġayyur; principium variationis*) ist durch jene [d. h. Sache] zu einem anderen (ar.: *fī āḫar*; in einem anderen), insofern jenes ein

---

[806] Wilhelms Vermögen als Widerstandskraft ist eine Kombination zweier Verwendungsweisen, die Avicenna in seiner Liste in *Metaphysik* IV.2 anführt: Vermögen als Ausdruck der Tatsache, dass etwas nur geringfügige Einwirkung erfährt (1.2 der Liste in Fn. 803), andererseits als Bezeichnung dafür, dass etwas die Disposition hat, keinerlei Einwirkung zu erleiden (1.3). Siehe Ibn Sīnā, *al-Ilāhiyyāt* VI.2, S. 131, Z. 1–3; ed. Van Riet, S. 194, Z. 86–90: „Deinde imposuerunt eam nomen huius intentionis, ita ut, inquantum non patitur nisi parum, vocetur potentia, quamvis nihil agat. Deinde rem quae non patitur ullo modo posuerunt digniorem hoc nomine, et ideo dispositionem eius inquantum est sic, vocaverunt potentiam." Siehe außerdem Teskes Anmerkung in Wilhelm von Auvergne, *The Trinity*, S. 94, Fn. 7.

[807] In *De anima* differenziert Wilhelm zwischen Vermögen, die Prinzipien eigentümlicher, das heißt wesenhafter Akte sind, und solchen, die als Prinzipien nicht-eigentümlicher Akte fungieren. Hier greift er auf die Prädikationstheorie zurück, indem er Aussagen über beide Arten von Vermögen analysiert. In unserem normalen Sprachgebrauch werden Vermögen durch das Modalverb ‚können' (*posse*) ausgedrückt. Das Verb, das auf ‚können' folgt, zeigt den Akt an, zu dessen Ausübung das Subjekt ein Vermögen besitzt. Wenn man einem Subjekt das Vermögen zu einem eigentümlichen Akt zuspricht, dann fügt man in der Prädikation dem Wesen des Subjekts nichts hinzu, da eigentümliche Akte im Wesen des jeweiligen Subjekts zugrunde gelegt sind. Dies gilt bspw. für das Vermögen des Menschen, zu verstehen, oder das der Hitze, zu wärmen. Aussagen über nicht-eigentümliche Akte hingegen betreffen etwas vom Wesen des ausführenden Subjekts Verschiedenes und zeigen ein zum Wesen hinzukommendes Vermögen an, aus dem heraus der jeweilige Akt vollzogen werden kann. So kann ein heißer Stein etwas anderes wärmen, doch dieses Vermögen ist nicht im Wesen des Steins fundiert (dieses Beispiel findet sich nicht bei Wilhelm). Vgl. Wilhelm von Auvergne, *De anima* III.5 und 6, S. 90b–93a.

[808] Siehe oben, Fn. 803.

[809] Vgl. Ibn Sīnā, *al-Ilāhiyyāt* VI.2, S. 130, Z. 12–13, und S. 131, Z. 3–5; ed. Van Riet, S. 194, Z. 77–78 und 90– S. 195, Z. 93: „quae est fortitudo, videlicet cum animal est eiusmodi quod provenit ex eo actio quando vult (*iḏā šāʾa*), et non provenit quando non vult … Deinde fortitudinem ipsam quae est dispositio animalis, ex qua est ei ut agat, sed non agit, vel propter appetitum (*bi-ḥasabi l-mašīʾa*) vel propter privationem appetitus et remotionem instrumentorum, posuerunt potentiam, eo quod est principium effectus (*mabda᾽ al-fiʿl*)."

anderes ist"[810]. Diese Definition wiederum entspricht Aristoteles' Bestimmung von δύναμις in *Metaphysik* Θ.1 als „ein Prinzip ... der Veränderung (ἀρχὴ μεταβολῆς) in einem anderen oder insofern dies ein anderes ist"[811].

Neben der Bestimmung verschiedener Vermögen, allen voran des aktiven Vermögens, übernimmt Wilhelm von Avicenna eine weitere Idee, die für seine Klassifikation der Wirkursachen wichtig ist. Dabei handelt es sich um eine Distinktion, die die Reichweite aktiver Vermögen betrifft. Im neunten Kapitel von *De trinitate* merkt er dazu an:

Potentia autem, quae non est nisi super alterum oppositorum, diminuta est comparatione eius, quae potest super utrumque, verbi gratia, ignis non potest nisi super calefacere, super non calefacere non potest; non enim est in eo, ut calefaciat vel non calefaciat, cum obviaverit calefactibili, sed necesse habet calefacere tantum.[812]	Ein Vermögen aber, das sich nur auf einen von [zwei] Gegensätzen bezieht, ist geringer im Vergleich zu dem [Vermögen], das über beide [Gegensätze] Macht hat. Das Feuer hat beispielsweise nur über das Wärmen Macht; darüber, nicht zu wärmen, hat es keine Macht. Es ist ihm nämlich nicht möglich, zu wärmen oder nicht zu wärmen, wenn es auf etwas getroffen ist, das gewärmt werden kann, sondern hat notwendig nur [das Vermögen], zu wärmen.

Zitat 4-30

In dem Zitat setzt Wilhelm zweifache Vermögen von einfachen ab. Ein zweifaches Vermögen erstreckt sich auf beide Alternativen des allgemeinen Gegensatzpaars ‚wirken' und ‚nicht wirken', während ein einfaches Vermögen auf eine der Alternativen festgelegt ist, je nach Situation – im Beispiel auf die positive.[813] Diese Distinktion findet sich bereits bei Aristoteles,[814] von dem Avicenna sie übernommen hat. Im Hinblick auf die Terminologie und den Inhalt erweist sich Wilhelms Zitat jedoch als ein Amalgam aus Avicennas Äußerung und der lateinischen Übersetzung der Schrift *Die Ziele der Philosophen* (*Maqāṣid al-falāsifa*; *Summa theoricae philosophiae*), in der al-Ġazālī (um 1056–1111) Avicennas Lehre zusammenfasst, wofür ihm vornehmlich dessen auf Persisch verfasste Summe *Philosophie für ʿAlāʾ al-Dawla* (*Dānešnāme-ye ʿAlāʾī*) als Grundlage dient.

Avicenna: [J]edes dieser Vermögen ist ein Vermögen über ein Ding und über dessen Gegenteil.[815]

---

[810] Ibid. IV.2, S. 131, Z. 6–7; ed. Van Riet, S. 195, Z. 95–96: „omnem dispositionem quae est in aliquo principium variationis ab illo in aliud, inquantum illud est aliud." Gemäß dem arabischen Text und der griechischen Vorlage des Zitats wäre im Lateinischen in Z. 96 ‚*ab alio*' statt ‚*in aliud*' passender.

[811] Aristoteles, *Metaphysik* Θ.1, 1046a11: ἀρχὴ μεταβολῆς ἐν ἄλλῳ ἢ ἄλλο. Aristoteles führt in Θ.1 eine grundlegende Bestimmung von Vermögen (δύναμις) an, von der die weiteren Arten von Vermögen abgeleitet sind. Vgl. dazu auch ibid. Δ.12, 1019a15–16 und 19–20.

[812] Wilhelm von Auvergne, *De trinitate* 9, S. 54, Z. 41–46.

[813] Wenn das im Zitat erwähnte Objekt entfernt wird, wärmt das Feuer es nicht mehr. Dieser Umstand ist für das Feuer wieder von außen bestimmt. Freilich bringt es dennoch ständig seine wesentliche Wirkung, Wärme, hervor (es wärmt die es umgebende Luft), worin es ebenfalls nicht frei ist.

[814] Vgl. Aristoteles, *Metaphysik* Θ.2, 1046b4–24, und Θ.5, 1047b35–1048a9.

[815] Ibn Sīnā, *al-Ilāhiyyāt* IV.2, S. 133, Z. 11–12; ed. Van Riet, S. 198, Z. 64–65: „unaquaeque enim harum potentiarum est potentia super rem et super eius contrarium."

al-Ġazālī: [D]as Vermögen, zu wirken, teilt sich in zwei, nämlich einerseits [das Vermögen] nur dazu, zu wirken, und nicht zu dessen Gegenteil, wie das Vermögen des Feuers darauf gerichtet ist, zu wärmen, und nicht darauf, nicht zu wärmen. Andererseits [das Vermögen] dazu, zu wirken und zu dessen Gegenteil, nämlich dazu, sich zu enthalten, wie das Vermögen des Menschen, sich zu bewegen und zu ruhen. Das erste aber wird natürliches Vermögen (*quwwa ṭabīʿiyya; potentia naturalis*) genannt, das zweite willentliches Vermögen (*quwwa irādiyya; potentia voluntaria*).[816]

Zitat 4-31

Im Gegensatz zu Aristoteles und Avicenna äußert sich Wilhelm im Kontext der Gegenüberstellung der beiden aktiven Vermögen nicht zu dem Grund dafür, dass manche Wesen über ein zweifaches Vermögen verfügen. Er erwähnt also nicht, dass dies mit dem rationalen Vermögen verknüpft ist, welches die Fähigkeit besitzt, etwas und dessen Gegenteil überhaupt erst zu erfassen.[817] Seine Vorgänger – Aristoteles und Avicenna – verbinden dagegen Rationalität und zweifaches Vermögen kausal miteinander und demzufolge Irrationalität und einfaches Vermögen. Wilhelm begnügt sich damit, darauf hinzuweisen, dass die Tatsache, ein zweifaches Vermögen zu besitzen, impliziert, dass es eine Instanz geben muss, die zwischen beiden Alternativen entscheidet. Diese Entscheidungsinstanz führen auch Wilhelms Quellen an: Gemäß Aristoteles ist es das Streben oder die Wahl (ὄρεξις ἤ προαίρεσις), nach Avicenna der beschließende Wille (*irāda ġāzima; voluntas prompta*). Ohne eine solche Instanz würde bei der Vorstellung zweier Wirkungsalternativen kein Überhang zu einer der beiden eintreten. Angenommen das zweifache Vermögen wäre selbst die bestimmende Instanz, hätte dies zur Folge, dass es beide einander entgegengesetzten Alternativen zugleich verwirklichen müsste, was gegen den Satz vom Widerspruch verstieße.[818]

Wilhelms Version der Überlegungen seiner Vorgänger zu diesem Thema lautet wie folgt:

---

[816] Al-Ġazālī, *Maqāṣid al-falāsifa* Teil 2, 2.1.7, S. 52, Z. 11–15; ed. Muckle, Teil I, I.7, S. 45, Z. 11–17: „potencia agendi dividitur in duo scilicet vel ad agendum tantum, et non ad eius oppositum, ut potencia ignis est ad conburendum, et non est ad non conburendum; vel est ad agendum, et eius oppositum scilicet ad cessandum ut potencia hominis ad movendum, et quiescendum; primum vero vocatur potencia naturalis, secundum vocatur potencia voluntaria." Die Stellenangabe bezieht sich zuerst auf die arabische Edition von Kurdī, danach auf die lateinische Edition von Muckle. Wilhelm verwendet ebenfalls ‚*oppositum*' statt ‚*contrarium*' und geht wie al-Ġazālī auf das Feuer ein.

[817] Vgl. Ibn Sīnā, *al-Ilāhiyyāt* IV.2, S. 133, Z. 8–11; ed. Van Riet, S. 198, Z. 58–64: „Haec autem potentia quae est principium motuum et actionum, quaedam est comes rationalitatis vel imaginationis et quaedam quae non est comes earum. Quae autem est comes (*qārana*) rationalitatis (*nuṭq*) et imaginationis (*taḥayyul*), quasi fit eiusdem generis cum illis; paene enim una potentia potest sciri (*ʿulima*) homo et non homo, et quod delectat et quod molestat aestimare (*tawahhama*) unius virtutis est, et omnino aestimare rem et eius contrarium." Zu Aristoteles siehe Fn. 814.

[818] Vgl. ibid. IV.2, S. 133, Z. 12–S. 134, Z. 5; ed. Van Riet, S. 198, Z. 65–S. 199, Z. 87, und Aristoteles, *Metaphysik* Θ.5, 1048a8–15. In der Passage zu den irrationalen Vermögen ist Avicennas Benennung des bestimmenden Prinzips näher an der aristotelischen Terminologie. Ibn Sīnā, *al-Ilāhiyyāt* IV.2, S. 134, Z. 4–5; ed. Van Riet, S. 199, Z. 85–87: „Sed potentiae quae sunt in eis quae sunt extra rationalitatem et imaginationem, cum obviaverint potentiae patienti, profecto debebit esse actio ibi, eo quod non est ibi voluntas (*irāda*) nec electio (*iḥtiyār*) quae expectetur."

Potentiarum autem istarum aliae sunt, quas comitantur deliberatio et voluntas – qualis est in nobis potestas gradiendi – et hae vocantur rationales, eo quod actus et operationes suas non exuberant, nisi alieno imperio; aliae sunt, quas non comitantur, et nominantur irrationales, qualis est potentia ignis, quam diximus, haec enim, cum habuerit obviantem sibi materiam possibilem et idoneam et congruentem actioni suae, exuberat in illam velut fluxum operationis suae, quemadmodum cum continget ligna combustibilia, aut ceram, aut plumbum, vel stannum.[819]

Unter diesen Vermögen gibt es die einen, denen Überlegung (*deliberatio*) und Wille (*voluntas*) begleitend beistehen, solcherart ist in uns die Kraft, zu gehen. Und diese werden rationale [Vermögen] genannt, weil sie ihr Wirken und ihre Tätigkeiten nur veranlasst durch einen von einem anderen kommenden Befehl hervorgehen lassen. Es gibt andere [Vermögen], denen [Überlegung und Wille] nicht begleitend beistehen, und diese werden irrational genannt. Solcherart ist das Vermögen des Feuers ist, wie wir gesagt haben. Wenn dieses nämlich Materie [vor sich] hat, die ihm begegnet und die möglich, empfänglich und passend für sein Wirken ist, dann bringt es in jener gleichsam einen Ausfluss seiner Tätigkeit hervor, so wie es der Fall ist, wenn es mit brennbarem Holz, Wachs, Blei oder Zinn in Kontakt kommt.

Zitat 4-32

In der zitierten Passage bringt Wilhelm implizit die Rationalität in seine Ausführungen hinein, indem er irrationale und rationale Vermögen unterscheidet, was parallel zu seiner Unterscheidung zwischen ein- und zweifachen Vermögen läuft. Überlegung (*deliberatio*) und Wille (*voluntas*) bestimmt er als die entscheidenden Instanzen und verwendet sie als Kriterium dafür, zwischen rationalen und irrationalen Vermögen zu differenzieren. Doch geht er nicht explizit auf die Rolle der Rationalität ein. Der Grund dafür ist wohl, dass im Kontext der Wirkursächlichkeit der Wille für Wilhelm eine wichtigere Rolle spielt als die Rationalität, wie im Folgenden noch deutlich werden wird.

4.3.1.2 Wilhelms Klassifizierung der Wirkursachen

Wie eingangs erwähnt, ist die eben dargelegte Theorie der Vermögen aus *De trinitate* eng mit Wilhelms Klassifizierung der Wirkursachen verknüpft. Eine Schlüsselstelle dazu findet sich in Kapitel neun von *De universo* IIa-Iae:

Respondeo quia causarum [1.] aliae sunt operantes per necessitatem et hae sunt causae naturales et non est eis potestas super operari, neque libertas aut electio ad utrumlibet, propter quod dixit Aristoteles, quia natura operatur per modum servientis. Exemplum autem hujusmodi est ignis, de quo scis, quia non est ei potestas super

[Darauf] antworte ich, dass unter den Ursachen [1.] die einen aus Notwendigkeit (*per necessitatem*) tätig sind; diese sind die natürlichen Ursachen und sie haben weder Macht darüber, tätig zu sein, noch Freiheit oder Wahl bezüglich einer von zwei [Alternativen]. Aus diesem Grund sagte Aristoteles, dass die Natur auf die Weise eines Die-

---

[819] Wilhelm von Auvergne, *De trinitate* 8, S. 50, Z. 27–36. *Potestas* wird hier synonym zu *potentia* gebraucht.

calefacere et non calefacere, neque libertas eligendi utrumlibet, immo necesse habet calefacere obviantem sibi materiam receptibilem actionis suae.

[2.] Aliae vero causae sunt operantes per voluntatem et electionem et inter has sunt, [2.1] quae operantur per voluntatem mutabilem ad contrarium, videlicet noluntatem, similiter et renovabilem, vel consilio novo vel suasione nova vel aliqua ex passionibus, quales sunt amor et odium, dolor et gaudium, spes et timor, ira et pax; hujuscemodi enim mutatur voluntas ad contrarium vel nova res generatur in volente. Et indubitanter in hujusmodi verum est, quia cum novum aliquid operantur, quod prius non operabantur, necesse est ut innovatio aliqua fiat in ipsis agentibus, vel in aliqua ex dispositionibus et comparationibus saepe dictis …

[2.2] Creator autem operatur per liberrimam ac dominantissimam atque per omnia immutabilem voluntatem et propter hoc conjunguntur ei causata sua, cum vult, et separantur ab eo, cum vult.[820]

nenden tätig ist. Ein Beispiel dafür aber ist das Feuer, von dem du weißt, dass es weder Macht darüber hat, zu wärmen und nicht zu wärmen, noch die Freiheit, eines von beiden auszuwählen. Vielmehr muss es Materie erwärmen, die ihm begegnet und empfänglich für sein Wirken ist.

[2.] Die anderen Ursachen aber sind durch Willen und Wahl (*per voluntatem et electionem*) tätig und unter diesen gibt es solche, die [2.1] durch einen Willen tätig sind, der veränderlich zum Gegenteil ist, nämlich zum Nicht-Wollen, und der auf ähnliche Weise erneuerbar ist, sei es durch einen neuen Beschluss oder einen neuen Rat oder irgendeine der Leidenschaften, wie es Liebe und Hass sind, Leid und Freude, Hoffnung und Furcht, Zorn und Ruhe. Auf diese Weise nämlich wandelt sich der Wille zum Gegenteil, oder im Wollenden wird etwas Neues erzeugt. Und es ist zweifellos in Bezug auf derartige [Agenten] wahr, dass, wenn sie irgendetwas Neues ausführen, das sie vorher nicht ausführten, es notwendig ist, dass irgendeine Neuerung in den Agenten selbst entsteht oder in irgendeiner der Beschaffenheiten und Verhältnisse, die oft erwähnt wurden …

[2.2] Der Schöpfer aber ist tätig durch einen Willen, der in höchstem Maße frei und zudem höchst herrschend ist und durch nichts veränderbar. Und daher werden die von ihm verursachten Dinge mit ihm verbunden, wann immer er will, und werden von ihm getrennt, wann immer er will.

Zitat 4-33

Wie aus dem Zitat hervorgeht, bezieht sich Wilhelms Einteilung lediglich auf die Wirkursache. Die anderen drei Arten von Ursachen – die Final-, Formal- und Materialursache – werden hier außer Acht gelassen. Grund dafür ist, dass im Kontext dieser Passage Gottes Rolle als Wirkursache im Vordergrund steht; diskutiert wird die Ewigkeit der Welt. Als Hauptvertreter dieser Lehre nennt Wilhelm Aristoteles und Avicenna. In dem Kapitel, das dem Zitat vorangeht, führt Wilhelm diverse Argumente für die Lehre der Ewigkeit der Welt an, die auf Aussagen von Avicenna gründen.[821] Anschließend weist er diese Argumente

---

[820]   Id., *De universo* IIa-Iae, 9, S. 694aF–H.

[821]   Vgl. ibid. IIa-Iae, 8, S. 690bG–692bE. Siehe dazu die Analyse von Davis, ‚Creation According to William‘, S. 68–71.

nacheinander zurück, um für eine Schöpfung der Welt zusammen mit der Zeit zu argumentieren. Das zweite Argument, das Wilhelm diskutiert, basiert auf einer Aussage Avicennas in *Metaphysik* IX.1, in der er folgende Feststellungen zur Ursache trifft:[822] Wenn eine Ursache bezüglich aller ihrer Beschaffenheiten[823] zum gegenwärtigen Zeitpunkt genauso ist wie zu einem früheren Zeitpunkt, an dem nichts aus ihr hervorging, muss man schließen, dass auch nun nichts aus ihr hervorgeht. Wenn die Ursache indes zum gegenwärtigen Zeitpunkt etwas hervorbringt, dies zuvor aber nicht getan hat, muss man schließen, dass bezüglich der Ursache eine Veränderung stattgefunden hat. Diese Veränderung veranlasste, dass der Hervorgang ausgelöst wurde, dadurch dass ein Überhang zum Wirken gegenüber dem Nicht-Wirken herbeigeführt wurde.[824] Das zweite Szenario ist sowohl bei Wilhelm als auch bei Avicenna für Gott ausgeschlossen, da Gott unveränderlich ist.

Laut Wilhelm kann Avicennas Argument für die Ewigkeit der Welt wie folgt skizziert werden: Wenn Gott der Welt Existenz verleiht, was offensichtlich der Fall ist, und wenn er zudem unveränderlich ist, muss er es immer schon getan haben, solange er existiert, denn es gibt nichts, worauf er bei der Schöpfung angewiesen ist oder das ihn an der Schöpfung hindern könnte. Da er ewig ist, muss er der Welt von Ewigkeit her Existenz verliehen haben; die Welt ist folglich ebenfalls ewig.[825] In seiner Widerlegung dieses Arguments kritisiert Wilhelm Avicennas Prämisse, dass es bezüglich jeder Ursache eine Veränderung geben muss, damit sich die Wirkung ändert oder die Ursache überhaupt erst anfängt, etwas hervorzubringen. Einen solchen Zusammenhang gibt es Wilhelm zufolge nicht zwischen Gott und seinen Wirkungen. Gott schuf die Welt, nachdem er sie nicht geschaffen hat, ohne irgendeine Veränderung in ihm selbst.[826] In seiner Rolle als Schöpfer der Welt agiert Gott als Wirkursache und noch dazu als einzige, die das Vermögen besitzt, zu schaffen.[827] Um in seiner Widerlegung des avicennischen Arguments Gottes Einzigartigkeit als Wirkursache zu verdeutlichen, stellt Wilhelm in der oben zitierten Passage die drei Arten von Wirkursachen gegenüber, die sich jedoch lediglich in zwei Hauptgruppen gliedern lassen: einerseits

---

[822] Für das zweite Argument und dessen Hintergrund bei Avicenna siehe Wilhelm von Auvergne, *De universo* IIa-Iae, 8, S. 691bA–692aG.

[823] Hier sind die Umstände etc. mitbedacht.

[824] Vgl. Ibn Sīnā, *al-Ilāhiyyāt* IX.1, S. 302, Z. 18–S. 304, Z. 6, v. a. S. 303, Z. 5–9; ed. Van Riet, S. 439, Z. 13–S. 442, Z. 56, v. a. S. 440, Z. 23–29: „Intellectus autem purus et verus testatur quod essentia una si, sicut erat ante cum non erat ab ea aliquid, modo etiam esset sic ex omnibus suis partibus, profecto modo etiam non esset ab eo aliquid. Si autem modo factum est ut fiat ab ea aliquid, tunc iam contigit in essentia illa intentio vel voluntas vel natura vel posse vel aptitudo vel aliquid aliud his simile quod non erat. Qui autem negaverit hoc, iam discessit a vero intellectu lingua."

[825] Vgl. Wilhelm von Auvergne, *De universo* IIa-Iae, c. 8, S. 691bD–692aE. Das Argument ist beeinflusst von folgender Aussage Avicennas aus *al-Ilāhiyyāt* IX.1, S. 300, Z. 3–6; ed. Van Riet, S. 435, Z. 24–28: „Et post hoc claruit tibi quod necesse esse per hoc est necesse esse omnibus suis modis, quod non potest esse ei aliqua dispositio futura quae non erat. Et adhuc etiam patuit tibi quod causa, quantum in se est, facit necessario esse causatum; quae, si fuerit semper, facit causatum necessario esse semper."

[826] Vgl. Wilhelm von Auvergne, *De universo* IIa-Iae, 9, S. 693aA–694bE.

[827] Vgl. id., *De anima* V.2, S. 112b: „anima humana non est nisi per creationem et propter hoc non habet causam efficientem nisi creatorem benedictum." Natürlich wird bei Aristoteles, Avicenna und in der christlichen Tradition Gott als die Finalursache der Welt angesehen. Dies ist jedoch für die aktuelle Diskussion irrelevant.

die Ursachen, die aus Notwendigkeit (*per necessitatem*) wirken, andererseits diejenigen, die aus Willen (*voluntas*) und Wahl (*electio*) heraus agieren.[828] Diese Ursachen sollen im Folgenden betrachtet werden. Dabei wird auch deutlich, worin nach Wilhelm (Natur-)Notwendigkeit liegt.

4.3.1.2.1 Natürliche Ursachen

Vor dem Hintergrund meiner bisherigen Ausführungen ist offensichtlich, dass in die erste Gruppe solche Ursachen fallen, die lediglich über einfache, irrationale Vermögen verfügen. Diese Vermögen finden sich Wilhelm zufolge in natürlichen Ursachen wie dem Feuer, das bereits in Zitat 4-30 als Beispiel diente. Natürliche Ursachen besitzen keinen Willen, durch den sie eine Entscheidung hinsichtlich ihrer Tätigkeit treffen können. Dass sie ihre Tätigkeit ausüben, wird von externen Bedingungen bestimmt. Sobald alle Bedingungen erfüllt sind, muss eine natürliche Ursache ihre Wirkung hervorbringen, und zwar auf die Art und Weise, die der Ursache von ihrer eigenen Natur her vorgegeben ist. Wenn die Bedingungen demgegenüber nicht erfüllt sind, wirkt die Ursache nicht. Im Falle des Feuers sind die Bedingungen erfüllt, wenn ein erhitzbares Objekt für eine ausreichende Zeitspanne in Kontakt mit dem Feuer kommt. Das Feuer erhitzt dann das Objekt und hat keine Möglichkeit, sich dessen zu enthalten.

Im obigen Zitat wie auch generell in *De universo* verwendet Wilhelm im Kontext der Ursachenlehre oft den Terminus *potestas* anstelle von *potentia*. Gemäß der Verwendungsweise im Zitat bedeutet *postestas* die Macht, eine Entscheidung über sein eigenes Tätigsein zu treffen, was besagt, selbstbestimmt zu sein. Natürlichen Ursachen kommt diese Macht nicht zu (*non est eis potestas super operari*). Wie Wilhelm anmerkt, ist dies der Grund, der Aristoteles zu der Aussage veranlasste, die Natur sei auf die Weise eines Dienenden tätig (*per modum servientis*)[829]. Ein Diener entscheidet nicht über sein Tun – weder darüber, welche Aufgaben er hat, noch darüber, wie oder wann er sie ausführt. Vielmehr folgt er den Anweisungen seines Herrn, ohne sich diesen widersetzen zu können. Ähnlich verhält es sich bei natürlichen Ursachen. So konstatiert Wilhelm in *De trinitate*, dass „die Natur … in Wirklichkeit vom Befehl und dem Willen des Herrn abhängt, der über alles gebietet"[830]. Dieser Herr ist Gott, der die letzte Ursache aller natürlichen Substanzen ist. Er bestimmt die Ordnung der Welt und ist damit einerseits Herr über die Natur im Allgemeinen, im Sinne der *natura universalis*, andererseits auch über die speziellen Naturen, denn er bestimmt die eigentümlichen Naturen und Vermögen der einzelnen Geschöpfe. Auf diese Weise ist ihnen die Art und Reichweite ihres Wirkens vorgegeben, das hauptsächlich dazu dient, dass sie sich selbst und ihre Art erhalten. Sie sind in diesem Sinne fremdbestimmt.[831] Daher ist nach Wilhelm festzuhalten: „[D]ie Macht (*potestas*) der Naturdinge ist allein der Wille des

---

[828]   Die Kombination der Termini *voluntas* und *electio* als Alternative zu *voluntas* und *deliberatio* findet sich auch im lateinischen Text der *Metaphysik* Avicennas, siehe dazu Fn. 818.

[829]   Vgl. Wilhelm von Auvergne, *De universo* IIa-Iae, 9, S. 694aF: „dixit Aristoteles, quia natura operatur per modum servientis."

[830]   Id., *De trinitate* 11, S. 75, Z. 5–7: „natura … revera pendet a nutu et voluntate omnibus imperantis dominationis."

[831]   Vgl. Müller, ‚Der Herr und sein Diener mit der Lampe'. Speziell zu Wilhelm von Auvergne siehe darin S. 103–105. Siehe außerdem Sannino, *Reading William of Auvergne*, S. 61–63.

Schöpfers (*conditor*) und sie können nichts gegen ihn [d. h. den Willen] noch über ihn hinaus noch an ihm vorbei tun."[832] Aus diesem Grund agieren natürliche Ursachen nur gemäß der ihnen von Gott durch ihre eigentümliche Natur vorgeschriebenen Weise oder, wie Wilhelm betont, mit der Notwendigkeit der Dienerschaft (*necessitas servitutis sive servilitatis*).[833] Diese Einschätzung des Wirkens natürlicher Ursachen, die Wilhelm regelmäßig Aristoteles zuschreibt,[834] stammt ursprünglich von Avicenna, der in *Metaphysik* IX.2 das Wirken der Natur wie folgt charakterisiert: „Die Natur agiert nicht durch Wahl (*bi-ḫtiyār; per electionem*), sondern auf die Weise eines Dienenden (*ʿalā sabīl al-tasḫīr; ad modum servientis*) und auf die Weise dessen, was [ihm] von seinem Wesen her folgt (*ʿalā sabīl mā yalzamuhā bi-ḏātihī; quod comitatur per essentiam*).*"[835]

Während Avicenna seine Aussage in der Metaphysik nicht wiederholt,[836] findet sie bei Wilhelm großen Anklang und wird oft von ihm zitiert, meist in *De universo*, aber auch in *De trinitate, De anima, De fide et legibus* und *De virtutibus et vitiis*.[837] Dass Avicenna Naturkausalität als ein Dienen versteht, hält Wilhelm offenbar für äußerst treffend. An dieser Stelle ist zu erwähnen, dass neben leblosen natürlichen Substanzen bei Wilhelm auch Tiere unter diese Art der Kausalität fallen, denn sie geben gänzlich ihren Leidenschaften nach, weshalb Wilhelm ihr Wirken ebenfalls explizit als das eines Dieners (*servus*) einschätzt.[838]

---

[832] Wilhelm von Auvergne, *De trinitate* 11, S. 76, Z. 30–32: „potestas naturarum sola voluntas est conditoris, nec aliquid contra eam, nec supra eam, nec praeter eam possunt." Vgl. auch Miller, ‚William of Auvergne and the Aristotelians', S. 264–267.

[833] Vgl. Wilhelm von Auvergne, *De universo* IIIa-Iae, 21, S. 788aH: „in hoc sermone de necessitate, qua natura naturaliter operatur, sicut praedixi tibi, et haec est necessitas servitutis sive servilitatis."

[834] Vgl. ibid. IIIa-Iae, 3, S. 759bC; IIIa-Iae, 21, S. 787bD; Ia-IIae, 30, S. 833aB; IIa-IIae, 20, S. 863aC, und Wilhelm von Auvergne, *De legibus* 20, S. 55bB–C.

[835] Ibn Sīnā, *al-Ilāhiyyāt* IX.2, S. 308, Z. 3–4; ed. Van Riet, S. 448, Z. 71–73: „Naturalis (*ṭabīʿa*) enim non agit per electionem, sed ad modum servientis (*tasḫīr*) et ad modum eius quod comitatur per essentiam." Im Kontext dieses Zitats analysiert Avicenna die Kreisbewegung der Himmelssphären. Marmura merkt an, dass der Terminus *tasḫīr* im Koran verwendet wird, um darauf aufmerksam zu machen, dass die Bewegungen des Himmels, der Wolken und des Windes von Gott erzwungen werden, vgl. Ibn Sīnā, *The Metaphysics*, S. 418, Fn. 4. Zu Wilhelms Übernahme dieses avicennischen Prinzips und zu dessen Verwendung gegen Avicenna siehe auch Miller, ‚William of Auvergne and the Aristotelians'.

[836] Das Wort *tasḫīr* findet sich nur ein einziges weiteres Mal im arabischen Text von Avicennas *Metaphysik*. Dort wird es ebenfalls in Zusammenhang mit der Natur verwendet, jedoch wird das Prinzip zum Wirken der Natur nicht wiederholt, vgl. Ibn Sīnā, *al-Ilāhiyyāt* VI.4, S. 219, Z. 8–10; ed. Van Riet, S. 325, Z. 35–37: „Videtur autem quod formae rerum naturalium sint apud causas praecedentes naturam aliquo modo; apud naturam vero sunt secundum solitum cursum suum (*ʿalā ṭarīq al-tasḫīr*) aliquo modo."

[837] Neben den bereits in Fn. 834 genannten Stellen siehe Wilhelm von Auvergne, *De universo* Ia-Iae, 9, S. 603aA; Ia-Iae, 21, S. 614bF; Ia-Iae, 26, S. 620aF; IIa-Iae, 21, S. 720bE; IIIa-Iae, 25, S. 793bD; Ia-IIae, 2, S. 808bF; Ia-IIae, 4, S. 811aD; Ia-IIae, 8, S. 816bE; IIa-IIae, 97, S. 951bD; IIa-IIae, 122, S. 974bF; IIa-IIae, 151, S. 999bC; id., *De trinitate* 11, S. 75, Z. 5–7; id., *De anima* V.22, S. 148a, und id., *De virtutibus et vitiis* 9, S. 120aF. Die Stellenangabe für *De virtutibus et vitiis* nennt zuerst das Kapitel.

[838] Vgl. Wilhelm von Auvergne, *De anima* II.15, S. 85b: „non enim est in libera potestate ipsorum [sc. canum et alium animalium], ut timori vel amori hujusmodi non cedant; modis enim omnibus servi sunt hujusmodi passionum non habentes eis contradicere, nec valentes eas avertere a se, vel reprimere ullo modorum … Quemadmodum enim non est laudandus lapis ex eo, quod descendit et movetur in deorsum, neque culpatur, si moveatur in sursum, cum alterum faciat necessitate naturali, alterum vero violentia invincibili … Quod si quis dixerit, quia secundum hoc non sunt culpandi homines pro his, quae ex viribus inferioribus agunt, quoniam illa faciunt, ex viribus, quas communicant cum animalibus brutis. Et propter hoc illa faciunt ut bruta animalia, quod est dicere necessitate non libertate. Respondeo in hoc, quia hujusmodi vires non sic se habent

4.3.1.2.2 Willentliche Ursachen

Im Gegensatz zu den natürlichen Ursachen haben Ursachen, die aus Willen und Wahl heraus wirken, Macht (*potestas*) über ihre Tätigkeiten. Sie sind fähig, zu wählen, ob sie agieren oder nicht. Somit liegen ihnen alternative Handlungsmöglichkeiten vor. In dieser zweiten Hauptgruppe von Wirkursachen, die man ebenfalls bei Avicenna findet, lassen sich nach Wilhelm gemäß dem obigen Zitat zwei Untergruppen differenzieren, womit er sich von Avicenna entfernt: einerseits die weltlichen willentlichen Ursachen (*causae operantes voluntarie apud nos*), das heißt die Menschen,[839] die gemeinsam haben, dass ihr Wille zu Gegensätzen hin veränderlich ist und erneuerbar. Sowohl Veränderung als auch Erneuerung werden durch eine Veränderung von Umständen und Dispositionen veranlasst, die den Willen beeinflussen, wenngleich dieser selbst durch sie nicht determiniert wird. Der Wille reagiert schlichtweg auf veränderte Dispositionen, beispielsweise auf einen neuen Ratschlag oder eine Überredung, das Auftreten oder Erlöschen von Leidenschaften und insbesondere auf die Akte der rationalen Kraft (*vis intellectiva seu ratiocinativa*). Wilhelm zufolge ist der Wille die edelste Kraft in der menschlichen Seele, vergleichbar mit einem König oder Kaiser. Die Stellung des Willens in der Seele ist analog zur Stellung Gottes im Universum oder zu der eines menschlichen Königs in einer Stadt.[840] Laut Roland J. Teske ist Wilhelm der erste Denker, der diese einflussreiche Analogie zieht.[841] Die Analogie könnte der Grund dafür sein, dass Wilhelm, wie oben erwähnt, im Kontext der Ursachen den Terminus *potestas* dem neutraleren Terminus *potentia* vorzieht. *Potestas* wurde in der bereits erläuterten Liste der verschiedenen Arten von *potentia* in *De trinitate* verwendet, um die Herrschaft des Königs über seine Untergebenen zu bezeichnen.[842] Diese Idee kann auf den Willen übertragen werden. Während der Wille König ist, sind alle anderen Kräfte – die sinnlichen, zornigen, begehrenden und bewegenden Kräfte sowie die rationale Kraft – dem Willen als Diener (*ministri / servi*) unterworfen.[843] Diese Einordnung des Willens weist laut Jörn Müller bereits in Richtung der voluntaristischen Willensfreiheit.[844] Gemäß Wilhelm ist der Wille höchst frei, das heißt, er wird nicht durch diese niedrigeren Kräfte determiniert, ähnlich wie ein König in einem gut geordneten Königreich nicht durch seine Untergebenen bestimmt wird. Nichtsdestotrotz gibt der Wille erst nach Beratung durch die rationale Kraft den Befehl zu

---

naturaliter in hominibus." Dazu, dass auch Tiere ihren begehrenden Vermögen unterworfen sind, siehe ibid. II.14, S. 85a.

[839] Die Engel werden hier nicht erwähnt.

[840] Vgl. ibid. II.15, S. 85b: „dico per modum laudationis id, quod in evidenti est et probationis certificatione non indiget, videlicet quia anima humana similitudinem regni quandam habet bene ordinati et civitatis bene constitutae, quoniam in ea est voluntas tanquam rex et imperator et vis intellectiva seu ratiocinativa sicut consiliarius illius; virtutes vero inferiores, videlicet irascibilis et concupiscibilis et motivae vires, quod est dicere, quae sunt executivae motus, sicut ministri sunt, quorum officium est jussa exequi voluntatis super eas regnantis et imperantis; sensus vero omnes ministri sunt." Vgl. außerdem ibid. III.8, S. 95a–96a.

[841] Vgl. Teske, ‚The Will as King'. Gegen die Ansicht von Stadter und Macken, denen zufolge das Bild des Willens als König der Seele in der anti-aristotelischen Bewegung im letzten Drittel des 13. Jhs. eingeführt wurde, zeigt Teske, dass bereits Wilhelm von Auvergne dieses Bild verwendet hat. Teske diskutiert die Gründe, die Wilhelm dafür haben könnte, ein solches Bild heranzuziehen und analog dazu das Bild Gottes als König der Welt.

[842] Siehe dazu Fn. 803 und Zitat 4-29.

[843] Vgl. Wilhelm von Auvergne, *De anima* II.15, S. 85b–86a, und III.8, S. 95a–b. Siehe dazu auch Fn. 840. Vgl. außerdem id., *De virtutibus et vitiis* 3, S. 112aH.

[844] Vgl. Müller, ‚Der Herr und sein Diener mit der Lampe', S. 105.

den Tätigkeiten, die er will. Der Akt des Wollens ist dabei jedoch höchst frei vom Willen selbst gewollt.[845]

4.3.1.3 Hinreichendheit der Ursache (*sufficientia causae*)

Bei weltlichen Ursachen geht der Veränderung ihres willentlich ausgeführten Akts eine Veränderung des Willensakts voran, hier greift also die *idem*-Regel. Dies ist nach Wilhelm bei der zweiten Gruppe von willentlichen Ursachen nicht der Fall, deren alleiniger Vertreter Gott ist. Gott zeichnet aus, dass sein Wille, obwohl dieser gänzlich unveränderlich ist, dennoch unterschiedliche Wirkungen hervorbringen kann. Somit ist Gott aufgrund seines Willens trotz dessen Unveränderlichkeit höchst frei, jegliche Veränderung zu veranlassen. Er unterliegt offensichtlich nicht der *idem*-Regel. Um zu zeigen, auf welche Weise sich Gottes Willensfreiheit von der Freiheit der anderen Ursachen absetzt, und insbesondere, um herauszustellen, inwiefern sich Gottes Akte von denen der geschöpflichen willentlichen Akteure in Bezug auf die Freiheit unterscheiden, führt Wilhelm das Konzept der Hinreichendheit der Ursache (*sufficientia causae*) ein, das von seiner Lektüre Avicennas beeinflusst ist. In *De universo* IIa-Iae, Kapitel neun führt er folgende Definition an: „[D]ie Hinreichendheit der Ursache ist diejenige Ursache, die die untrennbare Verbindung (*coniunctio inseparabilis*) zwischen Ursache und Wirkung bewirkt"[846]. Diese Definition besagt, dass man, sobald *sufficientia causae* vorliegt, die Wirkung setzen muss, wenn man die Ursache setzt.[847] Im Moment der *sufficientia causae* kann nichts zwischen Ursache und Wirkung treten. Die Ursache bringt unweigerlich die Wirkung hervor. Dies geschieht nur dann, wenn alle Bedingungen für das Tätigsein der Ursache erfüllt sind, die internen wie auch die externen. Auf der internen Seite bedeutet dies, dass die Ursache erst einmal das Vermögen besitzen muss, die Tätigkeit auszuüben. Zudem darf es in der Ursache keinen Defekt geben, das heißt, sie muss funktionsfähig und außerdem bereit sein, zu wirken. Die Erfüllung dieser Bedingungen genügt allerdings noch nicht für die Anwesenheit der *sufficientia causae* und damit für den Hervorgang der Wirkung. Es muss nämlich auf externer Seite ebenfalls ein Bündel von Bedingungen erfüllt sein, beispielsweise, dass kein äußeres Hindernis für das Wirken der Ursache vorliegt. Außerdem bedarf es der Anwesenheit des Objekts, das empfänglich für die Wirkung der Ursache ist. In *De trinitate* fasst Wilhelm diese Bedingungen wie folgt zusammen:

---

[845] Vgl. bspw. Wilhelm von Auvergne, *De anima* II.15, S. 85b, und III.7, S. 94a–b. In Kapitel III.9 betont Wilhelm zudem, dass der Wille nicht blind will, sondern um die Dinge weiß, die er befiehlt. Für eine Analyse zum Thema der Freiheit des menschlichen Willens bei Wilhelm siehe Teske, ‚Freedom of the Will'. Auch das göttliche Vorauswissen stellt keine Gefahr für den freien Willen dar, vgl. Sannino, *Reading William of Auvergne*, S. 43.

[846] Wilhelm von Auvergne, *De universo* IIa-Iae, 9, S. 694aE–F: „sufficientia causae causa est, quae efficit conjunctionem inseparabilem inter causam et effectum, quod quidem probabile est et ejus probabilitas multos decipit."

[847] Vgl. ibid. IIa-Iae, 8, S. 692aF: „Ut causa et effectus conjuncta sint inseparabiliter, ita ut posita ea, necesse sit poni et effectum, non facit nisi sufficientia causae."

| [E]t vocamus sufficientiam, cui nihil deest, nec pars, nec modus, nec operatio, nec aliquid aliud eorum, quae adiuvant operationem quoque modo, dum tamen illud exigat ad esse suum illa operatio.[848] | Wir nennen das Hinreichendheit (*sufficientia*), dem nichts fehlt, weder ein Teil noch eine Art und Weise noch eine Tätigkeit noch irgendetwas anderes von den Dingen, die auf irgendeine Weise der Tätigkeit helfen, insofern jene Tätigkeit es nämlich für ihr Sein benötigt. |

Zitat 4-34

Wilhelm verwendet hier zwar nur den Begriff der *sufficientia*, aus dem Kontext geht jedoch eindeutig hervor, dass seine Aussage die *sufficientia causae* betrifft.[849] Wenn alle Bedingungen erfüllt sind, oder, wie Wilhelm es formuliert, wenn die gesamte Hinreichendheit (*tota sufficientia*) gegeben ist, die für die Existenz der Wirkung benötigt wird, dann ist die Wirkung gegeben.[850]

Wilhelms Konzept der Hinreichendheit der Ursache ist von Avicennas *Metaphysik* IV.1 und 2 inspiriert. In IV.1 gibt es eine Passage, die die Schlüsselwörter enthält, die Wilhelm wiederum in seiner Diskussion verwendet: *sufficere, coniunctio, dispositio* und *necesse*, genauer gesagt *necessario*.[851] Dort beschreibt Avicenna den Übergang von einer Ursache in Möglichkeit zu einer Ursache in Wirklichkeit. Wenn etwas nicht aus seinem eigenen Wesen heraus Ursache für etwas anderes ist (also keine *causa secundum essentiam*), dann ist es lediglich eine Ursache, die nicht hinreichend ist (*kāfin; sufficiens*), um die Wirkung hervorzubringen. Wie Avicenna an anderer Stelle erläutert, wird eine solche Ursache in einer bestimmten Relation (*ʿalā nisba; per comparationem*), die durch Veränderung (*ḥaraka; motus*) herbeigeführt wird, zu einer Ursache in Wirklichkeit.[852] Laut IV.1 ist sie in sich indifferent und das Fehlen der nötigen Bedingungen bewirkt, dass sie nicht tätig ist.[853] Für das Einsetzen ihrer Tätigkeit bedarf es einer Distinktion, die einen Überhang dahin herbeiführt, die Wirkung hervorzubringen. Diese Disposition kann intern sein, wie etwa ein Willensakt,

---

848   Wilhelm von Auvergne, *De trinitate* 10, S. 71, Z. 20–S. 72, Z. 23.
849   Der Kontext ist abermals die Diskussion der Ewigkeit der Welt.
850   Vgl. ibid. 10, S. 71, Z. 19–20, und S. 72, Z. 26–7: „aut igitur tota erat sufficientia eorum, quae exigebantur ad esse *a*, aut non … Si vero non erat tota sufficientia haec, igitur ad esse eius deerat aliquid."
851   Vgl. Ibn Sīnā, *al-Ilāhiyyāt* IV.1, S. 126, Z. 14–S. 127, Z. 18; ed. Van Riet, S. 187, Z. 66–S. 189, Z. 00: „Sed, si ipsa sua essentia non fuerit condicio ipsum essendi causam, tunc ipsum per se est sic quod possibile est rem esse ex eo et possibile est non esse, et neutrum eorum dignius est altero ad hoc …; hoc enim quod possibile est per ipsum fieri aliud non est sufficiens (*kāfin*) ad hoc ut res sit per illud … Sed certus intellectus facit debere hic esse dispositionem (*ḥāl*) qua discernatur suum esse per illam a suo non esse per illam. Si autem fuerit illa dispositio etiam quae faciat debere esse hanc discretionem, et haec dispositio fuerit attributa causae et habuerit esse, tunc totalitas essentiae et eius quod adiungitur ei erit ipsa causa; ante hoc autem, essentia erat subiectum causalitatis et erat talis quod posset vere fieri causa. Et ideo hoc esse non erat tunc esse causae, sed cum adiungitur ei aliud esse, ex eius coniunctione (*maǧmūʿ*) fit causa; et tunc causatum debet esse per illam, sive illud adiunctum sit voluntas, sive voluptas, sive natura contingens et similia, sive aliquid extrinsecum parans esse causalitatis; et cum fuerit eiusmodi proveniet ex ea causatum sine diminutione condicionis et debebit esse causatum (*waǧaba wuǧūd al-maʿlūl*). Igitur esse omnis causati necessario est (*wāǧib*) cum esse suae causae, et propter esse suae causae necessario est esse sui causati."
852   Vgl. ibid. VI.2, S. 202, Z. 17–S. 203, Z. 5; ed. Van Riet, S. 303, Z. 45–56.
853   Hier nimmt Avicenna eine ontologische Untersuchung vor: Es geht um die Existenz einer Ursache als Ursache. Das aktuelle Nicht-Sein der Ursache als Ursache (d. h. das Nicht-Tätigsein) wird durch das Fehlen der Bedingungen bewirkt.

oder extern, beispielsweise das Gegebensein passender äußerer Umstände. In beiden Fällen verleiht die Disposition Kausalität, genauer gesagt, die Verbindung (*maǧmū'; coniunctio*) von Disposition und Ding bildet die Ursache, und zwar die Ursache in Aktualität. Daher folgert Avicenna, dass die Ursache wirken muss, wenn keine der Bedingungen mehr fehlt. Die Wirkung tritt dann notwendigerweise ein.[854] Genau das ist es, was Wilhelm für die weltlichen Ursachen postuliert. Der gerade erläuterte Zusammenhang beschreibt, was Wilhelm seinerseits mit dem Begriff der *sufficientia causae* ausdrücken möchte.

Avicennas Einfluss wird im Folgenden noch deutlicher: Wenn man Wilhelms Erläuterungen dieses Begriffs mit der genannten Passage bei Avicenna vergleicht, ist offensichtlich, dass Avicenna die Quelle ist, obwohl man bei Avicenna selbst nicht explizit den Terminus der *sufficientia causae* findet. Zugegebenermaßen gibt es weitere Differenzen. So verwendet Wilhelm für das Zusammentreten von Disposition und Ding nicht den Terminus *coniunctio*. Stattdessen wählt er *concurrere*[855] und gebraucht *coniunctio* (beziehungsweise *coniunctio inseparabilis*), um das Verhältnis zwischen Ursache und Wirkung zu beschreiben.[856] Nichtsdestotrotz stimmen beide Autoren in dem wichtigen Punkt überein, dass eine Ursache notwendigerweise tätig ist, sobald sämtliche Bedingungen für ihr Tätigsein erfüllt sind. Wilhelm verfeinert seine Theorie der *sufficientia causae* noch. Nachdem er den Begriff definiert hat, nimmt er die oben bereits analysierte Klassifikation der Wirkursachen vor und vergleicht anschließend die drei Arten von Wirkursachen im Hinblick auf das Stadium, in dem die *sufficientia* jeweils auftritt:

In causis igitur [1.] naturalibus, quae per necessitatem, ut praedixi tibi, operantur, sufficientia hujusmodi sufficit ad praedictam conjunctionem [sc. conjunctionem inseparabilem inter causam et effectum].	[1.] Bei den natürlichen Ursachen also, die aus Notwendigkeit tätig sind, wie ich dir bereits erläutert habe, genügt eine derartige Hinreichendheit (*sufficientia*) für die bereits erläuterte Verbindung [d. h. die untrennbare Verbindung zwischen Ursache und Wirkung].
[2.1] Similiter et in operantibus voluntarie apud nos et hoc est, quia non est in potestate eorum, postquam posse, scire et velle caeteraeque dispositiones concurrerint, ut non incipiant operari.	[2.1] Ähnlich verhält es sich bei den willentlich tätigen Ursachen im menschlichen Bereich. Dies ist der Fall, weil es nicht in ihrer Macht steht, dass sie nicht beginnen, tätig zu sein, nachdem sich Können, Wissen und Wollen sowie die übrigen Dispositionen einstellen.
In [2.2] creatore vero propter liberrimam ac dominantissimam ejusdem voluntatem atque immutabilitatem non est necesse, ut operetur vel incipiat operari, nisi cum velit.	

---

[854] Siehe Fn. 851.

[855] Vgl. Wilhelm von Auvergne, *De universo* IIa-Iae, 9, S. 694aH: „quia non est in potestate eorum, postquam posse, scire et velle caeteraeque dispositiones concurrerint, ut non incipiant operari." Für den Kontext siehe Zitat 4-35.

[856] Vgl. ibid. IIa-Iae, 8, S. 692aF: „Ut causa et effectus conjuncta sint inseparabiliter, ita ut posita ea, necesse sit poni et effectum, non facit nisi sufficientia causae" und ibid. IIa-Iae, 9, S. 694aE–H: „sufficientia causae causa est, quae efficit conjunctionem inseparabilem inter causam et effectum, quod quidem probabile est et ejus probabilitas multos decipit … In causis igitur naturalibus, quae per necessitatem, ut praedixi tibi, operantur, sufficientia hujusmodi sufficit ad praedictam conjunctionem."

Et attende, quia possibile est, ut creator velit modo aliquid, poterit tamen non velle illud absque ulla mutatione voluntatis suae. In nobis autem econverso se habet ex necessitate …

[E]t propter hoc erravit Avicenna in hoc, similiter et Aristoteles, qui non viderunt, quod creator posset velle aliquid et posset non velle illud, absque voluntatis suae mutatione, quemadmodum et de scientia se habet.[857]

[2.2] Beim Schöpfer aber ist es wegen seines höchst freien und höchst herrschenden Willens und seiner Unveränderlichkeit nicht nötig, dass er tätig ist oder beginnt, tätig zu sein, es sei denn, er will. Und beachte, dass es möglich ist, dass der Schöpfer gerade etwas will, jenes aber auch nicht wollen kann ohne jegliche Veränderung seines Willens. Bei uns verhält es sich jedoch aus Notwendigkeit gegenteilig …

Und deswegen irrte Avicenna diesbezüglich und ähnlich Aristoteles. Sie erkannten nicht, dass der Schöpfer etwas wollen könnte und es nicht wollen könnte ohne eine Veränderung seines Willens, so wie es sich auch bezüglich seines Wissens verhält.

Zitat 4-35

Wilhelm untersucht zunächst die natürlichen Ursachen bezüglich der *sufficientia causae*. Bei ihnen tritt *sufficientia causae* bereits dann ein, wenn eine Ursache ohne Defekt vorliegt und die externen Bedingungen erfüllt sind. Im Falle des Feuers beispielsweise liegt sie vor, wenn das Feuer anwesend und in Kontakt mit einem brennbaren Objekt ist. Daraus resultiert nach Wilhelm eine untrennbare Verbindung zwischen Ursache und Wirkung, sodass das Feuer sogleich und notwendigerweise seine Wirkung erzeugt, das heißt das Objekt erhitzt und in Brand setzt.

Ein solches Modell der Ursächlichkeit, in dem die Ursachen notwendigerweise wirken oder zu wirken beginnen, ist nach Wilhelm übertragbar auf die willentlichen Ursachen unter den Geschöpfen. Freilich kann man ihnen keine Naturnotwendigkeit oder Notwendigkeit eines Dieners zuschreiben,[858] denn der Aspekt des Willens muss berücksichtigt werden. Daher genügt die bloße Anwesenheit der willentlichen Ursachen und ihrer Objekte nicht, damit *sufficientia causae* auftritt. Vielmehr muss ein Schritt dazwischengeschaltet werden, nämlich der Willensakt. Sobald der Wille in Aktualität will, das heißt, sobald der Wille frei einen bestimmten Akt wählt, liegt nach Wilhelm *sufficientia causae* vor. Von da an läuft der Prozess parallel zu dem ab, was sich für die natürlichen Ursachen feststellen lässt: Die willentliche Ursache ist untrennbar mit ihrer Wirkung verbunden, das heißt, sie bringt die Wirkung hervor. Daher spricht Wilhelm explizit davon, dass der Agent nach dem Willensakt nicht mehr die Macht hat, seine Tätigkeit nicht zu beginnen (*non est in potestate eius, ut non incipiat operari*).[859] Das bedeutet, er hat in diesem Moment kein zweifaches

---

[857] Ibid. IIa-Iae, 9, S. 694aH–bE.

[858] Außer im eigentlichen Sinne, wenn es sich um einen wirklichen Diener und Herrn handelt.

[859] Wilhelm spielt den Fall durch, dass man sich für eine Tätigkeit entscheidet. Für den umgekehrten Fall, dass man wählt, nichts zu tun, verhält es sich analog: In dem Moment, in dem man die Wahl trifft, ist das Nichts-Tun notwendig und damit auch, dass man nicht als Wirkursache tätig ist. So ist man gewissermaßen auch Ursache des Nicht-Eintretens der Wirkung. Es fragt sich, ob Wilhelm hier ebenfalls von *sufficientia* sprechen würde, obgleich der Wirkungszusammenhang ist, nichts zu bewirken. Einen ähnlichen Gedanken findet man bei Avicenna hinsichtlich der Frage nach der aktuellen Existenz eines Dings, das lediglich ein möglich Seiendes durch sich ist und damit indifferent bezüglich Sein und Nicht-Sein. Bei diesem Ding bedarf es genau

Vermögen mehr, also keine alternativen Möglichkeiten, zu wirken. Vielmehr ist er auf die Handlungsalternative festgelegt, die gewählt wurde. Im Moment der *sufficientia causae* ist der Wirkende also nicht mehr frei, sondern beginnt notwendigerweise, den Akt auszuführen, den der Wille als Herrscher befiehlt. Diese Notwendigkeit liegt bei den natürlichen Ursachen ebenfalls vor, obschon in einem früheren Stadium. Verglichen mit diesen Ursachen ist das Auftreten der *sufficientia causae* bei den geschöpflichen willentlichen Ursachen lediglich um einen Schritt verzögert. Obwohl letztendlich beide Gruppen von Ursachen mit Notwendigkeit agieren,[860] unterscheiden sie sich darin, dass die natürlichen Ursachen zu keinem Zeitpunkt Freiheit im Sinne von Macht über ihre Tätigkeit besitzen; sie sind stets fremdbestimmt. Weltliche willentliche Ursachen sind dagegen frei bis zu dem Punkt, an dem der Willensakt stattfindet, den sie selbstbestimmt vollziehen, mit dem aber *sufficientia causae* einhergeht.[861] Diese Art der Freiheit sichert, dass willentliche Ursachen, zum Beispiel der Mensch, nicht mit Naturnotwendigkeit agieren. Das heißt für Wilhelm, dass sie nicht ihren Leidenschaften folgen, die aus der Ursünde heraus resultieren, sondern Handlungsfreiheit und Willensfreiheit besitzen, da sie die Freiheit haben, zu handeln, wie sie wollen, und die Wahl überdies frei geschieht.[862] Daher sind sie moralisch verantwortlich für ihre Handlungen und empfänglich für Lob und Tadel.[863] Wilhelm nimmt mit seiner Theorie der Freiheit des Menschen, wie bereits erwähnt, eine Position ein, die in Richtung des Voluntarismus weist.[864]

Wilhelms Ansicht, dass natürliche Ursachen letztendlich mit Notwendigkeit wirken, ist parallel zu Avicennas Ursachentheorie.[865] Dieser erklärt in *Metaphysik* IV.2 ebenfalls, dass Ursachen mit einfachem Vermögen notwendig wirken, sobald sie auf ein passendes, für ihre Wirkung empfängliches Objekt treffen, vorausgesetzt, es gibt kein Hindernis:

---

genommen für beide Zustände – Sein und Nicht-Sein – einer Ursache. Ursache für das Sein ist die aktive Wirkursache. Ursache für das Nicht-Sein ist dagegen schlicht das Fehlen der aktiven Wirkursache. Vgl. Ibn Sīnā, *al-Ilāhiyyāt* I.6, S. 31, Z. 10–12; ed. Van Riet, S. 45, Z. 55–58. Siehe dazu auch Fn. 104.

[860] Vgl. Miller, ,William of Auvergne and the Aristotelians', S. 274, Fn. 10.

[861] Es steht ihnen dann wiederum frei, in einem neuen Willensakt zwischen weiteren Handlungsalternativen zu entscheiden, bspw. darüber, ob sie die eben beschlossene Handlung beenden oder weiterführen sollen.

[862] Vgl. Wilhelm von Auvergne, *De anima* II.15, S. 85b: „Respondeo in hoc quia hujusmodi vires non sic se habent naturaliter in hominibus, sed ex corruptione originali factae sunt effraenes atque praecipites, ipsique nobili imperativae ac superioris suae rebelles. Praevalet autem et dominatur eis imperativa nobilis superior et possibile est ei coercere eas et fraenare impetum earum et avertere hominem quominus sequatur eas."

[863] Vgl. ibid. II.15, S. 85b: „Voluntas autem, quoniam in se est, liberrima est, suaeque per omnia potestatis, quantum ad antedictam operationem suam et propter hoc suae correctionis est atque directionis. Quapropter merito requiritur ab ea rectitudo in operatione sua, quae est velle, meritoque culpatur in ea peccatum, quod est contrarium rectitudini: hinc est, quod cum brutis animalibus non agitur de moribus aut virtutibus."

[864] Vgl. auch Teske, ,The Will as King', S. 70. Gemäß Teske antizipiert Wilhelm den Voluntarismus, den die Franziskaner kurze Zeit später entwickeln. Müller sieht dies ähnlich, vgl. Müller, ,Der Herr und sein Diener mit der Lampe', S. 105.

[865] Dies findet sich bereits bei Aristoteles, siehe id., *Metaphysik* Θ.5, 1048a5–7. Siehe außerdem Fn. 818.

Aber sobald Vermögen, die in den Dingen vorliegen, welche keine Rationalität und Vorstellungskraft besitzen, auf ein passives Vermögen getroffen sind, wird dort eine Wirkung eintreten müssen (*waǧaba l-fiʿl; debebit esse actio*).[866]

Zitat 4-36

Im Gegensatz dazu wirkt eine Ursache mit zweifachem Vermögen auch bei Avicenna nicht, wenn sie nur auf ein passendes Objekt trifft. Hier bedarf es ebenfalls eines Willensakts. Nur dann sind alle Bedingungen erfüllt und die Ursache beginnt zu wirken:

Und im Allgemeinen folgt daraus, dass es [d. h. ein mit Rationalität verknüpftes Vermögen] auf ein passives Vermögen trifft, nicht, dass es wirkt … Wenn es aber so ist, wie wir gesagt haben [d. h., dass ein beschließender Wille hinzukommt], dann wird es notwendigerweise wirken (*fa-innahā tafʿalu bi-l-ḍarūra; tunc aget necessario*).[867]

Zitat 4-37

Im Gegensatz zu Avicenna formuliert Wilhelm einen Ausnahmefall: Wie zu erwarten, verhält es sich Wilhelms Überzeugung nach bei Gott anders, obgleich diesem eine bestimmte Form von *sufficere* zugesprochen werden kann. In der erwähnten Passage aus *Metaphysik* IV.1,[868] verwendet Avicenna die Negation des Partizips *sufficiens*, um den Mangel einer Ursache auszudrücken, die nicht allein aus ihrem Wesen heraus wirken kann: „[D]ie Tatsache also, dass es möglich ist, dass etwas anderes durch es [d. h. das eine Ding] entsteht, ist nicht hinreichend (*sufficiens*) dafür, dass das [andere] Ding durch jenes ist."[869] Im Kontext der Kausalität verwendet Avicenna in seiner Metaphysik *sufficere* (*kafā*) normalerweise nicht positiv. Die positive Verwendung findet sich eher im ontologischen Kontext, um anzuzeigen, dass ein Ding Sein oder Nicht-Sein aus sich selbst heraus erlangen kann.[870] Wilhelm setzt auf ähnliche Weise die Negation des Partizips *sufficiens* ein, um im Hinblick auf das Sein oder die Ursächlichkeit einen Mangel auszudrücken. Allerdings findet sich bei ihm sowohl im ontologischen als auch im ursachentheoretischen Kontext eine weitere Form von *sufficere*: Das, was aus sich allein heraus existieren kann, und ebenso das, was aus sich allein heraus eine Ursache ist, ist nach Wilhelm ein *esse sufficientiae*.[871] Dies trifft

---

[866]   Ibn Sīnā, *al-Ilāhiyyāt* IV, 2, S. 134, Z. 4–5; ed. Van Riet, S. 199, Z. 85–87: „Sed potentiae quae sunt in eis quae sunt extra rationalitatem et imaginationem, cum obviaverint potentiae patienti, profecto debebit esse actio ibi."

[867]   Ibid. IV.2, S. 134, Z. 1–3; ed. Van Riet, S. 199, Z. 80–84: „et omnino, ex eo quod obviat potentiae patienti, non sequitur ut agat … Cum autem fuerit sicut diximus, tunc aget necessario."

[868]   Siehe Fn. 851.

[869]   Ibid. IV.1, S. 127, Z. 1–2; ed. Van Riet, S. 188, Z. 74–75: „hoc enim quod possibile est per ipsum fieri aliud non est sufficiens ad hoc ut res sit per illud."

[870]   Vgl. ibid. I.6, S. 31, Z. 6–8; ed. Van Riet, S. 45, Z. 47–50: „tunc, ad appropriandum sibi utrumlibet [sc. esse vel non esse], id quod ipsum est (*māhiyyat al-amr*) vel est sufficiens (*takfī*) vel non sufficiens. Si autem id quod est sufficiens est ad appropriandum sibi utrumlibet illorum duorum, ita ut sit aliquid illorum duorum, tunc illud est necessarium sibi ipsi per se."

[871]   Vgl. bspw. Wilhelm von Auvergne, *De trinitate* 6, S. 38, Z. 19–S. 39, Z. 32: „Esse igitur indigentiae non potest solum esse, sive finitum sive infinitum ponatur, nec sufficere solum ad hoc, ut aliud sit. Necesse igitur est, ut sit esse praeter esse indigentiae, et hoc est quod nominamus esse sufficientiae … Item, quia esse indigentiae necessario eget esse sufficientiae … necesse est, ut primum causetur per esse sufficientiae. Esse igitur indigentiae necessario inducit inquisitionem diligentiae ad esse sufficientiae, et huius ratio est esse, quod nullo eget" und ibid. 13, S. 80, Z. 44–45: „Et iam quidem claruit ex his, quae praecesserunt, quod essentia altissima est esse sufficientiae per se ipsam."

ausschließlich auf Gott zu. Für Wilhelm – und ihm zufolge auch für die Peripatetiker, inklusive Avicenna – ist Gott jederzeit in sich selbst die höchst hinreichende Ursache des Universums (*causa sufficientissima universi*), ähnlich wie Avicenna Gott als wesenhafte Ursache versteht. Dies impliziert nach Wilhelm jedoch keineswegs, dass man irgendeine Art der *sufficientia causae* in Gott findet. Ganz im Gegenteil: Er ist vollkommen davon abgelöst. Und genau das ist es, was die Peripatetiker Wilhelms Ansicht nach nicht erkannt haben. Um zum Argument für die Ewigkeit der Welt zurückzukommen: Daraus, dass Gott der Welt jetzt Sein verleiht, folgt nach Wilhelm nicht, dass er das schon immer getan haben muss.

Den bereits erwähnten Argumenten Avicennas für die Ewigkeit der Welt, die Wilhelm im achten Kapitel von *De universo* IIa-Iae anführt, fügt er ein Argument hinzu, das die Philosophen seiner Ansicht nach derart geäußert haben können.[872] Dieses Argument basiert auf der *sufficientia causae*:

Manifestum igitur est, quia omnimoda sufficientia causalitatis creator est per semetipsum solum causa sufficientissima universi, quare conjunctissima cum ipso; quare ex necessitate eo posito, ponitur universum. Hujusmodi autem conjunctio prohibet separationem inter causam et causatum. Non fuit igitur creator, nec in aeternitate, nec in tempore separatus ab universo, quod est dicere sine universo.[873]	Demnach ist offenbar, dass der Schöpfer gemäß jeglicher Hinreichendheit der Ursächlichkeit durch sich selbst allein die hinreichendste Ursache für die Welt ist. Daher ist er mit ihr aufs Engste verbunden, weshalb aus Notwendigkeit auch die Welt gesetzt wird, wenn man ihn setzt. Eine derartige Verbindung verhindert aber eine Trennung zwischen Ursache und Verursachtem. Der Schöpfer ist also weder in der Ewigkeit noch in der Zeit von der Welt getrennt, das heißt ohne die Welt gewesen.

Zitat 4-38

Wilhelm unterstellt den Peripatetikern, sie würden aus der Tatsache, dass Gott in sich eine höchst hinreichende Ursache (*sufficientissima causa*) ist, ableiten, dass er von Ewigkeit her die Welt notwendigerweise schaffen muss, da sie ihm zusätzlich *sufficientia causae* zuschreiben. Damit ignorieren sie laut Wilhelm jedoch, dass Gott einen höchst freien Willen hat. Und obwohl Avicenna in *Metaphysik* IX.4 explizit darauf hinweist, dass Gott eben nicht nach Art der Natur wirkt,[874] wirft Wilhelm ihm und den anderen Peripatetikern vor, Gott sogar auf eine Stufe mit den Ursachen zu stellen, die aus natürlicher Notwendigkeit wirken.

His etenim et similibus respondebo tibi in sequentibus videlicet in destructione antiquitatis sive aeternitatis mundi et stabili-	Auf diese und ähnliche [Überlegungen] werde ich dir im Folgenden antworten, nämlich bei der Widerlegung der Ewigkeit der

---

[872] Die konkrete Quelle dieses Arguments ist unklar.

[873] Wilhelm von Auvergne, *De universo* IIa-Iae, 8, S. 692aG.

[874] Vgl. Ibn Sīnā, *al-Ilāhiyyāt* IX.4, S. 327, Z. 1–2; ed. Van Riet, S. 477, Z. 56–60: „Omne enim esse quod est ab eo non est secundum viam naturae ad hoc ut esse omnium sit ab eo non per cognitionem nec per beneplacitum eius: quomodo enim hoc esse posset, cum ipse sit intelligentia pura quae intelligit seipsum?"

tione novitatis ipsius. Et etiam in hoc capitulo aliqua tibi ostendam super his, quorum
primum et radicale est voluntas liberrima ac
potentissima creatoris, quam libertatem
multi non intelligentes erraverunt.

[E]t non solum necessitatem, immo
naturalem servitutem imposuerunt creatori
existimantes ipsum operari ad modum
naturae, qui modus est, ut jam saepe praedixi
tibi, modus servientis et modus servilis, sic
enim arbitrati sunt universum exire a creatore, sicut splendorem a sole … et propter
hoc ex necessitate inducti fuerunt in illud
inconveniens, ut opinari cogerentur creatorem neque aliud, nec aliter facere potuisse
… Creator autem sic habet bonitatem suam,
sic potentiam, sic sapientiam, ut ex ea non
exeat, nisi quod voluerit et cum voluerit et
quomodo voluerit. Et haec est nobilitas
atque sublimitas potentiae ipsius ac libertatis.[875]

Welt (*antiquitas sive aeternitas*) und der Bekräftigung ihrer Neuheit. In diesem Kapitel
werde ich dir zu diesen Themen auch etwas
darlegen, wovon das Erste und Grundlegende der äußerst freie und höchst mächtige
Wille des Schöpfers ist. Viele haben sich geirrt, indem sie diese Freiheit nicht erkannt
haben.

Und sie erlegten dem Schöpfer nicht nur
Notwendigkeit auf, sondern auch natürliche
Dienerschaft, indem sie annahmen, dass er
auf die Weise der Natur tätig sei. Diese
Weise ist, wie ich dir schon oft erläutert
habe, die Weise des Dienenden und die der
Dienerschaft zugehörige Weise. Sie meinten
nämlich, dass die Welt so aus dem Schöpfer
hervorgehe wie ein Lichtstrahl aus der Sonne
… Und deswegen gelangten sie aus Notwendigkeit in jene ungünstige Lage, dass sie dazu
gezwungen wurden, zu glauben, dass der
Schöpfer weder etwas anderes hat machen
können noch auf andere Weise … Der
Schöpfer aber besitzt auf eine solche Weise
seine Gutheit und auf eine solche Weise sein
Vermögen und seine Weisheit, dass aus ihr
nur das hervorgeht, was er will und sooft er
will und auf welche Weise er will. Dies ist die
Vorzüglichkeit und Erhabenheit seines Vermögens und seiner Freiheit.

Zitat 4-39

Gegen die Lehre der Philosophen angehend betont Wilhelm, dass Gott für seine nach
außen gerichteten Akte jeglicher Aspekt eines notwendigen Wirkens völlig fremd ist.[876] Daher unterscheidet sich Gott kategorisch von beiden Gruppen weltlicher Ursachen – sowohl
den natürlichen, als auch den willentlichen. Er agiert zwar willentlich, wie dies die Menschen tun, aber eben auf völlig andere Weise. Im Menschen tritt *sufficientia* ein, sobald der
Willensakt stattfindet, sodass der Mensch zu diesem Zeitpunkt kein zweifaches Vermögen
mehr hat und folglich in dem betrachteten Prozess keine Macht mehr über sein Wirken

---

[875] Wilhelm von Auvergne, *De universo* Ia-Iae, 21, S. 614bF–G. Siehe außerdem ibid. 26, S. 620aF: „Si non esset
operatus in creatione per electionem suam, et libertatem supereminentissimam, sed per ordinem, quem isti
hic opinantur, esset operatus proculdubio per modum naturae. Hic autem modus, prout didicisti, modus est
servientis et non libertate ultima et modum operandi et operationem suam eligentis."

[876] Wilhelm weist jegliche *sufficientia causae* für Gottes schöpferische Wirken zurück, um die absolute Freiheit
Gottes zu bewahren und sicherzustellen, dass die Welt nicht gleichewig zu ihm ist. Beim innergöttlichen Hervorgang herrschen allerdings andere Bedingungen: „Quoniam autem prima potentia non eget eductore alio,
quo educatur ad actum, sed ipsa est sibi sufficiens per omnia, manifestum est ipsam nec fuisse nec posterius
umquam fore, nisi in actu. Quare aeterna est prima generatio et coaeternus aeterno patri primus filius", *De
trinitate* 15, S. 96, Z. 94–98.

besitzt.[877] Aber darum geht es Wilhelm nicht. Ihm geht es vielmehr um den Moment des Einsetzens der Tätigkeit. Dort liegt beim Menschen Notwendigkeit vor, denn der Wille determiniert selbst den Akt. Gott dagegen ist zu keinem Zeitpunkt, das heißt in keinem Stadium des Entscheidungs- und Wirkungsprozesses[878] durch seinen eigenen Willensakt determiniert. Er verliert seine Macht nicht, sondern behält jederzeit sein zweifaches Vermögen[879] bei und könnte stets anders handeln. Daher findet man in ihm keinen Aspekt der *sufficientia causae* und demzufolge auch keine notwendige Verbindung zwischen ihm und den Geschöpfen, obwohl er die *sufficientissima causa* aller Geschöpfe ist. Obgleich Gott also in sich selbst in höchstem Maße dazu ausreicht, eine aktuelle Ursache zu sein, und seine Kraft den höchsten Grad an Hinreichendheit und Fülle aufweist,[880] ist es auf keine Weise notwendig, dass Gott wirkt.

Ein weiterer Unterschied zu den weltlichen Ursachen ist, dass die Geschöpfe nur Macht über partikuläre Dinge haben und dass es einer Veränderung der Bedingungen, Dispositionen oder des Willens bedarf, damit sich ein Wirken ändert oder neu beginnt. Gott dagegen hat Wilhelm zufolge absolute Macht über alles Mögliche. Für sein Wollen gibt es keine Bedingungen. Daher muss sich in Bezug auf ihn nichts ändern, damit er etwas anderes will, nicht einmal der Wille selbst, wie Wilhelm am Ende von Zitat 4-35 betont. Dies nicht erkannt zu haben, wirft er Avicenna dort vor.

Dass Avicenna in seiner *Metaphysik* VIII.7 und IX.4 Gottes Können, Wissen und Wollen (*ʿilm / qudra / irāda; scientia / posse* oder *potentia / voluntas*) berücksichtigt und zudem auch ein ewig gleichbleibendes Wirken als gewollt anerkennt,[881] genügt Wilhelm nicht. Denn bei Avicenna fallen diese Vermögen in eins mit Gottes Wesen, das unveränderlich ist und für das die *idem*-Regel gilt. Damit will Gott stets dasselbe und ist laut Wilhelm in seinem Wirken auf eine Alternative festgelegt; er hat also kein zweifaches Vermögen. Eine derartige Theorie greift Gottes Freiheit an. Eine Veränderung der Wirkung würde bei Gott eben auch auf eine Veränderung des Willens zurückzuführen sein, die aber wegen Gottes Unveränderlichkeit ausgeschlossen wird. Demgegenüber betont Wilhelm, dass Gott durch seinen unveränderlichen Willen nicht auf eine Wirkungsweise festgelegt ist, denn er könnte immer etwas anderes wollen beziehungsweise bewirken, ohne dass sich sein Wille ändert.

Doch wie verhält es sich auf Gottes Seite mit der Unveränderlichkeit bezüglich des Wirkungsakts? Angenommen, man akzeptiert Wilhelms Forderung, der Wille Gottes

---

[877] Natürlich kann man hier einen neuen Prozess ansetzen, bei dem wieder alles von vorne beginnt, aber es bedarf dazu eines neuen Willensakts, der eine andere Handlung beschließt.

[878] Strenggenommen kann man aufgrund der Simultaneität nicht wirklich von einem Prozess im engen Sinne sprechen.

[879] Ähnlich zur Annahme der synchronen Kontingenz, die man später bei Duns Scotus findet, Müller, ›Nulla est causa nisi quia voluntas est voluntas‹, S. 498.

[880] Vgl. Wilhelm von Auvergne, *De universo* Ia-Iae, 42, S. 641aD: „virtus creatoris in ultimitate est sufficientiae et copiositatis."

[881] Vgl. Ibn Sīnā, *al-Ilāhiyyāt* VIII.7, v. a. S. 294, Z. 14–S. 296, Z. 2; ed. Van Riet, S. 428, Z. 81–S. 429, Z. 20. Hier zeigt Avicenna den Unterschied zwischen dem Willen des durch sich notwendig Seienden und der Menschen. Siehe dazu auch ibid. IX.4, S. 327, Z. 13–15; ed. Van Riet, S. 478, Z. 78–82: „Certitudo autem intellecta apud eum [sc. primum] est ipsa, sicut nosti, scientia (ʿilm), potentia (qudra) et voluntas (irāda). Nos enim ad exsequendum quod imaginamur, indigemus intentione, motu et voluntate ad hoc ut sit; in ipso autem hoc [non] est conveniens (lā yaḥsunu fīhi), nec potest esse (lā yaṣiḥḥu lahū) propter suam immunitatem a dualitate." Zum ewig gewollten Wirken siehe ibid. IV.2, S. 132, Z. 11–18; ed. Van Riet, S. 196, Z. 34–S. 197, Z. 44.

müsse sich nicht ändern, dann stellt sich aus Avicennas Sicht die Frage, was in Gott geschieht, wenn er beginnt, die Welt zu schaffen, was er zuvor nicht getan hat. Außerdem
schafft Gott nach Wilhelm verschiedene Wesen – beispielsweise die individuellen menschlichen Seelen – zu verschiedenen Zeitpunkten. Immerhin müsste man doch mit Blick darauf
Veränderungen in Gottes Akten annehmen, obschon der Wille gleichbliebe. Die Notwendigkeit einer solchen Veränderung auszuschließen, war das vornehmliche Ziel der obigen
Diskussion der Ewigkeit der Welt. Wilhelms Antwort auf Avicenna ist, dass es in Gott in
der Tat auch keine Veränderung bezüglich seiner Akte gibt, obwohl er zu verschiedenen
Zeitpunkten schafft. Denn Schöpfung zeigt nicht etwas im Schöpfer an, sondern etwas von
ihm her (*ab ipso*), so wie auch das Erleuchten nicht etwas in der Sonne anzeigt, sondern
etwas von ihr her. Schöpfung ist nämlich nur die Neuheit des Existierens oder Seins eines
Dings aus dem Willen des Schöpfers heraus ohne ein Mittleres.[882] Damit ist die Entstehung
der Welt mit der Zeit in Wilhelms Augen gesichert. Schöpfung impliziert zwar Gott als Ursache, bezeichnet aber etwas auf Seiten des Geschöpfs: Die Welt beginnt neu zu sein. Die
Neuheit, die in der Definition erfasst wird, betrifft also die Wirkung, nicht deren Ursache.
Dies verhält sich bei Avicenna übrigens ähnlich. Die Ursache wird bei beiden Denkern zwar
als Grund mitgedacht, aber der Akt, auf den das Konzept der Schöpfung zielt, ist der Seinsakt des Geschöpfs, nicht der Wirkungsakt der Ursache.

Der absolut freie Wille ermöglicht es Gott, ohne Veränderung auf seiner Seite Wirkungen verschiedenster Art hervorzurufen, wann und wie es ihm beliebt. Mit einem derartigen
Willen erklärt Wilhelm, wie aus einem einzigen einfachen ersten Prinzip, das ein durch sich
notwendig Seiendes und damit vollkommen unveränderlich ist, unmittelbar nicht nur ein
einziges Geschöpf, sondern die Welt in ihrer Vielheit hervorgehen kann. Gegen Avicenna
hebt Wilhelm hervor, dass Gott eben nicht gemäß sich selbst (*de / secundum se*) und insofern er einer ist, nach außen hin wirkt.[883] Vielmehr wirkt Gott aus sich heraus (*ex se*) durch
seinen absolut freien Willen. Diesem ist kein Ziel vorgeordnet, was Avicenna ähnlich für
das *necesse esse per se* betont.[884] Die Welt ist wie eine willentliche Äußerung zu verstehen,
in der sich Gott nach außen hin spricht. Anders als bei uns Menschen ist die innere Basis
jedoch einfach: Gott hat nur eine einfache Erkenntnis aller Dinge. Diese Erkenntnis stammt
aus ihm selbst und ist nicht von Seiten der Dinge her erworben; sie ist vielmehr Grund des
Seins der Dinge.[885] Gott erkennt sich darin selbst und spricht sich nach außen. Dieses Bild
erläutert Wilhelm wie folgt in *De universo* Ia-Iae, Kapitel 21, das zentral für sein Schöpfungsverständnis ist:

---

[882] Wilhelm von Auvergne, *De universo* Ia-Iae, 23, S. 618bF: „quia creare non dicit aliquid in creatore, sed ab ipso,
    neque illuminare dicit aliquid in sole, sed ab ipso. Et propter hoc creare non est aliquid in ipso creatore vel
    apud ipsum, sed magis ab ipso. Creatio enim non est nisi novitas existendi vel essendi ex voluntate creatoris
    absque medio."

[883] Zum *dans secundum se* siehe Kapitel 4.2.2.1.2

[884] Vgl. ibid. Ia-Iae, 21, S. 616aE–F. Zu Avicenna siehe Kapitel 2.3.1.1.

[885] Vgl. ibid. Ia-Iae, 21, S. 616aH–bE.

Aliud etiam attende in hoc, quia sermo creatoris, cum sit unus in ultimitate unitatis, tam multiplex, tamque innumera rerum diversitas per ipsum dicitur a creatore … Exemplum autem quantum mihi videtur satis conveniens est in quantolibet magno exercitu clangor buccinae, ex quo clangore, licet uno vel unico, tot, tam multiplices et varii ordines procedunt ex clangore ipso in exercitu ipso … Eodem modo creatore semel tantum loquente et velut unicum sermonis sui ineffabilem sonum spiritualem emittente universitas operum naturalium in mundo procedit, ac si universitas creaturarum verbum ejus audiat. Si enim ex una voluntate vel intentione regis aut principis unius … tanta procedit multitudo operum …, quid mirum, si ex omnipotentis creatoris verbo, licet uno per omnem modum, procedit innumerabilis varietas operum in mundo.[886]

Beachte diesbezüglich aber auch etwas anderes, [nämlich] dass dennoch eine vielfältige und unzählbare Verschiedenheit von Dingen durch die Rede des Schöpfers ausgesagt wird, obwohl sie im äußersten Grad der Einheit eine ist … Ein Beispiel aber, das mir hinlänglich angemessen erscheint, ist der Ton eines Signalhorns in einem beliebig großen Heer. Obwohl der Ton einer und einzig ist, gehen aus ihm so viele, so vielfältige und verschiedenartige Ordnungen im Heer hervor. … Auf dieselbe Weise geht die Gesamtheit der natürlichen Werke in der Welt hervor, dadurch, dass der Schöpfer nur einmal spricht und gleichsam den einzigen, unaussprechlichen, geistigen Ton seiner Rede aussendet – als ob die Gesamtheit der Geschöpfe sein Wort hört. Wenn nämlich aus einem Willen und einer Absicht eines einzelnen Königs oder Gebieters … eine so große Vielheit an Werken hervorgeht …, wie ist es dann verwunderlich, wenn aus dem Wort des allmächtigen Schöpfers, obwohl aus etwas, das auf jede Weise eines ist, eine unzählbare Mannigfaltigkeit an Werken in der Welt hervorgeht?

Zitat 4-40

Wie im Kapitel zur *unigenitus*-Lehre dargestellt, spricht Gott-Vater nach innen nur ein einziges, einfaches Wort, indem er sich selbst spricht, der vollkommen einfach ist. Um diese Lehre rational zu begründen, hat Wilhelm die *ex-uno*-Regel Avicennas herangezogen. Das einfache innere Wort dient zugleich als Urbild (*exemplar*) der Welt. Es wird nicht nur nach innen gesprochen, sondern auch nach außen hin. Das nach außen gesprochene Wort ist die Welt.[887] Anders als bei Avicenna besteht jedoch zwischen der inneren Erkenntnis und dem Äußern des Worts kein Automatismus. Es wird willentlich gesprochen. Daher hat Gott völlige Macht darüber, was in dem Wort gesprochen wird und wann. Dies nennt Wilhelm als Grund dafür, dass aus Gott direkt eine Vielheit hervorgehen kann, obwohl das Wort nur eines ist. Die Tatsache, dass Wilhelm betont, Vielheit sei möglich, wenngleich das Wort vollkommen einfach ist, zeigt, dass er die Überlegungen Avicennas ernst nimmt. Man hat zudem den Eindruck, als ließe sich der ursprünglichen Formulierung der avicennischen Regel ihre konzessive Formulierung als wilhelminische Alternative entgegenstellen: Obwohl das Eine auf jegliche Weise eines ist, geht eine Vielheit aus ihm hervor (*ex uno, quamvis sit unum per omnem modum, multitudo*). Dies ist möglich, da Gott, das Eine, nach außen hin

---

[886] Ibid. Ia-Iae, 21, S. 616bE und 617aB–D.
[887] Vgl. bspw. Wilhelm von Auvergne, *De trinitate* 8, S. 49, Z. 96–7, und das gesamte Kapitel 18.

nicht wirkt, insofern er eines ist, sondern insofern er einen absolut freien Willen hat.[888] Daher wird das einfache innere Bild oder das, was es in sich umfasst, nicht eins zu eins nach außen gegeben, wie Wilhelm betont:

… nec ab ipsa sunt per naturalem operationem, immo per electionem liberrimam et voluntatem imperiosissimam … Quod si dixerit quis, quoniam ars divina similiter imprimit vel dat rebus formas, quales habet et qualiter, dico quia hoc non est verum simpliciter, immo imprimit et dat, ut vult et quales vult.[889]	… noch sind sie [d. h. die Dinge] von ihr [d. h. der göttlichen Kunst] her durch eine natürliche Tätigkeit, sondern durch eine höchst freie Wahl und einen höchst mächtigen Willen … Denn wenn jemand sagen würde, dass die göttliche Kunst auf ähnliche Weise den Dingen die Formen einprägt oder gibt, von welcher Beschaffenheit sie sie hat oder gleichwie, sage ich: Dies ist nicht absolut wahr. Vielmehr prägt sie ein und gibt, wie sie will und wie beschaffene [Formen] sie will.

Zitat 4-41

In dieser Passage erkennt man gut den Unterschied zwischen der Formulierung, mit der Wilhelm das freie Wirken Gottes nach außen beschreibt, und der, die er für die innergöttliche Emanation verwendet, die er als einen natürlichen Prozess versteht, ebenso wie er Avicennas Emanation der Welt als natürlichen Prozess auffasst. Im innergöttlichen Bereich wird weitergegeben, was die Ursache hat, ja sogar von welcher Beschaffenheit sie es hat (*quod habet aut quale habet*),[890] worin ein gewisser Automatismus besteht. Außerdem wird nach innen die *simile*-Regel erfüllt, die für natürliche Verursachung gilt. Dieser Regel ist Gott nach außen hin nicht unterworfen, wie aus den Erklärungen hervorgeht, die sich an das Zitat anschließen. Seine Autonomie kommt ihm aufgrund seines zweifachen Vermögens zu, das sich auf zwei Optionen richten kann, obwohl es eines ist[891] – auch hier wieder die konzessive Betonung. Von den anderen rationalen Substanzen setzt sich Gott, wie gezeigt, dadurch ab, dass er, selbst wenn er sich mit freiem Willen auf etwas richtet, nicht festgelegt ist. Vielmehr kann er jederzeit etwas anderes wirken, ohne sich dafür zu verändern.

4.3.2 Kritik am Emanationsmodell mit Bezug zur *ex-uno*-Regel

Im Kapitel zur Trinität habe ich bereits erste Kritikpunkte Wilhelms an einem Hervorgang der Welt als Emanation aus Gott erwähnt.[892] Wilhelm spricht zwar selbst gelegentlich mit Bezug auf die Schöpfung von einem Ausfließen (*fluxus*), doch impliziert dies keineswegs ein notwendiges, ewiges Geschehen, wie es im innertrinitarischen Bereich der Fall ist. Er

---

[888]   Im Grunde wirkt auch bei Avicenna das Eine nicht, insofern es eines ist, sondern insofern es über der Vollkommenheit ist. Nur die *ex-uno*-Regel, die die Anzahl der Wirkungen bestimmt, setzt bei der Einheit an.

[889]   Wilhelm von Auvergne, *De universo* Ia-Iae, 21, S. 616bF–G.

[890]   Siehe Zitat 4-15.

[891]   Vgl. ibid. Ia-Iae, 21, S. 616bH.

[892]   Siehe Kapitel 4.2.2.1.3.

verwendet dieses Bild vielmehr in sehr uneigentlichem Sinn, zieht es aber dennoch zur Veranschaulichung heran. Letztlich wird die Schöpfung von Gott höchst frei verursacht.

Obwohl Gott omnipotent ist und alle Geschöpfe unmittelbar in Gänze ins Sein setzen könnte,[893] erfolgt die Schöpfung auch Wilhelm zufolge in gewisser Weise über Vermittlung. Wilhelm ist jedoch bestrebt, das Konzept der Vermittlung möglichst schwach zu halten. Fakt ist, dass nicht alle Dinge in Gänze und zu Beginn der Welt direkt durch Gott geschaffen werden, sondern in der Zeit entstehen, woran unseren empirischen Schlüssen zufolge weltliche Ursachen beteiligt sind. Diesen Umstand muss Wilhelm erklären. Das Mitwirken der weltlichen Dinge, so betont er, sei kein Zeichen der Schwäche Gottes, sondern sei der Eigentümlichkeit der irdischen Dinge geschuldet, die entstehen und vergehen, sowie der Distanz, die sie in der Ordnung des Seins zu Gott haben. Würde Gott sie direkt in Gänze schaffen, wären sie nicht das, was sie sind. Gott wird also nicht durch die vermittelnden Ursachen unterstützt. Vermittlung ist vielmehr von Seiten der Geschöpfe her zu beurteilen: Sie hilft ihnen, ins Sein zu gelangen.[894] Wilhelm ist darauf bedacht, herauszustellen, dass Gott sämtliche weltlichen Dinge in gleichwertiger Weise (*aequaliter*) verursacht, unabhängig davon, ob sie direkt durch ihn oder unter Mitwirken anderer Dinge hervorgehen.[895] Gott ist stets in eigentlichem Sinne die Seinsursache aller Dinge. Die Geschöpfe fungieren lediglich als Boten (*nuntii*) oder Diener (*ministri*), die sein Wirken übermitteln. Die Autorschaft liegt ausschließlich bei Gott. Daher geht Wilhelm in *De trinitate*, *De anima* und *De universo* so weit, Gott allein als die wahre Wirkursache (*causa efficiens*) einzustufen. Da alles andere hingegen lediglich Gottes Befehl ausführt, sollte es nicht als Ursache im strengen Sinn angesehen werden.[896] Wie in Kapitel 4.3.1.2 erläutert, erfolgt die Dienerschaft über die Naturen, die den Einzeldingen von Gott gegeben sind und ihr Tätigsein bestimmen. Wilhelm verweist darauf, dass der Begriff der Ursache oft zu sorglos, ja sogar missbräuchlich (*abusive*) verwendet wird. Seiner Ansicht nach dürfe man die Geschöpfe eigentlich gar nicht als Ursachen bezeichnen, da sie aus sich heraus keine Kraft haben, Sein zu verleihen. In diesem Kontext ist von metaphysischen Wirkursachen die Rede. Laut Wilhelm sind weltliche Dinge lediglich mittlere Naturen (*mediae naturae*) und Wege (*viae*), die das Wirken Gottes weiterleiten wie ein Fenster das Licht der Sonne.[897] Aufgrund derartiger Äußerungen wird Wilhelm bisweilen eine Tendenz zum Okkasionalismus zugeschrieben, demzufolge Gott allein wirklich tätig ist, während die Geschöpfe darauf reduziert werden, nur eine Gelegenheit (*occasio*) für Gott zu bieten, als Wirkursache aktiv zu werden.[898] Mit Michael J. Miller bin

---

[893] Vgl. dazu ibid. Ia-Iae, Kapitel 21 und 26.

[894] Vgl. ibid. Ia-Iae, 21, S. 614bG–H: „Cum autem operatur quaedam per alia, non ipse adjuvatur vel ejus potentia per illa media, sed magis illa quae per media illa creantur."

[895] Vgl. ibid. Ia-Iae, 26, S. 622aH: „Quare simpliciter verum est, quod creator aequaliter causat omnia, quantum est de se, et etiam simpliciter, quia medium vel media nihil addunt vel minuunt causationi. Jam enim declaravi tibi …, quoniam creator solus proprie ac vere nomine causae dignus est; alia vero, quae velut media causationi ejusdem deserviunt, non sunt nisi nuncij et deferentes, ultima recepta, tanquam missa a creatore."

[896] Vgl. bspw. Wilhelm von Auvergne, *De anima* V.2, S. 113a; id., *De trinitate* 11, S. 77, Z. 58–82, und 12, S. 79, Z. 24–43, und id., *De universo* Ia-IIae, 25, S. 829bA–B.

[897] Vgl. Wilhelm von Auvergne, *De trinitate* 11, S. 77, Z. 58–82, und Miller, ‚William of Auvergne and the Aristotelians', S. 223–224 (Die Passage aus *De trinitate* wird dort als Passage aus *De universo* angegeben).

[898] Vgl. Gilson, *History of Christian Philosophy in the Middle Ages*, S. 255. Für weitere Positionen siehe Miller, ‚William of Auvergne on Primary and Secondary Causality', S. 265–266. Thomas von Aquin und Thomas von York wird zugeschrieben, Wilhelm als Vertreter einer Form des Okkasionalismus anzusehen.

ich allerdings der Ansicht, dass Wilhelm den Geschöpfen nicht generell Ursächlichkeit abspricht. Dies geht aus anderen Passagen hervor, in denen er ihr Wirken beschreibt.[899] Insbesondere dem Menschen gesteht er als rationaler Substanz zu, willentlich zu handeln, wie wir in Kapitel 4.3.1.2.2 gesehen haben. Dass Wilhelm Gottes Rolle als Ursache an manchen Stellen besonders stark macht, hat einen argumentativen Grund. Er kann auf diese Weise deutlicher und mit größerem Nachdruck gegen Positionen angehen, die den Geschöpfen zu viel ursächliche Kraft zusprechen.[900] Bei seiner Kritik hat Wilhelm vor allem Avicenna vor Augen, der Wilhelms Ermessen nach den himmlischen Intelligenzen zu viel Eigenständigkeit und schöpferische Tätigkeit zuspricht.[901] Allerdings haben die weltlichen Ursachen auch bei Avicenna nicht aus sich heraus ihre Wirkungskraft. Diese stammt vielmehr von dem durch sich notwendig Seienden, das allein über der Vollkommenheit anzusiedeln ist, weshalb es als einzige Entität aus sich heraus Wirkungskraft schöpft.[902] Im Gegensatz zu Avicenna, dem Wilhelm bezüglich der vermittelten Schöpfung kritisch gegenübersteht, lobt er Ibn Gabirol, den er bei seinem lateinischen Namen Avicembron nennt.[903] Ibn Gabirol macht in seinem Werk *Fons vitae*,[904] das Wilhelm als *Fons sapientiae* bezeichnet, den göttlichen Willen sehr stark. Er beschreibt ihn regelmäßig als das Mittlere zwischen den ontologischen Extremen Gottes auf der einen Seite und der Form und Materie auf der anderen Seite.[905] Daraus wird deutlich, dass alles Geschaffene vom göttlichen Willen abhängt. Den Willen assoziiert Ibn Gabirol mit dem Wort und Befehl Gottes.[906] Darauf nimmt Wilhelm Bezug, wenn er anmerkt, Ibn Gabirol habe ausführlich über das Wort Gottes, das alles bewirkt (*de verbo Dei agente omnia*), geschrieben und das Verhältnis der weltlichen Dinge zu Gott richtig eingeschätzt. Auch Wilhelm verbindet den Willen mit dem Wort Gottes, das er als die zweite trinitarische Person versteht. Attraktiv ist Ibn Gabirols Konzeption des göttlichen Willens für Wilhelm, da sie ermöglicht die radikale entitative Kontingenz der Geschöpfe herauszustellen und ihre Abhängigkeit von Gott zu verdeutlichen. Gott agiert aus freiem Willen heraus, der allein bestimmt, was existiert. Wilhelm vermutet daher sogar, dass Ibn Gabirol trotz seines offensichtlich arabischen Hintergrunds ein Christ sei.[907] Was Wilhelm allerdings nicht von Ibn Gabirol übernimmt, ist dessen Tendenz, den Willen als Hypostase anzusehen, die sich vom göttlichen Wesen unterscheidet.[908] Zudem wendet er sich gegen einen universalen Hylemorphismus. Wilhelm gilt als einer der ersten mittelalterlichen Denker, die die geistigen Wesen als immateriell ansahen.[909] Hierbei ist Wilhelm deutlich von Avicenna beeinflusst. Interessanterweise behandelt er Avicenna und Ibn Gabirol

---

[899] Vgl. ibid., S. 272–277.

[900] Vgl. ibid. Auf S. 267–272 geht Miller ausführlich auf Wilhelms Kritik an Avicenna ein.

[901] Dies kritisiert Wilhelm bspw. in *De universo* Ia-IIae, Kapitel 25.

[902] Siehe Kapitel 2.3.1.2.

[903] Siehe hierzu Caster, ‚William of Auvergne's Adaption' und Laumakis, ‚Solomon Ibn Gabirol and William of Auvergne'.

[904] Zu den Titeln und zur Überlieferung dieses Werks siehe Fn. 27.

[905] Siehe Fn. 390.

[906] Vgl. Caster, ‚William of Auvergne's Adaption', S. 35–41.

[907] Vgl. Wilhelm von Auvergne, *De trinitate*, 12, S. 77, Z. 83–S. 78, Z. 92, und 25, S. 139, Z. 22–25, und id., *De universo* Ia-Iae, 26, S. 621bB. Vgl. außerdem Caster, ‚William of Auvergne's Adaption'.

[908] Vgl. ibid., S. 35.

[909] Vgl. Caster, ‚The Real Distinction between Being and Essence According to William of Auvergne', S. 217, und Laumakis, ‚Solomon Ibn Gabirol and William of Auvergne', S. 163.

unterschiedlich, wenn er mit ihren Lehren nicht einverstanden ist. Während er auf Avicenna (oder stellvertretend auf die Peripatetiker) oft explizit Bezug nimmt, wenn er gegen dessen Theorien vorgeht, vermeidet er es, Ibn Gabirol namentlich zu erwähnen, wenn er Kritik an ihm übt.[910]

Parallel zu Avicenna wird in Wilhelms Modell den Geschöpfen das Sein über die substanziellen Formen verliehen. Da Gott alleinige metaphysische Wirkursache, das heißt einziger Geber des Seins ist, ist er Wilhelm zufolge auch einziger Geber der Formen (*dator formarum*). Wilhelm erweist sich damit als einer der wenigen lateinisch-christlichen Denker, die die Theorie des *dator formarum* positiv aufnehmen – allerdings mit einer Modifikation.[911] Diese ist vergleichbar mit der Modifikation, die die Vertreter des von Étienne Gilson so betitelten *Augustinisme avicennisant* im Bereich der Erkenntnistheorie vorgenommen haben. Sie identifizierten den aktiven Intellekt, der in Avicennas Modell wie der *dator formarum* die zehnte himmlische Intelligenz ist, mit Gott, der gemäß Augustinus für die *illuminatio* verantwortlich ist.[912] In ähnlicher Weise vergöttlicht Wilhelm den *dator formarum*, das heißt, er identifiziert ihn mit Gott. Gott gibt sämtliche substanzielle Formen und schafft nicht nur die menschliche Seele, wie dies in anderen Modellen der Fall ist. Daher nennt Wilhelm ihn auch den universalen Geber (*dator universalis*).[913] Zwar reagiert Wilhelms göttlicher Geber ähnlich wie Avicennas geschöpflicher Geber, wenn eine der geschöpflichen Ursachen die Materie vorbereitet (*praeparat materiam*), und gibt erst dann die Formen, wenn die Materie für deren Empfang bereit ist, aber dies geschieht aus freiem Willen heraus, wie Wilhelm vor allem in *De universo* betont. Gott ist nicht an die Vorbereitung gebunden, sondern hat so viel Macht, dass er dem vorbereiteten Körper eine andere Form als die zu erwartende einprägen könnte.[914] Damit vermeidet Wilhelm einen Automatismus zwischen Vorbereitung der Materie und Vergabe der Form, der die Freiheit Gottes einschränken würde. Gott als direkte Ursache der substanziellen Formen sämtlicher Lebewesen anzusehen, ist nach Dag Nikolaus Hasse recht selten, ermöglicht Wilhelm aber,

---

[910] Vgl. ibid., S. 167.

[911] Vgl. bspw. Wilhelm von Auvergne, *De universo* Ia-Iae, 42, S. 640bH–641aA, und id., *De anima* VI.40, S. 200b. Zur Rezeption des *dator formarum* bei den lateinischen Denkern siehe Hasse, ›Avicenna's ›Giver of Forms‹‹, S. 227 und 233–235. Die zehnte himmlische Intelligenz übernimmt bei Avicenna zwei Rollen: eine ontologische als *dator formarum* (siehe oben, Kapitel 2.3.1.3) und eine erkenntnistheoretische als aktiver Intellekt, aus dem die Abstraktionen emanieren (siehe *De anima* V.5). Beide Rollen fanden unterschiedliche Rezeption bei den lateinischen Denkern. Während einige mittelalterliche Theologen die erkenntnistheoretische Rolle Gott übertrugen, war die Theorie des *dator formarum* wenig erfolgreich, ibid., S. 227.

[912] Zum Begriff des *Augustinisme avicennisant* siehe Gilson, ›Pourquoi saint Thomas a critiqué saint Augustin‹; id., ›Les Sources gréco-arabes de de l'Augustinisme avicennisant‹. Zu Avicennas Theorie des Intellekts und zu deren Rezeption siehe Hasse, *Avicenna's ›De anima‹ in the Latin West*, S. 174–223, hier S. 203–223 zum *Augustinisme avicennisant*.

[913] Vgl. Wilhelm von Auvergne, *De universo* IIa-IIae, 125, S. 976aH: „In sublimibus autem illis substantiis nihil inveniri posse videtur, nisi a parte datoris universalis" und ibid. IIa-IIae, 127, S. 978bG: „erunt eis ex necessitate a parte datoris universalis, qui est creator benedicuts."

[914] Zur Schöpfung der Seelen und Vorbereitung der Materie, vgl. Wilhelm von Auvergne, *De anima*, Kapitel V.1–2. Zur Freiheit Gottes siehe bspw. Zitat 4-39 und id., *De universo* Ia-Iae, 35, S. 631bC: „Ubi vero non est agens nisi creator multo incomparabilius, sic inducet materiae denudatae formam, quam voluerit vel elegerit. Nihil enim est potentialitas materiae, ut obsistat beneplacito creatoris et idem sentiendum est in omni alia natura."

spontane Zeugung von Lebewesen aus lebloser, sich zersetzender Materie zu erklären.[915] Sobald die Materie einen Zustand erreicht, in dem sie bereit für den Empfang der Form eines Lebewesens ist, gibt Gott die Form, muss es aber nicht.

Das Emanieren der Welt bei Avicenna hat mit Wilhelms Vorstellung von Schöpfung wenig zu tun. Hingegen weist es große Parallelen zur innergöttlichen Emanation auf, wie ich bereits erläutert habe. Diese vollzieht sich ewig und notwendig, ausgehend von der ersten trinitarischen Person, dem Vater, und hat nur eine direkte Wirkung zur Folge, den Sohn.[916] Gottes Wirkung nach außen erfolgt nach Wilhelm hingegen völlig frei. Die Freiheit Gottes zu verteidigen, ist ein starkes Motiv dafür, gegen Avicennas Theorie vorzugehen. Ein zweites Motiv liegt darin, dass Wilhelm Avicennas Ontologie in weiten Teilen folgt, da sich daraus ein einseitiges Abhängigkeitsverhältnis zwischen Welt und Gott rational ableiten lässt. Gerade auch aus diesem Grund ist es ihm wichtig, sich von der Lehre zur Verursachung der Welt abzugrenzen, die Avicenna seinerseits ebenfalls aus der Ontologie heraus entwickelt. Wilhelm möchte zeigen, dass man diesen Schritt nicht mitgehen muss. Diejenige Form der Emanation, die sich aus der Ontologie heraus ergibt, ist allein die innergöttliche.[917] Seiner Kritik an Avicennas Modell widmet sich Wilhelm an diversen Stellen in *De universo*. Im ersten Teil (Ia-Iae) zeichnet er in Kapitel 24 und 25 zunächst Avicennas Emanationsschema nach, mit dem Ziel, es anschließend zu widerlegen. Das Modell, das er den Peripatetikern zuschreibt, denen Avicenna zuzuordnen ist, gibt Wilhelm in weiten Teilen korrekt wieder und lässt davon ab, es bewusst zu verfälschen, um es später besser angreifen zu können. Ihm bieten sich ohnehin genügend Ansatzpunkte für seine Kritik.

Erwähnenswert an Wilhelms Darstellung sind folgende Punkte: In Kapitel 24, in dem er sich auf die Beschreibung dessen konzentriert, was gemäß dem Emanationsmodell direkt aus dem ersten Prinzip hervorgeht, nennt er dieses Prinzip auffällig oft Schöpfer (*creator*). Dies ist bei Avicenna nicht der Fall. Avicenna spricht meist von dem Ersten oder dem notwendig Seienden, was Wilhelm seinerseits unterlässt, obwohl oder vielleicht gerade weil er sich die Bestimmung Gottes als notwendig Seiendes für seine eigene Lehre angeeignet hat. Sie spielt in den Argumenten zur Trinität eine wichtige Rolle. Mir scheint, als ziehe es Wilhelm vor, im Kontext der Emanation *ad extra* stattdessen vom Schöpfer zu sprechen, da er auf diese Weise die beiden Arten von Emanation voneinander abzugrenzen vermag. Eventuell zielt er auch auf den Effekt ab, den Leser ein wenig zu verwundern. Denn obgleich Avicenna selbst die Emanation mit dem Konzept der Schöpfung verbindet, wie es bereits im *Liber de causis* geschieht,[918] wirkt der Terminus des Schöpfers im Emanationsmodell doch deplatziert. Weiterhin verzichtet Wilhelm nicht nur beim ersten Prinzip darauf, die modalontologische Bestimmung zu verwenden, sondern ebenso bei der Wirkung dieses Prinzips. Ein derartiges Vorgehen überrascht angesichts dessen, dass diese Bestimmung bei Avicenna elementar für die triadische Struktur der Emanation ist. Bei Avicenna wird deutlich, wie sehr die ontologische Disposition der Dinge Bedingung dafür ist, auf welche Weise

---

[915] Eine Passage, die das sofortige Geben der Form beschreibt, findet sich in Wilhelm von Auvergne, *De anima* V.1, S. 112a–b. Vgl. dazu Hasse, ‚Avicenna's ›Giver of Forms‹', S. 234–235, und id., ‚Spontaneous Generation', S. 162–163. Zur spontanen Zeugung bei Avicenna siehe ibid., S. 155–158.

[916] Siehe dazu Kapitel 4.2.2.

[917] Vgl. Wilhelm von Auvergne, *De universo* Ia-Iae, 24, S. 618bG: „philosophi maxime peripatetici, idest sequaces Aristotelis et qui famosiores fuerunt de gente Arabum in disciplinis Aristotelis."

[918] Vgl. bspw. *Kalām fī Maḥḍ al-ḫayr (Liber de causis)* III.32; VIII.87; XVIII.48; XIX.157 und XXI.169.

Vielheit aus der Einheit abgeleitet werden kann. Ausschlaggebend sind nämlich die Erkenntnisakte der ersten himmlischen Intelligenz, in denen sie ihre eigene Beschaffenheit
erfasst: Bei Avicenna erkennt sie sich selbst, und zwar einerseits als durch sich möglich seiend, andererseits als durch das erste Prinzip notwendig seiend. Zudem erkennt sie das erste
Prinzip.[919] Diese epistemische Dreiheit trägt sich nach außen hin in drei Wirkungen fort.
Wilhelm gibt dies in Kapitel 25 auf leicht abgewandelte Weise wieder, wobei er den Gegensatz von Potentialität und Vollendung heranzieht. Seiner Darstellung nach erkennt die erste
Intelligenz einerseits den Schöpfer in dessen Großartigkeit und Ehre (*magnificentia et gloria*), andererseits sich selbst, und zwar nicht in zwei, sondern drei weiteren Akten: Sie erfasst
erstens ihre eigene Potentialität (*potentialitas*), zweitens ihre Vervollkommnung (*perfectio*)
und drittens ihr geistiges Sein, durch das sie eine Intelligenz ist (*esse spirituale, quo est
intelligentia*). Jeder dieser Akte verursacht eine Wirkung nach außen. Die Emanation erfolgt
hier also nicht wie bei Avicenna triadisch, sondern gemäß einem Viererschema.[920] Die drei
ersten Erkenntnisse lassen sich mit denen bei Avicenna vereinbaren, die vierte ist eine Hin-
zufügung. Während in Avicennas Beschreibung der Selbsterkenntnis der himmlischen Intelligenz nur die modalen Seinszustände als Erkanntes genannt werden, führt Wilhelm in
einem zusätzlichen, vierten Akt die Erkenntnis des eigenen Wesens der Intelligenz als Intelligenz ein. Diese Erkenntnis ist meiner Ansicht nach bei Avicenna darin impliziert, dass
sich die Intelligenz als etwas durch sich möglich Seiendes erfasst. Denn dies setzt eine We-
senserkenntnis voraus. Nur dann, wenn die Intelligenz ihr Wesen, das heißt, ihr Intelligenz-
sein wahrnimmt, erkennt sie, dass dies kein Sein beinhaltet, was bedeutet, dass sie durch
sich nur etwas möglich Seiendes ist. Wilhelm trennt in seiner Darstellung die beiden Aspekte und führt damit einen zusätzlichen Erkenntnisakt ein. Erst dieser bedingt Wilhelms
Interpretation zufolge das Sein der Seele des ersten Himmels. Bei Avicenna gelangt diese
Seele hingegen durch die Erkenntnis ins Sein, dass die Intelligenz durch das erste Prinzip
notwendig ist. Diesem Akt entspricht in Wilhelms Modell inhaltlich die Erkenntnis der eigenen Vervollkommnung. Hieraus geht laut Wilhelm jedoch nur die Form des ersten Himmels (*forma primi coeli*) hervor, die als körperliche Form (*forma corporalis*) verstanden
wird.[921] Wilhelms Schilderung zufolge wird sie von der Seele unterschieden, die für die Bewegung des ersten Himmels zuständig ist. Mit dem Hinweis auf die Seele als Bewegungsprinzip für die Himmelssphären liegt ein Bezug auf Kapitel IX.3 der Metaphysik vor, in dem
Avicenna erklärt, wie die himmlischen Bewegungen entstehen. Interessanterweise bindet
Wilhelm hier im Gegensatz zu Avicenna die körperliche Form explizit in das Emanationsschema ein.[922] Avicenna spricht lediglich von der Form des Himmels – nicht speziell von
körperlicher Form. Außerdem setzt er sie mit der Seele und der Vollkommenheit (*kamāl*;
perfectio) des ersten Himmels in eins.[923] Der Begriff der Körperlichkeit tritt bei ihm im

---

[919] Vgl. Ibn Sīnā, *al-Ilāhiyyāt* IX.4, S. 330, Z. 5–18; ed. Van Riet, S. 481, Z. 56–S. 482, Z. 80. Siehe dazu auch
Kapitel 2.3.1.2.

[920] Vgl. Wilhelm von Auvergne, *De universo* Ia-Iae, 25, S. 619aC–D.

[921] Ich lese hier wie Teske ,*voluerunt*' statt ,*noluerunt*', vgl. ibid. Ia-Iae, c. 25, S. 619aC, und Wilhelm von
Auvergne, *The Universe of Creatures*, S. 34.

[922] Das Konzept der Form der Körperlichkeit sowie die Frage, was Körperlichkeit bedeutet, sind viel diskutiert –
darauf einzugehen würde hier jedoch zu weit führen. Zu Avicenna siehe Lammer, *Elements of Avicenna's
Physics*, S. 124–154.

[923] Vgl. Ibn Sīnā, *al-Ilāhiyyāt* IX.4, S. 330, Z. 18–S. 331, Z. 4; ed. Van Riet, S. 483, Z. 81–88.

Kontext der Emanation zwar ebenfalls auf, aber an anderer Stelle: Als Folge des niedrigsten Erkenntnisakts der himmlischen Intelligenz nennt Avicenna das Sein der Körperlichkeit des äußeren Himmels (*wuǧūd ǧirmiyyat al-falak al-aqṣā; esse corporeitatis caeli ultimi*).[924] Damit meint er jedoch den gesamten Körper dieses Himmels, nicht allein die körperliche Form. Dennoch könnte diese Aussage Wilhelms Auslegung beeinflusst haben. Ein anderes Modell, in dem ein Viererschema vertreten wird, ist mir nicht bekannt.

Des Weiteren ist erwähnenswert, dass Wilhelm in Kapitel 25 ab der Erläuterung dessen, was aus der ersten himmlischen Intelligenz hervorgeht, das Emanationsmodell mit der Lichtmetaphorik verbindet. Dies ist bei Avicenna nicht der Fall. Wilhelm vergleicht die Materie des ersten Himmels – die niedrigste der emanierenden Entitäten – mit einem Schatten (*umbra*), den die Intelligenz geworfen hat (*eicit*). Im Gegensatz dazu hat sie die übrigen drei Wirkungen, die immateriell sind, wie Lichtstrahlen von unterschiedlicher Intensität (*splendor / radius luminis*) entsandt (*emisit*). Im Anschluss an die Erläuterung der vier Wirkungen der ersten Intelligenz weist Wilhelm darauf hin, dass sich der Prozess der Emanation analog weiterzog bis zur zehnten Intelligenz, die die Vertreter des Emanationsmodells für die intelligible Sonne (*sol intelligibilis*) unserer Seelen hielten.[925] Diese Bezeichnung passt zur Lichtmetaphorik und verweist zudem auf die epistemologische Funktion, die diese Intelligenz in ihrer Rolle als aktiver Intellekt laut Avicenna für die menschliche Erkenntnis hat. Avicenna erwähnt in seiner Darstellung der Emanation zwar ebenfalls den Bezug der zehnten himmlischen Intelligenz zu den menschlichen Seelen, er nennt sie aber nirgendwo *sol intelligibilis*.[926]

Ab Kapitel 26 geht Wilhelm zur Kritik an Avicennas Emanationsmodell über. Wie sich zeigen wird, hat ein Großteil seiner Argumente zum Ziel, das Modell von innen heraus zu schwächen. Indem er Inkonsistenzen, Widersprüche oder Brüche aufdeckt, möchte Wilhelm es als in sich nicht haltbar entlarven. Da unter die besonderen Anliegen meiner Arbeit fällt, die diversen Verwendungsweisen der *ex-uno*-Regel aufzuzeigen, werde ich mich im Folgenden vor allem auf die Argumente konzentrieren, in denen Wilhelm von dieser Regel Gebrauch macht.[927] Sie lassen sich entsprechend dem Kontext gliedern, in dem die *ex-uno*-Regel zum Einsatz kommt: Wilhelm untersucht die Anwendung der Regel bezogen auf die Verursachung der Welt durch Gott, sodann im Hinblick auf die Verursachung der Himmelssphären durch die himmlischen Intelligenzen und darüber hinaus mit Bezug auf die Verursachung der menschlichen Seelen, die sich einerseits in ihrer Disposition unterscheiden und andererseits der Zahl nach viele sind.

---

[924] Vgl. ibid. IX.4, S. 331, Z. 4–5; ed. Van Riet, S. 483, Z. 90.

[925] Vgl. Wilhelm von Auvergne, *De universo* Ia-Iae, 25, S. 619aD: „decimam intelligentiam, quam posuerunt solem esse intelligibilem animarum nostrarum."

[926] Bei Avicenna wird sie auch aktiver Intellekt genannt, worauf Wilhelm in Kapitel 26 ebenfalls verweist. Ibn Sīnā, *al-Ilāhiyyāt* IX.4, S. 331, Z. 9; ed. Van Riet, S. 484, Z. 98–99: „quousque pervenitur ad intelligentiam agentem quae gubernat nostras animas." Zuvor nennt er sie Intelligenz der irdischen Welt (ʿaql al-ʿālam al-arḍī; *intelligentia mundi terreni*): „Similiter est quousque pervenitur ad intelligentiam a qua fluit super nostras animas, et haec est intelligentia mundi terreni, et vocamus eam intelligentiam agentem", ibid. IX.3, S. 325, Z. 18–S. 326, Z. 1; ed. Van Riet, S. 475, Z. 28–S. 476, Z. 30.

[927] Für einen generellen Überblick über Wilhelms Argumente gegen die Ewigkeit der Welt in *De trinitate* und *De universo* siehe Teske, ‚William of Auvergne on the Eternity of the World'. Für die Argumente, die Wilhelm hingegen für die Neuheit der Welt vorbringt, siehe id., ‚William of Auvergne's Arguments for the Newness of the World'.

4.3.2.1 Vorwurf der falschen Anwendung der *ex-uno*-Regel auf Gott

Gleich zu Beginn seiner Darstellung des avicennischen Emanationssystems in Kapitel 24 von *De universo* Ia-Iae nennt Wilhelm die Wurzel (*radix*) für das in seinen Augen irrtümliche Modell von Schöpfung:

Radix igitur opinionis eorum haec fuit: Visum quippe est eis ex uno, secundum quod unum, non posse esse ullo modorum, nisi unum. Multitudo enim in causato vel in causatis, ut ipsi aestimaverunt, non haberet causam, si ex uno per modum, quo est unum, essent multa. Et hoc est, quoniam unitas non potest esse causa multitudinis propter contrarietatem quae est inter ea, ex neutro enim contrariorum per se potest esse reliquum … Quare cum creator sit unus et unum per omnem modum, et non causaverit primum causatum suum nisi per se, non causavit illud, nisi per modum, quo est unum. Quare ex eo uno non nisi unum et ex eo unico non nisi unicum.[928]	Die Wurzel ihrer Meinung war aber diese: Es erschien ihnen [d. h. den Peripatetikern] nämlich richtig, dass aus dem Einen, insofern es eines ist, auf keinerlei Weise etwas außer einem hervorgehen kann. Denn die Vielheit im oder in den Verursachten hätte, wie sie meinten, keine Ursache, wenn aus dem Einen auf die Weise, durch die es eines ist, viele Dinge wären. Dies ist der Fall, da die Einheit nicht Ursache von Vielheit sein kann wegen der Gegensätzlichkeit, die zwischen ihnen vorliegt. Aus keinem von zwei Gegensätzen kann nämlich durch sich der andere hervorgehen … Denn da der Schöpfer auf jegliche Weise einer und eines ist und sein erstes Verursachtes nur durch sich verursacht hat, hat er es nur auf die Weise verursacht, durch die er eines ist. Daher geht aus ihm als einem nur eines hervor und aus ihm als Einzigem nur ein Einziges.

Zitat 4-42

Die Wurzel des Irrtums sieht Wilhelm zweifellos in der *ex-uno*-Regel, die er hier auf die *oppositum*-Regel als übergeordnete Regel zurückführt. Letztere besagt, dass aus dem einen von zwei Gegensätzen, wenn dieser ausschließlich gemäß sich selbst (*secundum se*) wirkt, nicht der andere Gegensatz hervorgehen kann.[929] Dementsprechend kann aus dem Einen, wenn es wirkt, insofern es eines ist, nicht vieles hervorgehen. Denn für das Viele, das dem Einen entgegengesetzt ist, gibt es im Einen keine kausale Grundlage. Positiv formuliert lässt sich folgern: Aus dem Einen, wenn es wirkt, insofern es eines ist, kann nur eines hervorgehen. Dies entspricht der *ex-uno*-Regel. Freilich ist es nicht die Regel an sich, die Wilhelm anficht, denn wie wir in den vorangegangenen Kapiteln gesehen haben, greift er selbst wiederholt darauf zurück. Der große Fehler, den Avicenna begeht, liegt nach Wilhelm vielmehr darin, die Regel irrtümlicherweise auf das Wirken Gottes als Schöpfer anzuwenden. Dies lehnt Wilhelm entschieden ab, da es mit einer Einschränkung der absoluten Freiheit Gottes einhergehen würde. Wie sich im Trinitäts-Kapitel gezeigt hat, ist für Wilhelm selbst die *ex-uno*-Regel eng mit der *simile*-Regel wie auch der *idem*-Regel verknüpft.[930] Ursprünglich kennzeichnen diese beiden Regeln natürliche Prozesse, bei denen das Wirken aufgrund des

---

[928] Wilhelm von Auvergne, *De universo* Ia-Iae, 24, S. 618bG–H.
[929] Zur *oppositum*-Regel siehe Kapitel 4.2.2.3.
[930] Zur *idem*- und *simile*-Regel siehe Kapitel 2.3.3.

einfachen Vermögens notwendig einsetzt. Der *simile*-Regel zufolge können Ursachen nur das weitergeben, was sie in irgendeiner Weise selbst haben, weshalb Wirkungen den Ursachen hinsichtlich irgendeines Aspekts gleichen. Der *idem*-Regel zufolge bleibt die Wirkung gleich, wenn sich deren Ursache nicht verändert, vorausgesetzt die übrigen Bedingungen sind ebenfalls konstant. Ließe man Gott nach der *ex-uno*-Regel wirken, spräche man ihm laut Wilhelm ein Wirken gemäß der Naturnotwendigkeit zu. Das bedeutet, Gott würde mit einfachem Vermögen wirken und wäre der *idem*-Regel unterworfen. Da er unveränderlich ist, müsste er dieser Regel entsprechend immer dieselbe Wirkung hervorbringen. Dies hätte zur Folge, dass die Welt gleichewig zu ihm wäre. Ein solches Szenario steht in Wilhelms Augen der christlichen Lehre entgegen, was bedeutet, es negiert Gottes Großartigkeit und Ehre (*magnificentia et gloria*), denn es schränkt seine Freiheit ein. Wilhelms Kritik an Avicenna bezüglich der Freiheit Gottes und der Ewigkeit der Welt wurde in den vorangegangenen Kapiteln bereits dargelegt.

Zudem wurde aufgezeigt, dass Wilhelm die *ex-uno*-Regel im Rahmen seiner Trinitätstheologie eng an die *simile*-Regel bindet und sie in verstärkter Lesart interpretiert. Dies verschafft ihm den Vorteil, ein Argument konstruieren zu können, das beweist, dass der Sohn wesensgleich zum Vater sein muss. Darüber hinaus lässt sich ein solches Verständnis von Emanation auch gegen eine Emanation nach außen einsetzen, indem es dafür sorgt, dass Emanation *ad extra* in einen Widerspruch mündet. Denn wendet man die *ex-uno*-Regel auf Gottes Wirken nach außen an, ergibt sich folgende Konsequenz: Da gemäß Avicennas Emanationsmodell Gott allein durch sich wirkt – in Wilhelms Worten *de se* – und in sich selbst aufgrund seiner vollkommenen Einheit keinen Aspekt der Verschiedenheit (*diversitas*) aufweist, würde das aus Gott Hervorgehende ihm so sehr gleichen, dass es genauso einfach wäre. Es wäre göttlich, genauer gesagt der eine Gott, denn es kann nur ein einziges vollkommen einfaches, durch sich notwendig Seiendes geben. Allerdings soll nach außen kein Gott, sondern ein Geschöpf ins Sein gelangen, die erste himmlische Intelligenz. Eine Emanation anzunehmen und zugleich zu postulieren, dass sie nach außen in den Bereich des Geschöpflichen erfolgt, erweist sich damit für Wilhelm als widersprüchlich. Emanation kann nur *ad intra* erfolgen. Hier ist das Bewirkte von demselben Wesen wie das Wirkende: Beide – Gott-Vater und Gott-Sohn – sind das eine durch sich notwendig Seiende. Geschöpfe lassen sich laut Wilhelm mit der *ex-uno*-Regel also nicht aus Gott ableiten. Avicenna ließe sich von Wilhelms Argument jedoch nicht beeindrucken. Bei ihm wird die Ungleichheit des Hervorgehenden zu Gott allein schon aufgrund der bloßen Tatsache evident, dass es verursacht ist. Dies setzt auf Seiten des Hervorgehenden voraus, dass es durch sich nur ein möglich Seiendes ist. Andernfalls müsste es nicht verursacht werden. Die Bestimmung als möglich Seiendes wird selbst nicht von Gott verursacht, sondern kommt dem Ding aus sich heraus zu. Gott verleiht nach Avicenna nur das Sein und ist damit für die aktuelle Existenz, das heißt das Notwendig-Sein des Bewirkten zuständig. Somit muss es in Gott für Avicenna gar keinen Aspekt der Verschiedenheit geben, um die Wirkung von ihm abzusetzen.[931]

Wilhelms Kritik setzt nicht nur am Wirken Gottes an, sondern auch an dem der himmlischen Intelligenzen. Während Avicenna aus Wilhelms Sicht einerseits die Macht Gottes schmälert, spricht er andererseits den Intelligenzen mehr Macht zu, als es angemessen wäre.

---

[931] Vgl. Ibn Sīnā, *al-Ilāhiyyāt* IX.4, S. 330, Z. 8–9; ed. Van Riet, S. 482, Z. 60–62: „Nam possibilitas sui esse est ei quiddam propter se, non propter primum, sed est ei a primo necessitas sui esse."

Die Intelligenzen fungieren in Avicennas Modell neben Gott als metaphysische, das heißt Sein verleihende Wirkursachen. Wilhelms Interpretation zufolge überträgt Avicenna ihnen sogar Gottes schöpferische Kraft, indem er ihnen zubilligt, wie Gott etwas aus nichts machen zu können, das heißt, schaffen zu können. Gott wäre damit nicht alleiniger Schöpfer, was Wilhelm freilich ablehnt.[932] Dass auch Avicenna nur das erste Prinzip als eigentlichen Schöpfer ansieht und den Intelligenzen lediglich eine vermittelnde Funktion zubilligt, ignoriert Wilhelm. Bezüglich der kausativen Erkenntnisakte der Intelligenzen, denen jeweils eine Wirkung nach außen folgt, merkt Wilhelm in Kapitel 27 von *De universo* Ia-Iae an, es sei nicht rational nachvollziehbar, warum sich das Erkannte und die aus dem Erkenntnisakt hervorgehende Wirkung unterscheiden. Hier verweist er im Grunde wieder auf die *simile*-Regel. Laut Wilhelm gilt für eine Verursachung, die auf einer vorangehenden Reflexion basiert, stark vereinfacht: Es wird das bewirkt, was in der Überlegung oder Vorstellung erkannt wurde, die dem Wirkungsakt vorangeht. Wilhelm zieht dafür das gängige Beispiel eines Baukünstlers heran. Dieser baut das, was er sich zuvor vorstellt, also plant. Plant er ein Haus, so baut er anschließend ein Haus und nicht stattdessen eine Kiste, die ein Artefakt anderer Art wäre. Im Emanationsschema wird mit dieser Kongruenz jedoch gebrochen, da sowohl die Übereinstimmung als auch eine entfernte Ähnlichkeit von Erkanntem und Bewirktem aufgehoben sind. Die Intelligenzen erkennen ihre Ursache und verschiedene Aspekte ihrer selbst, produzieren aber Entitäten, die sich der Art oder Gattung nach vom Erkannten unterscheiden.[933] Anders als im Falle des Baukünstlers liegen hier im Erkennenden keine Formen vor, die beim Wirken nach außen weitergegeben werden. Damit weist Wilhelm auf eine Erklärungslücke hin. In seinen Augen ist nicht nachvollziehbar, was genau die Art der Wirkungen bestimmt, denn zwischen Ursache und Wirkung besteht inhaltlich kein Zusammenhang. Seinen Verweis auf diese Unstimmigkeit versteht Wilhelm als systemimmanente Kritik an Avicennas Emanationsmodell.[934] Avicenna würde dem meiner Ansicht nach entgegnen, dass aufgrund der zweifachen Aktivität, gemäß der die Emanationen erfolgen, gerade nicht das zu Verursachende erkannt werden muss. Vielmehr erkennt die Ursache sich selbst oder wendet sich nach oben etwas Höherem zu. Außerdem ist die Rangfolge der Erkenntnis für die Art der Wirkung ausschlaggebend: Aus dem jeweils höchsten Erkenntnisakt – der Erkenntnis der Ursache – geht die höchstmögliche Entität hervor, eine Intelligenz. Analog dazu tritt durch den zweithöchsten Erkenntnisakt – der Erkenntnis des eigenen Notwendig-Seins – die zweithöchste Entität ins Sein, eine Seele. Schließlich ist der niedrigste Erkenntnisakt, in dem eine Intelligenz erfasst, in sich nur ein möglich Seiendes zu sein, für die niedrigste Wirkung verantwortlich, die etwas Materielles sein muss, nämlich der Körper einer Himmelssphäre.

---

[932] Vgl. Wilhelm von Auvergne, *De universo* Ia-Iae, 26, S. 622bF–G. Hier wird folgende Definition angeführt: „creare, idest de nihilo facere", ibid. Ia-Iae, 26, S. 622bF.

[933] Zudem kann Materie an sich gar keine Form als Vorlage in der Intelligenz haben, weil Materie als solche gar nicht erkannt werden kann, da sie für sich formlos ist.

[934] Vgl. ibid. Ia-IIae, Kapitel 27.

Am Ende seiner Kritik in *De universo* Ia-Iae, Kapitel 26 zieht Wilhelm folgendes Fazit:

Manifestum igitur tibi esse debet ex his, quia ista, quae posuerunt de generationibus intelligentiarum atque coelorum, magis dicta sunt subtiliter et ingeniose, quam vere.[935]	Dir muss aus diesen [Argumenten] also klar sein, dass jene Dinge, die sie über die Zeugungen der Intelligenzen und Himmelssphären angenommen haben, mehr auf scharfsinnige und erfinderische, denn auf wahre Weise geäußert wurden.

Zitat 4-43

4.3.2.2 *ex-uno*-Regel und das Wirken der himmlischen Intelligenzen (quantitative Lesart: *unum numero*)

Schon bei Avicenna gilt die *ex-uno*-Regel nicht nur für das erste Prinzip. Zwar haben die himmlischen Intelligenzen insgesamt drei wesenhafte Erkenntnisakte und damit drei Wirkungen, aber aus jedem einzelnen dieser Akte, die für sich einfach und unveränderlich sind, da die Intelligenzen selbst als rein geistige Wesen unveränderlich sind, kann nur eine Wirkung hervorgehen. Aus diesem Grund braucht die zehnte himmlische Intelligenz, der *dator formarum*, letztendlich auch weitere Mitwirkende, um die sublunare Welt in ihrer numerischen Vielfalt hervorzubringen. Andernfalls hätte sie die üblichen drei Wirkungen: eine weitere Intelligenz, eine Seele als substanzielle Form und einen Körper, der mit dieser Form ein Kompositum bildet. Damit gäbe es nur eine einzige sublunare körperliche Substanz, denn, so merkt Avicenna in diesem Zusammenhang an: „[D]as Eine bewirkt in dem Einem – wie du weißt – [nur] eines."[936] In der Intelligenz selbst findet sich kein weiterer Grund für die Ausdifferenzierung der sublunaren Materie.

Wilhelm zufolge verletzt Avicenna im Hinblick auf die Himmelssphären zwei bis neun, die mit Gestirnen besetzt sind, seine eigene Regel in ihrer quantitativen Lesart. So gibt Wilhelm zu bedenken, dass sich genau genommen eine Sphäre von dem Himmelskörper, den sie trägt, unterscheiden lässt. Demnach müsste man pro himmlischer Ebene eigentlich zwei substanzielle Formen und sogar zwei Materien annehmen, während der kausative Erkenntnisakt der zugehörigen Intelligenz in Avicennas Modell jeweils nur einer ist. Als Beispiel greift Wilhelm die Sphäre des Saturn heraus:

Verbi gratia: Intellectus quo intelligentia coeli Saturni intellexit potentialitatem suam, causando materiam c[a]eli sui et materiam stellae Saturni, aut est unus et idem numero, non repetitus, aut non. Si est unus et idem numero, ergo et causatum unum et idem, non solum aequale, quare materia stellae	Zum Beispiel ist der Verstandesakt, durch den die Intelligenz der Himmelssphäre des Saturn ihre Potentialität verstanden hat – wobei sie die Materie ihrer Himmelssphäre und die Materie des Sterns Saturn verursacht hat –, entweder der Zahl nach (*numero*) einer und derselbe, welcher nicht wiederholt

---

[935] Ibid. Ia-Iae, 26, S. 623bB.

[936] Ibn Sīnā, *al-Ilāhiyyāt* IX.5, S. 335, Z. 10; ed. Van Riet, S. 489, Z. 23: „Unum enim unum agit in unum." Siehe dazu auch Kapitel 2.3.1.3, insbesondere Zitat 2-11.

Saturni et materia coeli sui erit una et eadem numero.[937]

wird, oder [er ist dies] nicht. Wenn er der Zahl nach einer und derselbe ist, ist also auch das Verursachte eines und dasselbe (*unum et idem*), nicht nur gleich. Daher sind die Materie des Sterns Saturn und die Materie seiner Himmelssphäre der Zahl nach eine und dieselbe.

Zitat 4-44

Wilhelm verweist hier auf die *ex-uno*-Regel in ihrer quantitativen Lesart, wenn er betont, dass der Verstandesakt, durch den die Materie hervorgeht, nur einer ist und daher nicht zwei Dinge hervorbringen kann. Das Eins-Sein, worüber das Argument läuft, bezieht sich in diesem Fall nicht auf das Wesen des Wirkenden, die Intelligenz, sondern auf den speziellen Erkenntnisakt, aus dem die einförmige Materie resultiert. Wilhelm fügt hinzu, dass sich das Resultat auch dann nicht ändern würde, wenn der Erkenntnisakt durch Wiederholung multipliziert würde. Denn insofern das, was in den nachfolgenden Akten erkannt würde, nämlich die *potentialitas* der Intelligenz, identisch zu dem im ersten Akt Erkannten wäre, wären die Akte identisch und hätten dieselbe Wirkung. Zudem unterliegen Intelligenzen keiner Veränderung im Sinne von Ermüdung oder Ähnlichem, was eine Variation der Akte hervorrufen könnte. Dieser Akt ist nur einer und gleichbleibend, was genauso auf die Wirkung zutreffen muss. Damit verbindet Wilhelm die quantitative Lesart der *ex-uno*-Regel mit der *idem*-Regel. Ein wenig später wird *idem* durch *aequaliter* ersetzt.[938] Das, was Wilhelm im Zitat bezüglich der Materie anmerkt, gilt ebenso für die Form. Da der Erkenntnisakt, der die Form verursacht, nur einer ist, kann nur eine Form hervorgehen. Folglich kann es nicht zwei Substanzen – Sphäre und Planet Saturn – geben, sondern nur eine einförmige Substanz.[939] Avicenna liefert Wilhelm zufolge also keine zufriedenstellende Erklärung dafür, wie pro himmlischer Ebene sowohl eine Sphäre als auch ein Planet ins Sein treten können. Hier weist Wilhelm wieder auf eine systemimmanente Inkonsequenz des avicennischen Modells hin. Meiner Ansicht nach könnte man ihm mit Avicenna Folgendes entgegnen: Wilhelms Überlegung, dass Sphäre und Planet zwei verschiedene Substanzen sein könnten, ist eigentlich sehr gut. Doch bräuchte es für zwei Substanzen gar nicht zwei getrennte Emanationen von Materie – eine würde genügen. Jedoch bedarf es tatsächlich zweier substanzieller Formen, um die Materie in zwei Substanzen auszudifferenzieren. Allerdings könnte man sich Sphäre und Planeten als einen gemeinsamen Körper vorstellen, der lediglich verschiedene Teile hat. Dafür braucht es nur eine gemeinsame substanzielle Form, ähnlich wie es bei den sublunaren Lebewesen der Fall ist. Sie besitzen zwar nur eine einzige Seele, ihre Körper weisen jedoch unterschiedliche Gliedmaßen und Organe auf.

In einem weiteren Gedankengang zieht Wilhelm seine Überlegung zur substanziellen Verfasstheit der Himmelssphären und zum Wirken der Intelligenzen heran, um das Wirken Gottes im Emanationsmodell zu kritisieren. Dazu sieht er sich zunächst den Hervorgang

---

[937]   Wilhelm von Auvergne, *De universo* Ia-Iae, 26, S. 623aD.

[938]   Vgl. ibid. Ia-Iae, 26, S. 623aD–bA: „Quia igitur ex aequalibus causis aequaliter per omnem modum se habentibus aequalia esse causata, necesse est, manifestum est ex necessitate aequales esse materias illas per omnem modum …, necesse igitur erit coelum Saturni aequale esse stellae suae sive planetae."

[939]   Vgl. ibid. Ia-Iae, 26, S. 623aD–bA.

der Fixsternsphäre aus der zweiten himmlischen Intelligenz an. Es fällt auf: Die Fixsternsphäre trägt eine Vielzahl von Sternen. Die einzelnen Sterne interpretiert Wilhelm wieder
als vielfältige Wirkungen der Intelligenz, da er jedem Stern offenbar eine eigene substanzielle Form zuschreibt. Entsprechend dem Emanationsmodell sollen diese Wirkungen abermals von einem einfachen Erkenntnisakt herrühren. Die ex-uno-Regel wird hier wieder umgangen. Dies lässt Wilhelm nun zwar zu, hält aber eine Ergänzung für nötig. Um die Vielheit
der Sterne erklären zu können, muss man letztlich doch annehmen, dass die Intelligenz auf
irgendeine Weise vieles erkannt hat, obgleich sich die Vielheit als Vielheit nicht in der Intelligenz selbst findet, sondern nur außerhalb. Sie muss sich in ihrer Erkenntnis irgendwie
auf eine Vielheit außerhalb richten, die ihr folgt, aber erst durch die Erkenntnis ins Sein
gelangt. Hier begründet Wilhelm, wie aus einem einfachen Akt dennoch vieles hervorgehen
kann. Vor dem Hintergrund dieser Überlegungen wendet sich Wilhelm nun dem Wirken
Gottes zu und zieht folgenden Schluss: Falls man den Intelligenzen die Fähigkeit zugesteht,
in einem einzigen, einfachen Erkenntnisakt eine außerhalb ihrer gelagerte Vielheit zu erkennen, die diesem Akt jedoch kausal nachgeordnet ist, und falls man es für möglich hält,
dass die Intelligenzen durch diesen Erkenntnisakt eine Wirkung hervorbringen, die Vielheit
aufweist, ohne dass sie dabei selbst Vielheit erleiden, so dürfe man dies Gott nicht verweigern, sondern müsse es ihm umso mehr zugestehen. Denn sein Erkennen ist um einiges
erhabener und mächtiger als das der Geschöpfe. Folglich müsse man annehmen, dass Gott
die Vielheit der Welt, die ihm nachfolgt, in einem einzigen, einfachen Akt erkennt und darüber hinaus auch bewirkt. Wilhelm wirft den Vertretern des Emanationsmodells vor, dass
sie diesen letzten Schritt nicht mitgehen, sondern an der ex-uno-Regel festhalten. Seiner
Ansicht nach ist nicht nachzuvollziehen, warum Gott im Emanationsmodell nur ein einziges Geschöpf direkt ins Sein setzt und nicht die gesamte Ordnung, wo doch schon die Intelligenzen in einem vergleichbaren Fall fähig sind, eine Vielheit aus einem einzigen, einfachen Akt hervorzubringen.[940] Tatsächlich erwähnt Avicenna eine ähnliche kausative Erkenntnis, wenn er darauf verweist, dass das erste Prinzip sich selbst erkennt, was impliziert,
dass es sich als Ursache für die Ordnung erkennt, die ihm nachfolgt.[941] Wilhelm nimmt an
dieser Stelle zwar nicht explizit auf Avicennas Erklärung Bezug, er spielt aber sicherlich darauf an. Denn Avicennas Schluss ist genau das, was Wilhelm kritisiert, nämlich dass sich die
direkte Wirkung des ersten Prinzips trotz allem auf die erste himmlische Intelligenz beschränkt.

In *De universo* Ia-IIae, Kapitel 18 nimmt Wilhelm seinen Gedanken wieder auf, wenn
er das Wirken der zehnten himmlischen Intelligenz begutachtet, die er hier und auch in
Zitat 4-46 aktive Intelligenz (*intelligentia agens*) nennt.

Amplius. Manifestum est animas rationales esse non solum alterius speciei, quam intelligentiam agentem, sed etiam alterius generis. Quomodo igitur ab illa per se exit ista diversitas?	Außerdem ist offenbar, dass die vernünftigen Seelen nicht nur von anderer Art sind als die aktive Intelligenz, sondern auch von anderer Gattung. Auf welche Weise geht nun aber von jener [d. h. der Intelligenz] durch sie [allein] diese Verschiedenheit aus?

---

[940]   Vgl. ibid. Ia-Iae, 26, S. 623bA–B.
[941]   Vgl. Ibn Sīnā, *al-Ilāhiyyāt* IX.4, S. 327, Z. 8–14; ed. Van Riet, S. 478, Z. 69–79.

Amplius. Qualiter ab illa una tanta multi- | Außerdem: Auf welche Weise geht aus jener
tudo atque diversitas procedit, praesertim | eine solche Vielheit und Verschiedenheit
cum illud coegerit eos primam ponere intel- | hervor, zumal es sie [andererseits] gezwun-
ligentiam unicam et solitariam esse, quo- | gen hat, anzunehmen, dass die erste Intelli-
niam est a creatore uno et inquantum uno et | genz eine einzige und alleinige ist, da sie ja
eodem?[942] | aus dem einen Schöpfer kommt, und inso-
| fern er einer und derselbe ist?

Zitat 4-45

Wilhelm bedient sich hier des Stilmittels der rhetorischen Frage, um seine Bedenken zu
äußern. Der erste Einwand betrifft wieder die *genus*-Differenz von Ursache und Wirkung,
für die sich kein Anhaltspunkt auf Seiten der Ursache ausmachen lässt. Im zweiten Einwand
zieht Wilhelm zunächst die *ex-uno*-Regel verbunden mit der *simile*-Regel heran. Er bezieht
sie auf den aktiven Intellekt, um darauf hinzuweisen, dass dieser eigentlich nur *eine* sublunare rationale Seele hervorbringen dürfte. Ihn als Ursache sämtlicher rationaler Seelen im
sublunaren Bereich zu verstehen, lässt sich nach Wilhelm innerhalb des Systems nicht begründen und ist somit ein Indiz für dessen Schwäche. Anders als Wilhelm insinuiert, bietet
Avicenna sehr wohl eine Erklärung für die Vielfalt der Seelen: Die zehnte himmlische Intelligenz wirkt nicht allein, sondern im Verbund mit weiteren Ursachen.[943] Wilhelm geht in
seiner Kritik noch einen Schritt weiter: Im Anschluss an das obige Zitat stellt er die Frage,
warum erst die zehnte himmlische Intelligenz eine Vielheit bewirkt und nicht schon eine
der höheren Intelligenzen, die ja noch mächtiger sind. Auch hier ließe sich Avicennas Annahme eines Ursachenkomplexes als Antwort auf Wilhelms Frage anführen. Zudem ist darauf hinzuweisen, dass es in Avicennas Modell kein Kennzeichen von Macht ist, vieles direkt zu verursachen. Bei Wilhelm scheint hingegen das Umgekehrte der Fall zu sein. So
macht er in demselben Kapitel darauf aufmerksam, dass überall im Tierreich durch die
Fortpflanzung auf eine Vermehrung hingearbeitet wird. Vor diesem Hintergrund stellt er
die Frage, warum dann der Schöpfer so geizig sein sollte, nur ein einziges Geschöpf hervorzubringen.[944] Wilhelms Ansicht nach nimmt die Singularität der ersten Intelligenz viel von
der Ehre (*gloria*) des Schöpfers weg.[945] Nach Avicenna hingegen ist genau dies ein Kennzeichen der Erhabenheit des Schöpfers. Je einfacher etwas ist, desto höher steht es in der Ordnung des Seienden, da es umso weniger Potentialität aufweist. Dieser Zusammenhang wirkt
sich auch auf die Verursachung aus. Je mehr Vielheit direkt verursacht wird, desto mehr
Vielheit muss in der Ursache oder dem Ursachenkomplex liegen, weshalb diese wiederum
von niedrigerem Rang sind.[946] Die ontologische Rangfolge vertritt Wilhelm ebenso: Je weniger Vielheit eine Substanz besitzt, desto erhabener ist sie. Allerdings lässt sich dies nicht
auf die Hierarchie der Ursachen übertragen, denn Wilhelm vertritt offenbar die Ansicht,
dass eine Ursache umso höher steht, je mehr Wirkungen sie unmittelbar hervorbringt. Nach
Avicenna ist die höhere ontologische Ebene gerade dadurch gekennzeichnet, möglichst

---

[942] Wilhelm von Auvergne, *De universo* Ia-IIae, 18, S. 824aH.
[943] Siehe dazu Avicenna-Kapitel 2.3.1.3.
[944] Vgl. ibid. Ia-IIae, 18, S. 824aH–bH.
[945] Vgl. ibid. Ia-IIae, 11, S. 819bC.
[946] Nebenbei bemerkt: Vielheit wird freilich nicht an sich verursacht, da sie ein Akzidens ist. Vielmehr werden
       Dinge verursacht, denen Vielheit anhaftet.

wenig Vielheit in sich zu tragen und folglich unmittelbar hervorzubringen. Im sublunaren Bereich ist die Vielheit mittels Fortpflanzung gerade deshalb nötig, weil die Dinge von niedrigem ontologischen Rang sind. Sie sind als Individuen nicht ewig und müssen sich fortpflanzen, um auf diese Weise zumindest ihre natürliche Art auf Ewigkeit zu erhalten. Vielheit wird also nicht an sich als Ziel erstrebt. Nach Avicenna liegt die Erhabenheit Gottes darin, vollkommen einfach und dennoch erste Seinsursache für die gesamte Welt und alle Dinge darin zu sein.

4.3.2.3 *ex-uno*-Regel gegen die individuelle Disposition der menschlichen Seelen (qualitative Lesart: *unum qualitate*)

Wie ich in Kapitel 2.3.1.3 erläutert habe, weist Avicennas Emanationsschema am Übergang von der supra- zur sublunaren Welt einen Bruch in der Symmetrie auf. Der zehnten himmlischen Intelligenz, aus der die sublunare Welt hervorgeht, sind andere Wirkungen zuzuschreiben als den vorangehenden neun Intelligenzen. Diese Wirkungen sind insbesondere durch numerische Vielheit innerhalb einer Art gekennzeichnet, die sich nicht in der supralunaren Welt findet. Dies folgt keiner inneren Logik des Modells, sondern hat einen äußeren Grund: die beobachtbare Struktur des Kosmos. Theoretisch könnte man das Emanationssystem im Dreierschritt fortführen, jedoch lässt sich empirisch feststellen, dass innerhalb der Mondsphäre nur die irdische Sphäre liegt.[947] Hier gibt es eine Vielzahl von Individuen unterschiedlichster natürlicher Arten sowie ein Kreislauf von Entstehen und Vergehen. Für diesen Bereich der Wirklichkeit fungiert die zehnte himmlische Intelligenz zwar als direkte Wirkursache, allerdings ist sie dabei im Gegensatz zu den höheren Intelligenzen auf ein Zusammenspiel mit weiteren Ursachen angewiesen.

Natürlich bietet dieser Bruch einen perfekten Ansatzpunkt für Kritik und Wilhelm zögert nicht, seine Chance zu nutzen. Er greift die zehnte Intelligenz heraus, um sie einer gesonderten Analyse zu unterziehen.[948] Ihn stört vor allem, dass diese Intelligenz für die Schöpfung der menschlichen Seelen zuständig sein soll.[949] Laut Wilhelm nimmt die christliche Lehre allein Gott als den unmittelbaren Schöpfer der menschlichen Seelen an. Um diese Sichtweise zu verteidigen, bringt er diverse Argumente gegen die Intelligenz als Schöpfer vor. Eines dieser Argumente nimmt die Diversität der menschlichen Seelen zum Ausgang. Gemäß Wilhelm ist offensichtlich, dass nicht alle Menschen dieselben geistigen oder handwerklichen Fähigkeiten besitzen. Darüber hinaus unterscheiden wir uns hinsichtlich unserer moralischen Disposition. Würde man annehmen, die zehnte Intelligenz schaffe die Seelen, ließe sich diese Diversität laut Wilhelm nicht rechtfertigen, was er in folgender Passage veranschaulicht:

---

[947] Avicenna vertritt ein geozentrisches Weltbild.

[948] Vgl. u. a. ibid. ab Ia-Iae, Kapitel 25–26, und Ia-IIae, Kapitel 18.

[949] Er beschreibt das schöpferische Wirken bspw. wie folgt: „Secundum positionem autem Aristotelis ipsa [sc. intelligentia agens] est veritas quodammodo formarum particularium, tam spiritualium quam corporalium. Quoniam ipsa est secundum Aristotelem et creatrix etiam animarum nostrarum et fabricatrix corporum nostrorum et haec omnia, quae sunt post ipsam, ipsa operata est et quae fiunt, ipsa operatur, ut eidem visum est", ibid. Ia-IIae, 17, S. 824aE.

Quia igitur ab uno et eodem, inquantum unum et idem, secundum ipsos non potest esse multitudo sive diversitas, necesse habent ponere, quod multitudo hujusmodi atque diversitas non est ab intelligentia agente naturaliter, sed neque voluntarie. Tunc enim mala esset indubitanter, si animas aliquas humanas dissolveret et quodam modo prostitueret in vitiis.[950]

Weil nun von einem und demselben, insofern es eines und dasselbe ist, ihnen zufolge keine Vielheit beziehungsweise Verschiedenheit hervorgehen kann, müssen sie annehmen, dass eine derartige Vielheit und Verschiedenheit nicht auf natürliche Weise von der aktiven Intelligenz herrührt, aber auch nicht willentlich. Dann wäre sie nämlich unzweifelhaft schlecht, wenn sie manche menschlichen Seelen auflösen würde und sie in gewisser Weise den Lastern preisgeben würde.

Zitat 4-46

Ähnlich wie schon an anderen Stellen[951] lässt Wilhelm im vorliegenden Zitat bei der Formulierung der *ex-uno*-Regel die positive Angabe dessen weg, was aus dem Einen hervorgeht, nämlich nur eines (*non nisi unum*). Es kann jedoch aus dem abgeleitet werden, was explizit ausgeschlossen wird: die Vielheit. Die *ex-uno*-Regel wird in ihrer aktuellen Formulierung also wieder als eine partikuläre Version der allgemeineren *oppositum*-Regel präsentiert. Diese besagt, dass aus dem einen von zwei Gegensätzen, wenn dieser ausschließlich gemäß sich selbst (*secundum se*) wirkt, nicht der andere Gegensatz hervorgehen kann.[952] Dem entsprechend kann aus dem Einen, wenn es wirkt, insofern es eines ist, nicht vieles hervorgehen. Denn für das Viele, das dem Einen entgegengesetzt ist, gibt es im Einen keine kausale Grundlage. Im Zitat bindet Wilhelm mit dem Hinweis darauf, dass die Intelligenz immer dieselbe bleibe, auch die *idem*-Regel ein. Folgt man der inneren Logik des triadischen Emanationsschemas, müsste sie allein aus sich heraus tätig sein und ihre Wirkung auf natürliche Weise hervorbringen, wie Wilhelm anmerkt. Bezugspunkt ist hier genau genommen wieder der einfache, unveränderliche Erkenntnisakt der Intelligenz, aus dem die sublunaren Seelen emanieren. Da die Intelligenz in diesem Akt stets ein und dasselbe erkennt und sich nicht verändern kann, dürfte sich ihre Wirkung nicht verändern. Dieses Mal wird die *ex-uno*-Regel beziehungsweise die *oppositum*-Regel jedoch nicht in der numerischen Lesart angewandt, denn offensichtlich lässt Wilhelm für sein Argument die Annahme zu, dass viele Seelen hervorgehen. Stattdessen zieht er eine qualitative Lesart heran. Die Wirkungen müssen von derselben einen Beschaffenheit sein und weisen hinsichtlich ihrer Qualität keine Vielheit auf. Das heißt, alle Seelen müssten dieselbe anfängliche Disposition besitzen. Da dies nicht der Fall ist, wie empirisch nachgewiesen werden kann, ist es Wilhelm zufolge falsch und innerhalb des Systems widersprüchlich, den aktiven Intellekt als Schöpfer der Seelen anzunehmen, wenn er auf natürliche Weise allein durch seinen Erkenntnisakt wirkt. Dem aktiven Intellekt alternativ einen Willen zuzugestehen, der sein schöpferisches Wirken initiiert, bietet nach Wilhelm ebenfalls keinen Ausweg. Denn auch darüber ließe sich der Hervorgang von geistig oder moralisch weniger gut veranlagten Seelen nicht erklären. Eine derartige Disposition ist nämlich etwas Schlechtes und dies müsste der aktive

---

[950] Ibid. Ia-IIae, 19, S. 825aA–B.
[951] Bspw. in Zitat 4-26.
[952] Zur *oppositum*-Regel siehe Kapitel 4.2.2.3.

Intellekt wollen, wenn er Seelen von einer solchen Disposition schaffen würde. Doch Wilhelm zufolge kann der aktive Intellekt nichts Schlechtes wollen. Also könnte er die Qualität der Seelen nicht variieren lassen.[953] Als weitere Alternative zieht Wilhelm in Betracht, dass die Differenz der Seelen von Seiten des Körpers bedingt wird. Diese Möglichkeit weist er mit einem analogen Argument zurück. Da der aktive Intellekt neben den Seelen ebenfalls für die Herstellung (*fabricatio*) der Körper verantwortlich gemacht wird und die Körper von unterschiedlicher Disposition sein müssen, um eine Verschiedenheit der Dispositionen in den Seelen zu bedingen, könnte man sich auch hier fragen, welcher Aspekt im aktiven Intellekt der Grund für die qualitative Differenz ist. Eine natürliche oder willentliche Verursachung werden hier genauso ausgeschlossen wie bei der Schöpfung der Seele.[954] Da es unmöglich ist, die Differenz der Qualität der Seelen zu erklären, ist der aktive Intellekt als Schöpfer der Seelen nach Wilhelm auszuschließen. Mit seinen Argumenten übt er wieder eine systemimmanente Kritik am Emanationsmodell. Dass bei der Entstehung der sublunaren Körper gemäß Avicenna auch andere Ursachen mitwirken, die für die Disposition verantwortlich gemacht werden können, ignoriert Wilhelm zugunsten seiner eigenen Agenda.

4.3.2.4 *ex-uno*-Regel in Zusammenhang mit der Individuation geistiger Substanzen (quantitative Lesart: *unum numero*)

Im zweiten Hauptteil von *De universo* widmet sich Wilhelm intensiv der geistigen Welt. Hier diskutiert er ausführlich die Positionen früherer Denker. Um die Struktur dieses Teils zu erläutern, listet er gleich zu Beginn auf, welche drei Gruppen von geistigen Wesen die antiken Denker annahmen: von der Materie auf höchste Weise abgetrennte Intelligenzen (*intelligentiae spoliatae et abstractissimae a materia et appendiciis ipsius*), gute und schlechte Dämonen (*calodaemones / cacodaemones*). Die beiden letzten Gruppen finden sich auch in Wilhelms Modell der Wirklichkeit; sie entsprechen den guten und schlechten Engeln (*angeli boni et sancti / angeli mali*).[955] Dem Konzept der himmlischen Intelligenzen steht er allerdings skeptisch gegenüber. Einer Analyse und Kritik der Intelligenzen, wie sie Aristoteles und dessen Nachfolger – insbesondere also Avicenna – angenommen haben, widmet Wilhelm den gesamten ersten Teil des zweiten Hauptteils (Ia-IIae). In Zusammenhang mit dem aktiven Intellekt, der zehnten himmlischen Intelligenz, diskutiert er dort auch die platonische Ideenlehre, die er ablehnt.[956] Ein grundsätzliches Problem, das Wilhelm mit den Intelligenzen hat, ist, dass ihr Konzept im Grunde nicht ganz durchdacht ist. So weist er im ersten Kapitel darauf hin, dass die Intelligenzen als vollkommene Geschöpfe gelten, die in den kosmologischen Modellen, in denen sie zu finden sind, von allen Geschöpfen die größte Nähe zum Schöpfer aufweisen. Ihre Vollkommenheit (*perfectio*) wird darin gesehen, dass sie rein geistige Substanzen sind, also reine Verstandeswesen. Wilhelm macht darauf aufmerksam, dass eine solche Charakterisierung den Intelligenzen genau genommen nur eine halbe Vollkommenheit zuspricht. Denn als reiner Verstand verfügen sie zwar über voll-

---

[953] Wilhelm scheint den aktiven Intellekt hier wie die guten Engel zu verstehen.
[954] Vgl. ibid. Ia-IIae, 19, S. 825aB.
[955] Vgl. ibid. Ia-IIae, 1, S. 807bA–B.
[956] Vgl. ibid. Ia-IIae, Kapitel 14–17 und 33–39.

kommenes natürliches Wissen, jedoch fehlt ihnen ein zweiter Aspekt von Vollkommenheit: die Vollkommenheit der Tugend. Erst wenn ihnen dieser Aspekt ergänzend zukäme, wären sie im wirklichen Sinne vollkommene Geschöpfe. Er bleibt ihnen jedoch verweigert, so Wilhelm, da sie als reiner Verstand zwar Wissen über Gutes und Schlechtes haben, selbst aber nicht gut oder schlecht sein können. Denn dazu müsste man das Gute oder Schlechte lieben oder wollen, was voraussetzt, einen Willen zu haben. Dieser wird den Intelligenzen jedoch abgesprochen. Gemäß Wilhelm gilt: „Wer auch immer Intelligenzen annimmt, muss sie notwendigerweise als vollkommen annehmen, auf beide Weisen der Vollkommenheit, das heißt des natürlichen Wissens und der natürlichen Tugenden."[957] Im Grunde trifft diese Charakterisierung auf die guten Engel zu, die Wilhelm in seinem Modell der Welt aufführt. Diese bestimmt er nämlich als rein geistige Substanzen, die in der Ordnung der Natur und des Seins die ersten sind.[958] Sie haben neben dem Verstand auch einen Willen, weswegen sie das Gute erstreben und ausüben, sodass sie nicht nur bezüglich des natürlichen Wissens, sondern auch mit Blick auf die natürlichen Tugenden vollkommen sind.

In *De universo* Ia-IIae unterzieht Wilhelm ab Kapitel 9 das Emanationsmodell Avicennas abermals einer Kritik, die bei der Zahl der himmlischen Intelligenzen ansetzt. Er bemängelt nicht nur, dass es lediglich eine erste Intelligenz gibt, sondern auch die geringe Gesamtzahl der himmlischen Intelligenzen. Wilhelms Ansicht nach gibt es weder von Seiten des Schöpfers noch von Seiten der Intelligenzen selbst einen Grund, nicht mehrere oder gar viele Intelligenzen derselben Art anzunehmen.[959] Auf Seiten der Intelligenzen findet sich, wie Wilhelm im neunten Kapitel darlegt, kein Hindernis, welches dafür sorgen würde, dass sie sich einander vernichtend gegenüberstünden. Darüber hinaus liegt in ihnen keine natürliche Unmöglichkeit vor, das heißt kein Widerspruch oder einander ausschließende Naturen, die eine gleichzeitige Existenz mehrerer von ihnen unterbinden würde. Auch wäre keine von ihnen überflüssig, wenn sie zu mehreren oder gar millionenfach existierten. Im Gegenteil: Ihr Erkennen und ihre Liebe zum Schöpfer wären sowohl für sie selbst als auch für die Ehre des Schöpfers von Vorteil.[960]

In Zusammenhang mit der Zahl der Intelligenzen macht Wilhelm auf ein aus seiner Sicht dramatisches Problem aufmerksam, das im System von Aristoteles und dessen Nachfolgern selbst dann noch bestehen bliebe, wenn man die *ex-uno*-Regel nicht anwenden würde, sondern Gott ein Wirken allein aus freiem Willen heraus zubilligte:

De eo vero, quod visum fuit Aristoteli et sequacibus ejus, quia multitudinem hujusmodi prohibuit unitas creatoris, respondi tibi in praecedentibus in prima parte tractatus hujus de universo. Illud autem, quod movit Aristotelem et sequaces ejus, videlicet quod non posuit plures esse substantias abstractas a materia et appenditiis materiae	Auf das aber, was Aristoteles und seinen Nachfolgern [anzunehmen] angemessen erschien, dass [nämlich] die Einheit des Schöpfers eine derartige Vielheit verhindert hat, habe ich dir in den vorangegangenen [Kapiteln] im ersten Teil dieser Abhandlung über die Welt geantwortet. Das aber, was Aristoteles und seine Nachfolger [zu dieser

---

957 Ibid. Ia-IIae, 14, S. 808bG: „quod necesse habent quicu[m]que ponunt intelligentias ponere eas perfectas utraque perfectione, scientiarum scilicet et virtutum naturalium."
958 Vgl. ibid. IIa-IIae, Kapitel 1.
959 Vgl. ibid. Ia-IIae, Kapitel 11.
960 Vgl. ibid. Ia-IIae, Kapitel 9.

spoliatas, ejusdem ordinis et aequales per omnia atque similes omni modo propter quod et animas spoliatas posuerunt non esse plures nec differre numero vel alio modo, est error pessimus et cui omnis lex non immerito contradicit. [H]oc enim est dicere, omnes animas unam esse, postquam a corporibus separatae fuerunt, et solummodo dum sunt in corporibus, eas differre et esse plures.[961]

Annahme] bewogen hat, nämlich dass er nicht annahm, dass es mehrere Substanzen geben kann, die von Materie abgezogen und von materiellen Anhängseln abgetrennt sind und [zugleich] von demselben Rang und in allem gleichartig und einander auf jede Weise ähnlich, weswegen sie auch annahmen, dass es nicht mehrere abgetrennte Seelen gebe, die sich der Zahl nach oder auf andere Weise unterscheiden, ist ein sehr schlimmer Irrtum, dem auch jedwedes Gesetz zurecht widerspricht. Dies bedeutet nämlich, dass alle Seelen eine sind, nachdem sie von den Körpern getrennt wurden, und dass sie sich nur unterscheiden und mehrere sind, solange sie in den Körpern sind.

Zitat 4-47

Wilhelm macht das Motiv, das sich dahinter verbirgt, die *ex-uno*-Regel als angebracht zu erachten, in der Haltung aus, die die Philosophen zum Thema der Individualität geistiger Substanzen einnehmen. Dieses Thema ist viel diskutiert, wie ich bereits im Kapitel zu Dominicus Gundisalvi erläutert habe.[962] Nach Ansicht der Vertreter eines Emanationsmodells können sich Intelligenzen desselben Rangs, also derselben Art, nicht der Zahl nach unterscheiden, da sie materielose geistige Substanzen sind. Existierten mehrere derselben Art, wären sie identisch und lediglich eine einzige Intelligenz. Daher ist jede himmlische Intelligenz alleiniger Vertreter ihrer Art. In diesem Zusammenhang erweist es sich als günstig, die *ex-uno*-Regel für die Verursachung der Intelligenzen anzuwenden, da auf diese Weise von vornherein eine Pluralität von Intelligenzen derselben Art ausgeschlossen wird, denn die Wirkung kann ohnehin nur eine der Zahl nach sein.

Die im Zitat beschriebene Theorie zur Individuation der Intelligenzen entspricht tatsächlich Avicennas Lehre. Doch ist es weniger diese Theorie an sich, die Wilhelm zurückweist, als vielmehr deren Verallgemeinerung, die er Avicenna unterstellt: Nimmt man an, der Gültigkeitsbereich der Theorie erstrecke sich auf sämtliche geistige Substanzen, müsste man folgern, dass sie ebenfalls die menschlichen Seelen betrifft. Diese sind geistige Substanzen ein und derselben Art, weshalb man nach Wilhelm einen analogen Schluss ziehen müsste: Nach dem Tod der Menschen, wenn die Seelen von den Körpern getrennt existieren, sind sie nicht mehr unterscheidbar und fallen daher zu einer einzigen Seele zusammen. Ein individuelles Leben nach dem Tod wäre damit unmöglich, was aus Sicht der monotheistischen Religionen völlig absurd ist. Daher stuft Wilhelm diese Position als sehr schlimmen Irrtum ein.

Wie gerade erwähnt, findet sich bei Avicenna nicht die ihm von Wilhelm unterstellte Implikation der Einheit der Seelen nach dem Tod. Er verwendet die Überlegung zur Identität der Seelen lediglich dafür, um in *De anima* gegen eine Schöpfung der Seelen zu

---

[961] Ibid. Ia-IIae, 9, S. 817bB–C.
[962] Siehe Kapitel 3.1.3.2.1 dieser Arbeit.

argumentieren, die zeitlich *vor* deren Eintritt in den Körper stattfindet. Individualität geht für Avicenna entweder mit individueller Form im Sinne von Natur einher oder mit Materie. Seelen einer Art – vegetativ, sensitiv oder rational – haben alle dieselbe Natur, sind in dieser Hinsicht also nicht individuell. Des Weiteren hätten sie vor ihrer Existenz in einem Körper noch keinen Bezug auf eine bestimmte Materie und würden folglich von dieser Seite ebenfalls keine Individuation erfahren. Auch hätten alle Seelen denselben Zeitpunkt ihres Eintritts ins aktuelle Sein, was ebenfalls nicht für Diversität sorgt. Da präexistente Seelen also auf keine Weise individualisiert würden, könnten sie vor der Verbindung mit den Körpern lediglich als eine einzige Seele bestehen. Dies hätte auch bei Avicenna absurde Folgen. Daher schließt er, dass Seelen nicht vor ihrem Eintritt in den Körper existieren, dem sie zugeteilt sind. Sie unterscheiden sich hinsichtlich des Bezugs auf den jeweiligen Körper und auch hinsichtlich des Zeitpunkts, zu dem sie eintreten. Darüber hinaus gehen die menschlichen Seelen mit dem Körper lediglich eine akzidentelle Verbindung ein und sind eher als Vollendung zu verstehen, weniger als Form, denn sie sind nach Avicenna eigene Substanzen. Daher bleiben sie nach dem Tod ohne den Körper bestehen und behalten ihre Individualität bei. Sie sind für sich individuell und werden nicht erst durch die Materie individuiert. Keinesfalls werden sie zu einer einzigen Seele, noch findet eine Seelenwanderung statt.[963]

4.4 Fazit

Wilhelm von Auvergne fällt in die zweite Phase der Rezeption von Avicennas *Metaphysik*, in der die kritische Auseinandersetzung mit diesem Werk einsetzt. Wie in der Einleitung zum vorliegenden Kapitel bereits angesprochen, war es für Wilhelm wichtig, die Glaubensinhalte durch den Verstand zugänglich zu machen und sie damit zu stärken. Für ihn steht dabei viel mehr als für Gundisalvi die Verteidigung dessen im Vordergrund, was er als die wahre christliche Lehre (*doctrina Christianorum*) ansieht. Die Inhalte des Glaubens gilt es durch die Vernunft zu sichern und zu verteidigen. Diese Einstellung hängt einerseits mit der institutionellen Funktion zusammen, die Wilhelm als Bischof innehat, andererseits mit der allgemeinen Stimmung, die in der ersten Hälfte des zwölften Jahrhunderts in Paris herrscht. Die Verurteilungen von 1210 und 1215 zeigen, dass die Interpretationen der Werke, die mit Aristoteles' naturphilosophischen und metaphysischen Schriften in Zusammenhang stehen, nicht nur dazu dienlich sein können, christliche Lehren mit rationalen Argumenten zu stützen, sondern auch als Gefahr für die christliche Lehre empfunden wurden, da sie alternative Modelle von Gott und Welt anbieten, die aus christlicher Sicht nicht vertretbare Theorien enthalten, beispielsweise die Lehre der Ewigkeit der Welt.

Aufgrund seines Bewusstseins für mögliche Gefahren, denen die christliche Lehre ausgesetzt sein könnte, ist Wilhelms Vorhaben in seinen Werken nicht nur, die eigene Lehre darzustellen, sondern verbunden damit auch aktiv gegen Irrtümer vorzugehen, insbesondere gegen solche, die in seinen Augen die Ehre Gottes mindern, wie er zu Beginn von *De universo* betont.[964] Davon sind vor allem die besagte Theorie der Ewigkeit der Welt betroffen sowie der Prinzipiendualismus, wie ihn die Katharer vertreten. Wilhelm richtet sich also

---

963   Vgl. Ibn Sīnā, *Kitāb al-Nafs*, Kapitel V.2–4.
964   Vgl. Wilhelm von Auvergne, *De universo* Ia-Iae, Kapitel 1.

nicht allein gegen suspekte philosophische Lehren, sondern zudem gegen falsche Lehren anderer Religionsgemeinschaften. Ihm geht es im Allgemeinen darum, die christliche Lehre gegen jegliche Formen von Irrtümern zu verteidigen. Da Wilhelm aber zugleich erkennt, welchen Wert philosophische Lehren haben, allen voran die Ontologie Avicennas, geht er tatsächlich abwägend vor, wie er es in *De anima* fordert.[965] Dort, wo sich Avicenna innerhalb des Rahmens bewegt, den Wilhelms Auslegung der christlichen Lehre vorgibt, und wo seine Theorien durch Modifikationen und Erweiterungen mit dieser Lehre vereinbar sind, folgt Wilhelm Avicenna so weit wie möglich und nutzt sein System sogar als Grundlage, um genuin christliche Fragen zu erörtern. Demgegenüber greift er Positionen scharf an, die dem christlichen Glauben widersprechen. Seine Kritik fällt zum Teil so heftig aus, dass Wilhelm lange Zeit in der Forschung als regelrechter Avicenna-Gegner wahrgenommen wurde – dieses Bild wurde inzwischen von Roland J. Teske und anderen revidiert. Vielleicht greift Wilhelm Avicenna so scharf an, weil er dessen Theorien für stark und damit für umso gefährlicher hält. Beginnend mit der Übersetzung der Werke Avicennas ins Lateinische durch Gundisalvi und dessen Kollegen wurde Avicennas Lehre immer bekannter und ihr Einfluss nimmt zu. Daher ist es für Wilhelm wichtig, sich frühzeitig in Stellung zu bringen, um mögliche Gefahren zu bannen. Generell schätzt Wilhelm Avicenna jedoch für dessen Rationalität und die argumentative Kraft seiner Ausführungen. Wilhelm versucht daher sogar, an Punkten, an denen Avicennas ontologisches Modell an seine Grenzen gelangt, wie im Falle der Trinität, sich nicht von den von Avicenna erworbenen ontologischen Theorien zu verabschieden, sondern das System kohärent weiterzudenken.

Wilhelm ist einer der ersten Denker, die Avicennas Sein-Wesen-Distinktion übernehmen, die er in einer boethianisch-avicennischen Synthese in seine Lehre einbaut. Wie später auch Heinrich von Gent verknüpft er die Distinktion mit der damals aus der lateinischen Tradition bekannten ontologischen Distinktion von *esse / quo est* und *quod est*, die Boethius entwickelt hat. Über Boethius nimmt Wilhelm das Motiv der Seinsteilhabe auf, das sich nicht bei Avicenna findet. Für ihn ist es wichtig, hier die ontologische Differenz zwischen Gott und Welt herauszustellen, was durch das Einbeziehen der Sein-Wesen-Distinktion besonders gut möglich ist. Verbunden damit übernimmt Wilhelm die modalontologische Bestimmung des Seienden, wobei die Notwendigkeit Gott vorbehalten ist. *Necesse esse* wird hier als Gottesname etabliert. Die Geschöpfe sind demgegenüber als durch sich selbst nur möglich Seiendes charakterisiert, woraus sich eine doppelte Kontingenz und Abhängigkeit von Gott ableiten lässt. Sie sind einerseits auf Gott angewiesen, um ins Sein einzutreten, andererseits, um dort zu verbleiben. Diese Differenz der Welt zu Gott und ihre existenzielle Rückbindung an ihn im Sein rational zu etablieren, ist Wilhelms vornehmliches Ziel bei der Übernahme der avicennischen Ontologie. Anders als Heinrich von Gent baut er das Modell nicht weiter aus und zeigt sich weder an der *res*-Theorie noch an der Theorie der Wesen als solcher sehr interessiert.

Gott im Rahmen der Modalontologie mit Avicenna als durch sich notwendig Seiendes zu bestimmen, hat für Wilhelm den Vorteil, Gottes Einzigkeit und Einfachheit damit sichern zu können. Diese Attribute lassen sich argumentativ aus dem Konzept des *necesse esse* ableiten. Wie Gundisalvi zieht Wilhelm Avicenna hier zu apologetischen Zwecken heran, um den christlichen Prinzipienmonismus gegen dualistische Strömungen wie die der

---

[965]   Siehe Zitat 4-1.

Katharer zu verteidigen, was eines seiner dringendsten Anliegen ist. Wilhelms Beweise zur Einzigkeit orientieren sich an Avicenna, obgleich er die Argumente nicht wie Gundisalvi *verbatim* wiedergibt. Sie verlaufen jedoch meist über das Konzept des *necesse esse*. Wilhelm zeigt sich in seinem Denken und seiner Darstellung der Lehre eigenständiger als Gundisalvi. Neben einem weiteren Prinzip für die Welt schließt Wilhelm im Gegensatz zu Avicenna generell etwas zu Gott Gleichewiges aus, auch wenn es Gott subordiniert ist. Damit richtet er sich gegen die Ewigkeit der Welt, eine Theorie, die er bei Avicenna scharf kritisiert.

Nichtsdestotrotz folgt er dem ontologischen Modell der Wirklichkeit, das er mit Avicenna für sich entwickelt hat, so weit, wie es im Rahmen seiner Interpretation der christlichen Lehre möglich ist. Dies zeigt sich vor allem in den trinitätstheologischen Überlegungen. Zwar behandeln diese einen genuin christlichen Gegenstand, der durch den Glauben vorgegeben ist, Wilhelm versucht aber, diesen Gegenstand metaphysisch zu erschließen, indem er ihn einer ontologischen Analyse unterzieht. Ihm geht es nicht darum, die Trinität an sich demonstrativ zu beweisen, sondern er möchte zeigen, dass sie nicht der Vernunft widerspricht, rational konstruiert und in das ontologische Modell der Welt integriert werden kann. Bei seiner Analyse hält er an Avicennas Modalontologie fest. Gott, wie auch die trinitarischen Personen sind das eine, einzige durch sich notwendig Seiende. So unternimmt Wilhelm eine modalontologische Analyse der trinitarischen Personen, für die ihm Avicenna als Gesprächspartner dient. Wilhelm versucht hier, Lösungen für Probleme anzubieten, auf die Avicenna verweisen würde, beispielsweise, wie der Sohn *qua* Gott ein *necesse esse per se* ist und dennoch durch den Vater verursacht wird. Im Rahmen der Bearbeitung dieses Problems erweist sich der innergöttliche Bereich als der Bereich der Wirklichkeit, in dem nach Wilhelm Emanation im eigentlichen Sinne stattfindet: Der Sohn geht in einer ewigen und naturnotwendigen Emanation aus dem Vater hervor und kann nur ein einziger sein. Diese Charakteristika spricht Wilhelm einer direkten Wirkung Gottes *ad extra* ab, *ad intra* sind sie hingegen gefordert. Der Hervorgang des Sohns vollzieht sich als ewiger, natürlicher Prozess. Um dies rational zu erfassen, greift Wilhelm positiv auf Avicennas Emanationstheorie zurück, man könnte sagen, er vergöttlicht diese Theorie. Emanation für den innergöttlichen Bereich zu verwenden, um den Hervorgang des Sohns aus dem Vater zu beschreiben, nimmt bei Richard von St. Viktor seinen Anfang, deutet sich jedoch schon früher an.[966] Mit Avicenna erhält man nun ein theoretisches Modell, das sich für die eigenen Zwecke einsetzen lässt. So ist man nicht mehr nur auf Bilder wie das der Quelle und des Flusses oder der Sonne und des Lichts angewiesen, um sich dem Verständnis dieses innergöttlichen Hervorgangs zu nähern.

Bei Wilhelm kommt in diesem Rahmen sogar Avicennas *ex-uno*-Regel zum Einsatz, und zwar in doppelter Lesart: Numerisch verstanden lässt sich mit ihr – analog zur Anwendung bei Avicenna – begründen, dass es nur eine einzige Wirkung, das heißt nur einen Sohn geben kann. Essenziell verstanden lässt sich mit der *ex-uno*-Regel rational dafür argumentieren, dass Vater und Sohn von demselben Wesen sind. Hier wird die *ex-uno*-Regel als Regel für natürliche Zeugung verstanden, genauer gesagt als konkrete Anwendung der *simile*-Regel. Diese wird verschärft interpretiert, sodass Ursache und Wirkung keine Artgleichheit aufweisen, sondern sogar von derselben Substanz sind. Diese Lesart der Regel findet sich nicht bei Avicenna, sie stellt eine trinitätstheoretische Interpretation dar. Emanation wird

---

[966] Vgl. Friedman, *Intellectual Traditions*, S. 16–21.

im innertrinitarischen Bereich zudem nicht als Weg von der absoluten Einheit zu einer Vielheit von Substanzen verstanden, sondern als Weg, die substanzielle Einheit zu wahren und eine personale Vielheit innerhalb der absoluten Einheit der Substanz zu verorten. Damit präsentiert Wilhelm eine neue Art der wirkursächlichen Verursachung, die er als höchst innerliche Verursachung (*causatio intima*) bezeichnet. Er wertet sie als vollkommene Form der Verursachung und sieht in ihr eine Erweiterung der philosophischen Kausaltheorie. Den Philosophen hält er vor, eine solche Form der Verursachung zu ignorieren und sich stattdessen ausschließlich auf die von außen her erfolgende Verursachung (*causatio forinseca*) zu konzentrieren.

Eine Verursachung von Sein, die sich als Emanation vollzieht, lehnt Wilhelm somit nicht generell ab, er beschränkt sie jedoch auf den innergöttlichen Bereich. Daher kritisiert er Avicenna nicht für die Emanationstheorie an sich, sondern für deren falsche Anwendung. Sie darf keinesfalls als Theorie herangezogen werden, um die Entstehung der Welt zu erklären. In Bezug auf die Kosmogonie sind Gottes Wesen und Wirken streng zu trennen. Das Wirken, die Schöpfung, ergibt sich Wilhelm zufolge nicht aus der ontologischen Disposition des göttlichen Wesens, sondern wird allein durch den freien Willen Gottes initiiert. An dieser Stelle bricht Wilhelm also mit Avicenna. Durch die Betonung des freien Willens – diesbezüglich lobt Wilhelm Ibn Gabirol – wird die entitative Kontingenz der Geschöpfe verstärkt. Allerdings versteht Wilhelm Gott im Zuge der Übernahme der avicennischen Ontologie als Sein verleihende Ursache im Sinne eines Gebers des Seins, den er mit dem Geber der Formen (*dator formarum*) in eins legt. Wilhelms Modell ist damit eines der wenigen Modelle lateinisch-christlicher Denker, in denen die Theorie des *dator formarum* positiv aufgenommen wird. Der *dator* wird hier vergöttlicht. Da Gott für die Formen aller Lebewesen verantwortlich ist, bezeichnet Wilhelm ihn auch als *dator universalis*.

Für Wilhelm hat Gott ein besonderes Vermögen (*potentia*), zu wirken. Es ist dem zweifachen Vermögen der rationalen weltlichen Ursachen, die willentlich tätig sind, weit überlegen. Dies veranschaulicht Wilhelm in einer Erörterung der verschiedenen Arten von Wirkursachen, in der er Avicennas Ausführungen zum Begriff des Vermögens (*quwwa; potentia*) heranzieht. Gott ist laut Wilhelm in jedem Moment absolut frei und unterliegt in seinem Handeln keinerlei Notwendigkeit. Um dies zu veranschaulichen, führt Wilhelm – zurückgreifend auf eine Aussage Avicennas – das Konzept der Hinreichendheit der Ursache (*sufficientia causae*) ein. Dieses lässt sich auf alle weltlichen Ursachen anwenden, seien sie willentlich oder natürlich. Gott unterliegt der *sufficientia causae* hingegen in keinem Moment seines Wirkens, sondern hat an jedem Punkt alternative Möglichkeiten. Wilhelm gesteht Gott vollkommene Handlungsfreiheit zu. Da er überdies beschreibt, der Wille Gottes sei keiner Instanz untergeordnet, nimmt er bezüglich der Willensfreiheit bereits eine voluntaristische Position ein.

Anders als Avicenna verknüpft Wilhelm die *ex-uno*-Regel sehr eng mit der *simile-*, *oppositum-* und *idem*-Regel, die er als Grundsätze der natürlichen Verursachung einschätzt. Daher wirft er Avicenna vor, in dessen Modell bringe Gott, der gemäß der *ex-uno*-Regel wirkt, die Welt mit natürlicher Notwendigkeit hervor. Aus Wilhelms Sicht wird Gott hier kein zweifaches Wirkungsvermögen zugebilligt, was als absolut verwerflich einzustufen ist, da es die göttliche Freiheit aufhebt. Zudem hätte es als Konsequenz, dass die Welt ewig wäre. Dies lehnt Wilhelm ab, da es seiner Auslegung der christlichen Lehre zufolge außerhalb von

Gott nichts geben darf, das gleichewig zu ihm ist. Die *ex-uno*-Regel bezieht Wilhelm in verschiedenen Lesarten auch auf das Wirken der himmlischen Intelligenzen, was ihm dazu verhilft, systemimmanente Kritik an Avicennas Emanationsmodell zu üben.

5 Heinrich von Gent

Heinrich von Gent († 1293), über dessen Leben uns nur wenige Informationen vorliegen, war wie Wilhelm von Auvergne vornehmlich in Paris tätig und gehörte ebenso keinem Orden an. Dokumente bezeugen ihn ab 1267 als Kanon von Tournai sowie als *magister*. Daher vermuten manche Forscher, Heinrich habe zunächst als *magister artium* an der Pariser Artistenfakultät gelehrt, bevor er ab 1276 zum *magister regens* an der theologischen Fakultät in Paris ernannt wurde. Diese Position hatte er bis zu seinem Tod im Juni 1293 inne. Sie brachte es unter anderem mit sich, dass er persönlich an der Vorbereitung der Verurteilung von 219 Thesen am 9. März 1277 in Paris mitwirkte, wenngleich nicht geklärt ist, wie sehr er in die Vorgänge involviert war.[967] Im Rahmen seiner Position als *magister* diskutierte er zudem zwischen den Jahren 1276 und 1291 regelmäßig öffentlich Fragen zu beliebigen Themen (*Quaestiones de quodlibet*). Deren Niederschrift ist uns in fünfzehn *Quodlibeta* überliefert.[968] Die diskutierten Fragen, die von großer Themenvielfalt sind, wurden vom universitären Publikum gestellt und spiegeln wider, welche Probleme man gerade als einer Klärung bedürftig empfand. Darunter finden sich auch Fragen, die für das Thema dieser Arbeit relevant sind, beispielsweise die auf die Ontologie der Geschöpfe abzielenden Fragen, ob das Wesen eines Geschöpfs dessen Sein ist (*Quodlibet* I, q. 9) und ob man ein Wesen (*essentia*) annehmen darf, das sich indifferent gegenüber Sein und Nicht-Sein verhält (*Quodlibet* III, q. 9). Bei der Beantwortung der quodlibetischen Fragen bleibt es nicht aus, dass Heinrich bestimmte Probleme, beispielsweise die Distinktion von Sein und Wesen, wiederholt aufgreift und sie nicht systematisch und abschließend an einem Ort diskutiert. Dies stellt eine Herausforderung an die Interpreten dar, ebenso wie die Tatsache, dass Heinrich seine Haltung zu bestimmten Themen im Laufe der Zeit verändert hat, beispielsweise zur Einzigkeit der substanziellen Form im Menschen. Zwar werde ich, wo es angebracht ist, auf einen Wandel der Position Heinrichs hinweisen, meine Analysen und deren Ergebnisse werden sich jedoch ausschließlich auf die von mir zitierten Stellen beschränken.

Zeitlich parallel zu den *Quodlibeta* hat Heinrich sein großes theologisches Summenwerk verfasst, in dem er Fragen diskutiert, die im Rahmen des alltäglichen Lehrbetriebs behandelt wurden – daher der volle Titel: *Summa quaestionum ordinarium*. Hierin finden sich freilich thematische Überschneidungen zu den *Quodlibeta*. Die *Summa* werde ich als zweites Hauptwerk für meine Analysen heranziehen; daraus sind insbesondere die Fragen zur Natur Gottes relevant. Leider ist die *Summa* unvollendet, weswegen der von Heinrich ursprünglich geplante Teil zu den Geschöpfen fehlt. Auf weitere Werke werde ich, wenn

---

[967] Heinrich war wohl nicht Teil der Gutachterkommission unter Bischof Étienne Tempier, sondern in der Versammlung anwesend, in der alle Magister der theologischen Fakultät in Paris zusammenkamen, um über eine Liste von Thesen abzustimmen, die zur Verurteilung vorgelegt werden sollten. Das genaue Verhältnis zwischen Magisterversammlung und Kommission ist allerdings nicht klar, ebenso wenig wie das genaue Ausmaß von Heinrichs Beteiligung. Kobusch, ‚Heinrich von Gent', S. 477–478, und Wielockx, ‚Henry of Ghent and the Events of 1277', S. 25–26.

[968] Die Diskussionen wurden während der Fasten- und Adventszeit abgehalten. Für eine Übersicht über die Datierung der *Quodlibeta* siehe Wilson, ‚Henry of Ghent's Written Legacy', S. 6.

überhaupt, nur am Rande eingehen, bei manchen ist die Autorenschaft Heinrichs nicht abschließend geklärt.[969]

In der Forschung ist unbestritten, dass Heinrichs Denken starke Einflüsse von Avicenna aufweist. Gemessen an der Häufigkeit der Zitate in der *Summa* und den *Quodlibeta* rangiert Avicenna nach Augustinus, Aristoteles und Averroes auf Platz vier der wichtigsten Quellen.[970] Interessanterweise zieht Heinrich ausschließlich Avicennas *Metaphysik* heran, nicht aber die Werke des naturphilosophischen Teils der *Šifā᾿* – weder zitiert er Avicennas *Physik* noch dessen *De anima*.[971] Für den Bereich der Naturphilosophie lässt sich Jules Janssens zufolge Averroes als Autorität ausmachen, während sich im Bereich der Metaphysik eindeutig Avicenna als wichtigste Autorität erweist.[972] Wie die beiden anderen lateinischen Autoren, die in dieser Arbeit untersucht werden, behandelt Heinrich die Metaphysik nicht systematisch – anders als dies bei Avicenna der Fall ist. Obgleich Heinrich seine metaphysischen Analysen im Rahmen seiner theologischen Werke unternimmt, lässt sich ein Metaphysikentwurf aus seinen Werken herausarbeiten.[973] Metaphysik ist die höchste der philosophischen Wissenschaften, also der Wissenschaften, die dem Menschen natürlich sind.[974] Diese grenzen sich unter anderem dadurch von der Theologie ab, dass sie die Prinzipien, von denen sie ausgehen, durch natürliche Vernunft erwerben, während die Prinzipien der Theologie die Glaubenssätze sind, die von Gott in der Offenbarung mitgeteilt werden, wie Heinrich in *Summa*, art. 6, q. 2 darlegt.[975] Korrekt eingesetzt, können die philosophischen Wissenschaften dazu dienen, die Heilige Schrift auszulegen und die Inhalte des christlichen Glaubens verständlich zu machen.[976] Genau dafür verwendet Heinrich Avicennas Ontologie, wie sich in der Folgenden Analyse herausstellen wird.[977] Heinrich erweitert Avicennas ontologisches Modell und bringt dabei stärker augustinische Züge hinein. Wie Wilhelm von

---

[969] Dies gilt bspw. für die *Lectura ordinaria* und für den Metaphysikkommentar. Zum Leben und zu den Werken Heinrichs, vgl. ibid.; und Kobusch, ‚Heinrich von Gent‘, S. 475–478.

[970] Vgl. Janssens, ‚Henry of Ghent and Avicenna‘, S. 63.

[971] Vgl. id., ‚Henry of Ghent and Averroes‘, S. 86.

[972] Vgl. ibid., S. 86.

[973] Vgl. Pickavé, *Heinrich von Gent über die Metaphysik*, S. 8–10. Laut Pickavé ist die Autorschaft Heinrichs bezüglich der *Quaestiones super Metaphysicam* nicht abschließend geklärt. Er bezieht sie daher nicht in seine Betrachtungen ein, woran ich mich in dieser Arbeit anschließe. Zur Frage nach der Authentizität siehe auch ibid., S. 369–374; Porro, ‚Le ›Quaestiones super Metaphysicam‹ und Wilson, ‚Henry of Ghent's Written Legacy‘, S. 21.

[974] Neben der Metaphysik fallen unter die natürlichen Wissenschaften bspw. auch die Logik, Mathematik, Naturwissenschaften und Ethik, vgl. Pickavé, *Heinrich von Gent über die Metaphysik*, S. 10.

[975] Vgl. Heinrich von Gent, *Summa*, art. 6, q. 2, ed. Badius, Bd. 1, Fol. XLIIIrP: „Sicut prima philosophia sua principia supponit ex testimonio naturalis rationis, cuius est illam scientiam investigare, sic ista [sc. theologia] supponit sua principia ex testimonio dei, cuius est eam revelare.“ Sofern nicht abweichend angegeben, werde ich hier wie im Folgenden den Text der *Summa quaestionum ordinarium* in den *Opera omnia* zitieren, die von R. Macken u. a. kritisch ediert wurden. Für die Teile der *Summa*, deren kritische Edition noch aussteht, werde ich auf die Edition von Badius zurückgreifen, die als Frühdruck vorliegt. Analog verfahre ich bei den Verweisen auf die *Quodlibeta*. Hier geht der modernen Edition in den *Opera omnia* ebenfalls ein Frühdruck von Badius voraus.

[976] Vgl. Pickavé, *Heinrich von Gent über die Metaphysik*, S. 10–11.

[977] Zu Heinrich von Gent und Avicenna siehe insbesondere Decorte, ‚Avicenna's Ontology of Relation‘; Janssens, ‚Some Elements of Avicennian Influence‘; id., ‚Henry of Ghent and Avicenna‘; id., ‚Elements of Avicennian Metaphysics‘; Macken, ‚Avicennas Auffassung von der Schöpfung‘; id., ‚Henri de Gand et la pénétration d'Avicenne‘; Paulus, *Henri de Gand*; Porro, ‚Universaux et ›esse essentiae‹‘ und Teske, ‚Some Aspects‘.

Auvergne hält auch er in seinen trinitätstheologischen Analysen an der Modalontologie fest und erachtet den innergöttlichen Bereich als eine Ebene der Wirklichkeit, die die Philosophen vernachlässigen. Laut Heinrich erkennen sie nicht, dass Emanation nur hier stattfinden kann, was dazu führt, dass sie die Schöpfung auf falsche Weise auslegen.[978] Emanation als Modell für den Hervorgang der Welt aus Gott ist Heinrichs Ansicht nach vehement zurückzuweisen, da hier Gottes Freiheit eingeschränkt werden würde. In seine Kritik an Avicennas Ansatz bindet Heinrich interessanterweise Überlegungen zur Willensfreiheit ein, die zu seiner Zeit aktuell waren, wie ich zeigen werde. Dabei wird deutlich, was genau Heinrich unter dem Vorwurf eines notwendigen Wirkens von Seiten Gottes versteht.

5.1 Ontologie

Heinrich von Gent ist offenkundig davon beeindruckt, wie klar man mit Avicennas rational fundierter Ontologie die Geschöpfe von Gott abzusetzen[979] und sie zugleich in mehrerlei Hinsicht von ihm abhängig zu machen vermag. Dies war für ihn zweifellos der vornehmliche Grund dafür, das ontologische Modell von Avicenna in großen Teilen zu übernehmen. Jedoch denkt er es systematisch weiter und setzt zuweilen andere Akzente, die dadurch bedingt sind, dass sein Denken stark augustinisch beeinflusst ist. Avicennas Ontologie ist geprägt von der Sein-Wesen-Distinktion, die vor allem Gottes Rolle als erste Wirkursache alles Weltlichen sichern soll. Als Erweiterung arbeitet Heinrich Gottes Funktion als Formalursache stärker heraus, versteht dies jedoch als Explikation oder Interpretation des Systems von Avicenna, wie im Folgenden gezeigt werden soll.

5.1.1 Sein-Wesen-Distinktion

Wie bei Avicenna unterliegt bei Heinrich alles geschöpflich Seiende der Distinktion von Sein und Wesen. Allein in Gott fallen Sein und Wesen zusammen, was ihn kategorial von der Welt absetzt. Ähnlich wie wir es von Wilhelm von Auvergne kennen, vertritt Heinrich eine boethianisch-avicennische Interpretation der Sein-Wesen-Distinktion, denn er bringt ebenfalls Avicennas Lehre mit Boethius' Distinktion von *quo est / esse* und *quod est* zusammen.[980] Das *quo est* wird hierbei zum Sein, durch das etwas existiert, während das *quod est* mit dem Wesen gleichzusetzen ist. Im Unterschied zu Wilhelm erweitert Heinrich allerdings das ontologische System, indem er eine spezielle Form des Seins einführt: das Sein des Wesens. Durch diese Erweiterung verknüpft er Avicennas Distinktion mit der der platonisch-augustinischen Urbild-Abbild-Lehre, der zufolge die Ideen, die als Urbilder der

---

[978]   Vgl. Heinrich von Gent, *Quodlibet* VI, q. 2, S. 33, Z. 34–35: „Errantes enim circa divinarum personarum productionem necesse habent errare circa productionem creaturarum." Vgl. Flores, *Metaphysics and the Trinity*, S. 124–125.

[979]   Vgl. Janssens, ‚Henry of Ghent and Avicenna', S. 78.

[980]   Vgl. bspw. Heinrich von Gent, *Quodlibet* I, q. 9; III, q. 9, und X, q. 7. Zu Boethius und der boethianisch-avicennischen Synthese Wilhelms von Auvergne siehe Kapitel 4.1.1.

weltlichen Dinge fungieren, im göttlichen Geist zu verorten sind.[981] Heinrich bietet damit eine augustinische Interpretation der Sein-Wesen-Distinktion. In Folge der Verknüpfung der beiden Theorien lässt sich in Heinrichs Modell auf Seiten der Geschöpfe eine ontologische Dreiteilung ausmachen. Heinrich differenziert Wesen (*essentia*), Sein der Existenz (*esse existentiae*) und zusätzlich Sein des Wesens (*esse essentiae*).[982] Für beide Arten des Seins brauchen die weltlichen Dinge Gott als Ursache und sind somit in doppelter Hinsicht von ihm abhängig. Gott fungiert dabei einerseits als Wirkursache, andererseits als urbildliche Ursache.[983] Dies soll im Folgenden mit Blick auf die Bezüge zu Avicenna erläutert werden.

Avicenna stellt in *Metaphysik* I.5 das eigentümliche Sein (*wuǧūd ḫāṣṣ; esse proprium*) im Sinne des Wesens eines Dings dessen affirmativem Sein (*wuǧūd iṯbātī; esse affirmativum*) gegenüber, worunter er die aktuelle Existenz versteht.[984] Während das affirmative Sein in Heinrichs Modell dem Sein der Existenz entspricht, interpretiert Heinrich das eigentümliche Sein zum Sein des Wesens um, welches zumindest rational vom Wesen unterschieden werden kann. Man findet dieses Konzept so nicht bei Avicenna, jedoch entwickelt Heinrich es auf Basis von Aussagen, die Avicenna an unterschiedlichen Stellen in der *Metaphysik* trifft.[985] Zum ersten Mal präsentiert Heinrich seine ontologische Trias in der neunten Frage des ersten *Quodlibet*, in der er diskutiert, „ob das Wesen eines Geschöpfs dessen Sein ist".[986] In der Lösung dieser Frage definiert er „Wesen [als das], wodurch jegliches Geschöpf das ist, was es ist (*qua est id quod est*)"[987]. Demnach bestimmt das Wesen, was etwas ist, das heißt, welcher natürlichen Art (*species*) ein Ding angehört. Obgleich Heinrich an der zitierten Stelle keine Quelle nennt, liegt die Vermutung nahe, Avicenna habe ihm als Vorlage gedient, denn der Wortlaut der Definition weist eine deutliche Übereinstimmung mit Avicennas Definition der wahren Natur (*ḥaqīqa; certitudo*) auf, die er in *Metaphysik* I.5 anführt. Diese Vermutung wird in *Quodlibet* III, q. 9 bestätigt. Dort widmet sich Heinrich der Frage, ob man ein Wesen (*essentia*) annehmen darf, das sich indifferent gegenüber Sein und Nicht-Sein verhält.[988] Heinrichs ausführliche Antwort ist sowohl für das Verständnis seiner Ontologie eine Schlüsselstelle als auch für die Frage, inwieweit er in diesem Bereich von Avicenna beeinflusst ist und wo er über ihn hinausgeht.

---

[981]   Vgl. Janssens, ‚Henry of Ghent and Avicenna', S. 71–72.

[982]   Eine eigentliche existenzielle Distinktion liegt jedoch nur zwischen Wesen und Sein der Existenz vor. Sein des Wesens und Wesen sind hingegen viel enger aneinander gebunden, wie Heinrich regelmäßig betont, denn erst durch das Sein des Wesens wird das Was zu einem Wesen, siehe dazu bspw. Heinrich von Gent, *Quodlibet* X, q. 7, S. 152, Z. 59–63.

[983]   Vgl. bspw. ibid. III.10, ed. Badius, Bd. 1, Fol. LXIIvT: „quia secundum omne id quod est et quod in se habet, a creatore essentialiter et realiter dependet, etiam secundum suum esse in substantia et essentia sua, quod est de maxime absolutis in ipsa, ut habitum est secundum Avicennam in quaestione praecedenti."

[984]   Vgl. Ibn Sīnā, *al-Ilāhiyyāt* I.5, S. 24, Z. 1–S. 25, Z. 7; ed. Van Riet, S. 34, Z. 45–S. 36, Z. 83.

[985]   Siehe dazu bspw. Porro, ‚Ponere statum', S. 113–119; id., ‚Universaux et ›esse essentiae‹'; Paulus, *Henri de Gand*, S. 259–326, und Marrone, *Truth and Scientific Knowledge*, S. 104–107.

[986]   Heinrich von Gent, *Quodlibet* I, q. 9, S. 47, Z. 2: „Utrum ipsa essentia creaturae sit suum esse."

[987]   Ibid. I, q. 9, S. 50, Z. 90–91: „essentia, qua est id quod est quaelibet creatura."

[988]   Vgl. ibid. III, q. 9, ed. Badius, Bd. 1, Fol. LXvN: „Utrum sit ponere aliquam essentiam per indifferentiam se habentem ad esse et ad non esse."

[1.] Hic est advertendum, quod secundum quod vult AVICENNA in primo Metaphysicae suae, unaquaeque res in sua natura specifica habet certitudinem propriam, quae est eius quiditas, qua est id quod est et non aliud a se, sicut albedo in sua natura habet certitudinem, qua est albedo et non nigredo nec aliquid aliud.

[2.] Et ob hoc convenit ei intentio, qua dicitur res, quae est intentio alia circa naturam ipsam ab intentione de esse. Quoniam intentio de re est intentio prima simpliciter, ad quam concomitatur intentio de esse, ex hoc scilicet quod certudo rei, qua est id quod est secundum se, habet esse in anima, sive in conceptu intellectus creati vel increati aut in singularibus extra. Et sequitur secundum rationem intelligendi intentio de esse intentionem de re. Quoniam certitudo naturae cuiuscumque, quantum est de se, habet conceptum absolutum, quo scitur, quid est res, absque communicantia intelligendi eam esse ullo modo, sive in anima, sive in singularibus …

[3.] Triplicem quidem habet [sc. animal] intellectum verum sicut et tres modos habet in esse. Unum enim habet esse naturae extra in rebus, alterum vero habet esse rationis, tertium vero habet esse essentiae. Animal enim acceptum cum accidentibus suis in singularibus est res naturalis, acceptum vero cum accidentibus suis in anima est res rationis, acceptum vero secundum se est res essentiae, de qua dicitur, quod esse eius est prius quam esse eius naturae vel rationis, sicut simplex est prius composito. Et est secundum se in intellectu tamen inquantum scilicet concipitur sine omni conditione rei alterius. Et ut dicit AVICENNA capitulo octavo hoc esse proprie dicitur definitivum esse et est dei intentione.

[4.] Quod intelligo, quia tale esse non convenit alicui nisi cuius ratio exemplaris est in intellectu divino, per quam natum est fieri in rebus extra, ita quod sicut ex relatione et respectu ad ipsam ut ad causam efficientem habet, quod sit ens in effectu: sic ex relatione quadam et respectu ad ipsam ut ad formam

[1.] An dieser Stelle ist zu beachten, dass dem entsprechend, wie es Avicenna im ersten [Buch] seiner *Metaphysik* sieht, ein jedes Ding in seiner artgemäßen Natur eine eigentümliche wahre Natur (*certitudo*) hat, die seine Washeit (*quiditas*) ist, durch die es das ist, was es ist, und nicht etwas anderes als es, wie die Weiße in ihrer Natur eine wahre Natur hat, durch die sie Weiße ist und nicht Schwärze, noch irgendetwas anderes.

[2.] Und deshalb kommt ihm eine Intention (*intentio*) zu, durch die es Ding genannt wird, [und] die bezüglich der Natur selbst eine andere Intention ist als die Intention des Seins (*esse*). Denn die Intention von Ding ist schlechthin die grundlegende Intention, welche die Intention des Seins begleitet (*concomitari*), insofern nämlich als die wahre Natur des Dings, durch die es das ist, was es gemäß seiner selbst ist, ein Sein in der Seele hat – sei es in einem Begriff eines geschaffenen oder eines ungeschaffenen Verstandes – oder in den Einzeldingen außerhalb. Und gemäß der Art und Weise des Verstehens folgt die Intention des Seins der Intention des Dings. Denn die Wahrheit der Natur (*certitudo naturae*) eines jeden [Dings], gemäß dem, wie es von sich her ist, hat einen absoluten Begriff (*conceptus absolutus*), durch den man weiß, was das Ding ist, ohne, dass man zugleich versteht, dass es auf irgendeine Weise ist, sei es in der Seele oder in Einzeldingen …

[3.] Eine dreifache wahre Bedeutung (*intellectus verus*) nämlich hat es [d. h. das Tier], wie es auch drei Weisen im Sein hat: Eine [Bedeutung] nämlich hat das Sein der Natur außerhalb in den Dingen, eine andere aber hat das Sein der Vernunft, eine dritte aber hat das Sein des Wesens. Das Tier nämlich, das mit seinen Akzidenzien in den Einzeldingen angenommen wird, ist ein natürliches Ding; angenommen aber mit seinen Akzidenzien in der Seele ist es ein Ding der Vernunft. Gemäß seiner selbst hingegen angenommen, ist es ein Ding des Wesens, von dem gesagt wird, dass sein Sein früher ist als sein Sein der Natur oder der Vernunft, wie

extra rem habet, quod sit ens aliquod per essentiam.[989]

das Einfache früher ist als das Zusammengesetzte. Und gemäß sich selbst ist es im Verstand, jedoch insofern es eben ohne jegliche Bedingung eines anderen Dings wahrgenommen wird. Und wie Avicenna in Kapitel acht sagt, wird dieses Sein passenderweise als definitives Sein bezeichnet und ist durch die Absicht Gottes.

[4.] Ich verstehe das so, dass ein solches Sein nur einer Sache zukommt, deren urbildlicher Grund im göttlichen Verstand liegt. Durch ihn [d. h. den urbildlichen Grund] ist sie natürlicherweise darauf angelegt, in den Dingen außerhalb bewirkt zu werden, sodass so, wie ihr aus dem Bezug zu ihm [d. h. dem urbildlichen Grund] und im Hinblick auf ihn als Wirkursache (*causa efficiens*) zukommt, ein Seiendes in Aktualität zu sein, ihr aus einem gewissen Bezug zu ihm und im Hinblick auf ihn als Form außerhalb eines Dings (*extra rem*) zukommt, ein bestimmtes Seiendes durch das Wesen zu sein.

Zitat 5-1

Gleich zu Beginn des Zitats referiert Heinrich Avicennas Überlegungen zur wahren Natur aus *Metaphysik* I.5 und verweist diesmal explizit auf deren Herkunft. Der Textauszug ist gespickt mit wörtlichen Zitaten, die Heinrich zum Teil in vom Original abweichender Reihenfolge anführt. Ein solches Zusammengruppieren mehrerer Zitate in einer Passage ist typisch für Heinrich.[990] Der Übergang zu seiner eigenen Position erfolgt allerdings fließend. Zu den vier Absätzen, in die ich das Zitat eingeteilt habe, ist im Hinblick auf Avicenna Folgendes anzumerken:

[1.] Anders als Avicenna, dessen Überlegungen in *Metaphysik* I.5 ihren Anfang auf der begrifflichen Ebene nehmen,[991] setzt Heinrich sogleich mit einer ontologischen Analyse ein. Mit ausdrücklichem Bezug auf Avicenna weist er darauf hin, „dass ein jedes Ding in seiner artgemäßen Natur eine eigentümliche wahre Natur (*certitudo*) hat, die seine Washeit (*quiditas*) ist, durch die es das ist, was es ist"[992]. In dieser Aussage übernimmt Heinrich Avicennas Definition der wahren Natur (*ḥaqīqa; certitudo*) und setzt obendrein die wahre Natur

---

[989]   Ibid. III, q. 9, ed. Badius, Bd. 1, Fol. LXvO–LXIrO. Diese Passage analysiert auch Wippel, ‚The Reality of Non-Existing Possibles', S. 742–743, Fn. 26.

[990]   Zu den unterschiedlichen Weisen der Bezugnahme Heinrichs auf Avicenna siehe Janssens, ‚Some Elements of Avicennian Influence'.

[991]   Siehe Kapitel 2.1.1.

[992]   Heinrich von Gent, *Quodlibet* III, q. 9, ed. Badius, Bd. 1, Fol. LXvO: „unaquaeque res in sua natura specifica habet certitudinem propriam, quae est eius quiditas, qua est id quod est."

mit der Washeit (*quiditas*) gleich, was sich ebenso bei Avicenna findet. An anderer Stelle identifiziert Heinrich darüber hinaus Washeit mit Wesen (*essentia*)[993] und dieses wiederum mit der wahren Natur.[994] Auffälligerweise ist die Definition, die Heinrich für jede dieser Identifikationen heranzieht, die der wahren Natur. Die Regelmäßigkeit, mit der er hier wie andernorts auf diese Definition zurückgreift, zeigt, wie treffend sie ihm erscheint.

[2.] Von Avicenna übernimmt Heinrich außerdem den Begriff der Intention (*maʿnan; intentio*), der unter anderem für die Transzendentalienlehre bedeutsam ist. Heinrich koppelt im obigen Zitat die Intention des Dings (*res*) an das Wesen und setzt davon die Intention des Seins (*esse*) ab. Dies verhält sich analog zu Avicennas Modell, in dem Ding und Seiendes ebenfalls voneinander abgegrenzt werden. Wie bei Avicenna begleitet (*concomitari*) aber auch nach Heinrich die Bedeutung des Seins die des Dings. Seiendes und Ding sind extensional identisch, intensional jedoch verschieden.[995] Die Bezeichnung als Ding verweist auf das Was einer Sache, das von deren Sein zu trennen ist, dieses Sein also nicht umfasst. So gilt auch bei Heinrich: Pferdheit in sich ist nur Pferdheit.[996] Was das Verhältnis von Sein der Existenz und Wesen angeht, ist darauf hinzuweisen, dass Heinrich eine Realdistinktion ablehnt. Gegen diese Lehre, die Thomas von Aquin und Gottfried von Fontaines vertreten, geht er beispielsweise in *Quodlibet* I, q. 9 und X, q. 7 vor. Allerdings hält er die beiden metaphysischen Seinskomponenten auch nicht für lediglich dem Begriff nach (*ratione*) verschieden. Vielmehr führt er als Alternative zu diesen beiden extremen Positionen an, dass sich Sein und Wesen der Intention nach (*intentione*) unterscheiden, was er beispielsweise in *Quodlibet* X, q. 7 näher ausführt.[997] Damit weicht er von Avicenna ab, bei dem

---

[993] Vgl. ibid. III, q. 9, ed. Badius, Bd. 1, Fol. LXIrO: „Et per hunc modum ponit Avicenna, quod essentiae et quiditati rei, qua est id quod est secundum se, accidunt omnia alia."

[994] Vgl. Heinrich von Gent, *Summa*, art. 21, q. 3, Fol. CXXVvA: „Consequens falsum est, quoniam deum habere in se divinam essentiam est per se notum de deo, quia essentia cuiuscumque est sua certitudo, qua est id quod est, ut dicitur in Vᵒ M e t a p h y s i c a e, capitulo de ente." Diese Aussage findet sich zwar unter den Argumenten zu Beginn des Artikels, aber das ist für die Identifikation von *essentia* und *certitudo*, die Heinrich hier vornimmt, irrelevant. Eine deutsche Übersetzung des Artikels 21 findet sich auch in id., *Gottes Wesen und Washeit*, eine englische in id., *Summa (Art. 21–24)*.

[995] Zum Thema Seiendes und Ding bei Heinrich siehe Aertsen, ›Transcendental Thought‹; Porro, ›Universaux et ›esse essentiae‹‹, v. a. S. 35; Marrone, *Truth and Scientific Knowledge*, S. 104–115, und Pickavé, *Heinrich von Gent über die Metaphysik*, S. 183–244.

[996] Bspw. Heinrich von Gent, *Quodlibet* III, q. 9, ed. Badius, Bd. 1, Fol. LXIrO: „unde ipsa equinitas secundum se non est aliud nisi equinitas tantum, non multa, non unum, nec existens in singularibus, nec in anima." Heinrich zitiert hier Avicenna, dem er zustimmt. Vgl. dazu Janssens, ›Henry of Ghent and Avicenna‹, S. 68, und Porro, ›Universaux et ›esse essentiae‹‹, S. 30–31.

[997] Vgl. Heinrich von Gent, *Quodlibet* X, q. 7, S. 163, Z. 38–S. 166, Z. 6. Hier erläutert Heinrich die Bedeutungen der Verschiedenheit der Sache nach (*re*), dem Begriff nach (*ratione*) und der Intention nach (*intentione*). Letztere ist zwischen den beiden anderen zu verorten, wobei die Abgrenzung zu *ratione* erklärungsbedürftiger ist als die zu *re*. Als Beispiel für begriffliche Verschiedenheit führt Heinrich das Definierende und das Definierte an, bspw. ›Mensch‹ und ›vernünftiges Sinnenwesen‹. Sie sind einander so nah, dass eines der beiden nicht unter das Gegenteil (d. h. die Verneinung) des anderen fällt, wie Heinrich anmerkt, und zudem keine Zusammensetzung aus ihnen beiden möglich ist (sie bilden zusammen nicht eine weitere Art des Seienden). Was hingegen intentional verschieden ist, kann zusammengesetzt werden und bildet dann etwas, das der Sache nach nur eine einfache Form hat, d. h. von einer bestimmten Art des Seienden ist, die durch die Form bestimmt wird. Ein Beispiel hierfür sind ›Sinnenwesen‹ (*animal*) und ›vernünftig‹ (*rationale*). Setzt man sie zusammen, bilden sie ein ›vernünftiges Sinnenwesen‹ (*animal rationale*), was eine bestimmte Art des Seienden ist, nämlich der Mensch. Zu *Quodlibet* X, q. 7, vgl. auch Pickavé, ›Henry of Ghent on Individuation‹,

sich die Forschung uneins ist, ob er eine reale oder begriffliche Verschiedenheit vertritt.[998] Im Kontext der Diskussion zum Verhältnis von Sein und Wesen hebt Heinrich an diversen Stellen hervor, dass für ihn Sein (*esse*) kein wirkliches Akzidens ist. Sollte er es dennoch einmal als hinzutretend oder als Akzidens bezeichnen, dann ist dies nur in weitem Sinne zu verstehen als etwas, das explizit nicht Teil des Wesens einer Sache ist.[999] Heinrich weist ausdrücklich darauf hin, dass dies ebenso auf Avicenna zutrifft, anders als Averroes diesem unterstellt.[1000] Während die Rangordnung zwischen Sein und Wesen bei Avicenna nicht eindeutig ist, erachtet Heinrich die Intention des Seins insofern für nachgeordnet, als man in einer rationalen Analyse feststellt, dass den Wesen Sein auf verschiedene Weise zukommt, da Wesen in unterschiedlichen Entitäten existieren können: Kommt den Wesen Sein der Natur (*esse naturae*) zu, haben sie extramentale Existenz, und zwar in den Einzeldingen dieser Welt. Kommt ihnen demgegenüber Sein der Vernunft (*esse rationis*) zu, haben sie lediglich innerseelische Existenz und liegen in Begriffen vor, die Heinrich zufolge von einem geschaffenen oder ungeschaffenen Verstand gebildet werden. Dies findet sich ähnlich bei Avicenna, von dem Heinrich außerdem die Ansicht übernimmt, dass die Dinge bedingt durch die jeweilige Seinsweise bestimmte Akzidenzien besitzen, die sich nicht im Wesen selbst finden.[1001] Die vermeintliche Vorordnung des Wesens vor dem Sein resultiert Heinrich zufolge lediglich aus unserem diskursiven Verstandesvollzug, liegt jedoch nicht der Sache nach vor. Wesen sind somit keine für sich existierenden Entitäten, zu denen irgendwann Sein hinzutritt. Die beiden genannten Arten von Sein – extramentales und intramentales Sein – sind gemäß Heinrich und Avicenna die einzigen Arten aktuellen Seins, das heißt des Seins der Existenz (*esse existentiae*).[1002] Zuweilen spricht er bezüglich des Vorliegens von Wesen in individuellen Substanzen von Subsistenz (*subsistentia*). Diese fällt in ihrer Bedeutung nicht vollkommen mit der Existenz zusammen, sondern betont den Aspekt des Seins als Individuum.[1003]

S. 188–193, und Marrone, *Truth and Scientific Knowledge*, S. 113, Fn. 60. Siehe außerdem Wippel, ‚The Reality of Non-Existing Possibles‘, S. 741–743.

[998]   Siehe Fn. 233. Meiner Ansicht nach ist die Distinktion nicht real, wofür sich folgende Überlegung anführen ließe: Sein und Wesen lassen sich rational in der ersten, direkten Wirkung des *necesses esse per se* ausmachen, obwohl dieses vollkommen einfach ist und die *ex-uno*-Regel greift. Sie unterscheiden sich folglich nicht so stark, dass sie aus verschiedenen Aspekten dieser Ursache hervorgehen müssten. Die Distinktion ist schwächer als die von Form und Materie, der sie in gewisser Weise vorgelagert ist oder die sie transzendiert, da sie auf einer anderen Ebene anzusiedeln ist. Im Gegensatz zu Materie und Form sind Sein und Wesen offensichtlich also nicht zwei verschiedene Dinge.

[999]   Vgl. bspw. Heinrich von Gent, *Quodlibet* I, q. 9.

[1000] Vgl. id., *Summa*, art. 21, q. 3, ed. Badius, Bd. 1, Fol. CXXVIrF. Averroes äußert seine Kritik im Großen Kommentar zu Aristoteles' *Metaphysik*. Heinrich bezieht sich wohl auf folgende Stelle: Vgl. Averroes, *Tafsīr ›Mā baʿd al-ṭabīʿa‹* IV, comm. 3, S. 313, Z. 6–12; ed. Giunta, 1562, Bd. 8, Fol. 67rB–C. Die Stellenangabe verweist zuerst auf die arabische Edition von Bouyges, sodann auf die lateinische Giunta-Edition.

[1001] Bspw. Universalität – Partikularität, Einheit – Vielheit, Größe, Zeitlichkeit und Ort. Vgl. Ibn Sīnā, *al-Ilāhiyyāt* V.1, S. 152, Z. 13–153, Z. 6, und S. 155, Z. 14–19; ed. Van Riet, S. 233, Z. 19–35, und S. 236, Z. 5–S. 237, Z. 13. Siehe dazu auch Kapitel 2.1.2.

[1002] Ähnlich Pickavé, ‚Henry of Ghent on Individuation‘, S. 198. Es ist außerdem darauf hinzuweisen, dass Heinrich manchmal das *esse existentiae* in engem Sinne nur als Sein der extramental existierenden Dinge verwendet. In der Regel fallen jedoch sowohl das extra- als auch das intramentale Sein unter das *esse existentiae*.

[1003] Vgl. bspw. Heinrich von Gent, *Quodlibet* II.8, S. 50, Z. 71–S. 51, Z. 2. Zum Problem der Abgrenzung von Existenz und Subsistenz bei Heinrich siehe Pickavé, ‚Henry of Ghent on Individuation‘, S. 194–196, und Flores,

[3.] Anhand der Arten des Seins der Existenz nimmt Heinrich im Zitat eine Einteilung der Arten von Dingen vor. Er unterscheidet natürliche Dinge (*res naturales*) von Dingen der Vernunft (*res rationis*). Damit ist er terminologisch konsequenter als Avicenna, der diese Korrelation in *Metaphysik* V.1 zwar einführt, jedoch nicht systematisch durchhält.[1004] Dort ordnet er natürliches Sein (*wuǧūd ṭabīʿī; esse naturale*) einem natürlichen Ding (*šayʾ ṭabīʿī; res naturalis*) zu, unterlässt jedoch eine analoge Zuordnung für das Sein im Geist (*wuǧūd fī l-ʿaql; esse in intellectu*), obgleich er intramentale Entitäten ebenfalls als Dinge ansieht. Mit ihrer Bestimmung als *res rationis* wäre Avicenna sicherlich einverstanden.

Was man bei Avicenna jedoch nicht findet, ist das Sein des Wesens (*esse essentiae*), bei dem es sich nicht um eine dritte Form von aktueller Existenz handelt, sondern um das formale Sein des Wesens als Wesen, wie in Kürze deutlich werden wird. Dennoch wendet Heinrich die obige Korrelation von Sein und Ding auch hierauf an und führt demensprechend das Konzept eines Dings des Wesens (*res essentiae*) ein. Dieses spielt eine wichtige Rolle für das Verhältnis von Gott und Welt und für Heinrichs Sicht auf die Wirklichkeit. Um zu verstehen, was es damit auf sich hat, bedarf es eines Exkurses zu einer anderen Einteilung, die Heinrich im Hinblick auf das Konzept des Dings (*res*) vornimmt: Er unterscheidet realitätsindifferent begreifbare Dinge (*res a reor, reris*) und urbildlich bestimmte Dinge (*res a ratitudine*).[1005] Diese sollen im Folgenden erläutert werden, um anschließend (auf Seite 255) zur Interpretation des Zitats zurückzukehren.

Urbildlich bestimmte Dinge zeichnet aus, dass sie eine Natur beziehungsweise ein Wesen (*natura et essentia*) im Sinne des wahren Wesens besitzen. Ein wahres Wesen liegt nur dann vor, wie Heinrich in *Summa*, art. 21, q. 4 ausführlich erläutert, wenn das Was einer Sache einen urbildlichen Grund (*ratio exemplaris*) im göttlichen Geist hat, auf den es bezogen ist. Andernfalls würde es sich nicht um ein Wesen handeln, sondern lediglich um das Was einer fiktiven Sache (*figmentum*). Die göttlichen Urbilder haben in Heinrichs Modell eine wichtige Funktion für die Gestaltung der Welt: Nur von ihnen kann es überhaupt Abbilder, das heißt individuelle Vertreter geben, die in der extramentalen Wirklichkeit aktuelles Sein (*esse actuale / esse in effectu*) erlangen und als Dinge der Natur vorliegen. Dies hat folgenden Grund: Das aktuelle Sein stammt letztendlich von Gott her, der als Schöpfer die erste Wirkursache aller weltlichen Dinge ist, was durch die Sein-Wesen-Distinktion bedingt wird. Wirkursache versteht Heinrich in diesem Kontext wie Avicenna in metaphysischem Sinne als eine Sein verleihende Ursache, nicht aristotelisch-naturphilosophisch als Bewegungsursache.[1006] Gott verleiht Sein freilich nur an etwas, dessen Urbild er als Idee in sich trägt. Somit kann nur etwas, für das eine göttliche Idee als Urbild fungiert, in die extramentale Wirklichkeit treten. Doch wie gelangt Gott zu seinen Ideen? Er nimmt sie nicht von außen auf, sondern sie entspringen seinem wesenhaften Akt der Selbsterkenntnis. Die Ideen sind nämlich nichts anderes als Gottes Erkenntnis seiner selbst als etwas, das auf unter-

---

Metaphysics and the Trinity, S. 48, Fn. 11.Über die Subsistenz, die Gott immateriellen Geschöpfen zuteilen kann, lässt sich nach Heinrich das Problem der Individualität von immateriellen Substanzen ein und derselben Art lösen. Siehe dazu Kapitel 5.3.1.2.

[1004] Vgl. Ibn Sīnā, *al-Ilāhiyyāt* V.1, S. 156, Z. 6–S. 157, Z. 6; ed. Van Riet, S. 237, Z. 22–S. 238, Z. 50.

[1005] Meine deutschen Bezeichnungen für *res a reor, reris* und *res a ratitudine* gehen aus der nun folgenden Interpretation hervor.

[1006] Vgl. Heinrich von Gent, *Quodlibet* IX, q. 1.

schiedlichste Weisen nachahmbar ist.[1007] Diese reflexive Erkenntnis verursacht keine Vielheit in Gott, denn die Ideen fallen in eins mit seinem vollkommen einfachen Wesen.

Von großer Bedeutung für die Struktur der Welt ist Folgendes: Die Arten der Nachahmbarkeit Gottes, die er in seinen Ideen erfasst, entsprechen den grundsätzlich möglichen natürlichen Arten des Seins. Diese sind hierarchisch strukturiert und bilden die ewige Seinsordnung. Im Gesamtnetz der göttlichen Ideen wird also eine urbildliche Welt (*mundus archetypus*) entworfen, was Heinrich aus der platonisch-augustinischen Tradition kennt. In dieser urbildlichen Welt ist die gesamte ewig gültige Ordnung des Seins fundiert, das bei Heinrich wie bei Aristoteles in unterschiedliche Kategorien einteilbar ist. Es steht fest, was prinzipiell extramental existieren kann, doch dies muss nicht unbedingt in die Wirklichkeit treten, denn Gott erkennt alle möglichen Formen der Nachahmbarkeit seiner, auch diejenigen, die niemals verwirklicht werden.

Die Erkenntnis der Ordnung des Seins im göttlichen Geist findet sich ebenfalls in Avicennas *Metaphysik*, wenn auch in abgewandelter Form. Zwar erfasst das durch sich notwendig Seiende dort ebenfalls in einem selbstreflexiven Akt die Ordnung des Seins, Avicenna zieht aber nicht das Motiv der Nachahmung heran – anders als es für die christlichen Denker im Mittelalter typisch ist. Vielmehr beschreibt er, dass Gott sich selbst als Ursache der guten Ordnung erkennt, was impliziert, dass er auch die Ordnung erkennt.[1008] Neben dieser Differenz zu Heinrich findet sich eine weitere, die von größerer Dramatik ist: Ob und inwieweit die in Gott von Ewigkeit her erkannte Ordnung überhaupt in die Wirklichkeit umgesetzt wird, hängt Heinrichs Überzeugung nach allein vom absolut freien Willen Gottes ab. Heinrich versteht Avicenna hingegen so, dass in dessen Modell Gottes reine Erkenntnis der Ordnung bereits Anlass für die Verwirklichung dieser Ordnung ist. Diesen Automatismus zwischen Gottes Erkenntnis und seinem Akt kritisiert Heinrich scharf und bemängelt das Fehlen eines freien Willens. Seine Reaktion auf Avicenna werde ich in Kapitel 5.3.2 ausführlich analysieren. Mögen die beiden Autoren hinsichtlich des konkreten Akts der Verursachung der Welt unterschiedlicher Ansicht sein, so stimmen sie jedoch darin überein, dass die Ordnung des weltlichen Seins von Ewigkeit her in Gott fundiert ist, zusammen mit dessen Selbsterkenntnis erfasst wird und – wie sich in Kapitel 5.2.3 noch herausstellen wird – notwendig ist.

Die urbildlich bestimmten Dinge (*res a ratitudine*) haben also über ihr Wesen einen Bezug zu den göttlichen Urbildern. Dies sichert nach Heinrich, dass sie eine Ähnlichkeit zu Gott besitzen und diesen in gewisser Weise nachahmen, obgleich es sich dabei lediglich um

---

[1007] Vgl. dazu ibid. IX, q. 1. Gottes Wesen ist allerdings nicht nur das einzige (be)formende Objekt, das den göttlichen Erkenntnisakt initiiert, sondern auch primäres erkanntes Objekt (*obiectum cognitum*), das den Erkenntnisakt vollendet. Darüber hinaus muss er jedoch – wie abermals bei Aristoteles zu lesen ist – die Dinge außerhalb seines eigenen Wesens erkennen können; andernfalls wäre er in höchstem Maße unweise (*insipientissimus*). Er erkennt die Wesen, indem er sich selbst als nachahmbar erkennt. Dies geschieht in den rationalen Gründen, die dementsprechend auch als Nachahmbarkeiten (*imitabilitates*) Gottes oder *rationes perfectionales* bezeichnet werden und die für die tatsächlich verwirklichten Dinge als *formae exemplares* dienen, vgl. ibid. IX, q. 2; Porro, ‚*Ponere statum*', S. 113–116, und Flores, *Metaphysics and the Trinity*, S. 36–39. Siehe außerdem Heinrich von Gent, *Summa*, art. 48, q. 5, ed. Badius, Bd. 2, Fol. CCXXXvT.

[1008] Vgl. Ibn Sīnā, *al-Ilāhiyyāt* VIII.7, S. 291, Z. 6–20; ed. Van Riet, S. 423, Z. 81–S. 424, Z. 3.

eine äußerst entfernte Ähnlichkeit (*similitudo*) handelt.[1009] Sie weisen dann nämlich eine Artbestimmung auf, die an die ewige Ordnung des Seins zurückgebunden ist, die in der urbildlichen Welt erfasst wird.[1010] Der Bezug zum göttlichen Urbild ist demnach fundamental für die Wesen als Wesen, denn allein durch diesen Bezug kommt ihnen Sein des Wesens (*esse essentiae / esse quiditativum*) zu, wodurch sie überhaupt erst als Wesen konstituiert werden und sich vom bloßen Was absetzen, das keinen göttlich fundierten Realitätsgehalt aufweist. Wesen und Sein des Wesens stehen somit in sehr engem Verhältnis zueinander, wie Heinrich regelmäßig betont. Das Sein des Wesens ist für das Wesen als Wesen unabdingbar. Daher kann man, wie Heinrich in *Quodlibet* X, q. 7 anmerkt, nicht im eigentlichen Sinne sagen, es trete zum Wesen hinzu oder werde ihm beigegeben (*addi*) – anders als dies für das Sein der Existenz möglich ist.[1011] Letzteres tritt neu von außen hinzu, während das Sein des Wesens, wie Heinrich betont, den Wesen immer (*semper*) zukommt. Das heißt jedoch nicht, dass die Wesen der Individuen ewig sind und vor den Dingen präexistieren.[1012] Vielmehr drückt Heinrich damit aus, dass die Wesen als Wesen unabdingbar Sein des Wesens besitzen und die Ordnung, auf die sie zurückgebunden sind, eine ewig in Gott fundierte ist, deren individuelle, zeitliche Vertreter die natürlichen Dinge dieser Welt sind, wie auch die Welt als Ganzes.[1013]

Ebenso meint Heinrich, wenn er im dritten Abschnitt des obigen Zitats beispielsweise das Tier als Ding des Wesens (*res essentiae*) bezeichnet, nicht, dass dieses Wesen in irgendeiner Weise hypostasiert würde. Mit Ding des Wesens drückt er lediglich den formalen Realitätsgehalt aus, den das Tier als Tier durch den Bezug zum Urbild und damit zur ewigen Seinsordnung besitzt. Wie bereits erwähnt, gibt es neben den zwei genannten Arten von aktuellem Sein – mental und extramental – keine weiteren. Avicenna und Heinrich sind sich darin einig, dass Wesen für sich selbst kein separates Sein (*esse absolutum*) haben, beispielsweise als platonische Ideen, die sich in einem eigenen Bereich der extramentalen Wirklichkeit finden. Gegen eine derartige Theorie wendet sich Heinrich in *Quodlibet* VII,

---

[1009] Zur *similitudo* siehe bspw. Heinrich von Gent, *Quodlibet* X, q. 7, S. 151, Z. 51–53: „In quantum enim ipsa se ipsa absque omni absoluto addito est similitudo divinae essentiae secundum rationem causae formalis, convenit ei esse essentiae."

[1010] Vgl. bspw. ibid. X, q. 7, S. 152, Z. 59–63: „Quod tamen esse essentiae non proprie dicitur addi essentiae, quia non est essentia proprie nisi illo esse, sed potius dicitur addi aliquo quod est de propria ratione generis sui, quod cum ratione esse constituit essentiam compositam ex quod est, et esse, quod est ipsum quo est." Hier bindet Heinrich in Bezug auf das Wesen selbst Boethius' Einteilung in *quo est* und *quod est* ein und verknüpft es mit Avicennas Distinktion von Sein und Wesen. Auch er vollzieht wie Wilhelm von Auvergne eine boethianisch-avicennische Synthese; zu Wilhelm und Boethius siehe Kapitel 4.1.1. Zu Heinrich siehe außerdem Fn. 980 und *Summa*, art. 21, q. 4, ed. Badius, Bd. 1, Fol. CXXVIIvO: „Quia tamen res ab eodem respectu habet, quod sit in se essentia et natura quaedam et quod conveniat ei esse essentiae, scilicet ex respectu ad rationem divini exemplaris, ut non de novo ipsi essentiae adveniat suum esse proprium, quod dicitur esse essentiae, sicut ei de novo advenit esse existentiae, non est ita planum, quod esse essentiae sit alia intentio ab intentione ipsius essentiae." Das individuelle Sein ist nur temporal. Siehe dazu auch Pickavé, ‚Henry of Ghent on Individuation', S. 197–198.

[1011] Freilich ohne dabei das Sein der Existenz als Akzidens zu verstehen.

[1012] Duns Scotus versteht Heinrich jedoch so, als hätten die Geschöpfe in Gott bereits ewiges Sein vor ihrer Schöpfung, vgl. Hoffmann, ‚Duns Scotus on the Origin of the Possibles', S. 363.

[1013] Vgl. Pickavé, ‚Henry of Ghent on Individuation', S. 198. Zu Heinrichs unterschiedlichen Antworten auf die Frage, ob zwischen dem Sein des Wesens und dem Wesen eine rationale oder intentionale Distinktion vorliegt, siehe ibid., S. 200–201.

q. 1 und 2. Hier verweist er auf Augustinus, der in *De diversis quaestionibus 83* die Annahme von Ideen, die außerhalb des göttlichen Geistes existieren, als Sakrileg disqualifiziert.[1014] Heinrich wirft unter anderem Aristoteles vor, eine solche Theorie, die eigentlich niemand vertrete, Platon unterstellt zu haben.[1015] Gott richtet sich laut Heinrich bei der Schöpfung zwar tatsächlich nach den Ideen, ähnlich wie dies für den Demiurgen in Platons *Timaios* gilt, der „auf das immer sich gleich Verhaltende hinblickt und ein Derartiges zum Vorbild nimmt"[1016]. Das bedeutet jedoch nicht, dass die Ideen Gott von außen vorgegeben sind und als Seinsprinzipien neben Gott fungieren. Wäre ihm etwas vorgeordnet, wäre er nicht mehr der Vortrefflichste (*nobilissimus*) und keine autonom agierende Entität.[1017] Aus diesem Grund verortet Heinrich die Ideen nicht in der extramentalen Wirklichkeit, sondern verlegt sie, wie wir gesehen haben, in die göttliche Weisheit (*sapientia divina*). Ein solches Verständnis der Ideen wird laut Heinrich durch Platon selbst bestätigt, wenn dieser im *Timaios* Folgendes äußert: „Der Geist, dessen Blick und Betrachtung das Verstehen ist, richtet seinen Blick auf die Gattungen der Ideen in der intelligiblen Welt."[1018] Für die intelligible Welt, den *mundus archetypus*, ist nach Heinrich zweifelsfrei Gott der Urheber, und zwar durch seinen selbstreflexiven Erkenntnisakt. Blickt Gott auf etwas aus ihm selbst Stammendes, so bleiben seine Vortrefflichkeit und der Prinzipienmonismus erhalten.

Über das Wesen beziehungsweise das Sein des Wesens reiht sich ein Ding an einem festen Platz in die Ordnung der Wirklichkeit ein, die in den göttlichen Ideen fundiert wird. Damit ist es einer der Kategorien des Seins zugeordnet, das heißt einer natürlichen Art. In dieser Hinsicht weist es Stabilität (*ratitudo*) auf und kann daher als urbildlich bestimmtes, gefestigtes oder fundiertes Ding (*res a ratitudine*) bezeichnet werden. Ob es über Sein der Existenz verfügt, ist für diese Bestimmung nicht relevant. Das Sein der Existenz sorgt lediglich für individuelles extra- oder intramentales Sein. Die Ebene der Wirklichkeit, auf der die Individuen angesiedelt sind, ist nach Heinrich jedoch durch Zufälligkeit, Pluralität und Wandelbarkeit gekennzeichnet. Dies trifft vor allem auf die sublunare Welt zu, in der die Geschöpfe entstehen und vergehen. Heinrich bezeichnet deren Sein daher auch als akzidentelles Sein (*esse accidentale*). Avicenna schätzt das individuelle Sein der sublunaren Dinge

---

[1014] Vgl. Heinrich von Gent, *Quodlibet* VII, q. 1 et 2, S. 19, Z. 58–61. Siehe dazu Augustinus, *De diversis quaestionibus 83* XLVI, 2, CCL 44A, S. 72, Z. 41–S. 73, Z. 64.

[1015] Vgl. Heinrich von Gent, *Quodlibet* IX, q. 2, S. 37, Z. 11–21.

[1016] Platon, *Timaios*, 28a: πρὸς τὸ κατὰ ταὐτὰ ἔχον βλέπων ἀεί, τοιούτῳ τινὶ προςχώμενος παραδείγματι [zitiert im Deutschen nach der Übersetzung von Zekl]. In der lateinischen Übersetzung von Calcidius lautet die betreffende Passage: „Operi porro fortunam dat opifex suus; quippe ad immortalis quidem et in statu genuino persistentis exempli similitudinem atque aemulationem formans operis effigiem honestum efficiat simulacrum necesse est", Platon, *Timaeus*, ed. Waszink, S. 20, Z. 22–S. 21, Z. 2.

[1017] So betont Heinrich bspw. mit Verweis auf Aristoteles bzw. Averroes, dass nichts außer Gottes Wesen (*essentia*) selbst ein Objekt sein kann, das den Verstand Gottes beformt (*obiectum informans divinum intellectum*); andernfalls wäre Gottes Substanz nicht die edelste (*nobilissima*), vgl. Heinrich von Gent, *Quodlibet* IX, q. 2, S. 27, Z. 28–36, und Averroes, *Tafsīr ›Mā baʿd al-ṭabīʿa‹* XI, comm. 51, S. 1695, Z. 6–S. 1696, Z. 6; ed. Giunta, 1562, Bd. 8, Fol. 335rF–vG.

[1018] Heinrich von Gent, *Quodlibet* VII, q. 1 et 2, S. 19, Z. 68–69: „«Mens cuius visus contemplatioque intellectus est, genera idearum contemplatur in intelligibili mundo»." Siehe dazu Platon, *Timaios*, 39e, in der Übersetzung von Calcidius: „Hoc igitur quod deerat addebat opifex deus; atque ut mens, cuius uisus contemplatioque intellectus est, idearum genera contemplatur in intelligibili mundo, quae ideae sunt illic animalia, sic deus in hoc opere suo sensili diversa animalium genera statuit esse debere", Platon, *Timaeus*, ed. Waszink, S. 32, Z. 18–S. 33, Z. 1.

ebenso als kurz, schwach und immer neu einsetzend (*ḏāʾif qaṣīr mustaʾnif; breve et debile et futurum*) ein, das heißt als unbeständig.[1019] Aufgrund ihres unsteten und zufälligen Charakters eignen sich diese Dinge in ihrer Individualität weder bei Heinrich noch bei Avicenna als Gegenstand für wissenschaftliche Betrachtungen. Wissenschaft zielt bei beiden Autoren darauf ab, die beständigen Strukturen der Welt zu erkunden und allgemeine Erkenntnisse über die Wirklichkeit und die Ordnung des Seins zu erlangen. Dafür ist die Ebene der Wesen, das heißt der wahren Naturen relevant.[1020]

Neben den Individuen als Individuen sind als Objekte von Wissenschaft freilich auch Dinge ausgeschlossen, die kein Urbild in Gott besitzen. Sie haben kein Sein des Wesens, sind also keiner natürlichen Art in der Ordnung der Wirklichkeit zuzuordnen und können niemals extramentales Sein erlangen. Dennoch ist das Konzept des Dings auf sie anwendbar, denn immerhin lassen sie sich als realitätsindifferent begreifbare Dinge (*res a reor, reris*) bestimmen. In diese Gruppe fällt nach Heinrich alles, wovon man zumindest einen Begriff (*conceptus*) in der Seele bilden kann, ungeachtet dessen, ob es von dem Begriffenen ein Urbild in Gott gibt oder nicht.[1021] Auf diese weite Bestimmung von Ding, die nur die Konzeptualisierbarkeit einer Sache im menschlichen Geist berücksichtigt, wobei der Realitätsgehalt offenbleibt, weist Heinrich mit dem Zusatz ‚*reor, reris*‘ (wörtlich: ‚ich meine, du meinst‘) hin. Neben den *figmenta* trifft dies natürlich auch auf das zu, was in die Gruppe der *res a ratitudine* fällt. Alles, was man geistig erfassen kann, ist für Heinrich schlechthin (*absolute*) ein Ding, denn es reiht sich geringstenfalls in die Gruppe der realitätsindifferent begreifbaren Dinge ein, da es zumindest mentales Sein hat. Wie Avicenna nimmt Heinrich an, dass absolut Nicht-Seiendes überhaupt kein Ding ist, es wird nicht einmal gedacht und hat damit nicht einmal mentales Sein.[1022]

[3.–4.] Nach dem Exkurs kommen wir nun zu Zitat 5-1 zurück: Vor dem Hintergrund der Theorie des Dings (*res*), die Heinrich ausgehend von Avicenna stark erweitert, lassen sich Heinrichs Ausführungen im dritten und vierten Abschnitt des Zitats besser einordnen. Heinrich stellt hier am Beispiel des Tieres die verschiedenen Arten von Sein vor, die urbildlich bestimmten Dingen zukommen können. Vom natürlichen Sein als extramentales Tier

---

[1019] Vgl. Ibn Sīnā, *al-Ilāhiyyāt* IV.2, S. 204, Z. 7–8; ed. Van Riet, S. 305, Z. 91–94, siehe Zitat 2-15.

[1020] Vgl. Heinrich von Gent, *Summa*, art. 26, q. 1, ed. Badius, Bd. 1, Fol. CLVIIvD–E: „Esse vero actuale, quia essentiae rei adest et abest, modum accidentis habet. Et ideo dicitur esse accidentale, secundum quod dicit Avicenna in principio secundi M e t a p h y s i c a e , distinguendo ista duo esse. Dicamus (inquit), quod esse vel est rei per suam essentiam, sicut homini esse hominem, vel est ei per accidens, sicut Petro esse album. Propter quod dictum est supra saepius, quod solum esse primum est esse disciplinale, esse vero secundum, non. Non enim requiritur, ut res sit in existentia ad hoc, quod de ipsa sit scientia, sed sufficit, quod sit res et natura aliqua in sua essentia.“ Vgl. außerdem ibid., art. 3, q. 4, ed. Badius, Bd. 1, Fol. XXIXvP. Siehe dazu auch Marrone, *Truth and Scientific Knowledge*, S. 18–19, und Pickavé, *Heinrich von Gent über die Metaphysik*, S. 201–207. Zu Avicenna siehe auch McGinnis, ‚Logic and Science‘.

[1021] Ein indifferent begreifbares Ding liegt erkenntnistheoretisch dann vor, wenn sich auf die konkrete Frage danach, was etwas ist, ein erster Eindruck dessen oder eine erste Assoziation zu dem einstellt, worauf der Name des Dings verweist. Dies ist ein noch undifferenziertes oder verworrenes Verständnis (*intellectus confusus*) des Dings, das den Realitätsgehalt offenlässt, wie Heinrich in *Summa*, art. 24, q. 3 darlegt. Er verweist auf das Vorwissen (προγινώσκειν), das Aristoteles in den *Zweiten Analytiken* nennt (vgl. *Analytica Posteriora* I.1, 71a11–13). Dieses Erfassen ist noch vorwissenschaftlich. Um das betroffene Ding wissenschaftlichen Betrachtungen zu unterziehen, muss nach dem verworrenen Erfassen zuerst abgeprüft werden, ob es überhaupt in den Bereich des Seienden fällt, also ein Wesen hat und damit ein urbildlich bestimmtes Ding ist.

[1022] Siehe Fn. 500.

und dem Sein der Vernunft als gedachtes Tier grenzt Heinrich das Sein des Wesens (*esse essentiae*) ab, das dem Wesen Tier als solchem zukommt. Wie gerade erläutert, sichert das Sein des Wesens den urbildlichen Bezug und damit die Eingliederung des Tieres auf formaler Ebene in die Ordnung des Seins, was impliziert, dass es auch in der extramentalen Wirklichkeit als natürliches Ding vorkommen kann, wenn es von Gott ins Sein gesetzt wird, anders als dies beispielsweise für das fiktive Tier des Bockhirschs der Fall ist.[1023] Heinrich führt das Konzept des Seins des Wesens (*esse essentiae*) auf Avicenna zurück, der in seiner *Metaphysik* an mindestens drei Stellen in II.1 und V.1 Aussagen trifft, die Heinrich in diese Richtung interpretiert. In Zitat 5-1 das aus *Quodlibet* III, q. 9 stammt, bezieht sich Heinrich auf eine Passage aus *Metaphysik* V.1, an der Avicenna das Tier-Beispiel anführt, das Heinrich übernimmt. Avicenna äußert dort Folgendes:

Animal ergo acceptum cum accidentibus suis est res naturalis; acceptum vero per se est natura, de qua dicitur quod esse eius prius est quam esse naturale, sicut simplex prius est composito, et hoc est cuius esse proprie dicitur divinum esse, quoniam causa sui esse ex hoc quod est animal est Dei intentione.[1024]	Das Tier also, das mit seinen Akzidenzien angenommen wird, ist ein natürliches Ding; angenommen aber für sich selbst ist es eine Natur, über die gesagt wird, dass ihr Sein früher ist als das natürliche Sein, wie das Einfache früher ist als das Zusammengesetzte. Und dies ist das, dessen Sein passenderweise als göttliches Sein bezeichnet wird, da die Ursache seines Seins, insofern es ein Tier ist, durch die Einsicht Gottes ist [ar.: denn die Ursache seines Seins, insofern es ein Tier ist, ist die Vorsehung (ʿināya) Gottes)].

Zitat 5-2

Wenn Avicenna hier darauf aufmerksam macht, dass das Tier für sich selbst angenommen eine Natur ist, „über die gesagt wird, dass ihr Sein früher ist als das natürliche Sein", billigt er in Heinrichs Augen dem Wesen eine gewisse Art von Sein zu. Avicenna meint an dieser Stelle jedoch nur, dass die Wesensbestimmung als Tier der Bestimmung als natürliches Tier vorgeordnet ist, weil man bei letzterer noch eine bestimmte Art des aktuellen Seins zusätzlich berücksichtigt. Überdies tendiert die aktuelle Forschung zu der Annahme, dass Avicenna mit der Bestimmung dieses Seins als göttliches Sein (*wuǧūd ilāhī; esse divinum*) nicht seine eigene Ansicht äußert, sondern sich auf die Lehre bezieht, die der Bagdader Logiker Yaḥyā ibn ʿAdī († 974) vertritt.[1025] Während Avicenna stets betont, dass den Wesen für sich keine Form von Existenz zukommt, versteht Ibn ʿAdī die Wesen für sich selbst als etwas Seiendes. Er ordnet ihnen essenzielles (*ḏātī*) Sein zu, das er als göttlich bezeichnet, da er es im göttlichen Bereich ansiedelt.[1026] Heinrich liest die Zuschreibung göttlichen Seins an die Wesen als Aussage Avicennas und interpretiert sie im Lichte seiner eigenen, augustinisch geprägten Urbild-Abbild-Lehre. Er ist davon überzeugt, dass Avicenna Urbilder im göttlichen Geist annimmt, zu denen die Wesen der Dinge einen Bezug haben, weshalb

---

[1023] Sein des Wesens findet man auf verschiedenen Ebenen.
[1024] Ibn Sīnā, *al-Ilāhiyyāt* V.1, S. 156, Z. 6–8; ed. Van Riet, S. 237, Z. 22–26.
[1025] Vgl. Menn, ‚Avicenna's Metaphysics', S. 155, Fn. 25, und 157–159.
[1026] Vgl. Rashed, ‚Ibn ʿAdī et Avicenne', S. 119–122 und 167. Für das Zitat auf S. 167 siehe Fn. 85.

ihnen Sein des Wesens zukommt. Für die Verknüpfung von Wesen und Ideen lobt er Avicenna sogar. Zudem setzt er das Sein des Wesens an anderer Stelle mit dem eigentümlichen Sein (*wuǧūd ḫāṣṣ; esse proprium*) gleich, das Avicenna in *Metaphysik* I.5 dem affirmativen Sein gegenüberstellt und eigentlich als Wesen versteht.[1027] Aufgrund der Relevanz des Seins des Wesens für die Wissenschaften und die Logik spricht Heinrich diesbezüglich auch vom *esse disciplinale*.[1028] Die alternative Bezeichnung als *esse definitivum* in Zitat 5-1 berücksichtigt die Tatsache, dass das Sein des Wesens erst die Wesen zu Wesen macht, die dann in einer Definition sprachlich festgehalten werden können. Eine Definition lässt sich auf Basis eines absoluten Begriffs (*conceptus absolutus*) geben, in welchem man die Wesen als Wesen erfasst, frei von den Akzidenzien, die ihnen durch das aktuelle Sein zukommen. Den Ausdruck *esse divinum / divinitatis* verwendet Heinrich diesbezüglich nicht, da er ihn für Gottes Sein reserviert.[1029]

Obwohl Avicenna in seiner *Metaphysik* keine Urbild-Abbild-Theorie vertreten hat, ist es von Heinrich nicht weit hergeholt, ihn dahingehend auszulegen. Dass das durch sich notwendig Seiende in der Erkenntnis seiner selbst als Ursache auch die Ordnung des Seins erkennt, deren Ursache es ist, lässt sich leicht als Entwurf einer urbildlichen Welt verstehen. Dies ist umso mehr der Fall, als bereits al-Ġazālī (um 1056–1111) in seiner Schrift *Die Ziele der Philosophen* (*Maqāṣid al-falāsifa; Summa theoricae philosophiae*), in der er Avicennas Lehre zusammenfasst, genau in diesem Kontext das Konzept des Urbildes einbindet. Diese Schrift, die von Dominicus Gundisalvi ins Lateinische übersetzt wurde, kannte Heinrich.[1030] An der betreffenden Stelle liest man Folgendes:

ostendemus eciam quod secundum quod est ordinata universitas, sciencia primi est principium sue ordinacionis et quod quecumque ordinacio est, consequens est ordinacionem intellectualem, que est exemplar in essencia primi.[1031]	[W]ir werden auch zeigen, dass, insofern es eine geordnete Welt gibt, das Wissen des Ersten das Prinzip ihrer Anordnung (*niẓām; ordinatio*) ist und dass, welche Anordnung auch immer vorliegt, diese der geistigen Anordnung folgt, die das Urbild (*mutamaṯṯil; exemplar*) im Wesen des Ersten ist.

Zitat 5-3

Laut al-Ġazālī wird die Ordnung der Welt in einem Urbild im göttlichen Wesen fundiert. Da er unter den lateinischen Denkern lange Zeit als Schüler Avicennas galt, konnte

---

[1027] Vgl. bspw. Heinrich von Gent, *Quodlibet* III. q. 2, ed. Badius, Bd. 1, Fol. XLIXvE: „Unum, quod dicitur esse essentiae, quod nihil aliud est quam rem secundum se acceptam esse id quod est in sua natura, de quo dicitur, quod definitio est oratio indicans, quod est esse. Et hoc appellat AVICENNA esse proprium rei." Vgl. außerdem id., *Summa*, art. 21, q. 4, ed. Badius, Bd. 1, Fol. CXXVIIvO; für das Zitat dieser Stelle siehe Fn. 1010.

[1028] Siehe Fn. 1020.

[1029] Vgl. Heinrich von Gent, *Quodlibet* X, q. 7, S. 156, Z. 82–84: „cum tamen non sit sit nisi unicum necesse esse, cuiusmodi est esse divinum, nec potest plurificari, ut probat AVICENNA et alibi in Quaestionibus ordinariis declaravimus." Außerdem ibid. III, q. 2, ed. Badius, Bd. 1, Fol. XLIXvF: „Ut sic licet in divina essentia idem sint omnino esse essentiae et actualis existentiae, communicant tamen esse actualis existentiae naturae humanae [Christi], inquantum est esse existentiae, ut ipsa nullum aliud habeat esse actualis existentiae quam illud, quod est esse divinitatis, sicut non habet aliquid esse personale vel suppositi, nisi quod divinum."

[1030] Zu Heinrichs Quellen siehe Macken, ‚Les sources d'Henri de Gand'.

[1031] Al-Ġazālī, *Maqāṣid al-falāsifa*, Teil 2, 2.3, S. 69, Z. 15–17; ed. Muckle, S. 61, Z. 16–20.

Heinrich diese Stelle als Bestätigung seiner Interpretation der avicennischen Lehre auffassen. Vielleicht hat sie ihn sogar zu seiner Interpretation animiert.

Welchen Vorteil bringt es mit sich, im Hinblick auf das Wesen der geschöpflichen Dinge das Konzept des Seins des Wesens stark zu machen, wie es bei Heinrich geschieht? Meiner Ansicht nach wird damit die Kontingenz sowie die Abhängigkeit der Geschöpfe von Gott noch einmal verstärkt und ihnen zudem ein gewisser Realitätsgehalt zugesprochen, der erkenntnistheoretisch relevant ist, wie oben erwähnt. Das Sein des Wesens ist keine Form des aktuellen Seins, sondern betrifft die formale Ebene der Dinge, indem es den Bezug zum Urbild impliziert, durch den die Wesen Wesen sind. Dadurch kommt den Dingen von ihrem Wesen her bereits eine gewisse Realität als Vertreter einer natürlichen Art zu, die in der Ordnung des Seins, die in Gott grundgelegt ist, ihren Platz hat. Über die Urbilder fungiert Gott für alle Dinge als Formalursache *extra rem*. Damit bindet Heinrich die Dinge bereits auf der Ebene der Wesen an Gott, denn nur durch das göttliche Urbild sind die Wesen, was sie sind, und im Urbild wird bestimmt, was sie als Wesen dieser Art ausmacht. Die Dinge haben nichts von sich her, was nicht einen Bezug zu Gott hat, nicht einmal ihr Wesen. Gott ist damit neben der aktuellen Existenz der Dinge auch dafür verantwortlich, dass es die Art, die sie vertreten, als solche geben kann, da die natürlichen Arten in den Urbildern bestimmt sind. Im Grunde wird dadurch auch das Möglich-Sein der Dinge bezogen auf das *esse naturale* in Gott fundiert. Nur dasjenige, wovon es eine Idee in Gott gibt, die als Urbild fungieren kann, könnte grundsätzlich in der extramentalen Wirklichkeit vorkommen. Zudem entscheidet Gott, welche urbildlich bestimmten Arten überhaupt verwirklicht werden. Diese formale Abhängigkeit der Dinge von Gott akzentuiert Heinrich viel stärker als Avicenna. Freilich wird auch in dessen Modell vorausgesetzt, dass nur das ins Sein gelangt, was Gott als Teil der Ordnung erfasst, als deren Ursache er sich erkennt. Jedoch tendiert Avicenna dazu, die Wesen der Dinge als etwas zu behandeln, das die Dinge als solche von sich her haben. Die formale Abhängigkeit von Gott auf Seiten ihres Wesens tritt hier etwas in den Hintergrund. Außerdem spricht Avicenna nicht von Teilhabe, da er bezüglich der Formalursächlichkeit mehr von Aristoteles beeinflusst ist als von Platon. Anders verhält sich dies bei Heinrich, der durch das Sein des Wesens Gott als urbildliche Ursache stärker einbindet.

5.1.2 Modalontologische Bestimmung der Geschöpfe

Das Verhältnis, das die Geschöpfe und Gott aufgrund ihrer wesentlichen Disposition zum Sein haben, drückt Avicenna in ihren modalontologischen Bestimmungen aus. Auch diese Bestimmungen übernimmt Heinrich von ihm:

… quia solus Deus in se est necesse esse. Omne autem aliud, quantum est de se solum, est possibile esse … Unde dicit AVICENNA …: Caetera omnia extra necesse esse ha-	… da allein Gott in sich ein notwendig Seiendes (*necesse esse*) ist. Alles andere aber ist, gemäß dem, wie es allein von sich her ist, lediglich ein möglich Seiendes (*possibile*

bent quiditates, quae sunt per se possibiles, quibus non accidit esse nisi extrinsecus.[1032] | *esse*)... Daher sagt Avi¬cen¬na ...: Alle üb¬rigen Dinge außer dem notwendig Sei¬enden haben Wesen, die durch sich mög¬liche sind, denen nur von außen her Sein zukommt.

Zitat 5-4

Für Heinrich ist wie für Dominicus Gundisalvi und Wilhelm von Auvergne insbesondere die Charakterisierung Gottes als durch sich notwendig Seiendes attraktiv. Darauf werde ich im Theologie-Kapitel noch einmal eingehen. Dass der Begriff des *necesse esse* bei Heinrich von Gent eng an den Gottesbegriff gekoppelt ist, wird an diversen Stellen seines Werks deutlich.[1033]

5.1.2.1 *Possibile esse ab alio*

Gott steht die Gruppe der weltlichen Dinge gegenüber, die der Sein-Wesen-Distinktion unterliegen. Mit Blick darauf, dass es ihnen von ihrem Wesen her an Sein der Existenz mangelt, sie aber grundsätzlich Sein erlangen können, bestimmt Heinrich sie wie Avicenna als durch sich möglich Seiende und verwendet dafür meist nur den Ausdruck *possibile esse*, statt *possibile esse per se*. Darüber hinaus spricht er zuweilen von *possibile esse ab alio*, was man nicht bei Avicenna findet.[1034] Der Zusatz *ab alio* (von anderem her) verweist allerdings nicht auf die Ursache für das Möglich-Sein, anders als man dies von Avicennas *necesse esse per aliud* her kennt. Dort gibt der Zusatz *per aliud* (*bi-ġayrihī*) an, wodurch etwas notwendig seiend ist, nämlich durch eine externe Ursache, die Sein verleiht. Bei Heinrich erfasst der Ausdruck *possibile esse ab alio* die kausale Konsequenz der Sein-Wesen-Distinktion: Etwas, das aufgrund der Distinktion in sich nur ein möglich Seiendes ist, kann ausschließlich durch etwas anderes aktuelles Sein erlangen. Ihm ist es also nur möglich, durch anderes zu sein, das heißt durch eine externe Sein verleihende Ursache.

... dicendum quod re vera existere creaturae non est existere simpliciter et absolute, sed solius esse creatoris est tale, sed esse creaturae non est existere nisi sub quadam dependentia ad manutenentiam creatoris, et ita in quodam respectu quem creatura habet ad Deum, primo ex actu creationis, secundo ex actu conservationis. Et est respectus idem si idem re sunt actus creationis passivae et | ... es ist zu sagen, dass in Wirklichkeit das Existieren des Geschöpfs nicht bedeutet, einfach und schlechthin zu existieren – etwas Derartiges kommt vielmehr allein dem Sein des Schöpfers zu. Dem Sein des Geschöpfs aber kommt nur zu, unter einer bestimmten Abhängigkeit von der Erhaltung des Schöpfers zu existieren und so in einer bestimmten Beziehung, die das Geschöpf zu

---

[1032] Heinrich von Gent, *Summa*, art. 28, q. 6, ed. Badius, Bd. 1, Fol. CLXXvN.

[1033] Vgl. bspw. id., *Quodlibet* VIII, q. 7, ed. Badius, Bd. 2, Fol. CCCXIrT: „Sic et creatura, quia est creatum quid, ratione convincitur, quod ab alio sit creata et ita ab alio producta et hoc ab illo, quod non est ab alio productum et a quo alia, ut iam inductum est, quod non ponimus esse nisi deum, quia est necesse esse. Si enim esset possibile esse, haberet ab alio esse, ut infra declarabitur. Et ... non est necesse esse nisi solus deus.“

[1034] Vgl. id., *Summa*, art. 59, q. 2, S. 241, Z. 479–S. 242, Z. 511.

| conservationis. Et sic idem est creaturam existere et ad aliud existere.[1035] | Gott hat: zuerst aus dem Akt der Schöpfung (*creatio*), sodann aus dem Akt der Bewahrung (*conservatio*). Und es liegt derselbe Bezug vor, wenn die Akte der passiven Schöpfung und der Erhaltung der Sache nach dasselbe sind. Und daher ist es dasselbe, dass das Geschöpf existiert und dass es auf etwas bezogen existiert. |

Zitat 5-5

Aus dem Zitat geht hervor, dass sich die wesenhafte Disposition eines Dings durch das Erlangen von Sein der Existenz nicht ändert. Daher bedürfen Heinrich zufolge alle geschöpflichen Dinge – die Welt als Ganzes wie auch alles in ihr Seiende – während der gesamten Dauer ihrer aktuellen Existenz einer Sein verleihenden Ursache; ebenso verhält sich dies in den Modellen von Avicenna und Wilhelm von Auvergne. Letzte Seinsursache, das heißt Wirkursache im metaphysischen Sinn, ist Gott, der die Geschöpfe nicht nur anfänglich ins Sein setzt, sondern sie darüber hinaus in jedem Moment ihrer Dauer im Sein erhält. Auf Seiten Gottes ist dies ein einziger Akt, auf Seiten der Geschöpfe lassen sich gemäß *Quodlibet* X, q. 7 die beiden Akte der Schöpfung und Bewahrung differenzieren. Wie Heinrich im Anschluss an das Zitat erläutert, erfasst Schöpfung (*creatio*) den Aspekt, dass etwas Sein hat, während es zugleich vom Wesen her durch Potentialität bestimmt ist. Bewahrung (*conservatio*) erfasst den Aspekt einer kontinuierlichen Existenz, nachdem etwas durch Schöpfung ins Sein gelangt ist. Zwar hat Heinrich im Laufe der Zeit seine Ansichten zur Abgrenzung von *creatio* und *conservatio* verändert,[1036] dies hat aber keine Auswirkung darauf, dass er die grundlegende Ansicht vertritt, dass alle Geschöpfe nicht nur für das Erlangen von Sein der Existenz auf Gott angewiesen sind, sondern auch im Sein permanent von ihm abhängen. Daher weist Heinrich am Ende des Zitats darauf hin, dass zu existieren für die Geschöpfe immer bedeutet, bezogen auf etwas anderes zu existieren (*ad aliud existere*), nämlich bezogen auf Gott. Gott wiederum existiert auf absolute Weise, da er in seinem Sein auf nichts angewiesen ist. Die doppelte Rückbindung der Geschöpfe an ihn, was ihr Sein der Existenz angeht, lässt sich rational sehr gut aus Avicennas Sein-Wesen-Distinktion ableiten. Daraus erhellt einmal mehr, warum Avicennas Ontologie so attraktiv für christliche Denker ist.

5.1.2.2 *Necesse esse ab alio*

Anders als für Avicenna kommt es für Heinrich allerdings nicht in Frage, die Geschöpfe als notwendig seiend (*necesse esse*) zu bestimmen, gleichgültig in welcher Form. Dies hat

---

[1035] Id., *Quodlibet* X, q. 7, S. 154, Z. 25–31. Pickavé zitiert dazu id., *Summa*, art. 27, q. 1, S. 121, Z. 282–283: „ut sic esse existentiae cuiuslibet creaturae non sit nisi esse quod est ad aliud se habere." Pickavé betont, dass man dies nicht dahingehend missverstehen dürfe, dass Existenz selbst eine Relation sei, vgl. id., ‚Henry of Ghent on Individuation', S. 197, Fn. 50.

[1036] Zur Abgrenzung von *creatio* und *conservatio* und zum Wandel der Ansichten Heinrichs, vgl. Wielockx, ‚Henry of Ghent and the Events of 1277', S. 50. Zur Schöpfung siehe außerdem Macken, ‚Avicennas Auffassung von der Schöpfung'.

diverse Gründe: Notwendigkeit vom Wesen her (auch *formaliter*) findet sich lediglich im göttlichen Bereich (siehe dazu Kapitel 5.2.2).[1037] Heinrich verknüpft wie Wilhelm Notwendigkeit mit zweiseitiger Ewigkeit, die er für die Geschöpfe ausschließt. Dass er die beiden Bestimmungen als durch sich möglich Seiendes (*possibile esse ex se*) und durch anderes notwendig Seiendes (*necesse esse ab alio*) als unvereinbar betrachtet, scheint er vor allem von Averroes übernommen zu haben, der im Metaphysikkommentar die Kombination dieser beiden Modi gegen Avicenna zurückweist.[1038] Außerdem macht es den Eindruck, als sehe Heinrich – ähnlich wie Wilhelm von Auvergne – die Gefahr, dem Wirken Gottes in gewisser Hinsicht Notwendigkeit zu unterstellen oder diese Unterstellung zumindest zuzulassen, wenn man das Sein der Geschöpfe, die ja von Gott geschaffen werden, in irgendeiner Form als notwendig bezeichnet. In Zitat 5-4 spricht sich Heinrich jedenfalls explizit dagegen aus, ein möglich Seiendes als notwendig Seiendes zu bezeichnen und sei es auch nur als *durch anderes* notwendig. Für ihn stehen *necesse esse* und *possibile esse* konträr gegenüber und sind unvereinbar, außer im innertrinitarischen Bereich. Dass Heinrich die Gefahr fürchtet, eine wie auch immer geartete Bestimmung der Geschöpfe als notwendig Seiendes könne implizieren, dass Gott notwendigerweise wirke, zeigt sich in folgender Passage aus *Quodlibet* VI, q. 33. Hier stellt Heinrich zwei Weisen gegenüber, wie Dingen, die nicht vergehen, das Vermögen zum Sein und Nicht-Sein zukommen kann:

[1.] uno modo, ut licet quantum est ex se habet posse ad non esse, tamen habet necessitatem esse ab alio, ita quod ille esse non possit ei non impartiri; [2.] alio modo quod ille esse suum possit non impartiri, quia nulla necessitate illud ei impartitur. Isto secundo modo ponit fides catholica Deum sanctis angelis et quibuscumque aliis a se impartiri suum esse. Primo modo ponit Avicenna Deum largiri esse rebus aeternis creatis.[1039]	[1.] Auf eine Weise so, dass es, wenngleich es gemäß dem, wie es aus sich heraus ist, ein Vermögen zum Nicht-Sein hat, dennoch von einem anderen her die Notwendigkeit des Seins hat, sodass jener ihm das Sein nicht nicht zuteilen kann. [2.] Auf die andere Weise so, dass jener ihm das Sein [durchaus auch] nicht zuteilen kann, da es ihm ohne Notwendigkeit zugeteilt wird. Auf diese zweite Weise nimmt der christliche Glaube an, dass Gott den heiligen Engeln und allen von ihm verschiedenen Dingen ihr Sein zuteilt. Auf die erste Weise nimmt Avicenna an, dass Gott den ewigen geschaffenen Dingen Sein verleiht.

Zitat 5-6

Von ihrem Wesen her sind bei Heinrich alle Geschöpfe bezüglich des Seins der Existenz indifferent und mithin offen dafür, zu sein, als auch dafür, nicht zu sein. Diese Disposition ändert sich durch die Schöpfung und Bewahrung nicht. Sie trifft auch auf Dinge zu, die ewig

---

[1037] Dieser Thematik widmet er sich intensiv in *Quodlibet* VIII, q. 9.

[1038] Vgl. ibid. VIII, q. 9, ed. Badius, Bd. 2, Fol. CCCXVrP: „Unde Commentator assignat rationem, quare motus potest esse necessarius ab alio non a substantia, dicens: Permanentia motus est ex alio, substantiae autem ex se. Ideo impossibile est inveniri substantiam possibilem ex se necessariam ex alio, quod possibile est in motu." Siehe dazu Averroes, *Tafsīr ›Mā ba'd al-ṭabīʿa‹* XI, comm. 41, S. 1632, Z. 10–12, ed. Giunta, 1562, Bd. 8, Fol. 324vL: „Permanentia igitur motus est ex alio, substantia autem ex se. Et ideo impossibile est invenire substantiam possibilem ex se, necessariam ex alio, quod est possibile in motu."

[1039] Heinrich von Gent, *Quodlibet* VI, q. 33, S. 286, Z. 68–S. 287, Z. 74.

a parte post sind; auch sie können jederzeit wieder ins Nicht-Sein fallen, da Gott ihnen in jedem Moment das Sein verweigern könnte und mit keinerlei Notwendigkeit wirkt. Allein Gott ist in seiner Existenz frei von der Möglichkeit zum Nicht-Sein, wie Heinrich in *Summa*, art. 21, q. 5 mit Bezug auf Avicenna erwähnt.[1040] Obwohl die wesenhafte Disposition der Geschöpfe in Avicennas Modell, von dem Heinrich sie übernommen hat, eine vergleichbare ist, sieht Heinrich die permanente Möglichkeit zum Nicht-Sein ewiger Geschöpfe dort faktisch nicht gegeben, wie er im obigen Zitat erklärt.

Unterstützt wird diese Ansicht dadurch, dass Avicenna die Geschöpfe modalontologisch als durch anderes notwendig seiend bestimmt. Dies ist wie folgt zu verstehen: Gemäß Avicenna existiert ein Geschöpf, weil und solange ihm seine Wirkursache Sein verleiht – sei es von Ewigkeit her oder nur zeitweise. Zwar bleiben die Geschöpfe bezogen auf ihr Wesen stets möglich seiend, in dem Moment aber, in dem ihre Wirkursache aktiv ist und kein Hindernis vorliegt, verleiht ihnen diese Ursache Sein. Daher können sie nicht anders, als aktuell zu existieren, und darin liegt der Aspekt der Notwendigkeit, den Avicenna bezüglich der Existenz der Geschöpfe einführt. Ganz allgemein impliziert für Avicenna die Bestimmung einer Sache als notwendig Seiendes die Zusicherung des Seins (*ta'akkud al-wuğūd; impossibilitas non essendi / vehementia essendi*), die etwas in dem Moment hat, in dem es aktuell existiert.[1041] Diese Zusicherung kann aus dem Seienden selbst heraus erfolgen oder von einer Ursache her. Die Differenz zwischen dem Sein Gottes und dem der Geschöpfe liegt nach Avicenna also nicht in der Tatsache, dass eines notwendig gegeben ist, das andere nicht, sondern darin, auf welche Art und Weise es ihnen jeweils zukommt, notwendig, das heißt aktuell zu existieren: vom eigenen Wesen (*per se*) oder von einer außerhalb liegenden Ursache her (*per aliud*). Die Geschöpfe modalontologisch als notwendig Seiendes zu bestimmen, impliziert also nicht eine in der Ursache vorliegende Notwendigkeit, zu wirken (auch wenn in dem Modell die Ursachen notwendig wirken sollten). Auf welche Weise die Ursache wirkt – und damit verbunden die Frage nach einem Determinismus –, hat mit der Bezeichnung der Dinge als durch anderes notwendig erst einmal nichts zu tun, sondern bedarf einer gesonderten Analyse. Zudem hebt die aktuelle Existenz die wesenhafte Möglichkeit nicht auf, sondern lediglich die damit einhergehende Potentialität, zu sein, wie ich in Kapitel 2.1.3 dargestellt habe.

Auf diese Lehre Avicennas bezieht sich der erste der beiden im Zitat angeführten Fälle des Verleihens von Sein an durch sich möglich Seiendes. Heinrich interpretiert Avicenna jedoch auf abweichende Weise. Seiner Ansicht nach impliziert bei Avicenna die Tatsache, von anderem her notwendig zu sein, dass das Sein von Seiten der Ursache *nicht* nicht zugeteilt werden kann. Damit verlegt Heinrich den Aspekt der Notwendigkeit in die Ursache, die sich folglich ihres Akts nicht zu enthalten vermag, also nicht anders kann, als zu wirken. Hintergrund für diese Interpretation ist, dass Heinrich Avicennas Emanationsmodell als ein Modell versteht, in dem die Sein verleihenden Ursachen, angefangen bei Gott, mit Notwendigkeit wirken. Das notwendige Wirken Gottes findet sich in Artikel 53 der Verurteilung von 1277 wieder, an der Heinrich mitgewirkt hat. Hier wird die These, „[d]ass Gott

---

[1040] Vgl. id., *Summa*, art. 21, q. 5, ed. Badius, Bd. 1, Fol. CXXIXrC: „Unde Avicenna I° Metaphysicae suae vocans deum necesse esse, quoniam necesse esse significat vehementiam essendi, quae propria est deo, eo quod ipse solus non potest non esse, ut in sequenti quaestione patebit. Et omne aliud potest non esse.“
[1041] Siehe Fn. 109.

alles, was unmittelbar von ihm bewirkt wird, mit Notwendigkeit tun muss"[1042], als Irrtum eingeordnet. Wie im Kapitel zu Wilhelm von Auvergne bereits analysiert, ließe sich Notwendigkeit grundsätzlich auf zweierlei Weise in Gottes Wirken legen: Entweder spricht man Gott von vornherein einen freien Willen ab, weswegen er grundsätzlich nur ein einfaches Wirkungsvermögen (*potentia*) besitzt und daher wie die Naturdinge notwendig wirkt. Oder man gewährt Gott zwar eine freie Wahl, legt die Notwendigkeit jedoch in den Moment des Wirkens, in dem der Akt beschlossen ist und ausgeführt wird, und spricht Gott zu, aufgrund seiner Unveränderlichkeit nichts anderes mehr wollen und wirken zu können.[1043] In Kapitel 5.3.2 werde ich näher darauf eingehen, was Heinrich unter dem (natur)notwendigen Wirken Gottes versteht und welche Einwände er dagegen vorbringt. Für den Moment genügt es, darauf hinzuweisen, dass Heinrich beide Formen von Notwendigkeit für das Wirken Gottes zurückweist und dass Zitat 5-6 gegen beide einsetzbar ist.

Heinrich zufolge ist Gott in keinem Moment seines freien Willensentschlusses und Wirkens festgelegt.[1044] Diese Position, die Heinrich als die wahre christliche Lehre ansieht, präsentiert er im obigen Zitat als zweiten Fall. Hier hebt er heraus, dass Gott den Geschöpfen sehr wohl in jedem Moment Sein verweigern kann. Umgekehrt existieren die Geschöpfe damit in keinem Moment notwendig, sondern sind vollkommen kontingent. Dies gilt für die einzelnen Dinge wie auch für die Welt als Ganzes. Aus diesem Grund vermeidet es Heinrich bewusst, das Sein der Geschöpfe in irgendeiner Weise als notwendig zu bezeichnen. Weil Heinrich Gott und den anderen Wirkursachen in Avicennas Modell unterstellt, notwendig zu wirken, hält er es faktisch für unmöglich, dass die ewigen Dinge dort nicht existieren könnten. Wenn das Wirken Gottes notwendig ist, dann haben die Dinge faktisch keine Möglichkeit, nicht zu sein. Heinrich scheint Avicenna so zu interpretieren, dass das durch die Ursache bedingte notwendige Sein die innere Möglichkeit aufhebt. Er verknüpft Avicennas *necesse esse ab alio* konsequent mit dem notwendigen Wirken Gottes und hält es für logisch unvereinbar mit der Charakterisierung der Geschöpfe als *possibile esse per se*, wie er in *Quodlibet* VIII, q. 2 darlegt. Ein gleichzeitiges Vorliegen der beiden Aspekte des *possibile esse per se ad esse et non esse* und des *de necessitate habere esse a deo* sei genauso unmöglich wie das gleichzeitige Ausüben der Tätigkeiten des Sitzens und Stehens. Heinrichs Vorwurf würde jedoch nur greifen, wenn man nicht zwischen innerer und faktischer modaler Bestimmung unterscheidet oder eine statistische beziehungsweise temporal verstandene Modaltheorie vertritt und ewige Dinge als in sich notwendig versteht.[1045]

In *Quodlibet* VIII, q. 2 meint Heinrich außerdem, noch einen zweiten inneren Widerspruch im avicennischen System aufzudecken. So weist er darauf hin, dass man nicht logisch widerspruchsfrei zugleich annehmen könne, Gott verleihe der Welt von Ewigkeit her Sein und die Welt erhalte das Sein *nach* dem Nicht-Sein. Heinrichs Vorwurf wäre allerdings nur dann gerechtfertigt, wenn man die Präposition ‚nach' temporal versteht und nicht, wie es bei Avicenna der Fall ist, essenziell. Wie in Kapitel 2.3.2.1 erläutert, kann Sein nach Nicht-Sein – und damit Entstehung – auf unterschiedliche Weise aufgefasst werden, sodass auch

---

[1042] Flasch, *Aufklärung*, Nr. 53 (Hissette, *Enquête*, Nr. 20): „Quod Deum necesse est facere, quicquid inmediate fit ab ipso."
[1043] Zur Differenz von einfachen und zweifachen Vermögen siehe meine Ausführungen in Kapitel 4.3.1.1.
[1044] Genaueres dazu werde ich im Rahmen der Kritik an Avicenna in Kapitel 5.3.2 erläutern.
[1045] Zum statistischen Verständnis siehe Kukkonen, ‚Infinite Power and Plenitude'.

Ewiges als entstanden und sogar geschaffen gelten kann, wie es für die Welt der Fall ist. Somit trifft der Vorwurf Avicenna eigentlich nicht. Heinrich bringt ihn jedoch an, um die Ewigkeit der Welt zurückzuweisen.

Um die Ergebnisse des Kapitels 5.1 im Hinblick auf das Verhältnis von Gott und Welt zusammenzufassen: Mit der Übernahme von Avicennas Sein-Wesen-Distinktion, verbunden mit der Ausarbeitung der Theorie zum Sein des Wesens vermag Heinrich auf rationale Weise Gott deutlich von allem übrigen Seienden abzugrenzen und damit zwei grundlegend verschiedene Arten von Seiendem zu unterscheiden: Gott, dem durch sich notwendig Seienden, stehen alle anderen mentalen und extramentalen Entitäten gegenüber, die lediglich durch sich möglich Seiendes sind. Die modalontologischen Bestimmungen gehen auf die ontologische Grundstruktur der Dinge zurück: Die Welt als Ganzes wie auch alle Individuen, seien sie immateriell oder materiell, unterliegen der grundlegenden ontologischen Distinktion von Sein (der Existenz) und Wesen. Gott ist dieser Distinktion enthoben, was seine absolute Ausnahme- und Vorrangstellung in der Wirklichkeit sichert. Die Strategie, alles andere hingegen der Distinktion zu unterwerfen und zudem das Sein des Wesens einzuführen, hat den großen Vorteil, dass man aus der essenziellen Disposition der weltlichen Dinge rational ableiten kann, dass sie im Sein komplett von Gott abhängen. Dies sichert seine Rolle als Schöpfer der Welt. Einerseits ist er als höchste metaphysisch verstandene Wirkursache tätig, die den Geschöpfen Sein der Existenz verleiht, das heißt sie ins Sein setzt und die gesamte Dauer ihrer Existenz hindurch im Sein hält. Andererseits steht er als ihre Formalursache *extra rem* im Hintergrund, da seine Ideen als Urbilder für die Geschöpfe dienen, wodurch ihren Wesen Sein des Wesens zukommt.[1046] Gott selbst ist demgegenüber vollkommen unabhängig von allem anderen. Die Einseitigkeit des Abhängigkeitsverhältnisses und Gottes Transzendenz hebt Heinrich in *Summa*, art. 29, q. 6 hervor. Gott ist in keiner Weise auf die Welt angewiesen und in seiner Funktion als Ursache keinesfalls mit den Geschöpfen so verbunden, dass er ihnen innewohnen oder in irgendeinem Sinne in ein Gemenge mit ihnen eintreten würde. So ist er als Formursache keine innewohnende Form, sondern nur Exemplarursache; als Wirkursache ist er keine natürliche Bewegungsursache, die mit dem Verursachten interagiert, sondern eine metaphysisch verstandene, Sein verleihende Ursache. Zudem ist alles Weltliche auf ihn als letzte Finalursache bezogen, woraus er selbst keinerlei Nutzen zieht.[1047] Wie bei den anderen bereits behandelten Denkern hat sich auch bei Heinrich herausgestellt, dass in der ontologischen Differenz der Welt zu Gott zugleich der Grund dafür liegt, dass die Welt auf Gott als Ursache angewiesen ist, während dieser eine Sonderstellung im Sein einnimmt und vollkommen autark existiert. Diese Konstellation rein rational herleiten zu können, macht Avicennas Ontologie so attraktiv für Heinrich.

[1046] Die Vorordnung Gottes bezüglich beider Arten des Seins betont Heinrich bspw. in *Summa*, art. 59, q. 2.
[1047] Zur Einschätzung der Ursächlichkeit Gottes siehe ibid., art. 29, q. 6.

5.2 Theologie

Die Bestimmung Gottes als durch sich notwendig Seiendes (*necesse esse*[1048]) hat Heinrich von Gent zweifelsfrei von Avicenna übernommen. Sie gilt als eine der bedeutendsten Faktoren für Heinrichs positive Aufnahme der Ontologie Avicennas. Die Frage ist jedoch, wie weit kann Heinrich mit Avicennas philosophischem Gottesbegriff mitgehen? Wir werden sehen, dass Avicenna auch für Heinrichs Gotteslehre eine wichtige Rolle spielt, selbst dann noch, wenn er sich dem genuin christlichen Thema der Trinität zuwendet.[1049] Hier dient Avicenna in erster Linie als wichtiger Gesprächspartner, dessen Einwände Heinrich ermöglichen, in seiner Entgegnung die Lehre der Trinität rational zu verteidigen.

5.2.1 Gott als *necesse esse*

Der wichtigste Aspekt des durch sich notwendig Seienden ist es, autark zu existieren.

Unde dicit AVICENNA, VIIIº Metaphysicae: «*Prima proprietas de necesse esse est, quia est et quia est ens. Deinde de aliis proprietatibus quaedam sunt, quibus intentio est esse cum relatione, et quaedam sunt esse cum negatione.*» Unde solummodo ,esse' significat quod quid est in Deo absolute absque omni ratione relationis vel negationis, et similiter nomen 'essentia' sumptum ab eo quod est esse. Cetera vero omnia esse significant sub ratione alicuius respectus aut negationis.[1050]

Daher sagt Avicenna im achten Buch der *Metaphysik*: ‚Das erste Attribut des notwendig Seienden ist, dass es ist und dass es ein Seiendes ist. Sodann gibt es unter den anderen Attributen manche, denen die Intention des Seins zusammen mit einer Relation zukommt, und manche sind das Sein zusammen mit einer Negation.' Daher zeigt allein nur ,Sein' (*esse*) das an, was in Gott schlechthin ist, ohne jeglichen Aspekt der Relation oder Negation, und ähnlich der Name ‚Wesen' (*essentia*), der von dem her genommen ist, was das Sein ist. Alle übrigen aber zeigen das Sein an unter dem Aspekt irgendeines Bezugs oder irgendeiner Negation.

Zitat 5-7

Gemäß Avicenna ist das Sein primäres, wesenhaftes Attribut des durch sich notwendig Seienden. Da die sekundären Attribute den traditionellen göttlichen Attributen entsprechen, kann man das durch sich notwendig Seiende nach Avicenna mit Gott identifizieren.[1051] Da bei Heinrich das Sein wiederum wesenhaftes Attribut Gottes ist, wie aus dem

---

[1048] Da Heinrich, wie bereits dargelegt, die Bestimmung, notwendig zu sein, nicht auf die Geschöpfe anwendet, kann er auf den Zusatz *per se* bzw. *ex se* verzichten – anders als Avicenna, der damit das göttliche vom geschöpflichen Seienden abgrenzt.

[1049] Zu Heinrichs Trinitätstheologie siehe insbesondere die Monographie Flores, *Metaphysics and the Trinity*.

[1050] Heinrich von Gent, *Summa*, art. 35, q. 8, S. 77, Z. 47–S. 78, Z. 53. Vgl. dazu Ibn Sīnā, *al-Ilāhiyyāt* VIII, 7, S. 296, Z. 2–4; ed. Van Riet, S. 429, Z. 21–S. 430, Z. 24: „Et cum certus fueris quod prima proprietas de necesse esse est quia est et quia est ens, scies deinde quod de aliis proprietatibus quaedam sunt in quibus intentio est esse cum relatione et quaedam sunt hoc esse cum negatione."

[1051] Siehe dazu Kapitel 2.2 und Adamson, ‚From the Necessary Existent to God'. Heinrich erwähnt die Identifikation bei Avicenna in *Summa*, art. 21, q. 5, ed. Badius, Bd. 1, Fol. CXXIXrC.

Zitat hervorgeht, verwundert es nicht, dass Heinrich Avicennas Konzept des durch sich notwendig Seienden auf Gott anwendet und damit einen philosophischen Gottesbegriff übernimmt.[1052] Die Rolle des durch sich notwendig Seienden als erste Sein verleihende Ursache lässt sich gut mit der Rolle Gottes als Schöpfer vereinbaren, wenngleich die Ansätze Avicennas und Heinrichs zur inhaltlichen Ausgestaltung des Schöpfungsakts stark divergieren. Zudem lassen sich sowohl für Avicenna als auch für Heinrich Attribute wie die Einzigkeit und Einfachheit Gottes argumentativ gut aus dem Konzept des durch sich notwendig Seienden ableiten. Anders als Avicenna steht Heinrich in christlicher Tradition, in der mit ‚Gott' nicht nur das einfache göttliche Wesen (*essentia divina*) angesprochen wird, sondern darüber hinaus auch die trinitarischen Personen gemeint sind. In *Summa*, art. 54, q. 3 gibt Heinrich zu, dass der christliche Glaube notwendigerweise die Hervorgänge mehrerer göttlicher Personen annehmen muss und dass dieses Mysterium schwer zu begreifen sei.[1053] Das Dogma der Trinität muss Heinrich mit dem philosophischen Gottesbegriff vereinbaren, den er von Avicenna übernimmt und der sich aus der Ontologie heraus ergibt. Wie Wilhelm von Auvergne hält auch Heinrich in der Trinitätstheologie an der von Avicenna übernommenen modalen Ontologie fest. Trinität bedeutet bei ihm ebenfalls keinen wirklichen Bruch mit Avicenna und den Philosophen, sondern eine systematische Erweiterung des ontologischen Modells. Freilich begegnet er dabei denselben Problemen wie Wilhelm. Aus Heinrichs Diskussion dieser Probleme geht hervor, dass er wie Wilhelm beabsichtigt, sie mit rationalen Mitteln zu lösen. Damit stärkt er die Lehre der Trinität, indem er zeigt, dass sie sich zumindest mit der Vernunft erschließen und in ein aus seiner Sicht kohärentes ontologisches Modell einbauen lässt.

In *Summa*, art. 21, q. 3 identifiziert Heinrich zum ersten Mal selbst das durch sich notwendig Seiende mit Gott. Dies geschieht im Rahmen der Diskussion zur Frage, ob Gottes Sein etwas neben seinem Wesen sei:[1054]

[1052] Avicenna beweist zunächst die Existenz des *necesse esse* als ein Seiendes, das selbst unverursacht, zugleich aber Wirkursache für alles andere ist. Erst im Anschluss daran nimmt er über die Ableitung traditioneller göttlicher Attribute aus dieser grundlegenden Konzeption des *necesse esse* eine Identifikation mit Gott vor. Demgegenüber identifiziert Heinrich von Gent an der vorliegenden Stelle Gott gerade wegen des Aspekts des Unverursachtseins mit dem *necesse esse*. Zu Avicenna siehe Adamson, ‚From the Necessary Existent to God' und Kapitel 2.2 dieser Arbeit.

[1053] Vgl. Heinrich von Gent, *Summa*, art. 54, q. 3, S. 159, Z. 109–110: „Et est dicendum quod sic necesse habet ponere fides catholica, quamquam sit difficile eam hoc mysterium capere."

[1054] In der *Lectura ordinaria*, die er 1275/76 verfasst hat (so er denn deren Autor ist), verwendet Heinrich den Begriff des *necesse esse* noch nicht; dasselbe gilt für *Quodlibet* I (um Weihnachten 1976). Erst in der achten Quästion von *Quodlibet* II (1277) tritt dieser Begriff auf, allerdings nicht in den Abschnitten, in denen Heinrich seine eigene Lehre darstellt, sondern innerhalb eines Referats der aristotelischen Lehre von den unbewegten Bewegern: „Et ex hoc quod ponit quodlibet eorum esse deum quemdam, ponit quodlibet eorum esse ex se singularitatem quandam et quoddam necesse esse, tam propter separationem a materia, quam propter indifferentiam essentia a supposito et existentia sua, ut alibi declaratum est. Ponendo enim plura esse separata a materia, ipse plures deos et plura necesse esse posuit. Quod omnino est impossibile, ut bene probat Avicennas VIII° Metaphysicae et alibi expositum est", id., *Quodlibet* II, q. 8, S. 41, Z. 43–49.

In Deo autem hoc necessarium est ponere, scilicet quod ex se et sua essentia omnino habeat esse et non ab alio neque formaliter neque effective. Ipse enim ex se habet esse, et est id quod est necesse esse, ut infra videbitur. Aliter etiam in Deo esset compositio ex diversis re differentibus, scilicet ex ipsa divina essentia et ipso esse, quod poneretur esse aliquid aliud re praeter divinam essentiam, quod est omnino impossibile. Quomodo autem nec etiam intentione in Deo differunt esse et essentia eius, quae differunt intentione in omni creatura, videbitur in sequenti quaestione.[1055]

In Gott aber ist es notwendig, dies anzunehmen, nämlich, dass er gänzlich aus sich und seinem Wesen heraus Sein hat und nicht von etwas anderem her, weder formal- noch wirkursächlich. Denn er hat aus sich Sein und ist das, was das notwendig Seiende ist, wie unten ersichtlich werden wird. Andernfalls gäbe es auch in Gott eine Zusammensetzung aus verschiedenen Dingen, die sich der Sache nach unterscheiden, das heißt aus dem göttlichen Wesen selbst und dessen Sein selbst, von dem man annehmen würde, es sei der Sache nach etwas anderes neben dem göttlichen Wesen, was gänzlich unmöglich ist. Wie sich aber in Gott dessen Sein und Wesen nicht einmal der Intention nach unterscheiden – während sie sich doch in jedem Geschöpf der Intention nach unterscheiden – wird in der folgenden Frage ersichtlich werden.

Zitat 5-8

Diese Passage findet sich am Ende der Lösung (*solutio*), unmittelbar bevor Heinrich dazu übergeht, die einzelnen Argumente zu erwidern. Sie ist als Fazit zu verstehen, in dem Heinrich seine eigene Haltung zusammenfasst. Die Identifikation Gottes mit dem notwendig Seienden nimmt er eher nebenbei vor; weder leitet er sie argumentativ her, noch geht er näher auf das Konzept des *necesse esse* ein. Stattdessen verweist er auf spätere Ausführungen. Jedoch spricht Heinrich hier bereits zwei wichtige Charakteristika Gottes an, die mit dem Konzept des notwendig Seienden verknüpft sind: Gott ist nicht durch anderes verursacht und er ist vollkommen einfach. Bei der Zuschreibung dieser beiden Kennzeichen ist Heinrich von Avicenna beeinflusst und hebt sie ähnlich stark hervor. Angesichts dessen sieht er sich jedoch vor ein Problem gestellt, mit dem Avicenna nicht zu kämpfen hatte: Wie lässt sich mit einem solchen Gotteskonzept die Trinität vereinbaren, die als christliches Dogma vorgegeben ist? Avicennas Antwort würde lauten: gar nicht. Seine möglichen Einwände, auf die ich noch näher eingehen werde, können für den Moment wie folgt umrissen werden: Die vollkommene Einfachheit Gottes liegt darin begründet, dass Gott der Sein-Wesen-Distinktion gänzlich enthoben ist, wie aus dem obigen Zitat hervorgeht. Sein und Wesen sind in Gott nicht einmal dem Begriff nach zu unterscheiden, somit unterliegt Gott nicht einmal der geringstmöglichen Dualität. Zugleich wird Gott als dreifaltig angenommen. Aus Avicennas Sicht ist dies unvereinbar mit der Einfachheit Gottes. Darüber hinaus stehen die trinitarischen Personen, die alle Gott sein sollen, in ursächlichem Verhältnis zueinander. Dies läuft in Avicennas Augen der Tatsache zuwider, dass Gott als durch sich notwendig Seiendes in keiner Weise durch anderes verursacht ist.

[1055] Id., *Summa*, art. 21, q. 3, ed. Badius, Bd. 1, Fol. CXXVIvG. Diese Passage findet sich ebenfalls auf deutsch übersetzt in id., *Gottes Wesen und Washeit*, S. 125–127.

Heinrich ist sich dieser Probleme bewusst, die aufkommen, wenn er Avicennas Bestimmung Gottes als notwendig Seiendes adaptiert. Möchte er an dieser Bestimmung festhalten, muss er einen Weg finden, das philosophische Gotteskonzept mit dem Glaubensmysterium der Trinität zu vereinbaren. Dazu muss er die gerade formulierten Probleme lösen. Aus Heinrichs Darstellung seiner eigenen Lehre geht tatsächlich hervor, dass Avicenna ihm nicht nur als Quelle dient, sondern auch die Rolle eines imaginären Gesprächspartners einnimmt, der mögliche Einwände formuliert, die es abzuwehren gilt. Dies zeigt, wie sehr Heinrich Avicennas Ansatz schätzt. In Auseinandersetzung mit ihm versucht er, einen Weg zu finden, um die Trinitätslehre in das rational fundierte ontologische System einzubauen, das er von Avicenna übernommen hat. Dabei erweitert er dieses System und bemüht sich darum, zu veranschaulichen, dass die Trinitätslehre der Vernunft nicht widerspricht. Heinrichs Bezug zu Avicenna und seine Auseinandersetzung mit ihm im Bereich der Theologie sollen im Folgenden erläutert werden.

5.2.2 Unverursacht-Sein des *necesse esse*

Dass Gott als durch sich notwendig Seiendes keiner Ursache bedarf, arbeiten Avicenna und Heinrich auf unterschiedliche Weise aus. Wenn Avicenna in Kapitel I.6 seiner *Metaphysik* gegenüberstellt, „dass das durch sich notwendig Seiende keine Ursache hat und dass das durch sich möglich Seiende eine Ursache hat"[1056], dient als *tertium comparationis* die Sein verleihende Ursache, wie aus dem Kontext des Zitats hervorgeht.[1057] Gemäß Avicenna ist dies die Wirkursache (*ʿilla fāʿiliyya / fāʿila; causa efficiens*) im eigentlichen, das heißt metaphysischen Sinn.[1058] In Kapitel VI.1 definiert er sie wie folgt: „Das Wirkende aber ist diejenige Ursache, die einem Ding Sein verleiht (*tufīdu; aquirit*), das unterschieden ist von ihr selbst."[1059] Spricht Avicenna also davon, dass das durch sich notwendig Seiende keine Ursache hat, so meint er, dass es keine externe Wirkursache gibt, die ihm Sein verleiht. Hinsichtlich der Frage nach der Verursachung des durch sich notwendig Seienden liegt Avicennas Fokus also vornehmlich auf der Wirkursache.

Heinrich hingegen bindet wie bei der Sein-Wesen-Distinktion die Formalursächlichkeit stärker mit ein. Zu Beginn von Zitat 5-8 merkt er zunächst an, dass das notwendig Seiende aus sich heraus Sein hat, nicht von etwas anderem her (*non ab alio*). Diese Aussage weckt Assoziationen zur Wirkursache. Allerdings schiebt Heinrich eine qualifizierende Bemerkung nach, die darauf hinweist, wie seine Aussage eigentlich aufzufassen ist: Das notwendig Seiende hat weder wirkursächlich (*effective*) noch formalursächlich (*formaliter*) Sein von

---

[1056] Ibn Sīnā, *al-Ilāhiyyāt* I.6, S. 30, Z. 4; ed. Van Riet, S. 43, Z. 14–15: „quod necesse esse per se non habet cuasam et quod possibile esse per se habet causam."

[1057] Bei der modalen Bestimmung einer Sache als *necesse esse per se* oder *possibile esse per se* dient jedoch das Sein (*esse affirmativum*) als Kriterium. Ausschlaggebend ist, ob der Sache Sein zukommt oder nicht, wenn man allein ihr Wesen in den Blick nimmt. Siehe dazu Kapitel 2.1.3.

[1058] Avicenna grenzt eine metaphysisch verstandene Wirkursache, die Sein verleiht, von einer naturphilosophisch verstandenen Wirkursache im Sinne einer Bewegungsursache ab. Siehe dazu Kapitel 2.1.4.

[1059] Ibid. VI.1, S. 194, Z. 12; ed. Van Riet, S. 291, Z. 14–S. 292, Z. 15: „Agens vero est causa quae acquirit rei esse discretum a seipso (*al-ʿillatu llatī tufīdu wuǧūdan mufīdan li-ḏātihā*)." Siehe dazu auch die Anmerkung von Van Riet zu *tufīdu*: „(qui) donne".

etwas anderem her. Diese beiden Arten von Ursächlichkeit muss Heinrich ansprechen und deutlich voneinander absetzten, da er ihre Differenz für die Analyse der ontologischen Verhältnisse der trinitarischen Personen braucht, wie wir noch sehen werden. Um zu erschließen, welche Haltung Heinrich zur wirk- und formalursächlichen Bestimmung Gottes im Detail einnimmt, lohnt sich ein Blick in *Summa*, art. 21, q. 5, in der die Frage erörtert wird, „ob Gott von sich selbst her (*a se ipso*) Sein hat".[1060] In seiner Lösung analysiert Heinrich, welche Möglichkeiten der Interpretation die Formulierung ‚von sich her' (*a se*) hat, wenn man von Gott aussagt, er sei von sich selbst her.[1061]

Dicendum ad hoc breviter, quod ly ‚a se' potest dicere circumstantiam [1.] causae agentis sive efficientis, vel [2.] formalis. Si primo modo, sic dicendum, quod Deus [1.1] non habet esse a se, immo [1.2] nec etiam ab alio.

[1.1] Non a se, quia secundum AUGUSTINUM nihil seipsum producit ad esse ut sit … Si ergo divinae essentiae acquiratur esse, hoc sit necessario ab alio agente [1.2]. Agens autem aliud a divina essentia est agens aliud a Deo. Esset ergo causa esse Dei, alius a Deo … Deus ergo non esset prima causa agens … Non ergo de se esset purus actus, nec omnino simplex, sed compositus ex potentia et actu, sive ex essentia et esse, cuius oppositum inferius demonstrabitur.

Unde AVICENNA I° Metaphysicae suae, vocans Deum necesse esse, quoniam necesse esse significat vehementiam essendi quae propria est Deo, eo quod ipse solus non potest non esse, ut in sequenti quaestione patebit. Et omne aliud potest non esse, ut patebit in quaestionibus de esse creaturarum, dicit: Quoniam autem necesse esse non habet causam, manifestum est. Si enim haberet causam esse, perfectio esse eius esset per illam. Quicquid autem est cuius perfectio est per aliud, si consideratum fuerit per se sine alio, non habet esse necessarium nec est necesse esse per se. …

[2.] Si vero secundo modo ly ‚a se' dicat circu[m]stantiam causae formalis, sic dicendum, quod Deus habet esse a seipso.

Dazu ist in Kürze zu sagen, dass der Ausdruck ‚von sich her' die Beschaffenheit [1.] der tätigen oder wirkenden Ursache benennen kann oder die [2.] der formalen. Wenn es auf die erste Weise geschieht, so ist zu sagen, dass Gott [1.1] nicht von sich her Sein hat und [1.2] freilich auch keineswegs von einem anderen her.

[1.1] Nicht von sich her, da gemäß Augustinus nichts sich selbst ins Sein hervorbringt, sodass es ist … [1.2] Wenn daher dem göttlichen Wesen Sein verliehen werden würde, geschähe dies notwendigerweise von einem anderen Tätigen her. Etwas Tätiges aber, das vom göttlichen Wesen verschieden ist, ist etwas Tätiges, das von Gott verschieden ist. Die Ursache für das Sein Gottes wäre also ein von Gott Verschiedener … Gott wäre also nicht die erste Wirkursache (*causa agens*) … Er wäre also nicht von sich her (*de se*) reiner Akt, noch gänzlich einfach, sondern zusammengesetzt aus Vermögen und Wirklichkeit oder aus Wesen und Sein. Das Gegenteil davon wird unten bewiesen werden.

Wenn Avicenna daher in Buch I seiner *Metaphysik* Gott das notwendig Seiende nennt, weil ja notwendig Seiendes die Stärke des Seins anzeigt, die Gott eigentümlich ist, insofern er allein nicht nicht sein kann (wie sich in der folgenden Frage zeigen wird), während alles andere nicht sein kann (wie sich in den Fragen zum Sein der Geschöpfe zeigen wird), sagt er: Dass aber das notwen-

---

[1060] Siehe die Einleitung zu *Summa*, art. 21, q. 1, ed. Badius, Bd. 1, Fol. CXXIIIrA: „Utrum deus habet esse a seipso."

[1061] Die zitierte Passage bezieht sich auf das wesenhafte Sein Gottes (*esse essentiale*), nicht auf das personale Sein (*esse personale*). Dieses nimmt Heinrich im Anschluss an das Zitat in den Blick.

Habet enim esse ex hoc, quod est forma et actus purus, quae est ipsum esse omnino indifferens, nec aliquid praeter ipsum esse, ut probatum est supra.[1062]

dig Seiende keine Ursache hat, ist offensichtlich. Wenn es nämlich eine Ursache des Seins hätte, dann wäre die Vollkommenheit seines Seins durch jene. Aber, was auch immer existiert, dessen Vollkommenheit durch etwas anderes ist, hat, wenn es in sich betrachtet wird, ohne das andere, nicht notwendiges Sein, noch ist es ein durch sich notwendig Seiendes …

[2.] Wenn aber der Ausdruck ‚von sich her‘ auf die zweite Weise den Umstand der Formalursache benennt, so muss man sagen, dass Gott von sich selbst her Sein hat. Er hat nämlich das Sein daraus, dass er Form – und reiner Akt – ist, die das gänzlich ununterschiedene Sein selbst ist, und nicht etwas außer dem Sein selbst, wie oben bewiesen wurde.

Zitat 5-9

Die Zuschreibung, von sich her zu sein, kann laut Heinrich einerseits auf die Verursachung durch eine Wirkursache (*causa agens / efficiens*) bezogen werden, andererseits auf die Verursachung durch eine Formalursache (*causa formalis*).

5.2.2.1 ‚*Habere esse a se*' mit Bezug auf die Wirkursache (*causa agens / efficien*s)

Bezogen auf die Wirkursächlichkeit sind zwei Fälle zu differenzieren: Selbstverursachung [1.1] und Fremdverursachung [1.2]. Hinsichtlich der Fremdverursachung [1.2] bedeutet die Feststellung, Gott sei von sich her, dass nichts anderes, also nichts außerhalb von Gott als seine Wirkursache fungiert. Dies entspricht der avicennischen Position und in der Tat zieht Heinrich das Argument heran, das Avicenna in *Metaphysik* I.6 gegen eine wirkursächliche Fremdverursachung des durch sich notwendig Seienden anführt. Dass Avicenna die einzige Autorität ist, auf die Heinrich für diesen Fall zurückgreift, zeigt, wie wichtig Avicenna für das Konzept des notwendig Seienden bei Heinrich ist. Was Avicenna in Kapitel I.6 der *Metaphysik* allerdings nicht erörtert, ist der Fall der wirkursächlichen Selbstverursachung [1.1]. Diese Möglichkeit schließt Heinrich mit einem Verweis auf Augustinus aus, der diverse Widersprüche anführt, die sich ergeben würden, wenn Gott Wirkursache seiner selbst wäre. Avicenna diskutiert dieses Thema in Kapitel I.6 zwar nicht, trifft aber in Kapitel I.2 im Kontext der Erörterung des Subjekts der Metaphysik als Wissenschaft folgende Aussage: „Sodann ist das Prinzip nicht Prinzip aller seienden Dinge. Wenn es nämlich das Prinzip aller seienden Dinge wäre, so wäre es das Prinzip seiner selbst."[1063] Damit schließt er eine

---

[1062] Ibid., art. 21, q. 5, ed. Badius, Bd. 1, Fol. CXXIXrB–D. Zum Unverursacht-Sein des *necesse esse per se* bei Avicenna siehe Ibn Sīnā, *al-Ilāhiyyāt* I.6, S. 30, Z. 11–15; ed. Van Riet, S. 44, Z. 24–31.

[1063] Ibid. I.2, S. 10, Z. 16–17; ed. Van Riet, S. 14, Z. 58–59: „Deinde principium non est principium omnium entium. Si enim omnium entium esset principium, tunc esset principium sui ipsius."Heinrich kennt diese Stelle und verweist darauf in *Summa*, art. 21, q. 3, ed. Badius, Bd. 1, Fol. CXXVIrD: „quod secundum AVICEN-

Selbstverursachung explizit aus.[1064] Hinsichtlich der Wirkursächlichkeit lässt sich somit für beide Autoren resümieren, dass sie in Bezug auf Gott sowohl Fremd- als auch Selbstverursachung negieren: Das durch sich notwendig Seiende hat weder eine externe Wirkursache, noch ist es als Wirkursache seiner selbst zu verstehen. Der letztere Aspekt scheint für Heinrich allerdings etwas wichtiger zu sein als für Avicenna in der *Metaphysik*, was sich daraus erschließen lässt, dass Heinrich ihn ausführlicher erörtert und an anderer Stelle wiederholt.[1065] Zudem verwendet Heinrich oft die Beschreibung, Gott sei wirkursächlich von keinem her (*a nullo principiative / effective / productive*). Dies ist weiter gefasst, als zu sagen, er sei wirkursächlich nicht von einem anderen her (*non ab alio*), denn ‚von keinem her‘ schließt sowohl ‚nicht von anderem her‘ als auch ‚nicht von sich her‘ ein.

5.2.2.2 ‚*Habere esse a se*‘ mit Bezug auf die Formalursache (*causa formalis*)

Mit Blick auf die Formalursache kommt Heinrich bei seiner Analyse dessen, was die Zuschreibung, von sich her zu sein, für Gott bedeutet, zu einem anderen Ergebnis als Avicenna, für den das *necesse esse per se* in keiner Weise verursacht ist, auch nicht durch sich selbst. So bestätigt Heinrich am Ende des obigen Zitats, Gott habe formalursächlich von sich selbst her Sein. Anders als bei der Wirkursache birgt die Selbstverursachung hier keinen Widerspruch in sich, doch drängt sich die Frage auf, warum. Um diese Frage zu beantworten, ist das obige Zitat 5-9 nicht sehr erhellend. Heinrich merkt dort lediglich an, Gott sei Form und reiner Akt. Dies geht auf Aristoteles' *Metaphysik* Λ zurück. Dort charakterisiert Aristoteles den ersten unbewegten Beweger als reine Aktualität (ἐνέργεια), die frei von jeder Potentialität (δύναμις) ist. Diese Bestimmung fand als *actus purus* vermittelt über Averroes' Großen Kommentar zur *Metaphysik* Einzug in die Texte der lateinischen Denker, die damit Gott beschreiben.[1066] Heinrich führt seine Anmerkung nicht weiter aus, sondern verweist darauf, das Thema zuvor, nämlich in *Summa*, art. 21, q. 3, bereits behandelt zu haben. Dort geht er auf die Differenz ein, die zwischen Gott und den Geschöpfen auszumachen ist, wenn man vergleicht, auf welche Weise sie formalursächlich Sein erhalten:

Loquendo autem de habere esse formaliter, tamen non a causa exemplari, hoc modo nulla creatura habet quod ei conveniat ex se, non ab alia causa suum esse essentiae. Illud enim soli Deo convenit, ipse enim ex se formaliter, non ab aliquo sibi formaliter inhaerente habet esse, ut infra videbitur. Neque ab aliquo ut a forma exemplari, quia	Spricht man aber darüber, formalursächlich Sein zu haben, obgleich nicht von einer urbildlichen Ursache her, so trifft es auf diese Weise auf kein Geschöpf zu, dass ihm aus sich heraus, nicht von einer anderen Ursache her, sein Sein des Wesens (*esse essentiae*) zukommt. Das kommt nämlich Gott allein zu, denn er hat aus sich heraus formal-

---

NAM est subiectum metaphysicae et est commune analogum ad creatorem et creaturam, continens sub se principium et ens principiatum, quia secundum AVICENNAM non omne ens est principium, nec cuiuslibet entis est principium."

[1064] Aus dem Kontext erhellt, dass es um Wirkursächlichkeit geht.

[1065] Vgl. ibid., art. LIV, q. 1, S. 149, Z. 63–66.

[1066] Vgl. Averroes, *Tafsīr ›Mā baʿd al-ṭabīʿa‹* XI, comm. 38, S. 1610, Z. 10–12; ed. Giunta, 1562, Fol. 321rC–D: „idest quod illud, quod movet primum motum, cum sit non motum, quia est actus purus sine aliqua potentia, impossibile est ut habeat aliam dispositionem ab ea, quam habet."

est prima forma exemplaris omnium, ut similiter infra videbitur. Omnis autem res, quae creatura est, formaliter habet esse essentiae suae ab alio ut a causa exemplari, a qua etiam effective habet suum esse existentiae, ut dictum est supra, et hoc vel immediate ex prima creatione … vel mediantibus aliis causis ex rerum creatarum gubernatione … et hoc quoad rerum generabilium et corruptibilium propagationem. [1067]

ursächlich Sein, nicht von irgendetwas her, das ihm formalursächlich innewohnt, wie unten ersichtlich werden wird, noch von irgendetwas als von einer urbildlichen Form her, denn er ist die erste urbildliche Form aller Dinge, wie ebenso unten ersichtlich werden wird. Jedes Ding aber, das ein Geschöpf ist, hat formalursächlich das Sein seines Wesens von etwas anderem [und zwar] als von einer urbildlichen Ursache (causa exemplaris) her, von der es auch wirkursächlich sein Sein der Existenz (esse existentiae) hat, wie oben gesagt wurde, und zwar entweder unmittelbar aus der ersten Schöpfung … oder vermittelt durch andere Ursachen aus der Lenkung der geschöpflichen Dinge heraus … und dies hinsichtlich der Fortpflanzung der Dinge, die entstehen und vergehen.

Zitat 5-10

In dieser Passage stellt Heinrich die Wirk- und Formalursache in den Kontext seiner ontologischen Trias von Wesen (essentia), Sein des Wesens (esse essentiae) und Sein der Existenz (esse existentiae). Die Geschöpfe erhalten durch die Wirkursache Sein der Existenz und durch die Formalursache Sein des Wesens. In beiden Fällen sind sie auf Fremdverursachung angewiesen, eine Selbstverursachung ist ausgeschlossen. Ihre Wirkursache fällt mit ihrer Formalursache zusammen, denn Gott übernimmt beide Funktionen, worauf Heinrich am Ende des Zitats hinweist: Er ist sowohl erste urbildliche Ursache (prima causa exemplaris beziehungsweise prima forma exemplaris) aller Geschöpfe als auch primäre Ursache, die ihnen Sein verleiht, sei es unmittelbar oder über Vermittlung. Damit betont Heinrich wieder die doppelte Abhängigkeit der Geschöpfe von Gott, die bereits aufgezeigt wurde. In beiden Fällen der Verursachung setzt sich Gott von den Geschöpfen ab: Während er wirkursächlich weder fremd- noch selbstverursacht ist, besitzt er laut Heinrich formal verursachtes Sein. Im Gegensatz zu den Geschöpfen wird er freilich auf keine Weise formal fremdverursacht. Weder inhäriert ihm eine von außen verliehene Form, noch existiert außerhalb seiner ein Urbild, an dem er als dessen Abbild teilhat. In beiden Fällen gäbe es etwas Gott Vorgeordnetes, was der Tatsache zuwiderlaufe, dass er erstes und durch sich notwendig Seiendes ist. Anders als im Falle der Wirkursächlichkeit billigt Heinrich Gott jedoch zu, formalursächlich aus sich heraus / von sich selbst her (ex se / a se ipso) [1068] Sein des Wesens zu besitzen. Damit lässt er formale Selbstverursachung zu. Das bedeutet, Gott wird nicht an etwas anderes zurückgebunden, von dem her er Sein des Wesens hat und das bestimmt, was er ist. Vielmehr hat er dies allein aus sich selbst heraus und ist vollkommen mit sich identisch.

[1067] Heinrich von Gent, Summa, art. 21, q. 3, ed. Badius, Bd. 1, Fol. CXXVIvG.

[1068] In ibid., art. 53, q. 3, S. 207, Z. 151–154, weist Heinrich darauf hin, dass die Präpositionen a, ab, ex und de zwar oft als miteinander austauschbar gebraucht werden, um die Herkunft einer Sache anzuzeigen, genau genommen jedoch verschiedene Aspekte erfassen. Ein synonymer Gebrauch scheint auch im obigen Zitat der Fall zu sein.

Zudem ist sein Wesen beziehungsweise seine Form[1069] nicht von seinem Sein verschieden, sondern fällt damit zusammen; es ist reines Sein im Sinne des Seins der Existenz. Daher vermag Heinrich in *Summa*, art. 21, q. 2 anzumerken: „[D]ie göttliche Form ist das Sein."[1070] Gott hat von sich her formalursächlich die wesentliche Bestimmung dessen, was er ist, und insofern dieses Was oder Wesen das reine Sein ist, hat Gott formalursächlich von sich her auch, dass er ist. Sein der Existenz, Sein des Wesens und Wesen fallen in ihm zusammen und sind im Grunde nicht einmal rational zu unterscheiden.[1071] Daher kann Heinrich im letzten Absatz von Zitat 5-9 schließen, dass Gott formalursächlich Sein von sich her hat, und zwar im Sinne der aktuellen Existenz, denn sein Wesen, das nicht an etwas anderes zurückgebunden ist, ist nichts außer reines Sein. Damit ist Gott reine Wirklichkeit. Die Geschöpfe hingegen benötigen dafür, dass sie sind, eine Wirkursache, da die Formalursache nur für die Wesensbestimmung verantwortlich ist und das Wesen kein Sein der Existenz umfasst.

5.2.2.3 Problem des Unverursacht-Seins in Bezug auf die trinitarischen Personen

Gemäß dem Vierten Laterankonzil (1215) ist jede der trinitarischen Personen Gott.[1072] Es liegt also Wesensgleichheit vor,[1073] sodass sich mit Heinrich sagen lässt, „in Gott ist ein einzelnes Wesen mehrerer Personen gemeinsam, nicht so in den Geschöpfen"[1074]. Wie bereits erwähnt, hält Heinrich auch im Kontext der Trinität an der modalen Ontologie fest, die er von Avicenna übernommen hat, insbesondere an der Bestimmung Gottes als durch sich notwendig Seiendes. Nimmt man an, dass die trinitarischen Personen Gott sind, und identifiziert man Gott mit dem durch sich notwendig Seienden, so muss man dementsprechend schließen, dass die göttlichen Personen ebenfalls das durch sich notwendig Seiende sind. Diese Identifikation unternimmt Heinrich beispielsweise an folgender Stelle in *Summa*, art. 54, q. 1:

Et quod assumitur quod «*non est ab alio est necesse esse*», verum est universaliter de eo quod non est ab alio effective, et solum tale. Nihil enim factum ab alio sive creatum est necesse esse. Non solum autem quod non est ab alio principiative est necesse esse, ut persona ingenita sive etiam divina essentia,	Und dass angenommen wird, dass das, was ‚nicht von einem anderen her ist, ein notwendig Seiendes ist', ist universal wahr für das, was wirkursächlich (*effective*) nicht von einem anderen her ist, und nur für Derartiges. Nichts nämlich, das von einem anderen gemacht (*factum*) oder geschaffen (*creatum*)

[1069] Heinrich verwendet hier Wesen und Form in Bezug auf Gott synonym.

[1070] Ibid., art. 21, q. 2, ed. Badius, Bd. 1, Fol. CXXIVrH: „forma divina sit ipsum esse."

[1071] Vgl. ibid., art. 21, q. 5, ed. Badius, Bd. 1, Fol. CXXXIVvC: „Secundo modo nullam rem contingit scire esse in effectu, nisi quiditas sua includat suum esse existentiae, quod contingit in solo Deo, quia in solo Deo idem sunt essentia et esse, non solum essentiae, sed etiam actualis existentiae …"

[1072] Vgl. Denzinger, *Enchiridion*, Nr. 804. Für den Wortlaut des Beschlusses siehe Fn. 746.

[1073] Vgl. ibid., Nr. 803. Für den Wortlaut des Beschlusses siehe Fn. 678.

[1074] Heinrich von Gent, *Summa*, art. 53, q. 3, S. 32, Z. 154–155: „in Deo una est essentia singularis communis pluribus personis, non sic in creaturis."

sed etiam quod est ab alio personaliter, ut persona Filii et Spiritus Sancti.[1075]

wurde, ist ein notwendig Seiendes. Aber nicht nur das, was dem Ursprung nach (*principiative*)[1076] nicht von einem anderen her ist, ist das notwendig Seiende, wie die ungezeugte Person oder das göttliche Wesen, sondern auch das, was gemäß der Person (*personaliter*) von einem anderen her ist, wie die Person des Sohns und des Heiligen Geistes.

Zitat 5-11

Als notwendig Seiendes (*necesse esse*) kommt den trinitarischen Personen autarke Existenz zu, das heißt, sie sind wirkursächlich unverursacht, während sie formalursächlich aus sich heraus Sein haben. Problematisch ist jedoch, dass zugleich angenommen wird, dass sie in kausalem Verhältnis zueinander stehen. Heinrich ist nach Russell L. Friedman zwar näher am Emanationenmodell (*emanation account*) der Franziskaner zu verorten als am Relationenmodell (*relation account*) der Dominikaner, er wählt aber insofern eine eigene Sichtweise, als er hervorhebt, dass das eigentliche Fundament der Personen in Gottes Natur als Intellekt und Wille liegt, denn darin gründen seiner Überzeugung nach die Emanationen der göttlichen Personen, die wiederum ursächlich für ihre Relationen zueinander sind.[1077]

Ähnlich wie es bei Wilhelm von Auvergne der Fall ist, werden bei Heinrich die trinitarischen Personen voneinander unterschieden und als je eigene Person konstituiert durch die Art und Weise, wie sie das eine göttliche Wesen innehaben, und damit letztlich dadurch, ob und wie sie aus einer anderen Person hervorgehen.[1078] Dadurch stehen sie in einer bestimmten realen Relation zueinander:[1079] Der Vater ist gänzlich unverursacht und hat von sich her das göttliche Wesen; aus ihm geht der Sohn hervor. Dem Sohn kommt das göttliche Wesen und damit die Tatsache, notwendig zu sein, durch den Hervorgang aus dem Vater zu.[1080] Aus beiden zusammen – es gilt das *filioque* (und aus dem Sohn) der westlichen Kirche[1081] – geht wiederum der Heilige Geist hervor. Anders als die erste Person und das göttliche Wesen selbst sind in dieser Konstellation also die zweite und dritte Person nicht ohne Ursprung. Damit vereinen sie in sich scheinbar Widersprüchliches: Einerseits sind sie *qua*

[1075] Ibid., art. 54, q. 1, S. 150, Z. 91–96.

[1076] *Principiative* ist in der Regel gleichbedeutend zu *effective* zu verstehen. Heinrich scheint *principiative* jedoch speziell im Kontext der Trinität einzusetzen, um die trinitarische Verursachung, die innerhalb einer Substanz erfolgt, von der üblichen wirkursächlichen Verursachung abzusetzen, bei der Ursache und Wirkung von verschiedener Substanz sind.

[1077] Laut Friedman übernimmt Heinrich die franziskanische Betonung der Emanation und legt das psychologische Modell von Augustinus darüber, vgl. Friedman, ‚The Voluntary Emanation of the Holy Spirit‘, S. 129. Zur Differenz zwischen dem Relationenmodell (*relation account*) und dem Emanationenmodell (*emanation account*) siehe Kapitel 4.2.2.1.1.

[1078] Er übernimmt die Definition der Person von Richard von St. Viktor (*incommunicabilis existentia intellectualis naturae*), die er für korrekter hält als die von Boethius (*substantia individua rationalis naturae*), vgl. Heinrich von Gent, *Summa*, art. 53, q. 1, S. 14, Z. 210–S. 16, Z. 222.

[1079] Vgl. bspw. ibid., art. 53, q. 7, S. 82, Z. 26–44; art. 53, q. 9, S. 106, Z. 31–S. 107, Z. 50, und art. 54, q. 4, S. 227, Z. 145–165.

[1080] Siehe Zitat 5-11 und Friedman, *Intellectual Traditions*, Bd. 1, S. 251.

[1081] Vgl. Denzinger, *Enchiridion*, Nr. 150. Für den Wortlaut siehe Fn. 768.

notwendig Seiendes unverursacht und autark existent, andererseits sind sie *qua* Person verursacht und hängen vom Vater ab. Das Abhängigkeitsverhältnis wird beispielsweise in Artikel 186 der Verurteilung von 1277 thematisiert.[1082] Der Artikel weist die gegen die trinitarische Zeugung gerichtete Ansicht zurück, es könne in Gott aus Gründen der Vollkommenheit keine Zeugung geben. Auch Avicenna würde eine innergöttliche Verursachung ablehnen, denn sie impliziert modalontologisch gesehen, dass die göttlichen Personen zugleich ein durch sich und durch anderes notwendig Seiendes sind. Diese doppelte modale Bestimmung ist offenkundig unmöglich, da sie in einer Kontradiktion münden würde, wie Avicenna in Kapitel I.6 seiner *Metaphysik* zeigt, in dem er allgemein begründet, dass das durch sich notwendig Seiende unverursacht sein muss.[1083]

Unde constat quod, si necesse esse per se haberet causam, profecto non esset necesse esse per se. Manifestum est igitur quod necesse esse non habet causam. Et patet etiam ex hoc quod impossibile est ut aliquid idem sit necesse esse per se et necesse esse per aliud.[1084]	Daher steht fest, dass, wenn das durch sich notwendig Seiende eine Ursache hätte, es tatsächlich kein durch sich notwendig Seiendes wäre. Es ist sonach offensichtlich, dass das notwendig Seiende keine Ursache hat. Und hieraus ist außerdem klar, dass es unmöglich ist, dass dasselbe ein notwendig Seiendes durch sich und ein notwendig Seiendes durch anderes ist.

Zitat 5-12

Am Ende der zitierten Passage formuliert Avicenna die Regel, dass nichts zugleich ein durch sich und durch anderes notwendig Seiendes sein kann, andernfalls läge ein Verstoß gegen den Satz vom Widerspruch vor. Heinrich von Gent kennt Avicennas Regel, die ich im Folgenden die Unmöglichkeits-Regel nennen werde. Er zitiert sie mehrfach und ist sich dessen bewusst, dass man sie als Einwand gegen die Theorie der trinitarischen Personen vorbringen kann. Daher diskutiert er sie offensiv. Avicenna kommt hier die Rolle eines Prüfsteins zu. In der Auseinandersetzung mit ihm gelingt es Heinrich, seine Theorie zu verteidigen und zu präzisieren. Doch um das göttliche Sein der trinitarischen Personen als notwendig Seiendes zu verteidigen, ohne ihre kausale Relation zueinander aufzugeben, muss er in seiner Lösung das avicennische Konzept des durch sich notwendig Seienden modifizieren, wie im Folgenden gezeigt werden soll. Er orientiert sich dabei jedoch so weit wie möglich an dem mit Avicenna entworfenen ontologischen Fundament.[1085] Wie Wilhelm von Auvergne greift er auf eine Differenz der Ebenen zurück, die bei Avicenna undenkbar ist. Heinrich zufolge lässt sich Gott nicht nur gemäß seinem Wesen (*essentialiter*) betrachten, das heißt, insofern er Gott ist, sondern auch gemäß den Personen (*personaliter*).[1086]

[1082] Siehe Flasch, *Aufklärung*, Nr. 2 (Hissette, *Enquête*, Nr. 186): „Quod Deus non potest generare sibi similem. Quod enim generatur, ab aliquo habet principium, a quo dependet. Et, quod in Deo generare non esset signum perfectionis." Hissette verweist darauf, dass Averroes und Maimonides als indirekte Quellen vermutet werden.

[1083] Vgl. Ibn Sīnā, *al-Ilāhiyyāt* I.6, S. 30, Z. 15–19; ed. Van Riet, S. 44, Z. 31–37.

[1084] Ibid. I.6, S. 30, Z. 14–16; ed. Van Riet, S. 44, Z. 29–33.

[1085] Bei Avicenna wird das notwendig Seiende als etwas vollkommen Einheitliches gedacht. Es gibt darin weder diverse Aspekte noch Realitäten, die voneinander unterschieden werden können, in der Substanz jedoch identisch mit dem notwendig Seienden sind.

[1086] Für diese Gegenüberstellung siehe bspw. Heinrich von Gent, *Summa*, art. 54, q. 1.

Auf der Ebene der Personen bestehen Gegebenheiten, die für die Ebene des Wesens zwar ausgeschlossen sind, sich aber unabhängig davon und zugleich damit annehmen lassen.

In *Summa*, art. 54, q. 3 erörtert Heinrich, ob aus derjenigen Person im göttlichen Bereich, die selbst nicht aus einer anderen emaniert, irgendeine andere Person hervorgeht.[1087] Als zweiten Einwand gegen eine positive Beantwortung der Frage führt Heinrich die Unmöglichkeits-Regel an, allerdings ohne Avicenna als Quelle beim Namen zu nennen:

Secundo sic. Ut dictum est ibidem, impossibile est idem esse necesse esse a se et ab alio. Quare cum in divinis non sit persona quae non sit necesse esse a se, quia tunc ex se posset esse et non esse, ergo non est in divinis persona quae habet esse ab alia.[1088]	Zweitens folgendermaßen: Wie ebenda gesagt wurde, ist es unmöglich, dass dasselbe von sich und von einem anderen her ein notwendig Seiendes ist. Somit gilt: Da es im innergöttlichen Bereich keine Person gibt, die nicht von sich her ein notwendig Seiendes ist – denn sonst könnte sie aus sich heraus sein und nicht sein –, gibt es also im innergöttlichen Bereich keine Person, die das Sein von einer anderen her hat.

Zitat 5-13

Das Argument läuft über die Bestimmung der trinitarischen Personen als von sich her notwendig Seiendes (*necesse esse a se*). Ausgehend von dieser Bestimmung ist unter Anwendung der avicennischen Regel ausgeschlossen, dass die Personen von anderem her notwendig sind. Dies impliziert, dass sie unverursacht sind, also kein Sein von anderem her haben. Der Grund dafür ist, dass gemäß dem Argument nur etwas, das von anderem her notwendig ist, verursacht ist, da es von sich her indifferent gegenüber Sein und Nicht-Sein ist. Erst durch die Ursache erlangt es aktuelles Sein und Notwendigkeit.[1089] Da die göttlichen Personen von sich her notwendig sind, ist Fremdverursachung bei ihnen weder nötig noch möglich. Keine Person geht also aus einer anderen hervor. Soweit der Einwand, der sehr gut von Avicenna selbst hätte stammen können.

Heinrich bietet in seiner Antwort eine alternative beziehungsweise differenzierte Interpretation der avicennischen Unmöglichkeits-Regel an. Sein Ziel ist es, zu veranschaulichen, dass diese Regel, die er grundsätzlich anerkennt, nur partiell auf seine Theorie des durch sich notwendig Seienden Anwendung findet und somit keine Gefahr für die göttlichen Personen darstellt. Für diese Personen soll der Status als *necesse esse a se* gewahrt werden, trotz gleichzeitiger Annahme, dass sie auseinander hervorgehen. Das bedeutet, der Sohn und der Heilige Geist können nach Heinrich sehr wohl aus einer anderen Person hervorgehen, also verursacht sein, und dennoch zugleich durch sich notwendig sein, ohne dass ein Widerspruch vorliegt. Heinrichs Antwort auf den in Zitat 5-13 angeführten Einwand lautet:

[1087] Vgl. ibid., art. 54, q. 3, S. 155, Z. 2–3: „Utrum ab illa persona in divinis quae non emanat ab alia emanet aliqua alia."

[1088] Ibid., art. 54, q. 3, S. 155, Z. 15–18.

[1089] Zum Zwecke der Argumentation lässt Heinrich hier die Differenz von *necesse esse a se* und *necesse esse ab alio* zu, obgleich er selbst den Geschöpfen üblicherweise keine Seinsnotwendigkeit zuspricht.

Ad secundum [argumentum] quod «*in divinis non est persona quin sit necesse esse* et hoc *ex se, ergo non habet* illud *ab alio*», dicendum ad hoc, secundum praedicta in quaestionibus de esse Dei, quod dictum illud ,necesse esse ex se non potest habere necesse esse ab alio', illud solum verum est de necesse esse quod habetur ratione essentiae, quia ab alio esse principiative repugnat divinae essentiae. Quod enim ratione essentiae habet esse ab alio, Deus esse non potest, ut habitum est supra secundum AVICENNAM in quaestionibus de unitate Dei. De necesse esse quod habetur ratione personae, non est verum. Sic enim Filius et Spiritus Sanctus habent necesse esse ex se formaliter, licet ab aliquo principiative.[1090]

Zum zweiten [Argument], demzufolge ,es im innergöttlichen Bereich keine Person gibt, die kein notwendig Seiendes ist, und dies aus sich heraus; also hat sie jenes nicht von einem anderen her', ist gemäß dem, was in den Fragen über das Sein Gottes bereits besprochen wurde, zu sagen: Jene Aussage, ,das aus sich notwendig Seiende kann nicht von anderem her notwendiges Sein haben', ist nur wahr bezüglich des notwendigen Seins, das man gemäß dem Wesen hat, denn dem Ursprung nach (*principiative*) von einem anderen her zu sein, ist unvereinbar mit dem göttlichen Wesen. Das nämlich, was gemäß dem Wesen Sein von einem anderen hat, kann nicht Gott sein, wie oben in den Fragen zur Einheit Gottes gemäß Avicenna festgestellt worden ist. Bezüglich des notwendigen Seins, das man gemäß der Person hat, ist es nicht wahr. Auf diese Weise nämlich haben der Sohn und der Heilige Geist aus sich heraus formalursächlich notwendiges Sein, wenngleich dem Ursprung nach (*principiative*) von etwas anderem her.

Zitat 5-14

Nach Ansicht Heinrichs von Gent weist Avicennas Unmöglichkeits-Regel keine pauschale Gültigkeit auf, vielmehr ist sie kontextabhängig. Somit muss für jede Ebene Gottes gesondert geprüft werden, ob sich die Regel legitim anwenden lässt. Nach Heinrich sind grundlegend die beiden Ebenen des göttlichen Wesens und der göttlichen Personen zu differenzieren. Die Substanz, die beiden Ebenen zugrunde liegt, ist jedoch nur eine einzige, das *necesse esse*. Aufgrund der Differenz der Ebenen lässt sich jedoch sagen, die Tatsache, das *necesse esse* zu sein, wird einerseits gemäß dem Wesen (*ratione essentiae*) besessen, andererseits gemäß der Person (*habetur ratione personae*). Beide Fälle klopft Heinrich auf die Gültigkeit der Unmöglichkeits-Regel hin ab und kommt zu folgendem Ergebnis: Im ersten Fall stimmt die Regel (*verum est*), das heißt, sie muss angewandt werden. Gott kann von seinem Wesen her keinesfalls fremdverursacht werden und damit durch anderes notwendig sein. Dass Heinrich das Adverb *principiative* (dem Ursprung nach) gebraucht, zeigt an, dass hier von Wirkursächlichkeit die Rede ist. Er verwendet dies bevorzugt im Kontext der Trinität und oft ist es gleichbedeutend zu *effective* (wirkursächlich), betont darüber hinaus aber den Aspekt, dass die trinitarischen Hervorgänge vom Vater als Ursprung ausgehen und innerhalb einer Substanz erfolgen. Dies setzt die innergöttliche wirkursächliche Verursachung von der üblichen ab, die substanzübergreifend erfolgt. Gottes Sein der Existenz (*esse existentiae*) stammt keineswegs von einer Wirkursache her. Dass Gott auch formalursächlich nicht von etwas anderem Sein erhält, sondern von sich her durch sein Wesen existiert,

---

[1090] Ibid., art. 54, q. 3, S. 161, Z. 149–S. 162, Z. 159.

wird hier mitgedacht, denn Heinrich setzt die Analyse zur Selbst- und Fremdverursachung aus *Summa*, art. 21, q. 3 voraus.

Bezüglich des göttlichen Wesens geht Heinrich also mit Avicenna konform, was die Anwendung der Unmöglichkeits-Regel angeht. Da Avicenna jedoch keine Binnendifferenz in Gott annimmt, ist die Wesensebene die einzige, die er berücksichtigt. Heinrich hingegen setzt vom Wesen die Ebene der göttlichen Personen ab, die im zweiten Fall erfasst wird, den er im Zitat anführt. Auf dieser Ebene sind die ontologischen Verhältnisse komplexer, weshalb sich die avicennische Regel in ihrer pauschalen Formulierung laut Heinrich hier als falsch herausstellt (*non est verum*). Seine Begründung verläuft wie folgt: Da das Wesen der Personen das göttliche Wesen ist, das sie sich teilen, gilt für sie alle, dass sie formalursächlich (*formaliter*) aus sich heraus existieren, also durch sich notwendig sind. Sie sind nichts Absolutes, das heißt, sie sind keine eigenen Substanzen und haben daher – anders als numerisch verschiedene Geschöpfe – kein eigenes Wesen, das sich von dem der anderen Personen oder vom göttlichen Wesen differenzieren lässt. Auf die Frage, was sie sind, lautet die Antwort daher bei allen drei Personen: Gott. Daneben lässt sich fragen, wer sie sind. Mit dieser Frage zielt man auf ihr je eigenes Person-Sein ab. Als Personen kommen ihnen nicht mitteilbare persönliche Eigenschaften (*proprietates personales*) zu.[1091] Diese werden bedingt durch die Art und Weise, wie die Personen jeweils das göttliche Wesen haben, durch das sie formalursächlich aus sich heraus existieren. Und hier bindet Heinrich die Wirkursächlichkeit ein: Während der Vater dadurch als Person konstituiert wird, dass er unverursacht ist, erfolgt dies für die anderen beiden Personen dadurch, dass sie auf eine bestimmte Weise aus ihm hervorgehen und auf diese Weise das göttliche Wesen innehaben. Als zweite und dritte Person sind sie wirkursächlich (*principiative*) verursacht und haben somit wirkursächlich von einem anderen her (*ab alio*) notwendiges Sein, wie Heinrich explizit erwähnt. Für den Sohn und den Heiligen Geist lässt sich daher resümieren, dass sie zugleich ein *necesse esse a / ex se* und ein *necesse esse ab alio* sind. Dies verstößt auf den ersten Blick gegen Avicennas Unmöglichkeits-Regel, die den Satz vom Widerspruch aufgreift. Für Heinrich liegt allerdings kein Problem vor, da die eine Bestimmung formalursächlich, die andere wirkursächlich fundiert ist und sie beide verschiedene Hinsichten einer Person betreffen. Die erste Bestimmung sichert die Göttlichkeit, die zweite die individuelle Personalität. Somit liegt kein Verstoß gegen den Satz vom Widerspruch vor, der ausschließt, dass zugleich und in derselben Hinsicht Gegensätzliches der Fall ist. Im Grunde versteht Heinrich also die von Avicenna aufgestellte Regel genauso streng, führt aber Aspekte beziehungsweise Ebenen ein, die bei Avicenna ausgeschlossen sind.

Dass Heinrich hier wie auch im Folgenden zum Thema der Einheit Gottes auf die Einwände eingeht, die man auf Basis der Ontologie und Ursachenlehre Avicennas gegen die trinitarischen Personen vorbringen könnte, zeigt, dass er dessen Lehre sehr ernst nimmt. Er folgt ihr so weit wie möglich und lässt sie bei problematischen Punkten nicht einfach stillschweigend fallen, um sich ausschließlich der alternativen Theorie zuzuwenden. Vielmehr

---

[1091] Vgl. ibid., art. 53, q. 3 und 7. Heinrich weist darauf hin, dass sich die Geschöpfe durch ihr Wesen voneinander unterscheiden, wohingegen sich die göttlichen Personen nur durch ihre *proprietates personales* voneinander abgrenzen, während sie in essenzieller Hinsicht ein einziges Wesen sind (*respectu essentiae singularis*). Dazu, dass die Personen nicht absolut, sondern relativ sind, siehe auch ibid., art. 53, q. 6, und Friedman, ‚Medieval Trinitarian Theology‘, S. 227–235.

tritt er in einen Dialog, der vor allem dadurch motiviert ist, die Richtigkeit von Heinrichs eigener Lehre aufzuzeigen, andererseits aber auch dazu dient, das ontologische System, das er mit Avicenna für sich kreiert hat, kohärent weiterzuentwickeln. In Heinrichs Auseinandersetzung mit Avicenna lässt sich erkennen, dass er der Ansicht ist, seine eigene Lehre stehe der von Avicenna nicht wirklich entgegen, sondern baue diese vielmehr aus. Oft hat man den Eindruck, als denke Heinrich Avicenna vor dem Hintergrund der christlichen Lehre systematisch weiter. Seine Überlegungen und Rechtfertigungen könnten auch von Avicenna stammen, wenn dieser gezwungen wäre, die Trinitätslehre in sein Modell der Wirklichkeit einzubauen. Bezüglich der wesensbezogenen Lehre von Gott verbleibt Heinrich nahe an Avicennas Lehre des durch sich notwendig Seienden. Im Hinblick auf die personenbezogene Lehre geht er eigene Wege und wirft Avicenna und den Philosophen freilich vor, diesen Teil von Gott nicht erkannt oder berücksichtigt zu haben.

5.2.3 Einheit (*unitas*) Gottes im Sinne der Einfachheit (*simplicitas*) und Einzigkeit (*singularitas*)

Neben Gottes Unverursacht-Sein stellt die Einheit (*unitas*) Gottes eine Herausforderung für die Trinitätslehre dar. Wie bei Avicenna zählt die Einheit auch bei Heinrich zu den wichtigsten Gottesattributen. In *Summa*, art. 28, q. 1 äußert er sich dazu wie folgt:

Est enim unitas duplex in Deo, una singularitatis, quae opponitur multitudini sive pluralitati, alia vero simplicitatis, quae opponitur multo sive compositioni ex pluribus. De prima habitus est sermo supra, ex qua apparuit, quod Deus est ita unus et in natura singularis, quod nec sunt nec esse possunt plures dei. Ex ista vero patebit hic, quod Deus ita est unus et in natura simplex, quod nullo modo multus nec possit ullo modo dici compositus
...
Utrumque etiam horum modorum exprimit AVICENNA, cum dicit VIII° Metaphysicae suae de Deo: Cum dicitur unus, non intelligitur nisi ipsum esse, negata ab eo divisione per quantitatem et per essentiam, et negato ab eo comite. Cum dicit negata divisione, insinuat unitatem simplicitatis; cum dicit negato comite, dat intelligere unitatem singularitatis.[1092]

Es gibt nämlich eine zweifache Einheit in Gott: Die eine [die Einheit] der Einzigkeit, welche der Vielheit oder Mehrzahl entgegensteht; die andere aber [die Einheit] der Einfachheit, welche dem Vielen oder einer Zusammensetzung aus mehreren Dingen entgegensteht. Über die erste fand oben eine Erörterung statt. Aufgrund jener [d. h. der ersten Einheit] wurde offenkundig, dass Gott so sehr einer und in seiner Natur vereinzelt ist, dass es weder mehrere Götter gibt noch geben kann. Aufgrund dieser [d. h. der zweiten Einheit] aber wird hier offenbar werden, dass Gott derart einer und in der Natur einfach ist, dass er auf keine Weise viel [ist], noch auf irgendeine Weise zusammengesetzt genannt werden könnte ...

Beide dieser Weisen [der Einheit] legt auch Avicenna dar, wenn er im achten [Buch] seiner *Metaphysik* über Gott sagt: Wenn er ‚einer‘ genannt wird, meint man nur das Sein selbst, wobei eine Teilung

---

[1092] Heinrich von Gent, *Summa*, art. 28, q. 1, ed. Badius, Bd. 1, Fol. CLXVrN. Die Unterteilung findet sich auch in ibid., art. 25, q. 1, und art. 53, q. 8. Zu Avicenna siehe Zitat 2-6.

> der Quantität und dem Wesen nach von
> ihm verneint wird und zugleich ein Be-
> gleiter von ihm verneint wird. Wenn er
> [d. h. Avicenna] sagt, ‚wobei eine Teilung
> verneint wird', hat er die Einheit der Ein-
> fachheit im Sinn; wenn er sagt ‚wobei ein
> Begleiter verneint wird', gibt er die Ein-
> heit der Einzigkeit zu verstehen.
>
> Zitat 5-15

Heinrich legt dar, dass das Attribut der Einheit (*unitas*) Gottes zweierlei umfasst: einerseits Gottes Einfachheit (*simplicitas*), andererseits seine Einzigkeit (*singularitas*). Für diese Differenzierung verweist Heinrich unter anderem auf Avicenna als Quelle. Ob sich das Verständnis dieser Attribute bei beiden Denkern deckt, soll im Folgenden untersucht werden.

5.2.3.1 Einfachheit Gottes

Heinrich versteht unter der Einfachheit Gottes dessen Unteilbarkeit.[1093] Gott ist weder aus verschiedenen Dingen zusammengesetzt, noch ist er ein Kompositum aus Materie und Form. Bei ihm lässt sich nicht einmal die einfachste Art der Zusammensetzung ausmachen, nämlich die von Sein und Wesen, denn er ist reines Sein. Die Einfachheit ist das primäre Attribut, das Gott als Gott zukommt und ihn von allem anderen Seienden absetzt. Aus der Einfachheit leitet Heinrich in *Summa*, art. 28 zwei weitere Attribute ab: die Unveränderlichkeit (*immobilitas*) und Ewigkeit (*aeternitas*). Alle übrigen Attribute Gottes, insofern er Gott ist, lassen sich laut Heinrich auf diese drei zurückführen.[1094] Avicenna, versteht die Einfachheit Gottes zwar ähnlich, jedoch hat sie seiner Ansicht nach absolute Gültigkeit für Gott. Nach derzeitigem Kenntnisstand hat sich Avicenna nicht explizit zur Trinität geäußert – anders als beispielsweise Averroes.[1095] Mit ziemlicher Sicherheit würde Avicenna aber der Aussage zur Trinität zustimmen, die im ersten Artikel der Verurteilung von 1277 zurückgewiesen wird, denn seiner Ontologie zufolge lässt sich Gottes Einfachheit nicht mit einer Dreiheit von göttlichen Personen vereinbaren.[1096] Gegen einen derartigen Einwand muss Heinrich die christliche Lehre verteidigen und erklären, warum die Trinität keine Gefahr für die zugleich angenommene innere Einfachheit Gottes darstellt. Wie Wilhelm von Auvergne wählt er als Ausweg die Distinktion der Ebene des göttlichen Wesens einerseits und der göttlichen Personen andererseits. Vor diesem Hintergrund betrachtet er die

---

[1093] Die Unteilbarkeit kommt jeder trinitarischen Person gleichermaßen zu, denn sie alle sind Gott.

[1094] Vgl. ibid., art. 28, Einleitung, ed. Badius, Bd. 1, Fol. CLXIIIIvI.

[1095] Vgl. Averroes, *Tafsīr ›Mā ba ʿd al-ṭabīʿa‹* XI, comm. 39, S. 1620, Z. 4–6; ed. Giunta, 1562, Bd. 8, Fol. 322vI: „Et hoc putaverunt Antiqui trinitatem esse in Deo in substantia, et voluerunt evadere per hoc et dicere, quia fuit trinus et unus Deus, et nescirunt evadere, quia, cum substantia fuerit numerata, congregatum erit unum per unam intentionem additam congregato.“

[1096] Siehe Flasch, *Aufklärung*, Nr. 1 (Hissette, *Enquête*, Nr. 185): „Quod Deus non est trinus et unus, quoniam trinitas non stat cum summa simplicitate. Ubi enim est pluralitas realis, ibi necessario est additio et compositio. Exemplum de acervo lapidum.“ Die genaue Quelle des Artikels ist unbekannt, jedoch verweisen Hissette und Flasch darauf, dass Aegidius Romanus an Averroes und Maimonides den Vorwurf richtete, die Trinität zurückgewiesen zu haben.

Einfachheit Gottes in *Summa*, art. 53, q. 8 differenziert: Gemäß dem Wesen liegt für Gott vollkommene Einfachheit vor, er verfügt im höchsten Maße über Einheit der Einfachheit (*unitas simplicitatis*). Gemäß der Person ist dies hingegen nicht der Fall, denn sonst gäbe es nur eine einzige Person; es sind jedoch drei. Die Dreiheit bedeutet allerdings keine Herabsetzung Gottes, wie man vielleicht meinen könnte, sondern deren Gegenteil. Denn anders als auf der Ebene des Wesens liegt hier Einheit der Unterscheidung (*unitas discretionis*) vor. Diese Einheit ist von höherem Wert, wenn die Personen der Zahl nach drei sind, als wenn es weniger Person gäbe. Dies hängt mit Gottes Einzigkeit zusammen. Bei Dingen, die als einzige ihrer Art in der Wirklichkeit auftreten, ist laut Heinrich der Grad der Einheit höher, je mehr sie in sich vereinen. So ist die Welt, die nur eine einzige ist, von höherer Einheit als eine himmlische Intelligenz, die ebenfalls einziger Vertreter ihrer Art ist. Die Welt umfasst jedoch alle weltlichen Dinge und vereint somit mehr als eine Intelligenz, die nur sich selbst umfasst. Einheit wird hier im Sinne der Vereinigung verstanden. Ein höherer Grad an Einheit (*unitas*) bedeutet dann eben keinen höheren Grad an Einfachheit (*simplicitas*). Die Trinität wird damit zwar positiv bewertet, aber nicht wirklich erklärt.[1097]

5.2.3.2 Einzigkeit Gottes

Neben der Einfachheit umfasst die Einheit Gottes bei Avicenna wie bei Heinrich auch dessen Einzigkeit. Eine interessante Stelle dazu findet sich in *Summa*, art. 25, q. 3. Im Rahmen seiner ausführlichen Beantwortung der Frage, ob Gott nur einer sei (*tantum unus*), vergleicht Heinrich Platon, Aristoteles und Avicenna hinsichtlich ihres Gottesbegriffs und der damit verbundenen Frage, wie viele Götter es in ihren Modellen gibt.[1098] Interessanterweise schneidet Avicenna bei dem Vergleich am besten ab, gefolgt von Platon und zuletzt von Aristoteles. Heinrich weist mit ähnlicher Vehemenz die Annahme zurück, es gebe keinen Gott, wie die Ansicht, es gebe viele Götter, sei es, dass diese einander an Rang gleichkommen oder dass es einen ersten beziehungsweise höchsten Gott unter ihnen gibt.[1099] In Aristoteles' Modell findet sich nach Heinrich eindeutig Vielgötterei: „Denn obgleich er den ersten Beweger als höchsten und ersten Gott annimmt, nimmt er dennoch an, dass die anderen Beweger unter ihm Götter seien, die in ihrer Natur und ihrem Wesen formalursächlich Sein aus sich selbst heraus haben (*habentes esse ex seipsis formaliter*), wenn auch von niedrigerem Rang als ihn die erste Intelligenz einnimmt … Zweifellos nimmt Aristoteles also mehrere (*plures*) Götter an, die von Natur her aus sich selbst heraus existieren."[1100]

[1097] Vgl. Heinrich von Gent, *Summa*, art. 53, q. 8, S. 103, Z. 161–S. 105, Z. 192.

[1098] Vgl. ibid., art. 25, q. 3, S. 60, Z. 369–S. 65, Z. 467. Im Anschluss daran stellt Heinrich ausführlich die Argumente Avicennas dar.

[1099] Vgl. ibid., art. 25, q. 3, S. 60, Z. 350–359: „Ex hac igitur veritate de esse et unitate Dei excluditur omnis error fatuorum dicentium in corde suo quod non est Deus, et etiam omnis vanitas poetarum et philosophorum, maxime ydolatrarum, ponentium plures Deos esse … sive ponendo plures aequales et aeque primos, et hoc vel ambos bonos vel unum bonum et unum malum, ut posuerunt Manichaei, seu ponendo unum principalem super omnes."

[1100] Ibid., art. 25, q. 3, S. 60, Z. 369–S. 62, Z. 404: „Licet enim ponat primum motorem summum Deum et primum, alios tamen motores sub ipso etiam ponit deos fuisse in natura et essentia sua, habentes esse ex se ipsis formaliter, licet inferioris gradus quam habeat prima intelligentia … Proculdubio ergo ARISTOTELES posuit plures deos naturaliter ex se ipsis existentes."

Heinrich identifiziert hier die einzelnen unbewegten Beweger aus Aristoteles' *Metaphysik* Λ als Götter, da sie das für Gott notwendige Kriterium erfüllen, allein aus sich heraus zu existieren.[1101] Aus dem Zitat und dessen Kontext geht hervor, dass sie alle Heinrichs Interpretation zufolge ontologisch denselben Rang einnehmen. Sämtliche wesentlichen Attribute, die dem ersten unbewegten Beweger zukommen, spricht Aristoteles auch ihnen zu. Lediglich hinsichtlich ihrer Würde und ihrer Funktion als Bewegungsprinzipien (*in ordine dignitatis et principii motivi*) findet sich eine Rangfolge unter ihnen, insofern der erste unbewegte Beweger die erste Bewegungsursache in der Ursachenkette ist und damit letztendlich die erste Bewegungsursache aller bewegten Dinge. Die unbewegten Beweger sind Heinrich zufolge jedoch nur graduell verschieden; der erste wird von den anderen nicht dadurch deutlich abgesetzt, dass er unendlich von ihnen entfernt ist (*in infinitum distans ab aliis*). Zudem scheint er durch diese Ordnung sogar geschwächt zu sein, denn gemäß Heinrichs Interpretation kann er nichts tun (*nihil potest agere*), außer durch Bewegung und vermittelt durch die anderen Beweger.[1102]

Für Heinrich ist Aristoteles' Lehre einer Pluralität von Göttern, die noch dazu ontologisch nicht voneinander abhängen, weit von der christlichen Lehre entfernt. Ihr kommt dagegen die platonische Lehre näher, obwohl auch Platon hinsichtlich der geistigen Substanzen im Kosmos von Göttern im Plural spricht.[1103] Allerdings findet sich hier eine deutliche ontologische Abstufung zwischen dem höchsten Gott und den übrigen. Und noch viel mehr: Die übrigen Götter sind Heinrichs Definition zufolge eigentlich gar keine Götter. So betont Heinrich, es gebe laut Platons *Timaios* von Natur her (*natura*) nur *einen* Gott (*solus unus Deus*), womit der Demiurg gemeint ist. Daneben, so Heinrich, finden sich im platonischen Kosmos Gott nahestehende geistige Wesen, die an seiner Unsterblichkeit teilhaben (*participare*), weshalb sie Platon wiederum als Götter bezeichnet.[1104] Obwohl Heinrich bezüglich des platonischen Modells nicht explizit davon spricht, dass der höchste Gott formalursächlich aus sich heraus existiert, scheint dieser dennoch Heinrichs Definition von Gott zu entsprechen. Platons eigenes Kriterium für Göttlichkeit, die Unsterblichkeit, genügt Heinrich an sich nicht, denn sie kommt auch den niedrigeren Göttern zu. Allerdings sind diese nur unsterblich, insofern sie an der Unsterblichkeit des höchsten Gotts teilhaben, der sie noch dazu ins Sein setzt und ihr Sein beenden könnte, wenn er es wollte. Sie sind also ontologisch klar vom ersten Gott abhängig. Daher weist Heinrich darauf hin, dass es sich bei ihnen strenggenommen um Geschöpfe handelt. Ähnlich sind nach Heinrich die Stellen zu interpretieren, an denen sogar in der Heiligen Schrift von Göttern im Plural die Rede ist.

[1101] Bei Aristoteles weicht der Gottesbegriff ab, denn er bezeichnet den ersten unbewegten Beweger in *Metaphysik* Λ als Gott, weil dieser das beste Leben hat. Vgl. Aristoteles, *Metaphysik* Λ.7, 1072b14–30, und Bordt, ‚Why Aristotle's God Is Not the Unmoved Mover'.

[1102] Vgl. Heinrich von Gent, *Summa*, art. 25, q. 3, S. 62, Z. 403–S. 63, Z. 430. Am Ende vergleicht Heinrich den ersten Gott mit dem Herrscher über eine Stadt, der sich von seinen Mitbürgern lediglich aufgrund seines Rangs unterscheidet, und mit dem Anführer eines Heeres, der selbst nur ein Soldat ist, wenn auch von höherem Rang als seine Untergebenen.

[1103] Vgl. ibid., art. 25, q. 3, S. 63, Z. 431–433: „PLATO autem licet deos vocavit intelligentias sub summo deo, multo tamen melius sentiebat de ipso et fidei magis convenientia quam ARISTOTELES." Interessanterweise bezeichnet Heinrich sie auch hier wie bei Aristoteles als Intelligenzen (*intelligentiae*). Das könnte eine avicennische Interpretation sein.

[1104] Vgl. ibid., art. 25, q. 3, S. 63, Z. 431–S. 65, Z. 455. Der platonische Gottesbegriff hängt nach Heinrich also mit der Unsterblichkeit zusammen. Ein Hinweis auf diesen Zusammenhang findet man in Platon, *Timaios* 41c.

Es gilt: „Jener aber, der der wahre und natürliche Gott ist, ist nur ein einziger (*unicus*). Die übrigen aber sind dessen Geschöpfe."[1105] Der wahre Gott ist aus sich heraus unsterblich, was nur mit Sein einhergeht, das er formalursächlich von sich her hat. Daher kann Heinrich Platons Demiurgen als einen solchen Gott anerkennen. Wegen der eindeutigen Abstufung der geschaffenen Götter gegenüber dem natürlichen Gott und aufgrund ihres Abhängigkeitsverhältnisses zu ihm hält Heinrich Platons Ansatz zumindest für wahrer (*verius*) als den von Aristoteles, bei dem die Götter gleichgeordnet sind.[1106]

Die Tatsache, dass es nur einen Gott gibt, während alle anderen Entitäten Geschöpfe sind, die von ihm abhängen, hat Heinrich zufolge am besten Avicenna erfasst. Und da sich diese Konstellation der Wirklichkeit konsequent aus Avicennas Ontologie ergibt, ist verständlich, warum Heinrich diese so sehr schätzt. Bereits in der Liste der Argumente, die er zur Diskussion der Frage nach der Einzigkeit Gottes anführt, sticht Avicenna hervor. Neben lediglich zwei Argumenten gegen die Einzigkeit führt Heinrich 13 Argumente an, die sie stützen sollen. Dies ist ein Indiz dafür, wie wichtig ihm die Lehre der Einzigkeit Gottes ist. Am Ende der Liste merkt Heinrich sogar an: „Zu demselben [Schluss] gibt es vier höchst wirkungsvolle (*efficacissimae*) Argumente Avicennas in seiner *Metaphysik*, die wir zur Lösung [der Frage] anführen werden."[1107] Mit dieser Aussage hebt Heinrich Avicenna als führende Autorität in Sachen Einzigkeit Gottes hervor. Er lobt nicht nur die Effizienz der Argumentation, sondern greift aus den vielen Möglichkeiten gerade auf Avicennas Argumente zurück, um die Frage zu lösen. Zudem verweist er auch an anderen Stellen seines Werks teils lobend auf Avicenna, wenn es darum geht, zu zeigen, dass das durch sich notwendig Seiende nur eines sein kann.[1108]

Nachdem er in der Lösung von *Summa*, art. 25, q. 3 Aristoteles' und Platons Positionen besprochen hat, leitet er die Passage zu Avicenna wie folgt ein:

Hanc talem unitatem Dei AVICENNA I° Metaphysicae suae professus est Deo inesse, cum dixit: «*Dicamus esse impossibile ut ei quod est necesse esse sit compar aliud necesse esse, ita ut hic simul habeat esse cum illo*» ... Et non solum sic esse dixit, sed etiam efficacissima ratione convincit, arguendo sic ...[1109]	Dass eine derartige Einheit Gottes Gott innewohnt, hat Avicenna im ersten Buch seiner *Metaphysik* gelehrt, als er sagte: ‚Lasst uns sagen, dass es unmöglich ist, dass dem, was ein notwendig Seiendes ist, ein anderes notwendig Seiendes gleichkommt, sodass dieses zugleich mit jenem Sein hat ...' ... Und er hat nicht nur behauptet, dass sich dies so verhalte, sondern hat [es] auch durch

---

[1105] Heinrich von Gent, *Summa*, art. 25, q. 3, S. 64, Z. 452–S. 65, Z. 454: „Ille autem qui verus Deus et naturalis est non nisi unicus est, ceteri autem creaturae eius sunt."

[1106] Zur Darstellung der Position Platons ibid., art. 25, q. 3, S. 63, Z. 431–S. 65, Z. 455.

[1107] Ibid., art. 25, q. 3, S. 52, Z. 188–189: „Ad idem sunt rationes AVICENNAE quattuor in Metaphysica sua efficacissimae quas ponemus in solvendo."

[1108] Vgl. Heinrich von Gent, *Quodlibet* II, q. 8, S. 41, Z. 47–49: „Ponendo enim plura esse separata a materia, ipse plures deos et plura necesse esse posuit. Quod omnino est impossibile, ut bene probat AVICENNA VIII° Metaphysicae et alibi expositum est" und ibid. X, q. 7, S. 156, Z. 82–84. Für das Zitat siehe Fn. 1029. Hier verweist Heinrich ohne Lob auf Avicenna.

[1109] Heinrich von Gent, *Summa*, art. 25, q. 3, S. 65, Z. 456–462.

> eine höchst erfolgreiche Begründung bewie-
> sen, indem er folgendermaßen argumen-
> tierte …
>
> Zitat 5-16

Heinrich wiederholt hier sein Lob Avicennas, dessen Argumente er als höchst überzeugend einstuft. Nach dem Zitat geht er dazu über, sie detailliert nachzuvollziehen. Sein Refe-
rat inklusive einer Interpretation der Argumente Avicennas zieht sich über ganze vier Folioseiten.

5.2.3.3 Problem der Einzigkeit in Bezug auf die trinitarischen Personen

Wie die Einfachheit, so ist auch die Einzigkeit problematisch mit Blick auf die Dreizahl der
göttlichen Personen. Diesbezüglich listet Heinrich in *Summa*, art. 54, q. 1 folgenden Einwand auf:

Secundo sic: Quod est necesse esse, est tantum unicum; quod non est ab alio, est necesse esse; ergo quod non est ab alio, est tantum unicum. Si ergo in divinis est persona, quae non est ab alio, in divinis persona est tantum unica.[1110]	Zweitens folgendermaßen: Das, was ein notwendig Seiendes ist, ist nur ein einziges. Das, was nicht von einem anderen her ist, ist ein notwendig Seiendes. Daher ist das, was nicht von einem anderen her ist, nur ein einziges. Wenn es also im innergöttlichen Bereich eine Person gibt, die nicht von einem anderen her ist, dann ist die Person im innergöttlichen Bereich nur eine einzige.

Zitat 5-17

Auch dieser Einwand gegen die Trinität weist Bezüge zu Avicenna auf. Heinrich führt
die Theorie des durch sich notwendig Seienden in Kombination mit der Einzigkeits-These
regelmäßig auf Avicenna zurück. Er erachtet ihn sogar als Hauptautorität, wenn es darum
geht, die Einzigkeit des durch sich notwendig Seienden zu beweisen. In diesem Zusammenhang schreibt Heinrich in *Summa*, art. 25, q. 3 bei der Wiedergabe der Position Avicennas:
„Das durch sich notwendig Seiende muss ein einziges Wesen (*unica essentia*) sein.“[1111] Danach zeichnet er Avicennas Argumente detailliert nach. Wenn also bei Heinrich wie bei
Avicenna die *unicus*-These eng mit dem *necesse esse* verknüpft ist, bedarf es im Hinblick auf
die trinitarischen Personen einer Erklärung. Denn dem obigen Einwand zufolge darf man
nicht mehrere göttliche Personen annehmen, die jeweils als *necesse esse* gelten, da es nur ein
einziges *necesse esse* geben kann. Der Einwand wird beispielhaft für den Vater behandelt.
Dieser ist ursprünglicher als die anderen Personen das *necesse esse*, nämlich aus sich heraus.
Damit ist der Einwand bei ihm von größter Relevanz.

Heinrichs Lösung ist auch hier wieder eine differenzierte Betrachtungsweise je nach
Ebene. Vom Wesen her gesehen (*essentialiter*) ist richtig: Es gibt nur ein einziges durch sich
notwendig Seiendes und alles, das als solches gilt (also sowohl das göttliche Wesen als auch

---

[1110] Ibid., art. 54, q. 1, S. 146, Z. 9–12. In *Quodlibet* VIII, q. 6, ed. Badius, Bd. 2, Fol. CCCXIvX, betont Heinrich
selbst das *unicus*: „et unicum solum, quod est necesse esse a se formaliter et a nullo principiative.“

[1111] Ibid., art. 25, q. 3, S. 65, Z. 462: *„Necesse esse debet esse unica essentia.“*

die drei Personen), ist dieses eine göttliche Wesen. Hinsichtlich der Personen (*personaliter*) lässt sich dagegen nicht pauschal aussagen, dass das, was ein durch sich notwendig Seiendes ist, nur eines sein kann. Das würde nämlich bedeuten, dass es nur eine Person geben kann, die ein durch sich notwendig Seiendes ist. Es gibt Heinrich zufolge aber drei Weisen, das durch sich notwendig Seiende zu sein, und somit drei Personen. Jede dieser drei Personen kommt nur einmal vor. So ist auf personaler Ebene festzustellen: Das, was das durch sich notwendig Seiende ist, ist drei. Personal gesehen sind drei durch sich notwendig Seiende zulässig – nämlich die drei göttlichen Personen. Absolut gesehen kann jedoch nur ein einziges durch sich notwendig Seiendes existieren, denn wie bei Avicenna kann es nicht mehrere Substanzen geben, die ein durch sich notwendig Seiendes sind.

5.2.4 Emanation im innergöttlichen Bereich

Wie bei Wilhelm von Auvergne vollzieht sich der Hervorgang der trinitarischen Personen bei Heinrich von Gent ebenfalls als Emanation.[1112] Diese wird als höchste Form der Verursachung angesehen, kann Heinrich zufolge jedoch nur im innergöttlichen Bereich stattfinden, darin ist er sich mit Wilhelm von Auvergne einig. In *Summa*, art. 59, q. 2 bietet er einen interessanten Überblick über die Arten des Verleihens von Sein. Hier erfolgt abermals eine systematische Erweiterung der Lehre der Philosophen, als deren Stellvertreter Heinrich Avicenna heranzieht:

Circa primum igitur sciendum quod secundum praedictas tres productiones triplex est modus eorum quae producuntur in esse. Aliquid enim producitur in esse imperfecte, aliquid vero perfectius, aliquid autem perfectissime.

[1.] Primo modo producitur in esse productum per generationem naturalem, quia non totaliter et omnino a generante recipit esse suum, sed solummodo recipit ab illo perfectionem suam in esse, quia generans naturaliter non generat nisi principio materiali praesupposito in esse in quo generatum praehabuit esse in potentia, quod non dedit ei generans generando, sed solum per generationem communicando. De quo dicit AVICENNA VII° Metaphysicae, quod «*eius esse non* est *post non* esse *absolute,* sed secundum *privationem* eius in *materia et* est *inductio esse rei ex re debile et breve*».

[2.] Secundo modo producitur in esse productum secundum creationem, totaliter et omnino a producente recipiendo esse

Bezüglich des ersten ist zu wissen, dass es gemäß den drei bereits genannten [Arten von] Hervorbringungen (*productiones*) eine dreifache Weise der Dinge gibt, die ins Sein hervorgebracht werden. Es wird nämlich manches auf unvollkommene Weise ins Sein hervorgebracht, anderes dagegen auf vollkommenere Weise, wieder anderes jedoch auf höchst vollkommene Weise.

[1.] Auf die erste Weise wird das durch natürliche Zeugung (*per generationem naturalem*) Hervorgebrachte ins Sein gebracht, da es sein Sein nicht vollständig und gänzlich von dem Zeugenden empfängt, sondern von jenem lediglich seine Vollendung im Sein empfängt, denn ein auf natürliche Weise Zeugendes zeugt nur, wenn ein materielles Prinzip im Sein vorab zugrunde liegt, in dem das Gezeugte vorab Sein in Potentialität hatte, das ihm nicht das Zeugende durch Zeugen gab, sondern nur durch das Mitteilen der Zeugung. Darüber sagt Avicenna im siebten Buch der Metaphysik, dass

---

[1112] Siehe hierzu insbesondere Flores, *Metaphysics and the Trinity*, S. 65–117.

absque aliquo eius praecedenti quoquo modo in esse. De quo dicit AVICENNA ibidem: «Si fuerit esse post non esse absolute, tunc adventus eius a causa sua erit creatum [bei Avicenna: creatio] et est dignior omnibus modis dandi esse». Quod verum est dandi esse post non-esse.

[3.] Tertio enim modo producitur in esse productum in divinis et modo perfectissimo atque dignissimo, quod totaliter a producente recipit esse nec post non esse, non ex aliquo praecedenti natura aut duratione …, sed de aliquo et ab agente aliquo semper existente, a quo et aeque semper et simul natura atque duratione habet esse, secundum iam dictum modum.[1113]

,sein Sein nicht nach dem Nicht-Sein schlechthin ist, sondern gemäß seiner Privation in der Materie. Und das Ins-Sein-Bringen eines Dings aus einem Ding heraus ist etwas Schwaches und Kurzes'.

[2.] Auf die zweite Weise wird ein gemäß der Schöpfung Hervorgebrachtes ins Sein hervorgebracht, dadurch dass es vollständig und gänzlich Sein vom Hervorbringenden erhält, ohne etwas, das ihm auf irgendeine Weise im Sein vorausgeht, worüber Avicenna ebendort sagt: ,Wenn das Sein nach dem Nicht-Sein schlechthin erfolgen würde, dann wäre seine Ankunft von seiner Ursache her etwas Geschaffenes [bei Avicenna: Schöpfung]. Und sie ist würdiger als alle Arten des Verleihens von Sein'. Das ist wahr für das Geben von Sein nach Nicht-Sein.

[3.] Auf die dritte Weise allerdings wird ein im innergöttlichen Bereich Hervorgebrachtes ins Sein hervorgebracht, und zwar auf vollkommenste und würdigste Weise. Es erhält vollständig vom Hervorbringenden Sein, und zwar weder nach Nicht-Sein, noch aus etwas heraus (ex), das der Natur oder Dauer nach vorangeht, … sondern von etwas her (de), und zwar von einem immer existierenden Tätigen her, von dem es sowohl in gleicher Weise immer als auch zugleich der Natur und Dauer nach Sein hat, gemäß der bereits genannten Weise.

Zitat 5-18

Heinrich stellt in dem Zitat mit Bezug auf Avicennas *Metaphysik* VI.2[1114] drei Arten des Hervorbringens (*productio*) einander gegenüber: die natürliche Zeugung, die Schöpfung und das Hervorbringen der trinitarischen Personen. Diese Akte unterscheiden sich hinsichtlich des Grades an Vollkommenheit (*perfectio*) voneinander. Das Kriterium dafür ist, wie vollständig das jeweilige Produkt hervorgebracht wird. Je umfassender das Wirken der Ursache ausfällt, desto höher ist der Akt des Hervorbringens einzustufen.

Auf der niedrigsten Stufe des Hervorbringens steht demzufolge die natürliche Zeugung. Hier geht die Materie der Wirkung in zeitlicher Dauer voraus; sie dient dem Wirken der Ursache als Zugrundeliegendes. Damit geht das Nicht-Sein des Gezeugten der Zeugung zeitlich voraus, insofern es als Privation in der Materie verstanden werden kann. Zeugung findet wie bei Avicenna lediglich im sublunaren Bereich statt, und die aus Form und Materie gezeugten Komposita haben nur temporär Bestand. Die Ursache bewirkt also weder aus

---

[1113] Heinrich von Gent, *Summa*, art. 59, q. 2, S. 235, Z. 367–S. 236, Z. 391.
[1114] Vgl. Ibn Sīnā, *al-Ilāhiyyāt* VI.2, S. 204, Z. 3–8; ed. Van Riet, S. 305, Z. 85–94.

sich heraus alle Teile des Gezeugten noch bewirkt sie, dass dieses in alle Zukunft hin beständig Sein hat. Der Zeugung ist die Schöpfung überlegen, da sie nicht auf Basis von zeitlich vorausgehender Materie erfolgt. Das Verleihen von Sein geschieht hier nach Nicht-Sein schlechthin, was bedeutet, dass das Geschaffene allein aus dem Schöpfer hervorgeht. Es vermag zwar nicht wie der Schöpfer von Ewigkeit her zu existieren, aber zumindest zukünftig bis in alle Ewigkeit. Dabei erhält es sein gesamtes Sein allein von seiner Ursache her, die das Einzige ist, das ihm vorgeordnet ist.[1115] Schöpfung und Zeugung sind Gegenstand des nächsten Kapitels. An dieser Stelle genügt der Hinweis darauf, dass Avicenna die Schöpfung aufgrund ihrer externen Voraussetzungslosigkeit als die höchste Form des Hervorbringens erachtet; er bezeichnet sie als würdigste aller Arten des Gebens von Sein.[1116] Diese Beurteilung von Seiten Avicennas führt Heinrich im obigen Zitat wörtlich an. Auch für ihn vollzieht sich das schöpferische Hervorbringen auf vollkommene Weise. Allerdings fügt Heinrich ein *caveat* hinzu: Diese Einschätzung gilt nur für den Fall, dass man die Arten des Verleihens von Sein in den Blick nimmt, bei denen ausgehend von einer Form des Nicht-Seins eine Veränderung (*transmutatio*) hin zum Sein erfolgt. Bei der *generatio* geht dem Sein einer Sache relatives Nicht-Sein in zeitlicher Dauer voraus, und zwar als Privation in einer materiellen Basis. Bei der Schöpfung ist laut Heinrich dem Sein des Geschöpfs ein in der Dauer der göttlichen Ewigkeit absolut verstandenes Nicht-Sein vorgeordnet. Hierin unterscheidet er sich von Avicenna, bei dem das Nicht-Sein nicht absolut, sondern lediglich der Natur beziehungsweise dem Wesen nach vorliegt.

Nimmt man hingegen eine umfassende Gegenüberstellung aller Arten des Hervorbringens natürlicher und übernatürlicher Entitäten vor, so ergibt sich eine andere Beurteilung, denn in diesem Fall ist Heinrich zufolge neben der Schöpfung und Zeugung noch das innergöttliche Hervorbringen des Sohns und Heiligen Geistes zu berücksichtigen, das man freilich nicht bei Avicenna findet. Heinrich stuft es als höchst vollkommen und würdig ein (*perfectissimus atque dignissimus*) und wirft den Philosophen implizit vor, diese Art des Hervorbringens nicht bedacht zu haben. Sie erweitert das System um ein Verleihen von Sein völlig ohne vorangehendes Nicht-Sein. Demnach findet kein Übergang von wie auch immer geartetem Nicht-Sein zum Sein statt, sondern Ursache und Wirkung sind koätern, da sie wesensgleich sind. Damit hat die Wirkung das vollkommene Sein der Ursache, denn die Verursachung geschieht von Ewigkeit her und bis in alle Ewigkeit innerhalb ein und derselben ewigen göttlichen Substanz. Statt einer Veränderung (*transmutatio*) findet hier eine Mitteilung (*communicatio*) statt. Und anstelle der Nachahmung (*imitatio*), die bei den Geschöpfen im Hinblick auf Gott stattfindet, liegt bei den trinitarischen Personen eine größtmögliche Angleichung (*assimilatio*) vor.[1117]

[1115] Bei Avicenna ist die Vorordnung nur kausal, bei Heinrich hingegen auch der Dauer der göttlichen Ewigkeit nach.

[1116] Vgl. ibid. IV.2, S. 204, Z. 5–6; ed. Van Riet, S. 305, Z. 88–89: „Si autem fuerit esse eius post *non* absolute, tunc adventus eius a causa erit creatio, et hic est dignior (*afḍal*) omnibus modis dandi esse."

[1117] Zur Zeugung des Sohns siehe auch Flores, ‚Henry of Ghent on the Trinity', S. 140–142.

Zu den trinitarischen Hervorgängen äußert sich Heinrich wie folgt:

Quia ergo in Deo sunt tantum duo modi emanandi personam a persona, scilicet per modum naturae unus et per modum voluntatis alius … Praeterea, quia illi duo modi emanandi sic singulares sunt ut nullo modo possint plurificari, ut similiter infra patebit, et singulares emanationes necessario habent singulares terminos, idcirco tertio in Deo personae non possunt esse plures tribus, et sic tantum tres ita quod nec plures nec pauciores.[1118]	Daher gibt es also in Gott nur zwei Weisen des Emanierens einer Person aus einer [anderen] Person, nämlich die eine auf die Weise der Natur und die andere auf die Weise des Willens … Außerdem: Weil diese beiden Weisen des Emanierens so einzig sind, dass sie auf keine Weise vervielfältigt werden können, wie unten auf ähnliche Weise deutlich werden wird, und weil die einzelnen Emanationen notwendigerweise einzelne Endpunkte haben, können aus diesem Grund zum Dritten die Personen in Gott nicht mehr als drei sein, und daher nur drei, sodass sie weder mehr noch weniger [sein können].

Zitat 5-19

Nach Heinrich gehen die zweite und dritte Person jeweils durch Emanation hervor. Emanation im eigentlichen Sinne findet bei Heinrich wie bei Wilhelm von Auvergne nur im innergöttlichen Bereich statt und ist keinesfalls wie bei Avicenna nach außen gerichtet. Beide christlichen Denker verknüpfen den Akt des Emanierens offensichtlich damit, dass Ursache und Wirkung hierbei dasselbe Wesen haben.[1119] Abgesehen von dieser Tatsache gleicht die Emanation des Sohns der Emanation der Welt, die Heinrich in Avicennas Modell vorliegen sieht: Sie vollzieht sich von Ewigkeit her aus natürlicher Notwendigkeit heraus[1120] und bringt nur eine einzige Wirkung hervor. Die Rolle der ex-uno-Regel ist bei Heinrich allerdings weniger ausgeprägt als bei Wilhelm. Auf weitere Verwendungsweisen dieser Regel werde ich in Kapitel 5.3.3 eingehen.

Heinrich beschreibt die innergöttlichen Hervorgänge in Teilen also ähnlich wie Avicenna den Hervorgang der Welt aus Gott heraus. Dabei bindet er in Bezug auf Gott *ad intra* Elemente ein, die er bei Avicenna für Gottes Wirken *ad extra* kritisiert, wie ich im Folgenden zeigen werde. Somit erweist sich die Emanation als ein Teil der avicennischen Lehre, der in einem speziellen Kontext sehr wohl positiv aufgenommen wird. Aus dem einen, vollkommen einfachen Prinzip emaniert konsequenterweise eine einfache Wirkung – anders als bei Avicenna geschieht dies jedoch nur im innergöttlichen Bereich.

[1118] Heinrich von Gent, *Summa*, art. 53, q. 9, S. 106, Z. 42–S. 107, Z. 55. Siehe dazu auch Flores, *Metaphysics and the Trinity*, S. 55–60.

[1119] Wie im Zitat erwähnt, erfolgt die eine innergöttliche Emanation von der Natur her, die andere willentlich. Beide haben also unterschiedliche Prinzipien, nämlich den Intellekt oder Willen, doch sie vereint, dass sie innerhalb ein und derselben göttlichen Substanz stattfinden. Siehe dazu Kapitel 5.3.4.

[1120] Vgl. Flores, *Metaphysics and the Trinity*, S. 86.

5.3 Kosmogonie

Während sich Heinrich in seiner Ontologie stark an Avicenna orientiert und sich für die Bestimmung Gottes so weit wie möglich an Avicennas Konzept des durch sich notwendig Seienden hält, übt er bezüglich der Rolle Gottes als Schöpfer der Welt heftigste Kritik an Avicenna. Eigentlich könnte man vermuten, beide Denker hätten ähnliche Vorstellungen davon, wie die Welt entsteht, da sich die ontologischen Grundannahmen gleichen, von denen sie ausgehen: Beide vertreten die Distinktion von Sein und Wesen auf geschöpflicher Seite und bestimmen damit zusammenhängend die Geschöpfe als durch sich möglich Seiendes. Die Geschöpfe stehen Gott gegenüber, der allein vollkommen einfach ist, da nur bei ihm Sein und Wesen zusammenfallen. Dies impliziert, dass er durch sich notwendig existiert, unveränderlich und ewig ist. Ein derartiges ontologisches Modell bietet den Vorteil, Gottes herausragende Stellung in der Wirklichkeit zu betonen und zugleich die permanente existenzielle Abhängigkeit alles Weltlichen von Gott aus der ontologischen Grundstruktur rational abzuleiten. Gott ist die erste metaphysische Wirk- und letzte Finalursache alles übrigen Seienden und kann sogar als dessen urbildliche Ursache verstanden werden. Diese Theorie lässt sich gut mit den Lehren einer monotheistischen Religion wie dem Christentum vereinbaren. Daher hat Heinrich kein Problem damit, sich an Avicennas Ontologie zu orientieren und ihn regelmäßig als eine der Hauptautoritäten heranzuziehen.

Trotz all dieser Übereinstimmungen und obwohl Heinrich auffällig oft die von Avicenna angeführte Definition der Schöpfung als Geben von Sein nach Nicht-Sein (*dare esse post non esse* (*absolute*)) beipflichtend zitiert, haben beide Denker sehr unterschiedliche Vorstellungen vom konkreten Wirkungszusammenhang zwischen Gott und Welt. Während man die Trinität noch als Erweiterung des ontologischen Systems von Avicenna einzuschätzen vermag, findet bezüglich des göttlichen Wirkens bei der Schöpfung ein klarer Bruch mit Avicenna statt. Dies liegt darin begründet, dass für Heinrich zwei elementare Aspekte der christlichen Schöpfungslehre unabdingbar sind: erstens die absolute Freiheit des göttlichen Wollens und Wirkens, zweitens die eindeutige Vorordnung Gottes vor der von ihm geschaffenen Welt. Die Vorordnung ist zwar nicht temporal aufzufassen, da Zeit und Welt zusammen beginnen, anders als bei Avicenna ist sie in Heinrichs Augen aber mehr als nur kausal zu verstehen – die Welt ist nicht ewig. Über beide Aspekte – Gottes Freiheit und seine Vorordnung vor der Welt – lässt sich Heinrichs Ansicht nach nicht verhandeln und daraus, dass er diese Aspekte bei Avicenna nicht erfüllt sieht, ergeben sich die Hauptkritikpunkte an dessen kosmogonischem Modell. Dementsprechend moniert Heinrich zum einen, dass bei Avicenna Gott die Welt nicht vollkommen frei erschaffe, sondern aus der Notwendigkeit seiner Natur (*necessitas suae naturae*) heraus, zum anderen, dass dies von Ewigkeit her geschehe, sodass die Welt als koätern zu Gott angesehen werde und nicht neu zu sein beginne. Diese beiden Annahmen zu Gott und Welt bezeichnet Heinrich in der *Lectura ordinaria*, deren Authentizität allerdings nicht abschließend geklärt ist, explizit als unangemessene Annahmen (*indigna*) über Gott sowie als Irrtümer (*errores*). [1121] Heinrichs

---

[1121] Vgl. Heinrich von Gent, *Lectura ordinaria*, Einleitung, S. 31, Z. 16–21: „Perniciosissimos quidem errores per istam doctrinam cavemus, quibus doctrina omnium philosophorum et doctorum gentium corrupta erat, qui scilicet er[r]ant de mundi aeternitate dicentes, quia mundus a Deo non est de novo factus ex nihilo, sed coaeternus ei, et cetero errori isti cohaerentes. In quibus veritatem contrariam ex hoc libro cognoscimus, quae

Kritikpunkte sind typisch für die Rezeption des kosmogonischen Modells von Avicenna bei den christlichen Denkern. Während Dominicus Gundisalvi als Vertreter der frühen Phase der Rezeption der avicennischen Lehre diese Vorwürfe noch nicht explizit äußert, finden sie sich bereits klar bei Wilhelm von Auvergne formuliert.

Im Folgenden soll zunächst der wirkursächliche Zusammenhang von Gott und Welt bei Heinrich von Gent dargelegt werden. Anschließend werde ich auf Heinrichs Kritik an Avicennas Theorie zum Hervorgang der Welt eingehen.

5.3.1 Wirkursächlicher Zusammenhang zwischen Gott und Welt

Wie im Ontologie-Kapitel dargelegt, kommt den Geschöpfen einerseits Sein des Wesens, andererseits Sein der Existenz zu. Beide Arten des Seins gehen auf Gott zurück. Über Sein des Wesens verfügen die Geschöpfe aufgrund des göttlichen Urbildes, auf das sie unmittelbar bezogen sind; Gott fungiert damit als Formalursache *extra rem*. Seine metaphysisch-wirkursächliche Tätigkeit hingegen betrifft das Sein der Existenz. In dieser Hinsicht gilt Gott als Schöpfer aller weltlichen Dinge, inklusive der Welt als Ganzes. Er verleiht ihnen das Sein der Existenz entweder unmittelbar (*immediate*) oder vermittelt über weitere Ursachen.[1122] Ersteres ist als Schöpfung (*creatio*) im engen Sinne aufzufassen, letzteres als Zeugung (*generatio*):

Et non est differentia, nisi quod generatio est ex materia, creatio autem est ex nihilo. Propter quod dicit AVICENNA VI° Metaphysicae: *Invenimus quiddam esse, quod est ex causa semper sine materia, et quiddam quod est ex aliquo mediante. Convenit autem ut omne quod non est ex materia praeiacente, vocemus non generatum, sed creatum.*[1123]	Und es gibt nur den Unterschied, dass Zeugung aus Materie heraus erfolgt, Schöpfung aber aus nichts heraus. Daher sagt Avicenna im sechsten Buch der *Metaphysik*: ‚Es gibt manches Sein, das aus der Ursache heraus stets ohne Materie ist, und manches, das aus etwas Vermittelndem heraus ist. Es ist aber üblich, dass wir alles, was nicht aus einer zugrundeliegenden Materie heraus ist, nicht gezeugt, sondern geschaffen nennen.'

Zitat 5-20

Wie bereits im Rahmen der Interpretation von Zitat 5-18 erwähnt, setzt sich Schöpfung von der natürlichen Zeugung dadurch ab, dass sie keiner zeitlich vorangehenden Materie als Zugrundeliegendes bedarf. Um die beiden Akte gegenüberzustellen, übernimmt Heinrich im vorliegenden Zitat die formale Abgrenzung der Schöpfung zur Zeugung aus Avi-

---

omnibus illis occulta fuit." Außerdem ibid., S. 32, Z. 44–46: „Quid ergo mirum si hi qui sensibilia mundi secuti sunt et ex his putant divinae naturae perfecte comprehendere potentiam, dispositionis versutia infatuati sunt" und ibid., S. 33, Z. 70–72: „Unde philosophi, quia hoc perfecte non viderunt, multa indigna de Deo senserunt: ut quod mundum de necessitate fecerit; quod omnino nihil novum facere poterit, cuius materia non praecessit; et cetera huiusmodi." Die Zitate der *Lectura ordinaria* sind hier und im Folgenden der kritischen Edition von Macken in Bd. 36 der *Opera Omnia* entnommen.

[1122] Siehe oben, Zitat 5-10.

[1123] Heinrich von Gent, *Quodlibet* I, q. 7 et 8, S. 37, Z. 40–45.

cennas *Metaphysik* VI.2,[1124] obgleich er bei der genauen inhaltlichen Ausgestaltung beider
Arten der Verursachung von ihm abweicht. Offensichtlich schätzt er jedoch die Klarheit,
mit der Avicenna die Differenz benennt. Heinrichs Verständnis von Zeugung und Schöpfung soll im Folgenden analysiert und mit dem Verständnis der beiden Konzepte bei Avicenna verglichen werden.

5.3.1.1 Zeugung (*generatio*)

Zeugung findet bei Heinrich wie bei Avicenna lediglich in der sublunaren Welt statt, in der
die Substanzen Komposita aus Form und Materie sind. Natürliche Substanzen erhalten
durch Zeugung Sein nach Nicht-Sein, wobei die Materie, die der Zeugung zugrunde liegt,
bereits vor der gezeugten Substanz existiert. Gezeugtes entsteht also in der Zeit (*in tempore*).
In diesem Zusammenhang führt Heinrich zuweilen Avicennas temporales Verständnis von
Entstehung (*inceptio*) an.[1125] Bei der Zeugung wird Materie, die in einem bereits existierenden Kompositum vorliegt (*praecedens*),[1126] durch Bewegung (*motus*) vorbereitet; sie wird
also durch die Einwirkung von Seiten natürlicher Wirkursachen verändert. Unter einer
natürlichen Wirkursache (*agens naturale*) versteht Heinrich wie Avicenna die sublunaren
Dinge, die gemäß ihrer individuellen Natur, das heißt gemäß ihrem Wesen und den ihnen
damit verliehenen Kräften (*virtutes*) wirken. Ein solches Wirken fällt unter die Lenkung
(*gubernatio*) Gottes, da er bestimmt, welche Wesen überhaupt verwirklicht werden.[1127]
Wenn die Dinge ihrem Wesen gemäß wirken, wirken sie letztendlich auf Gottes Befehl hin.
Sobald die Materie durch die natürlichen Ursachen vorbereitet ist, wird die Zeugung durch
die Form vollendet, die der Sache nach (*re*) etwas anderes ist als die Materie, mit der
zusammen sie ein Kompositum bildet.[1128] Durch die Form wird nach Heinrich sowohl
übermittelt, was etwas ist – denn in der Form erfolgt die Wesensbestimmung –, als auch
dass etwas in Aktualität existiert. Diese Rolle der auf Materie bezogenen Form gleicht der
bei Avicenna. Da die Materie ständiger Veränderung unterliegt und die sublunaren Substanzen regelmäßig entstehen und wieder vergehen, schätzt Heinrich mit Avicenna die
durch Zeugung entstandenen Dinge aufgrund ihrer Unbeständigkeit als schwach ein.[1129]

[1124] Vgl. Ibn Sīnā, *al-Ilāhiyyāt* VI.2, S. 204, Z. 17–19; ed. Van Riet, S. 306, Z. 8–11: „Convenit autem ut omne quod
non est ex materia praeiacente vocemus non generatum, sed creatum, et ut ex omnibus creatis id vocemus
nobilius quod est ex sua prima causa, nulla mediante, sive illud sit materiale, sive activum, sive sit aliquid
aliud." Zu den Begrifflichkeiten bei Avicenna siehe Kapitel 2.3.2.

[1125] Vgl. Heinrich von Gent, *Quodlibet* I, q. 7 et 8, S. 36, Z. 17–18: „Proprius autem est modus inceptionis rei
temporalis, quando incipit esse in tempore et non esse eius praecessit in tempore."

[1126] Beformt wird dann aber die erste Materie, sodass insgesamt etwas Neues entsteht und es nichts Gemeinsames
zwischen dem Vergehenden und Entstehenden gibt (bspw. Materie plus Form der Substantialität), siehe
ibid. XV, q. 7, S. 39, Z. 99–S. 40, Z. 123.

[1127] Siehe dazu Zitat 5-10 sowie Zitat 5-21, vgl. außerdem Heinrich von Gent, *Summa*, art. 21, q. 4, ed. Badius,
Bd. 1, Fol. CXXVIIrM, und id., *Quodlibet* XIV, q. 1, ed. Badius, Bd. 2, Fol. CCCCCLVIIvV–CCCCCLVIIIrX.
Hier wendet sich Heinrich u. a. gegen den Okkasionalismus, demzufolge Gott die einzig wirklich tätige Ursache ist, während die Geschöpfe darauf reduziert werden, nur eine Gelegenheit (*occasio*) für Gottes Wirken zu
bieten. Laut Heinrich haben die Geschöpfe als zweite Ursachen ihnen eigentümliche Tätigkeiten (*operationes*),
die ihnen aufgrund ihrer substanziellen Formen zukommen.

[1128] Vgl. Heinrich von Gent, *Summa*, art. 21, q. 3, ed. Badius, Bd. 1, Fol. CXXVIrF–vG.

[1129] Siehe dazu Zitat 5-18.

Bei seiner Beschreibung der Zeugung bringt Heinrich verschiedene Motive zusammen: Mit Avicenna spricht er vom Vorbereiten (*praeparare*) der Materie durch Bewegung und vom Erwerben (*acquirere*) der Formen. Zugleich spricht er, wohl beeinflusst von der peripatetischen Tradition, vom Herausführen (*educere*) der Formen aus der Materie.[1130]

Hier findet sich ein entscheidender Unterschied zu Avicenna: Avicenna zufolge empfängt etwas dadurch Sein, dass es die substanzielle Form durch eine außerhalb der Natur liegende Wirkursache, den Geber der Formen (*dator formarum*), erhält. Dies geschieht, sobald Materie durch akzidentelle Ursachen zum Empfang bereit gemacht worden ist. Mit dem Empfang der Form beginnt das jeweilige Ding, das ein Kompositum aus Materie und Form ist, in Gänze zu sein. Dies gilt sowohl für einfache Dinge wie Elemente, als auch für komplexere Dinge wie Lebewesen. Der Geber der Formen ist die zehnte himmlische Intelligenz, welche die letzte metaphysische Wirkursache in der vertikalen Ursachenkette ist, die beim durch sich notwendig Seienden beginnt.[1131] Anders als bei Avicenna bedarf es nach Heinrich für das Auftreten der Form nicht unbedingt eines Gebers der Formen, wie er in *Quodlibet* XIV, q. 1 darlegt. Dort geht er in Zusammenhang mit der Entstehung der Elemente auf Avicennas Lehre ein. Heinrich zufolge herrscht zwischen Aristoteles, Averroes und Avicenna dahingehend ein Konsens, dass die Elemente nicht gemäß ihrer substanziellen Form selbst wirken oder etwas erleiden, sondern gemäß den vier primären Qualitäten (kalt, warm, trocken, feucht). Da die Elemente also nicht über ihre substanziellen Formen aufeinander einzuwirken vermögen, können sie sich diese Formen nicht gegenseitig verleihen. Folglich müssen die substanziellen Formen durch eine nicht-materielle Ursache gegeben werden. Diese identifiziert Avicenna laut Heinrich als Geber der Formen.[1132] Anders verhält es sich in Heinrichs Modell: Obwohl er die Prämisse akzeptiert, dass die sub-

---

[1130] Siehe die Stellen aus Fn. 1127 bis 1129. Thomas von Aquin schreibt Aristoteles die Lehre zu, dass substanzielle Formen aus dem Vermögen der Materie herausgeführt (*educi*) werden: „Et quia Platonici et Avicenna non ponebant formas de potentia materiae educi, ideo cogebantur dicere quod agentia naturalia disponebant tantum materiam; inductio autem formae erat a principio separato. Si autem ponamus formas substantiales educi de potentia materiae, secundum sententiam Aristotelis, agentia naturalia non solum erunt causae dispositionis materiae, sed etiam formarum substantialium; quantum ad hoc dumtaxat quod de potentia educuntur in actum, ut dictum est, et per consequens sunt essendi principia quantum ad inchoationem ad esse, et non quantum ad esse absolute", Thomas von Aquin, *Quaestiones disputatae de potentia*, q. 5, art. 1, ad. 5. Siehe dazu auch Richardson, ›Avicenna and Aquinas‹. Die lateinische Übersetzung des Großen Kommentars des Averroes zu Aristoteles' *Metaphysik* verwendet statt *educere* den Terminus *extrahere* (*muḫriǧ*): „Tertia autem est opinio Aristotelis, et est, quod agens non facit nisi compositum ex materia et forma. Et hoc fit movendo materiam et transmutando eam, donec exeat de ea illud, quod est de potentia in ea, ad illam formam in actu. Et in ista opinione est quaedam similitudo dicentis quod agens non agit nisi ordinando segregata, et est sententia Empedoclis. Et nos dimisimus hanc sententiam de agente, cum dicimus sententias hominum. Sed agens apud Aristotelem non est congregans inter duo in rei veritate, sed extrahens illud, quod est in potentia ad actum", Averroes, *Tafsīr ›Mā ba'd al-ṭabī'a‹* XI, comm. 18, S. 1499, Z. 2–9; ed. Giunta, 1562, Bd. 8, Fol. 304vH–I. In den Artikeln 105 und 191 der Verurteilung von 1277 wird in ähnlichem Kontext hingegen *educere* verwendet. Siehe Flasch, *Aufklärung*, Nr. 105 (Hissette, *Enquête*, Nr. 120): „Quod forma hominis non est ab extrinseco, sed educitur de potentia materie, quia aliter non esset generatio univoca." Dieser Artikel könnte sich laut Hissette auf die averroistische Tradition beziehen. Siehe außerdem Flasch, *Aufklärung*, Nr. 191 (Hissette, *Enquête*, Nr. 110): „Quod forme non recipiunt divisionem, nisi per materiam. - Error, nisi intelligatur de formis eductis de potentia materie."

[1131] Siehe Kapitel 2.3.1.3.

[1132] Vgl. Heinrich von Gent, *Quodlibet* XIV, q. 1, ed. Badius, Bd. 2, Fol. CCCCCLVIIvV.

stanziellen Formen der Elemente eine nicht-materielle Ursache brauchen, teilt er nicht Avicennas Ansicht, dass die Prinzipien des Seins gänzlich von Materie abgetrennt sein müssen, wie es der Geber der Formen ist. Für Heinrich genügt es bereits, wenn das Sein verleihende, also formgebende Prinzip keine materielle Form ist. Daher bestimmt er das Prinzip als samenhafte Kraft (*virtus seminalis*). Diese Kraft ist hinsichtlich ihrer Materielosigkeit vergleichbar mit den sinnlichen Wahrnehmungsbildern (*species sensibiles*), die nicht materiell im Wahrnehmungssinn vorliegen. In komplexeren Dingen sind die samenhaften Kräfte, die in der Medizin auch formative Kräfte (*virtutes formativae*) genannt werden, zudem nicht auf eine bestimmte Wirkung festgelegt, sondern veranlassen diverse Wirkungen, je nachdem, welches Körperteil ausgebildet werden soll. Damit ähneln sie nach Heinrich eher der Form, die ein Künstler als Plan seines anzufertigenden Kunstwerks in seiner Vorstellung hat. Die Theorie der *virtutes* oder *rationes seminales* geht auf Augustinus zurück.[1133] Laut Heinrich sorgen diese Kräfte sogar dafür, dass die substanziellen Formen aus der Potentialität der Materie (*de materia*) herausgeführt werden (*educere*).[1134] Hier liegt also ein Eduktionsmodell vor, anders als bei Avicenna, dem ein Induktionsmodell zugesprochen werden kann.[1135] Die Tätigkeit der samenhaften Kräfte versteht Heinrich in gewisser Weise als ein Herausführen ins Sein, wobei er zugleich betont, dass Gott diejenige Ursache ist, die alle Dinge im Sein hält (*conservare*). Wie bei Avicenna bedarf es Gottes als einer metaphysischen Wirkursache, die zugleich mit den Geschöpfen besteht und ihnen permanent Sein verleiht, denn aus sich heraus sind sie lediglich möglich seiend.[1136] In Heinrichs Modell besitzen die sublunaren Entitäten dennoch sichtlich mehr ursächliche Kraft im Prozess der Zeugung als bei Avicenna. Dementsprechend moniert Heinrich an Avicennas Modell, dass sich die Rolle der natürlichen, also akzidentellen Ursachen darauf beschränkt, die Materie für die Aufnahme der Formen bereit zu machen. Zudem kritisiert er den Automatismus, der zwischen Bereitsein der Materie und Geben der Form besteht. Denn in einem solchen Fall agiert der Geber der Formen – unabhängig davon, ob man damit Gott oder eine himmlische Intelligenz meint – mit natürlicher Notwendigkeit (*naturalis necessitas*). Das bedeutet, in dem Moment, in dem die Materie bereit ist, die Form aufzunehmen, ist der Geber nicht frei, die Form zu verleihen oder nicht. Er hat kein zweifaches, sondern ein einfaches Wirkungsvermögen, sodass er von seiner eigenen Natur her darauf festgelegt ist, die passende Form zu verleihen. Auf den Vorwurf des naturnotwendigen Wirkens Gottes werde ich in Kapitel 5.3.2 noch ausführlicher eingehen.

Auch in *Quodlibet* XV, q. 7 kommt Heinrich auf den Geber der Formen zu sprechen. Dort wirft er Avicenna vor, die Zeugung sei in dessen Modell eigentlich kein Hervorbringen der Form ausgehend von der Materie (*de materia*), sondern eine Schöpfung (*creatio*) der Form in die Materie hinein (*in materia*). Allerdings gilt auch bei Avicenna wie bei Heinrich

---

[1133] Vgl. Hasse, ‚Avicenna's ›Giver of Forms‹', S. 228.

[1134] Vgl. Heinrich von Gent, *Quodlibet* XIV, q. 1, ed. Badius, Bd. 2, Fol. CCCCCLVIIvV–CCCCCLVIIIrX.

[1135] Siehe dazu Richardson, ‚Avicenna and Aquinas'.

[1136] Vgl. Heinrich von Gent, *Quodlibet* XIV, q. 1, ed. Badius, Bd. 2, Fol. CCCCCLVIIIrX. Siehe hier vor allem folgende Aussage: „et quaedam illarum [sc. creaturarum] … aliquid sua actione producunt, non solum secundum formam accidentalem disponendo subiectum ad susceptionem formae substantialis, sed etiam attingendo formam substantialem et ipsam in esse producendo, licet non ipsum productum in esse conservando. Quia licet domificator sit causa domus secundum fieri esse eius, non tamen secundum permanentiam eiusdem, qualis est causa prima quae est deus … deus enim semper est causa in actu existens cuiuslibet creaturae."

selbst, dass sich Schöpfung und Zeugung auf das entstehende Ding insgesamt beziehen. Es sind die konkreten Einzeldinge, die gezeugt werden, nicht deren Komponenten.[1137] Um Avicenna zu verteidigen, könnte man also darauf hinweisen, dass der Prozess, der die Vorbereitung der Materie und das Einprägen der Form umfasst, die von außen her gegeben wird, insgesamt als Zeugung zu verstehen ist. Dies wäre selbst dann der Fall, wenn man dabei das Geben der Form für deren Schöpfung hielte, was so allerdings gar nicht Avicennas Position ist. Obwohl Avicenna das Verleihen der Form eigentlich nicht als eine durch den Geber der Formen vollzogene Schöpfung versteht, wurde dies in der lateinischen Tradition so aufgefasst, worauf ich im Avicenna-Kapitel bereits verwiesen habe.[1138] Wenn Heinrich Avicenna traditionell interpretiert, ist verständlich, dass er das Konzept eines Gebers der Formen ablehnt, insofern es nicht auf Gott angewandt wird, denn Gott ist Heinrich zufolge der einzige Schöpfer.

In diesem Zusammenhang gilt es jedoch Folgendes zu bedenken: Wie im Kapitel zur Ontologie herausgearbeitet wurde, sind bei Heinrich wie bei Avicenna alle Dinge durch sich möglich seiend. Daher benötigen sie während der gesamten Dauer ihres Bestehens eine Wirkursache, die ihnen Sein verleiht, sie also im Sein hält. Diese Ursache muss entweder direkt Gott sein – dies ist in Heinrichs Modell der Fall – oder eine vermittelnde Ursache, die ein Teil der vertikalen Kette von Wirkursachen ist, die von Gott ausgeht. Bei Avicenna reicht die Kette hinunter bis zum Geber der Formen, der über die Formen permanent Sein an sublunare Dinge verleiht. Bei Heinrich gibt es keine Kette dieser Art. Ihm zufolge setzt Gott bei der sogenannten ‚ersten Schöpfung' direkt die Welt zusammen mit der Zeit ins Sein. Hierbei schafft er die Grundstruktur des Kosmos, während in der sogenannten ‚zweiten Schöpfung' die anschließende Ordnung gemäß dem Hexaemeron stattfindet.[1139] Heinrich äußert sich dazu wie folgt:

Effective enim substantiae illae creatae quae sunt formae simplices non habent esse suum a se, sed a Deo dante illis esse immediate, ut bene probat Avicenna VI° Metaphysicae suae. Et hoc dat eis statim, quia totum, quod sunt quoad rationem exemplaris in Deo secundum esse essentiae, efficit in eis simul secundum esse actualis existentiae, non prius causando per se in esse materiali, quod post modum producendum esset in esse formali, secundum quod illae quae fiunt per naturam ex materia, non statim habent formas in materia, sed per naturae motum acquirunt eas. Et in eo quod natura per motum dat eis – non statim – formas suas in	Wirkursächlich haben nämlich jene geschaffenen Substanzen, die einfache Formen sind, ihr Sein nicht aus sich, sondern von Gott, der ihnen das Sein unmittelbar gibt (dante), wie Avicenna im sechsten Buch seiner Metaphysik richtig nachweist. Und dies gibt er ihnen sofort, weil er alles, was sie bezogen auf den urbildlichen Grund (ratio exemplaris) in Gott gemäß dem Sein des Wesens sind, in ihnen zugleich gemäß dem Sein der aktuellen Existenz bewirkt, ohne durch sich vorher im materiellen Sein etwas zu verursachen, das bald darauf in formales Sein hervorzubringen wäre, dem entsprechend, wie jene Dinge, die durch die Natur aus der Materie

---

[1137] Siehe dazu bspw. Ibn Sīnā, al-Ilāhiyyāt VI.1, S. 196, Z. 4–13; ed. Van Riet, S. 293, Z. 53–S. 294, Z. 68.

[1138] Siehe Kapitel 2.3.2.3.

[1139] Zum Zwei-Phasen-Modell, demgemäß Gott am ersten Schöpfungstag die Materie aus nichts schafft und sie an den weiteren Tagen entsprechend dem Schöpfungsbericht der Genesis formt, siehe auch Kapitel 3.1.3.2.2.

materia, in hoc dat eis esse existentiae, nihil rei dando eis praeter formam in materia.[1140]

heraus entstehen, nicht sofort Formen in Materie haben, sondern sie durch die Bewegung der Natur erwerben. Und wie die Natur ihnen durch Bewegung – nicht sofort – ihre Formen in der Materie gibt, so gibt (*dat*) sie ihnen das Sein der Existenz, indem sie ihnen nichts vom Ding gibt außer der Form in der Materie.

Zitat 5-21

Es ist offensichtlich, dass bei Heinrich keine Emanation stattfindet, bei der die himmlischen Intelligenzen eine Kette von aneinandergereihten Wirkursachen bilden. Sie erhalten unmittelbar von Gott Sein der Existenz, wofür Heinrich überraschenderweise lobend Avicenna heranzieht und dabei unerwähnt lässt, dass seine Darstellung nicht ganz der Avicennas entspricht, bei dem Gott nur die erste geistige Substanz direkt verursacht.[1141] Im Gegensatz zu den supralunaren Substanzen gehen die sublunaren natürlichen Dinge laut Heinrich nicht zu Beginn der Zeit mit der ersten Schöpfung aus Gott hervor. Vielmehr werden sie in der Zeit durch die Natur gezeugt. Natur meint hier zunächst die universale Natur, die sämtliche natürlichen Prozesse im sublunaren Bereich umfasst. Das konkrete Wirken der Natur erfolgt jedoch über die einzelnen natürlichen Ursachen, die ihren speziellen Naturen entsprechend agieren. Dass die Natur die Formen gibt, ist hinsichtlich der Formulierung avicennisch inspiriert, bedeutet aber, dass die Formen durch natürliche Prozesse aus der Materie herausgeführt werden, wie bereits beschrieben.

5.3.1.2 Schöpfung (*creatio*)

Schöpfung im engen Sinne definiert Heinrich zuweilen wie Avicenna als Geben von Sein nach Nicht-Sein schlechthin (*dare esse post non esse absolute*).[1142] Da Heinrich Schöpfung inhaltlich abweichend von Avicenna auslegt, wird dem Zitat wenig Gewicht beigemessen.[1143] Formal eignet es sich meiner Ansicht nach jedoch sehr gut, um die Schöpfung von

---

[1140] Heinrich von Gent, *Summa*, art. 21, q. 2, ed. Badius, Bd. 1, Fol. CXXVIvG.

[1141] In seiner Darstellung ist Heinrich von den Vertretern des von Étienne Gilson so betitelten *Augustinisme avicennisant* beeinflusst. Diese sprechen Gott in der Erkenntnistheorie die Rolle zu, die Avicenna der zehnten himmlischen Intelligenz, dem sog. aktiven Intellekt, in seinem epistemologischen Modell zuteilt. Im obigen Zitat unternimmt Heinrich etwas Ähnliches für den Bereich der Ontologie. Er vergöttlicht die zehnte himmlische Intelligenz in ihrer Rolle als Geber der Formen (*dator formarum*), indem er den Geber mit Gott identifiziert, der an alle himmlischen Intelligenzen unmittelbar Sein verleiht (*dans*). In Avicennas Modell fungiert Gott hingegen nur für die erste himmlische Intelligenz als unmittelbare Seinsursache. Aber auch schon vor Avicenna wird Gott in der christlichen Tradition als Geber bezeichnet.

[1142] Vgl. ibid. art. 59, q. 2, S. 236, Z. 376–385, siehe Zitat 5-18. Außerdem ibid., art. 21, q. 4, ed. Badius, Bd. 1, Fol. CXXVIIrM–N ; id., *Lectura ordinaria* 1, S. 50, Z. 56–60: „Sequitur productionis modus, cum dicitur *creavit*: id est ex puro nihilo fecit. *Convenit enim, sicut dicit* AVICENNA, VI° M e t a p h., cap.° 2°, *ut omne quod non est ex materia praecedente, vocemus non generatum, sed creatum. Et haec est intentio quae apud sapientes vocatur creatio: quod est dare esse post non esse absolute.*" Die Stellenangabe nennt das Kapitel. An weiteren Stellen zitiert Heinrich die Definition im Rahmen seiner Kritik an Avicenna. Zu Avicenna siehe *al-Ilāhiyyāt* VI.2, S. 203, Z. 12–13, und S. 204, Z. 3–8; ed. Van Riet, S. 304, Z. 68–69, und S. 305, Z. 85–94.

[1143] Vgl. Janssens, ‚Elements of Avicennian Metaphysics', S. 42, der sich auf die Stelle in art. 59, q. 2 bezieht.

der Zeugung einerseits und vom trinitarischen Hervorgang andererseits abzusetzen: Im Unterschied zur Schöpfung erhält etwas bei der Zeugung Sein nach *relativem* Nicht-Sein, während beim trinitarischen Hervorgang etwas Sein gänzlich *ohne* vorangehendes Nicht-Sein mitgeteilt bekommt. Diese Gegenüberstellung entfaltet Heinrich in *Summa*, art. 59, q. 2, wie wir in Zitat 5-18 gesehen haben. Dort greift er die Schöpfung der supralunaren geistigen Substanzen, das heißt der Engel heraus. Da er im Gegensatz zu Dominicus Gundisalvi keinen universalen Hylemorphismus vertritt, sind die geistigen Substanzen in seinem kosmologischen Modell völlig immateriell, unterliegen jedoch wie alle Geschöpfe der Distinktion von Sein und Wesen. Dadurch setzten sie sich bereits so deutlich von Gott ab, der dieser Distinktion nicht unterliegt, dass Heinrich keine hylemorphe Komposition annehmen muss. Die geistigen Substanzen werden Heinrich zufolge vollständig und gänzlich (*totaliter et omnino*) geschaffen, das heißt, sie erhalten alles, was sie ausmacht, direkt vom Schöpfer – nicht vermittelt über weitere Ursachen oder unter Einbeziehen von Materie.[1144] Auf die Problematik der Individualität dieser Substanzen habe ich im Kapitel zu Gundisalvi bereits hingewiesen.[1145] So könnte man gegen ihre Immaterialität einwenden, die Annahme rein geistiger Geschöpfe ginge mit einer Einschränkung der Macht Gottes einher. Hintergrund des Einwands ist, dass die Immaterialität der geistigen Substanzen insofern für höchst problematisch gehalten wird, als sie impliziert, dass Gott nicht numerisch verschiedene geistige Substanzen derselben Art (*species*) zu erschaffen vermag. Dies kann als Negation der göttlichen Omnipotenz gewertet werden. Heinrich hält sowohl die Position für problematisch, geistige Substanzen könnten aufgrund ihrer Immaterialität nicht von Gott als Individuen derselben Art geschaffen werden, als auch den vermeintlichen Ausweg daraus. Dieser Ausweg wird darin gesehen, alle Substanzen von vornherein als materiell anzunehmen und so das Problem der Individuation zu umgehen. Auf diese Weise lässt sich ein universaler Hylemorphismus rechtfertigen. Demgegenüber äußert Heinrich in der achten Quästion[1146] des zweiten *Quodlibet* II, welches man auf den Advent 1277 datiert, dass auch diese Position eine Einschränkung der göttlichen Macht bedeutet, insofern sie davon ausgeht, dass Gott nur Materielles als Individuum schaffen kann. Beide Fälle werden in der Verurteilung von März 1277 in den Artikeln 81, 96 und 191 zurückgewiesen.[1147] Auf diese drei Artikel nimmt Heinrich sogar explizit Bezug.[1148] Heinrich zufolge gilt für alle geschöpflichen Arten, dass sie in einem oder mehreren Individuen verwirklicht werden können. Die Wesen der Geschöpfe sind somit grundsätzlich offen dafür, in einem oder mehreren Dingen zu subsistieren. Hier bezieht er sich explizit auf Avicennas Ausführungen in Buch V.1 der *Metaphysik*. Dort legt Avicenna dar, dass die Wesen als solche offen sind für extra- oder intramentales

---

[1144] Siehe Zitat 5-18.

[1145] Siehe Kapitel 3.1.3.2.1.

[1146] Die Quästion widmet sich dezidiert dem Thema der Individualität geistiger Substanzen: „Utrum possint fieri a Deo duo angeli solis substantialibus distincti."

[1147] Siehe Flasch, *Aufklärung*, Nr. 81 (Hissette, *Enquête*, Nr. 43): „Quod, quia intelligentie non habent materiam, Deus non posset facere plures ejusdem speciei." Nr. 96 (Hissette, *Enquête*, Nr. 42): „Quod Deus non potest multiplicare individua sub una specie sine materia." Siehe außerdem Artikel 191 (Hissette, *Enquête*, Nr. 110), in dem die allgemeine Annahme zurückgewiesen wird, dass substanzielle Formen nur durch Materie individuiert werden können: „Quod forme non recipiunt divisionem, nisi per materiam. – Error, nisi intelligatur de formis eductis de potentia materie."

[1148] Vgl. Heinrich von Gent, *Quodlibet* II, q. 8, S. 45, Z. 32–S. 46, Z. 59.

Sein und daher selbst keine der Eigenschaften in sich tragen, die mit den beiden Seinsweisen jeweils erst einhergehen, beispielsweise Universalität oder Partikularität, Einheit oder Vielheit und zeitliche oder lokale Verortung.[1149] Allein für das göttliche Wesen ist es nach Heinrich – und ebenso nach Avicenna[1150] – von vornherein ausgeschlossen, in mehreren Individuen instanziiert zu werden. Gott ist von sich her formalursächlich eine Einzigkeit (*singularitas*), wie Heinrich an dieser Stelle betont.[1151] Heinrich zufolge hat Gott als Wirkursache so viel Kraft, dass er die in den Wesen liegende Möglichkeit auch ohne Materie verwirklichen, das heißt, ihnen Subsistenz (*subsistentia*) im Sinne von Sein als Individuum zuteilen kann und somit mehrere individuelle geistige Substanzen einer Art zu schaffen vermag. Alles andere käme einer Reduktion seiner Omnipotenz gleich. Die himmlischen Intelligenzen oder Engel sind dadurch, dass sie von Gott als ein Geschöpf ins Sein gesetzt werden, individuelle Abbilder desselben göttlichen Urbildes und haben trotz ihrer Materielosigkeit im aktuellen Sein jeweils individuelle Wesen, die sich von denen der anderen Vertreter ihrer Art unterscheiden. Der eigentliche Grund ihrer Individualität (*causa individuationis*) ist hierbei nichts auf Seiten der Geschöpfe, sondern Gott, der ihnen ihr eigenes Sein verleiht.[1152]

Wie bei Avicenna sind die geistigen Substanzen reine Formen ohne Bezug zu Materie. Ihrem Sein geht also kein Nicht-Sein und keine Potentialität von zeitlicher Dauer (*duratio temporis*) als Privation in Materie voran. Sie werden somit nicht *in* der weltlichen Zeit geschaffen. Jedoch sind sie nach Heinrich, anders als nach Avicenna, nicht gleichewig zu Gott, sodass ihr Sein dem Nicht-Sein lediglich gemäß einer Nachgeordnetheit der Natur oder des Wesens (*posteritas naturae / essentiae*) folgen würde. Vielmehr entstehen die geistigen Substanzen zusammen mit der Zeit (*cum tempore / initio temporis*). Dabei ist ihnen Gott der Dauer (*duratione*) nach vorgeordnet, was bedeutet, dass er ihnen in seiner überzeitlichen, unendlichen Ewigkeit (*aeternitas stabilis / praeexistens*) vorangeht, wie Heinrich in der *Lectura ordinaria* und ähnlich in *Quodlibet* I, q. 7 und 8 darlegt. Daraus lässt sich für die geistigen Substanzen schließen, dass ihr eigenes Nicht-Sein ebenfalls in dieser Ewigkeit und damit in der Wirklichkeit – und nicht nur dem Wesen nach – vorangeht.[1153] Für diese Substanzen und die übrigen Dinge, die am Anfang von Zeit und Welt ins Sein treten, gilt wie für alles andere, was zu sein beginnt, dass Möglichkeit ihrem aktuellen Sein vorangehen muss. Diese Möglichkeit der ersten Geschöpfe ‚vor‘ dem Einsetzen der Schöpfung kann jedoch nicht in einer präexistenten Materie verortet werden, anders als dies bei Dingen der Fall ist, die in der Zeit entstehen. Heinrich verlegt die Möglichkeit daher in Gott hinein. Gott erkennt von Ewigkeit her alle Arten seiner Nachahmbarkeit und trägt damit die Urbilder aller Dinge in sich, die er in der externen Wirklichkeit ins Sein setzen könnte, wenn er wollte. Auf diese Weise kommt den Dingen, unter die auch die ersten Geschöpfe fallen,

---

[1149] Vgl. Ibn Sīnā, *al-Ilāhiyyāt* V.1, S. 152, Z. 13–S. 153, Z. 6, und S. 155, Z. 14–19; ed. Van Riet, S. 233, Z. 19–35, und S. 236, Z. 5–S. 237, Z. 13.

[1150] Siehe Kapitel 2.2.1.

[1151] Vgl. Heinrich von Gent, *Quodlibet* II, q. 8, S. 38, Z. 78–S. 39, Z. 7.

[1152] Vgl. ibid. II, q. 8, S. 49, Z. 45–S. 51, Z. 2. Vgl. außerdem Pini, ‚The Individuation of Angels‘, S. 94–107. In *Quodlibet* V, q. 8 präsentiert Heinrich laut Pini eine erweiterte Sichtweise, ohne dabei jedoch seine grundlegende Ansicht zur Thematik zu ändern.

[1153] Vgl. Heinrich von Gent, *Lectura ordinaria* 1, S. 42, Z. 43–S. 44, Z. 91, und S. 50, Z. 55–S. 51, Z. 94, sowie id., *Quodlibet* I, q. 7 und 8, v. a. S. 34, Z. 64–S. 37, Z. 54. Siehe dazu außerdem Macken, ‚Avicennas Auffassung von der Schöpfung‘, S. 252–254.

nach Heinrich reales Sein in Möglichkeit zu. Sie werden zwar in Gottes Geist gedacht, existieren außerhalb jedoch nicht.[1154] Avicenna würde hier zu bedenken geben, dass sich das Vermögen einer Ursache, etwas anderes zu bewirken, auf die Möglichkeit, zu sein, bezieht, die das andere *in sich* hat. Verlegt man diese Seinsmöglichkeit eines Dings in die Ursache, mündet dies Avicenna zufolge in einer Tautologie: Man würde dann bezüglich der Ursache aussagen, dass sie das Vermögen hat, bewirken zu können, was sie bewirken kann. Dies ist eine leere Aussage, wie Avicenna in Kapitel IV.2 der *Metaphysik* anmerkt. Die Möglichkeit von Dingen muss daher unabhängig von der Ursache bestehen. Sie kann nicht in den Geist Gottes verlegt werden. Somit lässt sich ein zeitlicher Beginn der Welt nicht rechtfertigen.[1155]

Während bei Heinrich alle Geschöpfe einen konkreten Anfangspunkt im Sein haben, sei es zum Beginn oder in der Zeit, kommt manchen unter ihnen zumindest eine unendliche Dauer (*infinita duratio*) zu – natürlich nur *a parte post*. In den *Quaestiones variae* weist er jedoch darauf hin, dass kein Geschöpf aus sich heraus eine endlose Zeit hindurch bestehen kann, da alles Geschöpfliche nur eine endliche Kraft besitzt.[1156] Vielmehr bedarf es Gottes, der mit seiner unendlichen Kraft endloses Dasein an das von ihm verursachte Geschöpf verleiht, denn „Avicenna [sagt in] Buch VI der *Metaphysik*, Kapitel 1, dass es ‚… des Gebers seines Seins (*dator sui esse*) immer und unaufhörlich bedarf, solange es Sein [hat]'.“[1157] Anders als bei Avicenna ist bei Heinrich jedoch Gott unmittelbarer Geber des Seins der Substanzen.

Dass der Welt keine Zeitspanne vorausgeht und sie somit nicht in der Zeit (*in tempore*), sondern mit der Zeit geschaffen wird (*cum tempore*), ist Heinrich sehr wichtig. Er weist zwar auch die von Avicenna vertretene Lehre einer von Ewigkeit her geschaffenen Welt vehement zurück. Nichtsdestotrotz zieht er Avicenna zur Unterstützung seiner Argumentation gegen die Annahme einer *in* der Zeit geschaffenen Welt heran. Dazu greift er beispielsweise in der *Lectura ordinaria* und in *Quodlibet* I, q. 7 und 8 auf Avicennas Unterscheidung zweier Verständnisse von Entstehung (*inceptio*) zurück.[1158] Entstehung meint den Beginn von Sein nach Nicht-Sein, der sich einerseits zeitlich, andererseits abgelöst von Zeitlichkeit interpretieren lässt. Formal stimmt Heinrich mit Avicenna dahingehend überein, dass der Beginn des Seins der Welt nach ihrem Nicht-Sein nicht zeitlich zu verstehen ist, und verweist diesbezüglich regelmäßig auf Avicenna. Allerdings interpretiert er dies wieder auf eine Weise, die von Avicenna abweicht. Gemäß Avicenna ist die Nachordnung vor dem Hintergrund der Sein-Wesen-Distinktion nur essenziell, also mit Blick auf das Wesen der Dinge zu verstehen. So lässt sich feststellen, dass die Dinge von sich, das heißt von ihrem Wesen her kein Sein haben. Ihnen kommt allerdings von Seiten der Wirkursache nachgeordnet Sein zu. Damit rechtfertigt Avicenna, dass man auch ewige Dinge als geschaffen ansehen kann, denn

---

[1154] Vgl. Heinrich von Gent, *Quodlibet* I, q. 7 et 8, S. 36, Z. 19–S. 37, Z. 54, und Macken, ‚Avicennas Auffassung von der Schöpfung', S. 255–256.

[1155] Vgl. Ibn Sīnā, *al-Ilāhiyyāt* IV.2, S. 139, Z. 11–S. 140, Z. 6; ed. Van Riet, S. 208, Z. 50–S. 209, Z. 75, und McGinnis, ‚What Underlies the Change from Potentiality to Possibility?', S. 275–276. Siehe außerdem Kapitel 3.3.3 für die Hintergründe der Überlegungen Avicennas.

[1156] Vgl. Heinrich von Gent, *Quaestiones variae*, q. 3, S. 34, Z. 454–464. Die Stellenangabe bezieht sich auf die Edition von Wilson in Bd. 38 der *Opera Omnia*.

[1157] Ibid., q. 3, S. 34, Z. 460–462: „Et AVICENNA VIo Metaphysicae cap.° 1° dicit quod «tantum *eget Dator sui esse* semper et incessanter quamdiu habuit *esse*.»“

[1158] Vgl. id., *Lectura ordinaria* 1, S. 50, Z. 55–83, und id., *Quodlibet* I, q. 7 et 8, S. 35, Z. 96–S. 37, Z. 54.

sie erhalten in diesem Sinne ebenfalls Sein nach absolutem Nicht-Sein.[1159] Heinrich kennt Avicennas These, die er an sich für richtig hält, da auch er die Sein-Wesen-Distinktion vertritt. Allerdings lehnt er die Ewigkeit von Geschöpfen grundsätzlich ab und kritisiert Avicenna scharf für dessen Haltung. Über diese Uneinigkeit, die zwischen ihm und Avicenna herrscht, sieht er an dieser Stelle jedoch hinweg, um mit seiner eigenen Version einer nicht zeitlich gefassten Entstehung dafür zu argumentieren, dass die Welt als Ganzes auch dann als entstanden gelten kann, wenn sie nicht in, sondern mit der Zeit und deren Dauer zu sein beginnt. Sie ist dann zwar wie bei Avicenna von ihrem Wesen her nicht-seiend, dies ist Heinrich zufolge aber nicht nur dem Begriff, sondern auch der Sache nach zu verstehen: Der Welt geht tatsächliches Nicht-Sein der unendlichen Ewigkeit nach voraus, die Gott zu eigen ist. In dieser Hinsicht gilt die Welt als entstanden.[1160] Bei Avicenna hingegen geht das erste Prinzip der Welt nicht der Sache nach in seiner Ewigkeit voraus, sondern nur kausal. Die Welt ist gleichewig zu ihrem Ursprung und hat nur mit Blick auf ihr Wesen Nicht-Sein vor dem Sein.

5.3.2 Kritik an Avicennas Verständnis der Schöpfung

Avicenna und Heinrich stimmen darin überein, dass Schöpfung nicht ausgehend von Materie oder in Materie hinein erfolgt. Vielmehr bedarf es bei der Schöpfung keines Zugrundeliegenden. In beiden Modellen geht der unmittelbaren Schöpfung zeitlich nichts voran; sie erfolgt auf geschöpflicher Seite aus nichts heraus (*ex nihilo*). Avicenna wie auch Heinrich verstehen Schöpfung als metaphysisch wirkursächliches Geben von Sein nach absolut verstandenem Nicht-Sein. Dabei entsteht eine Substanz, die von der Substanz des Schöpfers verschieden ist. Wie wir gesehen haben, liegt eine der Differenzen beider Modelle darin, wie die Nachordnung nach dem Nicht-Sein aufgefasst wird: Gemäß Avicenna ist sie nur essenziell zu verstehen und liegt dem Begriff, nicht der Sache nach vor. Gott und Welt sind koätern. Heinrich zufolge ist die Nachordnung zwar essenziell bedingt, liegt jedoch der Sache nach vor, nicht lediglich dem Begriff nach. Gott und Welt sind keinesfalls gleichewig. Vielmehr geht Gott in seiner ewigen überzeitlichen Dauer dem Sein der Welt voran. Diese Differenz der beiden Ansätze resultiert aus der Art und Weise, wie die beiden Denker das göttliche Wirken auslegen. Sowohl Avicenna als auch Heinrich betonen, dass Gott ein durch sich notwendig Seiendes und verbunden damit gänzlich einfach und unveränderlich ist. Er ist reines, vollkommen geistiges Sein. Trotz dieser Übereinstimmung bezüglich des göttlichen Seins sind die beiden Denker unterschiedlicher Ansicht, was die Frage betrifft, welche Art und Weise des Wirkens man einer derart bestimmten Entität zusprechen kann. Demzufolge divergieren ihre Modelle auch bezüglich der Bestimmung dessen, was direkt von Gott verursacht wird. Für Avicenna bedingt die ontologische Disposition Gottes direkt sein Wirken nach außen. Beide Ebenen – also die Seins- und Wirkungsebene – lassen sich nicht trennen. Die innere Verfasstheit, in der Gottes Kraft (*potentia*), Wissen (*scientia*) und Wollen (*voluntas*) in der vollkommenen Einfachheit zusammenfallen, ist nach dem Vorbild

---

[1159] Siehe Kapitel 2.3.2.2.
[1160] Vgl. ibid. I, q. 7 et 8, und id., *Lectura ordinaria* 1, S. 42, Z. 43–S. 44, Z. 91, und S. 50, Z. 55–S. 51, Z. 94.

der neuplatonischen doppelten Aktivität allein ursächlich für das Wirken nach außen, das notwendig, aber ewig gewollt ist. Daher bringt Gott gemäß der *ex-uno*-Regel, gekoppelt mit der *idem*-Regel[1161] nur ein einziges einfaches Geschöpf direkt hervor, die erste himmlische Intelligenz. Alle weiteren Geschöpfe in der Ordnung des Seins, als deren Ursache sich Gott erkennt, gehen vermittelt über die erste und weitere Intelligenzen hervor, was sich gemäß einem Emanationsmodell beschreiben lässt.

Heinrich hingegen entkoppelt Seins- und Wirkungsaspekt. Gott wirkt mit absolut freiem Willen und ist trotz seiner Unveränderlichkeit weder an die *ex-uno*- noch an die *idem*-Regel gebunden. Daher kann Gott sowohl in der ersten Schöpfung zu Beginn der Zeit mehrere Dinge zugleich hervorbringen, als auch im Verlauf der Zeit eine Vielzahl menschlicher Seelen ins Sein setzen, ohne dass dies seine Einfachheit und Unveränderlichkeit angreift. Während Heinrich Gott, wie wir sehen werden, nach dem voluntaristischen Modell wirken lässt, ist der grundlegende Einwand, den er gegen Avicennas Modell vorbringt, dass Gott darin aus Naturnotwendigkeit wirke und eben nicht aus einer freien Willensentscheidung heraus, wie es der christlichen Lehre entsprechen würde. Auch Heinrich ist also ein Vertreter des Nezessitarismus-Vorwurfs.[1162] Heinrich äußert diesen Vorwurf jedoch nicht pauschal – anders als dies bis heute regelmäßig geschieht.[1163] Vielmehr nimmt er diverse Aspekte des göttlichen Wirkens bei Avicenna in den Blick, woraus erhellt, was Naturnotwendigkeit für ihn bedeutet. An Heinrichs Analyse erkennt man, dass seine Haltung geprägt ist von der damals aktuellen Diskussion um die menschliche Handlungs- und Willensfreiheit, die Mitte der 60er Jahre des 13. Jahrhunderts beginnt.[1164] Die Debatten, insbesondere die Auseinandersetzung zwischen Vertretern des intellektualistischen und voluntaristischen Ansatzes, bilden den Hintergrund für Heinrichs Nachweis, inwiefern die göttliche Freiheit in Avicennas Modell aufgehoben ist. Im Folgenden soll Heinrichs Kritik näher analysiert werden. Dabei wird deutlich, was er eigentlich unter dem Vorwurf des naturnotwendigen göttlichen Wirkens versteht, der bis in die heutige Forschungsliteratur hinein als Schlagwort verwendet, oft aber nicht näher beleuchtet wird.

Um Heinrichs Vorwürfe einordnen zu können, muss man wissen, wie er den Begriff der Naturnotwendigkeit üblicherweise verwendet. Ein Wirken aus Naturnotwendigkeit betrifft primär das Verhalten irrationaler Geschöpfe, seien es Lebewesen oder leblose Dinge. Heinrich versteht dies wie Wilhelm von Auvergne: Aus Naturnotwendigkeit (*necessitate naturae*) tätig zu sein, impliziert, streng nach einem von der eigenen Natur, das heißt dem eigenen Wesen festgelegten Muster zu wirken. Dieses Muster ist für alle Individuen einer Art dasselbe, sodass sie in der gleichen Situation das gleiche Verhalten an den Tag legen würden. Aufgrund ihrer Irrationalität besitzen sie nämlich als aktives Wirkungsprinzip nur natürliche Vermögen (*potentiae naturales*), die sich im Unterschied zu rationalen

---

[1161] Der *idem*-Regel zufolge bleibt die Wirkung gleich, wenn deren Ursache sich nicht verändert, vorausgesetzt die übrigen Bedingungen sind ebenfalls konstant. Zur *idem*-Regel siehe Kapitel 2.3.3.1.

[1162] Zu diesem Vorwurf siehe Honnefelder, ‚Die Kritik des Johannes Duns Scotus am kosmologischen Nezessitarismus‘.

[1163] Vgl. Flores, ‚The Intersection of Philosophy and Theology‘, S. 540: „For Avicenna creation is a necessary process."

[1164] Zur Erläuterung der Kontroverse siehe Müller, Einleitung zu Heinrich von Gent, *Ausgewählte Fragen zur Willens- und Freiheitslehre*, S. 11–32.

Vermögen (*potentiae rationales*) nicht auf Gegensätze (*opposita*) beziehen können.[1165] Das bedeutet, sie können keine Wirkungsalternativen erfassen, was die Grundvoraussetzung (*conditio sine qua non*) dafür wäre, von ihrem festgelegten Wirkungsmuster abzuweichen und über das eigene Wirken zu entscheiden. Stattdessen sind die Naturdinge auf eines hin festgelegt (*ad unum determinata*), das heißt, sie müssen abhängig von der jeweiligen Situation eine bestimmte Option ausführen und haben nicht die Möglichkeit, sich anders zu verhalten. Damit liegt Notwendigkeit vor, und da es sich um natürliche Dinge handelt, die irrational ihrer jeweiligen Artnatur gemäß wirken, kann dies als Naturnotwendigkeit verstanden werden. Naturnotwendigkeit bezieht sich somit auf die spezifische Natur der Dinge, nicht auf die universale Gesamtnatur, was man heute üblicherweise unter Naturnotwendigkeit versteht.[1166]

Wie Avicenna und Wilhelm von Auvergne nimmt Heinrich also die Unterscheidung von einfachen und zweifachen Vermögen auf: Rationale Substanzen besitzen zweifache Wirkungsvermögen, die sich auf Gegensätze (*opposita*) richten, zwischen denen sie auswählen können. Irrationale Substanzen hingegen besitzen nur einfache Vermögen. Wie im Kapitel zu Wilhelm bereits angemerkt, geht diese Unterscheidung auf Aristoteles zurück, worauf Heinrich regelmäßig hinweist.[1167] Die Gegensätze sind alternative Wirkungsmöglichkeiten in einer bestimmten Situation,[1168] die genau genommen sowohl die faktische als auch die inhaltliche Komponente des Wirkens betreffen, mithin zum einen das Dass, zum anderen das Wie und Was. Hinsichtlich beider Aspekte ist ein der Naturnotwendigkeit gemäß wirkender Akteur unfrei:[1169] Weder kann er darüber entscheiden, ob er zu wirken einsetzt oder nicht, respektive, ob er zu wirken aufhört oder nicht, noch vermag er zu bestimmen, auf welche Weise er wirkt und was für eine Wirkung er dabei hervorbringt, auf welches Objekt sie sich richtet oder wie sie sich auf das Objekt auswirkt.[1170] Diese verschiedenen Aspekte der Unfreiheit würde man auch Gott zusprechen, sollte man ihm eine derart verstandene Naturnotwendigkeit unterstellen.

Ein naturnotwendiger Akteur kann also nicht anders, als zu wirken, sobald die passenden Umstände gegeben sind. In dem Moment, in dem er selbst und sein Objekt oder das

---

[1165] An sich sind die einfachen Vermögen freilich zu Gegensätzen fähig, also dazu, zu wirken oder nicht zu wirken. In einem gegebenen Situationskontext sind sie allerdings auf einen der beiden Gegensätze festgelegt und können nicht von sich aus frei wählen, Inciarte, ‚*Natura ad unum – ratio ad opposita*‘, S. 262.

[1166] Vgl. Heinrich von Gent, *Summa*, art. 36, q. 5, S. 123, Z. 30–S. 124, Z. 47.

[1167] Vgl. ibid., art. 36, q. 5, S. 124, Z. 38–39: „Secundo autem distinguitur potentia naturalis a rationali, quod potentia rationalis dicitur illa quae de se valet ad opposita, potentia vero naturalis ad unum tantum, ut vult Philosophus in locis praedictis.“

[1168] In der modernen Handlungstheorie spricht man in Bezug auf moralisch verantwortbares Handeln vom Prinzip alternativer Handlungsmöglichkeiten (*principle of alternate possibilities*), siehe dazu Frankfurt, ‚Alternate Possibilities and Moral Responsibility‘.

[1169] Jedenfalls lässt sich dies herleiten, wenn man die mit der Naturnotwendigkeit verbundenen konkreten Vorwürfe an Avicenna sammelt, siehe unten.

[1170] So können auch die Folgen unterschiedlich bewertet werden. Typisches Beispiel ist das Feuer, das von seiner Natur her Hitze nach außen erzeugt. Diese wirkt sich unterschiedlich auf die Objekte aus: Sie bringt Eis zum Schmelzen, Wasser zum Kochen oder, je nach Länge des Einwirkens, zum Verdunsten. Sie kann aber auch eine Hand verbrennen, was als Übel im Sinne eines Kollateralschadens gewertet werden kann. Ähnlich festgelegt ist die Wirkungsweise der Naturdinge bei Duns Scotus, vgl. Müller, ‚*Nulla est causa nisi quia voluntas est voluntas*‘, S. 489–490.

Zugrundeliegende der Wirkung aktuell existieren, in nötiger Reichweite zueinander stehen und weder innere noch äußere Hindernisse vorliegen, setzt sein Wirken automatisch beziehungsweise notwendigerweise ein. Das Ende, zeitweilige Aussetzen oder gänzliche Ausbleiben des Wirkens erfolgt nach einem umgekehrt analogen Automatismus. Wie die passenden Umstände aussehen, auf welche Weise ein natürlicher Akteur wirkt und von welcher Art seine Wirkung ist, gibt die eigene Natur vor. Die Vorgaben der Natur gehen wiederum auf Gott zurück, der die Naturen aller Dinge als die Arten seiner Nachahmung erkennt und bestimmt, welche verwirklicht werden. Sie alle erfüllen Gottes Plan, weswegen Heinrich auch von der göttlichen Lenkung der Geschöpfe spricht (*gubernatio rerum creatarum*).[1171] In der Regel wird daher das Wirken der Natur, genauer gesagt der irrationalen natürlichen Substanzen mit Fremdbestimmung verknüpft. Diese Substanzen können nicht selbst über ihr Wirken entscheiden. Vielmehr wird es einerseits durch die jeweilige Situation bestimmt, andererseits durch die von Gott gegebene Natur.[1172] Dies haben wir bereits bei Wilhelm von Auvergne und Avicenna kennengelernt.[1173]

Während das Feuer, eine leblose Entität, als typisches Beispiel für irrationale natürliche Substanzen dient, billigt Heinrich in *Quodlibet* I, q. 16 den Tieren, die auch derartige Substanzen sind, zwar ein Strebevermögen zu, das ihnen ermöglicht, wahrgenommene Formen als mehr oder weniger lustvoll einzuschätzen. Dies impliziert aber nicht, dass sich Tiere frei auf Gegensätze beziehen und das jeweils Lustvollste frei wählen können. Es findet nämlich kein wirklicher Vergleich mit anschließender Auswahl statt, sondern das Tier wird automatisch gemäß einer natürlichen Neigung (*inclinatio naturalis*) zum Lustvollsten hingezogen.[1174]

Demgegenüber erfolgt das Wirken des Menschen im Sinne des Handelns laut Heinrich nicht nach einem von der Natur festgelegten Muster, sondern frei.[1175] Wie er diese Freiheit auslegt, ist gleichfalls kurz zu erläutern, denn es dient ebenso als theoretischer Hintergrund für Heinrichs Überlegungen zum göttlichen Wirken wie auch für seine Reaktion auf Avicenna. Freies Handeln, das zunächst einmal im Sinne eines gewollten Handelns zu verstehen ist, ist nur dann möglich, wenn zwischen die Bereitschaft, zu wirken, sowie die passenden Umstände auf der einen Seite und das Eintreten des Handlungsakts auf der anderen Seite ein zweifaches aktives Vermögen als Instanz geschaltet ist, die eine Entscheidung für das Ausführen eines Akts treffen kann. Diese Instanz bildet das Paar aus Verstand (*intellectus*) und Willen (*voluntas*), die beide rationale Kräfte sind.[1176] Wenn weder Zwang noch ein Hindernis vorliegen und man gemäß dem Willen handelt, liegt nach dem klassischen

---

[1171] Siehe Zitat 5-10.

[1172] Vgl. Inciarte, ‚*Natura ad unum – ratio ad opposita*‘, S. 270. Inciarte weist darauf hin, dass sich dies bei Aristoteles etwas anders verhält. Dort sind natürliche Ursachen auch auf eines hin determiniert, aber die Natur an sich wird nicht mit dem Motiv der Fremdbestimmung verknüpft, sondern als ein Wirken aus sich selbst heraus aufgefasst.

[1173] Siehe Kapitel 4.3.1.2.1.

[1174] Vgl. Heinrich von Gent, *Quodlibet* I, q. 16, S. 98, Z. 88–S. 99, Z. 25. Dass Tiere eine Einschätzungskraft (*aestimatio*) besitzen, die ein natürliches Urteil fällen kann, bspw. dass ein Schaf zu fliehen ist, macht ihr Verhalten nicht freier, denn das natürliche Streben muss sich blind nach dem Urteil der Einschätzungskraft richten. Es findet kein Abwägen und Auswählen statt. Vgl. ibid. I, q. 16, S. 97, Z. 69–S. 98, Z. 87.

[1175] Reflexe und Ähnliches fallen nicht unter Handlung.

[1176] Vgl. Heinrich von Gent, *Summa*, art. 36, q. 5, S. 124, Z. 43–44: „voluntas in homine dicitur potentia rationalis, quia valet ad opposita.“

Kompatibilismus eine freie Handlung vor. Wie frei die Willensentscheidung selbst zustande kommt, wird dabei nicht berücksichtigt.[1177] Heinrich genügt ein solcher Ansatz jedoch nicht zur Bestimmung von Freiheit. Freiheit liegt seiner Ansicht nach erst dann vor, wenn die Willensbildung frei erfolgt. Dazu muss man das Zusammenspiel von Vernunft und Willen in den Blick nehmen. Da sie rationale Vermögen sind, können sie alternative Möglichkeiten gegeneinander abwägen. Hier liegt nach Heinrich die erwähnte Macht über einen Gegensatz (*potentia qui valet ad oppositum*) vor, die ein Handeln aufgrund von Willensfreiheit (*libertate voluntatis*), freiem Willen (*libera voluntas*) oder freier Wahl (*liberum arbitrium*) ermöglicht.[1178]

Vereinfacht dargestellt kooperieren Verstand und Wille wie folgt: Der Verstand erfasst und beurteilt die unterschiedlichen Handlungsoptionen und präsentiert sie dem Willen. Dieser kann sich frei für eine der Optionen entscheiden und sie als zu wirkend (*ad operandum*) bestimmen. Hinsichtlich seiner Akte lässt sich der Verstand als theoretisch (*speculativus*) oder praktisch (*practicus*) bezeichnen. Als theoretischer erkennt er neutral gegensätzliche Handlungsalternativen. Als praktischer gibt er sodann eine Empfehlung, denn „das Werk legt der praktische Verstand fest (*determinat*) und zeigt an, was zu tun ist und was nicht"[1179]. In dieser Funktion gilt er zwar als erstes Prinzip (*primum principium*) oder auch *causa propter quam* des zu Wirkenden, doch daraus resultiert noch keine Wirkung. Zur Initiative der Handlung bedarf es Heinrich zufolge eines zweiten Prinzips (*principium secundarium*): des Willens, der sich „wie ein Diener verhält, der frei folgt"[1180]. Anders als die Naturdinge, die unfreie Diener Gottes sind, die sich nach dem richten, was ihnen durch ihre Natur vorgegeben wird, ist der menschliche Wille ausdrücklich nicht an das Urteil des Verstandes gebunden, sondern frei. Er kann sich durchaus auch gegen das Verstandesurteil entscheiden. Dieses Urteil verursacht im Willen somit keinen bestimmten Willensakt. Vielmehr dient das vom Verstand Erkannte und Beurteilte lediglich als Basis, auf die sich der Wille bezieht. Aufgrund dieser dominierenden Rolle des Willens bezeichnet Heinrich ihn an anderer Stelle nicht als Diener, sondern vergleicht ihn stattdessen mit dem Herrn (*dominus*).[1181] Mit der Betonung der Willensfreiheit nimmt Heinrich eine voluntaristische Position ein: Nur wenn der Wille selbst frei ist, liegt eine wirklich freie Wahl (*liberum arbitrium*) vor, wie Heinrich beispielsweise in *Quodlibet* I, q. 16 betont. Während man Natur mit Fremdbestimmung verknüpft, wird dem Willen aufgrund seiner Freiheit üblicherweise Selbstbestimmung zugesprochen. Wenn sich der Wille entscheidet, findet zwar auch gewissermaßen eine Festlegung auf eines (*ad unum*) statt, dies geschieht aber frei durch den Willen selbst.[1182] Dabei weist der Wille sowohl diachrone als auch synchrone Kontingenz auf:

[1177] Vgl. Keil, *Willensfreiheit*, S. 59–60.

[1178] Vgl. bspw. Heinrich von Gent, *Summa*, art. 36, q. 5, S. 123, Z. 30–S. 124, Z. 52, und art. 36, q. 4, S. 122, Z. 81–86. Zum *liberum arbitrium* vgl. insbesondere id., *Quodlibet* I, q. 16.

[1179] Heinrich von Gent, *Summa*, art. 36, q. 4, S. 112, Z. 44–45: „opus determinat intellectus practicus, et indicat quid agendum et quid non."

[1180] Ibid., art. 36, q. 4, S. 112, Z. 46: „est sicut minister libere exsequens."

[1181] Vgl. ibid., art. 45, q. 3, S. 115, Z. 53–54: „sed quia libere et eligibiliter aut quasi eligibiliter, et tamquam dominus suae actionis ex se ipso hoc velit." Zum Verhältnis zwischen Vernunft und Willen siehe Müller, ‚Der Herr und sein Diener mit der Lampe'.

[1182] Ähnlich bei Scotus, vgl. Inciarte, ‚Natura ad unum – ratio ad opposita', S. 263–264, und Müller, ‚Nulla est causa nisi quia voluntas est voluntas', S. 499–500.

er kann sowohl zu verschiedenen Zeitpunkten Verschiedenes wollen, als auch in einer bestimmten Situation, also im Moment des Willensakts, anderes wollen. Als irrationale Substanz wäre er demgegenüber pro Situation von vornherein auf einen Akt festgelegt.[1183]

Interessant ist in diesem Zusammenhang die Einschätzung des Verstandes: Obwohl der Verstand wie der Wille ein rationales Vermögen ist, wird sein Akt zuweilen als dem Wirken der Naturdinge ähnlich eingeschätzt. Man nimmt dabei die Rolle des Verstandes als passives, aufnehmendes Vermögen in den Blick:[1184] Der Verstand kann sich seines eigenen Akts weder enthalten noch ihn beliebig vollziehen. Vielmehr wird er dazu idealerweise vom Willen animiert. Überdies ist der Verstand inhaltlich festgelegt, indem ihm durch das Objekt vorgegeben wird, was er erkennt. Der Wille hingegen ist so frei, dass er sowohl über den Vollzug seines eigenen Akts entscheiden kann als auch inhaltliche Freiheit besitzt, zu wollen, was er will. Diese Gegensätze von Natur, Intellekt und Willen werden bei Duns Scotus betont,[1185] doch man findet sie bereits klar bei Heinrich formuliert. Heinrich stellt in *Quodlibet* XIII, q. 6 heraus, dass keine freie Wahl vorliegen würde, wenn man lediglich einen zwischen Alternativen abwägenden Verstand besäße, der mit seinem Urteil vorgibt, was zu wirken ist. Der Akt des Verstandes sei nämlich ähnlich wie eine natürliche Form auf eines festgelegt (*ad unum determinata*). Würde er direkt einen Akt auslösen, läge ein naturnotwendiges Wirken vor. Eine freie Wahl findet hingegen bei allen rationalen Substanzen (Gott, Engel, Menschen) nur dann statt, wenn der Wille frei wählt. Dementsprechend liegt ein freier Akt nur unter der Voraussetzung vor, dass ein derartiger Wille unmittelbares Prinzip (*principium proximum*) dieses Akts ist.[1186] Die intellektualistische Position, wie sie beispielsweise Siger von Brabant vertreten hat, bei der der Wille das will, was der Intellekt ihm als frei getroffene Entscheidung vorgibt, wäre für Heinrich kein Fall von Willensfreiheit, sondern ebenso von Notwendigkeit.[1187] Man sieht also, dass (Natur-)Notwendigkeit an unterschiedlichen Stellen in ein System hineinkommen kann, da sich selbst bei rationalen Vermögen der Aspekt der Notwendigkeit ausmachen lässt. Umso wichtiger ist es, zu definieren, von welcher Art der Notwendigkeit man spricht, wenn man Avicenna den Vorwurf macht, das erste Prinzip wirke mit Notwendigkeit.

Die dargelegten Ansichten zum Wirken der Natur und zur Willensfreiheit des Menschen bilden den theoretischen Hintergrund, um Heinrichs Kritik an Avicenna im Hinblick auf die göttliche Willensfreiheit zu verstehen. Nach Heinrich von Gent liegt die beschriebene Form der verstandesbasierten Willensfreiheit bereits für den Menschen vor, der die niedrigste aller rationalen Substanzen ist. Umso mehr muss ein freier Wille bei Gott vorhanden sein, der als vollkommen rational gilt. Heinrich zufolge ist schon beim Menschen im Innenverhältnis der Wille dem Verstand klar vorgeordnet. Bei Gott sind die beiden

---

[1183] Zu den Begriffen der diachronen und synchronen Kontingenz siehe ibid., S. 498.

[1184] Vgl. Müller, ‚Der Herr und sein Diener mit der Lampe‘, S. 106–107. In seiner Rolle als aktives Vermögen, das auf Basis des rezeptiv erworbenen Wissens weitere Erkenntnisse ableitet, indem es Schlüsse zieht, ist der Verstand freilich anders zu bewerten.

[1185] Vgl. Inciarte, ‚*Natura ad unum – ratio ad opposita*‘.

[1186] Vgl. Heinrich von Gent, *Quodlibet* XIII, q. 6.

[1187] Zu Siger von Brabant vgl. Müller, Einleitung zu Heinrich von Gent, *Ausgewählte Fragen zur Willens- und Freiheitslehre*, S. 16–20.

Vermögen noch viel stärker ausgeprägt, und sein Wille ist laut Heinrich noch viel mächtiger. Im Unterschied zum menschlichen wird der göttliche Wille überhaupt nicht determiniert – auch nicht durch sich selbst. Außerdem kann Gott allein durch seinen Willen einen Akt hervorgehen lassen; er benötigt dazu keine bewegenden Kräfte oder Ähnliches.

Entsprechend der erläuterten Gegenüberstellung von freien Akteuren und solchen, die mit Naturnotwendigkeit wirken, ließe sich erwarten, dass Heinrich seinen Vorwurf an Avicenna, Gott agiere in dessen Modell mit Naturnotwendigkeit, aus einem von zwei Anlässen heraus äußert: Entweder ignoriert Heinrich, dass Avicenna dem durch sich notwendig Seienden die rationalen Vermögen von Vernunft und Willen zuspricht, sodass er als irrationale Substanz nach einem von seiner Natur vorgegebenen Muster wirkt, oder Heinrich erkennt zwar an, dass auch Avicenna die beiden rationalen Vermögen einbindet, meint aber, deren Aktivität würde falsch dargestellt. Wie wir sehen werden, ist meist Letzteres der Fall. Doch was genau drückt in diesem Zusammenhang der Vorwurf aus, Gott agiere mit natürlicher Notwendigkeit? Dieser Frage möchte ich anhand von ausgewählten Stellen nachgehen, an denen Heinrich seine Anschuldigung begründet. Der Vorwurf des naturnotwendigen Wirkens ist für Heinrich mehr als nur ein Schlagwort, das sich flexibel gegen Avicenna einsetzen lässt. Aus den Passagen geht hervor, wie genau er Avicennas Modell kennt. Seine Kritik setzt an diversen Aussagen Avicennas zum Wirken des durch sich notwendig Seienden an. Dabei steht mal lediglich der Wille in der Kritik, mal allein der Verstand, oft aber beide gemeinsam als das eine Entscheidung herbeiführende Paar von rationalen Vermögen.

5.3.2.1 Wesenhafte Ursache und Wille der Unveränderlichkeit *versus* freier Wille

In *Quodlibet* I, q. 7 und 8 erläutert Heinrich von Gent im Rahmen seiner Kritik an der Ewigkeit der Welt die Zusammenhänge bei Avicenna wie folgt:

Ex huiusmodi autem principio posuerunt quod nullo agente posset creatura mundi non esse aut non fuisse, et per hunc modum posuerunt mundum habere esse a Deo ab aeterno, non tamen factum esse umquam ab ipso, nisi large sumendo factionem pro creatione, modo quo AVICENNA exponit actionem creationis, ut supra expositum est, non modo quo catholici eam exponunt de nova mundi factione. Sic ergo posuerunt mundum ita habere esse a Deo quod non potuit Deus ei non dedisse esse nec esse auferre ab eo, quia secundum eos mundus habet esse a Deo sola naturae necessitate aut voluntate immutabilitatis coniuncta necessitati naturae, non libera ad dare esse et non dare. Quod si quis dubitaret an talis erat philosophorum mens et sententia, videat I^um Caeli et mundi et VI^tum Metaphysicae	Aus diesem Grundsatz heraus behaupten sie, das Geschöpf der Welt könne durch kein Tätiges nicht sein oder nicht gewesen sein. Und auf diese Weise behaupten sie, die Welt habe von Gott von Ewigkeit her Sein [und] sei dennoch niemals von ihm gemacht worden, außer wenn man großzügig das Machen als Schöpfung annimmt, auf die Weise, wie Avicenna den Akt der Schöpfung geschildert hat, wie oben dargestellt wurde, nicht auf die Weise, auf die die Christen sie geschildert haben, [nämlich] vom neuen Machen der Welt her. So also behaupten sie, die Welt habe Sein von Gott in der Art, dass Gott es nicht vermochte, ihr kein Sein zu geben, noch ihr das Sein zu entziehen, denn ihnen gemäß hat die Welt Sein von Gott allein aus der Notwendigkeit der Natur heraus oder durch einen unveränderlichen Willen

Avicennae, et procul dubio ita esse inveniet.[1188]

[wörtl.: Willen der Unveränderlichkeit], der mit Notwendigkeit der Natur verbunden ist, nicht frei, Sein zu geben und nicht zu geben. Denn sollte jemand daran zweifeln, dass die Meinung und die Ansicht der Philosophen solcherart ist, möge er das erste Buch von *De caelo et mundo* und das sechste Buch der *Metaphysik* Avicennas ansehen und wird ohne Zweifel vorfinden, dass es sich solcherart verhält.

Zitat 5-22

Heinrich merkt an, dass Avicennas Verständnis von Schöpfung nicht dem entspricht, was die christliche Kirche lehrt, die Schöpfung als ein neues Machen der Welt (*nova mundi factio*) auffasst. Da bei Avicenna hingegen die kausale Abhängigkeit der Welt von Gott im Mittelpunkt steht, muss das Sein der Welt keinen konkreten Anfangspunkt aufweisen. Die Geschöpfe sind allein schon dadurch deutlich von Gott abgesetzt und ihm untergeordnet, dass sie der Sein-Wesen-Distinktion unterliegen und im Sein völlig von Gott abhängen. Dass Gott die Welt von Ewigkeit her schafft, mindert demnach seine Vorrangstellung nicht.

Für Heinrich ist Avicennas Ansatz inakzeptabel, denn es ist ausgeschlossen, dass ein Geschöpf koätern zu Gott ist, wie beispielsweise in der Verurteilung von 1277 aus mehreren Artikeln hervorgeht.[1189] Nachdem Heinrich im obigen Zitat auf die Differenz des philosophischen und christlichen Modells hingewiesen hat, nennt er den theoretischen Hintergrund für die Position der Philosophen: Sie lassen Gott mit Naturnotwendigkeit oder alternativ aus einem Willen der Unveränderlichkeit, das heißt einem unveränderlichen Willen heraus wirken, der an Naturnotwendigkeit gekoppelt ist.

Reine Naturnotwendigkeit liegt demzufolge vor, wenn überhaupt kein Wille angenommen wird – näher äußert sich Heinrich hierzu an dieser Stelle nicht. Dass kein Wille vorhanden ist, impliziert für Heinrich, dass das Wirkende gleich den irrationalen Substanzen auf eine Option festgelegt ist (*determinatum ad unum*), in diesem Falle darauf, die Welt ins Sein zu setzen. Dies geschieht von Ewigkeit her, denn die Ursache hat aus sich heraus nicht das Vermögen, das eigene Wirken auszusetzen. Heinrich findet diese Annahme bei Aristoteles, dessen kosmologische Schrift *De caelo* er als Beispiel anführt. Darin argumentiert Aristoteles zugunsten einer ewigen Welt;[1190] ein erstes Prinzip, das willentlich agiert, findet man dort nicht beschrieben. Letzteres verwundert nicht, denn der erste unbewegte Beweger aus *Metaphysik* Λ, den man als erstes Prinzip verstehen kann, wird ohnehin als Finalursache charakterisiert, nicht als Wirkursache. Er hat mithin nicht die Sein verleihende Funktion, die Heinrich und Avicenna ihrem ersten Prinzip als metaphysische Wirkursache zusprechen. Dennoch fassen ihn manche mittelalterlichen Denker als Wirkursache auf, was vor

---

[1188] Id., *Quodlibet* I, q. 7 et 8, S. 42, Z. 80–S. 43, Z. 93.

[1189] Die Artikel 5, 58, 72 und 80 (Hissette, *Enquête*, Nr. 34 und 39–41) der Verurteilung von 1277 wenden sich gegen die (Gleich-)Ewigkeit der separaten Substanzen. Die Artikel 4, 9, 87, 89–91, 98–99, 101, 203 und 205 (Hissette, *Enquête*, Nr. 80, 83–85; 87–91, 138 und 191) betreffen die Ewigkeit der Welt oder bestimmter Gruppen von Dingen.

[1190] Vgl. Aristoteles, *De caelo* 2, 269b26–270a22, siehe dazu auch Fn. 158.

allem durch den Einfluss der neuplatonischen Lehre bedingt ist, die den unbewegten Beweger mit Platons Demiurgen vereint, der als Wirkursache angesehen wird.[1191]

Nicht nur in Aristoteles' Modell sieht Heinrich reine Naturnotwendigkeit vorliegen, die er als Willenlosigkeit versteht. Auch in Avicennas *Metaphysik* gibt es Heinrich zufolge eine Stelle, die sich dahingehend interpretieren lässt, dass das durch sich notwendig Seiende gänzlich ohne Willen wirkt. Heinrich verweist hier auf eine Passage aus Buch VI.2 der *Metaphysik* Avicennas, die er zuvor bereits angeführt und bewertet hat.[1192] Avicenna stellt dort zwei Arten von Wirkursachen gegenüber: zum einen solche, die allein von ihrem Wesen her (*per suam essentiam*) Ursache des Seins von etwas anderem sind und dieses andere bewirken, sobald und solange sie selbst existieren, zum anderen solche, die nicht von ihrem Wesen her Ursache sind, sondern erst durch äußere Einflüsse, Umstände oder eigene Vollzüge zu einer Ursache werden (*per comparationem*).[1193] Das durch sich notwendig Seiende fällt nach Avicenna in die erste Gruppe. Es ist von seinem Wesen her Ursache der Welt und da es ewig existiert, setzt es die Welt von Ewigkeit her ins Sein, was als beständige Schöpfung (*creatio continua*) verstanden werden kann. Dabei geht als direkte Wirkung die erste himmlische Intelligenz hervor; sie ist koätern zu Gott, dem notwendig Seienden. Dieser Aspekt findet sich vor allem in Artikel 58 der Verurteilung von 1277 wieder.[1194]

Bei einem derart charakterisierten Wirken Gottes kann es kein Aussetzen geben, da das göttliche Wesen unveränderlich ist und nach Avicenna die *idem*-Regel offensichtlich auch für die göttliche Ursache gilt. Heinrich fällt diesbezüglich folgendes Urteil: „Und so nehmen jene Philosophen an, dass es nicht aufgrund einer willentlichen Disposition, sondern durch Notwendigkeit der Natur der Fall ist, dass Gott Ursache des Geschöpfs ist."[1195] Dieses Urteil nimmt er in Zitat 5-22 wieder auf. Da das durch sich notwendig Seiende allein durch seine Natur, das heißt durch sein Wesen Ursache ist und damit auf eines festgelegt ist, nämlich darauf, Sein zu verleihen, liegt ein Wirken gemäß der natürlichen Notwendigkeit (*necessitas naturae*) vor, ähnlich wie es bei den Naturdingen der Fall ist, deren Wirken durch ihr Wesen festgelegt ist.

Avicennas Versuch, den Hervorgang der Welt an anderen Stellen als willentlichen Akt zu präsentieren, indem er beispielsweise Wesen und Willen in eins legt, lässt Heinrich

---

[1191] Der *Liber de causis*, in dem das erste Prinzip wirkursächlich tätig ist, wurde von den mittelalterlichen Denkern lange für ein Werk Aristoteles' gehalten. Erst Thomas von Aquin machte in seinem Kommentar zum *Liber de causis* darauf aufmerksam, dass darin Teile von Proklos' *Elemente der Theologie* zu finden seien und das Werk einen arabischen Autor habe, vgl. Taylor, ›Contextualizing the ›Kalām fī maḥḍ al-khair‹, S. 211–212, und Thomas von Aquin, In ›Librum de Causis‹, prooem.

[1192] Vgl. Heinrich von Gent, *Quodlibet* I, q. 7 et 8, S. 29, Z. 43–52: „Sic enim dicit AVICENNA in VIᵒ M e t a p h y s i c a e suae: quod aliquid (inquit) sit *causa existendi causatum*, cum prius non fuit, hoc contingit quia *non est causa eius per suam essentiam, sed* per *aliquam* determinatam *comparationem* quam habet ad illud, *cuius comparationis causa est motus. Cum igitur* (ut dicit) *aliqua ex rebus per suam essentiam fuerit causa esse alterius rei, profecto semper erit causa quamdiu habuerit esse, eo quod absolute prohibet rem non esse. Et haec est intentio quae apud sapientes vocatur creatio.* Et sic posuerunt philosophi illi quod Deum esse causam creaturae non sit voluntatis dispositione sed necessitate naturae."

[1193] Vgl. Ibn Sīnā, *al-Ilāhiyyāt* VI.2, S. 202, Z. 17–S. 203, Z. 5; ed. Van Riet, S. 303, Z. 45–56.

[1194] Siehe Flasch, *Aufklärung*, Nr. 58 (Hissette, *Enquête*, Nr. 34): „Quod Deus est causa necessaria prime intelligentie: qua posita ponitur effectus, et sunt simul duratione."

[1195] Heinrich von Gent, *Quodlibet* I, q. 7 et 8, S. 29, Z. 50–53: „Et sic posuerunt philosophi illi quod Deum esse causam creaturae non sit voluntatis dispositione sed necessitate naturae."

allerdings nicht unberücksichtigt. Dieser Versuch bleibt seiner Ansicht nach jedoch ohne Erfolg, da dem Willen nicht explizit eine Wahl zwischen zwei alternativen Möglichkeiten zugedacht wird. In der Tat präsentiert sich Avicennas Modell eher kompatibilistisch, da es Avicenna zwar darum geht, zu betonen, dass der göttliche Wirkungsakt gewollt ist, er aber die Willensbildung nicht gesondert in den Blick nimmt. Da Avicenna jedoch die *ex-uno*-Regel anführt, die als Festlegung auf eine Option interpretiert wird, scheint der Wille genauso unveränderlich (*immutabilis*) zu sein wie das Wesen, worin Heinrich hier und an anderen Stellen Naturnotwendigkeit erkennt. Der Wille will stets den Akt, der Welt Sein zu verleihen, und hat nicht die Möglichkeit, das Gegenteil zu wollen. Das bedeutet für Heinrich, dass eine Notwendigkeit der Unveränderlichkeit (*necessitas immutabilitatis*) vorliegt, die den Willen von vornherein festlegt und ihm damit die Freiheit nimmt, denn es fehlt das Moment der alternativen Möglichkeiten, das Heinrich zufolge für einen freien Willen erforderlich ist.[1196] Mit einer ähnlichen Begründung wird in Artikel 53 der Verurteilung von 1277 die Notwendigkeit der Unveränderlichkeit für Gottes Wirken nach außen als Irrtum (*error*) zurückgewiesen.[1197] Angesichts der dort verwendeten Begrifflichkeiten lässt sich meiner Ansicht nach darauf schließen, dass Heinrich bei der Formulierung dieses Artikels mitgewirkt hat.[1198]

Zwar legt Heinrich beispielsweise in *Summa*, art. 35, q. 4 und q. 7 ähnlich wie Avicenna die göttliche Macht (*potentia*), den Willen (*voluntas*) und Verstand (*intellectus*) mit dem göttlichen Wesen (*essentia*) in eins,[1199] der Unterschied zu Avicenna ist aber, dass sich der Wille bei Heinrich trotzdem frei auf Gegensätze beziehen kann. Interessant ist, dass Heinrich im obigen Zitat explizit darauf hinweist, dass ein auf eine Option, nämlich das Geben von Sein, festgelegter Wille für Gott zweierlei Folgen hat: Zum einen kann Gott nicht über das erstmalige Einsetzen seines Akts bestimmen. Er kann den Akt also nicht verzögern, sondern muss der Welt ständig Sein verleihen. Die Welt besteht demzufolge von Ewigkeit her. Zum anderen kann Gott mit einem solchen Willen die Welt, die er ständig ins Sein setzt, nicht enden lassen, da er sich seines schöpferischen Akts nicht enthalten kann. Somit ist die Welt auch in alle Zukunft hin ewig. Die Ewigkeit *a parte post* liegt zwar auch in Heinrichs eigenem Modell vor, aber Gott könnte Heinrich zufolge die Welt grundsätzlich enden lassen, ähnlich dem Demiurgen in Platons *Timaios*. Wegen seiner Gutheit wird Gott allerdings darauf verzichten. Während die Ewigkeit der Welt in Richtung der Vergangenheit grundsätzlich zu verwerfen ist, ist die Annahme einer Ewigkeit in Richtung Zukunft an sich also akzeptabel. Die Problematik liegt für Heinrich aber in Avicennas Begründung dieser Annahme: Die Ewigkeit der Welt steht aus Heinrichs Sicht bei Avicenna eben nicht in der Macht Gottes.

[1196] Diese steht im Gegensatz zu einer *necessitas immutabilitatis*, die den freien Willen begleitet, der sich frei auf das höchste Gute richtet. Hier sind Notwendigkeit und Freiheit vereinbar. Siehe dazu Kapitel 5.3.4. Heinrich thematisiert die *necessitas immutabilitatis* in *Summa*, art. 60, q. 1, und art. 47, q. 5.

[1197] Vgl. Flasch, *Aufklärung*, Nr. 53 (Hissette, *Enquête*, Nr. 20): „Quod Deum necesse est facere, quicquid inmediate fit ab ipso. – Error, sive intelligatur de necessitate coactionis, quia tollit libertatem, sive de necessitate inmutabilitatis, quia ponit impotentiam aliter faciendi." Die Notwendigkeit betreffen zudem insbesondere die Artikel 21, 58 und 60 (Hissette, *Enquête*, Nr. 102, 34 und 95).

[1198] Hissette diskutiert Siger von Brabant, vgl. id., *Enquête*, Nr. 20. Flasch erwähnt hingegen keine Quelle, vgl. id., *Aufklärung*, Nr. 53.

[1199] Vgl. Heinrich von Gent, *Summa*, art. 35, q. 4, S. 36, Z. 40–50, und art. 35, q. 7, S. 71, Z. 41–S. 73, Z. 87.

5.3.2.2 Natur *versus* anordnende und auswählende Vernunft

Während Heinrichs Augenmerk in der gerade analysierten Passage auf der Willentlichkeit lag, berücksichtigt er an anderen Stellen neben dem Willen auch das zweite rationale Vermögen, das Gott üblicherweise zugeschrieben wird, den Verstand. Verstand und Wille sind dann als den Akt bestimmendes Paar in ihrem Zusammenspiel kritisch zu beleuchten:

Idcirco necesse habebant ponere quod Deus per essentiam suam et necessitate suae naturae res produceret secundum optimum modum producendi, ita quod alio modo produci non possent, et quod voluntas et intellectus se haberent in hoc ut natura, non ut dispositiva et electiva ratio, dicente AVI-CENNA in IX° Metaphysicae: «*Omne esse quod est ab eo, est secundum viam naturae, ut esse omnium sit ab eo non per cogitationem nec per beneplacitum eius …*»[1200]	Daher mussten sie behaupten, Gott habe durch sein Wesen und die Notwendigkeit seiner Natur die Dinge gemäß der besten Weise des Hervorbringens hervorgebracht, sodass sie nicht auf eine andere Weise hervorgebracht werden konnten, und [mussten behaupten,] dass sich der Wille und Verstand dabei verhalten hätten wie eine Natur, nicht wie eine anordnende und auswählende Vernunft. So sagt Avicenna im neunten Buch der *Metaphysik*: ‚Jedes Sein, das von ihm her ist, ist gemäß dem Weg der Natur, sodass das Sein aller Dinge von ihm her nicht durch seine Überlegung, noch durch sein Wohlgefallen ist.'

Zitat 5-23

Die Aussage Avicennas, die Heinrich am Ende des Zitats anführt, ist korrupt und vermittelt das Gegenteil dessen, was Avicenna ursprünglich insinuiert. Bei ihm findet sich vor dem zweiten ‚*est*' eine Verneinung;[1201] Avicenna möchte ausdrücklich erklären, dass das erste Prinzip gerade nicht nach Art der Natur wirkt. Dieses Wirken lässt sich nach Avicenna daran festmachen, dass es aus Überlegung (*maʿrifa; cognitio*) und Wohlgefallen (*riḍan; beneplacitum*) heraus agiert, was in Richtung Willentlichkeit interpretiert werden kann, wie ich dargelegt habe.[1202] Demgegenüber geht laut Avicenna ein Wirken gemäß der Natur mit Irrationalität und fehlender Wahl einher.

Ungeachtet dieses explanatorischen Hinweises von Avicenna wirft Heinrich ihm vor, er lasse Gott durch sein Wesen (*per essentiam suam*) und durch die Notwendigkeit seiner Natur (*necessitas suae naturae*) wirken. Das Einbinden der Possessivpronomina in diese Ausdrücke verdeutlicht, dass ‚Naturnotwendigkeit' in Bezug auf Gott– ebenso wie bezüglich der irrationalen Substanzen – nicht abstrakt auf eine universale Natur verweist. Vielmehr wird zum Ausdruck gebracht, dass etwas gemäß dem Muster wirkt, das durch die jeweils spezifische Natur, das heißt durch das eigene Wesen festgelegt ist. Ähnlich ist eine Aussage zum Wirken der Natur zu verstehen, die Avicenna in *Metaphysik* IX.2 trifft: „Die Natur

---

[1200] Id., *Quodlibet* VI, q. 3, S. 34, Z. 46–52. Siehe außerdem Ibn Sīnā, *al-Ilāhiyyāt* IX.4, S. 326, Z. 16–S. 327, Z. 2; Van Riet, S. 477, Z. 57–59.

[1201] Anmerkung der Editoren zu dieser Stelle: „addidit et expunxit", Heinrich von Gent, *Quodlibet* VI, q. 2, S. 34, Z. 51, Apparat.

[1202] Auch Heinrich versteht das *beneplacitum / placere* bei Avicenna als Willentlichkeit. Zu Avicenna siehe Kapitel 2.3.1.1.

agiert nicht durch Wahl (*bi-ḫtiyār; per electionem*), sondern auf die Weise eines Dienenden (*ʿalā sabīl al-tasḫīr; ad modum servientis*) und auf die Weise dessen, was [ihm] von seinem Wesen her folgt (*ʿalā sabīl mā yalzamuhā bi-ḏātihī; quod comitatur per essentiam*)."[1203] Die Naturen der Dinge werden von Gott bestimmt, wodurch die Dinge letztlich seinem Befehl wie ein Diener Folge leisten und ihre Akte nicht frei wählen. Heinrich sieht dies in Avicennas Modell auch für Gott gegeben, dessen Wirken allein von seiner Natur her bestimmt wird. Zwar gesteht Heinrich den Philosophen hier zu, Gott zumindest auf die beste Weise (*optimum modum*) wirken zu lassen, aber dies wertet den Akt nicht kategorial auf, da trotz allem der Bezug auf Gegenteile fehlt. Damit liegt keine freie Wahl vor, sondern das Wirken ist durch die göttliche Natur festgelegt. Dass Gott die Geschöpfe nicht auf andere Weise (*alio modo*) schaffen kann, zeigt auch, dass nicht nur das Einsetzen oder Unterlassen des schöpferischen Akts, sondern auch der Inhalt, also der Schöpfungsgegenstand, der Wahlfreiheit unterliegen sollte. Allerdings möchte ich zu bedenken geben, dass bei Gott – anders als bei den Naturdingen – ein Wirken gemäß seiner Natur eigentlich keine Fremdbestimmung ist. Denn während bei den Geschöpfen die Naturen von Gott stammen, dessen Befehl sie ausführen, wenn sie gemäß ihrer Natur wirken, hat oder ist Gott von sich selbst her seine Natur. Er wäre somit eher selbstbestimmt, wenn auch nicht frei.

Obwohl Heinrichs Einschätzung in Zitat 5-23 letztlich dieselbe ist wie in Zitat 5-22, berücksichtigt er nun aber das dezisive Paar, bestehend aus den beiden rationalen Vermögen Verstand (*intellectus*) und Willen (*voluntas*). Dieses Paar erwähnt Avicenna beispielsweise in *Metaphysik* VIII.7, was Heinrich auch registriert.[1204] Er wirft Avicenna somit nicht vor, Gott gänzlich Verstand und Willen abzusprechen, sodass Gott auf der Ebene irrationaler natürlicher Substanzen anzusiedeln wäre. Der Vorwurf lautet vielmehr, dass Verstand und Wille nicht ihr übliches Zusammenspiel vollziehen, bei dem sie gemeinsam als anordnende und auswählende Vernunft (*ut dispositiva et electiva ratio*)[1205] fungieren: Statt im Zusammenspiel alternative Optionen zu erkennen, sie beurteilend gegeneinander abzuwägen und frei eine Wahl zu treffen, sind beide Vermögen von vornherein auf eine Option festgelegt und verhalten sich damit starr wie eine Natur (*ut natura*). Wie oben beschrieben, ist zum einen der Verstand in seinem Urteil festgelegt, zum anderen der Wille darauf, seine Wahl nach dem Verstandesurteil zu richten. Irrelevant ist dabei, dass das, was auf diese Weise gewollt wird, die beste Option ist. Das Beste aus freiem Willen zu wirken, steht für Heinrich mithin höher, als es aufgrund der eigenen Natur zu wirken, mag diese auch göttlich sein.

Als Grund für das mangelhafte Zusammenspiel von Verstand und Willen führt Heinrich an, dass beide Vermögen laut Avicenna in Gott einfach (*simplex*) sind und sich nur dem Begriff nach (*sola ratione*) unterscheiden.

[1203]   Ibn Sīnā, *al-Ilāhiyyāt* IX.2, S. 308, Z. 3–4; ed. Van Riet, S. 448, Z. 71–73: „Naturalis (*ṭabīʿa*) enim non agit per electionem, sed ad modum servientis (*tasḫīr*) et ad modum eius quod comitatur per essentiam." Siehe zu dieser Stelle das Kapitel 4.3.1.2 zu Wilhelm von Auvergne.

[1204]   Heinrich bezieht sich hier u. a. auf folgende Stellen bei Avicenna: Ibid. VIII.7, S. 295, Z. 14; ed. Van Riet, S. 429, Z. 9–11: „Unde voluntas (*irāda*) eius quod est necesse esse non est altera in essentia ab eius scientia (*ʿilm*) nec est altera ab eo quod intelligitur de eius scientia" und ibid. IX.4, S. 327, Z. 13–14; ed. Van Riet, S. 478, Z. 78–79: „Certitudo autem intellecta apud eum est ipsa, sicut nosti, scientia (*ʿilm*), potentia (*qudra*) et voluntas (*irāda*)."

[1205]   Die Formulierung scheint idiosynkratisch für Heinrich zu sein. Zur Rolle des Intellekts bei der Schöpfung siehe Flores, *Metaphysics and the Trinity*, S. 138–147.

Unde philosophi quia negabant, immo potius ignorabant, divinarum personarum productionem, ponebant Deum producere creaturas de necessitate suae essentiae, non voluntatis libertate. Quia enim in Deo non ponebant nisi intellectum simplicis intelligentiae, qua intelligit se et omnia alia, et similiter simplicem voluntatem, qua placent ei omnia, secundum quod sunt bona in sua essentia, et ponebant ista differre sola ratione. Talis autem intelligentia cum hoc, quod, in se naturalis, modo naturali se habet ad intellecta producenda ab ipsa, necessario se habet ad eas ad producendum secundum unum determinatum modum, et similiter est de voluntate simplici concomitante talem intelligentiam ...

Et hoc ideo, quia non ponebant in divina intelligentia notitiam aliquam se habentem ut artem manifestativam et declarativam eorum quae cognoscit in simplici intelligentia, neque ut dispositivam eorum et ordinativam quae cognoscit ut producenda et alia a se, quae non est determinata ad unum modum producendi res, sed disponit secundum quem modum ex pluribus possibilibus fieri conveniens est iuxta ordinem aeternae iustitiae res produci.[1206]

Daher nahmen die Philosophen an, dass Gott die Geschöpfe von der Notwendigkeit seines Wesens her schafft, nicht durch die Freiheit des Willens, denn sie verneinten, ja vielmehr, sie hatten keine Kenntnis über das Hervorbringen der göttlichen Personen. Denn sie nahmen in Gott nämlich nur einen Verstand von einfacher Intelligenz an, durch die er sich und alle anderen Dinge versteht, und ähnlich einen einfachen Willen, durch den ihm alle Dinge gefallen, gemäß dem, dass sie gute Dinge in seinem Wesen sind. Und sie nahmen an, dass sich diese [d. h. Verstand und Wille] nur dem Begriff nach (ratione) unterscheiden. Aufgrund dessen aber, dass sich eine solche Intelligenz – in sich natürlich – auf natürliche Weise zu den Dingen verhält, die als von ihr hervorzubringen verstanden werden, verhält sie sich notwendigerweise zu ihnen als zu etwas, das auf eine einzige festgelegte Weise hervorzubringen ist, und ähnlich verhält es sich mit dem einfachen Willen, der eine solche Intelligenz begleitet ...

Und dies daher, weil sie in der göttlichen Intelligenz nicht irgendein Wissen annehmen, das sich verhält wie eine manifestative und deklarative Kunst der Dinge, die sie [d. h. die göttliche Intelligenz] in der einfachen Intelligenz erkennt, noch wie eine die Dinge anordnende und ordnende [Kunst], die sie als herzustellende [Dinge] und als von ihr [selbst] verschieden erkennt, [und] die nicht auf eine Weise festgelegt ist, Dinge hervorzubringen, sondern anordnet, gemäß welcher Weise aus den vielen möglichen Weisen, zu werden, es passend ist, dass die Dinge entsprechend der Ordnung der ewigen Gerechtigkeit hervorgebracht werden.

Zitat 5-24

Die Funktion des göttlichen Intellekts bei Avicenna charakterisiert Heinrich als einfache Intelligenz, die alles intuitiv in einem einzigen, einfachen Akt erfasst. Damit stellt er Avicennas Lehre richtig dar. Nach Avicenna erkennt Gott sich selbst, worin er sich zugleich als Ursache der Ordnung der weltlichen Dinge erfasst und damit eben auch die Ordnung selbst

---

[1206] Heinrich von Gent, *Quodlibet* VI, q. 3, S. 33, Z. 35–S. 35, Z. 80. Diese Stelle findet sich auch übersetzt und besprochen in Flores, ‚Henry of Ghent on the Trinity', S. 145–147.

erkennt. Dass Heinrich überdies den Willen nennt, dem das vom Intellekt Vorgestellte ge-fällt, zeigt, dass er Avicenna genau gelesen hat. Anders als bei Heinrich fallen bei Avicenna Verstand und Wille jedoch zusammen[1207] und Avicenna betont, dass sie im Unterschied zum Menschen in Gott nicht diskursiv voranschreiten. Vielmehr geschieht alles punktuell in einem einzigen einfachen Akt.[1208] Das Zusammenfallen der Vermögen, ihrer Akte und Inhalte mit dem göttlichen Wesen ist für Avicenna zwingend, um die vollkommene Ein-fachheit des ersten Prinzips zu wahren. Nur wenn diese gegeben ist, ist das erste Prinzip das durch sich notwendig Seiende. Real oder intentional verschiedene Vermögen anzunehmen, würde hingegen Vielheit bedeuten.

Wie in Kapitel 5.2.3.1 gezeigt, vertritt Heinrich ebenfalls die vollkommene Einfachheit Gottes und verneint dessen einfache Intelligenz nicht. Im Gegenteil: In seinem Modell er-kennt Gott sich und alles andere ebenfalls in einem einzigen, einfachen Akt. Zudem identi-fiziert Heinrich Verstand und Willen auf der Wesensebene mit Gott. Dennoch setzt er sich von Avicennas Position ab. Dies ist ihm möglich, indem er die personale Ebene in Gott heranzieht. Hier lässt sich, wie wir gesehen haben, eine Differenz einbauen, die auf der We-sensebene nicht möglich wäre und die Avicenna entschieden ablehnen würde. Auf dieser Ebene sind auch der Verstand und Wille anzusiedeln, die mit der zweiten und dritten trini-tarischen Person verknüpft werden und sich wie diese real unterscheiden. Sich dieser Ebene gegenüber blind gestellt zu haben, wirft Heinrich den Philosophen gleich zu Beginn des Zitats vor. Damit haben sie seiner Ansicht nach die Chance eines Auswegs in die Freiheit Gottes nicht ergriffen.

Dass sich Verstand und Wille bei Avicenna nur dem Begriff nach unterscheiden und gar kein Wille im eigentlichen Sinne vorliegt, veranlasst Heinrich beispielsweise in *Summa*, art. 36, q. 4, bei seiner Interpretation der Vorsehung (*providentia*) und Lenkung (*regimen*) in Avicennas Modell den Willen ganz herausfallen zu lassen. Stattdessen spricht er dem In-tellekt zu, die zu wirkenden Dinge zu erfassen, „gemäß der Weise, auf die sie zu wirken sind"[1209]. Ein ähnliches Erfassen von Seiten des Verstandes erwähnt er in Zitat 5-23. Dies spielt auf die bereits erläuterte Einschätzung an, dass die Vollzüge des Verstandes denen der natürlichen Dinge ähneln, das heißt, sie sind auf ähnliche Weise festgelegt. Dass und was der Verstand erkennt, steht ihm als passives Vermögen nicht frei und ebenso wenig, wie sein Urteil ausfällt, denn dieses erfolgt nach gewissen Regeln, sodass sich der Verstand dem notwendigen Schluss nicht entziehen kann. Wäre er allein bestimmend, würden die zu wir-kenden Dinge in seinem Urteil indiskutabel von vornherein als solche gesetzt, denn es gäbe keine freie Entscheidungsinstanz, die trotz des Verstandesurteils etwas anderes beschließen kann. Dies gilt beim Menschen ebenso wie bei Gott. Wenn Heinrich eine derartige Ansicht Avicenna zuordnet, bezieht er sich auf eine Stelle aus Avicennas *Metaphysik* IX.6, die er andernorts ebenfalls wörtlich zitiert. Avicenna legt dort sein Verständnis der Vorsehung (ʿ*ināya; cura*) des ersten Prinzips dar. Die Vorsehung besteht darin, dass sich das erste

---

[1207] Siehe Fn. 1204.
[1208] Vgl. Ibn Sīnā, *al-Ilāhiyyāt* VIII.7, S. 294, Z. 7–S. 296, Z. 2; ed. Van Riet, S. 427, Z. 70–S. 429, Z. 20, und ibid. IX.4, S. 327, Z. 6–16; ed. Van Riet, S. 478, Z. 66–84.
[1209] Heinrich von Gent, *Summa*, art. 36, q. 4, S. 121, Z. 69–72: „Et ex parte intellectus est simplex apprehensio operandorum secundum modum quo operanda sunt. Hoc modo intentio est in Deo providentiae et regiminis aliorum."

Prinzip in seinem wesenhaften Seinsakt selbst erkennt, worin es sich als Prinzip der guten
Ordnung erfasst, was zur Folge hat, dass diese Ordnung aus ihm hervorgeht. Avicenna erwähnt, dass das Prinzip erkennt, dass die Notwendigkeit der guten Ordnung von ihm her
ist, was schlicht bedeutet, dass es selbst die erste Wirkursache für das aktuelle Sein der gesamten Ordnung ist und somit auch für jedes einzelne Seiende, das in diese Ordnung
fällt.[1210] Der Moment des Beurteilens, Abwägens, Wählens oder Zustimmens wird hier
nicht beschrieben und wäre wohl auch zu anthropomorphisierend. Diese Passage, die sich
im Lichte der neuplatonischen zweifachen Aktivität von Ursachen interpretieren lässt,[1211]
weist für Heinrich einen klaren Automatismus auf. Der Hervorgang der Welt ist durch das
vernünftige Wesen Gottes notwendig bestimmt, ohne den Aspekt eines freien Willensentschlusses.[1212]

5.3.2.3 Praktische Vernunft und natürliche Neigung *versus* freie Festlegung des Willens

In die gerade erwähnte Diskussion in *Summa*, art. 36, q. 4 bindet Heinrich die in der Handlungstheorie verwendete Unterscheidung von theoretischem und praktischem Verstand
ein. Heinrich äußert sich nun zu deren Anwendungsmöglichkeiten auf Gott. Auch dies lässt
sich für eine Kritik an Avicenna heranziehen. Während sich beim Menschen theoretischer
und praktischer Verstand unterscheiden (beziehungsweise der Verstand in seiner theoretischen und praktischen Funktion),[1213] erachtet Heinrich den göttlichen Verstand in dieser
Analyse strenggenommen als rein theoretisch (*speculativus*).[1214] So betont er: „[D]ie Ideen
in Gott sind keine Gründe praktischer Erkenntnis, sondern rein theoretische."[1215] Es gibt
keinen praktischen Verstand im eigentlichen Sinne, der als erstes Wirkungsprinzip eine
Empfehlung ausspricht. „[V]ielmehr legt Gott durch seinen bloßen Willen fest (*determinat*), zu wirken oder nicht zu wirken."[1216] Der Wille ist die alleinige Instanz, die abwägt,
bestimmt und auswählt, was entstehen wird, also was zu wirken ist. Der theoretische Verstand ist dafür lediglich als *causa sine qua non* vonnöten, insofern er dem Willen überhaupt

---

[1210] Vgl. Ibn Sīnā, *al-Ilāhiyyāt* IX.6, S. 339, Z. 4–12; ed. Van Riet, S. 495, Z. 33–S. 496, Z. 50. Siehe dazu
Kapitel 2.3.1.1.

[1211] Zur zweifachen Aktivität siehe Kapitel 2.3.1.1.

[1212] Vgl. bspw. Heinrich von Gent, *Quodlibet* VI, q. 2, S. 35, Z. 67–70: „Et per hunc modum ponebant defluxum
rerum a primo ex necessitate suae essentiae iuxta unum determinatum modum suae scientiae et beneplaciti
suae voluntatis." Vgl. hierzu Flores, *Metaphysics and the Trinity*, S. 124–138.

[1213] Heinrich weist mit Bezug auf Averroes darauf hin, dass der theoretische Verstand dadurch gekennzeichnet
ist, dass seine Tätigkeit die Wahrheit der Dinge zum Ziel hat, während die Tätigkeit des praktischen Intellekts
das Werk zum Ziel hat. Vgl. id., *Summa*, art. 36, q. 4, S. 113, Z. 76–85.

[1214] Vgl. bspw. ibid., art. 36, q. 4, S. 113, Z. 67–71: „Absolute igitur dicendum quod divinus intellectus pure speculativus est, et nullo modo practicus, ita quod non amplius habet practicam scientiam de eis quae fecit vel
facturus est, quam de eis quae nec fecit nec facturus est, et sic aeque speculativam scientiam habet de operandis
sicut de non operandis."

[1215] Ibid., art. 36, q. 4, S. 114, Z. 92–93: „ideae in Deo non sunt rationes cognitionis practicae, sed pure spe-
culativae."

[1216] Ibid., art. 36, q. 4, S. 112, Z. 50–51: „sed Deus mera voluntate sua operandum vel non operandum determinat."

erst einmal Handlungsalternativen vorstellt, unter denen jener frei auswählt.[1217] Heinrichs Ansicht nach erfasst Gottes Verstand in den Ideen gleichermaßen alles, was entstehen wird, wie auch alles, was nicht entstehen wird. Dabei handelt es sich um die im Ontologie-Kapitel bereits angesprochenen prinzipiell möglichen Arten der Nachahmung Gottes, die als Urbilder für die Geschöpfe dienen können. Was davon verwirklicht wird, bleibt Gottes freier Entscheidung überlassen. Genau das betrachtet Heinrich in *Summa*, art. 36, q. 4. Obgleich der Verstand sehr wohl das Erfasste bewerten kann,[1218] gibt er keine Empfehlung dahingehend, das eine zu tun und das andere zu unterlassen: „[Z]um Beispiel versteht er, was auch immer möglich ist, zu werden oder nicht zu werden, ohne jegliche Festlegung (*determinatio*) betreffs dessen, was werden soll oder nicht werden soll."[1219] Die Festlegung erfolgt allein durch den Willen. Der theoretische Verstand Gottes kann ausschließlich unter dem Gesichtspunkt, dass er urteilsfreies Wissen bereitstellt, auf dessen Basis der Wille urteilt und Handlungsentscheidungen trifft, in akzidentellem Sinne praktisch genannt werden.[1220] Der Wille ist betontermaßen als einziges und eigentliches Prinzip für die Werke einzustufen, die Gott nach außen hin wirkt.[1221]

In *Quodlibet* VIII, q. 1, in dem sich Heinrich über mehrere Folioseiten hinweg mit Avicennas Lehre auseinandersetzt, nimmt er diese Begrifflichkeiten wieder auf und differenziert in Gott theoretische und praktische Ideen. Er stellt fest: „[M]an muss erklären, dass Gott durch ein unveränderliches und einförmiges Wissen die verschiedenen Wesen aller Dinge erfasst hat, insofern sie Wesen sind. Sodann [muss man erklären], auf welche Weise er sie erfasst hat, insofern sie gewisse von ihm zu wirkende Dinge sind."[1222] Die erste Gruppe von Ideen ist theoretisch, die zweite praktisch. Aber auch hier stellt Heinrich den Willen als ausschlaggebendes Prinzip heraus, das einerseits entscheidet, was Gott wirkt, und damit andererseits erst bestimmt, welches überhaupt die praktischen Ideen sind. Eine von vornherein bestehende Identität der spekulativen und praktischen Ideen in Gott liegt also keinesfalls vor. Doch genau eine solche Identität der Ideen findet sich in Avicennas Modell, wie Heinrich bemängelt. Falls der Wille dort überhaupt eine Rolle für das Wirken Gottes spielen sollte, dann offenbar nicht als dessen absolut bestimmendes Prinzip. Avicenna führt an diversen Stellen Beschreibungen an, die darauf schließen lassen, dass allein der göttliche Verstand vorgibt, was ins Sein gesetzt wird.[1223] Damit würde der Verstand also auch die praktische Funktion übernehmen. Die Stellen lassen sich darüber hinaus derart interpretieren, dass laut Avicenna das von Gott Erkannte genau so, wie es erkannt wird, automatisch

---

[1217] Vgl. Müller, ,Der Herr und sein Diener mit der Lampe', S. 100–101, und Flores, *Metaphysics and the Trinity*, S. 38.

[1218] Vgl. Heinrich von Gent, *Summa*, art. 36, q. 4, S. 113, Z. 71–73: „licet bene intelligit [sc. intellectus divinus] circa operanda, quid sit melius et quid dignius, et quid minus bonum et minus dignum fieri."

[1219] Ibid., art. 36, q. 4, S. 112, Z. 48–50: „puta quidquid possibile est fieri vel non fieri, intelligit, sine omni determinatione de fiendo vel non fiendo."

[1220] Vgl. ibid., art. 36, q. 4, S. 113, Z. 67–85.

[1221] Vgl. ibid., art. 36, q. 4, S. 112, Z. 59–60: „et sic ipsa voluntas est per se et prima et immediata causa et ratio omnium operum quae extra fiunt a Deo circa creaturas."

[1222] Heinrich von Gent, *Quodlibet* VIII, q. 2, ed. Badius, Bd. 2, Fol. CCCIrG–H: „oportet declarare, quoniam deus immutabili et uniformi scientia novit rerum omnium essentias diversas inquantum essentiae sunt. Deinde quomodo novit eas inquantum sunt quaedam operabilia ab ipso."

[1223] Siehe Ibn Sīnā, *al-Ilāhiyyāt*, Kapitel VIII.6 und IX.4.

nach außen hin verursacht wird. Damit wären die theoretischen Ideen von vornherein auch praktisch. Hierbei scheint es Heinrichs Interpretation zufolge sogar so, als würde der göttliche Verstand bei Avicenna nicht einmal zwischen Gegensätzen abwägen, da er nur die zu wirkende Ordnung als zu wirkend erkennt und nicht zusätzlich all das, was außerdem noch realisiert werden könnte, aber nicht realisiert wird, wie es bei Heinrichs Gott der Fall ist. Die Menge der theoretischen und praktischen Ideen Gottes wäre bei Avicenna identisch, bei Heinrich dagegen nicht. Bei Letzterem ist die Menge der praktischen Ideen nur eine Teilmenge der theoretischen und ihre Bestimmung als praktisch erfolgt durch den Willen. Wird der Wille bei Avicenna doch einmal eingebunden, so kommt er dem Willen Gottes bei Heinrich nicht gleich, da er nicht selbst beurteilt und frei wählt. Er kommt nicht einmal dem menschlichen Willen gleich, dem das Urteil des Verstandes vorliegt, der aber dennoch als freier Diener frei wählen kann, auch abweichend vom Verstandesurteil. Vielmehr folgt der göttliche Wille in Avicennas Modell laut Heinrich starr den einseitigen Vorgaben des theoretischen Verstandes, was in Richtung des Intellektualismus weist. Dies veranlasst Heinrich in *Quodlibet* VIII, q. 2 sogar dazu, in diesem Zusammenhang von einer natürlichen Neigung (*inclinatio naturalis*) des göttlichen Willens zu sprechen:

… ponendo, quod res non fluant a deo per determinationem voluntatis liberam, sed solummodo per intellectum intelligendo modos meliores, quo possibile est res esse. Ita quod voluntas non sit nisi pondus quoddam inclinans naturaliter ad exequendum, quod concepit intellectus, secundum quod posuerunt philosophi, ut iam patebit secundum Avicennam[1224]	…, indem wir annehmen, dass die Dinge nicht durch die freie Festlegung des Willens aus Gott herausfließen, sondern allein durch den Verstand durch das Verstehen der besten Weisen, auf die es möglich ist, dass die Dinge sind. Derart, dass der Wille nur ein gewisses Gewicht ist, das sich auf natürliche Weise dazu neigt, dem zu folgen, was der Verstand wahrgenommen hat, gemäß dem, was die Philosophen annahmen, wie sich gleich gemäß Avicenna zeigen wird.

Zitat 5-25

Heinrich moniert, dass der göttliche Wille auf ein Vermögen reduziert wird, welches sich dem Verstand ohne Urteil anschließt. Wegen des gänzlich fehlenden Abwägens und Urteilens – auch auf Seiten des Verstandes – liegt hier nicht einmal ein intellektualistisches Verständnis von Freiheit vor.

Nach Heinrich könnte sich der Wille in Avicennas Modell auch nicht damit entschuldigen, dass er vom Intellekt ja nur eine Option vorgestellt bekomme, nämlich die zu wirkende Ordnung des Seins. Denn grundsätzlich kann der Wille nach Heinrich dem Intellekt den Befehl geben, in Aktion zu treten und weitere Optionen zu suchen. Er unterlässt dies bei Avicenna jedoch. Damit ist er nicht mehr als ein natürliches Gewicht, das automatisiert den Überhang zum Akt auslöst, was der Verstand von sich aus nicht vermag. Dies rechtfertigt für Heinrich, die Weise, auf die der göttliche Wille wirkt, mit einer natürlichen Neigung (*inclinatio naturalis*) zu assoziieren. Der Wille verhält sich analog zum Strebevermögen der Tiere, das die natürlichen Formen, die beispielsweise als angenehm wahrgenommen werden, unhinterfragt bejaht. Diesbezüglich spricht Heinrich ebenfalls von einer *inclinatio*

[1224] Heinrich von Gent, *Quodlibet* VIII, q. 2, ed. Badius, Bd. 2, Fol. CCCIvI.

naturalis.[1225] Demgegenüber neigt sich der Wille in seiner eigentlichen Funktionsweise, die Heinrich unter anderem in *Summa*, art. 44, q. 3 beschreibt, in freier Manier (*libere*) entweder in die eine oder andere Richtung.[1226] An einer anderen Stelle äußert Heinrich im gleichen Zusammenhang den Vorwurf der Notwendigkeit des Willens (*necessitas voluntatis*).[1227] Notwendigkeit für irgendeinen Aspekt des Wollens oder des schöpferischen Akts selbst anzunehmen, ist für Heinrich völlig ausgeschlossen. Bei Gottes Erkennen der Art und Weisen, auf die er nachgeahmt werden kann, ist Notwendigkeit hingegen zulässig. Diese Differenz geht deutlich aus Heinrichs Äußerungen zur Ordnung der Dinge hervor.

5.3.2.4 Einfache *versus* zweifache Ordnung der Dinge zu Gott

Entsprechend den theoretischen und praktischen Ideen lässt sich nach Heinrich eine zweifache Ordnung der Dinge zu Gott ausmachen, wie er in *Quodlibet* VIII, q. 7 schildert. Bei Avicenna hingegen ist diese Ordnung laut Heinrich nur einfach, da dort theoretische und praktische Ideen in eins fallen.

Hic in principio sciendum secundum praedicta in prima quaestione praecedente, quod creaturae ad deum dupliciter habent comparationem. [1.] Uno modo secundum suas essentias, ut secundum rationes ideales speculativas sunt quaedam exemplata ipsius. [2.] Alio modo secundum suas existentias, ut secundum rationes ideales practicas sint quaedam operata sive operanda ab ipso. Et isto secundo modo creaturae nullum ordinem essentialem habent ad deum, quo necesse est ipsum per ordinem producere creaturas in esse, ut primo unam primam et deinde alias per ordinem mediante prima et semper posteriorem mediante priori, sive non, sed singulam immediate a deo, licet aliquem talium ordinum posuit AVICENNA in productione rerum a deo, ut alibi exposuimus. [1.] Primo autem modo creaturae om-

An dieser Stelle ist zunächst gemäß den Dingen, die in der vorangehenden ersten Frage bereits gesagt wurden, zu wissen, dass die Geschöpfe zu Gott einen zweifachen Bezug haben. [1.] Auf die eine Weise sind sie gemäß ihrem Wesen, das heißt gemäß den idealen theoretischen Gründen gewisse Abbilder von ihm. [2.] Auf die andere Weise sind sie gemäß ihren Existenzen, das heißt gemäß den praktischen idealen Gründen, gewisse bewirkte Dinge, oder von ihm zu wirkende. Und auf diese zweite Weise haben die Geschöpfe auf Gott hin bezogen keine wesentliche Ordnung, durch die es notwendig ist, dass er durch die Ordnung die Geschöpfe ins Sein hervorbringt, sodass er zuerst ein erstes [Geschöpf] und danach die anderen [Geschöpfe] durch die Ordnung, vermittelt durch das erste [Geschöpf hervorbringt],

---

[1225] Vgl. id., *Summa*, art. 45, q. 4, S. 123, Z. 55–61: „omnino liberum est, quia nec est determinatum ad unum per aliquod principium naturalis inclinationis, quemadmodum gravia determinata sunt ad descensum, neque per rationem obiecti, quemadmodum determinatur appetitus brutorum, neque etiam per iudicium rationis, quemadmodum voluntas in sua actione in nullo dependet a ratione, nisi quod ei praeponat obiectum, absque hoc quod quidquam patiatur ab obiecto aut alteretur in se ipso."

[1226] Vgl. ibid., art. 45, q. 3, S. 116, Z. 79–82: „ut homo statim cum devenerit ad usum liberi arbitrii, suo primo actu potest inclinare in motum directum in finem ultimum vel in motum deviantem ab eo, ut libere et eligibiliter inclinet in unum vel in alterum."

[1227] Vgl. Heinrich von Gent, *Quodlibet* V, q. 4, ed. Badius, Bd. 1, Fol. CLIXrR: „Et ideo quoad hoc esse intelligimus, quod deus non vult de necessitate, quae sunt extra ipsum. Propter quod, quando facit ea in esse existentiae, de quo est quaestio, non de necessitate voluntatis suae facit ea, ut secundum hunc modum bonitas suae essentiae non sit ei ratio volendi omnia, quia posset aliqua velle, quae nec vult nec volet."

nes ordinem essentialem secundum gradus perfectionum in diversitate essentiae habent inter se et ad primum. Quemadmodum in divinis, ubi in identitate essentiae habent esse plures ab uno primo, necessario habent ordinem essentialem sive naturalem inter se et ad primum, secundum rationes productionum.[1228]

und immer das spätere vermittelt durch das frühere, oder wenn nicht, dann nur ein einziges [Geschöpf] unmittelbar aus Gott, gleichsam wie Avicenna eine von derartigen Ordnungen bezüglich des Hervorbringens der Dinge aus Gott annahm, wie wir andernorts dargestellt haben. [1.] Auf die erste Weise aber haben alle Geschöpfe eine wesentliche Ordnung unter sich und auf den Ersten hin, gemäß ihrem Grad der Vollkommenheiten bezüglich der Verschiedenheit des Wesens. Gleichwie im innergöttlichen Bereich, wo in der Identität des Wesens mehrere [Personen] Sein von dem einen Ersten her haben, sie notwendigerweise eine wesentliche oder natürliche Ordnung unter sich und zum Ersten hin haben, gemäß der Gründe der Hervorbringungen.

Zitat 5-26

Die erste Ordnung haben die Geschöpfe, insofern sie durch Gottes Verstand erkannt sind. Wie im Ontologie-Kapitel erklärt, sind die Geschöpfe urbildlich bestimmte Dinge (*res a ratitudine*), die über ihr Wesen auf die Urbilder, die Ideen, in Gott bezogen sind. Darin erkennt Gott sich selbst als auf vielfache Weise nachahmbar, was eine theoretische Erkenntnis ist. Die Weisen der Nachahmbarkeit entsprechen den Arten des Seins. Die Arten des Seins sind wiederum in einer Ordnung miteinander verknüpft und hierarchisch auf Gott hin geordnet. Gott entwirft diese Ordnung allerdings nicht frei, denn sie spiegelt den Fakt seiner Nachahmbarkeit wider. Welche Formen der Nachahmbarkeit möglich sind, kann er nicht frei bestimmen und damit auch nicht, in welchem Verhältnis die Dinge, das heißt die Gattungen und Arten des Seienden, die grundsätzlich geschaffen werden könnten, zueinander und zu ihm stehen. Diese Ordnung an sich ist also nicht kontingent, sondern wird von Heinrich als notwendig eingestuft. Die Erkenntnis dieser Ordnung kann mit dem trinitarischen Hervorgang des Sohns in eins gelegt werden, der ebenso als notwendig gilt. Was Gott hingegen frei bestimmen kann, ist, wie bereits erwähnt, welche Teile der erkannten Ordnung er nach außen hin verwirklicht, wann dies geschieht und in wie vielen Abbildern. Diesbezüglich liegt vollkommene Willensfreiheit vor, der Wille bestimmt somit frei die praktischen Ideen. Dementsprechend haben die Geschöpfe bezüglich ihrer Verwirklichung, das heißt bezüglich ihres Seins der Existenz, keine wesenhafte oder notwendige Ordnung zu Gott. Sie müssen nicht gemäß der Hierarchie, der sie in der ersten Ordnung unterliegen, hervorgebracht werden. Vielmehr kann Gott sie hervorbringen, wann er will. Das bedeutet für Heinrich, dass keine Emanation nach außen notwendig ist, selbst wenn man Avicennas Ordnung der Welt vertritt und nur ein einziges Geschöpf auf der höchsten weltlichen Ebene des Seins annimmt. Gott kann vieles zugleich unmittelbar ins Sein setzen. Bei Avicenna hingegen ist die theoretische auch die praktische Ordnung und Gott ist in seinem Akt als

---

[1228] Ibid. VIII, q. 7, ed. Badius, Bd. 2, Fol. CCCXIIvD.

Wirkursache an diese Ordnung gebunden, wie es auch für die niedrigeren Ursachen der Fall ist. Daher kann er nur ein einziges Geschöpf direkt hervorbringen.

5.3.2.5 Gott als Künstler (*artifex*)

Interessant ist in diesem Zusammenhang, dass Heinrich auch auf das gängige Bild Gottes als Künstler beziehungsweise Handwerker (*artifex*) eingeht, der die Welt gestaltet, was auf Platons Demiurgen oder Weltbildner (δημιουργός) zurückgeht. Avicenna bindet das Bild des Künstlers ebenfalls in seine Überlegungen ein. Er vergleicht in *Metaphysik* VIII.7 das Wirken Gottes mit dem eines menschlichen Künstlers oder Handwerkers. Dies geschieht in der Absicht, herauszustellen, dass das Wissen Gottes von der Welt nicht rezeptiv, sondern ähnlich dem eines Künstlers produktiv ist. Von einem menschlichen Künstler setzt sich Gott jedoch insofern ab, als es bei ihm keines inneren Prozesses bedarf, der mehrere Stufen umfasst, die diskursiv durchschritten werden müssen, um das Erdachte nach außen hin zu verwirklichen. Anders als beim Menschen sind in Gott das Vermögen, Wissen, Wollen und die bewegenden Kräfte nicht unterschieden, sondern fallen in eins, da Gott völlig einfach ist. Avicenna macht hier stark, dass das göttliche Wissen ausreicht, um die Welt zu verursachen.[1229] Dies hängt abermals damit zusammen, dass er eine *causa secundum essentiam* ist. Allein das göttliche Wesen in seiner Vollkommenheit reicht aus, um die Welt als Wirkung nach außen ins Sein zu setzen. Der wesenhafte göttliche Akt ist der des Verstandes, wie Avicenna in *Metaphysik* IX.4 erwähnt.[1230]

Die Betonung des engen Zusammenhangs zwischen dem Wissen und Wirken Gottes weiß Heinrich für seine Zwecke gegen Avicenna zu nutzen. Obwohl es auch in der christlichen Tradition üblich ist, Gott in seiner schöpferischen Funktion als *artifex* darzustellen, ist dieses Bild nicht ungefährlich, wie man laut Heinrich bei Avicenna sieht. Heinrich zieht es mehrfach heran.[1231] Dies geschieht zustimmend, wenn er den Aspekt betonen möchte, dass Gottes Wissen kausativ ist. Demgegenüber ist das Bild abzulehnen, wenn damit der Aspekt ausgedrückt werden soll, dass Gottes Wissen und Wirken eng zusammenhängen und der Wille dabei keine oder nur eine untergeordnete Rolle spielt. Gottes Wirken in einem solchen Fall als Kunst zu verstehen, wäre, als ob man sagte, „er würde [die Welt] durch natürliche Notwendigkeit hervorbringen, denn gemäß dem Verständnis von Kunst [gilt]: ‚insofern es Kunst ist, ist es nicht etwas, das beratschlagt (*deliberat*)‘, wie es am Ende von *Physik* II heißt.“[1232] Diese Stelle aus Aristoteles' *Physik* II.8 interpretiert unter anderem Thomas von Aquin in seinem *Physikkommentar*. Dort weist er darauf hin, dass ein Künstler zum Ausüben seiner Kunst an sich nicht mehr überlegt, sondern nach eingeübten Abläufen vorgeht und sich der Mittel bedient, die für bestimmte Ziele feststehen. Hier fehlt das

---

[1229] Vgl. Ibn Sīnā, *al-Ilāhiyyāt* VIII.7. Siehe damit zusammenhängend auch die Ausführungen zum Finalziel in VI.5, ab S. 229, Z. 18; ed. Van Riet, ab S. 339, Z. 34.

[1230] Vgl. ibid. IX.4, S. 327, Z. 8–9; ed. Van Riet, S. 478, Z. 69–71.

[1231] Vgl. bspw. Heinrich von Gent, *Quodlibet* XIII, q. 10, S. 83, Z. 82–S. 84, Z. 00, und ibid. VIII, q. 2, ed. Badius, Bd. 2, Fol. CCCIvI–CCCIIrK.

[1232] Ibid. VI, q. 33, S. 292, Z. 3–6: „producat naturali necessitate, quia de ratione artis, «secundum quod est *ars, non est quod delib*eret», secundum quod habetur in fine II^i P h y s i c o r u m.“ Bezug auf Aristoteles, *Physik* II.8, 199b28: ἡ τέχνη οὐ βουλεύεται.

Beratschlagen über alternative Möglichkeiten; stattdessen liegt ein Automatismus vor.[1233] Ähnlich schätzt Heinrich die Kunst Gottes ein, wenn sie den freien Willen vernachlässigt.

Die in den Kapiteln 5.3.2.1 bis 5.3.2.5 betrachteten Textpassagen sind nur eine Auswahl aus einer Reihe von Stellen, an denen Heinrich in unterschiedlichen Kontexten auf Avicennas Lehre zum Hervorgang der Welt aus Gott zu sprechen kommt und diese Lehre mal mehr, mal weniger ausführlich analysiert und widerlegt. Nicht nur die Häufigkeit, mit der er sich Avicennas Ansatz widmet, sondern auch die Art und Weise seines Vorgehens zeigt, wie wichtig es für ihn ist, sich gegen Avicenna abzugrenzen. Sie offenbart aber auch, wie ernst Heinrich Avicenna zugleich nimmt. Ansonsten könnte er ihn viel kürzer abhandeln. Insofern sich Avicennas Modell der Emanation konsequent aus seiner Ontologie und dem damit verknüpften Gottesbild heraus ergibt, besitzt es in seiner Stringenz eine gewisse Überzeugungskraft, die Heinrich offenbar erkennt. Aufgrund der Tatsache, dass Avicennas Lehre einige Anknüpfungspunkte oder Überschneidungen zur monotheistischen Lehre aufweist und Heinrich sich in seiner Ontologie und der Bestimmung Gottes als durch sich notwendig Seiendes stark an Avicenna orientiert, ist es für ihn umso wichtiger, sich beim Thema Schöpfung deutlich von Avicenna abzusetzen. Bezüglich der Schöpfung muss er mit Avicenna brechen, und zwar einerseits aufgrund der kirchlichen Lehre, die eine willentliche Schöpfung zu einem bestimmten Zeitpunkt vorgibt, andererseits aufgrund seiner eigenen Ansichten zur Freiheit eines solchen Akts. Heinrich genügt es nicht, eine kompatibilistische Handlungsfreiheit anzunehmen. Er gibt sich auch nicht damit zufrieden, dem Willen irgendeine wenig definierte Rolle zuzuschreiben und ein intellektualistisches Modell anzubieten, was durchaus eine Richtung ist, in die man Avicenna interpretieren könnte. Nach Heinrich ist wie beim Menschen und den Engeln so auch bei Gott die Freiheit gemäß dem voluntaristischen Ansatz zu betonen.[1234] Um die Ungenügsamkeit des avicennischen Modells herauszustellen, muss er Avicenna im Detail unter verschiedenen Blickwinkeln widerlegen. Insgesamt beabsichtigt Heinrich, zu zeigen, dass es bei Avicenna letztlich stets auf ein Wirken aus Notwendigkeit hinausläuft, unabhängig davon, welchen Aspekt des avicennischen Modells man hervorhebt, sei es das göttliche Wesen, die Wirkungskraft Gottes, seinen Verstand oder Willen. In *Quodlibet* V, q. 4 weist Heinrich darauf hin, dass die Einbindung der Trias Wesen / Verstand / Wille bei Avicenna nur eine dreifache Notwendigkeit bedeute und nicht etwa auf eine freie Handlung hinauslaufe.

In contrarium est illud, quod dicit quidam Articulus condemnatus a Stephano quondam episcopo Parisiensi, qui dicit sic: Quare deum necesse est facere quicquid immediate	Im Gegensatz dazu steht das, was ein bestimmter Artikel besagt, der von Stephan [d. h. Étienne Tempier], einst Bischof von Paris, verurteilt wurde. Dieser [Artikel] lautet folgendermaßen: ‚Daher ist es ein Irrtum,

---

[1233] Vgl. Thomas von Aquin, *In octo libros ›Physicorum‹* 2, l. 14, n. 8: „Sed Philosophus dicit quod inconveniens est hoc opinari: quia manifestum est quod ars agit propter aliquid; et tamen manifestum est quod ars non deliberat. Nec artifex deliberat inquantum habet artem, sed inquantum deficit a certitudine artis: unde artes certissimae non deliberant, sicut scriptor non deliberat quomodo debeat formare litteras. Et illi etiam artifices qui deliberant, postquam invenerunt certum principium artis, in exequendo non deliberant: unde citharaedus, si in tangendo quamlibet chordam deliberaret, imperitissimus videretur. Ex quo patet quod non deliberare contingit alicui agenti, non quia non agit propter finem, sed quia habet determinata media per quae agit. Unde et natura, quia habet determinata media per quae agit, propter hoc non deliberat.“

[1234] Darauf weist Heinrich vor allem in *Quodlibet* XIII, q. 6 hin.

fit ab ipso, error.[1235] Ad hoc est sententia philosophorum, secundum quod recitat AVICENNA VIII° et IX° Metaphysicae suae, quod deus triplici necessitate in unum concurrente agat illa, quae immediate agit, et etiam quae mediate in prima rerum et essentiarum productione, quae est essentia, scientia et voluntas. Ut videlicet primo et per se agat necessitate suae essentiae. Quoniam, ut dicit veritatis primae non est sua prima actio nisi per essentiam.

Unde de scientia dei dicit ibidem. Sua scientia est sciens, quod sua perfectio et sua excellentia est, ut fiat ab eo bonitas … Et ex hoc quod intelligit se, sequitur ordinatio bonitatis in esse. Et intelligit, qualiter est possibile et elegantius provenire esse totius. Unde, ut dicit, ex hoc quod intelligit ordinationem et bonitatem, quae melior esse potest secundum quod intelligit eam, fluit ipsa tali fluxu, quo perfectius provenitur ad ordinem secundum possibilitatem.

De voluntate vero dei dicit ibidem: Omnis autem scientia, qua[e] scit quod provenit ex ea, nec miscetur ei impedimentum, placet ei, quod provenit ab ea. Igitur primo placuit, ut ex sua essentia flueret omne, quod est. Positionis autem eorum ratio talis erat, ut dicit in eodem: Quicquid ab eo est, necessario est, quantum ad illud, alioquin esset ei dispositio, quae non erat, qua scilicet fieret agens et ad actionem applicaretur, si non ageret de necessitate. Et quia natura non est nisi ad unum, ideo, ut dicit in eodem, primum non potest agere nisi unum immediate numero procedens ab eo, quae omnia vana sunt et frivola.[1236]

dass Gott alles, was unmittelbar von ihm bewirkt wird, mit Notwendigkeit tun muss.' Dazu ist die Meinung der Philosophen, gemäß dem, was Avicenna in Buch VIII und IX seiner *Metaphysik* vorträgt, dass Gott mit dreifacher Notwendigkeit, die in einem zusammenkommt, jene Dinge wirkt, die er unmittelbar bewirkt, und zudem jene, die er vermittelt [bewirkt] beim ersten Hervorbringen der Dinge und Wesen. Diese [dreifache Notwendigkeit] ist das Wesen, Wissen und der Wille. Wie er nämlich zuerst und durch sich aus Notwendigkeit seines Wesens wirkt, da, wie er [d. h. Avicenna] sagt, der ersten Wahrheit ihr erstes Wirken nur durch ihr Wesen zukommt.

Deshalb sagt er dort über das Wissen Gottes: Sein Wissen ist wissend, dass seine Vollkommenheit und Vorzüglichkeit darin liegt, dass die Gutheit von ihm bewirkt wird … Und dadurch, dass er sich versteht, folgt die Anordnung der Gutheit im Sein. Und er sieht ein, auf welche Weise es möglich ist und auserlesener, dass das Sein des Alls hervorgeht. Daher fließt, wie er sagt, daraus, dass er die Anordnung und Gutheit einsieht, die besser sein kann, diese heraus, gemäß dem, dass er sie einsieht, [und zwar] durch ein solches Herausfließen, durch das es vollkommener hervorgebracht wird zu einer Ordnung gemäß der Möglichkeit.

Über den Willen Gottes jedoch sagt er ebendort: Jedem Wissen aber, das weiß, was aus ihm hervorgeht, und das frei von einem Hindernis ist, dem gefällt, was aus ihm hervorgeht. Somit gefiel dem Ersten, dass aus seinem Wesen alles, was ist, herausfloss. Der Sinn ihrer Haltung aber war ein solcher, wie er ebendort äußert: Alles, was von ihm her ist, ist notwendigerweise in Bezug auf jenen, andernfalls käme ihm eine Disposition zu, die nicht war und durch die er freilich tätig würde und einer Tätigkeit zugewandt, wenn er nicht aus Notwendigkeit wirken würde. Und da die Natur nur auf eines geht, daher, wie er [d. h. Avicenna] an ebendieser Stelle

---

[1235] Das entspricht Artikel 53 der Verurteilung von 1277 (Hissette, *Enquête*, Nr. 20), siehe Fn. 1197.
[1236] Heinrich von Gent, *Quodlibet* V, q. 4, ed. Badius, Bd. 1, Fol. CLVIIIrH–K.

> sagt, kann das Erste nur der Zahl nach eines
> bewirken, das unmittelbar aus ihm hervor-
> geht. Diese Aussagen sind alle Einbildungen
> und Unsinn.

Zitat 5-27

In dieser Passage fasst Heinrich das zusammen, was bereits aus den behandelten Stellen bekannt ist. Insgesamt lassen sich alle Kritikpunkte Heinrichs an Avicenna auf die Notwendigkeit der göttlichen Natur zurückführen. In der zitierten Passage bleibt Heinrich bei dieser Erkenntnis allerdings nicht stehen, sondern führt zwei weitere Grundsätze an, die in Avicennas kosmologischem Modell für den Hervorgang der Welt eine bestimmende Rolle spielen und letztlich mit dem Wirken gemäß der Natur zusammenhängen: zum einen die *idem*-Regel, zum anderen die *ex-uno*-Regel. Diese beiden Regeln, wie auch die Annahme des notwendigen Wirkens gemäß seiner Natur als Intellekt, beurteilt Heinrich in Bezug auf Gottes Wirken *ad extra* abschließend als Einbildungen und Unsinn (*vana et frivola*). All diese Elemente hängen miteinander zusammen, jedoch betreffen sie verschiedene Aspekte des Verhältnisses von Gott und Welt: Das notwendige Wirken steht, wie gesehen, der Freiheit entgegen, die Welt anders oder nicht zu schaffen. Aus der *idem*-Regel leitet sich insbesondere die Ewigkeit der Welt ab,[1237] während die *ex-uno*-Regel das Emanationsschema initiiert, bei dem Gott in der ersten Schöpfung nicht die Grundlagen des gesamten Kosmos schafft, sondern nur ein einziges Geschöpf. Da eines der Vorhaben dieser Arbeit ist, die Verwendung der beiden Regeln aufzuzeigen, soll im Folgenden auf sie eingegangen werden.

5.3.3 *Ex-uno*-Regel

Wie zu erwarten, thematisiert Heinrich von Gent die quantitative Lesart der *ex-uno*-Regel, die Avicenna auf das Wirken des durch sich notwendig Seienden anwendet. Sie leitet das Emanationsmodell ein und ist ein Ausdruck der Naturnotwendigkeit, die Heinrich, wie wir gesehen haben, aus Gründen der Freiheit Gottes ablehnt. Avicennas Modell gibt er ausführlich in *Quodlibet* VI, q. 33 wieder. Wie Wilhelm von Auvergne greift Heinrich selbst in unterschiedlichen Formulierungen, Lesarten und Kontexten auf die *ex-uno*-Regel zurück. Im Folgenden sollen exemplarische Fälle herausgegriffen werden, um zu zeigen, dass sich diese Regel in der lateinischen Tradition in gewissem Sinne verselbständigt hat.

5.3.3.1 Verknüpfung mit *natura non nisi ad unum*

Am Ende von Zitat 5-27 findet sich eine Abwandlung der *ex-uno*-Regel in ihrer quantitativen Lesart. Dort weist Heinrich darauf hin, dass aus dem ersten Prinzip bei Avicenna unmittelbar nur ein einziges Geschöpf hervorgeht, die erste himmlische Intelligenz. Die Begründung dafür lautet jedoch nicht, dass dies geschieht, insofern das Prinzip vollkommen

---

[1237] Der *idem*-Regel zufolge bleibt die Wirkung gleich, wenn sich deren Ursache nicht verändert, vorausgesetzt die übrigen Bedingungen sind ebenfalls konstant. Ist die Ursache – Gott – ewig und unveränderlich, so muss die Wirkung dieser Regel entsprechend ebenfalls ewig sein.

einfach und eines ist – anders als dies bei Avicenna der Fall ist und ebenso bei Heinrich, was die innertrinitarische Emanation anbelangt. Vielmehr verknüpft Heinrich vor dem Hintergrund seiner Kritik am unfreien Wirken Gottes die ex-uno-Regel mit der Naturkausalität. Doch anders als Wilhelm von Auvergne stellt er die Regel nicht explizit als Instanziierung der idem- oder simile-Regel dar, sondern als Ausdruck des göttlichen naturnotwendigen Wirkens nach einem einfachen Vermögen.

Die Herleitung lautet: Da Gott gemäß seiner Natur notwendig wirkt und die Natur im Allgemeinen nur auf eines geht (natura non nisi ad unum), ist Gott auf eines festgelegt und bringt folglich nur eine einzige Wirkung direkt hervor. Heinrich liest Avicennas ex-uno-Regel mithin als ad-unum-Regel. Diese Lesart betont, dass die Wirkung der Zahl nach nur ein Ding sein kann. Die Regel könnte somit lauten: Aus dem Einen, insofern es wie die Natur wirkt, geht nur eines hervor (ex uno, inquantum agit ut natura, non nisi unum). Heinrichs Verknüpfung ist insofern interessant, als der Ausdruck ad unum im Kontext der Naturnotwendigkeit eigentlich nicht speziell auf die Quantität der Wirkung abzielt. Wie wir in den vorangegangenen Kapiteln gesehen haben, bezieht sich dieser Ausdruck vielmehr auf die Wirkungsoptionen, die sich dem Wirkenden bieten. Ad unum ist dabei im Gegensatz zu ad opposita zu verstehen und drückt die bereits beschriebene situationsabhängige Festlegung der Naturdinge auf nur eine der beiden Optionen eines Gegensatzpaares aus, sei es faktisch (wirken oder nicht wirken) oder inhaltlich (A oder ¬A). Zwar lässt sich aus der ad-unum-Regel ableiten, dass nur eine Sache bewirkt wird, anders als in Avicennas Version der ex-uno-Regel wird jedoch nicht erfasst, dass diese Wirkung nicht nur der Zahl, sondern auch der Teilung nach einfach und somit eine rein geistige Substanz sein muss. Aber darum geht es Heinrich in der obigen Passage nicht. Er möchte darauf hinaus, dass Gott, wenn er wie eine Natur wirkt, auf eine Wirkung festgelegt ist, sodass er unmittelbar nicht vieles schaffen kann. Dass Avicenna mit seiner ex-uno-Regel genau dies bestätigt, rechtfertigt für Heinrich den Vorwurf, Gott wirke bei Avicenna naturnotwendig. Heinrich interpretiert die ex-uno-Regel als ad-unum-Regel, die das Wirken natürlicher Ursachen kennzeichnet, und weist sie dementsprechend für Gottes Wirken ad extra zurück.

5.3.3.2 Verknüpfung mit dem ordo numerorum

In Summa, art. 29, q. 7 verbindet Heinrich die ex-uno-Regel mit einer zahlentheoretischen Interpretation der Schöpfung. Bezugnehmend auf Ps.-Dionysius lässt sich laut Heinrich Schöpfung als ein kontinuierlicher Hervorgang gemäß der Zahl (secundum numerum) aus der göttlichen Einheit heraus verstehen. Gott oder die göttliche Weisheit entsprechen der Eins, das erste Geschöpf der Zwei usw. Nachdem Heinrich dies näher ausgeführt hat, weist er darauf hin, dass die Geschöpfe damit auch hierarchisch geordnet sind, je nach Nähe zur Eins. Wie zwei verschiedene Zahlen nicht gleich weit von der Eins entfernt sein können, kommen auch zwei Arten von Geschöpfen nicht gleich nah an Gott heran. An dieser Stelle äußert Heinrich folgende Überlegung: „Und demgemäß nahmen sie [d. h. die Philosophen] auch an, dass aus jenem als einem Einzigen unmittelbar nur eines hervorgehen kann."[1238]

[1238] Heinrich von Gent, Summa, art. 29, q. 7, ed. Badius, Bd. 1, Fol. CLXXVvX: „Et secundum hoc etiam posuerunt, quod ab ipso tanquam uno non posset procedere immediate nisi unum."

Er weist darauf hin, dass diese Unmöglichkeit nicht aufgrund von mangelnder Kraft auf Seiten des ersten Prinzips vorliegt, sondern dass zwei Arten eben nicht dieselbe Distanz zu Gott haben können, das heißt auf derselben Stufe in der Ordnung des Seins stehen können. Hier wird für die Einzigkeit des ersten Geschöpfs nicht von Seiten der Ursache her argumentiert, sondern von Seiten der Wirkung. Die Formulierung der Überlegung erinnert stark an die *ex-uno*-Regel, der Kontext und die Begründung sind neu. Hieran erkennt man, dass die *ex-uno*-Regel eine gewisse Selbständigkeit erlangt; sie wird flexibel angewandt, auch abweichend von ihrem ursprünglichen Begründungszusammenhang. Dies gilt ebenso für das nächste Beispiel.

5.3.3.3 Verwendung in der Theorie zur Kategorie der Relation

Die *ex-uno*-Regel kommt bei Heinrich auch außerhalb des Kontextes der Schöpfung zum Einsatz. So setzt er sie bei der Diskussion zur Kategorie der Relation mehrmals ein. In *Summa*, art. 66, q. 3 diskutiert er beispielsweise die Frage, ob Relationen, die eine Gemeinsamkeit erfassen (*relationes communes*), wie etwa Gleichheit und Ähnlichkeit, nur auf den drei absoluten Kategorien Substanz, Qualität und Quantität basieren können. Damit wird implizit die Frage behandelt, ob sich Relationen auch auf Relationen beziehen können. Heinrich verneint dies.

Circa primum arguitur, quod nulla relatio realis causatur ab uno, quia ab uno inquantum unum, non procedit nisi unum. Sed ubi non est nisi unum, non est relatio, quia omnis relatio requirit correlationem, sicut omne relativum requirit correlativum. Secundum definitionem enim relativorum ipsorum esse est ad aliud se habere, ergo etc.[1239]	Zum Ersten ist zu sagen, dass keine reale Relation von einem verursacht wird, weil aus einem, insofern es eines ist, nur eines hervorgeht. Wo es aber nur eines gibt, gibt es keine Relation, weil jede Relation eine Korrelation erfordert, wie jedes Relative etwas Korrelatives erfordert. Gemäß der Definition relativer Dinge nämlich liegt ihr Sein darin, sich auf etwas anderes zu beziehen, also usw.

Zitat 5-28

Relationen beziehen sich auf das ihnen eigentlich Zugrundeliegende und hierbei gilt: Es muss zwei Dinge geben, zwischen denen eine Relation besteht: das Subjekt (*subiectum*) beziehungsweise der Ausgangspunkt und das Objekt (*obiectum*) beziehungsweise der End- oder Vergleichspunkt. Die Bezugsgegenstände müssen zudem aus einer der drei absoluten Kategorien stammen. Heinrich setzt hier die *ex-uno*-Regel ein, um eine Relation als alleinigen Bezugspunkt für eine weitere Relation auszuschließen. Damit gebraucht er die Regel positiv zur Rechtfertigung einer anderen Position als Avicenna.

[1239] Ibid., art. 66, q. 3, ed. Badius, Bd. 2, Fol. CCIIIIrH. Außerdem ibid.: „Quare autem nulla relatio communis causetur a multo, arguitur eodem medio, quia multum inquantum multum, est unum, eo quod est divisivum entis, cum quo unum convertitur, quare cum ab uno inquantum unum, non procedit nisi unum, ergo etc."

5.3.3.4 Konzessive Formulierung

Wie bei Wilhelm von Auvergne findet sich in Heinrichs Schriften ebenfalls implizit die konzessive Version der *ex-uno*-Regel:

… non ponendo mundum a Deo productum necessitate naturae suae et essentiae, sed libertate voluntatis et dispositione suae sapientiae, quae rationem artis unius habet, quae ut una simplex existens ratio est omnium partium mundi tamquam unius artificiati, licet secundum diversas rationes in ipso diversarum partium, ita quod non obstante eius unitate et simplicitate plura possunt et simul procedere ab ipso immediate.[1240]	… nicht, indem sie annehmen, dass die Welt aus Gott durch die Notwendigkeit seiner Natur und seines Wesens hervorgebracht wird, sondern durch die Freiheit des Willens und durch die Beschaffenheit seiner Weisheit, die die Bedeutung der Kunst einer einzigen Sache hat, die wie ein einfacher, existierender Grund aller Teile der Welt gleichwie eines einzigen Kunstwerks ist, wenn auch gemäß verschiedener Gründe der verschiedenen Teile in ihm, sodass, ohne seiner [d. h. Gottes] Einheit und Einfachheit entgegenzustehen, mehrere Dinge auch zugleich unmittelbar aus ihm hervorgehen können.

Zitat 5-29

Obgleich Heinrich hier nicht seine eigene Ansicht wiedergibt, da er anschließend den Vergleich mit dem Kunstwerk ablehnt, ist das Zitat dennoch aus folgendem Grund interessant: Es wird ein Weg präsentiert, der rechtfertigen soll, dass viele Dinge zugleich aus dem vollkommen einfachen Prinzip hervorgehen. Aus der Art und Weise der Präsentation dieses Wegs zeigt sich, wie ernst man Avicennas Ansatz nimmt. Es folgt am Ende nämlich ein expliziter Hinweis darauf, dass die vorgeschlagene Lösung die Einheit des ersten Prinzips nicht gefährdet. In einer konzessiven Aussage wird im letzten Satz des Zitats betont, dass eine Vielzahl von Dingen direkt aus dem ersten Prinzip hervorgehen kann, obwohl es einfach ist. Diese Rechtfertigung oder auch nur Betonung wäre nicht nötig, wenn Avicennas Schluss von der vollkommen Einfachheit des ersten Prinzips auf die Einfachheit und Einzigkeit der direkten Wirkung nicht in gewisser Weise ernst genommen und als nachvollziehbar empfunden würde, selbst wenn man Avicennas Ansatz ablehnt. Dies macht deutlich, wie präsent Avicennas *ex-uno*-Regel im Denken der mittelalterlichen Autoren ist.

5.3.4 Verknüpfung der *ex-uno*- und *idem*-Regel in der Trinitätslehre

Auch Heinrich verbindet die *ex-uno*- mit der *idem*-Regel. Dies findet sich vor allem im Kontext der Trinitätstheologie. Wie Wilhelm von Auvergne nimmt Heinrich an, dass Emanation im eigentlichen Sinne ausschließlich im innergöttlichen Bereich stattfindet. In *Summa*, art. 54, q. 8 wird beispielsweise die *idem*-Regel eingesetzt, um zu begründen, dass es nur einen einzigen Sohn gibt (*unigenitus*).[1241] Wie Wilhelm von Auvergne behandelt

---

[1240] Heinrich von Gent, *Quodlibet* VI, q. 33, S. 291, Z. 97–S. 292, Z. 3.

[1241] Vgl. id., *Summa*, art. 54, q. 8, S. 326, Z. 206–211: „Nam Verbum quod in divinis producitur, quia semper manens est, et similiter actus ipse poducendi et producens ipsum semper uniformiter se habet, ipso producto

Heinrich den Hervorgang des Sohns und den des Heiligen Geistes separat voneinander. Es gilt, dass die Person, die durch Zeugung (*generatio*) oder aber Hauchung (*spiratio*) hervorgeht, jeweils nur eine sein kann. Hier ließe sich mit Avicenna einwenden, dass eigentlich insgesamt nur eine Person hervorgehen kann, wenn man die *ex-uno-* und *idem*-Regel auf den Vater anwendet, denn der Vater ist Gott und somit vollkommen einfach. Einen derartigen Einwand führt Heinrich in *Summa*, art. 54, q. 4 tatsächlich unter den Argumenten an, die dafür vorgebracht werden können, dass aus der ersten göttlichen Person nur eine einzige weitere Person hervorgeht:

Primo sic. Ubi non est nisi unum simplex principium emanandi personam, neque nisi una simplex emanatio, et ita neque nisi unum emanans, quia ab eodem in quantum idem non procedit nisi idem. In persona illa quae in divinis non est ab alia non est nisi unum simplex principium emanandi, ut ipsa divina essentia, in qua nulla est diversitas nisi secundum rationem tantum, ut habitum est supra. Ergo in Deo non est nisi una simplex emanatio, neque emanans persona. Et si in eis sit aliqua diversitas, illa erit secundum rationem tantum quae non sufficit ad personarum differentiam sive distinctionem.[1242]	Erstens folgendermaßen: Wo es nur ein einfaches Prinzip dafür gibt, eine Person emanieren zu lassen, gibt es nur eine einfache Emanation und daher nur ein [einziges] Emanierendes, denn aus demselben, insofern es dasselbe ist, geht nur dasselbe hervor. In jener Person, die im innergöttlichen Bereich nicht aus einer anderen ist, gibt es nur ein einfaches Emanations-Prinzip, nämlich das göttliche Wesen, in dem es keine Verschiedenheit gibt, außer lediglich dem Begriff nach, wie oben bereits erwähnt wurde. Daher gibt es in Gott nur eine einfache Emanation und nur eine emanierende Person. Und wenn es unter ihnen irgendeine Verschiedenheit gäbe, wäre diese lediglich gemäß dem Begriff, was nicht für einen Unterschied beziehungsweise eine Abgrenzung von Personen ausreicht.

Zitat 5-30

Avicennas *ex-uno*-Regel findet sich in der Passage lediglich implizit. Das Konzept, über das die Argumentation läuft, ist die ununterschiedene Einfachheit (*simplicitas*) des göttlichen Wesens, das der Vater aus sich heraus besitzt. In diesem Wesen lässt sich keinerlei Diversität ausmachen – der Vater ist vollkommen einfach und unveränderlich. Daher kann aus ihm gemäß der *ex-uno-* und *idem*-Regel lediglich eine einzige weitere Person emanieren. Heinrich entgegnet diesem Einwand wie folgt:

Ad primum in oppositum … dicendum quod licet divina essentia, quae est forma unica,[1243] simplex sit in essentia, est tamen multiplex in virtute. Et ideo ab ipsa in quantum est penitus idem et secundum	Zum ersten Gegenargument … ist zu sagen, dass, obwohl das göttliche Wesen, das eine einzige Form ist, in seinem Wesen einfach ist, es dennoch in seiner Kraft vielfältig ist. Und daher gehen aus ihm [d. h. dem

---

non posset restare fecunditas ad aliud verbum producendum nisi possent esse duae productiones omnino eiusdem modi et eiusdem rationis simul, emanantes ex eodem principio et circa idem omnino uniformiter se habens."

[1242] Ibid., art. 54, q. 4, S. 221, Z. 5–S. 222, Z. 14.

[1243] Entgegen der Edition halte ich das Komma nach ‚unica' für sinnvoller als nach ‚simplex'. Alternativ könnte man gemäß dem Apparat mit den Versionen K"Q eine inverse Stellung annehmen: „sit simplex".

eandem rationem, non procedunt diversae emanationes, sed solummodo sub rationibus diversis diversarum proprietatum.[1244]

Wesen], insofern es gänzlich dasselbe ist und gemäß demselben Aspekt, nicht verschiedene Emanationen hervor, sondern nur unter den verschiedenen Aspekten der verschiedenen Eigentümlichkeiten.

Zitat 5-31

Wie für Wilhelm von Auvergne stellt sich für Heinrich von Gent folgendes Problem: Obwohl der Vater Gott und somit ein einziger und von seinem Wesen her vollkommen einfach ist, gehen aus ihm zwei Personen hervor: der Sohn und der Heilige Geist. Dies lässt sich mit Blick auf das Wesen nicht erklären, was der avicennischen Position entspricht. Heinrich muss sich gezwungenermaßen auf die Suche nach einem Ausweg machen. Diesen findet er in den sogenannten Gründen (*rationes*). Zwar ist korrekt, dass der Vater aufgrund seines göttlichen Wesens vollkommen einfach ist und die *idem*- und *ex-uno*-Regel angewandt werden können, jedoch muss nach Heinrich bedacht werden, dass der Vater die anderen Personen nicht aufgrund des Wesens, sondern aufgrund der *rationes* hervorgehen lässt. Diese *rationes* sind der Verstand (*intellectus*) und Wille (*voluntas*).[1245] Sie können bei Heinrich so unterschieden werden, dass sie jeweils einen Hervorgang bedingen. Dementsprechend könnte die Regel bei ihm lauten: Aus dem einen, insofern es Verstand und Willen hat, gehen zwei hervor (*ex uno, inquantum intelligens et volens, duo*). Dieser vermeintliche Ausweg würde Avicenna freilich nicht überzeugen. Nicht nur legt man eine Dreiheit in Gott – mag diese auch personal sein –, man nimmt darüber hinaus auch noch eine Dualität im Vater an, der eigentlich als vollkommen einfach gilt. Diese Dualität lässt sich von innen heraus nicht rechtfertigen. Bei Avicenna fallen der Verstand und Wille mit dem Wesen so sehr in eins, dass sie keinerlei Verschiedenheit (*diversitas*) implizieren, mit Ausnahme der begrifflichen.

Erwähnenswert ist in diesem Zusammenhang, dass Heinrich in *Summa*, art. 54, q. 3 den innergöttlichen Hervorgang des Sohns nach intellektualistischem Modell beschreibt. Den Verstand verknüpft er dabei mit der Natur wie im Rahmen seiner Kritik an Avicennas Emanationsmodell:

Est autem advertendum quod licet ambo, natura scilicet et voluntas, simul concurrunt in duplici productione Dei de Deo, non tamen eodem modo sed diversimode secundum quod differunt principia elicitiva illarum productionum. In productione enim principali quae est generatio quae elicitur a principio quod est natura, Deus producit Deum naturaliter primo et principaliter, voluntarie vero secundario et consequenter. In productione secunda, quae est spiratio, econverso vis elicitiva actus est voluntas ut est potentia libera, naturalis tamen necessi-

Es ist aber zu beachten, dass obgleich beide, nämlich Natur und Wille, gleichzeitig in dem zweifachen Hervorbringen Gottes von Gott her (*de Deo*) auftreten, dies nicht auf dieselbe Weise [geschieht], sondern auf unterschiedliche Weise, gemäß dem, dass sich die hervorrufenden Prinzipien dieser Hervorbringungen unterscheiden. Denn im vorrangigen Hervorbringen, das die Zeugung ist, die durch das Prinzip, das die Natur ist, hervorgerufen wird, bringt Gott zuerst und vorrangig auf natürliche Weise hervor, willentlich aber als zweites und nachfolgend. Im

---

[1244] Ibid., art. 54, q. 4, S. 226, Z. 106–112.
[1245] Vgl. ibid., art. 54, q. 4, S. 226, Z. 116–S. 227, Z. 144. Siehe dazu außerdem ibid., art. 54, q. 6, und art. 55, q. 6.

tas impellens est in actum. In generatione enim vis elicitiva actus est intellectus ut est natura, naturali impetu impellens in actum, in spiratione vero econverso. Sed in generatione voluntas est coniuncta naturae ut consentiens naturae in actu generationis.[1246]

zweiten Hervorbringen, das die Hauchung ist, ist umgekehrt die den Akt auswählende Kraft der Wille, insofern er ein freies Vermögen ist; dennoch stößt die natürliche Notwendigkeit zum Akt an. Denn bei der Zeugung ist die den Akt hervorrufende Kraft der Verstand, insofern er eine Natur ist, die durch natürlichen Antrieb (*naturali impetu*) zum Akt anstößt. Bei der Hauchung verhält es sich jedoch umgekehrt. Bei der Zeugung aber ist der Wille verbunden mit der Natur, insofern er der Natur in Bezug auf den Akt der Zeugung zustimmt.

Zitat 5-32

Die Zeugung des Sohns wird durch den Verstand bestimmt, der wie eine Natur wirkt, das heißt in seinem Erkennen und Urteil festgelegt ist, und den Sohn als Wort hervorbringt. Der Wille spielt dabei eine untergeordnete Rolle, insofern er wie eine Natur ebenfalls auf eines festgelegt ist, nämlich darauf, das vom Verstand Vorgegebene abzusegnen. Dies deutet auf ein intellektualistisches Verständnis hin. Damit erfolgt der Hervorgang des Sohns auf natürliche Weise und mit natürlicher Notwendigkeit. Andernorts fügt Heinrich hinzu, dass dies von Ewigkeit her geschehen muss.[1247] Der Intellekt ist auf ewig auf die Zeugung festgelegt, denn der Vater ist unveränderlich. Er kann den Sohn also nicht nicht hervorbringen. Damit ist der Sohn als Person vom Vater her notwendig, als Gott ist er hingegen von seinem Wesen her notwendig. Dies ähnelt sehr Heinrichs Beschreibung des avicennischen Emanationsmodells. Da dieses Modell eine Verursachung erfasst, die von Gott her *ad extra* erfolgt, hat Heinrich es seiner Kritik unterzogen, denn dort liegt kein frei gewollter Akt vor. *Ad intra* erweist sich der Mangel an Freiheit als unproblematisch. Es bietet sich sogar an, die Zeugung des Sohns als Emanation zu verstehen, da sich so die Ewigkeit des Hervorgangs sichern lässt wie auch die Göttlichkeit der einzigen Wirkung. Heinrich vertritt nun also selbst die Emanationstheorie, die er bei Avicenna *ad extra* so heftig kritisiert. Die Kritikpunkte, die er gegen Avicenna vorbringt, greifen hier nicht, da der Bezugsrahmen ein anderer ist: Es geht nicht um den Hervorgang der Welt, sondern um den der trinitarischen Personen. Dieser Hervorgang kann, ja muss sogar notwendig und ewig sein und nur eine einzige Wirkung erzeugen, den Sohn. Dafür lässt sich Avicennas Theorie beipflichtend heranziehen.

Obwohl bei der Hauchung als zweitem innergöttlichen Hervorgang der frei wählende Wille das den Akt bestimmende Prinzip ist, liegt auch hier kein wirklich freier Akt im Sinne des Voluntarismus vor. Denn der Anstoß des Akts erfolgt ebenfalls durch natürliche Notwendigkeit, was die Ewigkeit und Notwendigkeit des Heiligen Geistes als Person und vermutlich ebenso die Göttlichkeit der Wirkung sichern soll. Andernfalls wäre dieser Akt wie der schöpferische, der eine von Gott verschiedene Substanz hervorbringt. Und anders als

---

[1246] Ibid., art. 54, q. 3, S. 188, Z. 762–S. 189, Z. 774.
[1247] Vgl. bspw. ibid., art. 35, q. 8, S. 75, Z. 31–34, und id., *Lectura ordinaria* 1, S. 50, Z. 80–83.

die Geschöpfe soll der Heilige Geist, der göttlich ist, ja nicht kontingent sein.[1248] Emanation findet bei Heinrich wie bei Wilhelm von Auvergne nur *innerhalb* einer Substanz statt und mündet nicht wie bei Avicenna in eine von der Ursache unterschiedene Substanz. Heinrich geht auf den komplexen Sachverhalt der frei gewollten, aber notwendigen Emanation des Heiligen Geistes äußerst ausführlich in *Summa*, art. 60, q. 1 ein. Hier erläutert er unterschiedliche Aspekte des Zusammenwirkens von Verstand und Willen sowie diverse Bedeutungen von Natur, die sich dabei ausmachen lassen.[1249] Erwähnenswert ist, dass Heinrich bezüglich des Heiligen Geistes laut Russell L. Friedman eine kompatibilistische Position einnimmt: Der Wille wählt frei den Hervorgang des Heiligen Geistes, jedoch in einem Akt, der unveränderlich ist, weil der Wille nicht nicht wollen kann.[1250] Die Unveränderlichkeit steht also der Freiheit nicht entgegen. Heinrich geht darauf auch in *Summa*, art. 47, q. 5 ein: Der Wille will frei, da er nicht vom Verstand oder etwas Drittem in seiner Wahl bestimmt wird. Allerdings kann der göttliche Wille, beziehungsweise Gott, wenn er sich selbst als höchstes Gut will, sich nicht nicht wollen. Er hat diesbezüglich also keine synchrone Kontingenz. Heinrich spricht in diesem Zusammenhang in *Summa*, art. 60, q. 1, und art. 47, q. 5 auch von der Notwendigkeit der Unveränderlichkeit (*necessitas immutabilitatis / incommutabilitatis*),[1251] ähnlich wie im Rahmen seiner Kritik am Wirken Gottes bei Avicenna. Heinrich betont, dass die *necessitas immutabilitatis* den freien Willen in Gott begleitet (*concomitans*), der sich auf das höchste Objekt richtet. Sie ist jedoch nicht initiativ, das heißt, sie zwingt den Willen nicht dazu, sich überhaupt erst auf dieses Objekt zu richten. Darin läge nämlich Unfreiheit und Fremdbestimmung des Willens. Und eine solche Form der *necessitas immutabilitatis* sieht Heinrich für Gott in Avicennas Modell vorliegen.

Ich frage mich, ob man Avicenna trotz dieser Sichtweise Heinrichs verteidigen könnte. Denn eventuell ließe sich der Fall des Hervorbringens des Heiligen Geistes auf das avicennische Emanationsmodell übertragen. Ich habe bisher keine Stelle gefunden, an der Heinrich diese Möglichkeit für Avicennas Gott im Rahmen seiner Kritik diskutiert. Tatsächlich findet man bei Avicenna einige Elemente, die sich in Richtung einer kompatibilistischen Interpretation zusammenfügen ließen. Demnach würde sich Gott primär in seinem wesenhaften Akt selbst erkennen und frei wollen, da er auch bei Avicenna das höchste Gute und höchste Geliebte ist, wofür Heinrich sogar Avicenna zitiert.[1252] Aus diesem Grund läge auch hier *necessitas immutabilitatis* vor, sodass Gott sich nicht nicht wollen kann. Die *necessitas*

[1248] Wie bei Wilhelm von Auvergne dargelegt (Kapitel 4.2.2.1.3), würde im Falle eines naturnotwendigen Hervorgangs die *simile*-Regel greifen, der gemäß Ursache und Wirkung von derselben Art sind, hier sogar in verstärktem Sinne von derselben Substanz.

[1249] Vgl. dazu auch Friedman, ,The Voluntary Emanation of the Holy Spirit', S. 129–137.

[1250] Vgl. ibid., S. 134–136, und Flores, *Metaphysics and the Trinity*, S. 84–86.

[1251] Vgl. Heinrich von Gent, *Summa*, art. 47, q. 5, S. 28, Z. 120–S. 31, Z. 190, und ibid., art. 60, q. 1, S. 22, Z. 440– S. 23, Z. 479. Diese Notwendigkeit kommt auch den Menschen im Zustand der *beatitudo* zu, in dem er bereits sein Ziel erreicht hat.

[1252] Vgl. ibid., art. 50, q. 2, S. 199, Z. 303–S. 200, Z. 311: „Et haec perfectissima, tum quia contemplatio qua comprehendit se est fortior et amor quo diligit se est ferventior, tum quia perfectio sua qua delectatur est sibi unitior, dicente de eo tum quia perfectio sua qua delectatur est sibi unitior, dicente de eo AVICENNA in fine VIII^{i} Metaphysicae: «*Cum intelligentia intelligentis et intellecti unum sint certissime, ideo sui ipsius est maximus amator et amatum et magis delectans et delectatum. Est excellentior apprehensor cum excellentiore apprehensione excellentioris apprehensi. Ideo est excellentior delectator cum excellentiore delectatione in excellentiori delectato, et hoc est in quo nihil comparatur ei*»."

immutabilitatis würde durch die Tatsache gestützt, dass Avicenna betont, Gott sei auf jede Weise notwendig. Zudem nimmt er allgemein an, dass es Wirkungen geben kann, die auch aus einem ewigen unveränderlichen Willen (*irāda*) beziehungsweise einer ewigen Wahl (*iḫtiyār*) hervorgehen, ohne Zwang und Hindernis. Man müsste annehmen, dass diese frei sind, obwohl bei Avicenna Wille und Intellekt zusammenfallen, weil Gott vollkommen einfach ist. Die Differenz zu Heinrichs Fall des Heiligen Geistes wäre aber, dass aus dem Sich-selbst-Wollen die Welt als Wirkung im Sinne der zweifachen Aktivität *ad extra* hervorgeht und es keine Wirkung *ad intra* gibt. Wie dem auch sei, selbst wenn man Avicenna in Richtung einer kompatibilistischen Position interpretieren würde, würde Heinrich diese selbstverständlich ebenfalls ablehnen. Denn seiner Ansicht nach muss die Welt schlechthin (*simpliciter*) frei gewollt sein, ohne Notwendigkeit jeglicher Art.[1253] Eventuell denkt Heinrich jedoch an ähnliche Optionen wie die gerade für Avicenna aufgestellte Hypothese. Denn auffälligerweise betont er in Zusammenhang mit der Erklärung, dass der Akt des Hervorgangs des Heiligen Geistes frei aber notwendig gewollt wird, dass diese Tatsache ausschließlich auf diesen singulären Akt zutreffe.[1254] Es scheint daher, als erkenne Heinrich, dass dieser Ansatz auf andere Kontexte anwendbar wäre. Derartige Szenarien möchte er hingegen exkludieren.

5.3.5 *Idem*-Regel und Ewigkeit der Welt sowie Schöpfung der Seelen

Neben der *ex-uno*-Regel ist für das Wirken Gottes bei Avicenna die *idem*-Regel ausschlaggebend. Der *idem*-Regel zufolge bleibt die Wirkung gleich, wenn deren Ursache sich nicht verändert, vorausgesetzt, die übrigen Bedingungen sind ebenfalls konstant. Diese Regel gilt bei Avicenna für sämtliche Ursachen. Bei Heinrich besitzt sie hingegen nur für geschöpfliche Ursachen uneingeschränkte Gültigkeit. Gott unterliegt ihr nur partiell: Bei den trinitarischen Hervorgängen findet sie Anwendung; für Gottes Wirken nach außen ist sie hingegen aufgehoben, was Avicenna als willkürliche Setzung einstufen würde. Dass Avicenna die *idem*-Regel in Kapitel IX.1 der *Metaphysik* auf Gott anwendet, um für die Ewigkeit der Welt zu argumentieren, hält Heinrich für einen Fehler. Er bringt hierzu ein hypothetisches Argument an, um es anschließend zu widerlegen:

Primo sic. Ab eo, in quo omnes dispositiones sunt omnino eodem modo, sicut fuerunt semper, et nunquam factum est aliquid alio	Erstens folgendermaßen: Von demjenigen her, in dem alle Zustände gänzlich auf dieselbe Weise sind, wie sie immer waren, und

---

[1253] Dies wäre der erste Fall von drei Arten des Willensakts (*actio voluntatis*), die Heinrich in art. 60, q. 1 anführt. Der zweite Fall findet sich bei einem Glückseligen, der frei und unveränderlich nichts anderes mehr will als das *summum bonum*, das er bereits erreicht hat. Der dritte Fall ist das freie und unveränderliche Wollen, das im innergöttlichen Bereich beim Hervorbringen des Heiligen Geistes vorliegt. Vgl. ibid., art. 60, q. 1, S. 37, Z. 791–S. 38, Z. 812, und Friedman, ‚The Voluntary Emanation of the Holy Spirit‘, S. 134–136.

[1254] Vgl. Heinrich von Gent, *Summa*, art. 60, q. 1, S. 37, Z. 810–S. 38, Z. 811: „sic a dicta naturalitate annexa voluntati procedit necessitas immutabilitatis circa solum actum notionalem elicitum a voluntate." Auf die Singularität dieser Art des Willensakts und die Kontingenz der Schöpfung weist auch Friedman hin, vgl. ‚The Voluntary Emanation of the Holy Spirit‘, S. 135–136.

modo se habens, quam semper erat, fit semper aliquid vel non fit, sicut prius fiebat vel non fiebat, et non aliter, ut vult AVICENNA IX° Metaphysicae et sumitur ex dictis PHILOSOPHI in II° De generatione ubi dicit: Idem omnino manens idem in nullo mutatum[1255] semper natum est facere idem, et ex determinatione eius in VIII° Physicae. Sed a deo non est dicere quod fit vel non fit aliquid semper sicut prius, ut maxime patet in creatione animarum de novo.[1256]

[in dem] nie etwas gemacht wurde, das sich auf eine andere Weise verhält, als es immer war, wird immer etwas hervorgebracht oder wird nicht hervorgebracht, je nachdem, wie es zuvor hervorgebracht wurde oder nicht hervorgebracht wurde, und nicht auf andere Weise, wie es Avicenna in Buch IX der *Metaphysik* sieht und wie sich den Aussagen des Philosophen im zweiten Buch von *De generatione* entnehmen lässt, wo er sagt, ‚dasselbe, das gänzlich dasselbe bleibt, in nichts verändert, ist immer auf natürliche Weise dazu bestimmt, dasselbe zu tun‘, und seiner Festlegung im achten Buch der *Physik*. Man darf aber nicht sagen, von Gott werde etwas immer so wie zuvor hervorgebracht oder nicht hervorgebracht, wie am meisten an der je neuen Schöpfung der Seelen deutlich wird.

Zitat 5-33

Das Zitat gibt eines der Argumente wieder, die am Anfang der vierten Quästion in *Summa*, art. 30 aufgeführt werden. Sie beantworten die Frage danach positiv, ob sich Gott im Sinne einer Veränderung der Verschiedenheit (*mutatio variationis*) ändern kann. In dem Argument wird die Begründung skizziert, die Avicenna in *Metaphysik* IX.1 für die Ewigkeit der Welt anführt. Nach Avicenna steht zweifelsfrei fest, dass das durch sich notwendig Seiende, da es sich niemals verändert, immer schon dieselbe Wirkung verursacht haben muss, nämlich die Welt ins Sein zu setzen.[1257] In diesem Schluss wendet Avicenna implizit die *idem*-Regel an, als deren Quelle Heinrich Aristoteles nennt, auf dessen naturphilosophische Werke *De generatione et corruptione* und *Physik* er verweist. Die betreffenden Passagen dieser beiden Werke habe ich bereits in Kapitel 2.3.3 analysiert, um die *ex-uno*-Regel von der *idem*- und *simile*-Regel abzugrenzen. Das von Heinrich im Zitat referierte Argument bedient sich des Umkehrschlusses der *idem*-Regel, in der Absicht, zu begründen, dass Gott sich ändern kann: Sollten aus ein und derselben Ursache unterschiedliche Wirkungen hervorgehen, weist dies darauf hin, dass sich die Ursache (beziehungsweise der Ursachenkomplex inklusive der nötigen Umstände) geändert haben muss. Bezogen auf Gott wäre somit folgender Umkehrschluss legitim: Aus der Tatsache, dass Gott immer neue Seelen der Menschen schafft, deren alleinige Ursache er ist, und die offensichtlich unterschiedliche Wirkungen seiner sind, ist zu schließen, dass Gott sich ständig ändert.

[1255] Ich lese hier ‚*mutatum*‘ statt ‚*immutatum*‘, da Ersteres inhaltlich mehr Sinn ergibt. Teske sieht dies genauso, vgl. Heinrich von Gent, *Summa (Art. 25–30)*, S. 326 und 363.
[1256] Id., *Summa*, art. 30, q. 4, ed. Badius, Bd. 1, Fol. CLXXXvA.
[1257] Zur Verwendung der *idem*-Regel bei Avicenna siehe Kapitel 2.3.3.

Heinrich hält diesen Schluss freilich für absurd, denn für ihn steht wie für Avicenna fest, dass Gott vollkommen unveränderlich ist. Seiner Antwort auf dieses Argument kann man eine hintergründige Erklärung dafür entnehmen, dass man nach Avicenna mit der *idem*-Regel darauf schließen kann, dass Gott die Welt von Ewigkeit her hervorgebracht hat:

Rationem autem philosophorum super hoc confectam ad probandum aeternitatem mundi, pertractat AVICENNA VI° Metaphysicae dicens quod unaquaeque causa per se et essentialiter simul est cum suo causato, et est semper causa eius. Si autem non est causa talis, ut secundum suam essentiam faciat necessitatem existendi causatum, tunc non facit necessitatem essendi causatum nisi secundum operationem aliquam, quam acquirit ad illam [sc. necessitatem], cuius causa necessario est motus.[1258]

Avicenna behandelt aber im sechsten Buch der *Metaphysik* das darauf errichtete Argument der Philosophen zum Beweis der Ewigkeit der Welt, wenn er sagt: eine jede Ursache ist durch sich und wesenhaft gleichzeitig mit dem von ihr Verursachten und ist immer dessen Ursache. Wenn sie aber keine solche Ursache ist, dass sie gemäß ihrem Wesen die Notwendigkeit des Existierens des Verursachten bewirkt, dann bewirkt sie die Notwendigkeit des Existierens des Verursachten nur gemäß irgendeiner Tätigkeit, die sie für jene [d. h. Notwendigkeit] erwirbt. Dafür ist die Ursache notwendigerweise eine Veränderung.

Zitat 5-34

Heinrich nennt hier zwei wichtige Aspekte der Ursachenlehre Avicennas aus *Metaphysik* VI.2: zum einen die Annahme, dass wahre Ursachen – im Gegensatz zu akzidentellen, helfenden Ursachen – gleichzeitig mit ihrer Wirkung existieren.[1259] Diese These Avicennas hat insbesondere das aristotelische Verständnis der Wirkursache erweitert.[1260] Zum anderen verweist Heinrich auf Avicennas Unterscheidung von Wirkursachen, die allein von ihrem Wesen her (*per suam essentiam*) Ursache des Seins von etwas anderem sind, und solchen, die dies nicht sind. Die wesenhaften Ursachen bringen ihre Wirkung hervor, sobald und solange sie selbst existieren. Äußere Umstände sind dafür irrelevant, denn derartige Ursachen sind vom Wesen her alleinige Ursache ihrer Wirkung. Hier gilt: Ist die Ursache ewig, so ist auch die Wirkung ewig. Die Gleichzeitigkeitsregel, die Heinrich anführt, betont dies noch. Für Avicenna ist Gott in Bezug auf die Welt eine derartige wahre Wirkursache. Da er ewig und unveränderlich ist, lässt sich schließen, dass er die Welt von Ewigkeit her ins Sein setzt.[1261]

Was die Unveränderlichkeit anbelangt, so stimmt Heinrich Avicenna zu: Gott ist als durch sich notwendig Seiendes keinerlei Veränderung unterworfen. Das ist wohl einer der Gründe, warum er Avicennas Position in *Metaphysik* VI.2 und IX.1 noch einmal so ausführlich darstellt. Es gibt also bei Heinrich ebenfalls keine wie auch immer geartete neue Disposition in Gott und keinen neuen Ratschlag (*novum consilium*). Die Unveränder-

---

[1258] Ibid., art. 30, q. 4, ed. Badius, Bd. 1, Fol. CLXXXIrE.

[1259] Vgl. Ibn Sīnā, *al-Ilāhiyyāt* VI.2, S. 202, Z. 1; ed. Van Riet, S. 301, Z. 17–18: „igitur verae causae simul sunt cum suis causatis."

[1260] Vgl. Heinrich von Gent, *Summa*, art. 30, q. 4, ed. Badius, Bd. 1, Fol. CLXXXIrE.

[1261] Eigentlich bräuchte es die Unveränderlichkeit bei der *causa per essentiam* nicht noch zusätzlich. Denn das Wesen als solches Wesen ändert sich ja nicht, sonst wäre Gott nicht mehr Gott.

lichkeit bedeutet aber weder, dass die Welt ewig ist, noch dass Gott keine neuen Seelen hervorbringen kann. Der Umkehrschluss von der Verschiedenheit der Seelen auf die Veränderlichkeit Gottes wäre also falsch.

Dass Gott trotz seiner Unveränderlichkeit verschiedene Seelen schaffen kann und die Welt an einem bestimmten Punkt ins Sein setzt, liegt bei Heinrich darin begründet, dass sein Wirken nach außen nicht der *idem*-Regel unterworfen ist, die für alle anderen Ursachen gilt. Damit verabschiedet sich Heinrich von einer der wichtigsten Regeln der avicennischen Ursachentheorie, in der Absicht, die Schlussfolgerungen zu umgehen, die sich eigentlich aus der Unveränderlichkeit Gottes ergeben würden. Er muss dies tun, um den Dogmen des Anfangs der Welt und einer täglich neuen Schöpfung von Seelen Genüge zu leisten. Diesbezüglich bringt Heinrich in *Summa*, art. 30, q. 4 dann doch noch einmal Kritik an Avicenna und den Philosophen vor:

Sic ergo falsum est, quod philosophi assumunt et pro fundamento supponunt, quod scilicet ab eodem uniformiter se habente nihil fit aut non fit aliter, quam fiebat aut non fiebat. Istud enim non habet veritatem nisi in eo, quod agit naturali necessitate sive cum voluntate sive sine voluntate …

Ex quo plane patet, quod necessitate naturali etsi vel praecedente vel concomitante voluntate posuerunt deum agere et movere et ideo nihil ab eo fieri de novo nisi mediante motu aeterno, qui variationem habet ad res. Et per hoc mediante illo posuerunt posse fieri contraria et nova a motore immobili. [1262]

Somit ist also falsch, was die Philosophen annehmen und als Fundament zugrunde legten, nämlich dass aus demselben, das sich einförmig verhält, nichts auf andere Weise hervorgebracht oder nicht hervorgebracht wird als das, was hervorgebracht oder nicht hervorgebracht wurde. Dieses hat nämlich nur Wahrheitsanspruch in Bezug auf das, was durch natürliche Notwendigkeit wirkt, sei es mit oder ohne Willen …

Und daraus ist völlig offensichtlich, dass sie annehmen, dass Gott mit natürlicher Notwendigkeit wirkt und bewegt, wenn auch entweder mit vorangehendem oder begleitendem Willen, und dass daher nichts Neues von ihm hervorgebracht wird, außer vermittelt durch eine ewige Bewegung, die bezüglich der Dinge eine Variation aufweist. Und dadurch, so nehmen sie an, können über sie [d.h. die Bewegung] vermittelt gegensätzliche und neue Dinge vom unbewegten Bewegter hervorgebracht werden.

Zitat 5-35

Als Grund für den fehlerhaften Schluss der Philosophen auf die Ewigkeit der Welt nennt Heinrich explizit die *idem*-Regel. Diese darf nur auf etwas angewandt werden, das gemäß natürlicher Notwendigkeit wirkt. Interessanterweise erwähnt Heinrich hier, dass es irrelevant sei, ob dieses notwendige Wirken mit oder ohne Willen geschehe. Das könnte sich zum einen auf die innertrinitarischen Vorgänge beziehen, die sich willentlich und dennoch naturnotwendig vollziehen, wie oben dargelegt. Zum anderen könnte man sich fragen, ob nicht auch das Handeln der Menschen in gewissem Maße davon betroffen ist, obwohl es aus freiem Willen geschieht. Der Grund für diese Vermutung ist, dass für den Menschen

---

[1262] Ibid., art. 30, q. 4, ed. Badius, Bd. 1, Fol. CLXXXIvG–CLXXXIIrI.

sehr wohl die *idem*-Regel gilt – darin liegt einer der Unterschiede zwischen ihm und Gott als frei Wollendem. Es könnte also sein, dass Heinrich – ähnlich wie Wilhelm von Auvergne – im frei gewollten Akt des Menschen ebenfalls eine gewisse Determination feststellt, auch wenn diese durch den freien Willen selbst herbeigeführt wird. Der Wille legt sich im Moment des Wollens ja frei auf eine von zwei Optionen fest. Aus dieser Festlegung resultiert dann quasi notwendig eine bestimmte Wirkung, beispielsweise der Anstoß der bewegenden Kräfte und das Ausführen der Handlung. Da bei diesen Vorgängen die *idem*-Regel gilt, kann hier nur eine Veränderung erfolgen, wenn sich irgendeiner der beteiligten Faktoren im Ursache-Wirkungs-Komplex ändert, sei es die Erkenntnis des Intellekts oder der Willensakt selbst oder seien es die Umstände.

Im Gegensatz dazu ist Gott laut Heinrich vollkommen frei und an keinem Punkt festgelegt – nicht einmal durch sein eigenes Wollen.[1263] Noch dazu kann er unterschiedliche Dinge wollen und sich auf Gegensätze beziehen, ohne dass dies Möglichkeit (*possibilitas*) oder Veränderung (*mutatio*) beinhaltet, wie Heinrich in *Quodlibet* VIII.4–5 erklärt. Er bleibt immer gleich und kann dennoch verschiedenste Wirkungen zu verschiedenen Zeiten direkt hervorrufen. Die *idem*-Regel findet hier keine Anwendung. Wenn doch, hätte dies in Bezug auf die Schöpfung zweierlei Konsequenzen, die man in den Modellen der Philosophen erkennt (laut *Summa*, art. 30, q. 4 bei Aristoteles, Averroes und Avicenna): einerseits für die Schöpfung der Welt insgesamt, andererseits für die Schöpfung einzelner Dinge darin. Im ersten Fall folgt aus der *idem*-Regel die Ewigkeit der Welt in ihrer Grundstruktur. Im zweiten Fall müssen sich die Philosophen aufgrund der *idem*-Regel dem Problem stellen, die Schöpfung der menschlichen Seelen zu erklären, die ganz offensichtlich in der Zeit neu geschaffen werden. Laut Heinrich bleibt den Philosophen nichts anderes übrig, als vermittelnde Ursachen einzuführen. So findet sich in Avicennas Modell der *dator formarum*, den es bei Heinrich nicht braucht.

Heinrichs eigentlicher Vorwurf ist an dieser Stelle jedoch nicht, dass die Philosophen weitere Ursachen annehmen, sondern die Tatsache, dass sie dazu überhaupt gezwungen sind, weil sie von vornherein nicht erkannt haben, dass Gott nach außen mit einem absolut freien Willen ohne Bindung an die *idem*-Regel wirkt. Ein freier Wille vermag das Einsetzen der Wirkung zu verzögern, sowohl in Bezug auf die Welt als Ganzes als auch auf einzelne Geschöpfe. Die Möglichkeit der Verzögerung durch den freien Willen steht im Gegensatz zur *idem*-Regel als wahres Fundament für die Beschreibung des Hervorgangs der Welt, wie Heinrich in folgender Passage verdeutlicht:

Immo bene postponit secundum regulam rationis existentis in ipso, ut dictum est. Hoc est ergo verum fundamentum novae productionis rerum et vera negatio falsi fundamenti, quo sustentati erant philosophi ponentes a voluntate antiqua non posse procedere effectum novum, et hoc secundum intrinsecus rationem, non secundum	Vielmehr verzögert er [d. h. der Wille] sehr wohl gemäß der Regel der Vernunft (*regula rationis*), die in ihm existiert, wie gesagt wurde. Dies ist das wahre Fundament des neuen Hervorbringens von Dingen und die wahre Verneinung des falschen Fundaments, auf das sich die Philosophen stützten, die annahmen, dass aus einem früheren

---

[1263] Vgl. ibid., art. 39, q. 6, S. 217, Z. 58–S. 218, Z. 61: „Nunc autem, ut iam tactum est supra, licet in Deo una sit ratio eliciendi omnes divinas actiones, scilicet ipsa divina essentia, quia tamen ex se ad nullum actum determinatur nisi ad actum primum qui est esse."

AVERROES et AVICENNA, illud fundamentum eorum negari posse, et non aliter.

Et sic quandocumque philosophi inveniuntur contrariantes fidei, in principiis et fundamentis suis eis obviandum est, ut supra dictum est. Et si rationibus apertis nostris fundamenta eorum destrui non possent, despicienda tamen essent, secundum quod dicit AUGUSTINUS XII° De civitate dei, capitulo XVII°.[1264]

Willen keine neue Wirkung hervorgehen kann. Und dies [d. h. die Tatsache, dass der Wille verzögern kann,] ist der Fall gemäß einer Vernunft von innen, nicht gemäß einer fiktiven Sache (*figmentum*) von außen und gemäß der Sprache allein – so wie Averroes und Avicenna höchst unweise behaupten, dass jenes Fundament ihrer negiert werden kann[1265] – und auf keine andere Weise.

Und so muss man, wann immer die Philosophen als dem Glauben widerstreitend (*contrariantes*) angefunden werden, ihnen bezüglich ihrer Prinzipien und Fundamente entgegentreten, wie oben gesagt worden ist. Und wenn ihre Fundamente durch unsere klaren Vernunftargumente nicht zerstört werden könnten, wären sie dennoch zu verachten, wie Augustinus in *De civitate Dei*, Buch 12, Kapitel 17 sagt.

Zitat 5-36

In dem Zitat verbindet Heinrich die Ansicht von Avicenna und Averroes zur Ewigkeit der Welt direkt mit Artikel 39 der Verurteilung von 1277, der einen ähnlichen Wortlaut aufweist.[1266] Dieser Artikel nennt die falsche Lehre, Gott könne nur dann etwas Neues bewirken, wenn eine Veränderung (*transmutatio*) vorangehe. Dieser Artikel impliziert also die *idem*-Regel. Sie findet sich auf Gott bezogen außerdem implizit in den Artikeln 31, 50, 54, 72 und 87.[1267] Der letzte dieser Artikel nennt explizit die Ewigkeit der Welt. Hier wie auch in den anderen Artikeln weisen die wiedergegebenen Aussagen auf die Ewigkeit oder

---

[1264] Ibid., art. 30, q. 4, ed. Badius, Bd. 1, Fol. CLXXXIIvM.

[1265] Hier bezieht sich Heinrich auf eine Aussage von Averroes, die er kurz zuvor zitiert: „Fundamentum autem, quod voluntatum non postponitur voluntati nisi propter aliquid quod deficit in voluntato impossibile est ut negetur ab homine per suam instrinsecam rationem, sed si negetur, est per extrinsecam", ibid., art. 30, q. 4, ed. Badius, Bd. 1, Fol. CLXXXIIrK.

[1266] Vgl. Flasch, *Aufklärung*, Nr. 39 (Hissette, *Enquête*, Nr. 21): „Quod a voluntate antiqua non potest novum procedere absque transmutatione precedente."

[1267] Siehe Flasch, *Aufklärung*, Nr. 31 (Hissette, *Enquête*, Nr. 130): „Quod intellectus humanus est eternus, quia est a causa eodem modo semper se habente, et quia non habet materiam, per quam prius sit in potentia quam in actu"; Nr. 50 (Hissette, Nr. 23): „Quod Deus non potest irregulariter, id est, alio modo, quam movet, movere aliquid, quia in eo non est diversitas voluntatis"; Nr. 54 (Hissette, Nr. 67): „Quod primum principium non potest inmediate producere generabilia, quia sunt effectus novi. Effectus autem novus exigit causam inmediatam, que potest aliter se habere"; Nr. 72 (Hissette, Nr. 41): „Quod substantie separate, quia non habent materiam, per quam prius sint in potentia, quam in actu, et sunt a causa eodem modo semper se habente: ideo sunt eterne"; Nr. 87 (Hissette, Nr. 85): „Quod mundus est eternus, quantum ad omnes species in eo contentas; et, quod tempus est eternum, et motus, et materia, et agens, et suscipiens; et quia est a potentia Dei infinita, et impossibile est innovationem esse in effectu sine innovatione in causa." Indirekt lässt sich auch bei Artikel 89 (Hissette, Nr. 89) ein Festhalten an der *idem*-Regel ausmachen: „Quod impossibile est solvere rationes philosophi de eternitate mundi, nisi dicamus, quod voluntas primi implicat incompossibilia." Wird der Wille als ewig und unveränderlich angenommen, kann die Welt nur ewig sein, ansonsten wäre der Wille entweder nicht unveränderlich, oder die *idem*-Regel wäre aufgehoben.

das Gleichbleiben der Wirkungen Gottes hin, die durch die Unveränderlichkeit Gottes bedingt sind. Sie alle verwenden mithin als Prämisse die *idem*-Regel und schließen daher vom
ewigen Gleichbleiben der Ursache auf das ewige Gleichbleiben der Wirkung. Heinrich
nennt im Zitat die grundlegende Art und Weise, wie man den Positionen der Philosophen
begegnen muss, deren Lehre dem entgegensteht, was der Glaube vorgibt: Man muss ihre
Positionen durch rationale Argumente – also mit den Mitteln der Philosophie selbst – an
der Basis widerlegen, aus der sie ihre Schlüsse ziehen. Sollten die Argumente nicht ausrei-
chen, sind die Positionen dennoch zu verwerfen. Das heißt das, was die Interpretation des
christlichen Glaubens vorgibt, ist letztlich richtungsweisend. Bezüglich der Lehrinhalte ist
die Philosophie also klar der Theologie untergeordnet, obgleich sie bei der Rationalisierung
und Systematisierung dieser Inhalte eine wichtige Rolle spielt, wie sich im Laufe der Arbeit
herausgestellt hat.

Gegen Heinrichs Auffassung, dass Schöpfung nicht von Ewigkeit her geschieht, ließe
sich mit Avicenna jedoch Folgendes einwenden: Geht man davon aus, dass Gott auch bei
Heinrich von Ewigkeit her die Macht hat, die gute Ordnung ins Sein zu setzen, und dass er
dabei nicht um eines anderen Zieles willen agiert, so stellt sich die Frage – weniger argu-
mentierend als vielmehr provozierend, wie es Avicenna in *Metaphysik* IX.1 unternimmt:[1268]
Warum sollte Gott denn überhaupt den Beginn der Welt verzögern wollen? Was sollte an
einem bestimmten ersten Zeitpunkt besser sein als an jedem anderen möglichen Punkt?
Vor allem, wenn das Sein von etwas Gutem, das die Welt als Abbild Gottes bei Heinrich ist,
besser ist als deren Nicht-Sein? Nach Avicenna und Averroes lässt sich kein Grund dafür
finden, das von Gott gewollte Gute in seiner Verwirklichung zu verzögern. Auf ihren Einwand antwortet Heinrich mit einem schwachen Autoritätsargument:

Si etiam rationem divinae operationis, quare potius fecit mundum in uno instanti, quo ipsum fecit, quam in alio, investigare non potuerimus, nullo tamen modo negandum est, quando sit, sed firmiter credendum et exclamandum cum apostolo: O altitudo divitiarum sapientiae et scientiae Dei![1269]	Wenn wir auch den Grund für das göttliche Tätigsein, [nämlich,] warum er die Welt eher in dem einen Moment gemacht hat, in dem er sie gemacht hat, als in einem anderen, nicht ausfindig machen konnten, darf man es dennoch auf keine Weise verneinen, wann auch immer es ist, sondern muss fest glauben und mit dem Apostel ausrufen: Oh Tiefe der Reichtümer der Weisheit und des Wissens Gottes!

Zitat 5-37

In dieser Aussage zeigt sich der klare inhaltliche Vorrang des christlichen Glaubens-
artikels vor den philosophischen Lehren.

[1268] Vgl. Ibn Sīnā, *al-Ilāhiyyāt* IX.1, S. 304, Z. 12–18; ed. Van Riet, S. 442, Z. 65–S. 443, Z. 75: „Si autem ipsa voluntas fuerit ipsum facere esse per seipsam, tunc quare non fecit esse ante? Vides quod nunc complacuit sibi illud facere vel advenit hora eius, aut quia potuit super illud? Per hoc autem quod nunc dico, non intendo quod dixit aliquis, scilicet quod haec interrogatio inanis est eo quod haec in omni hora potest repeti; haec autem interrogatio recta est ideo quod in unaquaque hora potest repeti et sequi. Si autem fuerit propter intentionem et utilitatem, notum est autem quia id cuius esse et non esse agenti aequale est, non est per intentionem; quod autem agenti potius est esse quam non esse, illud est sibi utile, verus autem primus, quia perfectus est essentia, ideo non est sibi aliquid utile.“

[1269] Heinrich von Gent, *Summa*, art. 30, q. 4, ed. Badius, Bd. 1, Fol. CLXXXIIvM.

Würde man Heinrich zugestehen, Gott könne durch seinen unveränderlichen Willen verschiedene Dinge wollen und wirken, denn der göttliche Wille genüge, um die gewollte Wirkung hervorrufen, so ließe sich mit Avicenna dennoch Folgendes einwenden: In dem Moment, in dem ein einzelnes Geschöpf ins Sein gelangt, das direkt von Gott geschaffen wird, wäre Gott dessen aktive Wirkursache, zuvor wäre er es nicht. Hier geschieht zwar im göttlichen Willen, wie zugestanden, keine Veränderung, sehr wohl aber bezüglich der Aktivität Gottes oder seines Seins als Ursache für diese partikuläre Entität. Einen derartigen Einwand nimmt Heinrich tatsächlich in das erste Argument von *Summa*, art. 30, q. 4 auf. Heinrich stimmt Avicenna nicht zu und bedient sich schon früher als in seiner direkten Antwort auf das vierte Argument eines Bildes aus der avicennisch-neuplatonischen Lehre, das er auf seine eigene Vorstellung von Schöpfung anwendet:

Qui fluxus nihil novi ponit in agente, sed solum in facto, quia secundum illam rationem antiquam actione antiqua (quia ut in deo est, est aeterna et eius substantia est, ut infra videbitur), tunc primo novus effectus procedit in esse, qui tantummodo novum respectum ponit in agente sine omni sui mutatione. [1270]	Dieses Herausfließen begründet nichts Neues im Wirkenden, sondern nur im Bewirkten, denn gemäß jenem alten Grund geht dann durch eine alte Tätigkeit (denn da sie in Gott ist, ist sie ewig und seine Substanz, wie unten gezeigt werden wird) zuerst eine neue Wirkung ins Sein hervor, die nur einen neuen Bezug im Wirkenden begründet, ohne jede Veränderung seiner.

Zitat 5-38

In dieser Passage nimmt Heinrich das Konzept des Ausfließens (*fluxus*) auf, das er regelmäßig für seine eigene Schöpfungslehre verwendet, obwohl er kein Emanationssystem vertritt. Auffälligerweise kommt dieser Begriff nicht in den Augustinus-Passagen vor, die Heinrich in der *solutio* der Frage ständig zitiert. Vielmehr vermute ich, dass Heinrich sich hier bewusst der avicennisch-neuplatonischen Terminologie bedient, da diese einen ganz bestimmten Vorteil mit sich bringt: In der mit dem *fluxus*-Begriff verknüpften Emanationslehre wird das Bewirken der Welt vor dem Hintergrund der plotinischen zweifachen Aktivität verstanden. Dabei gilt, dass die Ursache in sich selbst ihrer wesentlichen Aktivität nachgeht und dabei unverändert bleibt, während diese Aktivität aufgrund der Vollkommenheit der Ursache eine Wirkung nach außen hervorruft, wie ich im Avicenna-Kapitel erläutert habe. [1271] Dieses Überfließen der Vollkommenheit nach außen hat keine Rückwirkung auf die Ursache, wie in der neuplatonischen Tradition betont wird. [1272] Für das Sein und die Vollkommenheit der Ursache ist es mithin irrelevant, ob die äußere Wirkung vorhanden ist oder nicht, denn die Ursache ist aus ihrem Wesen heraus vollkommen oder sogar über der Vollkommenheit. [1273] Heinrich war mit den neuplatonischen Theorien vertraut.

[1270] Ibid., art. 30, q. 4, ed. Badius, Bd. 1, Fol. CLXXXIIrL.

[1271] Siehe Kapitel 2.3.1.1.

[1272] Plotin hat in den *Enneaden* V 1 [10], 6 das Wirken des Einen mit der Sonne verglichen, die um sich herum Licht bewirkt, ohne in sich geringer zu werden oder sich auf andere Weise zu verändern. Zwar ist die Welt dort ewig, weshalb ohnehin die Veränderung der Ursache beim Einsetzen der Schöpfung kein Thema ist, aber dennoch wird die generelle Unbetroffenheit der Ursache vom Sein oder nicht-Sein ihrer Wirkung betont.

[1273] Über der Vollkommenheit ist allein die erste Ursache; alle anderen Ursachen, die gemäß der doppelten Aktivität wirken, sind hingegen nur vollkommen.

Wenn er nun dem möglichen Einwand der Veränderung Gottes bei der Schöpfung entgehen möchte, könnte es ein argumentativer Trick sein, sich bei der Beschreibung der Schöpfung der neuplatonischen Terminologie zu bedienen, die einem Kontext entstammt, in dem das Unbetroffensein der Ursache beim Hervorgang ihrer Wirkung im Mittelpunkt steht.

Diese Hypothese wird in Heinrichs Antwort bestätigt, insbesondere in seiner Erwiderung auf das vierte Argument. Heinrich weist darauf hin, dass man Wirkungen zum einen bezogen auf das Wirkende, zum anderen bezogen auf das Bewirkte betrachten kann. Erstaunlicherweise ähneln seine Ausführungen dazu der Theorie der zweifachen Aktivität: In der ersten Hinsicht, also in Bezug auf Gott als Wirkendes, stellt Heinrich fest: Das göttliche Wirken ist ewig, weil es mit dem Sein Gottes zu identifizieren ist. Heinrich versteht unter dem Wirken (*actio*) hier jedoch Gottes reine Aktualität als eine geistige Substanz, deren wesenhafte Akte es sind, zu erkennen und zu wollen. Dieses Verständnis geht unter anderem daraus hervor, dass Heinrich sich auf Aristoteles' Ausführungen in Metaphysik Λ bezieht, wo seiner Interpretation nach Gottes Akt dessen Substanz (*substantia*) ist. Heinrich zufolge versteht und will Gott von Ewigkeit her in einem ewigen Beschluss, der unveränderlich ist (*aeternum et immutabile consilium*).[1274] Mit Bezug auf das Bewirkte stellt Heinrich demgegenüber fest: „Gemäß der zweiten Hinsicht ist es [d. h. das göttliche Wirken] zeitlich und neu wegen der neuen Wirkung, die ins Sein hervorgeht."[1275] Der innere Akt und die Ursache selbst bleiben davon unbetroffen. Nach Zitat 5-38 könnte Gott lediglich eine Relation zugesprochen werden, doch Relationen sind Gott äußerlich, wie Heinrich andernorts mit Avicenna feststellt.[1276] Avicenna kommt in seinem Modell zu einem gegenteiligen Ergebnis: Der ewige innere Akt hat einen ewigen äußeren Akt zufolge, die Welt ist daher ewig.

5.4 Fazit

Auf Wilhelm von Auvergne folgend übernehmen viele weitere christliche Denker Avicennas Distinktion von Sein und Wesen, die sich im Zuge dessen zu einer der dominierenden ontologischen Lehren des lateinischen Mittelalters entwickelt. Auch für diese Denker liegt die Attraktivität der avicennischen Lehre darin, dass sich mit ihr das ontologische und kausale Verhältnis von Gott und Welt rational begründen lässt. Daher verwundert es nicht, dass auch Heinrich von Gent diese Lehre in sein ontologisches Modell aufnimmt. Die Adaption bei Heinrich gestaltet sich ausgefeilter als bei den beiden frühen Rezipienten Avicennas. Dies liegt unter anderem darin begründet, dass Heinrich, der Ende des 13. Jahrhunderts lebt, bereits auf eine breite Basis an metaphysisch-ontologischen Diskussionen zurückblicken kann, die sich in den hundert Jahren seit den arabisch-lateinischen und griechisch-lateinischen Übersetzungsbewegungen – und bedingt durch diese – herausgebildet hat. Nicht nur inhaltliche Diskussionen, sondern auch eine rege wissenschaftstheoretische

---

[1274] Vgl. Heinrich von Gent, *Summa*, art. 30, q. 4, ed. Badius, Bd. 1, insbesondere Fol. CLXXXIIrK–CLXXXIIIrP. Eine ähnliche Aufteilung des göttlichen Wirkens findet sich auch in art. 39, q. 1 und 2.

[1275] Ibid., art. 30, q. 4, ed. Badius, Bd. 1, Fol. CLXXXIIIrP: „Secundum secundum respectum temporalis est et nova propter novum effectum, qui procedit in esse."

[1276] Vgl. bspw. ibid., art. 32, q. 5, S. 89, Z. 77–86.

Debatte um den Gegenstand der Metaphysik hat in Auseinandersetzung mit den zueinander in Konkurrenz stehenden Ansätzen von Avicenna und Averroes eingesetzt. Obwohl sich Heinrich laut Martin Pickavé selbst als Theologe versteht und keine metaphysische Abhandlung *per se* verfasst hat, lässt sich aus seinen Hauptwerken, den *Quodlibeta* und der *Summa*, ein eigenes Metaphysikkonzept herausarbeiten.[1277] Metaphysik ist Heinrich zufolge erste Philosophie, da sie sich mit dem Ersterkannten befasst. Da dies das Seiende ist, ist Metaphysik Ontologie. Sie bietet wie die Theologie unter anderem eine Erklärung der Wirklichkeit, die jedoch nicht auf Glaubenssätzen gründet. In diesem Kontext greift Heinrich auf Avicennas Lehre des Seins zurück. Heinrich übernimmt die Sein-Wesen-Distinktion zwar in ihrer avicennisch-boethianischen Synthese, modifiziert aber Avicennas Theorie, indem er eine dreifache Unterscheidung trifft: Er differenziert Wesen (*essentia*), Sein des Wesens (*esse essentiae*) und Sein der Existenz (*esse existentiae*). Das Sein des Wesens führt er ein, um Gott als Exemplarursache stark zu machen, anders als dies bei Avicenna der Fall ist. Jedoch stellt Heinrich diese Erweiterung als eine Interpretation der Lehre Avicennas dar, so als habe Avicenna sie selbst vertreten. Und wie ich gezeigt habe, lassen sich Aussagen bei Avicenna finden, an die Heinrichs Überlegungen anknüpfen. Der eigentliche Grund dafür, Gott als Exemplarursache zu etablieren, liegt darin, dass Heinrichs Denken stark augustinisch geprägt ist. Dies ist ein weiterer Unterschied zu den beiden anderen Denkern und beeinflusst Heinrichs Umgang mit Avicennas Lehre. Der augustinische Einfluss zeigt sich bei ihm nicht nur in der Trinitätslehre – Heinrich baut die psychologische Interpretation aus – und in der Erkenntnistheorie, sondern auch in seiner Ontologie, die eng mit der Erkenntnistheorie verknüpft ist. So präsentiert Heinrich in seiner *Summa* zuerst eine erkenntnistheoretische Untersuchung, in der er bestimmt, was erkannt werden kann und auf welche Weise, bevor er zu einer ontologischen Analyse übergeht, die er im Rahmen seiner Überlegungen zum göttlichen Sein vornimmt. Indem er das Element des Seins des Wesens einführt, bietet Heinrich also eine augustinische Interpretation der Sein-Wesen-Distinktion von Avicenna. In diesem Zusammenhang erweitert er auch die *res*-Theorie, was ebenfalls ontologischen und erkenntnistheoretischen Zwecken dient. Gott fungiert als Ursache beider Arten von Sein – des Seins des Wesens und des Seins der Existenz –, jedoch auf unterschiedliche Weise: einmal als Wirkursache, einmal als Exemplarursache. Damit ist in Heinrichs Modell die Bindung der Welt an Gott am engsten. Außerdem nimmt er stärker als die anderen beiden Denker mit Bezug auf Avicenna die innergöttlichen Voraussetzungen für die Schöpfung in den Blick.

Auch Heinrich bedient sich der modalontologischen Bestimmung des Seienden und übernimmt sie samt der Exklusivität der Notwendigkeit für Gott. Da Avicenna über das Konzept des *necesse esse per se* klar für einen Prinzipienmonismus argumentiert, setzt er sich Heinrich zufolge positiv von anderen Philosophen wie Platon und Aristoteles ab, in deren Modellen das erste Prinzip keine so deutliche Sonderstellung einnimmt. Gegenüber Gott sind die Geschöpfe bei Heinrich wie bei Avicenna als durch sich selbst nur möglich seiend charakterisiert. In diesem Zusammenhang erwähnt Heinrich, es sei ihnen möglich, von anderem her zu sein (*possibile esse ab alio*). Damit macht der den Bezug zu ihrer Seinsursache schon bei der defizitären modalen Bestimmung stark.

[1277] Vgl. Pickavé, *Heinrich von Gent über die Metaphysik*, S. 8–10.

Wie Wilhelm von Auvergne hält Heinrich sogar bezüglich des genuin christlichen Themas der Trinität an dem von Avicenna übernommenen Konzept Gottes als durch sich notwendig Seiendes fest. Auch er erachtet den innergöttlichen Bereich als eigenen Bereich der
Wirklichkeit, den zu behandeln die Philosophen versäumt haben, obgleich er sich sehr wohl
in das metphysisch-ontologische System der Wirklichkeit einbauen lässt. Bei diesem Unternehmen dient Avicenna als imaginärer Gesprächspartner, der es Heinrich ermöglicht,
seine Theorie zu präzisieren. Heinrich muss rational erklären, wie die Dreiheit der göttlichen Personen zur Einfachheit Gottes steht und wie das Verursachtsein des Sohns (und
Heiligen Geistes) damit zu vereinbaren ist, dass er *qua* Gott als *necesse esse* und damit als
unverursacht gilt. In seine trinitätstheoretischen Analysen bindet Heinrich neben der Wirkursächlichkeit wieder die Formalursächlichkeit ein. Indem er versucht, das auf Avicenna
basierende ontologische Modell kohärent zu erweitern, zeigt er, für wie stark er Avicennas
Ansatz hält, und macht deutlich, dass sich der göttliche und weltliche Bereich der Wirklichkeit in ein gemeinsames ontologisches System fassen lassen.

Wie für Wilhelm ist auch für Heinrich der innergöttliche Bereich die Ebene der Wirklichkeit, auf der Emanation im eigentlichen Sinne stattfindet: Der Sohn geht ewig und naturnotwendig aus dem Vater hervor und kann nur ein einziger sein. Diese innergöttliche
Emanation hält Heinrich sogar für die höchste Form der Verursachung. Er wendet im innergöttlichen Bereich der Wirklichkeit also Avicennas Emanationstheorie positiv an und
vergöttlicht diese Theorie wie Wilhelm von Auvergne. Die *ex-uno*-Regel spielt hier allerdings keine so große Rolle wie bei Wilhelm. Heinrich wendet sie in diversen anderen Kontexten und mit verschiedenen Lesarten an. Er verbindet sie dabei ebenfalls mit der *idem*-
und *simile*-Regel.

Verursachung von Sein, die sich als Emanation vollzieht, findet Heinrich zufolge ausschließlich als naturnotwendiger Prozess im innergöttlichen Bereich statt. Er kritisiert Avicenna somit nicht für die Theorie der Emanation an sich, sondern für deren falsche Anwendung. Sie darf keinesfalls herangezogen werden, um die Entstehung der Welt zu erklären.
Dass sich die Philosophen bezüglich der göttlichen Personen irrten, wirkt sich nach Heinrich fatal auf ihr Schöpfungsverständnis aus, denn sie lassen Gott in der Folge notwendig
wirken und nehmen zudem eine ewige Welt an.[1278] Beides verstößt gegen die christliche
Lehre, was Heinrichs Kritik herausfordert, bei der sich Bezüge zur Verurteilung von 1277
herstellen lassen.

In Heinrichs eigenem Modell schafft Gott die Welt durch seinen absolut freien Willensakt, während sich Heinrichs Einschätzung zufolge der Hervorgang der Welt bei Avicenna
(natur-)notwendig vollzieht. Seine Kritik an Avicenna ist aus zwei Gründen spannend: Erstens berücksichtigt Heinrich stärker als Wilhelm von Auvergne, dass Avicenna sehr wohl
betont, das erste Prinzip wirke nicht naturnotwendig, sondern lasse die Emanation wissentlich und willentlich geschehen. Diese Äußerung beleuchtet Heinrich aus verschiedenen Perspektiven, kommt jedoch in allen Fällen zu dem Ergebnis, dass entgegen Avicennas Beteuerungen letztlich doch kein frei gewollter Akt Gottes vorliege. Zweitens erfolgt Heinrichs
Analyse vor dem Hintergrund der in der Mitte des 13. Jahrhunderts herrschenden Debatte

---

[1278] Vgl. Heinrich von Gent, *Quodlibet* VI, q. 2, S. 33, Z. 34–35: „Errantes enim circa divinarum personarum
productionem necesse habent errare circa productionem creaturarum."

um die menschliche Handlungs- und vor allem Willensfreiheit. Heinrich beleuchtet und bewertet das Wirken Gottes im Lichte der damaligen Diskussionen und anhand seiner eigenen Theorie, die er zur menschlichen Willensfreiheit entwickelt hat.

Heinrichs Herangehensweise an Avicenna ist ähnlich abwägend wie die Wilhelms von Auvergne, jedoch ist seine Verarbeitung, Diskussion und Kritik elaborierter und zudem mehr augustinisch geprägt. Avicenna erweist sich bei Heinrich als starke Autorität, auf deren Konsonanz mit der christlichen Lehre er zum Teil sogar explizit hinweist.

6 Schluss

Aus meiner Analyse der Lehre Avicennas geht hervor, wie eng in seinem System Ontologie, Theologie und Kosmogonie miteinander verwoben sind. Vornehmliches Ziel der von der Sein-Wesen-Distinktion geprägten Ontologie Avicennas ist es, das doppelte Abhängigkeitsverhältnis der Welt zu einem ersten Prinzip zu betonen, das als metaphysisch verstandene Wirkursache fungiert: Alle weltlichen Entitäten benötigen nicht nur für ihren Eintritt ins Sein, sondern auch während der gesamten Dauer ihrer Existenz dieses Prinzip, das ihnen ständig Sein verleiht. Darüber hinaus ist es Finalursache alles Weltlichen und kann, je nach Interpretation, als Formalursache verstanden werden. Eine derartige Konstellation der Wirklichkeit ähnelt dem Modell von Gott und Welt, das man auch in monotheistischen Religionen findet. Dieses Modell mit Avicenna rational entfalten zu können, bringt zum Vorschein, dass sich Glaube und Vernunft nicht widersprechen, und stärkt die christliche Position. Dazu trägt bei, dass Avicennas Überlegungen zum Teil hohe argumentative Kraft besitzen. Aus diesem Grund bietet es sich für die lateinisch-christlichen Denker geradezu an, Avicennas Ontologie in ihre eigene Lehre einzubinden.

Für die positive Aufnahme der avicennischen Lehre ist sicherlich elementar, dass sich das erste Prinzip, das durch sich notwendig Seiende, welches in Avicennas Modell an der Spitze der Ordnung der Wirklichkeit steht, aufgrund der Attribute, die ihm zugeschrieben werden, mit dem monotheistischen Gott identifizieren lässt. Bereits Avicenna nimmt eine solche Identifikation vor und es ist bemerkenswert, wie bereitwillig seine Rezipienten auf die modalontologische Bestimmung Gottes zurückgreifen. In der Attraktivität des Konzepts eines durch sich notwendig Seienden liegt das primäre Motiv für die Übernahme der avicennischen Modalontologie als solcher, die alle drei lateinischen Denker vollziehen. Wilhelm von Auvergne und Heinrich von Gent eignen sich Avicennas modalontologische Bestimmungen des Seienden nicht vorbehaltlos an, sondern betonen die Exklusivität der Notwendigkeit für Gott. *Necesse esse* ist bei ihnen ein Gottesname, und der Zustand, notwendig zu sein, kommt nur ihm allein zu. Keine andere Entität kann als notwendig bestimmt werden, auch nicht als durch anderes notwendig wie bei Avicenna. Diese Einstellung hängt mit der gleichzeitigen Annahme der radikalen Freiheit Gottes bei der Schöpfung zusammen. Gundisalvi erwähnt zwar die Bestimmung weltlicher Dinge als *necesse esse per aliud*, allerdings nur innerhalb von Avicenna-Zitaten. Er geht selbst nicht näher darauf ein.

Die Bestimmung Gottes als (durch sich) notwendig Seiendes hebt nicht nur Gottes existenzielle Autarkie gegenüber allen übrigen Entitäten heraus, sondern eignet sich insbesondere dazu, auf überzeugende Weise dafür zu argumentieren, dass es nur einen einzigen Gott geben kann, der alleiniges erstes Prinzip der Welt ist. Die Argumente zur Einzigkeit Gottes lassen sich für apologetische Zwecke einsetzen, was ab Mitte des zwölften Jahrhunderts von besonderer Dringlichkeit war. Damals fassten als häretisch eingestufte dualistische Strömungen wie die der Katharer vor allem in Norditalien, Südfrankreich und Spanien Fuß. So sahen sich die traditionellen Christen, die einen Prinzipienmonismus vertraten, aus aktuellem Anlass dazu gezwungen, ihr Modell gegen den aufstrebenden Dualismus zu verteidigen. Dualistische Ansätze, beispielsweise die Lehre der Manichäer, hatten sie auch früher schon abzuwehren. Dank Avicenna waren die christlichen Gelehrten nun jedoch mit starken

Argumenten gerüstet. Tatsächlich hat sich Avicenna bei allen drei lateinischen Autoren, die ich in dieser Arbeit untersucht habe, bezüglich des Themas der Einzigkeit Gottes als klare Autorität herauskristallisiert. Diese Rolle trägt zu seinem Erfolg bei.

Die Analysen, die ich unternommen habe, orientieren sich an der Ausgangsfrage, wie weit man als christlicher Denker mit Avicenna gehen kann, wenn man dessen Ontologie zur Erklärung des Verhältnisses von Gott und Welt heranzieht. Wie sich herausgestellt hat, übernehmen die christlichen Autoren die Ontologie Avicennas tatsächlich nicht als für sich stehendes, abgeschlossenes Modul. Vielmehr bildet sie auch bei ihnen das theoretische Fundament für weitere Analysen im Bereich der Theologie und Kosmogonie. Ausgehend von der Ontologie halten sie so weit wie möglich an den mit Avicenna erworbenen ontologischen Grundannahmen fest. Dort, wo es ihre Interpretation der christlichen Lehre verlangt, nehmen sie Modifikationen vor, die sie allerdings mit den Grundannahmen zu vereinbaren versuchen, sodass sie insgesamt ein eigenes, kohärentes Modell der Wirklichkeit präsentieren. Erst an dem Punkt, an dem keine Vereinbarung mit dem christlichen Dogma möglich ist, beispielsweise hinsichtlich des Themas der Ewigkeit der Welt, wenden sich die Autoren von Avicenna ab und üben zum Teil heftige Kritik an ihm. Für sie alle dient der christliche Glaube letztlich als Maßstab. Wilhelm von Auvergne und Heinrich von Gent sind dabei mehr auf die Verteidigung der christlichen Lehre bedacht als Dominicus Gundisalvi. Letzterer scheut sich nicht, Theorien zu vertreten, die auf den ersten Blick nicht einfach mit christlichen Lehren zu vereinbaren sind. Den neuen Theorien, denen er in den Texten begegnet, die er ins Lateinische übersetzt, steht er offen gegenüber. Sein Umgang mit Avicenna lässt sich insgesamt als selektiv-synthetisierend kennzeichnen: Er greift sich die Elemente aus Avicennas Lehre heraus, die er für seinen eigenen Ansatz benötigt, und verwebt sie stillschweigend mit anderen Ansätzen. Wilhelm von Auvergne hingegen tritt als starker Verfechter der Rechtgläubigkeit auf. Er wittert die Gefahr, die von den neuen Lehren ausgeht, und greift Avicenna scharf an, wenn dieser Theorien vertritt, die nicht mit der christlichen Lehre zu vereinbaren sind. Andererseits zögert er nicht, Theorien von Avicenna zu übernehmen, die mit dem christlichen Glauben kompatibel sind, und versucht, die Trinitätslehre mit Avicennas Ontologie zu vereinbaren, indem er das Modell der Wirklichkeit erweitert. Erweiterungen vorzunehmen, ist ein typisches Vorgehen Heinrichs von Gent, der am stärksten von Avicenna beeinflusst ist, den er klar als eine Autorität anerkennt. Heinrich erweist sich bei der Rezeption als eigenständigster der drei Denker. Avicennas Lehre nimmt er zum Anlass, darauf aufbauend ein eigenes, augustinisch und avicennisch geprägtes System der Wirklichkeit zu entwickeln. Wo nötig, übt er Kritik an Avicenna, die detailliert ausfällt und zeigt, wie gut er dessen Lehre kennt.

Wie sich herausgestellt hat, eignet sich keiner der Autoren Avicennas Ontologie in ihrer Reinform an. Vielmehr betätigen sich alle drei Denker mehr oder weniger stark als Metaphysiker und entwickeln mit Avicenna ihre jeweils eigene ontologische Basistheorie. Gundisalvi entfernt sich dabei am weitesten von ihm. Er übernimmt in *De processione mundi* aus den eingangs genannten Gründen die modalontologische Bestimmung Gottes als durch sich notwendig Seiendes. Dabei verbleibt er noch sehr nahe an Avicenna, dessen Ausführungen er in aller Länge wörtlich zitiert. In Bezug auf die weltlichen Dinge verhält sich dies anders: Hier präsentiert Gundisalvi im Anschluss an Ibn Gabirol eine hylemorphistische Interpretation der avicennischen Modalontologie. Dies ist dadurch motiviert, dass bei ihm anstelle der Sein-Wesen-Distinktion der universale Hylemorphismus die Basisontologie bildet. Vor diesem Hintergrund wendet er die avicennische Methode, etwas in sich selbst zu betrachten, auf die beiden Seinsprinzipien Form und Materie an. Form und Materie in sich zu betrachten, heißt nun, beide jeweils für sich allein, ohne Bezug zur anderen Komponente in den Blick zu nehmen. Bei Avicenna heißt es dagegen, das Wesen eines Dings ohne Bezug auf dessen Wirkursache zu betrachten. In Gundisalvis Version stellt sich heraus: Ohne ihr Gegenüber sind Form und Materie nur möglich beziehungsweise potentiell seiend. Damit interpretiert Gundisalvi die Begründung der modalontologischen Bestimmung, etwas durch sich möglich Seiendes zu sein, streng hylemorph. Aus dieser Bestimmung von Materie und Form leitet er ab, dass beide gegenseitig aufeinander angewiesen sind, um Sein zu erlangen. Diesen Punkt zu sichern, ist insbesondere in Bezug auf die Form wichtig. Deren traditionelle Assoziation mit Aktualität muss Gundisalvi für einen universalen Hylemorphismus auflösen, um dafür argumentieren zu können, dass Form ausschließlich in Verbindung mit Materie Sein in Wirklichkeit erlangen kann. Form in sich Aktualität abzusprechen, ist Gundisalvi durch Avicennas modalontologische Betrachtungen leichter möglich.

Wilhelm und Heinrich bringen die Sein-Wesen-Distinktion in einer boethianisch-avicennischen Synthese in ihr Modell der Wirklichkeit ein, indem sie Avicennas Distinktion mit der aus der lateinischen Tradition bekannten Distinktion von *quo est / esse* und *quod est* nach Boethius verbinden. Dabei verbleibt Wilhelm sehr nahe an Avicennas Ansatz, welcher sich als der dominantere herausstellt. Heinrich präsentiert darüber hinausgehend eine augustinische Interpretation dieser Distinktion und modifiziert Avicennas Theorie, indem er eine dreifache Unterscheidung einführt: Er differenziert Wesen, Sein des Wesens (*esse essentiae*) und Sein der Existenz (*esse existentiae*). Das Sein des Wesens führt er ein, um Gott als Exemplarursache stark zu machen, was sich in dieser ausgeprägten Form nicht bei Avicenna und den beiden anderen Autoren findet. Für Avicenna und Wilhelm ist das vornehmliche Ziel der Einführung der Distinktion von Sein und Wesen, Gott als Wirkursache zu etablieren, von der das Sein der Welt abhängt. Aufgrund der augustinischen Prägung seines Denkens möchte Heinrich Gott jedoch noch deutlicher als Formalursache etablieren. Ähnlich wie die Erkenntnis der Wirklichkeit letztlich auf die Urbilder in Gott zurückgebunden ist, wird auch die Wirklichkeit der Wesen als solche auf ihn zurückgeführt. Heinrich baut Avicennas Theorie insgesamt viel stärker aus als die anderen beiden Denker und zeigt sich generell mehr als eigenständiger Metaphysiker. In Zusammenhang mit der ontologischen Trias erweitert er zudem die *res*-Theorie. Dies dient ontologischen und erkenntnistheoretischen Zwecken – beide Bereiche sind bei ihm eng verwoben.

Was die Theologie und Kosmogonie anbelangt, versuchen sowohl Wilhelm als auch Heinrich, sich so nah wie irgend möglich an dem mit Avicenna entworfenen ontologischen Fundament zu orientieren, für dessen Übernahme sie gute Gründe haben. Wie schon erwähnt, lässt sich mit Avicenna auf rationale Weise eine Konstellation von Gott und Welt herleiten, in der die Welt wirk-, final- und formalursächlich von Gott abhängt. Dies macht Avicennas Modell so attraktiv für die christlichen Denker. Allerdings müssen sie das ontologische System der Wirklichkeit, das sie auf Basis der avicennischen Lehre entwickeln, mit der christlichen Lehre vereinbaren. Diese gibt den doktrinalen Rahmen vor, innerhalb dessen man Avicenna folgen kann. Dieser Rahmen bedingt sonach den Umgang mit Avicenna, denn er markiert die Stellen, an denen Modifikationen oder Brüche erforderlich sind, die jedoch rational begründet werden.

Im Bereich der Theologie galt mein Interesse in dieser Arbeit der Art und Weise, wie die Avicenna-Rezipienten mit dem Dogma der Trinität umgehen. Gott gilt der christlichen Kirche zufolge als dreifaltig, das heißt, man nimmt die Existenz dreier göttlicher Personen an, die in kausalem Verhältnis zueinander stehen. Diese Lehre scheint auf den ersten Blick nur schwer mit dem Konzept Gottes als durch sich notwendig Seiendes vereinbar zu sein. Denn die wichtigsten Attribute des durch sich notwendig Seienden sind, nur ein einziges, vollkommen einfach und unverursacht zu sein. Dies steht der Lehre der trinitarischen Personen erst einmal konträr gegenüber. Die beiden grundlegenden Fragen, die sich aus dieser Problematik ergeben, sind daher: 1. Wie kann es bei einem vollkommen einfachen und einzigen Gott drei innergöttliche Personen geben? 2. Wie ist die Annahme, dass die drei Personen jeweils Gott und damit das durch sich notwendig Seiende sind, welches unverursacht ist, mit der Annahme zu vereinbaren, dass die Personen in kausalem Verhältnis zueinander stehen? Zu diesen Fragen müssen unsere christlichen Denker Stellung beziehen.

Während Gundisalvi die Trinität nur nebenbei erwähnt, jedoch nicht weiter auf dieses Thema eingeht, bieten die beiden anderen Denker, wie ich finde, einen überaus spannenden Umgang mit der geschilderten Problematik. Ihre Herangehensweise ist nämlich nicht, sich bezüglich der Trinität schlicht von den mit Avicenna erworbenen ontologischen Annahmen zu verabschieden und die Trinität unabhängig davon zu behandeln. Wie ich nachgewiesen habe, nehmen Wilhelm und Heinrich Avicennas Ontologie durchweg ernst und halten an dem von Avicenna übernommenen Konzept Gottes als durch sich notwendig Seiendes auch in trinitätstheologischen Diskussionen fest. Sie stellen sich der Herausforderung, die sich durch die Widersprüche der beiden Lehren ergibt, und bieten originelle Lösungswege an, die beiden Ansätze miteinander zu vereinbaren. Obgleich in diesem Kontext christliche Denker zweifellos die Hauptautoritäten sind, allen voran Augustinus, dient Avicenna hier als ständiger Bezugspunkt. Aus dem Blickwinkel seiner Ontologie heraus lassen sich nämlich Einwände gegen eine Trinitätslehre vorbringen. Diese Einwände versuchen die Autoren zu lösen und machen sich dabei Avicennas ontologisches System noch mehr für ihre eigene Weltsicht zu eigen. Im Grunde unternehmen sie den Versuch, ein genuin christliches Phänomen in Avicennas Ontologie einzubetten. Der Grund dafür ist, dass eine Ontologie alle Bereiche der Wirklichkeit erfassen muss, und dazu zählt für die Christen eben auch die genuin christliche Sphäre der trinitarischen Personen. Erst wenn diese Ebene des Seins mit einbezogen wird, ist die Erklärung der Wirklichkeit komplett. In der Beantwortung hypothetischer Einwände, die von Seiten Avicennas erhoben werden können, ergreifen die christlichen Denker die Chance, das Glaubensmysterium der Trinität zumindest bis zu einem gewissen Grad rational zugänglich zu machen und in Bezug zu den übrigen Entitäten der Wirklichkeit zu stellen. Avicenna und anderen Philosophen wirft man dabei zwar vor, die Trinität nicht erkannt oder ignoriert zu haben; aus dem Motiv heraus, eine vollständige Erklärung der Wirklichkeit zu bieten, versucht man zugleich aber, die Trinität in das von Avicenna übernommene ontologische System einzubauen und dieses System mithin kohärent weiterzudenken. Der innergöttliche Bereich der trinitarischen Personen wird hierbei als zusätzliche Wirklichkeitsebene präsentiert, die sich mit der vollkommenen Einfachheit des göttlichen Wesens vereinbaren lässt. Dies versteht man nicht als Bruch mit dem auf Avicenna basierenden ontologischen System, sondern als eine Erweiterung. Obgleich die Trinität eine autoritäre Setzung ist, stellen die christlichen Denker, wenn sie diese rational erschließen, in Auseinandersetzung mit Avicenna metaphysische Überlegungen an und können in diesem Zusammenhang als Metaphysiker bezeichnet werden. Im Rahmen ihrer Analyse führen sie eine spezielle Art des Seins ein (das *esse personale*), die eine besondere Form der Vielheit impliziert (die personale Vielheit bei Wesensgleichheit). Damit verbunden ist eine spezielle Art der Differenz (die personale Differenz durch die Art und Weise des Hervorgangs). Darüber hinaus etablieren die christlichen Denker eine eigene Art der wirkursächlichen Verursachung (*causatio intima / ad intra*, innerhalb derselben Substanz). Mit derartigen Überlegungen betreiben sie christliche Metaphysik. Christlich deshalb, weil das Ge- oder Untersuchte (*quaesitum*) durch den Glauben vorgegeben wird – die Existenz der trinitarischen Personen ist gesetzt. Jedoch machen sich Wilhelm und Heinrich in diesem Kontext Gedanken dazu, welche Arten von Entitäten als wirklich angesehen werden können, wie diese Entitäten gekennzeichnet sind, welche Arten von Verursachung es gibt und darüber hinaus, welche Formen der Vielheit und Differenz sich in der Wirklichkeit finden lassen. Dies sind typisch metaphysische Fragen, wenn man Metaphysik als Ontologie versteht.

Im Hinblick auf die Beschreibung der innergöttlichen Verursachung bei Wilhelm und Heinrich konnte ich in Bezug auf die Frage nach der Rezeption der avicennischen Lehre eine Besonderheit herausarbeiten: Wilhelm und Heinrich nehmen Avicennas Emanationstheorie positiv auf. Dies revidiert die Ansicht, Avicennas Modell der Emanation werde nur negativ rezipiert. Tatsächlich wenden Wilhelm und Heinrich die Theorie in einem neuen Kontext an – dem trinitarischen. Zuvor wurde der Hervorgang des Sohns als Zeugung oder Äußern eines intelligiblen Wortes verstanden. Derartige Bilder lassen sich nun mit Avicenna theoretisch befüllen. Avicenna bietet fundierte Überlegungen dazu, wie und warum sich der Hervorgang aus dem durch sich notwendig Seienden vollzieht und welchen Regeln er unterliegt. Diese Überlegungen kann man auf Gott-Vater anwenden. Auf diese Weise lässt sich erschließen, dass der Sohn (und Heilige Geist) notwendig, ewig und als eine einzige Wirkung hervorgeht, die noch dazu göttlich bzw. der Gott ist. Verbunden mit dem Motiv der Emanation findet in diesem Kontext auch Avicennas *ex-uno*-Regel als Regel innergöttlicher Verursachung positive Anwendung. Dazu ziehen Wilhelm und Heinrich sie in unterschiedlichen Lesarten heran: quantitativ verstanden kann man mit ihr das Einziggeborensein (*unigenitas*) des Sohns begründen, essenziell verstanden lässt sich die Regel einsetzen, um die Wesensgleichheit von Vater und Sohn einsichtig zu machen. Hier findet eine gewisse Vergöttlichung der Emanationstheorie statt. Von einer kosmogonischen Erklärung wird sie nun zu einer theologischen. Damit geht einher, dass Emanation nicht mehr abgelehnt, sondern sogar als höchste Form der Verursachung angesehen wird. Avicenna werfen die christlichen Denker in diesem Zusammenhang vor, nicht erkannt zu haben, dass Emanation eine rein göttliche Verursachung ist, die nur *ad intra* stattfinden kann und keinesfalls *ad extra* im Hervorgang der Welt mündet. Dieses Versäumnis, den Aspekt der Innergöttlichkeit der Emanation nicht berücksichtigt zu haben, machen sie als einen der Gründe aus, warum Avicenna den Hervorgang der Welt auf falsche Weise verstanden habe.

Die Tatsache, dass Avicennas Modalontologie und Emanationstheorie im Rahmen der Trinitätstheologie positiv aufgenommen werden, wird oft übergangen, wenn man den Einfluss von Avicennas Metaphysik auf die lateinischen Denker skizziert. Die dominierenden Themen sind die Sein-Wesen-Distinktion, das Subjekt der Metaphysik inklusive einer Verortung des Gottesbeweises sowie die Universalien- oder Transzendentalienlehre. Daher könnte es sich meiner Ansicht nach lohnen, die trinitätstheologischen Überlegungen anderer mittelalterlicher Denker auf Avicennas Einfluss hin zu untersuchen.

Während Wilhelm und Heinrich im Bereich der Trinität und damit in Bezug auf Gottes Wirken *ad intra* so weit wie möglich an Avicennas Lehre festhalten, kommt es in Bezug auf das Wirken Gottes *ad extra* zu einem offenen Bruch mit ihm. Auch Gundisalvi präsentiert ein anderes Modell, obwohl seine Theorie noch am nächsten an Avicenna heranreicht, insofern man bei ihm Züge einer willentlichen Emanation findet. Für die christlichen Autoren ist evident, dass Gott aus seiner absoluten Freiheit heraus die Schöpfung der Welt veranlasst. Dies steht in ihren Augen der Lehre Avicennas konträr gegenüber, denn dort wirkt Gott (natur-)notwendig. Als Reaktion darauf nehmen sie deutlich Abstand von Avicenna und kritisieren dessen Emanationsmodell oft sehr scharf und ausführlich. Dies kann für den modernen Leser wiederum aufschlussreich dafür sein, das eigene Modell der christlichen Autoren besser zu verstehen.

Im Grunde stehen die christlichen Denker vor demselben Problem wie Avicenna, nämlich zu erklären, wie die Welt aus dem einen, in seinem Wesen vollkommen einfachen und unveränderlichen Gott hervorgehen kann. Da sie sich in ihrer Ontologie an Avicennas Bestimmung Gottes als durch sich notwendig Seiendes orientiert haben, sehen sie sich nun zusätzlich mit folgendem Problem konfrontiert: Wie kann man ein Gotteskonzept, in dem Gott als vollkommen notwendig und unveränderlich angenommen wird (*ex omnibus suis modis*), mit einer absolut freien Schöpfung vereinbaren, die keinerlei Notwendigkeit unterliegt und zu bestimmten Zeitpunkten erfolgt? Zum einen wird die Welt in ihrer Grundstruktur an einem bestimmten Punkt direkt von Gott ins Sein gesetzt, zum anderen werden die individuellen Seelen der Menschen täglich neu geschaffen. Beide Szenarien sind aus Avicennas Sicht nicht möglich, da sie Vielheit und Veränderung in Gott implizieren würden, der wie alle anderen Ursachen der *idem*-Regel unterliegt. Dieser Regel zufolge bleibt die Wirkung gleich, wenn deren Ursache sich nicht verändert, vorausgesetzt die übrigen Bedingungen sind ebenfalls konstant. Daraus lässt sich unter anderem schließen: Würde Gott die Welt erst an einem bestimmten Punkt ins Sein setzen, müsste er sich zuvor verändern. Gott gilt jedoch als unveränderlich. Die christlichen Denker meinen, dieses Problem lösen zu können, indem sie Gott von den Regeln befreien, die für weltliche Verursachung gelten. Ihr Ausweg ist, Gott einen absolut freien Willen zuzubilligen, der einer normalen Logik der Ursächlichkeit enthoben ist: Gott kann durch seinen ewigen, unveränderlichen Willen Verschiedenes zu unterschiedlichen Zeitpunkten wirken, ohne dass dies eine Veränderung in ihm impliziert. Damit heben sie die *idem*-Regel auf, die für jegliche anderen Ursachen gilt. Obwohl sie Avicenna für seinen Ansatz heftig kritisieren, vermittelt sich insgesamt der Eindruck, dass die christlichen Denker eigentlich sehr wohl nachvollziehen können, wie Avicenna so konsequent von seinem Konzept des *necesse esse* zu seiner Theorie der Verursachung der Welt gelangt. Sie nehmen wahr, dass Avicennas Ansatz nicht völlig abwegig ist. Dies erkennt man daran, wie stark sie betonen, dass Gott, *obwohl* er vollkommen eines und notwendig ist, auf völlig freie Weise viele Dinge schaffen kann. Diese konzessiven Äußerungen sollen den Widerspruch zu Avicennas Folgerung ausdrücken; sie lassen aber auch erkennen, dass man bei der Bestimmung Gottes als vollkommen einfach, notwendig und unveränderlich ein Begründungsproblem hat, wenn man die Lehre vertritt, die Schöpfung werde als ein freier Akt vollzogen. Man muss dann Gottes Sein in gewisser Weise von seinem Wirken entkoppeln. Im Sein ist Gott vollkommen notwendig, im Wirken vollkommen frei. Die Frage ist nur, ob sich diese beiden Ebenen trennen lassen. Nach Avicenna wäre das nicht möglich. Er würde das Vorgehen der Theologen wohl als inkonsequent einschätzen und ihnen vorwerfen, es sei einfach nur ein notwendiges Zugeständnis an die christliche Lehre.

In dem Kapitel zu Avicenna habe ich jedoch gezeigt, dass Avicenna selbst eine Form der Emanation präsentiert, die zwar willentlich und wissentlich geschieht, zugleich aber notwendig ist im Sinne der neuplatonischen zweifachen Aktivität. Notwendigkeit schließt Willentlichkeit nicht aus. Avicenna verneint zudem ausdrücklich, dass Gott naturnotwendig wirkt, gerade weil dessen Wirken bewusst und gewollt ist. Auch die Tatsache, dass Gott ewig dasselbe will, schließt nicht aus, dass es sich um einen willentlichen Akt handelt, wie Avicenna betont. Mit dieser Betonung lässt sich Avicenna in Richtung der kompatibilistischen Handlungstheorie verorten. Für ihn ist es wichtig, dass der göttliche Akt gewollt ist, die Willensbildung ist hingegen von geringem Interesse. Zuweilen betont er, dass Wille und Intellekt identisch sind. Dies könnte man dahingehend auslegen, dass der Wille das will, was der Intellekt als gut erkennt, womit man Avicenna unter Umständen eine Tendenz zum intellektualistischen Modell zuschreiben kann.

Trotz dieses Sachbestands sieht sich Avicenna bis heute dem Vorwurf ausgesetzt, bei ihm wirke Gott naturnotwendig. Dies ist auf mehrere Faktoren zurückzuführen. Avicenna betont tatsächlich selbst, das durch sich notwendig Seiende sei in jeglicher Hinsicht notwendig und lasse notwendig die Welt hervorgehen. Doch wie wir gesehen haben, kann man dies mit einem willentlichen Wirken vereinbaren. Zum anderen betont Avicenna, Gott sei unveränderlich, und formuliert die berühmte ex-uno-Regel, um den Hervorgang des ersten Geschöpfs zu bestimmen. Diese Regel hat bei ihm nichts mit dem Wirken der Natur zu tun, sondern ist eine rein quantitative Überlegung: Wenn es nur einen ursächlichen Aspekt gibt, kann es der Zahl nach nur eine Wirkung geben. Die lateinischen Denker haben die Regel spätestens ab Wilhelm von Auvergne als eine naturkausale Regel verstanden und sie als partikuläre Form der idem- und simile-Regel[1279] aufgefasst, die auf Aristoteles' naturphilosophische Überlegungen zurückgehen. Zwar gilt bei Avicenna für das durch sich notwendig Seiende ebenfalls die idem-Regel, was man daran erkennt, dass er betont, dass es für eine Veränderung der Wirkung eine Veränderung im durch sich notwendig Seienden bräuchte, aber Avicenna sieht die idem-Regel als eine allgemeine Regel für sämtliche Ursachen an. Sie weist nicht speziell auf Naturkausalität hin. Zudem erachtet er die ex-uno-Regel nicht als Unterart der idem-Regel. Die lateinischen Denker schätzten demgegenüber die ex-uno-Regel als Norm für das Wirken irrationaler natürlicher Dinge ein. Diese Dinge wirken notwendig, da sie nicht aufgrund von Wahl agieren, sondern aus einem einfachen Vermögen heraus fremdbestimmt tätig sind. Daher folgern die lateinischen Avicenna-Rezipienten,

---

[1279] Der simile-Regel zufolge können Ursachen nur das weitergeben, was sie in irgendeiner Weise selbst haben, weshalb Wirkungen den Ursachen hinsichtlich irgendeines Aspekts gleichen.

auch Gott agiere bei Avicenna naturnotwendig, insofern er gemäß der *ex-uno*-Regel wirkt. Doch auch unabhängig von dieser Regel hat man Avicenna den Vorwurf gemacht, er lasse Gott notwendig agieren. Notwendigkeit kann man auf verschiedene Weise in Gottes Wirken legen. Daher sollte man, wenn man den Vorwurf äußert, klären, in welchem Aspekt des Wirkens des durch sich notwendig Seienden man diese Notwendigkeit verortet. In diesem Zusammenhang hat sich Heinrichs Kritik an Avicenna als besonders erwähnenswert erwiesen: Heinrich berücksichtigt stärker als Wilhelm, dass Avicenna sehr wohl betont, das erste Prinzip wirke nicht naturnotwendig, sondern lasse Emanation wissentlich und willentlich geschehen. Diese Äußerung beleuchtet Heinrich aus verschiedenen Perspektiven, kommt jedoch in allen Fällen zu dem Ergebnis, dass entgegen Avicennas Beteuerungen letztlich doch kein freier Akt Gottes vorliege, weil kein freier Wille gemäß dem Voluntarismus gegeben ist. Diese Einschätzung nimmt Heinrich vor dem Hintergrund der Mitte des 13. Jahrhunderts herrschenden Debatte um die menschliche Handlungs- und vor allem Willensfreiheit vor. Heinrich beleuchtet und bewertet das Wirken Gottes im Lichte dieser Diskussionen und anhand der Theorien, die er für die menschliche Willensfreiheit entwickelt hat, und wendet damit aktuelle Überlegungen auf die Kritik an Avicenna an.

Während Gundisalvi den göttlichen Willen nicht thematisiert, interessiert sich Wilhelm bereits für die Willensbildung im Menschen und in Gott. Er präsentiert Überlegungen, die bei Heinrich noch stärker ausgebaut sind, zum Beispiel die Rolle des Willens als Herrscher oder die Tatsache, dass der göttliche Wille kein Moment der Notwendigkeit aufweist und im Moment des Wollens noch frei ist.

Interessanterweise nimmt Wilhelm Avicennas Theorie des Vermögens (*potentia*) als Ausgang für seine Kritik. Anhand der Erklärung, welche Arten von Wirkungsvermögen es gibt, stellt er dar, dass Gottes Wirken frei von jeglicher Notwendigkeit ist und so auch sein Wille. Um Avicennas Emanationssystem als solches zu widerlegen, nimmt Wilhelm zudem die *ex-uno*-Regel gesondert in den Blick und verwendet sie, um systemimmanente Kritik zu üben, indem er Erklärungslücken aufzeigt. Die *ex-uno*-Regel, so hat sich gezeigt, erfährt im Laufe der Zeit eine gewisse Eigenständigkeit. Sie wird in diversen Lesarten auf Gott angewandt, darüber hinaus auf andere Ursachen, beispielsweise die himmlischen Intelligenzen, und auf abstrakte Sachverhalte, wie etwa bei einer Diskussion der Kategorie der Relation. Die Verbindung mit der *idem*- oder *simile*-Regel findet sich nicht nur bei Wilhelm und Heinrich, sondern auch bei anderen mittelalterlichen Autoren. Es könnte sich lohnen, in weitergehenden Forschungen eine Übersicht über den Gebrauch dieser Regeln und ihren Zusammenhang miteinander zu erstellen.

Anders als Wilhelm und Heinrich übt Gundisalvi generell keine Kritik an Avicenna, da es ihm primär darum geht, sein eigenes Modell zu präsentieren. Er greift sich dazu das Material von Avicenna heraus, das er für die kompilatorische Darstellung seiner eigenen Lehre benötigt, und lässt Uneinigkeiten unkommentiert. Dies gilt auch betreffs der *ex-uno*-Regel, die er für das Wirken Gottes bei der Schöpfung eindeutig ablehnt. Wie Avicenna begründet Gundisalvi ausgehend von der Einfachheit Gottes, was als direktes Geschöpf aus diesem hervorgeht. Allerdings kommt er zu einem anderen Ergebnis als Avicenna. Statt mit der *ex-uno*-Regel auf ein erstes Geschöpf zu schließen, das quantitativ – der Zahl und Teilung nach – eines ist, schließt Gundisalvi darauf, dass das erste Geschöpf eine Zweiheit sein muss: erste Materie und erste Form. Diesen Schluss, der freilich durch den universalen Hylemorphismus, den Gundisalvi propagiert, vorgegeben ist, rechtfertigt er durch einen Hinweis auf die Differenzregel. Dieser Regel zufolge muss sich das erste Geschöpf deutlich von seiner Ursache unterscheiden. Da diese eines ist, darf es mithin nicht auch eines sein, sondern muss zwei sein.

Gerade aus Gundisalvis Vorgehen erhellt sehr schön folgender allgemeiner Sachverhalt: Alle vier in dieser Arbeit behandelten Denker haben für ihre Beschreibung des Hervorgangs der Welt aus Gott einen gemeinsamen Ausgangspunkt, nämlich Gott als das eine, einfache, unveränderliche notwendig Seiende, das alleiniges erstes Prinzip der Welt ist, die in sich nur möglich seiend ist. Ausgehend von dieser Grundannahme kommen die einzelnen Denker jedoch zu vollkommen verschiedenen Modellen des Hervorgangs der Welt. Das Modell, das sie entwickeln, hängt davon ab, welche Regeln sie für das Wirken des ersten Prinzips ansetzen: Mit der *ex-uno*-Regel und gleichzeitiger Annahme der *idem*-Regel geht aus dem ersten Prinzip nur eine erste Wirkung hervor, die als vermittelnde Ursache für weitere Wirkungen fungiert. Mit der Differenzregel geht hingegen etwas hervor, das eine reale Zweiheit aufweist, wie es bei Gundisalvi der Fall ist. Hebt man hingegen für das Wirken des ersten Prinzips die *idem*-Regel auf, wie es Wilhelm und Heinrich machen, und spricht ihm einem vollkommen freien Willen zu, können viele Dinge zu unterschiedlichen Zeiten aus ihm hervorgehen. Somit vermag jeder Denker, ausgehend von Avicennas Ontologie, dennoch seine eigene Sicht auf den Hervorgang der Welt zu begründen.

7 Literaturverzeichnis

7.1 Primärliteratur

Al-Ġazālī (Algazel), *Algazel's Metaphysics. A Mediaeval Translation*, hrsg. von J. T. Muckle (Toronto, 1933).

---, *Maqāṣid al-falāsifa*, hrsg. von M. D. Ṣ. al-Kurdī (Kairo, 1936).

Anonymus, *[Qāla l-Šayḫ al-yūnānī = Sprüche (Dicta) des griechischen Weisen]*, in: *al-Aflūṭīn ʿinda l-ʿArab*, hrsg. von ʿA. Badawī (Kairo, 1955), S. 184–198.

---, *Kitāb al-Īḍāḥ li-Arisṭūṭālīs fī l-ḫayr al-maḥḍ [= Kalām fī Maḥḍ al-ḫayr]*, in: *al-Aflāṭūniyya al-muḥdaṯa ʿinda l-ʿarab*, hrsg. von ʿA. Badawī (Kairo, 1955), S. 3–33.

---, *Risāla fī l-ʿilm al-ilāhī*, in: *al-Aflūṭīn ʿinda l-ʿArab*, hrsg. von ʿA. Badawī (Kairo, 1955), S. 165–183.

---, *Uṯūlūğiyā Arisṭāṭālīs*, in: *al-Aflūṭīn ʿinda l-ʿArab*, hrsg. von ʿA. Badawī (Kairo, 1955), S. 3–164.

---, *Liber de causis*, hrsg. von A. Pattin, in: Id., ‚Le *Liber de Causis*. Édition établie à l'aide de 90 manuscrits avec introduction et notes', in: *Tijdschrift voor Filosofie* 28 (1966), S. 90–203, hier S. 46–115.

Aristoteles, *De generatione et corruptione*, in: *Aristotelis omnia quae extant opera … Averrois Cordubensis in ea opera omnes … commentarii*, Bd. 5 (Venedig, 1562, ND Frankfurt a. M., 1962), Fol. 345r–389r.

---, *Opera*, hrsg. von I. Bekker, 5 Bde. (Berlin, 1831–70).

---, *Metaphysics. A Revised Text with Introduction and Commentary*, hrsg. u. übers. von W. D. Ross, 2 Bde. (Oxford, 1924, ND mit Verb. Oxford, 1953).

---, *Physik. Vorlesung über Natur*, hrsg. u. übers. von H. G. Zekl (Hamburg, 1987).

---, *The Complete Works of Aristotle. The Revised Oxford Translation*, hrsg. von J. Barnes, 2 Bde. (Princeton, [6]1995).

---, *Über den Himmel*, übers. von A. Jori (Berlin, 2009) [*Aristoteles. Werke in deutscher Übersetzung* 12/3].

---, *Metaphysik*, hrsg. von U. Wolf, übers. von H. Bonitz (Hamburg, [6]2010).

Augustinus, A., *De trinitate libri XV*, hrsg. von W. J. Mountain und F. Glorie, 2 Bde. (Turnhout, 1968) [*CCL* 50].

---, *De diversis quaestionibus octoginta tribus. De octo dulcitii quaestionibus*, hrsg. von A. Mutzenbecher (Turnhout, 1975) [*CCL* 44A].

Beriger, A.; Ehlers, W.-W. und Fieger, M. [Hrsg.], *Biblia sacra vulgata – lateinisch-deutsch*, 5 Bde. (Berlin/Boston, 2018).

Boethius, A. M. S., *De trinitate*, in: Id., *Die theologischen Traktate*, hrsg. u. übers. von M. Elsässer (Hamburg, 1988), S. 2–27.

---, *Quomodo substantiae in eo quod sint bonae sint cum non sint substantialia bona [= De Hebdomadibus]*, in: Id., *Die theologischen Traktate*, hrsg. u. übers. von M. Elsässer (Hamburg, 1988), S. 34–45.

–––, *De sancta trinitate*, in: Id., *De consolatione philosophiae. Opuscula theologica,* hrsg. von C. Moreschini (München/Leipzig, ²2005), S. 165–181.

–––, *Quomodo substantiae in eo quod sint bonae sint cum non sint substantialia bona [= De Hebdomadibus],* in: Id., *De consolatione philosophiae. Opuscula theologica,* hrsg. von C. Moreschini (München/Leipzig, ²2005), S. 186–194.

Dominicus Gundisalvi, *De divisione philosophiae,* hrsg. von L. Baur (Münster, 1903) [*Beiträge zur Geschichte der Philosophie des Mittelalters* IV.2].

–––, *Des Dominicus Gundissalinus Schrift* Von dem Hervorgange der Welt [= De processione mundi], hrsg. von G. Bülow (Münster, 1925) [*Beiträge zur Geschichte der Philosophie des Mittelalters* XXIV.3].

–––, *De anima,* hrsg. von J. T. Muckle, in: Id., ‚The Treatise *De anima* of Dominicus Gundissalinus', in: *Mediaeval Studies* 2 (1940), S. 23–103, hier S. 31–103.

–––, *De unitate et uno,* hrsg. von M. Alonso Alonso, in: Id., ‚El liber *De unitate et uno*', in: *Pensamiento* 12 (1956), S. 179–202 und 431–472, hier S. 431–472.

–––, *Die dem Boethius fälschlich zugeschriebene Abhandlung des Dominicus Gundisalvi* De unitate, hrsg. von P. Correns (Münster, 1981) [*Beiträge zur Geschichte der Philosophie des Mittelalters* I.1].

–––, *De processione mundi,* hrsg. u. übers. von M. J. Soto Bruna und C. Alonso Del Real (Pamplona, 1999).

–––, *The Procession of the World,* übers. von J. A. Laumakis (Milwaukee, WI, 2002).

–––, *De divisione philosophiae – Über die Einteilung der Philosophie,* hrsg. u. übers. von A. Fidora und D. Werner (Freiburg/Basel/Wien, 2007).

–––, *El* Tractatus de anima *atribuido a Dominicus Gundi[s]salinus,* hrsg. u. übers. von C. Alonso Del Real und M. J. Soto Bruna (Pamplona, 2009).

–––, *De unitate et uno,* hrsg. u. übers. von M. J. Soto Bruna und C. Alonso Del Real (Pamplona, 2015).

Heinrich von Gent, *Quodlibeta,* hrsg. von J. Badius, 2 Bde. (Paris, 1518, ND Leuven, 1961).

–––, *Summa quaestionum ordinarium,* hrsg. von J. Badius, 2 Bde. (Paris, 1520, ND St. Bonaventure et al., 1953).

–––, *Opera omnia,* hrsg. von R. Macken et al. (Leuven, 1979–).

–––, *Summa. The Questions on God's Existence and Essence (Articles 21–24),* hrsg. u. übers. von J. Decorte und R. J. Teske (Leuven, 2005).

–––, *Summa. The Questions on God's Unity and Simplicity (Articles 25–30),* hrsg. u. übers. von R. J. Teske (Leuven, 2006).

–––, *Ausgewählte Fragen zur Willens- und Freiheitslehre,* hrsg. u. übers. von J. Müller (Freiburg i. Br., 2011).

–––, *Summa of Ordinary Questions. Articles Six to Ten on Theology,* übers. von R. J. Teske (Milwaukee, WI, 2011).

–––, *Summa of Ordinary Questions. Articles Thirty-One and Thirty-Two on God's Eternity and the Divine Attributes in General,* übers. von R. J. Teske (Milwaukee, WI, 2012).

–––, *Summa of Ordinary Questions. Articles 35, 36, 42, and 45,* übers. von R. J. Teske (Milwaukee, WI, 2013).

–––, *Summa. Articles 53–55. On the Divine Persons,* übers. von R. J. Teske (Milwaukee, WI, 2015).

---, *Gottes Wesen und Washeit. Artikel 21–24 der Summa*, hrsg. u. übers. von J. Joachim (Freiburg/Basel/Wien, 2019).

Hermann von Carinthia, *De essentiis*, hrsg. u. übers. von C. Burnett (Leiden/Köln, 1982).

Ibn Gabirol (Avicebron), *Fons vitae. Ex arabico in latinum translatus ab Iohanne Hispano et Domingo Gundissalino*, hrsg. von C. Baeumker (Münster, ²1995).

Ibn Rušd (Averroes), *Commentarium magnum in Aristotelis* Metaphysica, in: *Aristotelis omnia quae extant opera … Averrois Cordubensis in ea opera omnes … commentarii*, Bd. 8 (Venedig, 1562, ND Frankfurt a. M., 1962), Fol. 1r–355v.

---, *Tafsīr* Mā baʿd al-ṭabīʿa, hrsg. von M. Bouyges, 4 Bde. (Beirut, 1938–52).

Ibn Sīnā (Avicenna), *Logica: Isagoge*, in: Id., *Avicenne perhypatetici philosophi ac medicorum facile primi opera …* (Venedig, 1508, ND Frankfurt a. M., 1961), Fol. 2ra–12vb.

---, *al-Šifāʾ: al-Manṭiq: 1, al-Madḫal*, hrsg. von I. Madkour et al. (Cairo, 1952).

---, De Anima *(Arabic Text) Being the Psychological Part of* Kitāb al-Shifāʾ, hrsg. von F. Rahman (London, 1959).

---, *Al-Šifāʾ: al-Ilāhiyyāt (1)*, hrsg. von Ǧ. Š. Qanawātī und S. Zāyid (Kairo, 1960).

---, *Al-Šifāʾ: al-Ilāhiyyāt (2)*, hrsg. von M. Y. Mūsā, S. Dunyā und S. Zāyid (Kairo, 1960).

---, *Liber de anima seu sextus de naturalibus*, hrsg. von S. Van Riet, 2 Bde. (Louvain/Leiden, 1968/72).

---, *Taʿlīqāt*, hrsg. von ʿA. Badawī (Kairo, 1973).

---, *Liber de philosophia prima sive scientia divina*, hrsg. von S. Van Riet, 2 Bde. (Louvain/Leiden, 1977/80).

---, *al-Šifāʾ: al-Ṭabīʿiyyāt: al-Samāʿ al-ṭabīʿī*, hrsg. von S. Zāyid (Kairo, 1983).

---, *Liber de philosophia prima sive scientia divina, I–X. Lexiques*, hrsg. von S. Van Riet (Louvain-La-Neuve/Leiden, 1983).

---, *Liber primus naturalium: Tractatus primus De causis et principiis naturalium*, hrsg. von S. Van Riet (Louvain/Leiden, 1992).

---, *Metafisica. La scienza delle cose divine* dal *Libro della guarigione* (Kitāb al-Šifāʾ), hrsg. u. übers. von O. Lizzini und P. Porro (Mailand, 2002).

---, *The Metaphysics* of *The Healing (Al-Šifāʾ: al-Ilāhiyyāt)*, hrsg. u. übers. von M. E. Marmura (Provo, UT, 2005).

---, *Commentaire sur le livre Lambda de la* Métaphysique *d'Aristote (chapitres 6–10)*, hrsg. u. übers. von J. Janssens (Paris, 2014).

---, *Grundlagen der Metaphysik. Eine Auswahl aus den Büchern I–V der Metaphysik*, hrsg. u. übers. von J. O. Schmitt (Freiburg/Basel/Wien, 2016).

---, *The Healing, Logic: Isagoge*, hrsg. u. übers. von Silvia Di Vincenzo (Berlin/Boston, 2021).

Petrus Lombardus, *Sententiae in IV libris distinctae, Bd. I.2: Liber I et II* (Grottaferrata, 1971).

Platon, *Timaeus. A Calcidio translatus commentarioque instructus*, hrsg. von J. H. Waszink und P. J. Jensen (London/Leiden, ²1975).

---, *Timaios*, hrsg. u. übers. von H. G. Zekl (Hamburg, 1992).

Plotin, *Enneades IV–V* und *Plotiniana Arabica*, in: Id., *Opera*, hrsg. von P. Henry und H.-R. Schwyzer, Bd. 2 (Paris/Brüssel, 1959), S. 3–476.

---, *Ausgewählte Schriften*, übers. von C. Tornau (Stuttgart, 2001).

---, *The Enneads*, hrsg. von L. P. Gerson, übers. von G. Boys-Stones et al. (Cambridge, 2018).

Proclus Arabus, *Zwanzig Abschnitte aus der* Institutio Theologica *in Arabischer Überset-zung*, hrsg. von G. Endreß (Wiesbaden, 1973).

Tertullian, *Adversus Praxean*, in: Id., *Opera montanistica,* hrsg. von E. Kroymann und E. Evans, Bd. 2 (Turnhout, 1954) [*CCL* 2], S. 1157–1205.

Thomas von Aquin, *Quaestiones disputatae de potentia*, in: Id., *Quaestiones disputatae,* hrsg. von R. Spiazzi et al., Bd. 2 (Turin/Rom, 1953), S. 1–276.

---, *In octo libros* Physicorum *Aristotelis expositio*, hrsg. von P. M. Maggiòlo (Turin/Rom, 1954).

---, *In* Librum de Causis *expositio*, hrsg. von C. Pera (Turin/Rom, 1955).

Weber, R. und Gryson, R. [Hrsg.], *Biblia sacra iuxta vulgatam versionem* (Stuttgart, ⁵2007).

Wilhelm von Auvergne, *De anima*, in: Id., *Opera omnia,* hrsg. von F. Hotot, Bd. 1 (Orléans/Paris, 1674, ND Frankfurt a. M., 1964), S. 65a–228b.

---, *De fide et legibus*, in: Id., *Opera omnia,* hrsg. von F. Hotot, Bd. 1 (Orléans/Paris, 1674, ND Frankfurt a. M., 1964), S. 1a–102b.

---, *De universo*, in: Id., *Opera omnia,* hrsg. von F. Hotot, Bd. 1 (Orléans/Paris, 1674, ND Frankfurt a. M., 1964), S. 593a–1074b.

---, *De virtutibus et vitiis*, in: Id., *Opera omnia,* hrsg. von F. Hotot, Bd. 1 (Orléans/Paris, 1674, ND Frankfurt a. M., 1964), S. 102b–328b.

---, *Opera omnia*, hrsg. von F. Hotot, 2 Bde. (Orléans/Paris, 1674, ND Frankfurt a. M., 1964).

---, *De trinitate*, hrsg. von B. Switalski (Toronto, 1976).

---, *The Trinity, or the First Principle*, übers. von R. J. Teske und F. C. Wade (Milwaukee, WI, ²1995).

---, *The Universe of Creatures*, übers. von R. J. Teske (Milwaukee, WI, 1998).

---, *The Soul*, übers. von R. J. Teske (Milwaukee, WI, 2000).

---, *On the Virtues*. Part One of *On the Virtues and Vices*, übers. von R. J. Teske (Milwaukee, WI, 2009).

---, *Selected Spiritual Writings*, übers. von R. J. Teske (Toronto, 2011).

7.2 Sekundärliteratur

Acar, R., *Talking about God and Talking about Creation. Avicenna's and Thomas Aquinas' Positions* (Leiden/Boston, 2005).

Adamson, P., *The Arabic Plotinus. A Philosophical Study of the* Theology of Aristotle (London, 2002).

---, ‚On Knowledge of Particulars‘, in: *Proceedings of the Aristotelian Society* 105 (2005), S. 273–294.

---, ‚From the Necessary Existent to God‘, in: *Interpreting Avicenna. Critical Essays,* hrsg. von id. (Cambridge, 2013), S. 170–189.

Aertsen, J. A., *Medieval Philosophy and the Transcendentals. The Case of Thomas Aquinas* (Leiden, 1996).

–––, ,Transcendental Thought in Henry of Ghent', in: *Henry of Ghent. Proceedings of the International Colloquium on the Occasion of the 700th Anniversary of His Death (1293)*, hrsg. von W. Vanhamel (Leuven, 1996), S. 1–18.

Alonso Alonso, M., ,Notas, textos y comentarios. Hugo de San Victor, refutado por Domingo Gundisalvo hacia el 1170', in: *Estudios Eclesiásticos* 21 (1947), S. 209–216.

–––, ,Coincidencias verbales típicas en las obras y traducciones de Gundisalvo', in: *Al-Andalus* 20 (1955), S. 129–152 und 345–379.

–––, *Temas filosoficos medievales. Ibn Dāwūd y Gundisalvo* (Santander, 1959).

Argárate, P., ,Das Konzil von Konstantinopel (381)', in: *Ökumenisches Forum: Journal for Ecumenical and Patristic Studies* 39 (2017), S. 101–108.

Arnzen, R., *Platonische Ideen in der arabischen Philosophie. Texte und Materialien zur Begriffsgeschichte von* ṣuwar aflāṭūniyya *und* muthul aflāṭūniyya (Berlin/Boston, 2011).

Bäck, A., ,Avicenna's Conception of the Modalities', in: *Vivarium* 30 (2) (1992), S. 217–255.

Beale-Rivaya, Y. und Busic, J. [Hrsg.], *A Companion to Medieval Toledo. Reconsidering the Canons* (Leiden/Boston, 2018).

Belo, C., *Chance and Determinism in Avicenna and Averroes* (Leiden/Boston, 2007).

Benevich, F., ,Die ›göttliche Existenz‹. Zum ontologischen Status der Essenz qua Essenz bei Avicenna', in: *Documenti e Studi sulla Tradizione Filosofica Medievale* 26 (2015), S. 103–128.

–––, ,The Essence-Existence Distinction. Four Elements of the Post-Avicennian Metaphysical Dispute (11–13th Centuries)', in: *Oriens* 45 (2017), S. 203–258.

–––, *Essentialität und Notwendigkeit. Avicenna und die aristotelische Tradition* (Leiden/Boston, 2018).

Bernstein, A. E., ,William of Auvergne and the Cathars', in: *Autour de Guillaume d'Auvergne († 1249)*, hrsg. von F. Morenzoni, J.-Y. Tilliette und J. Berlioz (Turnhout, 2005), S. 271–289.

Bertolacci, A., *The Reception of Aristotle's* Metaphysics *in Avicenna's* Kitāb al-Šifāʾ. *A Milestone of Western Metaphysical Thought* (Leiden/Boston, 2006).

–––, ,The Distinction of Essence and Existence in Avicenna's Metaphysics. The Text and Its Context', in: *Islamic Philosophy, Science, Culture and Religion. Studies in Honor of Dimitri Gutas*, hrsg. von F. Opwis und D. Reisman (Leiden/Boston, 2012), S. 257–288.

–––, ,On the Latin Reception of Avicenna's Metaphysics before Albertus Magnus. An Attempt at Periodization', in: *The Arabic, Hebrew and Latin Reception of Avicenna's Metaphysics*, hrsg. von D. N. Hasse und A. Bertolacci (Berlin/Boston, 2012), S. 197–223.

–––, ,The Reception of Avicenna in Latin Medieval Culture', in: *Interpreting Avicenna. Critical Essays*, hrsg. von P. Adamson (Cambridge, 2013), S. 242–269.

Bertolacci, A. et al. [Hrsg.], *Avicenn@. Philosophy on the Border of Civilizations and Intellectual Endeavours: Towards a Critical Edition of the Metaphysics* (Ilāhiyyāt *of* Kitāb al-Šifāʾ) *of Avicenna (Ibn Sīnā)* (2014–), URL = https://www.avicennaproject.eu/#/edition/ibn-sina-ilahiyyat_02_tr1/text (abgerufen am 04.02.2024).

Bordt, M., ‚Why Aristotle's God Is Not the Unmoved Mover', in: *Oxford Studies in Ancient Philosophy* 40 (2011), S. 90–109.

Bougerol, J.-G., ‚The Church Fathers and the *Sentences* of Peter Lombard', in: *The Reception of the Church Fathers in the West. From the Carolingians to the Maurists,* hrsg. von I. Backus, Bd. 1 (Leiden/New York/Köln, 1997), S. 113–164.

Burnett, C., ‚Introduction', in: Hermann von Carinthia, *De essentiis,* hrsg. u. übers. von C. Burnett (Leiden/Köln, 1982), S. 1–43.

–––, ‚The Blend of Latin and Arabic Sources in the Metaphysics of Adelard of Bath, Hermann of Carinthia, and Gundisalvus', in: *Metaphysics in the Twelfth Century. On the Relationship among Philosophy, Science and Theology,* hrsg. von M. Lutz-Bachmann, A. Fidora und A. Niederberger (Turnhout, 2004), S. 41–65.

–––, ‚Arabic into Latin. The Reception of Arabic Philosophy into Western Europe', in: *The Cambridge Companion to Arabic Philosophy,* hrsg. von P. Adamson und R. C. Taylor (Cambridge, 2005), S. 370–404.

Caster, K. J., ‚The Real Distinction between Being and Essence According to William of Auvergne', in: *Traditio* 1996 (51), S. 201–223.

–––, ‚The Distinction between Being and Essence According to Boethius, Avicenna, and William of Auvergne', in: *The Modern Schoolman* 73 (1995–6), S. 309–332.

–––, ‚William of Auvergne's Adaption of Ibn Gabirol's Doctrine of the Divine Will', in: *The Modern Schoolman* 74 (1996), S. 31–42.

Cornford, F. M., *Plato's Cosmology. The* Timaeus *of Plato* (London, 1937, ND Indianapolis, IN, 1997).

Corti, G., ‚Le sette parte del *Magisterium diuinale et sapientale* di Guglielmo di Auvergne', in: *Studi e ricerche di scienze religiose in onore dei Santi Apostoli Pietro e Paolo nel XIX centenario del loro martirio* (Rom, 1968), S. 289–307.

D'Ancona Costa, C., ‚La doctrine de la création ›mediante intelligentia‹ dans le *Liber de causis* et dans ses sources', in: *Recherches sur le* Liber de Causis, hrsg. von ead. (Paris, 1995), S. 73–95.

–––, ‚Avicenna and the *Liber de causis*. A Contribution to the Dossier', in: *Revista Española de Filosofía Medieval* 7 (2000), S. 95–114.

–––, ‚*Ex uno non fit nisi unum*. Storia e preistoria della dottrina avicenniana della prima intelligenza', in: *Per una storia del concetto di mente,* hrsg. von E. Canone (Florenz, 2007), S. 29–55.

Dal Bo, F., ‚The Sephardic Task of the Translator. Ibn Falaquera's Paraphrastic Hebrew Translation of Ibn Gabirol's *Fons vitae*', in: *Ibn Gabirol (Avicebron). Latin and Hebrew Philosophical Traditions,* hrsg. von N. Polloni, M. Benedetto und F. Dal Bo (Turnhout, 2023), S. 27–48.

Davidson, H. A., *Alfarabi, Avicenna, and Averroes, on Intellect. Their Cosmologies, Theories of the Active Intellect, and Theories of Human Intellect* (New York/Oxford, 1992).

Davis, L. D., ‚Creation According to William of Auvergne', in: *Studies in Mediaevalia and Americana. Essays in Honor of William Lyle Davis,* hrsg. von G. G. Steckler und L. D. Davis (Spokane, 1973), S. 51–73.

De Libera, A., ‚*Ex uno non fit nisi unum*. La lettre sur le principe de l'univers et les condemnations parisiennes de 1277', in: *Historia Philosophiae Medii Aevi. Studien zur Geschichte der Philosophie des Mittelalters. Festschrift für Kurt Flasch zu seinem 60. Geburtstag,* hrsg. von B. Mojsisch und O. Pluta, Bd. 1 (Amsterdam/Philadelphia, 1991), S. 543–560.

De Smet, D. und Sebti, M. [Hrsg.], *Penser avec Avicenne. De l'héritage grec à la réception latine, en hommage à Jules Janssens* (Leuven/Paris/Bristol, 2022).

De Vaux, R., *Notes et textes sur l'avicennisme latin aux confins des XIIe et XIIIe siècles* (Paris, 1934).

Decorte, J., ‚Avicenna's Ontology of Relation. A Source of Inspiration to Henry of Ghent', in: *Avicenna and His Heritage. Proceedings of the International Colloquium ‚Avicenna and His Heritage', Leuven-Louvain-la-Neuve, 8–11 September 1999,* hrsg. von J. Janssens und D. De Smet (Leuven, 2002), S. 197–224.

Denifle, H. und Chatelaine, E. [Hrsg.], *Chartularium Universitatis Parisiensis,* 4 Bde. (Paris, 1889).

Denzinger, H., *Enchiridion symbolorum definitionum et declarationum de rebus fidei et morum. Kompendium der Glaubensbekenntnisse und kirchlichen Lehrentscheidungen,* hrsg. u. übers. von P. Hünermann (Freiburg, ⁴³2010).

Dochhorn, J., ‚Zu den religionsgeschichtlichen Voraussetzungen trinitarischer Gottesvorstellungen im frühen Christentum und in der Religion Israels', in: *Trinität,* hrsg. von V. H. Drecoll (Tübingen, 2011), S. 11–79.

Drecoll, V. H., ‚Entwicklungen und Positionen in der Geschichte des Christentums', in: *Trinität,* hrsg. von id. (Tübingen, 2011), S. 81–162.

Duhem, P. M. M., *Le système du monde. Histoire des doctrines cosmologiques de Platon à Copernic,* 10 Bde. (Paris, 1954–58).

Emilsson, E. K., *Plotinus* (London/New York, 2017).

Endreß, G. et al. [Hrsg.], *Glossarium Graeco-Arabicum: A Lexicon of the Mediaeval Arabic Translations from the Greek* (2010–), URL = https://glossga.bbaw.de/ (abgerufen am 20.02.2024).

Erler, M., ‚*Praesens divinum*. Mythische und historische Zeit in der griechischen Literatur', in: *Platon als Mythologe. Interpretationen zu den Mythen in Platons Dialogen,* hrsg. von M. Janka (Darmstadt, ²2014), S. 61–78.

Fidora, A., ‚Domingo Gundisalvo y la Sagrada Escritura', in: *Estudios Eclesiásticos* 76 (2001), S. 243–258.

–––, ‚Die Rezeption der boethianischen Wissenschaftseinteilung bei Dominicus Gundissalinus', in: *Scientia* und *disciplina*. Wissenstheorie und Wissenschaftspraxis im Wandel vom 12. zum 13. Jahrhundert, hrsg. von R. Berndt, M. Lutz-Bachmann und R. M. W. Stammberger (Berlin, 2002), S. 209–222.

–––, *Die Wissenschaftstheorie des Dominicus Gundissalinus. Voraussetzungen und Konsequenzen des zweiten Anfangs der aristotelischen Philosophie im 12. Jahrhundert* (Berlin, 2003).

---, ‚Zum Verhältnis von Metaphysik und Theologie bei Dominicus Gundissalinus‘, in: *Metaphysics in the Twelfth Century. On the Relationship among Philosophy, Science and Theology,* hrsg. von M. Lutz-Bachmann, A. Fidora und A. Niederberger (Turnhout, 2004), S. 67–84.

---, ‚Dominicus Gundissalinus und die arabische Wissenschaftstheorie‘, in: *Wissen über Grenzen. Arabisches Wissen und lateinisches Mittelalter,* hrsg. von A. Speer und L. Wegener (Berlin/New York, 2006) [*Miscellanea Mediaevalia* 33], S. 467–482.

---, ‚Einleitung‘, in: Dominicus Gundisalvi, *De divisione philosophiae – Über die Einteilung der Philosophie,* hrsg. u. übers. von A. Fidora und D. Werner (Freiburg/Basel/ Wien, 2007), S. 9–50.

---, ‚Le débat sur la création. Guillaume de Conces, maître de Dominique Gundisalvi?‘, in: *Guillaume de Conches. Philosophie et science au XIIᵉ siècle,* hrsg. von B. Obrist und I. Caiazzo (Florenz, 2011), S. 271–288.

Fischer, K., ‚Avicenna’s *ex-uno*-Principle in William of Auvergne’s *De trinitate*‘, in: *Quaestio* 15 (2015), S. 423–432.

---, ‚Avicenna’s Influence on William of Auvergne’s Theory of Efficient Causes‘, in: *The Arabic, Hebrew and Latin Reception of Avicenna’s Physics and Cosmology,* hrsg. von D. N. Hasse und A. Bertolacci (Berlin/Boston, 2018), S. 371–396.

Flasch, K., *Aufklärung im Mittelalter? Die Verurteilung von 1277* (Mainz, 1989).

Flores, J. C., *Henry of Ghent: Metaphysics and the Trinity. With a Critical Edition of Question Six of Article Fifty-five of the* Summa Quaestionum Ordinariarum (Leuven, 2006).

---, ‚Henry of Ghent on the Trinity‘, in: *A Companion to Henry of Ghent,* hrsg. von G. A. Wilson (Leiden/Boston, 2011), S. 135–150.

---, ‚The Intersection of Philosophy and Theology. Henry of Ghent on the Scope of Metaphysics and the Background in Aquinas and Bonaventure‘, in: *Revista Portuguesa de Filosofia* 71 (1) (2015), S. 531–544.

Forest, A., ‚Guillaume d’Auvergne, critique d’Aristote‘, in: *Études médiévales offertes à M. le Doyen Augustin Fliche,* hrsg. von R. Aubenas (Montpellier, 1952), S. 68–79.

Frank, R. M., *Creation and the Cosmic System. Al-Ghazâlî and Avicenna* (Heidelberg, 1992).

Frankfurt, H. G., ‚Alternate Possibilities and Moral Responsibility‘, in: *The Journal of Philosophy* 66 (1969), S. 829–839.

Freudenthal, G., ‚Abraham Ibn Daud, Avendauth, Dominicus Gundissalinus and Practical Mathematics in Mid-Twelfth Century Toledo‘, in: *Aleph* 16 (2016), S. 60–106.

Freudenthal, G. und Zonta, M., ‚The Reception of Avicenna in Jewish Cultures, East and West‘, in: *Interpreting Avicenna. Critical Essays,* hrsg. von P. Adamson (Cambridge, 2013), S. 214–241.

Friedman, R. L., ‚Divergent Traditions in Later-Medieval Trinitarian Theology. Relations, Emanations, and the Use of Philosophical Psychology, 1250–1325‘, in: *Studia theologica* 53 (1999), S. 13–25.

---, ‚The Voluntary Emanation of the Holy Spirit. Views of Natural Necessity and Voluntary Freedom at the Turn of the Thirteenth Century‘, in: *Trinitarian Theology in the Medieval West,* hrsg. von P. Kärkkäinen (Helsinki, 2007), S. 124–148.

---, ‚Medieval Trinitarian Theology from the Late Thirteenth to the Fifteenth Centuries‘, in: *The Oxford Handbook of the Trinity,* hrsg. von G. Emery und M. Levering (Oxford, 2011), S. 197–209.

---, *Intellectual Traditions at the Medieval University. Use of Philosophical Psychology in Trinitarian Theology among the Franciscans and Dominicans, 1250–1350,* 2 Bde. (Leiden/Boston, 2013).

Georges, K. E., *Lateinisch – Deutsch. Ausführliches Handwörterbuch,* 2 Bde. (Leipzig, ⁸1912/18, ND Berlin, 2002, CD-ROM).

Germann, N., ‚Avicennas Metaphysik‘, in: *Islamische Philosophie im Mittelalter. Ein Handbuch,* hrsg. von H. Eichner, M. Perkams und C. Schäfer (Darmstadt, ²2017), S. 253–274.

Gilson, É., ‚Pourquoi saint Thomas a critiqué saint Augustin‘, in: *Archives d'histoire doctrinale et littéraire du Moyen Âge* 1 (1926), S. 5–127.

---, ‚Les Sources gréco-arabes de l'augustinisme avicennisant‘, in: *Archives d'histoire doctrinale et littéraire du Moyen Âge* 4 (1929), S. 5–149.

---, ‚La notion de l'existence chez Guillaume d'Auvergne‘, in: *Archives d'histoire doctrinale et littéraire du Moyen Âge* 21 (1946), S. 55–91.

---, *History of Christian Philosophy in the Middle Ages* (London, 1955).

---, ‚Avicenne en Occident au Moyen Âge‘, in: *Archives d'histoire doctrinale et littéraire du Moyen Âge* 36 (1969), S. 89–121.

Gimaret, D., ‚Tawḥīd‘, in: *Encyclopaedia of Islam, Second Edition,* hrsg. von P. Bearman et al., URL = http://dx.doi.org/10.1163/1573-3912_islam_SIM_7454 (abgerufen am 24.02.2024).

Goichon, A.-M., *La distinction de l'essence et l'existence d'après Ibn Sīnā (Avicenne)* (Paris, 1937).

---, *Lexique de la langue philosophique d'Ibn Sīnā (Avicenne)* (Paris, 1938).

---, *The Philosophy of Avicenna and Its Influence on Medieval Europe,* übers. von M. S. Khan (Delhi/Patna/Varanasi, 1969).

Grabmann, M., *I divieti ecclesiastici di Aristotele sotto Innocenzo III e Gregorio IX* (Rom, 1941).

Grant, E., ‚Cosmology‘, in: *The Cambridge History of Science,* hrsg. von D. C. Lindberg und M. H. Shank, Bd. 2 (Cambridge, 2013), S. 436–455.

Grice, D., *Church, Society and University. The Paris Condemnation of 1241/4* (London/New York, 2021).

Griffel, F., ‚On the Authenticity of the *Throne Epistle (al-Risāla al-ʿarshiyya)* Ascribed to Avicenna‘, in: *Penser avec Avicenne. De l'héritage grec à la réception latine, en hommage à Jules Janssens,* hrsg. von D. De Smet und M. Sebti (Leuven/Paris/Bristol, 2022), S. 193–229.

Gutas, D., *Avicenna and the Aristotelian Tradition. Introduction to Reading Avicenna's Philosophical Works* (Leiden/Boston, 2014).

Hadot, P., ‚La distinction de l'être et de l'étant dans le *De hebdomadibus* de Boèce‘, in: *Die Metaphysik im Mittelalter. Ihr Ursprung und ihre Bedeutung,* hrsg. von P. Wilpert und W. P. Eckert (Berlin, 1963) [*Miscellanea Mediaevalia* 2], S. 147–153.

Halfwassen, J., *Plotin und der Neuplatonismus* (München, 2004).

Hamilton, B., ,The Albigensian Crusade and Heresy', in: *The New Cambridge Medieval History,* hrsg. von D. Abulafia, Bd. 5 (Cambridge, 1999), S. 164–181.

Hankey, W. J., ,*Ab uno simplici non est nisi unum.* The Place of Natural and Necessary Emanation in Aquinas' Doctrine of Creation', in: *Divine Creation in Ancient, Medieval, and Early Modern Thought. Essays Presented to the Rev'd Dr Robert D. Crouse,* hrsg. von M. Treschow, W. Otten und W. Hannam (Leiden, 2007), S. 309–333.

Hasnawi, A., ,Fayḍ (épanchement, émanation)', in: *Encyclopédie philosophique universelle,* hrsg. von A. Jacob, Bd. 2,1 (Paris, 1990), Sp. 965–971.

Hasse, D. N., *Avicenna's* De anima *in the Latin West. The Formation of a Peripatetic Philosophy of the Soul 1160–1300* (London/Turin, 2000).

–––, ,Spontaneous Generation and the Ontology of Forms in Greek, Arabic, and Medieval Latin Sources', in: *Classical Arabic Philosophy. Sources and Reception,* hrsg. von P. Adamson (London/Turin, 2007), S. 150–175.

–––, ,Avicenna's ,Giver of Forms' in Latin Philosophy, Especially in the Works of Albertus Magnus', in: *The Arabic, Hebrew and Latin Reception of Avicenna's Metaphysics,* hrsg. von id., A. Bertolacci (Berlin/Boston, 2012), S. 225–249.

–––, ,Avicenna's Epistemological Optimism', in: *Interpreting Avicenna. Critical Essays,* hrsg. von P. Adamson (Cambridge, 2013), S. 109–119.

–––, ,Three Double Translations from Arabic into Latin by Gerard of Cremona and Dominicus Gundisalvi', in: *Reading Proclus and the Book of Causes, Volume 2. Translations and Acculturations,* hrsg. von D. Calma, Bd. 2 (Leiden/Boston, 2019–22), S. 247–274.

–––, ,Three Philosopher-Translators from Arabic: Abraham Ibn Daud, Dominicus Gundisalvi, Michael Scot', in: *Philosophy and Translation in the Islamic World,* hrsg. von U. Rudolph und R. Wisnovsky (Berlin/Boston, im Erscheinen).

Hasse, D. N. et al. [Hrsg.], *Arabic and Latin Glossary* (2009–), URL = https://algloss.de. dariah.eu (abgerufen am 12.11.2023).

Hasse, D. N. et al. [Hrsg.], *Arabic and Latin Corpus* (2018–), URL = https://www.arabic-latin-corpus.philosophie.uni-wuerzburg.de/textlist/all_by-a.xhtml (abgerufen am 12.11.2023).

Hasse, D. N. und Bertolacci, A., ,Introduction', in: *The Arabic, Hebrew and Latin Reception of Avicenna's Metaphysics,* hrsg. von eid. (Berlin/Boston, 2012), S. 1–5.

Hasse, D. N. und Büttner, A., ,Notes on Anonymous Twelfth-Century Translations of Philosophical Texts from Arabic into Latin on the Iberian Peninsula', in: *The Arabic, Hebrew and Latin Reception of Avicenna's Physics and Cosmology,* hrsg. von D. N. Hasse und A. Bertolacci (Berlin/Boston, 2018), S. 313–369.

Hissette, R., *Enquête sur les 129 Articles condamnés à Paris le 7 Mars 1277* (Louvain/Paris, 1977).

Hoenen, M. J. F. M., ,Glaube und Vernunft. Die Trinitätstheologie des Albertus Magnus', in: *Albertus Magnus. Zum Gedenken nach 800 Jahren: Neue Zugänge, Aspekte und Perspektiven,* hrsg. von W. Senner (Berlin/Boston, 2001), S. 479–492.

Hoffmann, T., ,Duns Scotus on the Origin of the Possibles in the Divine Intellect', in: *Philosophical Debates at Paris in the Early Fourteenth Century,* hrsg. von S. F. Brown, T. Dewender und T. Kobusch (Leiden, 2009), S. 359–379.

Honnefelder, L., ‚Die Kritik des Johannes Duns Scotus am kosmologischen Nezessitarismus der Araber. Ansätze zu einem neuen Freiheitsbegriff', in: *Die abendländische Freiheit vom 10. bis zum 14. Jahrhundert. Der Wirkungszusammenhang von Idee und Wirklichkeit im europäischen Vergleich,* hrsg. von J. Fried (Sigmaringen, 1991), S. 249–263.

Hyman, A., ‚From What Is One and Simple Only What Is One and Simple Can Come to Be', in: *Neoplatonism and Jewish Thought,* hrsg. von L. E. Goodman (Albany, NY, 1992), S. 111–135.

Inciarte, F., ‚*Natura ad unum – ratio ad opposita.* Zur Transformation des Aristotelismus bei Duns Scotus', in: *Philosophie im Mittelalter. Entwicklungslinien und Paradigmen,* hrsg. von J. P. Beckmann et al. (Hamburg, ²1996), S. 259–273.

Ivry, A. L., ‚Destiny Revisited. Aviencenna's Concept of Determinism', in: *Islamic Theology and Philosophy. Studies in Honor of George F. Hourani,* hrsg. von M. E. Marmura (Albany, NY, 1962), S. 160–171.

Janos, D., ‚Moving the Orbs. Astronomy, Physics, and Metaphysics, and the Problem of Celestial Motion According to Avicenna', in: *Arabic Sciences and Philosophy* 21 (2011), S. 165–214.

–––, *Method, Structure, and Development in al-Fārābī's Cosmology* (Leiden/Boston, 2012).

–––, *Avicenna on the Ontology of Pure Quiddity* (Berlin/Boston, 2020).

Janssens, J., ‚Some Elements of Avicennian Influence on Henry of Ghent's Psychology', in: *Henry of Ghent. Proceedings of the International Colloquium on the Occasion of the 700th Anniversary of His Death (1293),* hrsg. von W. Vanhamel (Leuven, 1996), S. 155–169.

–––, ‚Creation and Emanation in Ibn Sīnā', in: *Documenti e Studi sulla Tradizione Filosofica Medievale* 8 (1997), S. 455–477.

–––, ‚Ibn Sīnā (Avicenne): un projet ›religieux‹ de philosophie?', in: *Was ist Philosophie im Mittelalter?,* hrsg. von J. A. Aertsen und A. Speer (Berlin, 1998) [*Miscellanea Mediaevalia* 26], S. 863–870.

–––, ‚Elements of Avicennian Metaphysics in the *Summa*', in: *Henry of Ghent and the Transformation of Scholastic Thought,* hrsg. von G. Guldentops und C. Steel (Leuven, 2003), S. 41–59.

–––, *Ibn Sīnā and His Influence on the Arabic and Latin World* (Aldershot/Burlington, VT, 2006).

–––, ‚Henry of Ghent and Averroes', in: *A Companion to Henry of Ghent,* hrsg. von G. A. Wilson (Leiden/Boston, 2011), S. 85–99.

–––, ‚Henry of Ghent and Avicenna', in: *A Companion to Henry of Ghent,* hrsg. von G. A. Wilson (Leiden/Boston, 2011), S. 63–83.

Janssens, J. und De Smet, D. [Hrsg.], *Avicenna and His Heritage. Proceedings of the International Colloquium ‚Avicenna and His Heritage', Leuven-Louvain-la-Neuve, 8–11 September 1999* (Leuven, 2002).

Jeauneau, É., *Rethinking the School of Chartres,* übers. von Claude P. Desmarais (Toronto, 2009).

Jolivet, J., ‚The Arabic Inheritance', in: *A History of Twelfth-Century Western Philosophy,* hrsg. von P. Dronke (Cambridge, 1988), S. 113–148.

Kaluza, Z., *Les querelles doctrinales à Paris. Nominalistes et réalistes aux confins du XIV. et du XV. siècles* (Bergamo, 1988).

Keil, G., *Willensfreiheit* (Berlin/Boston, ³2017).

Kleineidam, E., *Das Problem der hylomorphen Zusammensetzung der geistigen Substanzen im 13 Jahrhundert, behandelt bis Thomas von Aquin* (Breslau, 1930).

Kobusch, T., ‚Heinrich von Gent‘, in: *Grundriss der Geschichte der Philosophie. Die Philosophie des Mittelalters, Bd. 4.1: 13. Jahrhundert,* hrsg. von A. Brungs, V. Mudroch und P. Schulthess, 1. Halbbd. (Basel, 2017), S. 475–494.

Koutzarova, T., *Das Transzendentale bei Ibn Sīnā. Zur Metaphysik als Wissenschaft erster Begriffs- und Urteilsprinzipien* (Leiden/Boston, 2009).

Kramp, J., ‚Des Wilhelm von Auvergne *Magisterium divinale* (I)‘, in: *Gregorianum* 1 (1920), S. 538–584.

–––, ‚Des Wilhelm von Auvergne *Magisterium divinale* (II und III)‘, in: *Gregorianum* 2 (1921), S. 42–78 und 174–187.

Kukkonen, T., ‚Infinite Power and Plenitude. Two Traditions on the Necessity of the Eternal‘, in: *Medieval Philosophy and the Classical Tradition. In Islam, Judaism and Christianity,* hrsg. von J. Inglis (London/New York, 2002), S. 193–201.

Lammer, A., *Elements of Avicenna's Physics. Greek Sources and Arabic Innovations* (Berlin/Boston, 2018).

Laumakis, J. A., ‚Avicebron (Salomon ibn Gabirol) on Creation *ex nihilo*‘, in: *The Modern Schoolman* 79 (2001), S. 41–55.

–––, ‚Solomon Ibn Gabirol and William of Auvergne‘, in: *Ibn Gabirol (Avicebron). Latin and Hebrew Philosophical Traditions,* hrsg. von N. Polloni, M. Benedetto und F. Dal Bo (Turnhout, 2023), S. 159–196.

Lazella, A., ‚Creation, *Esse,* and *Id Quod Est* in Boethius's *Opuscula Sacra*‘, in: *Carmina Philosophiae* 17 (2008), S. 35–56.

Lewis, N. und Fischer, K., ‚William of Auvergne‘, in: *Stanford Encyclopedia of Philosophy,* hrsg. von E. N. Zalta, URL = https://plato.stanford.edu/archives/win2016/entries/william-auvergne/ (abgerufen am 12.11.2023).

Lizzini, O., ‚*Wuǧūd–Mawǧūd*/Existence–Existent in Avicenna. A Key Ontological Notion of Arabic Philosophy‘, in: *Quaestio* 3 (2003), S. 111–138.

–––, ‚The Relation Between Form and Matter. Some Brief Observations on the ›Homology Argument‹ (*Ilāhīyāt,* II.4) and the Deduction of *Fluxus*‘, in: *Interpreting Avicenna. Science and Philosophy in Medieval Islam,* hrsg. von J. McGinnis (Leiden/Boston, 2004), S. 175–185.

–––, Fluxus (fayḍ). *Indagine sui fondamenti della metafisica e della fisica di Avicenna* (Bari, 2011).

Lottin, O., ‚La composition hylémorphique des substances spirituelles. Les débuts de la controverse‘, in: *Revue néoscolastique de philosophie* 34 (1932), S. 21–41.

Lutz-Bachmann, M., ‚Von der ›Theologie als Weisheit‹ zur ›Theologie als Wissenschaft‹. Über den theologischen Paradigmenwechsel im Mittelalter‘, in: *Tradition und Translation. Zum Problem der interkulturellen Übersetzbarkeit religiöser Phänomene,* hrsg. von C. Elsas et al. (Berlin/New York, 1994), S. 218–229.

Macken, R., ,Les sources d'Henri de Gand', in: *Revue philosophique Louvain* 29 (1978), S. 5–28.

–––, ,Henri de Gand et la pénétration d'Avicenne en Occident', in: *Philosophie et Culture. Actes du XVIIe Congrès Mondial de Philosophie*, hrsg. von V. Cauchy, Bd. 3 (Québec, 1986–88), S. 845–850.

–––, ,Avicennas Auffassung von der Schöpfung der Welt und ihre Umbildung in der Philosophie des Heinrich von Gent', in: *Philosophie im Mittelalter. Entwicklungslinien und Paradigmen*, hrsg. von J. P. Beckmann et al. (Hamburg, [2]1996), S. 245–257.

Marenbon, J., *Boethius* (Oxford et al., 2003).

Marmura, M. E., ,Avicenna's Proof from Contingency for God's Existence in the *Metaphysics* of the Šifā '', in: *Mediaeval Studies* 68 (2006), S. 337–352.

Marrone, S. P., *Truth and Scientific Knowledge in the Thought of Henry of Ghent* (Cambridge, Mass., 1985).

Marshall, B. D., ,*Utrum Essentia Generet*. Semantics and Metaphysics in Later Medieval Trinitarian Theology', in: *Trinitarian Theology in the Medieval West*, hrsg. von P. Kärkkäinen (Helsinki, 2007), S. 88–123.

Masnovo, A., *Da Guglielmo d'Auvergne a San Tommaso d'Aquino*, 3 Bde. (Mailand, [2]1946).

May, G., *Schöpfung aus dem Nichts. Die Entstehung der Lehre von der* creatio ex nihilo (Berlin, 1978).

–––, Creatio ex nihilo. *The Doctrine of ›Creation out of Nothing‹ in Early Christian Thought*, übers. von A. S. Worrall (London/New York, 2004).

McGinnis, J., ,On the Moment of Substantial Change. A Vexed Question in the History of Ideas', in: *Interpreting Avicenna. Science and Philosophy in Medieval Islam*, hrsg. von id. (Leiden/Boston, 2004), S. 42–61.

–––, ,Logic and Science. The Role of Genus and Difference in Avicenna's Logic, Science and Natural Philosophy', in: *Documenti e Studi sulla Tradizione Filosofica Medievale* 18 (2007), S. 165–187.

–––, ,What Underlies the Change from Potentiality to Possibility? A Select History of the Theory of Matter from Aristotle to Avicenna', in: *Cadernos de História e Filosofia da Ciência* 3.17 (2007), S. 259–278.

–––, *Avicenna* (Oxford, 2010).

–––, ,Making Something out of Nothing. Privation, Possibility, and Potentiality in Avicenna and Aquinas', in: *The Thomist* 76 (2012), S. 551–575.

–––, ,The Eternity of the World. Proofs and Problems in Aristotle, Avicenna, and Aquinas', in: *American Catholic Philosophical Quarterly* 88 (2014), S. 271–288.

McInerny, R., *Boethius and Aquinas* (Washington, DC, 2012).

Menn, S., ,Avicenna's Metaphysics', in: *Interpreting Avicenna. Critical Essays*, hrsg. von P. Adamson (Cambridge, 2013), S. 143–169.

Miller, M., ,William of Auvergne on Primary and Secondary Causality', in: *The Modern Schoolman* 75 (1998), S. 265–277.

–––, ,William of Auvergne and the Aristotelians. The Nature of a Servant', in: *Medieval Philosophy and the Classical Tradition. In Islam, Judaism and Christianity*, hrsg. von J. Inglis (London/New York, 2002), S. 263–276.

Morewedge, P., ‚Philosophical Analysis and Ibn Sīnā's ›Essence-Existence-Distinction‹‘, in: *Journal of the American Oriental Society* 92 (1973), S. 425–435.

Mudroch, V., ‚Heterodoxe religiöse Bewegungen‘, in: *Grundriss der Geschichte der Philosophie. Die Philosophie des Mittelalters, Bd. 4.1: 13. Jahrhundert,* hrsg. von A. Brungs, V. Mudroch und P. Schulthess (Basel, 2017), S. 74–83.

Müller, J., ‚*Nulla est causa nisi quia voluntas est voluntas.* Die Selbstbestimmung des Willens als konstitutives Moment göttlicher Kreativität bei Johannes Duns Scotus‘, in: *Kreativität. XX. Deutscher Kongress für Philosophie, 26.–30. September 2005 in Berlin,* hrsg. von G. Abel, Bd. 1 (Berlin, 2005), S. 489–503.

———, ‚Einleitung‘, in: Heinrich von Gent: *Ausgewählte Fragen zur Willens- und Freiheitslehre,* hrsg. und übers. von id. (Freiburg i. Br., 2011), S. 7–65.

———, ‚Der Herr und sein Diener mit der Lampe. Heinrich von Gent über Wille und Intellekt‘, in: *Freiheit und Geschichte. Festschrift für Theo Kobusch zum 70. Geburtstag,* hrsg. von id., C. Rode (Münster, 2018), S. 95–120.

Niewöhner, F., ‚Die Diskussion um den *Kalām* und die *Mutakallimūn* in der europäischen Philosophiegeschichtsschreibung‘, in: *Archiv für Begriffsgeschichte* 18 (1974), S. 7–34.

Paulus, J., *Henri de Gand. Essai sur les tendences de sa métaphysique* (Paris, 1938).

Pessin, S., *Ibn Gabirol's Theology of Desire. Matter and Method in Jewish Medieval Neoplatonism* (Cambridge, 2013).

———, ‚Chains, Trees, and Ibn Gabirol's Spirit-to-Body Boundary. Substance, Spiritual Matter, and the Principle of Matter as Higher Cause‘, in: *Ibn Gabirol (Avicebron). Latin and Hebrew Philosophical Traditions,* hrsg. von N. Polloni, M. Benedetto und F. Dal Bo (Turnhout, 2023), S. 101–128.

Pickavé, M., *Heinrich von Gent über die Metaphysik als erste Wissenschaft. Studien zu einem Metaphysikentwurf aus dem letzten Viertel des 13. Jahrhunderts* (Leiden/Boston, 2007).

———, ‚Henry of Ghent on Individuation, Essence, and Being‘, in: *A Companion to Henry of Ghent,* hrsg. von G. A. Wilson (Leiden/Boston, 2011), S. 181–209.

Pini, G., ‚The Individuation of Angels from Bonaventure to Duns Scotus‘, in: *A Companion to Angels in Medieval Philosophy,* hrsg. von T. Hoffmann (Leiden/Boston, 2012), S. 79–116.

Polloni, N., ‚Thierry of Chartres and Gundissalinus on Spiritual Substances. The Problem of Hylomorphic Composition‘, in: *Bulletin de philosophie médiévale* 57 (2015), S. 35–57.

———, ‚Gundissalinus and the Application of al-Fārābī's Metaphysical Programme. A Case of Philosophical Transfer‘, in: *Mediterranea* 1 (2016), S. 69–106.

———, ‚Gundissalinus on Necessary Being. Textual and Doctrinal Alterations in the Exposition of Avicenna's *Metaphysica*‘, in: *Arabic Sciences and Philosophy* 26 (2016), S. 129–160.

———, ‚Gundissalinus and Avicenna. Some Remarks on an Intricate Philosophical Connection‘, in: *Documenti e Studi sulla Tradizione Filosofica Medievale* 28 (2017), S. 515–552.

---, ,Toledan Ontologies. Gundissalinus, Ibn Daud, and the Problem of Gabirolian Hylomorphism', in: *Appropriation, Interpretation and Criticism. Philosophical and Theological Exchanges Between the Arabic, Hebrew and Latin Intellectual Traditions,* hrsg. von A. Fidora und N. Polloni (Barcelona/Rom, 2017), S. 19–49.

---, ,Nature, Souls, and Numbers. Remarks on a Medieval Gloss on Gundissalinus's *De processione mundi*', in: *Causality and Resemblance. Medieval Approaches to the Explanation of Nature,* hrsg. von M. J. Soto Bruna (Hildesheim, 2018), S. 75–87.

---, ,Gundissalinus on the Angelic Creation of the Human Soul. A Peculiar Example of Philosophical Appropriation', in: *Oriens* 47 (2019), S. 313–347.

---, *The Twelfth-Century Renewal of Latin Metaphysics. Gundissalinus's Ontology of Matter and Form* (Toronto, 2020).

---, ,Medieval Universes in Disorder. Primeval Chaos and Its Authoritative Coordinates', in: *Fragmented Nature. Medieval Latinate Reasoning on the Natural World and Its Order,* hrsg. von M. Cipriani und N. Polloni (London/New York, 2022), S. 49–75.

Porro, P., ,Ponere statum. Idee divine, perfezioni creaturali e ordine del mondo in Enrico di Gand', in: *Mediaevalia: Textos e Estudios* 3 (1993), S. 109–159.

---, ,Le *Quaestiones super Metaphysicam* attribuite a Enrico di Gand. Elementi per un sondaggio dottrinale', in: *Documenti e Studi sulla Tradizione Filosofica Medievale* 13 (2000), S. 507–602.

---, ,Universaux et *esse essentiae*. Avicenne, Henri de Gand et le ›Troisième Reich‹', in: *Cahiers de Philosophie de l'Université de Caen* 38–39 (2002), S. 9–51.

Rahman, F., ,Essence and Existence in Avicenna', in: *Mediaeval Studies* 4 (1958), S. 3–16.

---, ,Ibn Sina's Theory of the God-World Relationship', in: *God and Creation. An Ecumenical Symposium,* hrsg. von D. B. Burrell und B. McGinn (Notre Dame, IN, 1990), S. 38–52.

Rashed, M., ,Ibn ʿAdī et Avicenne. Sur les types d'existants', in: *Aristotele e i suoi esegeti neoplatonici. Logica e ontologia nelle interpretazioni greche e arabe,* hrsg. von L. Gerson (Rom, 2004), S. 107–172.

Renaud, M., ,Le *De celo et mundo* d'Avicenne', in: *Bulletin de philosophie médiévale* 15 (1973), S. 92–130.

Richardson, K., ,Avicenna and Aquinas on Form and Generation', in: *The Arabic, Hebrew and Latin Reception of Avicenna's Metaphysics,* hrsg. von D. N. Hasse und A. Bertolacci (Berlin/Boston, 2012), S. 251–274.

Rohls, J., *Wilhelm von Auvergne und der mittelalterliche Aristotelismus. Gottesbegriff und aristotelische Philosophie zwischen Augustin und Thomas von Aquin* (München, 1980).

Rosemann, P. W., Omne agens agit sibi simile. A ›Repetition‹ of Scholastic Metaphysics (Leuven, 1996).

Rudolph, U., *Islamische Philosophie. Von den Anfängen bis zur Gegenwart* (München, 2004).

Ruffus, A. und McGinnis, J., ,Wilful Understanding. Avicenna's Philosophy of Action and Theory of the Will', in: *Archiv für Geschichte der Philosophie* 97 (2015), S. 160–195.

Sannino, A., *Reading William of Auvergne* (Florenz, 2022).

Schäfer, C., ‚Der arabische *Liber de causis* und seine Erfolgsgeschichte im lateinischen Westen‘, in: *Islamische Philosophie im Mittelalter. Ein Handbuch,* hrsg. von H. Eichner, M. Perkams und C. Schäfer (Darmstadt, ²2017), S. 186–198.

Schindele, S., *Beiträge zur Metaphysik von Wilhelm von Auvergne* (München, 1900).

Sennis, A. [Hrsg.], *Cathars in Question* (York, 2016).

–––, ‚Questions about the Cathars‘, in: *Cathars in Question,* hrsg. von id. (York, 2016), S. 1–20.

Shihadeh, A., *Doubts on Avicenna. A Study and Edition of Sharaf al-Dīn al-Masʿūdī's Commentary on the* Ishārāt (Leiden/Boston, 2016).

Sileo, L., ‚L'Avicenna Latino al tempo dei divieti scolastici del 1210 e 1215. Storia e vicenda storiografica‘, in: *Scientia, Fides, Theologia. Studi di filosofia medievale in onore di Gianfranco Fioravanti,* hrsg. von S. Perfetti (Pisa, 2011), S. 131–171.

Silverstein, T., ‚*Elementatum.* Its Appearence among the Twelfth-Century Cosmogonists‘, in: *Medieval Studies* 16 (1954), S. 156–162.

Soto Bruna, M. J., ‚Estudio filosófico. Introducción y comentario al *De processione mundi*‘, in: Dominicus Gundisalvi, *De processione mundi,* hrsg. und übers. von ead. und C. Alonso Del Real (1999, Pamplona), S. 17–95.

–––, ‚La ›causalidad del uno‹ en Dominicus Gundissalinus‘, in: *Revista Española de Filosofía Medieval* 21 (2014), S. 53–68.

–––, ‚Rational Discourse Surrounding Creation. Ibn Gabirol and Dominicus Gundissalinus‘, in: *Ibn Gabirol (Avicebron). Latin and Hebrew Philosophical Traditions,* hrsg. von N. Polloni, M. Benedetto und F. Dal Bo (Turnhout, 2023), S. 139–157.

Speer, A., ‚The Discovery of Nature. The Contribution of the Chartrians to Twelfth-Century Attempts to Found a *scientia naturalis*‘, in: *Traditio* 52 (1997), S. 135–151.

Taylor, R. C., ‚Primary Causality and *ibdāʾ (creare)* in the *Liber de causis*‘, in: *Wahrheit und Geschichte. Die gebrochene Tradition metaphysischen Denkens,* hrsg. von A. Mensching-Estakhr und M. Städtler (Würzburg, 2015), S. 115–136.

–––, ‚Contextualizing the *Kalām fī maḥḍ al-khair / Liber de causis*‘, in: *Reading Proclus and the* Book of Causes, *Volume 2. Translations and Acculturations,* hrsg. von D. Calma, Bd. 2 (Leiden/Boston, 2021), S. 211–232.

Teske, R. J., ‚William of Auvergne on the Eternity of the World‘, in: *The Modern Schoolman* 67 (1990), S. 187–205. ND in id., *Studies in the Philosophy of William of Auvergne,* S. 29–52.

–––, ‚William of Auvergne and the Manichees‘, in: *Traditio* 48 (1993), S. 63–75. ND in id., *Studies in the Philosophy of William of Auvergne,* S. 81–99.

–––, ‚William of Auvergne's Use of Avicenna's Principle. *Ex uno, secundum quod unum, non est nisi unum*‘, in: *The Modern Schoolman* 71 (1993), S. 1–15. ND in id., *Studies in the Philosophy of William of Auvergne,* S. 101–119.

–––, ‚The Will as King over the Powers of the Soul. Uses and Sources of an Image in the Thirteenth Century‘, in: *Vivarium* 32 (1994), S. 62–71.

–––, ‚William of Auvergne on the Individuation of Human Souls‘, in: *Traditio* 49 (1994), S. 77–93. ND in id., *Studies in the Philosophy of William of Auvergne,* S. 121–143.

---, ‚Freedom of the Will in William of Auvergne‘, in: *Les philosophies morales et politiques au Moyen Âge. Actes du IXe Congrès international de Philosophie Médiévale, Ottawa, du 17 au 22 août 1992*, hrsg. von B. C. Bazán, E. Andújar und L. G. Sbrocchi, Bd. 2 (New York/Ottawa/Toronto, 1995), S. 932–938.

---, ‚William of Auvergne’s Arguments for the Newness of the World‘, in: *Mediaevalia: Textos e Estudios* 7–8 (1995), S. 287–302. ND in id., *Studies in the Philosophy of William of Auvergne*, S. 145–159.

---, ‚William of Auvergne on Philosophy as *divinalis* and *sapientialis*‘, in: *Was ist Philosophie im Mittelalter?*, hrsg. von J. A. Aertsen und A. Speer (Berlin, 1998) [*Miscellanea Mediaevalia* 26], S. 475–481.

---, ‚William of Auvergne on the Relation between Reason and Faith‘, in: *The Modern Schoolman* 75 (1998), S. 279–291. ND in id., *Studies in the Philosophy of William of Auvergne*, S. 179–194.

---, ‚William of Auvergne’s Debt to Avicenna‘, in: *Avicenna and His Heritage. Proceedings of the International Colloquium ‚Avicenna and His Heritage‘, Leuven-Louvain-la-Neuve, 8–11 September 1999*, hrsg. von J. Janssens und D. De Smet (Leuven, 2002), S. 153–170.

---, ‚William of Auvergne on the Various States of Our Nature‘, in: *Traditio* 58 (2003), S. 201–218. ND in id., *Studies in the Philosophy of William of Auvergne*, S. 239–259.

---, *Studies in the Philosophy of William of Auvergne, Bishop of Paris (1228–1249)* (Milwaukee, WI, 2006).

---, *William of Auvergne*, in: Id., *Studies in the Philosophy of William of Auvergne, Bishop of Paris (1228–1249)* (Milwaukee, WI, 2006), S. 17–28.

---, ‚Introduction‘, in: Wilhelm von Auvergne, *Selected Spiritual Writings*, übers. von R. J. Teske (Toronto, 2011), S. 1–18.

---, ‚Some Aspects of Henry of Ghent’s Debt to Avicenna’s Metaphysics‘, in: *Essays on the Philosophy of Henry of Ghent*, hrsg. von id. (Milwaukee, WI, 2012), S. 117–143.

Tornau, C., ‚Materie‘, in: *Historisches Wörterbuch der Philosophie*, hrsg. von J. Ritter, Bd. 5 (Basel, 1980), Sp. 346–410.

Treiger, A., ‚Avicenna on the Transcendental Modulation of Being‘, in: *Documenti e Studi sulla Tradizione Filosofica Medievale* 21 (2010), S. 165–198.

---, ‚Avicenna’s Notion of Transcendental Modulation of Existence (*taškīk al-wuǧūd, analogia entis*) and Its Greek and Arabic Sources‘, in: *Islamic Philosophy, Science, Culture and Religion. Studies in Honor of Dimitri Gutas*, hrsg. von F. Opwis und D. Reisman (Leiden/Boston, 2012), S. 327–363.

Valois, N., *Guillaume d’Auvergne, évêque de Paris (1228–1249). Sa vie et ses ouvrages* (Paris, 1880).

Van Steenberghen, F., *Die Philosophie im 13. Jahrhundert* (München/Paderborn/Wien, 1977).

Verbeke, G., ‚Avicenna im Westen. Eine historische Begegnung‘, in: *Acta Antiqua Academiae Scientiarum Hungaricae* 29 (1981), S. 1–12.

Wehr, H., *Arabisches Wörterbuch für die Schriftsprache der Gegenwart und Supplement* (Beirut/London, ⁴1976).

Weisheipl, J. A., ‚Albertus Magnus and Universal Hylomorphism: Avicebron. A Note on Thirteenth-Century Augustinianism‘, in: *The Southwestern Journal of Philosophy* 10 (1979), S. 239–260.

Wetherbee, W., ‚The School of Chartres‘, in: *A Companion to Philosophy in the Middle Ages,* hrsg. von J. J. Garcia und T. N. Noone (Malden, MA et al., 2002), S. 36–44.

Wielockx, R., ‚Henry of Ghent and the Events of 1277‘, in: *A Companion to Henry of Ghent,* hrsg. von G. A. Wilson (Leiden/Boston, 2011), S. 25–61.

Wildberg, C., ‚Neoplatonism‘, in: *Stanford Encyclopedia of Philosophy,* hrsg. von E. N. Zalta, URL = https://plato.stanford.edu/archives/sum2019/entries/neoplatonism/ (abgerufen am 08.07.2021).

Wilhelm von Auvergne, *The Immortality of the Soul* (Milwaukee, WI, 1991).

Wilson, G. A., ‚Henry of Ghent's Written Legacy‘, in: *A Companion to Henry of Ghent,* hrsg. von id. (Leiden/Boston, 2011), S. 3–23.

Wippel, J. F., ‚The Reality of Non-Existing Possibles According to Thomas Aquinas, Henry of Ghent, Godfrey of Fontaines‘, in: *Review of Metaphysics* 34 (1981), S. 729–758.

–––, ‚Essence and Existence‘, in: *The Cambridge History of Later Medieval Philosophy. From the Rediscovery of Aristotle to the Disintegration of Scholasticism 1100–1600,* hrsg. von N. Kretzmann et al. (Cambridge, 2008), S. 383–410.

–––, ‚Metaphysical Composition of Angels in Bonaventure, Aquinas, and Godfrey of Fontaines‘, in: *A Companion to Angels in Medieval Philosophy,* hrsg. von T. Hoffmann (Leiden/Boston, 2012), S. 45–78.

Wisnovsky, R., ‚Notes on Avicenna's Concept of Thingness (*šay'iyya*)‘, in: *Arabic Sciences and Philosophy* 10 (2000), S. 181–221.

–––, *Avicenna's Metaphysics in Context* (Ithaca, NY, 2003).

–––, ‚Avicenna and the Avicennian Tradition‘, in: *The Cambridge Companion to Arabic Philosophy,* hrsg. von P. Adamson und R. C. Taylor (Cambridge, 2005), S. 92–136.

–––, ‚Essence and Existence in the Eleventh- and Twelfth-Century Islamic East (*Mašriq*). A Sketch‘, in: *The Arabic, Hebrew and Latin Reception of Avicenna's Metaphysics,* hrsg. von D. N. Hasse und A. Bertolacci (Berlin/Boston, 2012), S. 27–50.

–––, ‚Avicenna's Islamic Reception‘, in: *Interpreting Avicenna. Critical Essays,* hrsg. von P. Adamson (Cambridge, 2013), S. 190–213.

Zedler, B. H., ‚Another Look at Avicenna‘, in: *The New Scholasticism* 50 (1976), S. 504–521.

Dank

Ich danke dem Promotionskomitee, insbesondere meinem Doktorvater Prof. Dag Nikolaus Hasse, für die ausgezeichnete Betreuung sowie die anregenden und motivierenden Gespräche. Zudem möchte ich all denjenigen, die meinen Text in den verschiedenen Phasen seiner Entstehung gelesen und kommentiert haben, ein herzliches Dankeschön aussprechen. Alle Fehler, die der Text noch enthalten sollte, habe ich allein zu verantworten.

Der *VolkswagenStiftung* (Lichtenberg-Programm) und der *Deutschen Forschungsgemeinschaft* (Leibniz-Programm) bin ich zu Dank verpflichtet, da sie mein Promotionsprojekt durch die Finanzierung von Stellen unterstützt haben. Zudem danke ich dem *Warburg Institute* in London für das *Frances A. Yates Fellowship* und die Möglichkeit, vor Ort intensiv an meinem Projekt zu arbeiten.

Darüber hinaus bin ich meiner Familie und meinen Freunden für ihre Unterstützung und Geduld sehr dankbar.